el mundo del siglo xxi

traducción de
CLAUDIA CABRERA LUNA

LAS LIMITACIONES DE LA GLOBALIZACIÓN

Economía, ecología y política de la globalización

por

ELMAR ALTVATER
BIRGIT MAHNKOPF

siglo veintiuno editores, s.a. de c.v.

CERRO DEL AGUA 248, DELEGACIÓN COYOACÁN, 04310, MÉXICO, D.F.

siglo xxi editores argentina, s.a.

LAVALLE 1634, 11 A, C1048AAN, BUENOS AIRES, ARGENTINA

portada de marina garone

primera edición, 2002

en coedición con el centro de investigaciones interdisciplinarias
en ciencias y humanidades, unam
isbn 968-23-2315-0

título original: *grenzen der globalisierung*

En EL MUNDO DEL SIGLO XXI se publican algunas obras significativas de pensadores contemporáneos que, desde distintos espacios sociales, políticos y académicos, estudian los problemas locales, nacionales, regionales y globales que constituyen la compleja agenda de nuestro tiempo.

Las primeras veinte obras que reúne esta colección son una muestra de la variedad de puntos de vista con que se observan y analizan la condición global del mundo y los intensos cambios experimentados en los últimos decenios en la sociedad, la economía, la política y la cultura.

ÍNDICE

PRÓLOGO

La presente edición en español de *Los límites de la globalización* es diferente de la primera edición en alemán, publicada en 1994, así como de la cuarta edición, totalmente corregida, del año de 1999. Por razones de espacio, en primer lugar, se eliminaron los capítulos que trataban sobre el proceso de integración en Europa Occidental y sobre la transformación en Europa Oriental del "socialismo real" a la economía de mercado, la sociedad plural y la democracia política. En segundo lugar, debido a la guerra en Yugoslavia, recientemente la dinámica de la globalización ha dado un giro que no era previsible cuando se publicó la primera edición de este libro: a diferencia de Irak, en la guerra del Golfo, Yugoslavia no había atacado a ningún otro país, y la OTAN no intervino por mandato de la ONU, sino que se arrogó el derecho de atacar en "defensa propia", para salvaguardar el principio universal de los derechos humanos. La OTAN reclama su derecho a asumir la responsabilidad de la "política interior del mundo" dentro de una "sociedad mundial" subordinada. Después de la guerra de Yugoslavia no se puede hablar de un gobierno global con la participación de actores de una "sociedad civil mundial" sin tomar en consideración que el "gobierno global" incluye medidas coercitivas militares. La OTAN define "intereses de seguridad" que rebasan, con mucho, la seguridad militar de su propio territorio; los estados de la OTAN están "rodeados por amigos", pero también amenazados, supuestamente, por el crimen organizado y por el bloqueo del paso a las rutas de materias primas por parte de "estados canallas". Hasta ahora se había entendido por globalización principalmente el surgimiento de una "geoeconomía" capitalista. La guerra en y contra Yugoslavia mostró que la geopolítica tradicional no ha desaparecido. Se trata de una política de intereses geoestratégicos que sirve no sólo al nuevo orden económico del mundo, sino también al político. Especialmente en relación con la región del Cáucaso y de Asia Central, existe entre tanto una amplia bibliografía que presenta argumentos geopolíticos, ya no geoeconómicos. Este desarrollo de los acontecimientos nos incitó a cambiar el énfasis en nuestro análisis de la globalización.

El discurso de la globalización se realiza en un campo en el que los planteamientos científicos, las tendencias y los intereses políticos, así como las orientaciones hacia algunas materias específicas, se topan entre sí. No existe una sola sociedad en la tierra en la que no se debata vehementemente sobre la globalización desde hace alrededor de una década. Los motores de búsqueda digitales nos ayudan a ver cuán nuevo es este discurso: los conceptos "global" o "globalización" no aparecen una sola vez en toda la historia de la filosofía, de Platón a Nietzsche (*Digitale Bibliothek,* vol. 1). Ruigrok y Van Tulder (1995:139) encontraron en 1980, en las revistas económicas más importantes, 50 títulos que contenían uno u otro concepto; en 1990 ya eran 670. Hoy se puede partir, con toda seguridad, de que este número se ha multiplicado por diez. Al introducir la palabra *globalization* en la librería virtual de Internet, amazon.com, aparecieron, a fines de julio de 1999, más de 415 títulos que la contenían. La coyuntura del concepto es reciente, pero, en cambio, es intensa. Por eso no es de extrañar que no existan todavía una definición, una circunscripción ni una delimitación más o menos obligatorias del concepto de globalización, que sólo con poca frecuencia aparezcan referencias recíprocas por encima de las barreras del idioma, y que el concepto de globalización sea usado frecuentemente de manera arbitraria. Por eso en la introducción hicimos el intento de describir la globalización como un proceso de transformación global.

El debate sobre la globalización se realiza —al igual que en otros casos— sobre todo en idioma inglés. Por lo general se toman en cuenta colaboraciones del propio ámbito lingüístico (francés, español, alemán, etc.), así como del ámbito lingüístico anglófono. Los estudios que han sido publicados en algún otro idioma me son desconocidos, a menos que hayan sido traducidos al inglés (o a la propia lengua). Esto puede ser interpretado como una expresión de la hegemonía cultural de Estados Unidos, país declarado por Zbigniew Brzezinski (1997:41-44) la "única potencia mundial" de este planeta, que tanto cambió después de 1989. La *lingua franca* del mundo globalizado es el inglés. Esta parcialidad lingüística no carece de peligros, puesto que hace que las especificidades de los discursos se pierdan en medio del *inglés* hegemónico. Por esta razón estamos particularmente agradecidos con todos aquellos que hicieron posible que este libro se tradujera al español, para así poder presentar sus argumentos a los lectores de México y de otros países latinoamericanos.

BIRGIT MAHNKOPF
ELMAR ALTVATER
Berlín, agosto de 1999

INTRODUCCIÓN

GLOBALIZACIÓN: UN PROCESO DE TRANSFORMACIÓN GLOBAL

La globalización de los siglos XX y XXI es la continuación de una larga historia, que se inició con los "grandes descubrimientos" del siglo XVI y que experimentó una gran aceleración —cuyos efectos se siguen sintiendo hasta hoy— con la revolución industrial de fines del siglo XVIII. Karl Polanyi, el gran historiador de la economía, considera el desarrollo hacia la economía de mercado en la Inglaterra de los siglos XVIII y XIX como una "gran transformación". Sostiene

> la tesis de que la idea de un mercado autorregulado representa una mera utopía. Tal institución no podría subsistir por largos espacios de tiempo sin aniquilar la sustancia humana y natural de la sociedad; hubiera destruido físicamente al ser humano y convertido al medio ambiente en un desierto. La sociedad se vio forzada a tomar medidas para asegurar su propia protección, pero todas estas medidas perjudicaron la función de autorregulación del mercado, produjeron una desorganización del desarrollo industrial y, con ello, pusieron en peligro a la sociedad de otra manera. Este dilema obligó a que el desarrollo del sistema de mercado tomara una dirección específica y, finalmente, sacudió la estructura de la sociedad, basada en ese sistema (Polanyi, 1944/1978:19 ss).

Según la explicación de Polanyi, antes de la "modernidad" industrial "la economía de los seres humanos [...] estaba inmersa en las relaciones sociales. La transición de esta forma a una sociedad que, por el contrario, está inmersa en el sistema económico fue un proceso totalmente nuevo" (Polanyi, 1979:135). En el siglo XVIII, de manera incipiente, y ya de forma declarada en el XIX, el mercado de trabajo, el patrón oro y el libre comercio convirtieron "el antes inofensivo patrón del mercado [...] en una monstruosidad social" (Polanyi, 1979:138). La ambivalencia de lo monstruoso es resaltada por Marx y Engels en el *Manifiesto comunista,* de 1848: la burguesía habría "hecho de la dignidad personal un simple valor de cambio", reducido "las relaciones familiares [...] a simples relaciones de dinero", "una revolución continua en la producción, una incesante conmoción de todas las condiciones sociales, una inquietud y un movimiento constantes distinguen la época burguesa de todas las anteriores" y ello "obliga a todas las naciones a adoptar el modo burgués de producción" (Marx, MEW, 4:465). El sistema económico se independizó tanto que finalmente las condiciones sociales "se vieron inmersas en el sistema económico" (Polanyi, 1979:141), y la economía dejó de ser un hecho social.

Marx y Engels, Polanyi y otros describen la gran transformación de la sociedad inglesa de hace aproximadamente 200 años, cuando la economía de mercado se impuso frente a otros mecanismos preindustriales de reglamentación social. Marx analizó esta transformación como el proceso de "la acumulación capitalista originaria" (Marx, MEW, 23, cap. 24). Desde entonces la acumulación capitalista transcurre como un "sujeto automático" con un "absoluto impulso de enriquecimiento" (Marx, MEW, 23:168 ss); en los últimos doscientos años, desde la Revolución industrial, ha cautivado al mundo entero: por medio del crecimiento en el tiempo y de la expansión en el espacio, del colonialismo, del imperialismo, y hoy mediante las tendencias de la globalización. Desde entonces el mundo "está de cabeza".

También la globalización puede entenderse como un complejo proceso de *transformaciones* económicas, sociales y políticas, que prolongan la "gran transformación" de los siglos pasados. Éste es el punto de partida para una definición sistematizada por David Held *et al.* Según esta definición, la globalización es

> un conjunto de procesos que encarna una transformación en la organización espacial de las relaciones y transacciones sociales —evaluadas en términos de su extensión, intensidad, velocidad e impacto—, generando flujos transcontinentales o interregionales y redes de actividades, interacción y ejercicio del poder (Held *et al.*, 1999:16).

En el debate sobre la globalización, según los autores, se puede identificar a los "entusiastas" o "hiperglobalistas", que ven en la globalización sobre todo oportunidades, y a los "escépticos", que ven en ella más que nada peligros. Pero, afirman, tiene poco sentido decidirse normativamente en pro o en contra, porque la globalización es, sobre todo, un proceso histórico de transformaciones sociales, políticas y económicas (Held *et al.*, 1999:7 ss). El hecho de que los presentes autores se conciban como "transformacionistas" se expresa de manera programática en el propio título del libro. De esta forma, el concepto se vuelve tan dinámico como el proceso real de globalización, que lo es desde hace mucho. Al mismo tiempo el concepto de transformación se remite a la interpretación que hizo Karl Polanyi (1944/1978) de la transición a la economía de mercado en la Inglaterra de fines del siglo XVIII y durante todo el siglo XIX, considerándola una "gran transformación". La forma de la socialización se "trasforma", en un proceso histórico, en una nueva forma. Sin embargo, Held *et al.* prescinden de una explicación de las formas transformadas o transformadoras. Puesto que, además, las sociedades modernas representan más bien un conjunto de formas en distintos ámbitos, con una diferente densidad e importancia espaciotemporal, sería más adecuado el concepto de *formación de sociedades*. Éste tiene su origen en la ciencia social orientada a Marx, pero también resulta imprescindible en otros contextos cuando los procesos de trans*formación* son objeto de análisis.

Held *et al.* se refieren en su análisis a varias dimensiones; a saber, en primer lugar, a la extensión e intensidad espaciotemporal de las relaciones y redes globales —de velocidad y efectos locales de la globalización— y, en segundo lugar, a las dimensiones de su puesta en práctica organizacional. Forman parte de ello la estructura de la globalización, la institucionalización de las redes y centros de poder globales, los patrones globales de estratificación de clases, de riqueza y de pobreza, así como las formas dominantes de la interacción global. Este esquema multidimensional sirve a los autores como matriz de su interpretación, en la que se pueden ordenar perfectamente los procesos históricos, aunque no queda claro hasta qué punto se trata verdaderamente de transformaciones. El concepto de la forma pierde sus contornos claros. Lo que queda es la afirmación de que "en el núcleo del caso transformacionista está la creencia de que la globalización contemporánea está reconstituyendo o 'reconstruyendo' el poder, las funciones y la autoridad de los gobiernos nacionales", de que los "transformacionalistas no reclaman la trayectoria futura de la globalización", que surge "una nueva configuración del poder global" y que los "patrones tradicionales de inclusión y exclusión" (Held *et al.*, 1999:7 ss) serán sustituidos por nuevos contrastes entre las sociedades y dentro de ellas. Pero siempre se puede uno referir críticamente a estas afirmaciones. Entonces, con Held *et al.* (1999) la globalización debería entenderse como el proceso de la transformación de una formación de la sociedad. De hecho, sí cambia en el *fin de siècle* 1] la forma tradicional del estado nacional como sujeto del sistema político internacional a consecuencia de la desregulación y la pérdida de soberanía, debido a que la compatibilidad entre el pueblo, el poder y el territorio del estado está desapareciendo paulatinamente. El "mundo de los estados" europeo, tal y como surgió después de la paz de Westfalia de 1648 y dominó el mundo hasta mediados del siglo XX, se está desvaneciendo. Esto es 2] consecuencia de las relaciones económicas que tienden a traspasar fronteras, de la expansión del comercio mundial, del aumento de las inversiones directas transfronterizas, del desarrollo de los mercados globales de capital y de los movimientos migratorios transfronterizos. Algunas de estas tendencias tienen una larga historia, otras son nuevas o se han visto considerablemente reforzadas en el curso de las transformaciones de los siglos XX y XXI. De esta manera surgen un espacio económico e incluso un incipiente espacio social que ya no están circunscritos por las fronteras de un estado nacional y las reglas que en él rigen. La desregulación de este conjunto de reglas estatales tiene su contraparte en la creación de 3] reglas globales, negociadas en el marco de organizaciones internacionales: para el comercio, las relaciones financieras, la comunicación, las inversiones, etc. Puesto que las instituciones globales similares a los estados sólo existen de manera incipiente, se establecen 4] modelos informales de política: redes políticas globales, foros con actores públicos y privados (como el Foro Económico Mundial de Davos), instituciones y procesos de *global governance* (gobierno global), *rating agencies* (agencias de calificación) globales y compañías de abogados, que mantienen en forma a la globalización. Pero también surgen 5] nuevos centros de poder geoestratégicos en el mundo "unipolar", que no controlan las transformaciones globales por medio del dinero o el derecho o de forma "discursiva", sino sirviéndose del poder militar y de la utilización de la violencia. Las relaciones financieras globales han obtenido una nueva calidad en el curso de los procesos de transformación; las crisis económicas desarrollan un efecto devastador como 6] crisis financieras, sobre todo porque ya no se las puede circunscribir a una economía "nacional". Y, ciertamente, 7] sin las nuevas técnicas de transporte y comunicación, las transformaciones globales no hubieran sido posibles.

Mientras que hasta ahora las transformaciones sociales evolutivas se habían llevado a cabo primero en las coordenadas geográficas del territorio del estado nacional y dentro del respectivo paralelogramo estatal de poder de las fuerzas sociales, los procesos de transformación de fines del siglo XX adquirieron, desde el principio, dimensiones globales. El sistema de coordenadas del cambio de forma se ha expandido de la respectiva especificidad nacional al espacio global. También dentro del espacio global se conservan las particularidades de un "capitalismo renano" o "atlántico" (Albert, 1991), así como las de un "capitalismo de transición europeo oriental" (Hopfmann, 1998). Sin embargo, en primer lugar, tienen que compararse en el medio del mercado mundial y de la política mundial y, en segundo lugar, el mercado mundial constituye una restricción externa que impone ajustes de forma específica. El hecho de que las transformaciones de la formación social, a diferencia de la "gran transformación" de hace doscientos años, se realicen en el horizonte de los mercados globales, resulta del *benchmarking* global, es decir, de que los estándares —de costos, precios, técnica y diseño— tengan la misma importancia en casi todas las "localizaciones"; de la acción de *rating agencies* que evalúan a los países según los criterios de los mercados globales de capital; del desarrollo de un derecho contractual global; de las condiciones de buen gobierno que deben cumplir los gobiernos para, por ejemplo, obtener un crédito del FMI.

Pero las transformaciones de las sociedades no conocen la sencilla sustitución de las "viejas" formas por las "nuevas", sino largas fases intermedias de "informalidad", que encontramos en las relaciones laborales, en la política, en el sector financiero, en todos los ámbitos de la vida. La informalidad que analizamos en el transcurso de nuestro estudio también la podemos apreciar en el transcurso de la "gran transformación" de los siglos XVIII y XIX. Marx muestra repetidas veces cómo, por un lado, con la "gran industria" surge una nueva formación social, adecuada al capital, y cómo, por otro, las formas de trabajo y de vida se desvalorizan en el proceso; ya no corresponden a las nuevas formas emergentes de la "normalidad" de una sociedad industrial. Las "viejas" formas de socialización y la "relación laboral normal" tradicional ya no representan la regla y la norma sociales, pero (todavía) no se han constituido las "nuevas" formas de una socialización estable. Por lo tanto, la informalidad es distintiva de la transición, que puede durar mucho tiempo, al final de este periodo de transición habrán surgido nuevas formas, diferentes de las que originalmente se deseaban o se habían pronosticado. Ésta ha sido la experiencia en los procesos de transición de Europa Central u Oriental, donde la transformación que había parecido tan sencilla (a veces esperada como una transición "de allá para acá" por medio de una especie de big bang) es sustituida por formas totalmente nuevas e inesperadas de socialización. Entonces, la transición no es un proceso sin fracturas ni con una dirección unívoca. Se trata de un proceso crítico, como afirmaron Marx y Engels hace más de 150 años: "Basta con mencionar las crisis comerciales, que con su periódico regreso cuestionan de manera cada vez más amenazadora la existencia de toda la sociedad burguesa" (Marx, MEW, 4:4657 ss).

Los procesos de transformación tienen un "calado" sumamente diferente, por lo tanto lo mismo ocurre también con las crisis de la transformación. En la teoría económica Schumpeter distingue entre ciclos cortos y "ondas largas" de la coyuntura. Las crisis pequeñas sirven a la adaptación y al "saneamiento" de las relaciones económicas: de la relación de ganancias y salarios (distribución), de consumo e inversión (utilización), de ramas (creación del producto social). En todo caso, los cambios radicales de la formación social no se llevan a cabo durante las crisis pequeñas. Esto es diferente en el caso de las "grandes crisis", en cuyo transcurso verdaderamente se cambia la "base" social de los procesos económicos. Se transforman las relaciones de la política y la economía, las constelaciones globales de los estados en el mundo de los estados y del estado y el mercado. Pero también estas transformaciones ocurren en el marco institucional de la forma de producción capitalista. La transición de la "gran industria" al "fordismo" y, posteriormente, a una formación "posfordista", deja intactas las instituciones básicas (sobre todo el orden de propiedad). Por el contrario, la transformación tiene como consecuencia que éstas sean reforzadas en las condiciones históricas modificadas. Pero también puede suceder que las transformaciones sociales, económicas y políticas vayan más allá del cambio inmanente, a la formación, y que impongan el cambio de sistema. Esto sucedió, sin duda alguna, en Europa Central y Oriental después de 1989: la transformación como cambio de sistema, para producir una formación institucional que sea capaz de participar activamente en las transformaciones globales.

Por último, no se puede descartar una crisis de la civilización. Ya no se trata de "pequeñas" adaptaciones de las relaciones sociales y económicas, del cambio institucional más o menos profundo en el contexto de los procesos de globalización o de un cambio de sistema auténtico —como sucedió después de 1989—, sino de límites con los que se ha topado la civilización de la modernidad capitalista y en los que se tienen que desarrollar nuevas formas de trato con la naturaleza. Las transformaciones globales —en la concepción de Antonio Gramsci— deberían pasar de una adaptación "pasiva" de la técnica, la organización del trabajo, las relaciones financieras, las formas de regulación e instituciones políticas, los patrones de consumo y las formas cotidianas culturales, a nuevos retos para una nueva estructuración, a una revolución "activa". La "revolución pasiva" de la adaptación y del "transformismo" de la utilización de cambios históricos caducos en pro de la modernización del dominio son responsables de la gran estabilidad que muestra la forma de producción capitalista, de la durabilidad de la hegemonía burguesa, de la "integración negativa" de la clase trabajadora y de otros estratos inferiores a la sociedad burguesa.

Ciertamente, la adaptación de la técnica, la economía, la política y la cultura se basa en que el sistema reciba continuamente energía (fósil) y otros recursos, que son transformados en un grandioso proceso metabólico y convertidos en emisiones (basura, aguas negras, gases) que mientras tanto lastran el ecosistema global. Por consiguiente, la transformación de la naturaleza en el proceso de trabajo resulta esencial para las formas de socialización y para sus crisis. Impulsados por los combustibles fósiles, la velocidad y el alcance de las transformaciones de materia y energía aumentaron enormemente. Ésta es la base de la compresión de tiempos y espacios que se ha erigido en la característica que define a la globalización. Así pues, sin los combustibles fósiles no existiría la moderna globalización. Sólo con ellos fue posible realizar la racionalidad capitalista de la "subsunción real" (Marx, MEW, 23:532 ss) del trabajo y la naturaleza a la relación del capital con el control de la productividad, necesario para la producción de plusvalía. La transformación de la naturaleza en gran escala y el cambio de formas igualmente profundo del trabajo en el transcurso de este proceso constituyen las bases de las transformaciones que caracterizan a la globalización.

Las distancias espaciales y temporales se reducen a consecuencia de estas transformaciones materiales y energéticas. Éste es el motivo para la erosión de la soberanía nacional, dado que su base estaba constituida por la distancia que separaba a unos pueblos de otros, por la posibilidad de delimitar los territorios estatales y por el equilibrio de los poderes estatales dentro de un sistema internacional. Entonces, la transformación de los estados nacionales no es, de ninguna manera, la causa o el punto central de la globalización, sino una expresión de los procesos de transformación mucho más profundos del trabajo, la naturaleza y el dinero. Pero la utilización de los combustibles fósiles y las formas históricas de la subsunción real del trabajo y de la naturaleza al capital tienen una consecuencia paradójica, junto con la producción en masa, el consumo en masa y la utilización masiva de la naturaleza. En la "gran industria" y en la forma de regulación "fordista" las formas de relación con el trabajo, el dinero y la naturaleza eran rígidas, mientras que la compactación del tiempo y el espacio no hubiera avanzado tanto como para que las distintas sociedades no pudieran mantener la distancia. La distancia que realmente existía entre las "localizaciones" permitió establecer trayectorias de desarrollo propias, que llevaron a formas distintas de regulación social: al tipo escandinavo de estado benefactor, al "capitalismo atlántico", al "toyotismo" japonés, al "modelo alemán", al estado latinoamericano en vías de desarrollo, a la "sociedad socialista real" en Europa Central y Oriental, etc. Ahora bien, la reducción de las distancias espaciales y temporales ha tenido como consecuencia que —como ya se señaló—, en primer lugar, hayan surgido estándares globales (*benchmarks*, un *single price*, un *global language*, una *pensée unique*, un *single policy model of good governance*, etc.) que, en segundo lugar, obligan a realizar ajustes; por eso se vuelve indispensable sustituir las formas rígidas en condiciones fordistas por formas flexibles dentro de un marco aceptado globalmente. Es este imperativo de la adaptación flexible en la organización laboral, en el salario, en la inversión de dinero en los mercados financieros globales, en la capacitación profesional, en resumen en todas las áreas de la vida, el que es glorificado como la gran "oportunidad" de la globalización (Minc, 1997) y que, al mismo tiempo, es la base material del neoliberalismo, de los hiperglobalistas y de los entusiastas. En esa medida el neoliberalismo no sólo es la ideología de la *pensée unique,* sino el conjunto de formas de pensamiento que reproducen la realidad de la globalización.

Así pues, los límites son eliminados en el proceso de las transformaciones globales. Ha surgido una economía global con una ideología del "neoliberalismo disciplinario" (Stephen Gill) que le conviene, que ha limitado el espacio de acción política como una especie de "imperativo" externo. Entonces se vuelven a formar nuevos límites: límites para las alternativas políticas a la globalización neoliberal. Pero la forma en que se mantiene pasiva a la revolución y en que las transformaciones son realizadas estratégicamente como transformismo está llevando al sistema capitalista mundial a una gran crisis, a una profunda crisis social debida a la creciente desigualdad en el mundo y a una crisis de las relaciones sociales con la naturaleza. Para oponerse a ello se están formando movimientos en contra en muchas partes y con influencia en el espacio global. Las transformaciones globales, sus crisis y las nacientes formas de regulación constituyen el objeto de los siguientes capítulos.

1

GLOBALIZACIÓN: ¿NADA NUEVO?

Desde la perspectiva del sistema mundial, el proceso de globalización aparece como una creciente *integración*[1] de regiones y naciones, que llegará a abarcar el mundo entero. Desde el punto de vista de las naciones y de las regiones, este mismo proceso representa una *apertura* progresiva que se mide, por ejemplo, por la relación que existe entre las importaciones y exportaciones y el producto interno bruto (PIB). Desde la segunda guerra mundial este índice ha aumentado de manera significativa en casi todas las regiones del mundo. Los sistemas políticos se han abierto casi en su totalidad, y se ha desarrollado un complejo sistema político internacional que se ha vuelto objeto de estudio de una disciplina independiente dentro de las ciencias políticas. En la sociología se habla de la cultura mundial de un "mundo único" (*one world*) (Archer, 1991), que podría establecerse gracias a la apertura de culturas regionales y nacionales, así como a la intensificación de la comunicación. La apertura de espacios hasta ahora más o menos distantes (si no es que cerrados) y su integración a un sistema mundial pueden identificarse en principio como las dos caras de un proceso unitario, al que desde hace algún tiempo se conoce como "globalización".[2] ¿Dónde se encuentra el origen del proceso de la globalización? ¿En la época posterior a la segunda guerra mundial, en el siglo XIX con su irrefrenable industrialización, a comienzos del moderno sistema mundial capitalista que se dio hace quinientos años, o en los inicios de la historia de la civilización humana? ¿Qué duración tendrá la globalización?

¿LA *LONGUE DURÉE* DE LA GLOBALIZACIÓN?

Frank y Gills (1993) señalan que existen ciclos políticos y económicos "largos", que

[1] En el capítulo 8 veremos con mayor precisión que, en este caso, se trata de una "integración negativa" a partir de la reducción de la regulación política, y no de una "integración positiva", determinada por una nueva regulación política que se dé a un nivel supranacional.

[2] Los motores de búsqueda digitales hacen que este hecho sea muy fácil de comprobar: los conceptos "global" o "globalización" no aparecen en la historia de la filosofía que va de Platón a Nietzsche (*Digitale Bibliothek*, 2, 1998). Ruigrok y Van Tulder (1995:139) encontraron en 1980, en las publicaciones más importantes sobre economía, 50 títulos en los que se incluyeran estos conceptos; en 1990 eran ya 670. Así pues, la coyuntura en la que se ha desarrollado este concepto es muy reciente.

tienen varios siglos de duración, desde el primer milenio antes de nuestra era. De esto deducen que tiene que haber existido algo así como un sistema mundial mucho antes del origen del capitalismo moderno, incluso muchos siglos antes de que hubieran nacido las civilizaciones en la margen oriental del mar Mediterráneo y en Mesopotamia. ¿Pues cómo hubieran sido posibles, de otra manera, los movimientos cíclicos a través del tiempo y el espacio? La coincidencia en las fases de ascenso y descenso en el sistema mundial sólo puede explicarse por las relaciones comerciales y las acciones militares de conquista, que difundieron las "ondas largas" en el mundo conocido y que hicieron posible la integración de un sistema mundial. No obstante, este tipo de integración global no abarcó todos los ámbitos sociales; se limitó esencialmente a la esfera de la circulación y a la superficie política, sin afectar verdaderamente las formas de vida y de producción. No era el estándar de un sistema mundial lo que resultaba determinante, sino las formas de vida que se tuvieran en el lugar.[3] Incluso los conquistadores carecían por lo regular de la fuerza para transformar las formas de vida locales, y en no pocas ocasiones eran ellos los que resultaban absorbidos por éstas.

Esta evolución no mostró modificaciones sino hasta los grandes descubrimientos del siglo XVI. El moderno sistema mundial había nacido.[4] Ahora bien, la integración al mercado mundial implicaba también la subordinación a una forma específica de vida y de producción. En la formación social capitalista no bastan la mera integración a las cadenas globales de circulación ni la conquista militar y la influencia sobre otras culturas; al mismo tiempo se pretende modificar las formas sociales. La "subsunción real" al capital, de la que habla Marx (Marx, MEW, 23:354, 531), modifica el trabajo y las relaciones laborales, el tipo de innovaciones técnicas, las relaciones políticas de poder y la relación entre la política y la economía, la cultura, el arte y la estética, así como, en una medida muy importante, la naturaleza y la relación de la sociedad con ésta.[5] La formación revolucionaria del sistema mundial capitalista (pues todas las facetas de la vida se revolucionan) está estrechamente relacionada con lo que Norbert Elias (1978, 1982) llamó "proceso de civilización". También la "racionalidad occidental" (Weber, 1921/1976), cuyos orígenes se remontan al "siglo XVI largo", rige ahora como la racionalidad del dominio mundial, se convierte en un atractor al que no se puede sustraer ninguna sociedad

[3] Esto se puede explicar fácilmente por medio de la lectura de las historias narradas por Scherezada en las *Mil y una noches*. Simbad el marino, la personificación del "trotamundos" de la época, se topa en lugares lejanos con formas de vida que le resultan totalmente ajenas, donde quiera que se dirija a realizar sus negocios, que por otro lado prosperan extraordinariamente. Y siempre era una cuestión de suerte poder realizar la hazaña de regresar a su país cargado de riquezas.

[4] Dado que en torno al análisis de este hecho se ha formado toda una escuela, no sería posible exponer de manera exhaustiva la enorme variedad de textos que existen al respecto. Por ello nos limitaremos a señalar aquellos que han revestido una particular importancia en el debate sobre la globalización: Wallerstein, 1974, 1980, 1989; Arrighi, 1994.

[5] En los estudios respecto al "imperialismo ecológico", por ejemplo, Crosby, 1991, o Ponting, 1991, podemos leer hasta qué punto han sido radicales las modificaciones a la naturaleza.

en la *longue durée* (Braudel, 1980). Una vez que se tornan dominantes y que influyen en la historia, los desarrollos de periodos más reducidos aparecen ya exclusivamente como coyunturas de la *longue durée.* El proceso de la globalización, del que no se habla sino hasta el último cuarto del siglo XX, coincide con "lo que de otra manera llamamos modernización" (Nassehi, 1998:153). Giovanni Arrighi se refiere de manera particularmente enérgica a la continuidad de largo plazo:

> La escala, el alcance y la sofisticación técnica de la expansión financiera actual son, por supuesto, mucho mayores que los de expansiones financieras anteriores. Pero la escala, el alcance y la sofisticación técnica mayores *no son otra cosa que la continuación de una bien establecida tendencia* [cursivas nuestras] de *longue durée* del capitalismo histórico hacia la formación de bloques cada vez más poderosos de organizaciones gubernamentales y económicas que desempeñan el papel de agencias principales en la acumulación del capital en todo el mundo (Arrighi, 1994:300).

Así pues, desde la perspectiva del "capitalismo histórico" existe desde hace siglos una tendencia unitaria que dificulta la diferenciación de las fases de la evolución capitalista (una segunda cuestión sería entonces si es adecuada la formación de fases). La revisión de la fase actual de evolución (que se inició tras el final de la "edad de oro", Marglin y Schor, 1991) conlleva una y otra vez una especie de "espiral de retroalimentación": todo pasó ya alguna vez, "se pueden detectar *similitudes asombrosas* entre la influencia acumulativa de las finanzas en los Estados Unidos de 1980, la Gran Bretaña de la era eduardiana, la Holanda de la era *periwig* y la España de la era del genovés" (Arrighi, 1994:334, cursivas nuestras). Estas similitudes existen, sin lugar a dudas, siempre que se escojan las medidas históricas adecuadas; pero si se eligen diferentes medidas que consideren otros detalles, estarán totalmente ausentes. Ocurre lo mismo que en la medición de la costa de Inglaterra: cuanto más se tomen en cuenta los detalles, hasta llegar al plano molecular, más larga será: "prácticamente toda figura que muestre cada vez más detalles al ser observada con una lente de aumento cada vez más poderosa, deberá tener un borde infinito" (Briggs y Peat, 1990:136). El problema de la indefinición de la longitud espacial, que fue formulado por Benoit Mandelbrot (1982), puede ser aplicado también a la longitud temporal. La longitud de la *longue durée* no constituye una circunstancia objetiva, sino que depende del observador y de las herramientas que utilice para realizar su análisis.

La elección de las escalas decide si en la historia de la evolución del capitalismo encontraremos similitudes que se repiten o, por el contrario, fases con características propias. Braudel trata de resolver este problema distinguiendo tres diferentes "planos temporales": por un lado los acontecimientos inmediatos; por otro las "coyunturas" en las que se forman y desaparecen constelaciones históricas y que condicionan los acontecimientos, a los que también otorgan su relevancia; por último, tenemos la corriente más profunda de la *longue durée,* gracias a cuya inercia se vinculan entre sí, en última instancia, las coyunturas y los acontecimientos (al respecto véase también Cox, 1996:24-26). Pero esta "dialéctica de la duración" no está determinada desde un principio por la *longue durée;* también depende del observador, de si las crisis son interpretadas como turbulencias inherentes al sistema —en el sentido de "coyunturas"— o como crisis del sistema —como el camino transformador que conducirá a otro sistema (social) dentro del sistema mundial—, o incluso como una crisis del sistema mundial. La escala que utilizan los teóricos del sistema mundial, a pesar del gusto histórico por el detalle de los acontecimientos en el tiempo y de las coyunturas, nos parece demasiado amplia respecto de las categorías teóricas como para poder medir con ella los procesos históricos de la segunda mitad del siglo XX.

No obstante, la perspectiva de la *longue durée* también se refiere a continuidades que realmente hacen sentir su efecto a lo largo de siglos enteros, hasta llegar a la actualidad. Entre ellas se cuentan tradiciones coloniales y poscoloniales, que confieren su estructura histórica al sistema mundial contemporáneo: fronteras étnicas y políticas, distribución de los derechos de propiedad, devaluación del conocimiento local y una división del trabajo establecida de manera internacional entre la metrópoli y la periferia (Randeria, 1998:18). También el universo de estados del "orden westfálico", establecido en Europa tras la guerra de treinta años y el "equilibrio de poderes" que se estructuró en este universo, remiten a las continuidades que, después de durar varios siglos, no empezaron a superarse sino hasta después de 1989 (Miller, 1994; March y Olsen, 1998). Así pues, es menos interesante comparar las diferentes épocas que identificar las continuidades en el proceso histórico, lo cual resulta decisivo para comprender nuestro presente.

Equipados con la escala de la teoría del sistema mundial, es más fácil comprender la tendencia de la globalización cuando se estudia la historia del sistema mundial, puesto que la globalización se inscribe en ella. Hay quienes ubican el inicio del sistema mundial en el "siglo XVI largo" y su centro geográfico en Europa (Braudel, 1986a, 1986b; Wallerstein, 1974, 1980, 1989; Arrighi, 1994); otros, como André Gunder Frank, datan la *época* del surgimiento de un sistema mundial varios milenios atrás y expanden el *espacio,* sacándolo de su limitación "eurocentrista", en dirección al hemisferio del océano Pacífico. Así pues, la *longue durée* se extendería a lo largo de la historia de la humanidad casi desde los inicios neolíticos de las civilizaciones asiáticas. Según esta teoría todo ocurrió ya alguna vez y, en el mejor de los casos, la globalización es un concepto vacío, puesto que la "globalidad" ha existido desde hace mucho tiempo: "Pero la globalidad ha sido una realidad vital desde hace por lo menos 1 500 años para el mundo (social) en su totalidad, con excepción de algunas islas muy poco pobladas del Pacífico" (Frank, 1998:85). Por lo tanto, se requeriría "una macrohistoria político-económica de los acontecimientos simultáneos, que fuera global, horizontal y con una extensa organización" (p. 91). Tan amplia es, pues, la escala con la que se mide la historia, que la determinación analítica del sistema social que se forma en Europa a partir de la Ilustración es declarada, en cuanto a su forma de producción capitalista, como el "pecado capital del etnocentrismo eurocentrista [...] incrustado en la 'ciencia' de la sociedad por

Marx, Weber y sus miríadas de seguidores" (p. 93). Entonces, si no actúa una dinámica capitalista, no se llevan a cabo ni la acumulación del capital, con la consiguiente aceleración en el tiempo, ni la expansión en el espacio. Por lo tanto resulta consecuente denunciar la tendencia a la globalización como un malentendido intelectual. Sólo resta preguntarse qué fuerzas sociales, económicas y políticas hicieron que la globalización llegara tan lejos hace tantos miles de años como para que se hubiera alcanzado un estado de globalidad que ha perdurado hasta nuestros días.

Las dudas respecto a la teoría del sistema global y la polémica crítica que André Gunder Frank hace a la tesis de la globalización son compartidas por científicos sociales con una orientación histórica (o por historiadores que se interesan por las ciencias sociales), que no toman en cuenta la *longue durée,* sino únicamente la época a partir de mediados del siglo XIX. Respecto a las décadas anteriores a la primera guerra mundial se puede comprobar que la imbricación económica internacional fue tan intensa como lo es hoy en día, siempre que se tomen en cuenta los flujos de inversiones directas y los créditos, los volúmenes o las cargas aduaneras del comercio internacional, así como los movimientos migratorios (Hirst y Thompson, 1996; Bairoch y Kozul-Wright, 1996, IMF, 1997; Glyn *et al.,* 1990; Zysman, 1996; Kleinknecht y ter Wengel, 1998). En tiempos de la llamada *pax brittanica,* antes de la primera guerra mundial, entre 1870 y 1913, el PIB creció a una tasa anual promedio de 2.7% (según datos proporcionados por Maddison, 1995). En la época de la llamada *pax americana,* después de la segunda guerra mundial, el crecimiento fue aún mayor: un promedio de 4.7% de 1950 a 1973. Las exportaciones aumentaron de 1870 a 1913 a un promedio anual de 3.5%, y 7.2 de 1950 a 1973, con un crecimiento aun más rápido que el del PIB (por cierto que lo mismo se puede decir, en sentido inverso, de la fase de decrecimiento que se dio en este siglo entre las dos guerras mundiales); la elasticidad del ingreso de las exportaciones es mayor a 1, y esto puede ser interpretado como una expresión de la apertura simultánea de las economías nacionales y de su integración al mercado mundial. Así pues, los datos favorecen aparentemente la tesis de que la globalización no es nada nuevo si no se retrocede quinientos años, sino alrededor de un siglo. Los números indicadores de la apertura (exportaciones e importaciones en relación con el PIB) hablan todavía más a favor de esta interpretación. En el año de 1913 Francia tenía, con 35.4%, una economía más abierta que en 1973, con 29, o que en 1993, con 32.4%. Lo mismo se puede decir del Reino Unido. Allí la apertura se desarrolló de 44.7% (1913), pasando por 39.3 (1973), a 40.5 (1993). En Estados Unidos este desarrollo fue de 11.2%, pasando por 10.5, a 16.8. En Japón la apertura fue de 31.4% en 1913, de 18.3 en 1973 y de sólo 14.4. en 1993.

No obstante, a estos impresionantes datos a favor de la tesis del "mito de la globalización" (por ejemplo Garrett, 1998:788) se les pueden oponer los siguientes datos acerca de la globalización financiera: las *cross-border transactions in bonds and equities* aumentaron entre 1975 y 1997, en Estados Unidos, de 4 a 213% (en porcentajes del PIB), en Alemania de 5 a 253% y en Japón de 2 a 96% (IMF, 1998a:187);

los *nonresidents' holdings of public debt* aumentaron de 1983 a 1997 en Estados Unidos de 14.9 a 40.1%, en Alemania de 14.1 a 29.3% (1996). Sólo Japón constituye una excepción entre los países industrializados; en este país el índice se mantuvo estable en aproximadamente 4% desde mediados de los años ochenta hasta mediados de los noventa (IMF, 1998a:190). La integración de los mercados financieros nacionales a un mercado financiero global, reflejada en estos datos, no es para nada un "mito". También Garrett concede: "la integración de mercados financieros es más apremiante que el comercio o que la multinacionalización de la producción" (Garrett, 1998:823), aun cuando añade que, a pesar de la globalización, los gobiernos nacionales mantienen un considerable espacio económico-político para maniobrar. ¿Pero qué pasa además 1] con la *ciclicidad* de la tendencia, y qué importancia tienen 2] los *cambios de nivel* en el transcurso de la tendencia a la globalización?

CICLOS Y NIVEL DE LA GLOBALIZACIÓN

Ciclos globales

Se ha notado con gran frecuencia que las tendencias a largo plazo de la evolución capitalista transcurren de manera cíclica (Mandel, 1980; Modelsky, 1978; Goldstein, 1988; Bornschier y Suter, 1990; Went, 1997), en largos "ciclos de Kondratieff", en "ciclos de hegemonía" que abarcan siempre varias décadas. Estos ciclos corresponden más a las "coyunturas" que a la *longue durée* en el sentido que le da Braudel. En ellos se encuentra activa esa constelación de instituciones sociales y políticas de regulación, de relaciones económicas (distribución de la acumulación real y monetaria entre los diferentes ramos y entre las clases) y del balance del poder en el sistema internacional, que condiciona la actuación de los seres humanos y, por lo tanto, la historia de los acontecimientos. Esta combinación de un régimen de acumulación económica y de una forma de regulación social y política ha sido estudiada a profundidad por la teoría de la regulación.[6] Junto con el análisis de las relaciones internacionales que, basándose en la teoría de Antonio Gramsci, se pregunta por las condiciones de la estabilidad y la inestabilidad hegemónicas, es decir, por la relación entre el poder político y el consenso político en el mundo (Cox, 1987; Gill, 1993), se ha desarrollado un concepto teórico con el que es posible identificar ciclos globales en la evolución global de varias décadas. Pero el concepto de ciclo no debe entenderse como una especie de oscilación del mismo "cuerpo de resonancia" social, sino como la expresión de etapas históricas de la evolución, que se caracterizan por sus fases dinámicas y sus fases de estancamiento. Las

[6] La bibliografía al respecto es tan amplia que no se puede presentar aquí, y mucho menos discutirla. Por eso nos limitaremos a hacer referencia a Aglietta, 1979, y Lipietz, 1986.

fases de prosperidad de un ciclo largo de Kondratieff, de 1892 a 1913 y de 1948 a 1973 (Bornschier y Suter, 1990:175-197), son los causantes de las similitudes que se presentaron antes de la primera guerra mundial y después de la segunda, y que dieron pie a la afirmación de que la globalización no es nada nuevo y que el grado de globalización alcanzado en el año de 1913 no se volvió a dar sino hasta hace apenas un cuarto de siglo, a mediados de los años setenta (IMF, 1997:112; Kleinknecht y ter Wengel, 1998:638).

Pero el indiscutible impulso globalizador previo a la primera guerra mundial fue sustituido por una fase de contracción y de desintegración económicas en la época entre las dos guerras; durante su culminación, en los años treinta, tras la gran depresión mundial, provocó una ola de devaluaciones y dio gran ímpetu a los conceptos de una política autárquica orientada netamente hacia los estados nacionales.[7] La apertura de las economías nacionales alcanzada antes de la primera guerra mundial fue anulada progresivamente a partir de 1929 en los países industrializados y, por lo tanto, la larga fase de integración económica mundial fue sustituida por una fase de desintegración. El mercado mundial se desmoronó (Kindleberger, 1973). No es producto de la casualidad que en los años treinta haya surgido el keynesianismo, que se hayan desarrollado en Latinoamérica los primeros planteamientos de una industrialización guiada por la sustitución de importaciones y que en la Unión Soviética se haya introducido el sistema de planeación central (del estado nacional). El impulso globalizador y la era de libre comercio que florecieron hasta la primera guerra mundial fueron seguidos por una reacción cíclica de control del estado nacional (que iba de la forma "suave" del keynesianismo a la planeación central "dura"), pero esta reacción no se dio automáticamente, como el movimiento de regreso en la oscilación del péndulo, sino que se trató de la percepción de opciones estratégicas por parte de la clase política y de los gobiernos de Europa y Norteamérica, de América Latina y de la Unión Soviética. En esa época la política se hacía en las fronteras existentes, y en parte proteccionistas, del estado nacional. Un sistema internacional que presentara una apertura económica y que, por lo tanto, tuviera un alto grado de integración y se caracterizara por el equilibrio entre el poder y el consenso, sí aparecía en los proyectos de algunos políticos, pero no en la realidad del poder político.

El "espléndido aislamiento" de Estados Unidos fue una clara opción de las élites dominantes en cuanto a la prioridad de la nación frente al "resto del mundo". A la "construcción del socialismo en un país" (en la joven Unión Soviética) le siguió la comprensión de lo inútil que era una estrategia revolucionaria mundial y de lo útil que sería seguir una estrategia en el estado nacional de "acumulación so-

[7] En las sociedades industriales, que dependen de las materias primas, la política autárquica tiende a la expansión política y militar. En todo caso, durante los años treinta, Japón, Alemania e Italia trataron de saciar su hambre de materias primas por medio de conquistas militares (véase al respecto Pollock, 1933). En esa misma época Keynes sostuvo una posición que no podría ser calificada de cosmopolita. Él abogaba por una "autosuficiencia nacional" (Keynes, 1933/1985), es decir, por una política autárquica que no fuera agresiva.

cialista original", acerca de cuyo carácter socialista se discutía ya en los años veinte. Un rechazo especialmente claro y agresivo al mercado mundial y a toda idea del libre comercio o incluso de la libre comunicación lo constituyó el nacionalismo militante en los países fascistas, sobre todo en Alemania, Japón e Italia. No se puede ignorar el retroceso que significó pasar de una época de un cosmopolitismo de libre comercio a un aislamiento más bien apático y proteccionista. Éste forma parte de la tendencia globalizadora tanto como esa "edad de oro" de intensivo intercambio transfronterizo, antes de la primera guerra mundial. Las tendencias predominantes de un nacionalismo militante, que se manifestaron después de la primera guerra mundial, tuvieron su origen en la fase expansiva que se había dado con anterioridad; es decir que, por lo menos ideológicamente, estas tendencias ya se habían preparado; no surgieron de pronto de la nada.

El presente ciclo de la globalización por el que estamos atravesando también podría revertirse, pero resulta sumamente improbable que el proteccionismo y la política autárquica llegaran a dominar la historia, como ocurrió en los años treinta. No obstante, también a fines del siglo XX es posible que se fortalezcan las fuerzas neonacionalistas y fundamentalistas frente a la globalización.[8] De momento, atraviesan la corriente de la globalización en forma de un remolino peligroso, pero que carece de la fuerza necesaria para frenarlas. Sin embargo, cabe preguntarse si después de la erosión sufrida por el estado nacional éste podría ser revivido en forma de un proyecto político exitoso, y si hoy, igual que hace sesenta años, los movimientos contra la globalización se siguen basando en unidades que proporcionan una identidad política: etnias, religiones y regiones. Las corrientes fundamentalistas contra la globalización ganarán relevancia política y cultural mientras las gratificaciones de la globalización no lleguen a la mayoría creciente de la gente, debido a la crisis (Barber, 1995).[9] El problema político más importante consiste sobre todo en que, tras décadas de expansión de los mercados mundiales y del sistema mundial de finanzas, también se han globalizado las tendencias a la crisis, tal como

[8] En Europa, al mismo tiempo que se está dando la unificación, ha surgido una nueva derecha que se hace sentir en las entrañas mismas de la socialdemocracia. El énfasis en la "identidad nacional" se ha convertido en un proyecto político en la era de la integración europea y de la globalización. Las propuestas de Habermas de fundamentar la identidad en el "consenso constitucional" y en la "orientación occidental", es decir, en los principios de un orden occidental capitalista, gozan cada vez de menos seguidores.

[9] Ésta es una explicación insuficiente de los modernos movimientos fundamentalistas, y particularmente de su carácter global. David Lehmann rechaza de manera explícita la interpretación del fundamentalismo como una reacción frente a la globalización y la modernización, tal como lo entiende Huntington (1993): "lejos de ser una fuga de la modernidad, los movimientos fundamentalistas son un fenómeno esencialmente moderno. No porque constituyan una reacción en contra de la modernidad, sino, por el contrario, porque son portadores de modernidad. Esto es así sobre todo debido a su carácter global" (Lehmann, 1998:630). A esta interpretación la respalda la tesis de que los fundamentalismos no surgen en los momentos de crisis, sino que tienen una historia mucho más larga, pero que sí es durante las crisis cuando se modifica su importancia político-cultural y cobran relevancia elementos estratégicos nuevos, por ejemplo el recurrir a identidades regionales frente a una crisis de regulación nacional-estatal. Barber se refiere ampliamente al tema (1995:155-216).

pasó en la gran crisis financiera mundial de hace setenta años. La sobreproducción y la sobreacumulación que se están dando a fin de siglo no son fases de ciclos económicos locales o nacionales, sino que abarcan el mundo entero. Igual que ocurrió en los años treinta, en estos años noventa un "largo ciclo de endeudamiento" está llegando a su fin con una crisis financiera global (al respecto véase Altvater, 1988:166-173). Esto ha ocasionado tendencias deflacionarias que, al igual que en los treinta, invocan el peligro de una *depression economics* (Krugman, 1999). Y no es sólo el hecho de considerar normal que aumenten las tasas de crecimiento —incluso cuando éstas dejan de presentarse durante varios años— lo que obliga a un nuevo aprendizaje. Es más importante la circunstancia de que el sistema internacional de la regulación, tanto en el territorio nacional como dentro del sistema mundial, está basado en el crecimiento y en las tasas moderadas de inflación. Pues son éstas las que inauguraron la posibilidad de la distribución, las que equilibran la tensión entre la hegemonía y el consenso y las que posibilitaron el surgimiento de un espacio para una configuración económico-política y sociopolítica de "constelaciones de actores a largo plazo" (Nassehi, 1998:161). En una era de deflación y depresión, estas posibilidades son limitadas.

El nivel de la globalización

Pero no sólo la ciclicidad de la tendencia globalizadora reviste importancia. En la tendencia a largo plazo de la evolución económica son particularmente relevantes los cambios de nivel. La tendencia ascendente que se dio hace más de cien años no se puede comparar con la tendencia ascendente de la segunda mitad de este siglo, por el simple hecho de que presentan un nivel muy diferente de producción, de productividad, de ingresos, de acervo de capital y de consumo de la naturaleza. El aumento de nivel se puede indicar a grandes rasgos con los montos monetarios, puesto que no se dispone de otras medidas. En Europa Occidental el ingreso anual per cápita aumentó, de 1820 a 1913, de un promedio de 1 228 dólares a uno de 3 482 dólares, es decir, 183%. El aumento registrado entre 1913 y 1992, a un promedio de 17 412 dólares, es decir, de 401%, fue más del doble del anterior, a pesar de dos devastadoras guerras mundiales. El valor del dólar es real (valor base de 1990) y, por lo tanto, comparable —en la medida de lo posible— (Madison, 1995:23). Por tal razón, estas cifras indican la demanda monetaria de mercancías reales, obtenidas a partir de materias primas (combustibles, materias primas minerales y agrícolas) por medio de un procesamiento, por lo general industrial. Así pues, estas cifras nos dicen algo acerca de las tendencias del consumo de la naturaleza.

Vemos, por lo tanto, que el nivel de explotación de la naturaleza es mucho mayor que hace cien, doscientos o quinientos años. Este cambio tiene consecuencias considerables para el discurso científico y político, como lo ejemplifica un razonamiento en apariencia trivial. A diferencia de lo que pasaba antes de la primera guerra mundial, a finales del siglo XX no hay "manchas blancas en el mapa". Desde que existen las fotos del "planeta azul" tomadas por satélites, a partir de finales de los años sesenta, este proceso abstracto de la globalización puede incluso ser *imaginado* de manera concreta; estamos familiarizados con las series fotográficas de la tierra y, por lo tanto, podemos imaginarnos plásticamente el proceso de la globalización. CNN y otros proyectos similares han contribuido en gran medida a ello. Hoy en día la globalización tampoco se limita a la expansión sobre la tierra firme de los cinco continentes; el interés económico se dirige a los "nuevos mundos" de los cascos polares, del fondo del mar, del universo cercano a la tierra y de las microestructuras de la vida, que son investigadas por la biotecnología y la ingeniería genética. Cuando la expansión espacial llega a sus límites en la macro, micro y nanosfera, se lleva a cabo en el tiempo, en forma de aceleración (Virilio, 1993, 1996). Entonces, la globalización es una etapa del proyecto de la modernidad que pocas veces ha sido descrita con tanta claridad en su contradicción entre emancipación y sometimiento como en el *Manifiesto comunista* de Marx y Engels (Marx, MEW, 4:462-474).[10] Se trata de algo más que de una expansión en el tiempo y de una aceleración en el espacio; se trata de la usurpación de los mundos de la vida y de la naturaleza y de su subordinación a la racionalidad de la explotación.

Esta nueva calidad de la globalización, que se debe al nivel del proceso económico, es totalmente ignorada en los argumentos que, en primer lugar, comparan datos sobre el intercambio de mercancías, de inversiones directas o de flujos migratorios. Pero a esta perspectiva se le escapa el importante hecho de que el nivel de utilización de los recursos del planeta alcanzado en nuestro días rebasa las fronteras del "espacio ambiental" (Opschoor, 1992; Wuppertal Institut, 1996) y de la capacidad de carga de los ecosistemas planetarios; fronteras que, a diferencia de lo que supone David Harvey, 1996:139), no tienen que construirse primero de manera discursiva. Los límites que la naturaleza imponía al proceso económico de la transformación de materia y energía no desempeñaron papel alguno mientras el nivel de explotación de la naturaleza fue adecuado a las tasas naturales de reproducción y regeneración. Por ello sólo a comienzos de los años setenta se habla de "límites del crecimiento", aun cuando en los antecedentes teóricos de las ciencias sociales hacía mucho que se habían elevado voces preocupadas por la ecología (véase Martínez-Alier, 1987). Los procesos económicos tienen consecuencias irreversibles, el tiempo histórico tiene una orientación definida; esta circunstancia tri-

[10] Nassehi pregunta: "¿Qué es lo nuevo en la globalización, si por globalización entendemos aquello que aparentemente coincide con lo que generalmente llamamos modernización?, a saber: la expansión de un síndrome económico, político y cultural que en la forma de proceso de racionalización occidental ha emprendido en los últimos dos o tres siglos una marcha triunfal por todo el mundo, aparentemente incontenible, y cuyas consecuencias se están revirtiendo ahora contra nosotros mismos" (Nassehi, 1998:152-153). Y él mismo da una respuesta: "Tal vez señale simplemente una nueva forma de ver las cosas, que probablemente no hayan cambiado tanto" *(ibid.)*. La "nueva forma de ver las cosas" es extraordinariamente importante. Pero en este libro demostraremos que, además, "las cosas" sí han cambiado en forma considerable.

vial de la cotidianeidad no es ni remotamente tomada en cuenta en la teoría económica (Georgescu-Roegen, 1971). El olvido de la naturaleza y la ceguera ecológica de la teoría moderna se expresan sobre todo en el hecho de que ésta desarrolla sus modelos para una economía que no conoce coordenadas naturales y sociales en el tiempo y en el espacio. Por ello, lo evidente y natural de la razón cotidiana no resulta nada natural para los economistas: no entienden que una comparación entre fases distintas, separadas entre sí por cien años, sólo tiene sentido cuando se toman en cuenta los cambios de nivel en el aprovechamiento global de los recursos durante el tiempo que transcurre entre las fases observadas. Cerca de los límites del crecimiento el discurso es uno; lejos de ellos, otro. Por lo tanto, si a fines del siglo XX se quiere razonar de manera sustancial acerca de las tendencias globalizadoras, se debe tomar en cuenta la "dimensión ecológica"; ésta ya no puede ser ignorada ni siquiera en el discurso económico, a menos que se prefiera esa economía neoclásica que hace caso omiso del tiempo y del espacio y que construye a la economía como una praxología de la acción racional —válida en todo lugar y en todo momento— del *homo œconomicus.*

Tiempo y espacio de la globalización

El tiempo y el espacio, según nos dice Kant en su *Crítica de la razón pura,* no son conceptos empíricos, sino una "necesaria concepción *a priori* que subyace en todas las apreciaciones externas" (Kant, s. f.:112). Uno no puede imaginarse que no existieran el tiempo y el espacio. Son algo tan natural que, paradójicamente, se puede hacer abstracción de ellos en el modelo científico. Sin esta abstracción la economía neoclásica y la elección racional serían un planteamiento imposible. Pero esta abstracción no es, en modo alguno, arbitraria, pues en el marco de la globalización los muchos tiempos en las muchas regiones del mundo son concentrados en un único tiempo mundial, normado y normativo. Y esto no sólo gracias a que los medios modernos crean de manera "virtual" una simultaneidad en acontecimientos que no están sucediendo de manera simultánea, de modo que cualquier acontecimiento no simultáneo, quizá de importancia únicamente local o regional, pasa a ser parte de la historia mundial. También la simultaneidad sincrónica puede convertirse en una no simultaneidad diacrónica, para de esta manera producir cadenas artificiales de causa y efecto. Así pues, acontecimientos ocurridos en diferentes partes del mundo y de diferente importancia son localizados en un solo eje temporal, en lugar de varios. Surge así el "globo compactado en su dimensión temporal" (Harvey, 1996:238-247; Fraser, 1993:380), cuyos ritmos temporales y coordenadas espaciales se adaptan a las condiciones de aprovechamiento del capital.

El ritmo de vida de las personas en diferente regiones del mundo, especialmente en los puntos nodales del acontecer mundial, se mueve al compás de un tiempo mundial. Cuando en Francfort se abren las bolsas de divisas y de valores ya se conocen las cotizaciones del cierre de actividades de las bolsas de Tokio, Singapur o Hong Kong, y cuando en Wall Street, en Nueva York, se da inicio a las actividades bursátiles, ya se conocen las tendencias de las cotizaciones en las bolsas de valores europeas. Esto será todavía más fácil cuando haya corredores de bolsa presentes las 24 horas del día en las diversas bolsas del mundo, lo cual permitirá aprovechar aun las más mínimas diferencias cambiarias. Pues lo que cuenta, finalmente, es el volumen de las transacciones; la bolsa de valores con horario permanente es redituable. Desde un punto de vista económico el mundo ya no es un lugar ancho y ajeno, lleno de países lejanos, sino pequeño, densamente poblado y con países muy cerca unos de otros, en los que existen mercados (monetarios) enlazados por las telecomunicaciones. Los costos para superar el espacio y el tiempo que esto implica son mínimos; prácticamente no cuentan. La compresión del tiempo y el espacio era, hasta no hace mucho, un privilegio elitista; pero ahora, gracias a Internet y a los vuelos baratos, se ha "democratizado", es decir, se ha convertido en parte de la vida de cada vez más personas, por lo menos en los países en los que se dispone de una moneda "dura". En los países en los que éste no es el caso se termina esta democracia del dólar y del euro, puesto que sólo se puede tener acceso a la participación por medio del dinero, y no del voto. Y entonces puede suceder que la globalización no sea compresión de tiempo y espacio, sino el incremento de las distancias y la exclusión de las gratificaciones que proporciona la cercanía. Así pues, la globalización también crea nuevas fronteras, que fomentan la interpretación de que la globalización se estaría llevando a cabo sobre todo en la "tríada" de los países industrializados de Europa Occidental, Norteamérica y Lejano Oriente. La periferia, es decir, los países pobres en vías de desarrollo, quedaría excluida (Boyer y Drache, 1996:2-3). Pero la exclusión de las sociedades de continentes enteros sólo representa el reverso de la moneda de la inclusión de los países ricos.

La expansión hacia un espacio global y la organización de un tiempo mundial han convertido al planeta en un gran mercado en el que los factores de producción son comprados donde son más baratos: *global sourcing, global pricing, global costing: "global village-global pillage"* (Brecher y Costello, 1994). La adecuación de la organización de las empresas a la globalización se da de tal manera que, en primer lugar, pueden estar presentes simultáneamente en tantas regiones como sea posible y, en segundo lugar, con precios competitivos (véanse al respecto los capítulos 6 y 7). Hacen referencia a esto casi al unísono quienes engruesan —con escritos más o menos amarillistas— esa sección de la bibliografía que se dedica al tema de la "competitividad" o aun de la inminente "guerra de la economía " (Seitz, 1992; Thurow, 1993; Luttwak, 1994, etc.). El *global sourcing* ya no se refiere únicamente a las materias primas y a las mercancías semielaboradas, sino también a la fuerza de trabajo, y no sólo a la menos calificada, sino también a la categoría de trabajadores que tienen un alto nivel de calificación, es decir, ese estrato del que se reclutan los ciudadanos activos, los promotores de la sociedad civil. En el embate de la globalización económica se han quedado logros políticos y económicos cuyo efecto se limitaba a territorios específicos. Así surgieron los regímenes benefactores (Esping-

Andersen, 1990), que han sido estudiados detalladamente en las últimas décadas por las ciencias sociales comparadas. La creación del régimen de tiempo y espacio de la geoeconomía, con su correspondiente infraestructura material e institucional, ha conducido a la desaparición de los tiempos y espacios locales, regionales y nacionales, lo cual constituye también un aspecto de la extinción de las especies. Al tiempo de la repetición se superpone el tiempo lineal de la expansión y la aceleración. Los ritmos naturales del día y de la noche, de las estaciones del año y los ritmos sociales de las festividades no son nada frente a los límites de tiempo abstractos del plazo de vencimiento de un crédito. Los ritmos biológicos y naturales son sacrificados en el altar de la "economía del tiempo". "Tiempo de comunicación telescópica instantánea que genera más acontecimientos, más problemas, mayor información y retos, conduciendo a una agilización en la toma de decisiones" (Marshall, 1996:195).

En su época Karl Marx y Friedrich Engels, en el *Manifiesto comunista,* se mofaron de la "idiotez de la vida en el campo", con su lentitud y sus limitaciones provincianas. Sin embargo cabe preguntarse si la vida en la "aldea global", a fines del siglo XX, es más abierta y menos idiota. Constituiría un gravísimo error creer que una mayor apertura y tener más mundo conllevan automáticamente una expansión en el alcance del pensamiento, del lenguaje y de las acciones en el mundo. En 1759 Lawrence Sterne escribió en su *Tristram Shandy* acerca de la partera que lo ayudó a nacer y que, como dice, gozaba de una muy buena reputación "en el mundo": "pero he de aclarar, en honor a la verdad, que por la palabra *mundo* entiendo únicamente un pequeño círculo descrito sobre el gran círculo terrestre, con un diámetro no mayor de cuatro millas *inglesas* y cuyo centro lo constituye la cabaña" (Sterne, 1994, 1:26). Vemos entonces que la cabaña y las cuatro millas que la rodean pueden ser consideradas, con cierto derecho, como una "sociedad mundial", un concepto que hoy en día le está reservado al sistema global de las relaciones humanas, sin que por ello deje de ser un eufemismo, pues a fines del siglo XX tampoco existe una sociedad mundial. Un trotamundos abonado a varios programas de "viajero frecuente" de las aerolíneas no entiende más acerca del ancho mundo que la pequeña partera de siglos pasados sólo porque se dedique a acumular millas. En otras palabras: el planeta compactado en tiempo y espacio existe, pero no por ello es aerodinámico.

Las sociedades modernas están cimentadas sobre una tradición reformista, más o menos marcada, que se concentra en el estado nacional benefactor, tanto respecto de las instituciones y el financiamiento como de las costumbres de las personas. Este colchón comparativamente seguro de paz social es todo menos un lecho de rosas. En el curso del proceso de globalización todos los logros sociales están a disposición de la economía, porque lo que cuenta son los estándares económicos y monetarios, que se expresan en precios, y no los estándares sociales. Pero sin estos últimos la sociedad civil, en la que intervienen ciudadanos con demandas sociales y derecho a la participación política, se convierte en un absurdo histórico. Es indiscutible que existen estas tendencias en contra del estado benefactor, pero es imposible conocer su fuerza y saber si terminarán por imponerse. Al estado como *legal authority* (autoridad legal) esto no le afecta. Pues "*todas* las entidades dentro y fuera del estado que aspiran a ejercer alguna autoridad —desde clubes de tenis hasta organizaciones internacionales y multinacionales— pueden hacerlo únicamente porque, en última instancia, obtuvieron del estado algún tipo de derecho para ello. Hoy en día no existe otro tipo de autoridad *legal*" (Armstrong, 1998:467; Sassen, 1998, ofrece argumentos similares). Esto es cierto, pero cuando existen mercados abiertos las acciones estatales son condicionadas por las tendencias y las fuerzas globales. Éstas operan como imperativos externos y, como tales, pueden motivar a las "autoridades legales" a revocar los estándares sociales o a desmantelar las instituciones benefactoras del estado. La normalidad social e histórica de las relaciones laborales y de las condiciones de vida se encuentra sometida a un estrés inaudito. Bajo el dominio del mercado global no se puede establecer una normalidad histórica, anclada espacialmente. La norma más importante la constituye la competitividad en el mercado mundial, a la que se subordina la conformación de la sociedad. El estado nacional que subsiste como "autoridad legal" se convierte en un "estado nacional de competencia" (Cerny, 1995; Hirsch, 1995; Altvater, 1994).

Política y economía: imperialismo o globalización

El discurso de la globalización depende de la percepción y de la información. No es casual —según lo señala el Grupo de Lisboa (1997)— que éste se inicie a principios de los años setenta, y que sólo después del memorable año de 1989 obtenga el impulso que habría de hacer de la globalización un tema mundial en las ciencias sociales y en la política. Así pues, el discurso de la tradición histórica de la globalización se puede *proyectar en retrospectiva* a partir de la época actual; hace cien años no hubiera sido posible, por eso es que tampoco existía. La comparación con la "globalización" de hace cien años, que se hace para relativizar la relevancia del concepto con el fin de analizar las tendencias actuales, puede justificarse por la fascinación que despiertan datos y comparaciones históricas, pero no por ello cobra sentido. A fines del siglo pasado el concepto usual para analizar la economía mundial era el del *imperialismo,* y no es sólo una cuestión semántica que se desconociera el concepto de la globalización, pues la expansión capitalista de aquella época se entendía principalmente como el "impulso de toda nación capitalista industrializada a someter y apropiarse regiones agrícolas cada vez mayores, sin consideración alguna para con las naciones que las habitaban" (K. Kautsky). Lenin se refiere de manera positiva a esta cita (Lenin, 1917, LW:22, 272), y crítica únicamente el hecho de que Kautsky hable de regiones agrícolas, interpretando así de manera errónea los motivos económicos de la expansión imperialista (sobre todo la concentración y la monopolización del capital industrial y el papel desempeñado por el capital financiero). Lenin basaba sus argumentos en el estudio realizado en el año de 1902 por J. A. Hobson, en el que éste describió al imperialismo, a diferencia de la colonización, como la toma de posesión de territorios fuera del propio país por grupos de intereses particulares, apoyados por el aparato estatal (Hobson, 1902/1965).[11]

A fines del siglo XIX los proyectos para realizar una expansión aún mayor se vieron limitados, porque la mayor parte de la tierra había sido repartida a una u otra potencia metropolitana. Entre 1876 y 1915 alrededor de una cuarta parte de la superficie del planeta había sido formalmente anexada y distribuida en calidad de colonias a media docena de estados (Foster, 1994:87).

Esta interpretación de poderosos intereses particulares que eran apoyados por el aparato de poder político en su expansión económica más allá de las fronteras nacionales —que siempre resultaban demasiado estrechas— es una constante en la bibliografía de la época acerca del imperialismo, sin importar cuán diferentes fueran las obras entre sí. Rudolf Hilferding escribe de manera explícita que

el capital de exportación se siente más tranquilo [...] cuando su propio estado tiene control completo sobre el nuevo territorio, pues así quedan excluidas las exportaciones de capital de otros países, y él mismo goza de una posición privilegiada mientras que sus ganancias están más o menos garantizadas por el estado (Hilferding, 1910/1981:322).

También Rosa Luxemburg describió al imperialismo como "la expresión política del proceso de acumulación de capital en su competencia por apropiarse de los restos del mundo no capitalista" (Luxemburg, 1913/1979:423), siendo que esta lucha se apoyaba en los recursos militares de los estados nacionales. Así, según Rosa Luxemburg, en el estadio imperialista "se acaba por sepultar totalmente al viejo programa democrático y burgués", sin que por ello desaparezca al mismo tiempo la retórica nacionalista (Luxemburg, 1913/1979:138). Según la luchadora social, la política "es dominada por una ley inmensamente poderosa que obra a ciegas, de igual modo que las leyes de la competencia económica determinan de manera dominante las condiciones de producción de cada empresario" *(ibid.)*. Así pues, el imperialismo es un proyecto de capitales que se sirven del estado nacional para superar las crisis de la acumulación y para efectuar su expansión sobre las "manchas blancas", es decir, sobre el "entorno no capitalista". Es inevitable que los estados nacionales se vean trenzados en conflictos políticos y, finalmente, militares.[12] Y

[11] La crítica más fundamentada que se ha escrito hasta la fecha acerca de la teoría del imperialismo de Lenin y de su posterior perfeccionamiento por la Internacional Comunista se debe a Christel Neusüss (Neusüss, 1972).

[12] Polanyi se opone a esta tesis: "Nos hemos acostumbrado demasiado a considerar la expansión del capitalismo como un proceso absolutamente pacífico, y al capital financiero como el instigador principal de innumerables crímenes coloniales y agresiones expansionistas". Pero también hay que considerar la otra cara de la moneda: "la reorganización de la vida económica [creó] las condiciones para que se diera la paz de cien años" (Polanyi, 1944/1978:35-37).

precisamente esta consecuencia teórica pareció verse confirmada por la primera guerra mundial; de ahí la relevancia política que la teoría del imperialismo ganó rápidamente en el movimiento obrero de este siglo.

El carácter único del imperialismo también se revela cuando comparamos esa fase del desarrollo que se dio hace cien años no con el presente, sino con los patrones de pensamiento y la interpretación que se hacía del mundo a fines del siglo XVIII, en tiempos de Immanuel Kant. El pensador nunca salió de Königsberg, y sin embargo hizo al mundo entero el objeto de su filosofía, y profundizó en las condiciones sociales y los principios de organización política de la "paz eterna", que no han perdido actualidad doscientos años después de la publicación de su escrito (Kant, 1795/1984) (véanse Gerhardt, 1995; Williams, 1992). Se trata de los principios sobre los que se puede edificar un mundo pacífico de estados. Su punto de partida es la "segregación" de muchos estados nacionales soberanos, que puede ser reglamentada de manera racional por medio del derecho de gentes, pues "la violación del derecho en *algún* lugar del mundo se siente en *todos* los demás"; por consiguiente, los pueblos viven en un mundo interdependiente. En consecuencia, la "idea de un derecho civil universal no es una concepción fantástica y extravagante del derecho" (Kant, 1795/1984:24). Los principios de organización de las sociedades constituidas en un estado nacional revisten una importancia particular en este contexto. Porque sólo las sociedades democráticas y republicanas conceden el espacio en el que los ciudadanos conscientes y autónomos pueden elevar sus intereses pacíficos al rango de máxima de la política del estado nacional. ¿Pues quién querría responder por los gastos de una guerra "de su propio peculio", "batirse personalmente" y poner su vida en peligro, sufrir las consecuencias del endeudamiento estatal después de la guerra, tomar a la ligera las destrucciones materiales? Nadie, desde luego, y por eso el estado debe estar organizado de tal forma que aquellos que deciden sobre la guerra y la paz "también tengan que asumir todos los sufrimientos de una guerra" (Kant, 1795/1984:12-13). Por lo tanto, las sociedades democráticas y republicanas son, *per se* y por los intereses personales de la ciudadanía, pacíficas, y por ende también lo es el orden internacional que conforman. Por esta razón Kant rechaza la idea del estado mundial, de la "monarquía universal", pues ésta sólo se puede concebir como una "tiranía desprovista de alma" y, como tal, belicosa por naturaleza, dado que en ella los "gérmenes del bien" son eliminados y la soberanía del ciudadano activo es anulada.[13]

Aun cuando Kant tuvo consciencia de la importancia de los intereses económicos, no pudo prever los alcances del poder económico que se ha ido acumulando desde el surgimiento del capitalismo industrial en el siglo XIX, el cual, por la sola razón de la extrema desigualdad económica, ha obstaculizado la participación política, haciendo imposible, para muchos individuos, la "autodeterminación racional". Éste es el tema en el que hacen hincapié Marx y la bibliografía marxista. Pa-

[13] No es posible abordar aquí la importancia que la Revolución francesa tuvo para las tesis de Kant, ni tampoco las tentativas napoleónicas por conquistar el mundo.

ra Lenin, y también para Rosa Luxemburg, la configuración de las instituciones políticas y de la opinión pública ciudadana tiene relativamente poca importancia en comparación con las tendencias del desarrollo económico. Pues, en primer lugar, apenas tienen que surgir los individuos que vayan a autodeterminarse y "como lo atestiguan siglos enteros, la despiadada lucha de clases, que despierta la conciencia de sí mismo, el espíritu de sacrificio y la fuerza ética de las masas populares [...] constituye la mejor protección y la mejor defensa del país frente a los enemigos externos" (Luxemburg, 1913/1979:134) y —habría que añadir— la mejor garantía para una política interior y exterior pacífica. En segundo lugar, los estados nacionales persiguen, esencialmente, los intereses de su respectivo capital nacional. A diferencia de Kant, quien buscaba destacar la "lógica" de la política de paz en el *sistema internacional de los estados,* se atribuye a la lógica de la economía la responsabilidad por el clima beligerante en el interior de sociedades constituidas como *estados nacionales* y por la guerra entre las naciones. Así pues, mientras que en Kant la "rivalidad" económica es un factor de cultivo pacificador de los pueblos, en la bibliografía de crítica al capitalismo, que aparece a fines del siglo XIX, se la presenta como precursora de conflictos políticos y militares. Apoyado por los estados nacionales, el capital tiende a rebasar las fronteras; por consiguiente, este tipo de internacionalización parte del estado nacional y, por lo tanto, sólo puede conducir a un choque entre los estados nacionales. No obstante, Hilferding encuentra tendencias contrarias también en un plano nacional: los grupos capitalistas nacionales en competencia se "organizan" en un "cártel general", que dirigiría la totalidad de la producción y de esta manera eliminaría las crisis. A partir de esto Kautsky concluyó que gracias a esta forma de "organización" del capitalismo se generaría un "hiperimperialismo" que no necesariamente conduciría a la guerra, como sostiene Lenin, sino que, por el contrario, incluso ayudaría a evitarla.

Desde esa fase, que se dio hace aproximadamente cien años, el escenario político y económico ha cambiado. El capital industrial y financiero concentrado no busca ya las fronteras, aseguradas y extendidas por la acción del estado nacional, sino que ejerce presión sobre los gobiernos nacionales para que se eliminen aquéllas por medio de la desregulación, para ofrecer así a la economía las mejores posibilidades de expandirse en el espacio global y de alcanzar la acumulación en el tiempo a la velocidad más rápida posible. En el transcurso de este siglo la relación imperialista de política y economía se ha convertido casi en lo contrario de lo que alguna vez fue. Particularmente la evolución del sistema financiero global, desde mediados de los años setenta, y la desregulación, le han restado importancia a las fronteras de los estados nacionales. La geoeconomía que se ha creado a partir de todos estos factores no es tanto el lugar en el que se dirimen divergencias políticas entre estados nacionales como la arena de la competencia entre grandes empresas que operan internacionalmente. Fernand Braudel (1986a, 1986b) distinguió en su análisis sobre el surgimiento del sistema mundial capitalista entre reinos mundiales y mercados mundiales. Los reinos mundiales existían ya en las épocas precapitalistas, el mercado mundial no. Éste se forma a partir del "siglo XVI largo", en el marco de la "gran transformación" (Polanyi 1957/1979), aunque Polanyi afirma que ésta no se inicia sino hasta el siglo XVIII. Sin tomar en cuenta esta diferencia, Edward Luttwak (1994) distinguió entre el principio de la "geopolítica" y el de la "geoeconomía". Se creó un espacio en el que diversos estados nacionales compiten, no en el sentido tradicional del imperialismo, sino más bien como unidades empresariales que, en el territorio más amplio de la geoeconomía, compiten por la supremacía política de sus "localizaciones". El territorio donde opera la política estatal es, cada vez más, el mercado mundial; los estados nacionales se están transformando en "estados de competencia" (Cerny, 1995; Hirsch, 1995; Altvater, 1994). Éstos ya no operan según la lógica binaria de la política, como la había postulado Carl Schmitt (1963): la política se pone a prueba en la capacidad de distinguir entre amigos y enemigos. En la geoeconomía hay muchos competidores, pero no hay enemigos que tengan que ser combatidos, en caso necesario, hasta la "guerra total". Luttwak tiene razón: la competencia permite la bancarrota, pero excluye la gran guerra como agudización existencial de la lógica binaria. Son distintas las *racionalidades capitalistas* que controlaron la expansión a fines del siglo pasado y las que la controlan a fines de este siglo.

LA MEDICIÓN DE LA GLOBALIZACIÓN

¿Cómo se mide la globalización? ¿Qué datos pueden servir de índices adecuados? ¿Qué unidad de medida debe escogerse, en qué lugar se debe medir y en qué sistema de categorías se interpreta el resultado de las mediciones? Si ya resulta difícil dar la medida de algo tan concreto como la costa de Inglaterra en yardas y pulgadas, tanto más difícil será medir la globalización. Si los datos de flujos de comercio, inversiones directas y movimientos de capital son levantados en fronteras nacionales, ya se ha dado en la argumentación, entonces, un sesgo a favor de una tendencia económica nacional. Así llega a suceder que la apertura de países pequeños (Holanda, por ejemplo) sea muy alta y que la de países grandes (Estados Unidos) sea limitada, o que disminuya la apertura cuando en Europa se forma un mercado común. Si las relaciones económicas intraurbanas de una ciudad de tamaño regular se distinguieran de las transurbanas, con seguridad se podría observar un volumen considerable de producción y consumo dentro de los circuitos intraurbanos. Basándonos en este hallazgo, ¿sería admisible la afirmación de que la ciudad X no está integrada a la economía nacional del país Y, lo que convertiría a esta ciudad en una "quimera", en un "fantasma", tal y como afirmaban los empiristas acerca de la tendencia de la globalización? Tomando en cuenta este aspecto, ¿qué es el comercio intraempresa, que según datos de la Organización para la Cooperación y el Desarrollo Económico (OCDE) aumentó durante las décadas pasadas y conforma aproximadamente una tercera parte del comercio mundial? ¿Es ésta la expresión de una tendencia hacia las microeconomías (por ejemplo, siemensización, daimler-chryslerización, shellización) o a las "megaeconomías", es decir, a la globalización de la economía?

La medida no nos dice nada sin una interpretación adecuada, es decir, basada en la teoría. Según datos de la OCDE, la participación del comercio intraempresa en el comercio entre filiales de empresas transnacionales (ET) aumentó, entre 1982 y 1992, en Estados Unidos de 31 a 40%, en Japón de 30 a 33% y en Suecia de 40 a 50%. A pesar de que la participación de las ET en el comercio exterior de Estados Unidos y de Suecia disminuyó, y en el caso de Japón tuvo un aumento muy reducido, se elevó la participación del comercio intraempresa en las exportaciones totales: en el caso de Estados Unidos de 22 a 23%, y en el de Suecia de 24 a 26% (OECD, 1996:29). Y si el capital invertido de las ET se concentra en un espacio, ¿debe esto interpretarse como prueba del "arraigo" de los consorcios (según lo afirman Krätke, 1997:222; Hirst y Thompson, 1996; Kleinknecht y ter Wengel, 1998) o más bien como prueba de que se están tomando en cuenta los factores de riesgo en la comparación de los rendimientos en mercados globales, especialmente cuando las ET con una sede física disponen de una gran cantidad de proveedores provenientes de diferentes países y controlan una red global de empresas? (véase el capítulo 6). ¿Y qué pensar de esas relaciones económicas globales desreguladas y, por lo tanto, desprovistas de criterios, que no pueden ser medidas sino, en el mejor de los casos, calculadas de manera aproximada, puesto que se desenvuelven en el secreto de la economía informal (negocios de compensación, comercio de bilateralidad, trueque, etc.) o en la clandestinidad criminal (tráfico de drogas, venta de armas, lavado de dinero, etc.)? Hay que considerar que la globalización también significa que aquellos que no logran participar en los mercados "formales" son empujados a la clandestinidad "informal" y a veces incluso criminal. Por esta razón, la respuesta a la pregunta acerca del peso de la globalización ya está predeterminada por el tipo de formación de unidades y por el establecimiento del lugar y del objeto del levantamiento de datos.

Esto sólo puede ser corregido por medio de una interpretación explicativa de los datos. Por ejemplo, de la abrumadora importancia del comercio intraempresa hay que concluir que las estadísticas que se realizan en las fronteras de los países no resultan adecuadas para abarcar la verdadera dimensión de la globalización. Ésta no se expresa tanto en los flujos transfronterizos de capital y de mercancías como en el hecho de que los parámetros para las actividades económicas en todo el planeta se conforman en los mercados globales. *La globalización es una relación social* que tiene efectos estructuradores a fines del siglo XX en procesos económicos, técnicos y culturales. Los créditos en cuenta corriente de una caja de ahorros localizada en una ciudad pequeña del estado federado alemán de Brandeburgo o en Dodgeville, Wisconsin, se orientan (tomando en cuenta las diferencias de riesgo) según los intereses pagados en los mercados globales de finanzas. Los precios del mercado mundial de cerveza tienen relevancia para la competitividad de una cervecería bávara aun cuando ésta provea a un mercado más bien regional. Los estándares globales son importantes también para los productores que venden sus mercancías producidas en la ciudad alemana de Darmstadt exclusivamente en esta localización o en la ciudad vecina de Francfort. La política económica de un gobierno nacional debe tomar en cuenta la globalización, por ejemplo, en lo tocante a la competencia por tasas de impuesto menores para patrimonios monetarios móviles.[14]

Así pues, no resulta particularmente razonable querer medir la globalización con estadísticas sobre el comercio mundial, obtenidas en puntos de medición del estado nacional. Puede llegar a suceder que así se constaten fronteras y, por consiguiente, diferencias (por ejemplo, en la tan gustada desconstrucción de las variables de los costos salariales unitarios), que existen únicamente porque se las creó con los propios métodos de medición; desde el punto de vista científico, esto es un autogol. Más allá de los propios cálculos, estos datos sólo tienen importancia real en el espejismo de una interpretación con una base teórica muy endeble. Por lo tanto, la globalización no se puede constatar fácilmente con medidas empíricas. Existe el valor concreto de uso de las mercancías y del lugar en que éstas son producidas. En consecuencia, no puede existir la globalización sin un *locus,* un lugar, o sólo en las especulaciones de quienes a su alrededor no ven más que virtualidad. La competitividad puede ser tan pronunciada y tan indiscutible que no se tenga que temer a ningún competidor "en la localización", es decir, que podríamos cerrar los ojos frente a la globalización. ¿Pero es la globalización un mito sólo por el hecho de que el lugar concreto sea tan importante? Difícilmente. Pues en el espacio abstracto de la competencia global las mercancías deben mantener no sólo su valor de uso, sino sobre todo el de cambio. Sólo cuando redunda en divisas (duras) vale la pena la producción, porque el capital, en comparación con otros capitales, podría aprovecharse en otras "localizaciones". Por esto globalización significa ante todo la primacía del valor de cambio por sobre el valor de uso, la globalización de estándares y el *benchmarking* global, que se convierten en pauta para decisiones locales. Esto lo mostró Leslie Clark en un estudio de las prácticas locales de grandes ET establecidas en California:

> El *benchmarking* es un sistema de mejoras continuas, derivadas de las comparaciones sistemáticas con las mejores prácticas que se llevan a cabo en el mundo. Tiende a estar basado en sectores, pero las empresas más progresivas parecen aplicar el *benchmarking* globalmente a procesos y actividades que rebasan los sectores comerciales [...] el *benchmarking* puede tener consecuencias importantes no sólo para los procesos de manufactura y para los servicios, sino también para las estructuras corporativas (Sklair, 1998a:205).

[14] Oskar Lafontaine interpretó la globalización como una "oportunidad" (Lafontaine y Müller, 1998) y subestimó su ímpetu y efecto estructurador sobre la política económica nacional del estado. Frente a los "mercados globales" no pudo imponer reformas a la política tributaria, ni una reducción de los intereses o una expansión de la demanda de alto poder adquisitivo para combatir el desempleo. Lafontaine fracasó y, pocos meses después de que se hubiera formado la coalición rojiverde (entre el Partido Socialdemócrata y el partido ecologista) en Alemania, renunció a su cargo como ministro de Finanzas en marzo de 1999.

El *benchmarking* global muestra que los estándares nacionales y locales —de los que partieron la economía política clásica, Marx y también los teóricos del imperialismo, y que hasta hace pocas décadas resultaban casi obvios, sobre todo en relación con las condiciones institucionales de los costos laborales— están siendo dejados de lado en favor de estándares globales. Los costos laborales locales, las tecnologías, el diseño, la rentabilidad del capital invertido, etc., deben ser comparados con los mercados globales, aun cuando la producción sea únicamente para mercados locales. Los productores en las economías de transformación de Europa Central y Oriental se dieron cuenta de ello cuando, tras la apertura de 1989, se eliminaron capitales a gran escala sólo porque no pudieron ser invertidos de manera competitiva.

ESQUEMA 1.1. LOS DOS ASPECTOS DE LA GLOBALIZACIÓN

Fronteras del estado nacional	⇔	Mercado mundial sin fronteras
Soberanía sobre el territorio	⇔	Erosión de la soberanía territorial
Política y poder	⇔	Economía y dinero
Economía inmersa en la sociedad	⇔	Economía desinmersa de la sociedad
Derecho y regulación	⇔	Desregulación
Territorialidad de la sociedad políticamente configurable (por ejemplo, por medio del "contrato social")	⇔	Mecanismo abstracto de la socialización
Lugar concreto y regímenes locales de tiempo	⇔	Espacio abstracto y regímenes globales de tiempo
localización	⇔	Mercado mundial
Competitividad local	⇔	Competencia en el espacio global
Valor de uso	⇔	Valor de cambio
Organizaciones políticas del estado nacional, en forma de partidos	⇔	Crisis de los partidos; red global de organizaciones no gubernamentales
Gobernabilidad de los gobiernos nacionales-	⇔	Gobierno global

Marx tenía razón al calificar el "doble carácter del trabajo" como "detonador" del entendimiento de la política económica (Marx, MEW, 23:56). Deben tomarse en cuenta de manera adecuada el trabajo concreto y el abstracto, el aspecto material y el energético de la producción. Si, por un lado, no se percibe aquello que sucede en el lugar concreto geográfico y social, y si, por otro, no se consideran los imperativos sociales y políticos que se originan en los regímenes de tiempo y espacio abstractos, la dinámica de la globalización le será tan indescifrable a los analistas políticos y sociales como el libro con los siete sellos del que el doctor Fausto habla a su criado Wagner. En el esquema 1.1 se esbozan estas relaciones. En el lado izquierdo se expone el vínculo local, es decir, la dimensión concreta de los procesos económicos, sociales y políticos. Del lado derecho está el aspecto abstracto, o sea el aspecto formal de los procesos globales. Sin embargo, ambas columnas no se oponen entre sí, sino que representan las dos caras de la misma moneda. Si se resalta y observa sólo una de las dos columnas se perderá la "dialéctica de la globalización". Oponer entre sí a las dos columnas no sólo carece de sentido, sino que genera una ceguera política y teórica. Algunos ven sólo la localización concreta, otros sólo el espacio abstracto del mercado global. Unos se limitan a las condiciones de la competitividad, otros insisten en una mayor competencia en un mercado mundial desregulado, un tercer grupo mira sólo el poder de las fronteras estatales, otro más bien las tendencias a la desaparición de las fronteras en un mundo de estados. Unos perciben a la globalización como una amenaza (por ejemplo Forrester, 1997), otros ven en ella una oportunidad (por ejemplo Minc, 1998).

COMPETENCIA GLOBAL Y COMPETITIVIDAD GLOBAL: "GLOCALIZACIÓN"

Mientras que el *principio de la competencia* es tan poco aprensible como el genio liberado de la botella que domina el mercado mundial en su totalidad, la *competitividad* sólo se puede producir en unidades pequeñas, *in situ.* Los agentes de los mercados, es decir, las empresas, obedecen al principio de la competencia global, y por eso la *globalización de la competencia* se refleja especialmente en las "nuevas" estrategias empresariales; pero de este tema nos ocuparemos más adelante. La abrumadora importancia del mercado mundial y el papel que desempeñan las estrategias microeconómicas de adaptación constituyen un motivo del dominio de la racionalidad microeconómica en el discurso económico y de las ciencias sociales a partir de la "contrarrevolución neoliberal" (Friedman, 1976; véase Frankel, 1997, acerca de la crítica de la izquierda a las posiciones neoliberales). Claro que son responsables de la *competitividad* de las unidades locales (de "localizaciones") todos los actores que pueden ejercer alguna influencia "local": las empresas, los bancos, los sindicatos, las instituciones políticas y culturales de los estados nacionales, la ciencia y las "redes" de la sociedad civil; es decir, todas las unidades que pueden producir una "competitividad sistémica". Poder mantenerse en la competencia y producir la competitividad en "localizaciones" depende de lógicas de acción distintas, en parte incluso contradictorias. En la competencia se trata de equivalencias, pero en la producción de competitividad importa asimismo la reciprocidad. También los regímenes de tiempo son diferentes, como se señala en el esquema 1.2. Esto explica el renovado interés que han despertado las viejas ideas de Alfred Marshall (1890/1964), quien considera las relaciones extramercado (externas), en las que se insertan las empresas de manera regional, como factores esenciales de la productividad de complejos productivos. Aquí se muestra que la definición de los derechos de propiedad se complica extremadamente cuando se tiene que valorar una empresa junto con todas las relaciones externas en las que se encuentra inserta y sin las cuales no podría ser competitiva. Así pues, se debe distinguir entre las estrategias empresariales en la competencia global y las estrategias locales o nacionales (pero siempre "sistémicas") de la producción de competitividad, aun cuando aparezcan juntas en el proceso unitario de la globalización. Ya para este momento nos hemos percatado de que la globalización no se puede llevar a cabo sin vínculos locales. Consecuentemente, sería adecuado hablar de una nueva forma de articulación de los procesos globales y locales, de una especie de *glocalización.*

ESQUEMA 1.2. MANEJO DE COMPETENCIA Y COMPETITIVIDAD

Sistemas de control	*Lógica de acción*	*Alcance espacial*	*Dimensión temporal*
Mercado	Principio de equivalencia	Global	Referida al acto individual de cambio o trueque; catalaxia
Estado y jerarquía	Ejercicio del poder y adquisición de legitimidad	Territorio del estado nacional	Programación a largo plazo (pero no a la eternidad)
Redes	Principio de reciprocidad	Inmediaciones territoriales y sociales	Referida al sistema de intercambio; asegurada institucionalmente; se basa en la confianza

Y aquí resulta evidente una relación contradictoria entre diferentes formas de regulación social. En principio se puede distinguir entre una regulación de tipo mercantil, otra jerárquica y otra ejercida desde las redes (al respecto véase Messner, 1995). Las diferencias resultan de la lógica de acción, de su alcance espacial y de su dimensión temporal. De esto se desprende su respectiva aptitud para la consecución de objetivos determinados.

Para poder sobrevivir en la competencia global es imprescindible seguir la lógica del principio de equivalencia. El propio acto del intercambio, que siempre implica transacciones monetarias, lo exige. Pero para asegurar y mejorar la "competitividad internacional" de las "localizaciones", en primer lugar se debe movilizar el recurso del poder político en la planeación (por ejemplo de las políticas industriales) por medio del poder estatal y, en segundo lugar, despertar las potencialidades sociales (y de la sociedad civil), contenidas en las redes tejidas sobre la base de la reciprocidad. Es decir que para que los actores puedan operar de manera exitosa en los mercados globales deben ser apoyados "localmente" por el estado y por la sociedad civil. No obstante, en esto se encierra un problema de principios. El sistema dominante de control es el mercado, con su lógica de acción. Si se instrumentalizan los otros sistemas de control para procesos del mercado, siempre estarán bajo la presión de renunciar a su propia lógica y de adaptarse a los procesos del mercado. El estado está sometido a los mismos criterios de eficiencia y al mismo cálculo racional que los actores económicos, es decir que los agentes del estado siguen la lógica económica. Pero de esta manera se socava la especificidad del legítimo ejercicio del poder. El "estado competidor" cae inevitablemente en un déficit de legitimación si no se alcanza el éxito mercantil. También la movilización de los recursos sociales se torna difícil cuando se utiliza principalmente para asegurar el éxito del mercado en la competencia internacional. La reciprocidad se subsume al principio de la equivalencia. De esta manera se imponen coordenadas de tiempo y espacio que no son las de las redes sociales: la velocidad puede elevarse tanto, y los espacios expandirse a tal punto, que se desgarran las redes sociales con sus vínculos territoriales.

Pero la obediencia a los imperativos de la competencia global y la tentativa de crear las condiciones para la competitividad local son dos aspectos de un juego que provoca un dilema: si los actores siguen las necesidades de corto plazo y siempre actuales —por lo tanto apremiantes— de la competencia global, reduciendo los costos y deshaciéndose de todas las cargas que parezcan superfluas, para "adelgazarse", con la ejecución de las *best practices,* esto tendrá por resultado que los "depósitos de grasa" sociales, económicos y políticos, imprescindibles para el largo aliento de la competitividad, serán consumidos y emaciados. Esto lo reconoció claramente Friedrich List al insistir en la necesidad de reforzar las "fuerzas productivas" (List, 1841/1982). Pero, por el contrario, si se toman medidas para mejorar la competitividad, éstas pueden resultar muy costosas a largo plazo e incluso parecer superfluas desde una consideración de la racionalidad microeconómica, de modo que se las deja de lado o aumentan los costos (a través de la cuota fiscal, en tanto que las medidas sean financiadas con recursos públicos). Entonces los competidores parecen ser desleales al tratar de obtener ventajas con medidas de *dumping* sociales (o ecológicas).

En la convergencia de las fuerzas del mercado, el control político jerárquico y la formación de redes —elementos necesarios para la creación de la competitividad— surge un dilema, cuya solución, según Dahrendorf (1995), es algo tan complicado que él utiliza la metáfora de la "cuadratura del círculo": los estándares de la competencia económica están dictados cada vez más por el mercado mundial. Pero estos estándares solamente se pueden alcanzar en los lugares en los que se producen las mercancías o en los que se lleva a cabo la distribución, y que están en competencia con otras "localizaciones". Mientras que en el espacio económico la *competencia* entre los actores del mercado es la que determina su modo de actuar, se requeriría que en el espacio político existieran *cooperación,* consenso y reconocimiento entre los ciudadanos en la sociedad civil (mundial). Esto es difícil, quizás imposible. Pues, en primer lugar, la competencia global socava al estado benefactor, puesto que éste se cuenta, sobre todo, como factor de costos. Los "políticos reales" de todo el mundo tratan de someter las prestaciones sociales a la férrea tutela del mercado mundial. En segundo lugar, el desmantelamiento de las prestaciones sociales se hace de manera muy desigual. Aquí entran en juego criterios de exclusión como raza, etnia, religión, etc., que, en el plano social, son extraordinariamente explosivos y provocan conflictos. En tercer lugar, las leyes de la competencia en los mercados globales exigen reducciones de costos, lo cual en todo caso implica reducir el personal. Pero la consolidación del desempleo estructural en todos los países es, en cuarto lugar, una amenaza para la sociedad civil. Pues en las "sociedades laborales" sólo se permite el acceso a las gratificaciones a quienes disponen de ingresos. Normalmente sólo es posible garantizar un ingreso constante cuando existen plazas de trabajo. En quinto lugar, las necesidades de adaptarse tienen como consecuencia una movilización de las personas y la flexibilización de su empleo. Debido a esto se diluyen los vínculos sociales, se refuerzan las tendencias a la anomia y se agotan los recursos de la confianza recíproca. Esto produce efectos que se sienten incluso en la conformación de asentamientos y de sistemas de transporte urbanos. En sexto lugar, en este contexto resulta especialmente trágica la destrucción de los servicios públicos ligada a este proceso. De esta manera se fomenta la desintegración de las instituciones que sostienen a la sociedad civil.

No obstante, es casi imposible esperar que, en contra de estas consecuencias, se desarrolle un movimiento social comparable al que se dio en el siglo XIX en contra de la explotación inhumana en el proceso de producción. Esta explotación era una experiencia colectiva, contra lo cual sólo se podía luchar con un movimiento colectivo, mientras que las tendencias de la globalización hoy en día fomentan la individualidad.[15] A causa de esto "no sólo se ha modificado la sociedad civil, sino también los conflictos sociales" (Dahrendorf, 1995:42). En séptimo lugar, según Dahrendorf, la carencia de vínculos del individuo tiene como consecuencia un aumento de la criminalidad, puesto que la estrategia del enriquecimiento privado *como meta* goza de una gran aceptación, y sólo los *medios* para lograrlo son discriminados. Y, por supuesto, como reacción surge, en octavo lugar, la defensa por medio de medidas de ley y orden. Por lo tanto, la individualización desemboca en un nuevo autoritarismo (y en la búsqueda de nuevas identidades, como raza, etnia y religión). Este autoritarismo no se dirige contra el libre mercado, tampoco contra las tendencias de globalización, individualización y privatización, sino que, por el contrario, las complementa y las redondea. La política y la sociedad deben someterse a la economía global. Pero esto significa que el ciudadano participativo de la sociedad civil tiene cada vez menos que decir frente a los requerimientos de las fuerzas de mercado. Es éste el peligro para la democracia, y es a la vez una amenaza política para las sociedades civiles occidentales, de las que en 1995 se espantaba un li-

[15] "La revolución cultural de fines del siglo XX se podría considerar como el triunfo del individuo sobre la sociedad" (Hobsbawm, 1995:420). Este triunfo es tan abrumador que incluso los científicos sociales más críticos encuentran sólo rasgos positivos en las tendencias de individualización y cierran los ojos frente a las consecuencias ecológicas negativas.

beral como Ralf Dahrendorf, tras la euforia suscitada en 1989. Aceptar la competencia en el mercado mundial y, por lo tanto, el "libre mercado", organizar a la economía nacional de manera eficiente y competitiva, cultivar la cultura democrática de una sociedad civil y, al mismo tiempo, fortalecer el estado de derecho y las instituciones políticas del estado nacional con su territorio definido: todo esto es, verdaderamente, querer lograr la "cuadratura del círculo" (Dahrendorf, 1995:57).

GLOBALIZACIÓN SIN GLOBALIDAD O LA IDEA DE UN CONTRATO SOCIAL GLOBAL

¿Sería más realista asumir que una "sociedad mundial" surge cuando la globalización provoca grandes problemas a las sociedades locales y nacionales? Una "sociedad" exige un mínimo de consenso, es el resultado de un "contrato social" explícito o implícito, gracias al cual el vínculo se vuelve obligatorio, tanto en relación con las obligaciones como con los derechos. La globalización impulsada por la esfera del mercado de ninguna manera implica una universalización del "proceso civilizador de la Ilustración" ni la creación de un "vecindario global". Por esta razón Richard Falk critica en el reporte de la Commission on Global Governance:

> El énfasis ético en la buena vecindad sugiere una globalización orientada hacia las personas; sin embargo, el fuerte aval del informe de Bretton Woods y su enfoque, así como su aceptación de la dinámica de la globalización económica, implican una globalización orientada hacia el mercado (Falk, 1995:574).

Aunque la globalización a través del mercado no tenga un efecto universalizador, sí se derriban las viejas estructuras de orden y se disuelven los vínculos. En un mundo del que no es posible tener una "visión panorámica" se pierde el sentido de orientación, pues las señales del mercado son insuficientes para la comunicación necesaria en la vida práctica. La división global del trabajo no se convierte en una nueva "fuente de solidaridad" (Durkheim, 1977:415); la consecuencia sería más bien la anomia social, "que es el debilitamiento del control, en el sentido del debilitamiento de la solidaridad" (Parsons, 1960:147). Esta doble cara de la globalización se puede representar, por ejemplo, como una simultaneidad de "unificación y fraccionamiento" (Mistral, 1986; Bonder, Röttger y Ziebura, 1993; Narr y Schubert, 1994). Pero esta concepción no ofrece más que una primera aproximación al problema (este tema se tratará con mayor precisión en el capítulo 3).

Sólo cuando se interpreta a la sociedad como un conjunto de procesos inmateriales de comunicación se puede hablar desapasionadamente y sin agitación alguna acerca de lo inaudita que resulta una "sociedad mundial" (Luhmann, 1987) en el devenir de la historia. John W. Burton también considera que existe una "sociedad mundial" en proceso de formación, dado que las fronteras de los estados nacionales son cruzadas continuamente. "Las fronteras estatales son significativas, pero son sólo uno de los tipos de frontera que afectan el comportamiento de la sociedad mundial" (Burton, 1972:20). En realidad, lo que se ha globalizado son las cadenas de pago del sistema constituido por la economía; la apertura se refiere principalmente a los mercados monetarios y de capital. La comunicación científica ha producido una "comunidad científica" global que maneja una *lingua franca* que funciona como una divisa dura y convertible en la economía. Luhmann dice de manera lapidaria: "Hoy en día la sociedad es claramente una sociedad mundial; claramente, en todo caso, si nos basamos en el concepto de sistema social sugerido" (Luhmann, 1987:585). Sin embargo, también enfatiza la contradicción entre sociedad global e interacción con alcances globales:

> A pesar de que la sociedad consta mayormente de interacciones, se ha vuelto inaccesible para la interacción. Ninguna interacción [...] puede pretender ser representativa de la sociedad. Por eso ya no existe la "buena sociedad". Los ámbitos de experiencia a que se puede tener acceso en la interacción ya no transmiten el conocimiento socialmente necesario, y aun pueden inducir sistemáticamente a error. También los campos de interacción, que se unen entre sí o se suman unos a otros desde determinados puntos de vista, se dirigen, a lo sumo, a sistemas funcionales, quizá también a límites regionales (naciones), pero no al sistema general de comunicación social (Luhmann, 1987:585).

Así pues, la sociedad es hoy una sociedad mundial, que se caracteriza por su carencia de socialidad. La globalidad puede constatarse como un fenómeno real, pero sólo en cierta medida. La sociedad mundial es, al mismo tiempo, una realidad económica y una quimera social. Por lo tanto, el proceso de la globalización impulsa la formación de una sociedad mundial y, al mismo tiempo, garantiza que ésta no merezca el nombre de "sociedad". Sin duda no sólo se puede hablar de sociedad cuando las diferencias en su interior hayan sido reducidas a un mínimo tolerable. Las sociedades capitalistas se caracterizan por sus oposiciones, diferencias, contradicciones y conflictos. Esto sucede tanto en el nivel global como en un estado nacional o en unidades locales. Pero una sociedad supone puntos de referencia comunes en cuanto a la percepción del tiempo y el espacio, a los estándares, a las normas y las leyes, sin las cuales se hundiría en un caos de anomia.[16] No sorprende, entonces, que una idea surgida en la época de la temprana burguesía despierte una renovada fascinación a fines del siglo XX: la idea del contrato social.

En este caso, el moderno discurso de la globalización hace que se recurra a reflexiones originadas en los siglos XVII y XVIII. Leibniz (reimpr. 1948), a quien Harvey estudia a profundidad (Harvey, 1996:69-77, 259-274), construye la sociedad con base en mónadas que no tienen nada que ver entre sí. No ejercen ningún efecto

[16] Ruggie habla de que "toda civilización tiende a tener su propia perspectiva particular [...] La especificidad de la territorialidad moderna está estrechamente relacionada con la especificidad de una perspectiva que tiene un solo punto de vista" (Ruggie, 1993:15, 169), que se desarrolló en el Renacimiento, con el surgimiento del moderno sistema capitalista mundial.

unas sobre otras, son sustancias "sin ventanas" o, en el mejor de los casos, "almas inteligentes" (Goethe). Cuando a pesar de la pasividad de las mónadas "en cuanto a política de ordenamiento" surge el "mejor de los mundos posibles", es decir cuando a partir del caos surge una *"armonía preestabilizada"* (Leibniz, 1948, *Monadologie:* §§ 78, 80, 87), esto debe de haber sucedido gracias a una influencia ideal, a la "intervención de Dios", quien desempeña el papel de *deus ex machina,* del "arquitecto de la máquina del mundo" (§ 87). Las mónadas contienen en sí mismas al universo, independientemente unas de otras y aun sin tener una conciencia recíproca. En su estado presente están contenidos, completos, el pasado y el futuro del mundo. Son "espejos [...] del mundo de las criaturas" (§ 83). No existe incertidumbre alguna acerca del futuro, no hay inseguridad y, por lo tanto, tampoco desilusiones que pudieran ocasionar un cambio de planes o de decisiones. Los conceptos modernos de tiempo con una orientación definida, de irreversibilidad termodinámica, de mercado y compensación de intereses, son totalmente ajenos a esta imagen tan completamente optimista de un mundo ordenado.

La mónada individual es absoluta, como lo fue Luis XIV —a quien Leibniz buscó en 1672 para entregarle una memoria—, quien dijo *"l'état c'est moi"*. En este sistema son inconcebibles las relaciones sociales, a no ser que *"l'autre c'est moi"*, es decir, el otro o la otra se refleje en mí y viceversa; pero lo decisivo es el espejo, no el acto de reflejarse. La sociedad es una "máquina del mundo", una *machina divina* que tiene la capacidad de elaborar las actividades de producción y consumo de las mónadas que giran en torno a ella y de reflejarlas, sin que por ello tenga que establecerse comunicación alguna entre las mismas. Porque éstas "no tienen ventanas por las que algo pudiera entrar o salir" (§ 7).[17]

A las mónadas no se les insufla vida sino en las modernas teorías de los contratos; entonces se ven obligadas a abrir sus ventanas. De esta manera se convierten en individuos que se comunican. En el transcurso de la construcción teórica de los contratos sociales se establecen principios que fundamentan políticamente la relación del individuo con la sociedad: en primer lugar, la aceptación de la igualdad natural del ser humano. Sólo sobre esta base pueden los seres humanos (del sexo masculino) formar una sociedad de iguales; la ley también reconoce como iguales

[17] Desde la perspectiva de un intelectual norteamericano de los años noventa David Harvey escribe un simpático comentario acerca de la incomunicación sin ventanas: "La solución particular de Leibniz, a la que llegó en la *Monadología,* se basaba en fallas del ejercicio político ocasionado por el retiro hacia el mundo sin ventanas (su estudio) de una mónada intelectual, desde donde intercambiaba una extensa correspondencia con el mundo exterior: una proposición particularmente atractiva. Resulta pues poco sorprendente que las fallas políticas que la izquierda ha cometido en las dos últimas décadas hayan ocasionado una retirada similar hacia un mundo leibniziano de relaciones internacionalizadas [...] Esto ha sido facilitado en más de un aspecto por el perfeccionamiento de las tecnologías de computación (otra innovación de Leibniz, quien [...] no sólo desarrolló la primera calculadora sino también la aritmética binaria). La imagen del individuo monádico, pendiente del monitor de una computadora y conectado por medio de un módem a un vasto mundo de correspondencia en el ciberespacio es, en muchos aspectos, la consumación (y la repetición) del sueño de Leibniz. 'Las mónadas no tienen ventanas, pero sí terminales', escribe Heim" (Harvey, 1996:75).

a aquellos que muestren desigualdades económicas o culturales, pero la igualdad entre sexos no es reconocida. En segundo lugar, la confirmación del principio de autonomía de las configuraciones sociales. Este principio contradice de manera explícita toda idea de un orden religioso previo a la configuración de la sociedad. El contrato social genera ese derecho de la comunidad política que todo lo gobierna y que es diferenciado como el "dominio de la ley", como el moderno estado de derecho. En tercer lugar, la distinción entre la moral privada, la individual y la política. Los individuos particulares siguen sus propios objetivos privados, mientras existen otros que son públicos, es decir, políticos. "Es por esto por lo que la salvación de las almas no es ni la causa ni el objetivo de la institución de las sociedades civiles" (*"C'est pourquoi le salut des âmes n'est ni la cause ni le but de l'institution des sociétés civiles")*, dice Diderot (citado en Rosanvallon, 1989:67), a lo que, no obstante, Rousseau opone algunas décadas después la idea de la coincidencia de las voluntades privada y pública en la *"volonté générale"*. En el camino que lleva de la naturaleza a la cultura y del conflicto al consenso la razón va abriendo brecha. En el contrato social la razón alcanzó su máxima expresión que, sin embargo, también es la más paradójica.

Esta paradoja se convierte en el tema central en la Ilustración escocesa del siglo XVIII. Se trata, ni más ni menos, que de reconciliar la "vieja" moral con la "moderna" economía, es decir, de comprobar que la consecución de los intereses privados es compatible con la obtención del bien común. La consecución de los intereses comerciales privados tuvo como consecuencia la agudización de "la riqueza de su nación" (*wealth of his country*). En la *Fábula de las abejas,* de Bernard de Mandeville, escrita en el año de 1705, se dice con una ironía que nace de la época: "Pese a todo ese pecaminoso hervidero / se estaba, en realidad, como en el cielo [...] Pues incluso el peor de todos / por el bien común obraba votos" (Mandeville, 1705/ 1957:31). En el comentario en prosa que acompaña estos versos paródicos Mandeville dice:

> Sé que a muchos esto les parecerá una extraña paradoja, y se me preguntará qué beneficio pueden traer ladrones y delincuentes a la comunidad. [Pero] si todas las personas fueran absolutamente honestas y nadie se ocupara más que de sus propias cosas, la mitad de los cerrajeros del país estarían desempleados (p. 80).

Esto suena muy moderno: la promesa de puestos de trabajo justifica toda operación de exportación, no importa lo cuestionable que sea. Los daños a la salud y al medio ambiente se transforman de vicios privados en beneficios públicos (crecimiento, etc.). Pero la dimensión en la que los vicios privados se convierten en beneficios públicos ha cambiado radicalmente. En vista de los niveles que ha alcanzado el consumo de la naturaleza, ni siquiera las virtudes privadas garantizan en todos los casos el logro de los beneficios públicos. El afán de lucro particular constituye hoy en día un "acto trágico" (Hardin, 1968). Esto porque los actos, que en lo privado pueden parecer llenos de virtudes, frecuentemente traen como consecuencia la destrucción de lo que está a disposición de todos los seres humanos: el aire para respirar, el agua para beber y también la cultura que nos proporciona identidad. En la discusión de fines del siglo XX acerca de las teorías de los contratos que se dieron en la temprana burguesía, queda perfectamente clara la relación que acabamos de mencionar, es decir que en los límites del espacio del ambiente también se modifica el discurso, y que los significados de nuestros conceptos (el afán de lucro, el bien común, etc.) cambian con el tiempo.

Antes de seguir en esta dirección se debe mencionar otro principio que resulta fundamental para el desarrollo de la reflexión en torno a la sociedad y la socialización: la libertad del individuo se basa en el derecho a la propiedad privada. La idea de los derechos de propiedad como base de todas las actividades de la socialización fue desarrollada sistemáticamente por John Locke, en su obra *Ensayo sobre el gobierno civil* (Locke, 1690/1977). El mundo les fue entregado a todos los seres humanos, y todo lo que la naturaleza produce es propiedad común de la humanidad entera. Pero dado que el ser humano es libre, posee la propiedad particular que corresponde a su propia persona, y tiene un derecho exclusivo sobre la expresión de su cuerpo y de su espíritu. "El trabajo agregó a esos productos algo más de lo que había puesto la naturaleza, y de ese modo pasaron a pertenecerle particularmente [al hombre]" (Locke, 1690/1977:217, § 27). Gracias al trabajo la naturaleza no sólo es arrancada de su estado original, sino que el pedazo de naturaleza trabajado modifica su valor (acerca de la valorización véase el capítulo 3). "Porque es el trabajo, sin duda alguna, lo que establece en todas las cosas la diferencia de valor" (p. 225, § 40). Aquel que trabaja ha obtenido derechos sobre el trozo de naturaleza gracias a su activa expresión vital. El derecho común de todos a la naturaleza sin trabajar, en "estado natural", ha sido sustituido por un régimen de derechos de propiedad privada, puesto que "el animal pertenece al que puso su trabajo en cazarlo, aunque antes perteneciese a todos por derecho común" (p. 218, § 29): "la manera de ser de la vida humana trae necesariamente como consecuencia la propiedad particular" (§ 34). En cuanto la naturaleza sea trabajada, la *res nullius,* o *res communis,* se convierte en propiedad de quien la trabaja (en el sentido mencionado arriba), es decir, se convierte en *res particularis.*

A consecuencia del trabajo, el sistema natural se disgrega en una serie de partículas aisladas, los recursos naturales son arrancados de su ambiente natural para ser aprovechados como mercancías, es decir, para poder ser convertidos en dinero. Esto ya lo intuía Voltaire cuando, al comentar el escrito de Mercier de la Rivière "sobre el orden natural", dijo que su lectura lo había puesto de mal humor. "Es sabido que la tierra todo lo produce. ¿Quién podría no estar convencido de ello? Pero es una idea monstruosa el que un individuo pueda ser el dueño de toda la tierra" (citado en McNally, 1988:142). Sin embargo, el propio John Locke resalta tajantemente que el trabajo no sólo fundamenta la propiedad, sino que también le impone un límite: "La misma ley natural, que de esa manera nos otorga el derecho de propiedad, pone al mismo tiempo un límite a ese derecho" (Locke 1690/1977: § 30). Los límites están dictados por la restringida capacidad de disfrute.

No obstante, estos límites se abolieron "mediante el empleo del dinero" (§ 45). Aunque sí existe otro tipo de límites: los de los otros propietarios privados. Porque el ejercicio de los derechos de la propiedad privada puede tener como consecuencia "efectos externos" sobre los otros propietarios, tanto negativos como positivos: "Ningún daño se causaba a los demás hombres con la apropiación, mediante su mejora y cultivo, de una parcela de tierra, puesto que todavía quedaba disponible tierra suficiente y tan buena como aquélla [...] Por esa razón, apropiarse una parcela de tierra no disminuía en realidad la cantidad de que todos los demás podían disponer" (§ 32). De esto se sigue que la desventaja se produce cuando ya no hay tierra disponible, es decir —hablando en términos modernos—, cuando se rebasa la capacidad de carga de los sistemas naturales, cuando se alcanzan los "límites del espacio del medio ambiente" (al respecto véase Wuppertal Institut, 1996). Porque entonces la propiedad especial de A afecta el ejercicio de los derechos de propiedad de B. Y B no necesariamente tiene que ser un vecino: puede ser un miembro de una generación futura que deba enfrentarse a las consecuencias de los actos de la generación actual. Estas circunstancias llaman en primer lugar la atención sobre el hecho de que el discurso burgués muestra un sufijo histórico. Cuando, alejados de los límites del espacio del ambiente, los propietarios privados se apropian parcelas de tierra por medio del trabajo, el discurso puede conducirse de manera distinta que cuando se acercan a estos límites, cuando el reclamo de derechos afecta necesariamente a otros propietarios privados. En el siglo XX economistas liberales como Ronald Coase estudian los problemas que resultan de esta situación para los contratos entre individuos independientes, buscando soluciones racionales a esta negociación, es decir, tratando de salvar el principio del contrato social entre individuos, a pesar de que en los límites del espacio del medio ambiente no existan bases para su negociación. La grandeza de John Locke estriba en que reconoció los límites de la fundamentación teórica del contrato para la socialización. Así pues, las divergencias de intereses no podían excluirse del contrato social, a pesar de la imputación que postula Mandeville. Es la clásica aceptación de las "tranquilas pasiones" con las que se persiguen los intereses la que tiende el puente entre los intereses individuales y la racionalidad social (Hirschman, 1984). En la Ilustración escocesa es este "sentido de compatibilidad [...] el que constituye el principio de atracción en la sociedad" (McNally, 1988:168-169), de manera comparable a los principios de Newton sobre la fuerza de gravedad en la naturaleza inanimada. Es fácil imaginarse que la "compatibilidad" tiene un alcance territorial y social. Por este solo hecho resulta cuestionable que en la discusión acerca de la globalización se mencione la idea del "contrato social global".

La fundamentación teórica del contrato social se torna superflua cuando David Hume y, posteriormente, Adam Smith, encuentran la moderna fundamentación de que la socialización es (también) un proceso objetivado, controlado por el dinero en el aspecto económico. Según esta nueva postura, la sociedad no surge sólo gracias al contrato entre ciudadanos políticos, plenamente conscientes de lo que implica el paso que están dando, y que, sobre todo, tienen la opción de no cerrar el contrato; más bien el dinero se convertirá, como dice posteriormente Marx, en la verdadera y real comunidad, que es reproducida, "a espaldas" de quienes están suscribiendo el contrato, como sociedad burguesa capitalista. La sociedad como medio ya se encuentra presente antes de que los ciudadanos hayan siquiera pensado en un contrato. Con ello surgen las condiciones necesarias para que nazcan el fetichismo de la mercancía y el imperativo de la socialización, por un lado, y la concepción de un mecanismo de socialización no ligado al territorio, al lugar concreto (*"l'opérateur de l'ordre social"*, "el operador del orden social"; Rosanvallon, 1989:70), por otro: el espacio del mercado y, por lo tanto, de la sociedad burguesa, es el mundo entero, el planeta. "La tendencia a crear el mercado mundial está contenida de manera inherente en el concepto mismo del capitalismo. Todo límite aparece como una barrera que hay que superar." (Marx, *Grundrisse,* 1859/1953: 311). Ya el fisiócrata Le Trosne llama a los comerciantes una *classe cosmopolite,* cuyas fortunas no conocen *"ni patrie ni frontière"* (Rosanvallon, 1989); "[Quesnay] escribe que 'las fortunas monetarias son una forma clandestina de riqueza que no conocen ni rey ni patria'. Como resultado de ello, los comerciantes son 'extranjeros' en su propia nación" (McNally, 1988:117).

El espacio económico, en el que la tendencia es "desregular" las fronteras políticas, se caracteriza por las actividades de apropiación a partir de los derechos sobre la propiedad privada. El ciudadano político, que se impone límites mediante la celebración del contrato y mediante una constitución, se convierte también en ciudadano económico; es, al mismo tiempo, *bourgeois* y *citoyen.* Esto no ha cambiado mucho hasta el día de hoy. Los derechos de propiedad son las instituciones fundamentales de la constitución económica global; los convenios sobre *trade related intellectual property* (TRIPS) o los acuerdos sobre el *multilateral agreement on investment* (MAI) y otras negociaciones similares en más de 1 500 tratados bilaterales y regionales de protección a la inversión dan muestra de ello. La dinámica de la apropiación a partir de los derechos de propiedad rebasa todos los límites que se hayan estipulado por contrato. En este aspecto los fisiócratas fueron especialmente consecuentes y radicales; la administración política no debía impedir la acción de las leyes del orden social "natural", puesto que la competencia en el mercado se encargaría de lograr un adecuado equilibrio de intereses. La mejor política era la del *laissez-faire, laisser-aller,* y la mejor máxima para la conducta privada la de *enrichissez-vous!* Esta exhortación tiene su equivalente contemporáneo en la regla de convertir al valor del accionista en la directriz de los actos empresariales y de no admitir influencia alguna de los actores sociales y políticos (por ejemplo, de sindicatos y gobiernos) en la gestión empresarial (véase *The Wall Street Journal,* 2 de abril de 1998). No obstante, se debe conceder a los fisiócratas el hecho de que sólo se hayan podido imaginar la ilimitada libertad económica de los actos empresariales privados en una comunidad ordenada. Como lo documentan los *tableaux économiques,* siempre pensaron en una sociedad basada en la producción agraria, no en la industrial, por lo que no podían siquiera imaginarse la dinámica —incluso de carácter destructivo—

que desataría la iniciativa individual. Por lo demás, Adam Smith no pensaba de manera diferente; también él se refería más bien a un capitalismo con una estructura agraria, aun cuando dé inicio a su obra sobre la *Riqueza de las naciones* con la discusión de los efectos de la división del trabajo en la manufactura.[18] La incipiente industrialización se apoyaba todavía en gran parte en la agricultura. Por esto es tanto más notable la visión que mostraron Smith y algunos más en el debate acerca del derecho de propiedad y de los procesos de mercado.

El mercado sustituye la idea de la armonía preestabilizada en un mundo de mónadas que convergen "en virtud de la armonía preestabilizada entre todas las sustancias, puesto que éstas son la representación del mismísimo universo" (Leibniz, 1948:§ 78). Pero el mercado también sustituye la idea del contrato social. Ya existía como institución antes de que los ciudadanos del estado y de la economía celebraran un contrato, y le proporciona un trivial equilibrio al conjunto de la economía, equilibrio que se forma a espaldas de los ciudadanos activos a partir de sus acciones individuales dirigidas por la "mano invisible" del mercado. Alguien "sólo piensa en su ganancia propia; pero en éste, como en muchos otros casos, es conducido por una mano invisible a promover un fin que no entraba en sus intenciones" (Smith, 1776/1976, I:477). Esto es muy parecido a la idea que Mirabeau expresa en la *Philosophie rurale* de que "la magia de una sociedad ordenada radica en que cada hombre trabaja para los demás, mientras cree estar trabajando para sí mismo" (en McNally, 1988:123).

Por esto, cuando se habla del "contrato social" se manifiestan dos cosas: en primer lugar, indica de alguna manera las tendencias de disolución de las sociedades tradicionales "en la localización": éstas tratan de fundarse de nuevo como sociedad por medio de un "contrato social" y de aislarse de otras "localizaciones" competidoras, tanto reales como hipotéticas. En segundo lugar, la discusión muestra que es prematuro hablar de una "sociedad mundial", pues es precisamente la violenta competencia entre "localizaciones" la que hace imposible cerrar un "contrato social global". El realismo y el atractivo del pensamiento neoliberal consisten precisamente en que esta descripción de las circunstancias es aceptada sin mayores reparos, cuando mucho, acaso, con un leve pesar por la imperfección del mundo. La igualdad de oportunidades y la compensación social por medio de la redistribución de los ingresos, impulsada desde el estado, no tienen nada que hacer en el discurso del mercado; en el código binario del sistema de mercados estos conceptos carecen de palabras comunicables. La glorificación del mercado *(mercadolatría)* no adolece de falta de realismo. F. A. von Hayek considera casi imposible definir de

[18] Ilya Prigogine e Isabelle Stenger señalan en su libro *Dialog mit der Natur* "el divertido hecho de que Adam Smith haya estado trabajando en su *Riqueza de las naciones* y recopilando datos sobre la perspectiva y los motivos determinantes del crecimiento industrial mientras James Watt daba los últimos toques a su máquina de vapor en la misma universidad. Y, no obstante, en su libro Adam Smith considera que la única utilidad del carbón es la de proporcionar calor a los obreros. El viento, el agua, los animales y las máquinas simples que éstos accionaban eran las únicas fuentes de energía concebibles en el siglo XVIII" (Prigogine y Stenger, 1986:111).

manera precisa y clara conceptos como "bien común" o "utilidad social", y el adjetivo "social" es sólo una "palabra de hule [...] cuya utilización casi siempre sirve para ocultar la falta de verdadero acuerdo entre los hombres" (Von Hayek, 1981:73). En este discurso no hay sitio para un contrato social, ni tampoco se puede fundamentar su necesidad. Fue la fuerza solidaria de la "sociedad civil" la que se hizo valer como estandarte contra el temprano estado burgués, a pesar de que a éste se le había transferido la soberanía por medio del contrato social y de gobierno. En la era de la globalización la sociedad civil ha perdido su independencia frente a la sociedad de mercado, que se somete al criterio de eficiencia y que deja muy poco margen a las redundancias cívico-sociales.

> Dondequiera que ha conquistado el poder, la burguesía ha destruido las relaciones feudales, patriarcales, idílicas. Ha desgarrado sin piedad las abigarradas ligaduras feudales [...] para no dejar subsistir otro vínculo entre los hombres que el frío interés, el cruel "pago al contado". Ha ahogado el éxtasis del fervor religioso, el entusiasmo caballeresco y el sentimentalismo del pequeño burgués en las aguas heladas del cálculo egoísta,

se dice en el *Manifiesto comunista,* de Karl Marx y Friedrich Engels (Marx, MEW, 4:464-465).

El estado minimalista es el reverso del mercado maximalista. Pero la sociedad requiere lugares e instituciones de reunión y estructuración que no estén determinados por el mercado, una pluralidad de puntos de vista, muchas perspectivas y posibilidades de orientación; no se puede plegar a las exigencias del planeta compacto en tiempo y en espacio sin que desgarre el vínculo interno de cohesión. Haber reconocido esto es el núcleo acertado de la teoría comunitarista y de la discusión en torno al contrato social global. Cabe preguntarse, no obstante, si esto no puede encontrarse de manera más radical y convincente en otros proyectos teóricos e ideas políticas; por ejemplo, en la propia teoría liberal, pero sobre todo en las teorías socialistas, que de ninguna manera desaparecieron en su totalidad de la agenda histórica con la caída del socialismo real y el final del marxismo-leninismo.

EL BLOQUEO ECOLÓGICO DE LA GLOBALIZACIÓN O EL DILEMA DE LAS "TIERRAS COMUNALES GLOBALES"

La globalización económica crea una competencia monetaria, impulsa el círculo vicioso de la competencia del costo del salario y obliga a que se den aumentos en la productividad de las "localizaciones" para poder mantenerse en la competencia. Con el aumento de la productividad, es decir, con el aumento cuantitativo de los productos del trabajo por unidad de trabajo (por ejemplo, por hora de trabajo), también se incrementan los *inputs* materiales y energéticos, así como el *throughput,* es decir, todos los efectos sobre la naturaleza del planeta que no se pueden calcular en la contabilidad económica. Desde que el sistema de la sociedad capitalista se sirve de los combustibles fósiles y de los sistemas industriales de transformación, el incremento de la productividad no está sujeto a la lentitud o a la disponibilidad local de combustibles bióticos. La expansión y la acumulación de la economía pueden seguir la dinámica de incremento cuantitativo de dinero y de capital sin tener que tomar en cuenta las resistencias sociales y bióticas de los trabajadores. Pero en este proceso de *disembedding* ("desinserción") (al que se dedicará el próximo capítulo) surgen nuevas barreras naturales. Harvey tiene razón al decir que "aun la breve historia del capitalismo prueba con certeza que los recursos no están asegurados" (Harvey, 1996:147). Pero este argumento no puede exagerarse como si no hubiera límites, dado que éstos no están asegurados y tampoco pueden ser establecidos claramente. Los límites sí existen, como se mostró en el más reciente debate sobre Malthus, en contra del crudo malthusianismo de la ley de la población (Foster, 1998:421.). La última prueba científica irrefutable de la existencia de límites no se dará sino hasta que esta demostración ya no sea necesaria. Puesto que la economía no sólo es un sistema de comunicación monetaria, en gran parte inmaterial, sino que siempre incluye transformaciones energéticas y materiales en la producción de valores de uso, la globalización económica y social también es globalización ecológica. En este proceso se está modificando la tierra a una velocidad nunca antes vista en la historia de la humanidad. La gran conquista colonial e imperial del mundo por los europeos desde los "grandes descubrimientos" de hace quinientos años fue y sigue siendo también un "imperialismo ecológico" (Crosby, 1991; Foster, 1994:58-107). La acumulación y la expansión del capital, resumidos en la fórmula del crecimiento, son el resultado de la competencia en el mercado mundial y de los "pactos de productividad" que se cierran en las "localizaciones" para producir un incremento en la respectiva "competitividad sistémica". Pero ni la acumulación en el tiempo ni la expansión en el espacio pueden sostenerse de manera ilimitada y continua, puesto que, como sabemos, el planeta tierra tiene límites. Esta limitación produce evidentemente un dilema de la globalización, que desde hace mucho tiempo ha ocupado tanto a científicos como a movimientos políticos.

En un artículo que hizo época Garrett Hardin (1968) describió en 1968 la tragedia de las tierras comunales, es decir, la tragedia de la sobrexplotación irracional de los bienes comunes debido al afán de lucro, que es perfectamente normal y sumamente racional desde el punto de vista del individuo. Si los recursos naturales —agua, tierra, aire— están limitados físicamente, toda utilización que rebase la capacidad de regeneración en los regímenes de tiempo de la naturaleza conduce a una degradación o destrucción de los recursos, imposibilitando su uso posterior. Por último todos, individual y colectivamente, sufrirán las consecuencias de haberse guiado por la racionalidad del acto individual. Contra este pesimismo se pueden formular en principio dos objeciones. Una de ellas aborda el ya mencionado problema de la forma y el contenido, del proceso y de los objetivos de la globalización; la segunda se refiere a la globalización económica como un evento virtual.

Primero. En el discurso del "fin de la historia" se parte del fin del establecimiento de *formas* sociales, económicas y políticas, sin preguntarse si no por ello el desarrollo de su *contenido* tendría también que llegar a detenerse. En esto encontramos una inconsistencia llena de consecuencias. En la actualidad no existen alternativas cualitativas convincentes a las *formas* de la economía de mercado, de la sociedad plural y de la democracia política, a pesar de que en la realidad del "nuevo (des)orden mundial", como siempre en el proceso evolutivo de la sociedad, se esconden muchas "realidades posibles" (Robert Musil). Pero éstas deben ser descubiertas. Esto no siempre es posible, y así la posibilidad más atractiva parece ser aquella cuyo campo de fuerza atrae y absorbe a todas las demás (se dirá más al respecto en el capítulo 3). Una realidad real domina las muchas realidades posibles y las paraliza. Y esto sería así aun en el caso de que el atractor histórico de la economía mundial capitalista y de mercado resultara ser un callejón evolutivo sin salida.

El sistema material que es la economía debe aumentar cuantitativamente si la economía de mercado ha de funcionar como una formación social. En la democracia la gente espera poder satisfacer sus demandas materiales de mejor manera que en otras formas políticas, con las que se han padecido terribles experiencias en el siglo XX. La sociedad plural es una sociedad de individuos que se quieren diferenciar de otros individuos, para lo que despliegan esfuerzos y gastos considerables, alentados por la moda y la publicidad. Sin embargo, es imposible que el crecimiento cuantitativo no modifique también las formas cualitativas. Las *formas en reposo* y el *contenido en expansión* dejarán de entrañar una contradicción sólo cuando a la expansión ya no le sean impuestos límites amortiguadores externos, es decir, cuando los árboles puedan crecer irrefrenadamente y las ramas renazcan en cuanto sean cortadas.

¿Pero es compatible el principio obvio de los límites de crecimiento en la naturaleza viva con la naturaleza económica del dinero y el capital? A la producción constante de un excedente físico, de un plusproducto y de una plusvalía económica le son impuestos límites naturales, que no se pueden reflejar y comunicar en las formas de la economía y de la política, en sus códigos y lógicas sociales. Haciendo de este vicio una virtud, los científicos sociales caen fácilmente en la idea reduccionista de que la reflexión de una racionalidad social bajo restricciones naturales, por ejemplo, energéticas y materiales, representaría un regreso a un razonamiento "naturalista" (Harvey, 1996; Wiesenthal, 1995). No obstante, los representantes de la construcción de lo social bajo las premisas del individualismo metodológico todavía deben mostrar cómo debería pensarse y concebirse la sociedad si se eliminaran las restricciones naturales de la acción social. Pues ésta, que incluye siempre componentes materiales, y no sólo informativos o comunicativos, siempre implica producción de entropía. La acción social resulta en estructuras disipativas no intencionales y que, por principio, no se podían prever (y que, como lo mostró Prigogine, pueden muy bien representar una novedad evolutiva). La acción social está atrapada en un tiempo en plural, es decir, en distintos regímenes de tiempo con muy distintas velocidades de reacción (y por lo tanto también de racionalidades). La decisión racional de dirigirse con el automóvil del punto X al punto Y, haciendo un recorrido de dos horas, implica la utilización de recursos naturales que se han formado a lo largo de miles de años, y representa una contribución (desconocida y acaso insignificante, pero no por ello menos real) al calentamiento de la atmósfera terrestre en las décadas venideras. El que no sea posible cuantificar esta contribución a lo largo de vastos espacios y tiempos no significa que ésta no exista. El discurso acerca de la globalización debe asegurar estas relaciones; no existe una naturaleza libre e ilimitada porque la tierra tiene límites físicos, porque la evolución de las especies exige redundancias que están siendo dejadas de lado por la expansión de la explotación capitalista.

Se puede revolver la tierra en busca de recursos, transformarlos en valores de uso y, después de su utilización, depositar la basura sobrante en algún lugar. La tierra está abierta únicamente frente a la corriente energética del sol. El sistema debe recibir energía útil y libre conforme las reservas libres y disponibles de energía se vayan transformando durante el proceso de la producción de excedentes y del consumo masivo. Por eso, para el proceso de transformación de energías y materiales, el "agujero negro" del universo —como una reserva entrópica— es tan importante como el flujo continuo de energía útil del sol. Puesto que el planeta es inmodificable y finito, la modernización y la globalización no pueden ser continuadas como procesos aparentemente infinitos. O la globalización se convierte en un estado con características homeorfas de sustentabilidad, o no podrá ser duradera. La naturaleza animada e inanimada se encuentra en un equilibrio dinámico evolutivo que es muy estable, pero que se ve alterado más allá de determinados valores límite y que repentinamente podría "volcarse", es decir, derrumbarse. El problema del capitalismo industrial estriba en que la forma de producción se basa casi exclusivamente en la utilización de combustibles fósiles, es decir que no se basa —como ocurrió en la historia de la humanidad previa al capitalismo— en la utilización de la energía del sol, tan antigua como el propio sistema solar. Y si bien este problema se ha atenuado por el hecho de que el consumo de energía per cápita por unidad del producto nacional se ha reducido en los países industriales desde mediados de los años setenta (véase Glyn, 1995:46-47), esto no constituye una solución definitiva.

Segundo. En realidad la dinámica de las formas sociales no sería un problema si los procesos de mercado y las circunstancias democráticas se limitaran a una forma de la comunicación política, social y personal que no consumiera ni tuviera que consumir energía ni materiales, o si la "economía de la sociedad" fuera una "manifestación virtual". Por supuesto que se pueden observar tendencias en este sentido. Sin duda alguna en la forma de producción capitalista están activas fuerzas que eximen al "sujeto automático" (Marx) autorreferencial, es decir —en el lenguaje de la teoría de sistemas—, al capital autorreferencial, de los límites que representan los materiales del valor de uso y la fuerza de trabajo como personas que padecen y compadecen. Ésta es una dimensión del proceso que Marx considera en su análisis como una sustitución permanente del trabajo por el capital, como la liberación de la fuerza de trabajo en el curso del aumento de la productividad para alcanzar el incremento de la producción relativa de plusvalía. En este proceso el capital permite que tanto la rebeldía característica como los vestigios tradicionales de los obreros, esos "residuos" de tiempos "premodernos", se dirijan al vacío de una organización virtual que están tratando de estructurar las empresas modernas. La globalización de los procesos de mercado y de circulación constituye el vehículo de la virtualización de la organización de los procesos de producción y administración.

Por esta razón no resulta tan absurda la idea de una economía virtual, de la inmaterialidad de la "sociedad de la información" (al respecto véase el capítulo 8). Todas las tendencias de la sociedad capitalista apuntan en este sentido. Con el dinero se tiene un fantástico medio que posibilita precisamente estas abstracciones de materia y energía y que parece convertir a las transacciones reales en eventos virtuales, en particular cuando el mismo dinero está desmaterializado en gran parte, gracias a la utilización de medios electrónicos. Lo mismo se puede decir del tiempo, que cada vez es desprendido más y más de sus vínculos sociales y culturales específicos, es decir, virtualizado. "Hoy en día —apunta Anthony Giddens— todos se orientan por el mismo sistema de fechas [...] Un aspecto es la estandarización del tiempo por encima de las fronteras de las distintas regiones" (Giddens, 1995:29). Para empezar, aun en el surgimiento de la modernidad europea, el *tiempo original o primitivo,* que es histórico, irreversible y único, se ha transformado en un *tiempo* físico *de reloj* que, en principio, es repetible y aun reversible. De esta manera, y como ya lo señaló Georgescu-Roegen (1971), el tiempo es vaciado y se vuelve susceptible de ser adaptado a cualquier estandarización o cálculo racional abstracto. Esta enorme innovación no se hubiera podido imponer si no hubiera sido apoyada por el impulso de racionalización que se liberó con el nacimiento de la forma capitalista de producción, de la Revolución industrial y de la utilización de combustibles fósiles.

En el análisis del "bienestar de las naciones" resulta fundamental distinguir entre 1] las transformaciones biofísicas en el proceso de crecimiento económico, 2] el aumento en el bienestar de las personas y 3] el crecimiento monetario del PIB (Ekins y Jacobs, 1995:22.), puesto que, en realidad, no coinciden. De acuerdo con los conocimientos de la termodinámica, el crecimiento biofísico 1] es totalmente imposible, puesto que sólo insumos materiales y energéticos pueden transformarse en otros productos materiales y energéticos. La balanza cuantitativa siempre está equilibrada en un sistema cerrado, pero la calidad del medio ambiente biofísico se modifica. En un sistema limitado y cerrado[19] disminuye con el tiempo la disponibilidad de energías y sustancias, y aumenta el número de las energías y sustancias que ya no pueden ser utilizadas. Así pues, el aumento de entropía se relaciona con la disminución del orden, con una tendencia a "convertir en basura" al planeta tie-

[19] Así como la energía y las sustancias son extraídas de la corteza terrestre, en el sistema del "fordismo fósil" se trata a la tierra como un sistema cerrado, a pesar de que, en realidad, está energéticamente abierto (frente al sol).

rra. Éste es el núcleo de la argumentación termodinámica que es duramente criticada por Harvey:

Una cosa es afirmar que la segunda ley de la termodinámica y que las leyes de la dinámica ecológica son condiciones necesarias dentro de cuyo marco se desarrollan todas las sociedades humanas, pero es algo muy diferente tratarlas como condiciones suficientes para la comprensión de la historia humana (Harvey, 1994:140).

Por supuesto que para tratar de explicar las relaciones sociales del ser humano con la naturaleza no basta con recurrir únicamente a los principios de la termodinámica. Pero nuevamente hay que resaltar que en los límites del espacio del medio ambiente resulta negligente querer resolver los firmes teoremas de la termodinámica en el discurso teórico, como si sólo se construyeran en la comunicación social. Se los debe integrar por lo menos al discurso científico acerca del bloqueo global de la globalización, pues el espacio del medio ambiente o la capacidad de carga de los ecosistemas globales son un *factum brutum.*

Que el bienestar aumente o no con este proceso biofísico de transformación depende de la medida en que se hayan producido 2] valores de uso que satisfagan las necesidades humanas. El orden de los valores de uso se ve influido por las posibilidades de “externalizar” los efectos secundarios negativos de los procesos materiales y energéticos de transformación (del consumo), es decir, de realizar una “fuga” de entropía. Un refrigerador aumenta el bienestar sólo si también hay electricidad disponible, y un apartamento de soltero de lujo contribuye a elevar el nivel de vida en lugar de ser expresión de soledad sólo si se dispone de otras formas de comunicación social, en parte organizadas de manera comercial, y cuando no existen obstáculos para la (auto)movilidad. En este caso son también importantes las cuestiones y los factores culturales y estéticos, puesto que la forma en la que se satisfacen las necesidades humanas (por ejemplo, cómo saciar el hambre) está determinada culturalmente, y la degradación ecológica también afecta los sentidos con los que se pueden percibir los objetos como valores de uso. Ésta es una alarmante afirmación hecha por Jacob von Uexküll (al respecto véase Meyer-Abich, 1990:12), porque implica, ni más ni menos, que los seres humanos, con la degradación ecológica, pierden también la sensibilidad para percibirla:

La destrucción del mundo en que vivimos sólo nos afecta, en realidad, cuando ésta avanza más rápido que la simultánea atrofia de nuestros sentidos. Sólo hemos sido capaces de llegar a estos grados de descomposición de nuestras bases vitales porque al mismo tiempo nuestros sentidos se han ido perdiendo o degenerando (Meyer-Abich, 1990:17).

Luhmann añadiría, sonriendo socarronamente, que las degradaciones de la naturaleza no tienen una existencia relevante para la sociedad mientras no sean comunicadas o comunicables. Pero nadie es capaz de decir si en tiempos futuros eso que hoy no se comunica tendría que ser comunicado y ya no podrá serlo, porque la capacidad de los seres humanos para comunicarse habrá disminuido tanto que habrán perdido toda capacidad de configurar la relación social con la naturaleza. Una comunicación sin metabolismo, es decir, sin un metabolismo entre el ser humano, la sociedad y la naturaleza, es imposible e incluso inconcebible, puesto que para el pensamiento se requiere una cabeza que tiene funciones neurofisiológicas y que debe ser alimentada por el estómago. Incluso la acción política "sin la intervención de la materia" y la energía no es concebible sin un metabolismo, aun cuando en la comunicación política y social el metabolismo con la naturaleza es mucho más limitado que en el ámbito de la acción instrumental, en el proceso material de producción o en la prestación de servicios, que muchas veces implican enormes gastos de energía (por ejemplo en el turismo). También el teórico de la economía virtual o de la acción comunicativa es un contemporáneo metabólico, un "ser productor de basura".

El aumento del producto social 3], medido en magnitudes monetarias, podría ser, en principio, perpetuo, en tanto que el dinero ya haya sido desmaterializado (haya perdido sus características de oro) y se haya convertido en un signo (de valor) garantizado. No obstante, se plantea la pregunta por el paquete de bienes y servicios que, en realidad, es "comandado" por el PIB, valorado monetariamente, y por los "dueños del dinero" *(command GNP)*. Es cierto que la expresión dineraria del *plusvalor* podría seguir aumentando, pero sin un plusproducto físico el plusvalor no valdría nada. Es cierto que en la forma capitalista de producción lo que importa es el plusvalor y la utilidad monetaria, pero no se puede hacer abstracción del valor de uso como *portador* de valor. El aumento monetario del "ingreso nacional" controla cada vez menos aumentos del "bienestar nacional", porque los costos sociales y ecológicos necesarios para la producción del crecimiento aumentan más que el propio crecimiento. De esta manera, el cierre de un "pacto de productividad" puede en un principio contribuir a mejorar la competitividad de las localizaciones, pero sólo para caer más rápidamente en la trampa ecológica. Por eso la expresión "tragedia de las tierras comunales" es más actual que nunca a fines de este siglo. Dice, ni más ni menos, que los árboles no crecen hasta llegar al cielo, y por lo tanto que el *proceso* de la globalización —en tanto se tome en cuenta la dimensión material y energética— tampoco puede continuar eternamente, a menos que desembocara en una *situación* de globalidad, pero, bajo los imperativos de la competencia global, esto es imposible.

Aquí podemos invertir la relación, hasta ahora discutida, de forma y contenido: cuando el contenido de la forma, la "máquina capitalista de acumulación", se topa con barreras de expansión en el tiempo y en el espacio, la forma social no puede permanecer inalterada. Los "límites" ecológicos y sociales "del crecimiento" demandan reglas institucionales, códigos correspondientes de comportamiento, normas y posiblemente también una moral que, como ya hemos visto, es hecha a un lado en el discurso del mercado liberal.

Quizá la tendencia moderna de la globalización no sea nada nuevo. Es tarea de los historiadores juzgar al respecto, comparando las distintas fases de evolución que aquí se han mencionado. Pero en todo caso son históricamente nuevos los límites que a fines del siglo XX han surgido para la globalización, es decir, para la apertura de los espacios nacionales y regionales y su integración en un sistema mundial. Las barreras económicas inmanentes se hacen notar como crisis financieras internacionales; las barreras sociales como fragmentación e informalización de las sociedades, y los límites ecológicos como sobrecarga de la capacidad de carga de los ecosistemas planetarios. Por ello es por lo menos tan importante estudiar los límites mencionados y su regulación como analizar las cuestiones de la "deslimitación", mencionadas a la par de la propia globalización.

2

DESINSERCIÓN GLOBAL

La economía capitalista se está independizando de la sociedad. A lo largo de la historia humana, según afirma Karl Polanyi (1944/1978:102), "el sistema económico estaba integrado al sistema social"; esta situación se modifica con el advenimiento del capitalismo. Entonces surge el sistema autorregulador de la economía de mercado *(ibid.)*. La consecuencia de esta "gran transformación" (Polanyi, 1944/1978) es postulada por las ciencias económicas: la economía ya no se concibe como una manifestación social, como el proceso de explotación de la fuerza de trabajo o de la transformación de materiales y energía. Por eso Friedrich A. von Hayek fue lo suficientemente consecuente como para evitar la palabra "economía", debido a sus asociaciones institucionales, y recurrir al término "catalaxia" (teoría del intercambio)[1] (Von Hayek, 1968). Éstos son los antecedentes de la invención del *homo œconomicus,* esa figura asocial que sólo obedece la racionalidad económica que le es prescrita por los economistas. El desprendimiento de la teoría económica del marco de las categorías de las ciencias sociales y, posteriormente, la tentativa inversa de proyectar de nuevo a la sociedad el principio racional "desinserto", y por lo tanto puro, son responsables del fundamentalismo de la teoría económica, que ha alcanzado en las universidades el "rango de teología" (Hobsbawm, 1995:422). El monopolio de la interpretación de estas teologías es celosamente vigilado por los sumos sacerdotes del gremio.

Los mercados, como se lee en todo libro de historia de la economía, tienen una larga historia que se remonta a la era neolítica, hace algunos miles de años (Cameron, 1993; Frank y Gills, 1993; Ponting, 1991). Pero la "mercantilización" de las tierras, de la fuerza de trabajo y del dinero, es decir, la transformación de la naturaleza, de la capacidad de trabajo y del dinero en mercancía y capital, surgió hace muy poco tiempo, y sólo en la Revolución industrial se convierte en el principio absoluto, socialmente dominante, es decir, *capitalista.*[2] Apenas a partir de este mo-

[1] "En el sentido más estricto una economía es una organización o disposición en la que, de acuerdo con un plan, se utilizan medios al servicio de una jerarquía unitaria de objetivos. El orden espontáneo a que da origen el mercado es algo totalmente distinto [...] la catalaxia, como me gusta llamar a la organización del mercado, para evitar el término economía" (Von Hayek, 1968:8).

[2] Braudel (1986a:248) muestra en sus explicaciones sobre la historia de los conceptos "capital, capitalista, capitalismo" que, en parte, éstos no obtuvieron su significado actual sino hasta el siglo XX. Por ejemplo, Marx utiliza los conceptos "capital" y "capitalista", "forma de producción capitalista" y "sociedad capitalista", pero nunca "capitalismo". Según Braudel, en los círculos científicos el término "capi-

mento se puede hablar de la "economía de mercado" como una totalidad social. Antes de esto, en el mejor de los casos se trataba de una economía de mercado en plural, de una "economía de mercados". El "libre trabajo asalariado" existe apenas desde hace muy poco tiempo como una forma social generalizada y *globalizada* de la concesión de trabajo.[3] A los trabajadores hubo que enseñarles primero a comportarse como el "factor de producción trabajo". En el capitalismo temprano la familia era una institución significativa (a lo cual hace referencia Hobsbawm, 1995:429-430), responsable de fomentar la "inclinación natural al trabajo", la lealtad, y lo que posteriormente se llamó "virtudes secundarias". Los trabajadores asalariados, como lo muestra la historia temprana de la forma de producción capitalista, tuvieron que ser forzados violentamente a la "libertad". Fernand Braudel data esta "gran transformación" antes de la Revolución industrial (Braudel, 1986a:44), Polanyi apenas a finales del siglo XVIII y principios del XIX, por lo menos en lo que respecta a Inglaterra (Polanyi, 1944/1978:59). En ambos casos se pueden esgrimir argumentos cuya calidad depende de lo que se entienda por "economía de mercado". Tanto los mercados como los complejos procesos —que abarcan regiones individuales— de la formación de precios son muy antiguos; la economía de mercado total que transforma el dinero, la naturaleza y la fuerza de trabajo en mercancías y que fuerza a entrar a una especie de "carrusel satánico" bajo el régimen de la acumulación de capital (Polanyi, 1944/1978:59) existe apenas desde la época de la Revolución industrial.

Ahora bien, la "gran transformación" del *disembedding* o desinserción no concluyó en el siglo XIX. Sigue surtiendo efecto hasta hoy como una tendencia propia del capitalismo. Lo que Polanyi planteó respecto a la transición a la economía de mercado en Inglaterra continúa en otros países con la internacionalización y la globalización de la economía, y la *commodification* (mercantilización) de la vida social abarca cada vez más ámbitos de producción y reproducción. La evolución del sistema global transcurre con un control cada vez mayor por parte del mercado y, por lo tanto, del dinero: *desinserción global*. La mercantilización no sólo se cuela a espacios geográficos todavía no abarcados, sino también hacia adentro, a los refugios de la vida social. Nos estamos enfrentando a ese proceso que Habermas llamó "colonización del mundo de vida" (Habermas, 1981, especialmente vol. 2:489),[4] y que

talismo" es introducido por *El capitalismo moderno*, de Sombart (1916/1987). "El capitalismo surgió del fondo del alma europea" (Sombart, 1916/1987, I:327). Pero Sombart también hace notar, a diferencia de Braudel: "Para la ciencia, Marx descubrió el capitalismo" (Sombart, 1916/1987, II:937). Así pues, el concepto de capitalismo no logró imponerse sino hasta el siglo XX, a pesar de que la forma de producción capitalista tiene una historia más larga.

[3] Incluso la esclavitud no tiene mucho tiempo de haber desaparecido, esto sin tomar en cuenta que también en estos tiempos modernos siguen aumentando las formas de trabajo similares a la esclavitud o el trabajo realizado por esclavos. En Brasil, por ejemplo, la esclavitud se abolió oficialmente el 13 de mayo de 1888; en Arabia Saudita, apenas en 1962. El "carbón humano" todavía esperaba "ser sustituido por combustible en la era industrial" (Buarque de Holanda, 1995:40).

[4] Este proceso, en su violento devenir como colonialización histórica de los mundos de vida de los pueblos, fue crudamente descrito por Rosa Luxemburg (véase Luxemburg, 1913/1979, capítulos 26 al

trajo a colación la crítica del comunitarianismo, no sólo por la pérdida de sentido y por la sobrexplotación del recurso de la solidaridad sino también por las considerables pérdidas de eficiencia que padecen las sociedades que se deshacen de los recursos de su comunidad en el proceso de la desinserción.

Podemos partir, con cierto derecho, de que, en primer lugar, existen etapas de un proceso histórico de desinserción que no fueron observadas todas por Polanyi y, en segundo lugar, de que este proceso no se dio de ninguna manera sin contradicciones y sin reacciones. La intensidad del proceso de la desinserción también aumenta porque, en tercer lugar, el dinero del mercado se independiza frente al *disembedded market* (mercado desinserto) y, en cuarto lugar, la economía pierde sus vínculos territoriales y se globaliza. De esta manera la economía se puede sustraer casi por completo a la regulación económico-política ejercida por los estados nacionales y por su sistema internacional. También es relevante para la dinámica de desinserción el hecho de que, en quinto lugar, se está conformando un régimen global de tiempo y espacio, en contraposición a las vivencias de tiempo y espacio locales y regionales, arraigadas culturalmente: *time is money* es el imperativo capitalista de la modernidad (véase al respecto el capítulo 6). Entonces, el tiempo ya no es algo natural sino que se ha adaptado a la economía y a su racionalidad: la economía del tiempo. El tiempo de vida, el tiempo libre, el tiempo laboral, el tiempo para uno mismo y para los demás, tienen que obedecer este imperativo. Nace un tiempo mundial en el que, por primera vez, la historia de la humanidad se desarrolla en un tiempo único. De esta manera desaparecen también los espacios concretos; las fronteras entre ellos pierden su importancia. Se pierden las distintas vivencias espaciales, puesto que se han vuelto irrelevantes. El "tiempo real" controlado por la computadora abarca también los tiempos de experimentación y de asimilación de experiencias de seres humanos que viven en culturas y tradiciones totalmente distintas. El nuevo régimen de tiempo tiene poco que ver con las concepciones temporales y espaciales de las personas en las sociedades históricas, por eso ha sido tan difícil romper las resistencias en contra del régimen de tiempo de las fábricas (en el siglo XIX, en Europa) y de los mercados globales de finanzas (a fines del siglo XX, en todo el mundo).

Pero la continuación de este "mecanismo de desinserción" (Anthony Giddens) sólo fue posible porque, en sexto lugar, se lo proveyó de un potente combustible al sustituir los energéticos de efecto temporal y espacialmente limitado por las energías fósiles y nucleares. Gracias a ellas fue posible expandir por todo el globo el alcance espacial de las acciones humanas, comprimiendo simultáneamente los tiempos en que estas acciones se llevaban a cabo. Por esta razón sólo tiene sentido hablar de compresión en el tiempo y en el espacio si se toman en cuenta las condiciones energéticas y cuando en el proceso de desinserción se consideran las implicaciones termodinámicas.

30). Lutz (1984:57) y Hurtienne (1986) remiten al carácter de la "ocupación del ambiente no capitalista" por el capital.

La desinserción no es un proceso cerrado; por el contrario, todavía hoy se sigue desarrollando y sus resultados ejercen un efecto sobre la sociedad en forma de *imperativos* a los que ésta tiene que adaptarse. El *hecho* de que la sociedad tenga que adaptarse es sobredimensionado ideológicamente en el debate acerca de la globalización. Para muchos autores éste es un motivo central en su terca negativa a ver en la globalización algo más que un "mito". Según esta imputación, si no existe una competencia global tampoco existe presión alguna sobre los actores sociales (por ejemplo los sindicatos) para que colaboren en el aumento de la competitividad (véase Mahnkopf, 1999). Pero los imperativos del mercado globalmente desinserto no dejan de existir por el mero hecho de que se los niegue. La *manera* en que se da esa adaptación se convierte en cuestión de una decisión racionalmente orientada que es preparada y acompañada científicamente por "sistemas de expertos" (Giddens, 1995). ¿Puede un país aislarse y protegerse efectivamente en contra de crisis financieras? ¿Se puede defender al estado benefactor del *dumping* de costos? ¿Puede llevarse a cabo la política de empleo en el espacio del estado nacional, cuando el gobierno y el banco central han perdido la "soberanía de los intereses"? ¿Pueden sustraerse los deudores a los vencimientos de intereses y a los plazos del pago de créditos? ¿Existe una "tercera vía" entre la defensa del "viejo" estado benefactor y la globalización neoliberal? Las posibilidades de dar respuestas alternativas a estas preguntas son muy limitadas, dadas las presiones de la integración al sistema global. La desinserción se ha encargado de que el "carácter fetichista" —todavía inocuo— de la mercancía y del dinero, que Marx analizó con base en la forma mercancía (Marx, MEW, 23, primer párrafo), se convirtiera en el actual mercado mundial en un *fetiche ubicuo* que tiene un poder global sobre sus creadores. En el esquema 2.1 se esbozan los distintos aspectos del "mecanismo de desinserción"; en la siguiente sección se describirá su contexto.

MECANISMOS DE DESINSERCIÓN

La desinserción de la economía del marco de la sociedad

La "primera etapa de la desinserción" se da cuando la economía se desprende del cuerpo social, proceso que ha sido descrito por Polanyi. Ahora bien, ésta es sólo una parte de un proceso mucho más amplio de desinserción (según Giddens, 1995:33, aquí están obrando "mecanismos de desinserción"). Al desapegar a la economía de la sociedad ésta ya no mantiene su cohesión gracias a las donaciones y a la generosidad, sino por medio de fríos procesos de mercado, del "interés desnudo" y del "pago en efectivo" (Marx, MEW, 4:464), es decir, mediante la comunicación con el código binario de "pagar o no pagar" (Niklas Luhmann). Por esta razón el dominio político, que se comporta como un extraño frente a la sociedad, gana en importancia, también —y precisamente— porque se esfuerza por lograr la

ESQUEMA 2.1. PROCEDIMIENTOS DE DESINSERCIÓN

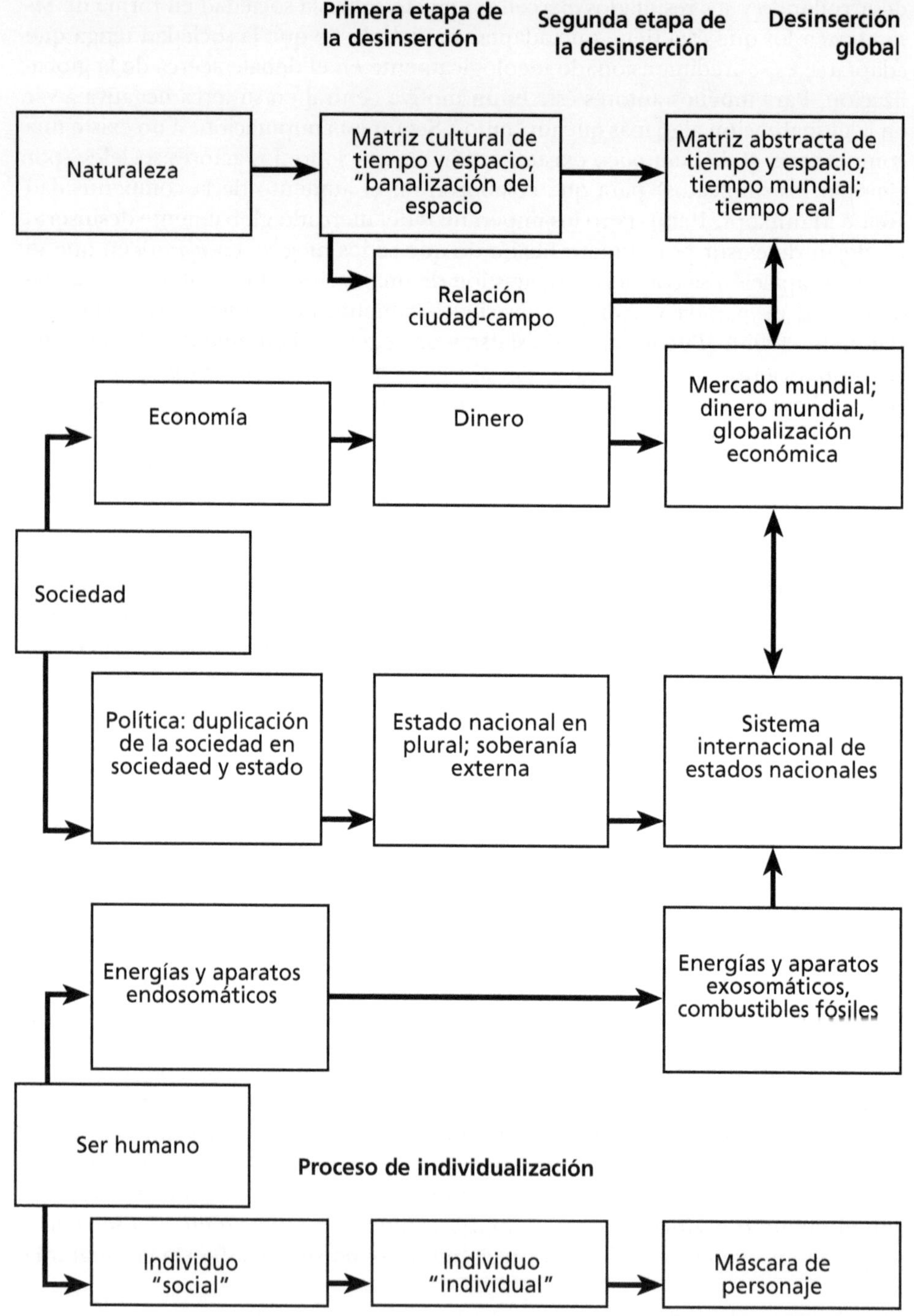

misma racionalidad de la acción con fines racionales. En un largo proceso histórico se producen mecanismos que legitiman socialmente el dominio político: así nacen los procedimientos de legitimación en las democracias representativas. En el momento en que el ciudadano económico (el *bourgeois*) pisa el escenario político, también nace el ciudadano del estado (el *citoyen*): como ciudadano de un estado nacional que —por lo menos en la modernidad europea— se desarrollará posteriormente hasta convertirse en un estado de derecho democrático y social. Que la economía se desprenda de la sociedad es, por consiguiente, un aspecto del nacimiento del estado a partir de la sociedad, de la "duplicación" de la sociedad en sociedad y estado, y del establecimiento del estado como una "necesidad externa" (Marx en su crítica a la filosofía del derecho de Hegel, Marx, MEW, 1:203). Que la economía se desprenda de la sociedad tiene como consecuencia, por un lado, la liberalización del *laissez-faire, laissez-aller*, pero por otro también nuevas prescripciones de tareas de regulación que el estado debe asumir. Aquí pueden distinguirse dos aspectos.

En primer lugar, la tendencia a la desinserción está "inmersa" en una cultura específica de la racionalidad y de la racionalización, dominada por el sistema mundial, y precisamente por eso es tan efectiva. Esto ya se ha mostrado con frecuencia en los contextos en los que se estudia el nacimiento de la cultura fordista específica, que acepta la forma mercancía de las relaciones interhumanas y de las relaciones entre el ser humano y la naturaleza como una realidad incuestionable. La generalización del trabajo asalariado, de la disolución de los restos de la economía doméstica y de la *commodification* no llega a un cierto término en todas las regiones mundiales hasta la época fordista (al respecto véanse Lutz, 1984:115; Hurtienne, 1986). La producción en la economía doméstica es desbancada por la producción en masa, presente en los modernos centros de distribución de los supermercados de casi todos los rincones del mundo en los que se cuenta con poder adquisitivo. La producción en masa y el consumo en masa, es decir, la unificación también de los patrones culturales del la comunicación social, han mostrado *con el tiempo* un sustrato cultural de desinserción que ha producido un resultado paradójico: la desinserción resulta en una nueva *inserción*, el "mundo desencantado" (Max Weber) adquiere un nuevo encanto.[5] Ahora bien, esto no quiere decir que se anulen la desinserción y el desencanto. Por el contrario, representa el colchón cultural que, tras el efecto de los "mecanismos de desinserción" y de los procesos que éstos conllevan, posibilita un "aterrizaje suave". La globalización *cultural* de la música y del ci-

[5] Habermas parece tener en mente este proceso cuando critica (aunque en conjunto de forma poco convincente) la teoría del valor de Marx: "Marx carece de criterios para distinguir entre la destrucción de las formas tradicionales de vida y la cosificación de los mundos de vida postradicionales" (Habermas, 1981, 2:501). Esta distinción es realmente muy importante. Pero, aunque sea de manera implícita, se la encuentra también en Marx. La representación de la acumulación original, que pasa de una descripción histórica a la asimilación de categorías analíticas, no es otra cosa que la elaboración de criterios para la destrucción de formas tradicionales y para la distinción de procesos de fetichización y de materialización.

ne, de los programas televisivos y de los juegos muestra muy bien cuánta fuerza conservan el proceso de la desinserción y el nacimiento simultáneo de una cultura híbrida global (al respecto véase Robertson, 1992).

En segundo lugar, durante el proceso de desinserción se forman "sistemas de expertos" que, ciertamente, no son sólo estatales sino también "sistemas de capacidades técnicas o de conocimientos profesionales que influyen sobre amplios ámbitos de los ambientes materiales y sociales en los que hoy vivimos" (Giddens, 1995:40-41). Los grupos de expertos mencionados por Giddens (abogados, arquitectos, médicos, etc.) remiten a los portadores de funciones dentro del sistema de la división del trabajo en la "sociedad de riesgo", cuyo funcionamiento reviste una particular importancia para la normalidad de la acción social en su conjunto. Estos "sistemas de expertos fungen como mecanismos de desinserción porque, al igual que los signos simbólicos, sirven para separar las relaciones sociales de su contexto inmediato" (Giddens, 1995:42). Se puede señalar con razón que, con el aumento de los riesgos en la "sociedad de riesgos", la enajenación/desinserción de los sistemas de expertos adopta la dimensión de una confianza natural en el perfecto funcionamiento del sistema dispuesto para la división del trabajo que no existía en las sociedades precapitalistas y preindustriales. Por eso los sistemas de expertos exigen otros "metasistemas" de expertos: los *sistemas de formación* de médicos, abogados, arquitectos, las cámaras que cuidan la calificación y la pericia, la protección al consumidor, los tribunales que sancionan los errores de responsabilidad subjetiva, etc. Así se desarrolla un sistema tecnocrático de imperativos que son incompatibles con las aspiraciones democráticas en la "era técnica".

Las implicaciones políticas de los procesos de desinserción son, entonces, considerables, particularmente para las oportunidades de ejercer una participación política. El mercado no sólo se desprende de la sociedad, sino que impone su lógica de la política. El que la economía se desprenda de la sociedad puede expresarse políticamente como la disolución de la democracia política a favor de la "democracia económica de la boleta de votación del dólar o del marco" y como la amenaza del autoritarismo de los mercados financieros. Así pues, la participación social ya sólo pueden ejercerla los propietarios de las mercancías o, mejor aún, de los ingresos dinerarios. Ya sólo los propietarios son ciudadanos que ejercen sus derechos por medio del dinero. Los contornos de la democracia clásica, que se basan en el principio de la igualdad de todos los ciudadanos, con sus instituciones de división de poderes, de legitimación, representación y selección, se desvanecen entonces en dirección a una nueva forma de plutocracia.

La desterritorialización del espacio y el predominio del presente en el tiempo

Las coordenadas del globo compactado en tiempo y en espacio son casi idénticas en todas las regiones del mundo y en todos los lugares, y éstas son dictadas por la "lógica" del dinero. Los plazos de vencimiento de los créditos determinan los ritmos del régimen global del tiempo. Los vencimientos de las deudas —y ya no los ciclos de cosechas, como en la sociedad agraria, o los tiempos de rotación del capital fijo, como en la "gran industria"— definen el horizonte de acción y la periodicidad de los ciclos en el capitalismo globalizado de las finanzas. De "la obtención de dinero como una obligación frente a Dios [surge] una obligación frente a la propia obtención del dinero" (Steiner, 1996:5). El dinero es un poder autorreferencial.

Milton Santos (1994) ha observado que los seres humanos organizan su tiempo en un "espacio banal" y en un "tiempo banal". Todos los seres vivos están "ubicados" de manera natural en ritmos diurnos y nocturnos, entre el sueño y la vigilia, entre el hambre y la sed, a veces de buen humor y a veces de malas. La monotonía del correr indistinto del tiempo es interrumpida por marcas, por días festivos que deben ser celebrados. No obstante, las formas y los radios de pensamiento son cubiertos por una matriz global de tiempo y espacio que corresponde a la razón abstracta y que traspasa los límites de las culturas. Las relaciones globales transcurren en redes que siguen una lógica abstracta, tal como los urbanizadores españoles ubicaron las ciudades latinoamericanas de manera abstracta en el paisaje, sin tomar en cuenta las condiciones naturales locales, respetando sólo la función del dominio político. Buarque de Holanda utiliza para referirse a ello la metáfora de los "colocadores de mosaicos", que fueron "colocando" las ciudades en el paisaje como en un espacio arbitrario (Buarque de Holanda, 1995:101). La falta de consideración frente al espacio concreto tampoco ha cambiado en la construcción de los modernos sistemas de tránsito; también aquí se adivina la mano de los "colocadores de mosaicos".

La "desbanalización" del tiempo y del espacio está ya fundamentada en los mecanismos económicos: en el mercado —que, como se mencionó en la "tesis de la desinserción", se deshace de los vínculos sociales—; el presente es "omnipresente" (Lechner, 1994) porque el *espacio* histórico *del tiempo* se concentra en un *punto del tiempo* cuyas coordenadas ya no se encuentran en el espacio racional normal, sino en el económico: "estamos en una 'célula de tiempo' llamada presente. Y vivimos en ella de manera tan excluyente que estamos ciegos ante el futuro y, por lo tanto, ante la falta de futuro que quizá tengamos que enfrentar" (Anders, 1972:120-121). La mercantilización del comercio, también en otros subsistemas sociales diferentes al de la economía, tiene como consecuencias tanto el olvido del pasado como la pérdida del futuro como proyecto. El presente domina sobre el pasado y el futuro. En el mejor de los casos, el futuro se presenta como un valor descontable sobre el presente, como un *"futuro presentizado"* (p. 123), o como una simple extrapolación, como un *"futuro desfuturizado"* (p. 125); de esta manera el futuro es transformado en un presente que ocurrirá en un tiempo posterior, disociado de la historia. El predominio del presente significa la disolución de los conceptos de "solidaridad diacrónica" (Sachs, 1993) entre generaciones, y por lo tanto también de la "solidaridad sincrónica" dentro de una misma generación, cuando la cercanía al otro en el espacio abstracto se convierte en una equidistancia de la indiferencia frente a todos.

La actualidad omnipresente es responsable del conservadurismo en las economías de mercado, que en otros aspectos son tan dinámicas y gustan de la "vida rápida". Los banqueros, que en realidad deberían estar abiertos a las innovaciones, puesto que de ellas dependen los futuros intereses de los créditos otorgados, sólo pueden estarlo bajo directivas sumamente conservadoras, porque, en primer lugar, están acostumbrados a descontar el futuro del presente y porque, en segundo lugar, exigen para los créditos, otorgados para la realización de proyectos en el futuro, seguridades que hayan sido acumuladas en el pasado. Entonces, el mejor futuro es aquel que iguala al presente, pero amplificado con el incremento que permita satisfacer las tasas de interés.[6] De este modo la economía de mercado disuelve el tiempo histórico en un tiempo físico y lógico, como afirmaba tan convincentemente Nicholas Georgescu-Roegen (1971) en su crítica al neoclasicismo. En esta concepción el futuro es un "presente *plus*", cuantitativamente mayor, inflado por los pronósticos, y el pasado es, siguiendo la misma lógica, un "presente *minus*". Así pues, el eje temporal no es una flecha del tiempo dirigida, históricamente irreversible, sino más bien como el rayo de una rueda de bicicleta que gira en torno a un centro, designado unívocamente por el presente, que es auténticamente "omnipresente".[7] Lo mismo se puede decir de la comprensión del espacio; está subordinada a la razón configuradora, es "puesta en orden" con precisión y método.[8] Aquí se encuentra también la puerta de entrada a esa globalización de la cultura que se posa como una plaga sobre las culturas locales y nacionales y cuyo efecto in-

[6] La izquierda tampoco se ha librado de esta destemporalización del proyecto político y de su conversión en una especie de trayectoria newtoniana entre dos acontecimientos; esto lo muestra Jorge Castañeda, quien dice de manera muy significativa: "Lo único por lo que todavía se puede luchar es por un futuro que es simplemente el presente, más algo más de lo mismo"(Castañeda, 1993:243, citado por Dunkerley, 1995:28).

[7] De ahí proceden las frustraciones, porque, cuando llega el futuro histórico, los pronósticos de las ciencias sociales siempre resultan insuficientes o equivocados. No existen más pronósticos que los que sistemáticamente resultan estar equivocados (es decir que sólo pueden ser "correctos" por casualidad). Esto sucede porque las cadenas de acontecimientos transcurren en el tiempo real de manera distinta que las hipótesis pronosticadas en un tiempo abstracto, a menos de que el científico que pronostica fuese como el "demonio" de Maxwell o Laplace, es decir, que no estuviera expuesto a las contingencias históricas y que además contara con un conocimiento absoluto de los puntos de partida y de los estados finales (al respecto véase también Prigogine, 1992). Éste no es un consuelo para los científicos sociales frustrados, sino tan sólo las conclusiones de reflexiones termodinámicas sobre el tiempo y el espacio.

[8] Ésta es una experiencia que tuvieron que pasar todos los colonos en las nuevas posesiones. Sérgio Buarque de Holanda dice de los nativos (sud)americanos que debían ser utilizados en la plantación de caña de azúcar: "Los nativos [...] se adaptaban muy mal al trabajo preciso y metódico que se requiere para plantar caña. Por naturaleza tendían a realizar actividades menos sedentarias, que podían ser ejecutadas sin una regularidad impuesta y sin la vigilancia ni la revisión de extraños. A ellos, que eran sumamente inestables, les resultaban ajenas ciertas nociones de orden, estabilidad y precisión que para los europeos eran ya como una especie de segunda naturaleza y que constituían parte integral de su vida social y de ciudadanos" (Buarque de Holanda, 1995:30-31). Aquí se insinúa ya que la desinserción no sólo es la tendencia a la economía, la racionalización, la realización de un método abstracto, sino que, al ser parte integral de la vida social, también lo es de la socialización individual, y que al producir criterios de validez social también puede engendrar una nueva cultura de desinserción.

tegrador es considerable gracias a la simultaneidad de la presencia local y el alcance global. En el curso de la globalización las culturas del mundo se están fundiendo en una sola *cultura híbrida* mundial.

También en la vida política se hace sentir la lógica de un pensamiento referido al presente. Todo estado nacional surgió en algún momento y desaparecerá en algún momento, y entre estas dos fechas —en muchos casos separadas por siglos— la sociedad, la economía, la cultura y el estado mismo experimentan cambios considerables. Para la memoria social y para la conciencia necesaria para la acción, para las identidades de los individuos y para la historia de las sociedades, el pasado es tan importante como el "proyecto futuro", como la suposición de una configurabilidad que corresponda a los deseos, las necesidades y las utopías de los ciudadanos, que sostienen al respecto un discurso constante, cargado de conflictos. Sin esta sujeción al tiempo y al espacio una sociedad democrática es, en principio, imposible. Pero los ritmos del proceso político producen un predominio sistemático del presente sobre el futuro, de los intereses de la generación presente sobre los de las generaciones futuras. Por eso son tan solicitados los pronósticos, y no las utopías. Se trata de prolongar el futuro lo más posible, no de pensar y *proyectar* algo totalmente diferente, o sea de concentrar programas y sujetos en un espacio de acción política, en contra de las tendencias y a contracorriente. La racionalidad del mercado también se impone en los procesos políticos. Las decisiones y sus consecuencias son asumidas desde la perspectiva chata de actores que son, por sistema, miopes.

Así pues, la separación de las sociedades (y de los individuos) de los vínculos sociales del tiempo y el espacio, y su conversión en sociedades organizadas como economías de mercado, tienen varias consecuencias. La primera y menos dramática de ellas se refiere al predominio del presente sobre el futuro y a las consecuencias que esta "propensión" tiene para las ciencias sociales y su incapacidad para hacer pronósticos, tan violenta, frecuente e injustamente atacada. En segundo lugar, el régimen abstracto y mundial del tiempo y el espacio demuestra su predominio frente a la experiencia cotidiana y banal del tiempo y el espacio de los seres humanos. Pues *time is money*, y en esta fórmula universal se disuelven todas las diferencias de las experiencias en el tiempo y el espacio. Paradójicamente, este mecanismo también puede ser interpretado como una indudable expansión del horizonte, y no sólo como la pérdida de una orientación culturalmente asegurada.

Ciudades, mercados, puntos nodales

En principio, una cultura se desarrolla donde surge la agricultura. Sólo una vez que se puede producir un excedente económico —y éste es el gran logro de la *revolución neolítica*, es decir, de la transición a una agricultura sedentaria—, las ciudades florecen como lugares de cultura y de comercio. Siempre se comercia, en todas las estaciones del año, dentro de las ciudades y entre el campo y la ciudad. Se desarrolla la división social del trabajo, que también produce los ya mencionados sistemas de expertos. Pero entonces se dan también las relaciones comerciales más allá del entorno inmediato. Las ciudades crecen en los puntos nodales de las rutas de comercio. Nacen mercados y ferias especializados (véase Braudel, 1986a), que determinan los ritmos de la vida citadina. Los mercados se convierten en ferias anuales, las ferias en kermesses. Y siempre son más que una mera plaza en la que se intercambian mercancías. Aquí se reúnen los propietarios de las mercancías, que no sólo son "máscaras de personajes". Aquí se establecen y se fomentan las relaciones sociales, tan importantes para la vida y para la paz en las ciudades.

Las urbes son también los lugares del dominio sobre el campo. Esto vale tanto a pequeña escala como en el mundo entero. Con el nacimiento del moderno capitalismo europeo se desarrollan, en primer lugar, las ciudades. Primero, en el norte de Italia, Venecia, Génova, Florencia, etc.; después Amsterdam, Bruselas, Gante y Londres, que se orientan al Atlántico. Los primeros sistemas hegemónicos del mercado mundial capitalista son dominados por ciudades europeas, no por estados nacionales. Así pues, son las ciudades las que determinan el desarrollo de las sociedades regionales y del sistema mundial. Esto es de gran importancia no sólo para la economía, sino también para la organización política del territorio y para el mundo espiritual de las religiones. La sede del papa se localiza en Roma y su bendición pascual se extiende *urbi et orbi*. Las ciudades como tales son hechura de las relaciones comerciales o —podríamos decir— manifestaciones de los mecanismos de desinserción del mercado. Pero al mismo tiempo son lugares de una intensiva socialización y, por lo tanto, mucho más que plazas de mercado en las que las mercancías son intercambiadas por sus propietarios. Por consiguiente, son fortalezas sociales y culturales contra los mecanismos de desinserción del mercado, puesto que en ellas se concentra la vida social a un grado que sería totalmente imposible en el campo.

No obstante, esto se modifica en el curso de la moderna globalización. El acontecer en los mercados dominantes de capital y de dinero, a diferencia de los mercados de mercancías, en los que se comercia con productos que se pueden ver, pesar, observar y oler, es en gran parte no visual. Los mercados se pueden oler, pero *pecunia non olet*. Esto tiene también consecuencias para la estética de los edificios en los que se comercia con dinero y con capital. Están diseñados únicamente para cumplir la función de producir servicios financieros, no para ser sede de una comunicación social que vaya más allá de los meros negocios. La funcionalidad desnuda es ocultada únicamente por fachadas, que por lo mismo son particularmente ostentosas en los modernos centros bancarios y que tienen un efecto negativo sobre quienes no pertenecen a ese mundo. Ahora el mercado está omnipresente en las ciudades. La kermesse y la feria anual ya no tienen nada que ver con el mercado, pero el mercado global tampoco tiene ya nada que ver con la kermesse, la feria o cualquier verbena popular, siempre y cuando se haga abstracción de que en esas festividades también se hace negocio con los asistentes. Así pues, los mercados en el capitalismo globalizado han reducido a un mínimo funcional las relaciones sociales que podían establecerse en los mercados.

Esto tiene consecuencias para los ritmos del tiempo. Antes las ferias y las verbenas representaban algo así como el clímax anual en el tranquilo "correr del tiempo" y, por lo tanto, servían como marcadores sociales de tiempo para las personas; hoy en día los ritmos son definidos por los ritmos del dinero. Los vencimientos de intereses y de créditos, las oscilaciones en el tipo de cambio, etc., dominan los ritmos de los tiempos naturales y sociales. Hacen abstracción del día y de la noche, del verano y del invierno y hasta del movimiento de rotación de la tierra. Cuando el mercado es reducido a la mera función de ser la ubicación geográfica del intercambio de mercancías, y los ritmos de los tiempos locales y culturales pierden su relevancia, entonces la localización territorial de la ciudad no desempeña ya un papel esencial. Es por esto por lo que, en las últimas décadas, las metrópolis comerciales y financieras del mundo se han confeccionado un rostro parecido. Ya no son el estilo arquitectónico ni las formas de vida urbanas los que marcan a una ciudad; ni siquiera la vestimenta y el idioma marcan una gran diferencia. En todos lados vemos una mescolanza inconexa e intercambiable de edificios y estilos arquitectónicos. "También las consecuencias son iguales en todo el mundo: nivelación, pérdida de contrastes, de características propias, de diversidad" (Moewes, 1998:35). Contra esta tendencia del aumento global de la entropía se compite también con medios *cuantitativos,* del mismo modo que el dinero sólo se distingue de sí mismo cuantitativamente: ¿qué metrópoli comercial o financiera ostenta el rascacielos más alto? ¿Acaso Chicago, Tokio, Kuala Lampur o Shanghai? Frente a los rascacielos actuales ¿qué pensar hoy de la primitiva "altura de las cornisas" berlinesas, de 22 metros? Por supuesto que ésta es una forma débil de resistir a la entropía. Pero en un mundo del *reductio ad unum* y del arbitraje de intereses, no resulta funcional la resistencia a la entropía con los medios cualitativos de la diferenciación cultural.

De este modo se crea una nueva geografía de las ciudades. Ya no crecen en el espacio, sino que son *colocadas* en él, en los puntos nodales de las relaciones mercantiles globales. Surge la *global city* (ciudad global), la ciudad *nodalizada.* Se trata de lugares de venta de dinero, de servicios de transporte y de drogas; son terminales para las mercancías del comercio mundial, y destinos turísticos donde los *managers* de estos procesos se pueden divertir de cuando en cuando. No todas las ciudades cumplen todas las funciones. Los lugares del dinero no tienen que ser necesariamente grandes ciudades. Para ello basta "que alguna punta de tierra sobresalga del mar durante la marea baja y no necesite pagar impuestos" (Couvrat y Pless, 1993:135). Y así ocurre que lugares tan pequeños como Luxemburgo, las Bermudas o las islas Caimán sean puntos de venta de dinero casi tan importantes como Nueva York, Londres, Tokio o Singapur, y que sean considerablemente más importantes que grandes ciudades regionales como la ciudad de México, Caracas y São Paulo, o Berlín y Roma. Tampoco los lugares de venta de transportes se ubican siempre en las ciudades grandes. Por eso el aeropuerto de Francfort es mucho más importante que los de Roma y Milán, o que los de Berlín, Hamburgo y Múnich. Terminales como Rotterdam o lugares de venta de mercancías (depósitos) como Singapur son nodos más importantes en la red mundial de comercio que grandes ciudades portuarias como Hamburgo o Amsterdam. Los lugares para la venta de drogas se localizan donde los mercados son grandes y la regulación laxa. Y como ambos pueden variar, también se puede modificar la ubicación de los puntos de venta. Lo mismo se puede decir de los destinos turísticos, puesto que lo que ofrecen son bienes posicionales: un paisaje hermoso, un clima agradable, un mar tibio y limpio que, por supuesto, pueden perder su calidad si es excesiva la demanda de los turistas por sus bellezas naturales. Estos lugares son puntos nodales en las redes globales, pero no son ya ciudades que sean algo más que lugares de venta de mercancías y servicios. Las ciudades actuales ya no están pensadas a largo plazo, sino a un lapso en el que puedan cumplir una función en la red globalizada.

De esta manera, dentro de la red, la ciudad globalizada es reducida a un lugar al que le corresponde ejecutar funciones específicas de forma eficiente. Las características restantes —la forma de vida de sus habitantes, la cultura, la arquitectura, la tradición, etc.— tienden a convertirse sólo en una fachada para la funcionalidad del nodo en la red. Este aspecto de la desinserción es la otra cara de la moneda de la inclusión de una ciudad en la red global, es el precio de la aceptación funcional como *global city:* esta inclusión implica la exclusión de todo y de todos los demás. Quienes están incluidos en las redes globales de relaciones viven según estándares que no necesariamente son los del resto de los habitantes: son los estándares de una sociedad globalizada. Se construyen sus propios guetos, sus comunidades cerradas que protegen a la sociedad incluida en el mundo del dinero del resto de la población urbana, que queda excluida. También los excluidos viven en la *global city*, sólo que no obtienen ningún beneficio de ello. La *global city* es para ellos un lugar en el que dependen de las circunstancias locales para asegurarse el sustento, y a veces aun para luchar por la sobrevivencia. Desde siempre las ciudades han sido sitios en los que la riqueza y la pobreza sociales chocaban una contra otra de manera evidente. Los ricos siempre se protegieron de la ofensa —que es como ellos la percibían— de la pobreza. Pero tanto los ricos como los pobres tenían un vínculo territorial que los mantenía unidos y que, al mismo tiempo, era la base compartida para ejercer la política de la ciudad. Pero esto es diferente en la ciudad desinserta nodal, territorial y socialmente. Los ricos de la actualidad viven en una esfera desterritorializada. Poseen una movilidad extrema y, por lo tanto, son indiferentes a los contrastes entre la riqueza y la pobreza. Una consecuencia de esto es el endeudamiento de las ciudades, que constituye la otra cara de la moneda de las riquezas particulares, que en parte están colocadas en títulos de deuda municipal. Mientras que unos pagan impuestos, otros reciben ingresos por interés sobre sus títulos públicos y sus obligaciones municipales. Los impuestos municipales todavía se cobran *localmente,* en tanto que las deudas municipales se corretean a través de acreedores en los mercados financieros *globalizados.* De este modo, la globalización destruye las vivencias compartidas por acreedores y deudores y, por lo tanto, también el interés compartido en alcanzar el bienestar de una ciudad. Lo único importante es que el punto nodal desinserto funcione en la red global.

Ahora bien, también es cierto que existen tendencias en contra. La ciudad nodalizada es todavía más inhóspita de lo que Alexander Mitscherlich (1965) había imaginado. Las aglomeraciones urbanas están creciendo en todo el mundo. Y las *global cities* son las más afectadas por este fenómeno, puesto que son lugares dinámicos, siempre y cuando las tendencias de expansión y aceleración de la globalización sean efectivas. Los lugares dinámicos atraen a la gente, sobre todo porque, además, en el curso de la modernización y la industrialización les son arrebatadas las alternativas de vida fuera de las ciudades. Por esta razón no queda otra posibilidad para el funcionamiento de los puntos nodales de la red global que hacer ofertas sociales mínimas, es decir, ocuparse de crear una pasable infraestructura de comunicaciones y de transportes, no dejar a la cultura enteramente al arbitrio del mercado, sostener instalaciones educativas y permitir la creación de espacios libres en los que se puedan reunir los habitantes de la ciudad (Saskia Sassen, 1999, se refiere a estos aspectos de la *global city*). Así se conserva la socialización urbana a pesar de las mencionadas tendencias de desinserción, pero siempre se ve amenazada por las condiciones de la globalización. Pues lo que importa no es el lugar, sino la localización.

La desinserción como potenciación de energías

La ampliación de horizontes arriba mencionada sólo es material y energéticamente posible porque, en el curso de la racionalización capitalista, las energías disponibles son utilizadas racionalmente y, además —y esto es lo que distingue a la Revolución industrial, que comenzó a emplear combustibles fósiles—, la base energética ha sufrido una transformación radical: de combustibles bióticos a combustibles abióticos, fósiles. La racionalización comienza con las energías *endosomáticas,* también con el uso de energías eólicas e hidráulicas (Debeir *et al.,* 1989) pero, en esencia, éstas son fuentes de energía estacionarias, autóctonas, que casi no apoyan la movilidad espacial ni la aceleración del tiempo. En realidad sus límites son muy reducidos. Esto se muestra de manera especialmente evidente en los aparatos inventados por Leonardo da Vinci —técnicamente geniales y sumamente modernos— y en los insalvables obstáculos que imponían la energía y los sistemas de transformación de energía a la realización o a la adecuada conversión de los planos en aparatos que tuvieran una utilización práctica. Sólo con el empleo de las energías *exosomáticas,* especialmente de combustibles fósiles, a partir del siglo XVIII, se amplían las capacidades humanas y éstas son liberadas de sus limitaciones espaciales y temporales. Desde ese momento es posible la aceleración en el tiempo, que da lugar al moderno régimen temporal. El historiador Cipolla nos da una interesante demostración de que la continuidad se ha interrumpido desde la llegada de la era industrial:

> Una continuidad fundamental caracterizaba al mundo preindustrial, incluso después de transformaciones tan importantes como el auge y la caída del imperio romano, del islam y de las dinastías chinas. Como escribió C. H. Waddington: "Si un antiguo romano hubiera re-

sucitado 18 siglos después de la caída del imperio romano, se hubiera encontrado en una sociedad que hubiera entendido sin dificultad alguna. Horacio no se hubiera sentido fuera de lugar en el hogar de Horace Walpole y Catulo se hubiera sentido como en su casa entre las carrozas, las damas y las lámparas ardiendo en las noches del Londres del siglo XVIII." Esta continuidad fue interrumpida entre 1750 y 1850 [...] La Revolución industrial provocó en el curso de tres generaciones una interrupción irrevocable en el devenir de la historia (Cipolla, 1985:2).

Con la industrialización se puede tener acceso también a nuevos espacios gracias a los nuevos medios de transporte y de comunicación, lo cual constituye el requisito indispensable para que las coordenadas abarquen el espacio completo del globo terráqueo: sólo en ese momento "pensar globalmente" se puede convertir en una fórmula política. Ahora sí, el mercado puede levantarse del "lecho" social en medio de gran estrépito, impulsado por motores de miles de caballos de fuerza, algo que nunca se había podido lograr antes en la larga historia de la humanidad, cuando se dependía de pocos caballos de fuerza que apenas si podían ser movilizados. Ahora se puede dar también la transición de la producción de plusvalor absoluto a la de plusvalor relativo, gracias al incremento alcanzado en la productividad del trabajo. Para referirse a los métodos del incremento de la productividad en la industria Marx utiliza también el término de la "subsunción real del trabajo al capital" (Marx, MEW, 23:531). De esta manera queda dicho que la subordinación del trabajo —y, podríamos agregar, de las condiciones naturales— al régimen del capital no representa otra cosa que la desinserción de las formas tradicionales, que se basaban en sistemas energéticos tradicionales: "En la misma medida en que avanza la industria, retrocede el obstáculo representado por la naturaleza" (Marx, MEW, 23:537), es decir que la producción de superávit, en la forma social de la ganancia, se sustrae a los límites que imponen las energías bióticas y los regímenes naturales de espacio y tiempo. A esto se añade que se desarrollan las técnicas correspondientes, que se transforman más rápidamente que nunca antes en la historia de la humanidad, puesto que tienen que sostener el paso de la dinámica de acumulación. Las innovaciones se convierten en principio. La locura de un razonamiento abstracto puede ser fácilmente convertida en realidad con los combustibles fósiles y los sistemas adecuados de transformación de energía. Hoy en día se pueden construir los proyectos de Leonardo da Vinci, quien no fue capaz de hacerlo con las limitadas fuentes de energía bióticas-endosomáticas de su época.[9]

Con estas experiencias que simultáneamente abrieron espacios de posibilidades que jamás existieron antes de la era de los combustibles fósiles, los límites de la

[9] Leonardo da Vinci se pudo imaginar un helicóptero pero no lo pudo volar en la realidad. Para ello le faltaban la energía y las fuentes adecuadas de transformación de la energía. Esto hace que su visión haya sido todavía más genial.

inserción empezaron a ser percibidos como un "lecho de Procusto". El proceso de desinserción es percibido como una ampliación del horizonte. Así se origina esa "revolución social" que habría de tener su culminación y su término en la segunda mitad del siglo XX: la "caída del campesinado" (Hobsbawm, 1995:365). En este proceso histórico del siglo XX la Revolución industrial llega verdaderamente a una especie de terminación provisional con la aniquilación de esa clase que había nacido en la revolución neolítica. A partir del neolítico toda cultura había nacido de la agricultura, como lo hace notar Georgescu-Roegen. Ahora sólo podía nacer de la industria. Aun el cultivo del suelo se industrializa. "La Revolución industrial fue [...] el inicio de una revolución tan extrema y radical que inflamó el espíritu de los fanáticos como nunca antes" (Polanyi, 1944/1978:68).

Gracias a la recién ganada independencia de la producción agrícola respecto de las condiciones naturales fue posible vencer, por lo menos en las tierras del norte, el hambre de las poblaciones, que iba en aumento. Esto no era algo que se diera por sentado, pues todavía en el siglo XIX y a principios del XX, y aun en las sociedades "ricas" de Europa, reinaban las *vacas flacas,* y en las grandes hambrunas (por ejemplo en Finlandia o en Irlanda) las personas que morían de hambre no eran casos aislados (Ponting, 1991:88). Pero el precio de este mecanismo de desinserción no es poco considerable: representa la crisis de la evolución mediante el exterminio de la variedad de especies, de la pérdida del suelo debido a su sobrexplotación, de la simplificación de la alimentación, puesto que —como sucede con otros productos fabricados industrialmente— el consumo en masa debe corresponder a la producción en masa. Y en esta "revolución social" también se pierde el conocimiento milenario que había acumulado la humanidad acerca del adecuado cultivo del suelo, que se transforma en un ámbito de expertos, altamente especializado y monopolizado por medio de los derechos de propiedad intelectual de las empresas transnacionales (ET) agroindustriales. Esta transición es responsable también de la transformación de un régimen del tiempo basado en los ciclos agrarios de crecimiento y de cosecha a un tiempo fragmentado de aceleraciones distintas en espacios diferentes.

El dinero desinserto y autorreferencial

No es posible que la economía se desprenda de la sociedad si no se desarrolla al mismo tiempo una economía monetaria, es decir, si el dinero no se desvincula también de la sociedad para convertirse en un "fetiche". Un mercado sin mercancías es una aberración impensable, pero la mercancía sin dinero lo es todavía más. Mas el dinero no sólo es un medio de comunicación o de circulación que, como tal, obedece por completo las leyes del intercambio de mercancías. Más bien desarrolla una vida propia "como dinero", que justifica hablar de una "segunda etapa" de la desinserción. Se trata de ese "intento por aumentar el capital" abstracto que ya Aristóteles había visto con suspicacia y que se sustrae a los criterios de la "vida buena" en la sociedad. Existen varios motivos para el avance del proceso de desinserción en cuanto entra en juego el dinero.

Primero. El dinero, en combinación con los combustibles fósiles, eleva la "gran transformación" a un plano global, pues es ahí donde se forma la esfera monetaria del sistema global de finanzas, desapegado de los procesos económicos reales. De esta manera se globaliza el espacio funcional económico, especialmente cuando no sólo se intercambian mercancías (libre comercio), sino desempeñan también un papel central las relaciones financieras. El mismo Polanyi señala el papel ambivalente que desempeñaban los bancos que ya operaban internacionalmente en el siglo XIX, y que apoyaban con sus complejas relaciones crediticias un "orden pacífico" frágil, pero que no por ello dejaba de ser colonial (Polanyi, 1944/1978:29).[10] Por otro lado, los créditos y las deudas eran parte del negocio desde esa época y las consecuencias —similares a las de hoy— eran crisis de deudas, así como —a diferencia de hoy— bancarrotas estatales, dependencia económica y política y capitulación (al respecto véase Altvater, 1993:125-178).

Segundo. Ya Keynes había roto con la suposición clásica-neoclásica de que los mercados son, por principio, del mismo tipo, y que son dirigidos por el mecanismo de los precios a un equilibrio de mercados con la utilización completa de todos los factores. Si esto fuera realmente así, no podría alterar el hecho de que el mercado se separara de la sociedad. Una economía capitalista más bien señala un orden jerárquico específico de mercados: el mercado de dinero controla al mercado de mercancías, y su desarrollo es decisivo para la demanda en el mercado de trabajo y, por lo tanto, también para la ocupación y los ingresos salariales. Marx tuvo toda la razón al mostrar en su análisis de la forma valor que —y cómo— el trabajo se socializa por medio de los movimientos del dinero. Las economías de mercado son economías monetarias y es a partir del dinero del que se descifran sus leyes de movimiento. De esta manera se propicia el distanciamiento de las personas a través del dinero, así se desvincula la economía de la sociedad, así se desacopla el dinero de la economía, pero sólo para imponer su lógica económica, que obliga a la sociedad a obedecerla como un *imperativo.* Así el dinero se convierte en un "componente interno de la vida moderna en sociedad" (Giddens, 1995:39). Sobre todo "se define en el sentido de crédito y deuda" (p. 36), es decir, como dinero que ya no sólo funciona como medio de circulación en la circulación de mercancías. Es simplemente "dinero", que se remite sólo a sí mismo, de manera autorreferencial (Marx, MEW, 23:143-160). La función del dinero como medida de valor todavía está totalmente ligada a la mercancía individual; la función del medio de circulación aún depende del intercambio de las mercancías unas por otras. Entonces, el espacio para las tendencias de independización es limitado.

[10] Por eso sólo se puede hablar de un "orden pacífico" desde el punto de vista europeo y no desde la perspectiva de los continentes colonizados, a los que este "orden pacífico" les fue impuesto con buques cañoneros y ejércitos expedicionarios.

La desinserción del dinero también se expresa en el cambio al que los bancos centrales están sometidos *institucionalmente.* Cuando la soberanía de los intereses y del tipo de cambio se pierde en el curso de la desregulación de los mercados de finanzas, la dependencia del banco central respecto del gobierno resulta ser, en primer lugar, superflua y, en segundo lugar, incluso nociva. La apertura de los mercados de finanzas implica, sobre todo, que las monedas nacionales entren en competencia monetaria con y contra todas las demás monedas nacionales. Los actores más importantes en los mercados monetarios internacionales son los bancos privados o bien los inversionistas particulares (sociedades aseguradoras, fondos de retiro, etc.). Sus patrimonios monetarios se guardan en las monedas que ofrecen la mayor seguridad y los más altos réditos en los mercados globales. Así pues, en la competencia de divisas la labor del banco central cambia radicalmente: pasa de apoyar la política monetaria de los gobiernos para lograr la consecución de sus objetivos económicos y políticos al aseguramiento de ingresos dinerarios y su aprovechamiento. En los mercados financieros y monetarios el banco central, en su papel de "banco de bancos", se convierte en un actor como los demás, aunque provisto de un poder especial. Su función consiste en defender en la competencia de divisas el valor relativo de su respectiva moneda nacional. Pero esto sólo puede ocurrir cuando se obedecen incondicionalmente las señales de los mercados financieros globales, y no las insinuaciones de gobiernos que tienen que perseguir otros objetivos, diferentes a la estricta defensa del valor monetario interno y externo de una moneda nacional. Por eso no es de extrañar que el banco central europeo, que corresponde al modelo del Deutsche Bundesbank (Banco Federal Alemán), haya sido concebido como una institución totalmente independiente de los gobiernos, cuya única tarea consiste en asegurar el valor monetario (del nuevo euro) tanto hacia el interior como hacia el exterior. Una política de estabilización como la que exige la competencia de divisas sólo puede ser ejecutada e impuesta en los mercados financieros por una institución independiente de los gobiernos. La conclusión es la siguiente: en las condiciones de la competencia de divisas ya no existe la posibilidad de influir políticamente sobre la política monetaria para la consecución de objetivos sociales y para la política del mercado laboral. *Form follows function* (la forma se deriva de la función): la institución del banco central se adapta a las necesidades funcionales en la era de los mercados globales de finanzas. En este caso la desinserción se da como un acto de autonomía del banco central frente a la política y la sociedad.

Sólo cuando el dinero se deshace de su vínculo con el mundo de las mercancías aparece eso que Giddens describe un tanto torpemente, refiriéndose a Simmel: "La desinserción posible gracias a las modernas economías monetarias está tomando una dimensión mayor a la que tuvo en todas las civilizaciones premodernas en las que ya existía el dinero"(Giddens, 1995:37). El dinero funciona como un tesoro ("venta sin compra") o como medio de pago ("compra sin venta"), y forma entonces una "tijera" en un mercado que se ha convertido en mercado de dinero y de capitales. Con las instituciones que son necesarias para su funcionamiento, se desarrolla un sistema financiero que, en la actualidad, ha adquirido dimensiones globales.

Puesto que el dinero representa un derecho, se forman ingresos dinerarios que son manejados por los "propietarios del ingreso dinerario". Pero donde existen derechos también existen obligaciones, es decir, deudas y, por lo tanto, deudores.

Los movimientos propios del dinero como dinero sólo adquieren relevancia cuando es material y energéticamente posible desvincular el tiempo y el espacio de la inmediatez de la banalidad cotidiana y limitada. Sólo entonces el dinero se muestra como un instrumento estupendamente adecuado para reorganizar las coordenadas del tiempo y el espacio del sistema global. Mientras que los propietarios de mercancías todavía tienen que estar presentes en el tiempo y en el espacio durante el intercambio de sus mercancías, esto se ha vuelto superfluo en las relaciones monetarias. Lo único que importa es que las obligaciones adquiridas a partir de las relaciones monetarias se cumplan en los plazos previstos. Estos plazos y los lugares establecidos para que se les dé cumplimiento determinan la matriz de tiempo y espacio de la sociedad mundial.

REACCIONES: EL MERCADO MUNDIAL DESINSERTO SE CONVIERTE EN IMPERATIVO

En el capítulo referente al dinero en el primer volumen de *El capital,* tras el estudio del dinero como tal, sigue un párrafo, por lo general poco tomado en cuenta, acerca del "dinero mundial". Pero el dinero mundial —en tiempos de Marx el oro, que obtenía su nacionalidad por medio del sello monetario— es algo más que lingotes de oro. En este caso los problemas del tipo de cambio desempeñan un papel que sólo puede ser estudiado de manera adecuada si también se incluyen las balanzas comercial, de bienes y servicios y de capitales. Entonces se muestra lo que también representa la "desinserción": el surgimiento de *indicadores sintéticos* (como los que, por ejemplo, proporcionan las balanzas parciales de la balanza de pagos) con los que las sociedades son valoradas de manera comparativa en el espacio funcional abstracto de los mercados globales. Para ello se han conformado "sistemas de expertos", las agencias de evaluación *(rating agencies)* que evalúan la solvencia de los solicitantes de crédito (con frecuencia estados) y la calidad de los créditos y, por lo tanto, de las instituciones acreedoras, casi siempre bancos (véase Sassen, 1996:31). Esta evaluación sería inocua si sólo se tratara de los juicios de políticos o de científicos interesados en la "situación de la nación". Pero, en realidad, definen la posición comparativa de un área monetaria en la competencia global de tipos de cambio. Si en el pensamiento del siglo XIX y de principios del XX la soberanía todavía estaba ligada a la territorialidad del estado (según lo afirma también Polanyi, 1944/1978:251), en un mundo del dinero mundial ésta se define por medio del área monetaria, cuyas fronteras son defendidas en los mostradores de las bolsas de divisas o en la red *swift* global de los bancos. El fetiche monetario se convierte, realmente, en un imperativo. "Por lo tanto el dinero es directamente la *co-*

ESQUEMA 2.2. DE LA DESINSERCIÓN A LOS IMPERATIVOS DEL MERCADO MUNDIAL Y A LA PÉRDIDA DE LA SOBERANÍA ECONÓMICA Y POLÍTICA

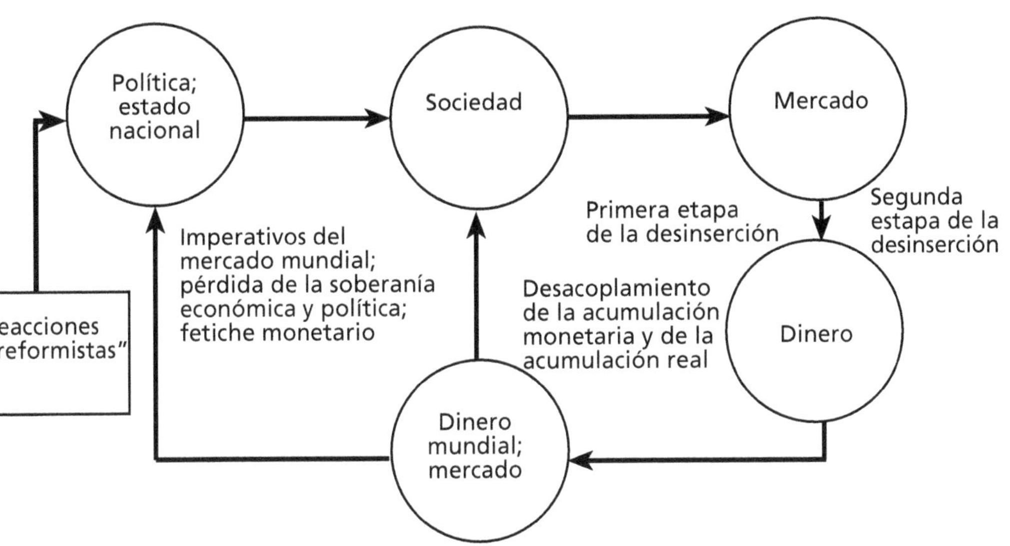

munidad, en cuanto que es la sustancia universal de la existencia para todos, y al mismo tiempo el producto social de todos" (Marx, 1953:137), y esto en el nivel global. La continuación de los procesos de desinserción, por lo tanto, puede ser interpretada como la creación de un fetiche magnífico que, con su violencia encubierta bajo la forma de un imperativo, domina a los seres humanos y somete a las sociedades a sus dictados con "la muda presión de las relaciones económicas".

Los mecanismos de desinserción tienen la fatal consecuencia de que crean una realidad con estándares que son obligatorios para la sociedad, incluso cuando ésta se resiste a sus efectos. Una vez en manos del mecanismo del mercado, sometidas a los regímenes globales de tiempo y espacio, dependientes de los precios del dinero (intereses y tipo de cambio), las sociedades deben adaptarse a los mecanismos desinsertos de la economía. Es decir que tienen que ejecutar programas de ajuste estructural para mantener la competitividad. Si, además, dependen de créditos externos, tienen que obedecer a las instituciones internacionales como el Banco Mundial (BM) y el Fondo Monetario Internacional (FMI). Tenemos, entonces, que no sólo existen los "mecanismos de desinserción", sino también los "mecanismos imperativos", y éstos están institucionalizados a nivel global.

Los poderes desinsertos, entonces, actúan sobre las relaciones sociales y el sistema político de instituciones, y lo hacen en forma de imperativos. Esto tiene su expresión en la "jerarquía de los mercados", descrita ya por Keynes en su argumentación contra el neoclasicismo: el mercado del dinero controla, por medio de los precios que en él se establecen, al mercado de mercancías, y este último es, a su vez, relevante para la demanda en el mercado de trabajo. Así vemos que, en la práctica, para los trabajadores dependientes la desinserción significa que sus oportunidades de obtener un puesto de trabajo son controladas en los mercados globales por procesos independientes y sobre los que no ejercen absolutamente ninguna influencia. En el sistema político estos mismos procesos son responsables de la pérdida de la soberanía económica y política. Cuando los intereses y tipos de cambio no son determinados políticamente por las instituciones del estado nacional que fueron legitimadas para ello, sino que se establecen en los mercados globales, la dinámica del mercado no puede ya ser regulada por objetivos políticos *no compatibles* con los mercados. Entonces se da en los hechos la ratificación teórica, ideológica y, por último, práctica y política, de este estado de desinserción global como una política de la "desregulación". La política no desaparece, pero su racionalidad se homologa con la de la economía. El mercado, el mercado mundial, se convierte en fetiche. Así que habría que preguntarse a qué nos referimos cuando hablamos con tanta naturalidad del "mercado" y de sus imperativos.

EL MERCADO DESCONOCIDO

Niklas Luhmann menciona, como de paso, que "también —y precisamente— en las ciencias de la economía [falta] una teoría exhaustiva del mercado" (Luhmann, 1990:107). Y no está tan equivocado. Pero esta afirmación se podría hacer extensiva al dinero y al trabajo, y habría que añadir también que este vacío teórico se torna aún mayor cuanto más se aproxima uno al mercado mundial de mercancías, trabajo, dinero y capital. Pues en ese aspecto la mayoría de los teóricos sociales y económicos se quedan a la zaga. El mercado es, por un lado, y debido a las mencionadas tendencias de la desinserción, un asunto sencillo, puesto que se ha liberado de todos los residuos sociales y políticos. Podría ser concebido como un lugar funcional en el que se llevan a cabo procedimientos de intercambio. De esta manera quedaría descartada toda concepción de la economía como una manifestación ligada al tiempo y al espacio. Con F. A. Von Hayek (y John Stuart Mill) el proceso económico podría ser concebido como catalaxia pura, como una serie infinita de procedimientos de intercambio controlados por los precios que, en última instancia, producirían un equilibrio en el que ningún agente del mercado tendría motivo para revisar sus planes. Esta idea ya le causaba horror a Cournot, puesto que en este punto, en el que sería irracional querer modificar algo, la historia llegaría a su fin (véase al respecto Anderson, 1992:294). También Von Hayek está en contra, puesto que son los desequilibrios los que estimulan la innovación. El mercado no es una manifestación de equilibrio, sino un "procedimiento de descubrimientos" (Von Hayek, 1968). Y, al igual que Luhmann, no está tan equivocado. En realidad el mercado es un asunto extraordinariamente complejo en la práctica y, por lo tanto, teóricamente complicado y nada fácil de desentrañar.[11] Se puede presentar una serie de argumentos a favor.

Primero. El proceso de desinserción no llega tan lejos como para que la sociedad y sus instituciones no tengan ya función alguna en la regulación de la economía. Así pues, la globalización, como ya se mencionó, tiene límites; es imposible alcanzar la globalidad. Más bien se demuestra que precisamente el mercado desinserto requiere la regulación social, para poder seguir una racionalidad económica "asocial" y "anatural". Pues las relaciones monetarias son, por principio, relaciones contractuales que requieren una reglamentación jurídica por medio de una instancia independiente que no sea una de las partes contratantes. A diferencia de la opinión neoliberal de que más mercado significa menos estado, la mercantilización provoca una enorme necesidad de reglamentación jurídica de las relaciones monetarias, lo que hace necesaria una mayor intervención estatal, por lo menos en forma de un derecho de reglamentación. La Escuela de Friburgo, que giraba en torno a Eucken, estaba muy consciente de ello; igualmente, en Gran Bretaña se pudo llevar a cabo la desregulación sólo porque se desarrollaron nuevas regulaciones. El FMI, en su análisis acerca de los *emerging equity markets* (mercados accionarios emergentes) (IMF, 1994a:26-27), se preocupa también —aunque más bien entre líneas— por la estabilidad de los mercados de finanzas globalizados, y aboga por una cierta regulación, que habría de ser desempeñada por los estados nacionales, cuya capacidad de intervención se ha reducido precisamente debido a la mercantilización bajo la égida del programa de ajuste estructural del FMI. Se ha culpado de la crisis financiera asiática a la falta de regulación del mercado, de modo que no sólo en la región afectada se multiplican las voces que abogan por una "re-regulación" de los mercados. En los países en proceso de transformación de Europa Central y Oriental se clama por orden y por una seguridad contractual y jurídica, para que los "inversionistas" privados puedan tomar sus decisiones con un riesgo calculable. Incluso las tendencias de una mayor privatización del dinero por medio de la introducción del monedero electrónico provocan el surgimiento de las correspondientes medidas de regulación pública.

Entra en juego el estado, con su "política de reglamentación" que los neoliberales fundamentan en contra de la "política procesual". Para Eucken los derechos de propiedad privados —es decir los que están estipulados de manera especial a la vez que garantizados por el poder público—, reglas claras de responsabilidad, una po-

[11] Por esta razón la definición de Sombart resulta demasiado simple como para hacerle justicia al carácter polifacético del mercado. Sombart escribe: "Entendemos por mercado, en un sentido general y abstracto, la esencia de las posibilidades y oportunidades de venta" (Sombart, 1916/1987, II:185). En esta definición sólo se toma en cuenta el punto de vista de los productores ("Desde la perspectiva del productor/ comerciante", p. 188), por lo que a Sombart le interesa particularmente la "expansión de los mercados", a favor de la cual aduce argumentos "poblacionales", "administrativos", "políticos", "comerciales" y "técnicos" (p. 187). "Asumimos este punto de vista de los interesados en comercializar una mercancía cuando hablamos de mercados locales o nacionales, o aun del mercado mundial" (p. 188).

lítica de garantía de la estabilidad monetaria y de la restricción del dinero por medio de instituciones públicas —por ejemplo del banco central—, constituyen el núcleo, la "primacía" de la política de reglamentación; garantizar un "sistema de precios funcional" es "el principio fundamental" del derecho constitucional económico (Eucken, 1959:160-161). Así vemos que a la desregulación económica le sigue una re-regulación del derecho de ordenamiento y de la política. Consecuentemente, la economía de mercado totalmente desinmersa es una falacia.

Segundo. Como lo mostró Émile Durkheim (1977) las relaciones monetarias y contractuales implican siempre condiciones *extracontractuales* (y, por lo tanto, también fuera de la economía de mercado), que son imprescindibles para el funcionamiento y la eficiencia de las economías de mercado y monetaria. A esta "dimensión moral" de la socialización se remite la crítica sociológica (Etzioni, 1988; Granovetter, 1985) que hacen los modelos racionales neoclásicos a la socialización fomentada por el mercado y por el dinero. Las sociedades empíricas siempre han producido redes no económicas (más allá del mercado y las jerarquías) para poder soportar los imperativos que ellas mismas han producido. Esto nos indica que un desprendimiento completo de la economía respecto de la sociedad —una desinserción total— es en realidad nocivo para la eficiencia económica, y no sólo para la subsistencia y la suficiencia sociales. Las redes de relaciones externas al mercado dependen de que la *sociedad civil* sea competente, así como de su fuerza para socializar a los individuos como participantes en el mercado, pero también de los accesos a la información, de la confianza y las relaciones recíprocas y del consenso y el reconocimiento mutuo (Mahnkopf, 1986, 1994). Todas estas relaciones de la economía como un sistema social-comunicativo han sido poco explicadas en la teoría económica del mercado; la "mano invisible" es tan invisible que nadie pregunta ya por su anatomía y por el cuerpo del que forma parte. Además, los teóricos del mercado con frecuencia se dan por satisfechos con esa mano "invisible", sin preguntar por la segunda mano, la "visible" (Chandler, 1977), o aun por la "tercera mano" (Elson, 1990).

Tercero. No sólo el comercio mundial sino sobre todo el mercado del dinero mundial deben ser examinados. Aquí se producen las restricciones del dinero que les son impuestas a los actores del mercado para estimularlos a que logren rendimientos extraordinarios en la competencia global. El debate sociológico en torno al "dinero como una abstracción social" le atribuye poca importancia a esta circunstancia (por ejemplo Deutschmann, 1995); la ciencia de la sociedad no tiene idea de que, a fines del siglo XX, ésta es, sobre todo, una sociedad (mundial) controlada por el dinero.[12] Así pues, resulta plausible la valoración de que los imperativos del mercado mundial son constantes contextuales para el trato con el estado benefactor, a las que sólo se puede responder con adaptaciones internas. En este

[12] Luhmann (1971) afirma explícitamente que la sociedad es hoy una sociedad mundial, pero de ello no infiere consecuencia alguna, por ejemplo, respecto a los medios y los códigos de regularización de los sistemas sociales.

caso el estado benefactor es percibido únicamente como un factor de costos. Las restricciones del dinero se inscriben en la "naturaleza social", en la *forma* de los procesos globales de reproducción; pero en la economía mundial, paradójicamente, encuentran su expresión, que no está moralmente moderada, en las *instituciones* políticas, como el FMI, el BM, el GATT o la OMC: es decir, en la "condicionalidad" de los "programas de ajuste estructural".

El esquema 2.3, que recoge y amplía las ideas de Michael DeVroey (1990), tiene como propósito indicar la complejidad del mercado y de lo que en él ocurre. Cada cuadro del esquema requiere explicaciones teóricas que no pueden darse por sentado en la bibliografía sobre los mercados y la economía de mercado. Se trata de un problema muy conocido para las ciencias sociales: la estructura y la acción en el marco de una forma social. ¿Cómo se llega a la formación de precios cuando todos los agentes del mercado se comportan como tomadores de precios, subordinados en el modelo de la competencia perfecta (esquema 2.1)? ¿Cómo se puede entonces concebir *a priori* la estructuración de un sistema de precios del mercado por medio de una acción que no fue determinada individualmente? El que *a posteriori* se den siempre resultados ratificados por el mercado oculta la relevancia de la pregunta. ¿Cómo se pueden fundamentar decisiones independientes, "individuales", cuando todos los participantes en el mercado utilizan el mismo ambiente social y natural, que modifican por medio de la creación de externalidades (ocasionalmente positivas, aunque casi siempre negativas) y cuando están vinculados de manera extracontractual (por medio de una lengua común, por hábitos y normas, por prácticas culturales), es decir, cuando prosperan sobre el mismo sedimento social? ¿Se puede justificar todavía la suposición de un "individualismo metodológico" (Schumpeter, 1908), a pesar de que represente la base de la elección racional (cuadro 1.1)? Donde no existen las decisiones independientes es cuestionable la suposición básica de los individuos autónomos que suscriben contratos libres (cuadros 1.1, 1.2). Estos individuos se encuentran ya comprometidos en relaciones que los fortalecen y que a veces los vinculan o incluso los atan (efecto *lock-in*), y que requieren una regulación cultural y que no sea del derecho privado, es decir, pública y política. Esto es particularmente evidente en el caso de los llamados "bienes posicionales" (de los que nos ocuparemos con mayor precisión en el capítulo 9), que ya no pueden intercambiarse como mercancías. Para estos bienes el mercado es un mecanismo de coordinación inapropiado. ¿Cómo se produce en la práctica el equilibrio, la categoría de referencia de la teoría del mercado, cuando ninguno de los participantes del mercado aspira al equilibrio, sino a las mayores ganancias y a la mayor satisfacción de las necesidades (cuadros 1.3, 2.3)? ¿No es cierto que la *perfect competition* con el subastador walrasiano se puede concebir como *perfect computation,* como si un observador externo jugara con los agentes del mercado como con marionetas, pero no como un juego de los propios agentes del mercado (cuadros 4.2, 4.3)? Y, por cierto, ¿cómo nace un mercado en el que todos participan, pero que nadie "hace" conscientemente? Aquí nos estamos preguntando por esos sujetos que son conocidos como *market makers* ("hace-

ESQUEMA 2.3. LA COMPLEJIDAD DEL MERCADO

	Actores	*Proceso*	*Coordinación*
Actores	1.1 Individuos descentralizados; "individualismo metodológico", interdependencia, interferencias	1.2 No se tienen conocimientos sobre las secuencias de acción en el sistema de mercado	1.3 Resultado espontáneo, no anticipado, las acciones: "a espaldas"
Procesos	2.1 Los actores como reactores (*price-takers,* tomadores de precios); ¿quién determina los precios cuando todos son tomadores de precios?	2.2 Interferencia del mercado; jerarquía del mercado: dependencia del mercado de trabajo respecto de los mercados de bienes y financieros	2.3 Resultado: equilibrio definido y óptimo
Coordinación	3.1 Reglas del juego; restricciones externas; derechos de propiedad, "imperativo"	3.2 Alternativas a los procesos de mercado; de la competencia perfecta al monopolio	3.3 Es imposible un equilibrio total del sistema
Observador; economista	4.1 Los actores son como marionetas en una obra de teatro montada por el observador. Formación de modelos	4.2 El observador conoce la lógica del mercado; para imponerse, actúa como un subastador	4.3 El resultado de los procesos en condiciones de competencia es comparable a los que se dan en una economía planificada: *perfect competition = perfect computation*
Medio ambiente del mercado	5.1 Los actores usan e influyen el medio ambiente social y natural. De esta manera se crean interferencias que no provienen del mercado; externalidades; elementos extracontractuales de las relaciones contractuales	5.2 Informaciones incompletas y procesos introducidos de modo equivocado; miopía; fracaso del mercado	5.3 Materialidad de la coordinación; aspecto energético de los procesos informacionales

dores de mercado") y que son de gran importancia para las economías en proceso de transformación de Europa Central y Oriental. Esto hace honor al teorema de Say, según el cual toda oferta se crea una demanda adecuada. Pero debe existir la demanda de rendimientos (por ejemplo, bienes de inversión) si se han de crear mercados de bienes y si la producción ha ser puesta en marcha. Para esto es necesario, como lo mostraron Keynes y, naturalmente, Marx, un nivel mínimo de "capacidad marginal del capital", una mínima cuota de ganancia. Este mínimo se mide, por un lado, con los ingresos obtenidos en el pasado, y, por otro, con los intereses que se pudieron obtener de manera alternativa por medio de inversiones en los mercados de finanzas.

Sólo puede hablar del mercado quien tenga en mente el mercado mundial. La "tendencia propagandística", señalada por Marx, de crear un mercado mundial, ya no es hoy una tendencia abstracta, que sólo puede ser develada por un entendimiento analítico, sino una realidad en la modernidad capitalista. Lo que Polanyi señaló respecto de los mercados nacionales de trabajo y monetarios también se puede observar en el nivel global: la formación de instituciones y organizaciones, es decir, la formación de un régimen de regulación —aun cuando parcial e imperfecta— de los segmentos del mercado mundial. Además, en el mercado mundial también están presentes los estados nacionales. Éstos de ninguna manera desaparecen en el curso de la globalización, aun cuando la soberanía política, necesaria para la regulación económica, se vea limitada en el proceso de la formación del mercado mundial.

Así pues, también el mercado mundial es algo más que un lugar abstracto donde se realiza un intercambio de mercancías (bienes, servicios, capital, dinero, fuerza de trabajo); representa asimismo un reglamento social y un conjunto de instituciones políticas. Las tendencias de diferenciación en la forma de producción capitalista en el curso de su globalización también se pueden encontrar en el desarrollo del mercado mundial. La diferenciación se da en una parte (la vertical del cuadro 2.4) de las formas económicas del capital; en otra parte (la horizontal), se dan las formas y las instancias políticas de revisión. Entonces, la globalización no consiste únicamente en que las transacciones económicas se expandan y aumenten en los distintos mercados y en que creen y llenen el espacio global, sino también en que se generen instituciones reguladoras. Este proceso también podría considerarse como una emergencia, como una especie de "fractalización" del mercado mundial (en el capítulo siguiente se tratará este asunto). No es poco frecuente que a estas instituciones se les confíe la labor de restablecer la pérdida del carácter de estado nacional en forma de un estado global, y de reconcentrar la soberanía del estado, dispersa en el espacio global, por ejemplo, en forma de gobierno global o de "política planetaria". Pero en las instancias globales de regulación se olvida que, en principio, se trata de instituciones del mercado y no de instituciones políticas que persiguen la realización de un proyecto que podría resistirse a la lógica de la desinserción. Esta distinción es importante, puesto que sólo las instituciones políticas requieren la legitimación democrática, el consenso, y actúan según la lógica de la estabilidad hegemónica. Las instituciones del mercado —entre las que se cuentan el FMI, el BM y la OMC— no necesitan tener estas consideraciones, a menos que se vean impelidas a ello por la sociedad civil, es decir, obligadas por movimientos sociales. Aquí radica la importancia —o, desde el punto de vista de estas instituciones, el escándalo— de los actores nuevos en el escenario internacional (organizaciones no gubernamentales, ONG). En parte se trata de superar positivamente las exigencias de estas ONG al integrarlas a un sistema de *global governance* como procuradoras de legitimación y como actores localmente competentes.

Por consiguiente, el mercado mundial es una "sede geográfica" de reproducción económica y de coordinación política, y eso haciendo abstracción de que las relaciones sociales siguen siendo importantes a pesar de los "mecanismos de desinserción", y también de que el medio ambiente global desempeña un papel en los procesos económicos y las relaciones políticas de regulación. La amplia desregulación, la apertura de las economías nacionales y su integración a la economía mundial reclaman —como se explicará con mayor amplitud en el siguiente capítulo, dedicado a la "fractalización"— la formación de instituciones reguladoras, de normas y reglas de la acción del mercado. No obstante, en las décadas pasadas se limitaron las posibilidades de la regulación en el curso de la "desregulación". Incluso se podría decir que el núcleo de la globalización consiste en limitar las posibilidades sociales de regulación de procesos económicos en los niveles del estado nacional, regional y local, sin que en el nivel "de la sociedad mundial" se hayan creado nuevas instituciones reguladoras. Éste es un indicio particularmente claro de que sí existe el mercado mundial, pero *no una sociedad mundial.* Al principio del primer capítulo definimos la globalización como el doble proceso de la apertura de espacios hasta entonces protegidos y su integración al mercado mundial. Ahora vemos que, debido a la territorialidad absoluta de la política, la apertura y la integración económicas no corresponden a la apertura de la política en el nivel global. Por esta razón la globalización es un proceso con tres dimensiones: es la *apertura* de espacios hasta entonces protegidos por fronteras, es su *integración* a un sistema económico mundial y es el proceso de *desregulación* política. Porque las instituciones políticas desreguladas no son sustituidas en el nivel global o macrorregional por las instituciones correspondientes de la regulación de procesos económicos y sociales.

ESQUEMA 2.4. ESTRUCTURA DEL SISTEMA MUNDIAL
ECONOMÍA Y MERCADO MUNDIAL; POLÍTICA E INSTITUCIONES

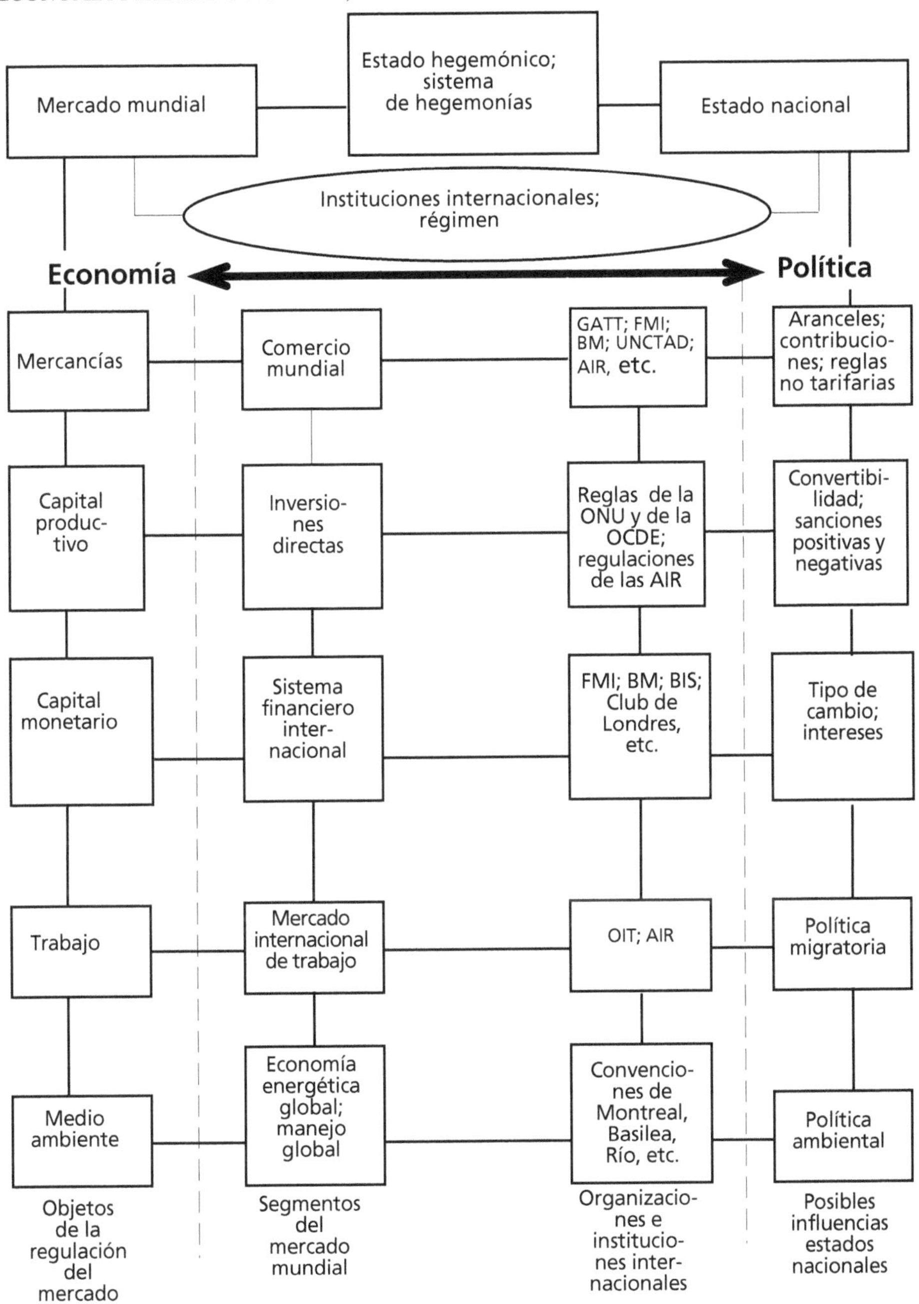

3

TRAYECTORIAS DE DESARROLLO ENTRE LA GLOBALIZACIÓN Y LA FRAGMENTACIÓN

Si la globalización verdaderamente desembocara en una situación de globalidad, no habría por qué desperdiciar tiempo pensando en modelos de desarrollo alternativos. Sólo existiría un modelo: el del libre mercado, basado en la propiedad privada, en el interés individual y en su equilibrio por medio del ingenioso efecto del sistema de precios y de los derechos políticos de que disponen de manera autónoma los ciudadanos de un estado en el sistema de instituciones democráticas. A lo sumo existirían en el camino de la globalización diferencias en el desarrollo de los distintos segmentos del espacio global, diferentes "culturas capitalistas" (Albert, 1991) y variedades de la forma capitalista "universal" de producción. De esta manera, el modelo dominante mercantil-capitalista sería difundido en todas las regiones del mundo. El modelo que hubiera alcanzado el desarrollo más "elevado" le diría a las sociedades comparativamente más atrasadas: *de te fabula narratur.*[1] El desarrollo y la posterior industrialización serían sólo una cuestión de tiempo, y no del modelo mismo o de los espacios, con sus respectivas características. Pero, sin duda alguna, la idea del "fin de la historia", que causó un revuelo extraordinario inmediatamente después de 1989 (véase la muy buena revisión panorámica de Perry Anderson, 1992), es sumamente estrecha de miras. Pues precisamente debido a las indudables tendencias de globalización ha aumentado también la fragmentación del mundo. No existe una trayectoria única de desarrollo, sino muchas, aun cuando todas ellas son animadas por el principio de la valorización del capital. La variedad se da por el simple hecho de que, tomando en cuenta los cálculos de la termodinámica, los recursos naturales necesarios para los procesos de desarrollo sólo se pueden utilizar una vez. Por eso el tiempo del desarrollo es irreversible, y el lugar donde se lleva a cabo concreto e intransferible. Esto sería irrelevante si la tierra ca-

[1] En este sentido también Marx era un teórico. En el prólogo de *El capital*, del 25 de julio de 1867, escribió: "Lo que he de investigar en esta obra es el modo de producción capitalista [...] La sede clásica de ese modo de producción es, hasta hoy, Inglaterra. Es éste el motivo por el cual, al desarrollar mi teoría, me sirvo de ese país como principal fuente de ejemplos. Pero si el lector alemán se encogiera farisaicamente de hombros ante la situación de los trabajadores industriales o agrícolas ingleses, o si se consolara con la idea optimista de que en Alemania las cosas distan aún de haberse deteriorado tanto, me vería obligado a advertirle: *De te fabula narratur!* El país industrialmente más desarrollado no hace sino mostrar al menos desarrollado la imagen de su propio futuro [...] Una nación debe y puede aprender de las otras..." (Marx, MEW, 23:12-15).

reciera de límites. Pero, como es bien sabido, existen límites ecológicos, y basta esta razón para que las trayectorias de desarrollo sean diferentes, según su localización en el tiempo y en el espacio.

¿TEORÍAS EN UN MUNDO FRAGMENTADO?

Así pues, la suposición de que existe una globalización del modelo dominante de desarrollo se basa, en primer lugar, en la condición irreal de que se podría conciliar entre la dinámica globalizadora del mercado —que no respeta los límites— y los límites ecológicos del planeta. Entonces, la posibilidad de la modernización y de la industrialización depende del nivel de explotación de los recursos naturales y la agresión que padecen, tomando en cuenta que la capacidad portadora global del planeta es limitada. En segundo lugar, esta suposición se basa en la idea, ajena a la realidad, de que la dinámica capitalista de desarrollo se podría imponer en el mundo sin que se presentaran *crisis* cíclicas y estructurales. Durante las crisis se rompe una y otra vez el modelo unificado, que se deshace en fragmentos y fracciones (de esto se ocupará la cuarta sección de este capítulo). A pesar de estas tendencias críticas de fragmentación y fraccionamiento, tras el fracaso de la alternativa del socialismo real el modelo capitalista presenta características unificadas y aparentemente convincentes, que constituyen su atractivo. La primera parte de este capítulo tratará de ello.

Vale la pena hacer el esfuerzo teórico de entender las condiciones sociales, económicas, políticas y culturales en las que se puede producir la "riqueza de las naciones" a fines del siglo XX, y que son responsables de que, a pesar —o precisamente a causa— de la globalización, los modelos de desarrollo tengan distintos niveles de éxito y, por lo tanto, de atracción. Resulta de suyo polémico qué es lo que se debe entender por riqueza: ¿mayores cantidades de materias y energía, más dinero, mayor bienestar? También se debe preguntar si es posible que tuviese más sentido, siguiendo la tradición de Friedrich List, construir sobre el desarrollo de las "fuerzas productivas", sobre la "formación de capital humano" (World Bank, 1995) o sobre las redes sociales, tan importantes para la "competitividad sistémica" (Esser *et al.*, 1994; Messner, 1995). ¿Pero prometería el éxito una aproximación de este tipo frente a las interdependencias globales, cuando el desarrollo de países y regiones depende del desarrollo (y tal vez también del no desarrollo) de otros países y regiones? En vista de las combinaciones de factores tan diferentes, ¿puede el desarrollo económico y social seguir una sola trayectoria y, si esto se intenta, no podrían entonces abrirse trampas del desarrollo, que son difíciles de evitar y muy peligrosas para quienes quedan atrapados en ellas?

Surgen estas preguntas porque, en primer lugar, a pesar de la globalización y de la dinámica del mercado mundial, los procesos de desarrollo social y económico transcurren separados en el espacio y de manera asincrónica en el tiempo, es decir, de manera irregular y no simultánea. Esto de ninguna manera significa que estos procesos no sean interdependientes, que no influyan unos en otros y aun se bloqueen en forma recíproca. En segundo lugar, resulta evidente que los desarrollos en distintas regiones del mundo alcanzan diferentes niveles de éxito, medido con los indicadores tradicionales de prosperidad. Estas diferencias han influido sobre las clasificaciones de las instituciones internacionales: de los países menos desarrollados a los países en vías de desarrollo, pasando por las *dynamic Asian economies* (economías asiáticas dinámicas)[2] y los países miembros de la OCDE que, en la interpretación de moda, muestran el "perfil" y dictan las normas a las que aspiran las sociedades que presentan un "perfil de país que todavía no es miembro de la OCDE". Aquí se da por sentado que la industrialización (y la postindustrialización) es algo a lo que se aspira en todo el mundo, que existe una trayectoria de desarrollo en la que las naciones y regiones han llegado más o menos lejos. Pero también se llega a la conclusión de que las diferencias en el desarrollo son tan grandes que no se podría hablar de una unidad del sistema mundial, o suponer que existe un tercer mundo unificado (Menzel, 1992; Mouzelis, 1988). Si esto es así, también se puede renunciar a la aspiración de tener una "gran teoría" aclaratoria; los estudios de caso corresponden más al estado fragmentado del globo que las tentativas por construir teóricamente una inexistente unidad. Más adelante se mostrará que, por un lado, existe la simultaneidad de globalización y unificación y, por otro, la de particularización y asincronía. Pero la particularización no es un proceso unificado sino que transcurre en diferentes niveles, y su dinámica debe ser estudiada de manera diferenciada en el sistema capitalista mundial.

Incluso para poder plantear las preguntas correctas se necesita tener una comprensión teórica previa, que sólo se puede obtener a partir de la generalización de muchas observaciones. En este contexto son importantes los estudios de caso, que no sólo resultan interesantes por el caso particular que estudian, sino sobre todo por las conclusiones profundas y generalizadoras que se dan en un *"eclectic messy center"*, como lo llama Peter Evans (1995); la teoría nace (o emerge) en un "caos ecléctico". Así pues, quien aspire a explicar el mundo desde una perspectiva neoclásica, keynesiana, marxista o institucionalista, estará equivocado en tanto que no combine ingredientes de distintos planteamientos. Hoy en día un análisis de las relaciones del dinero mundial que no recurra a Marx y a Keynes no aporta gran cosa. Un estudio de los procesos de mercado que no incluya categorías neoclásicas o institucionalistas tendría grandes posibilidades de fracasar. El funcionamiento y la dinámica del mercado no se pueden representar si no se incluye el dinero en el análisis. Dado que hoy el dinero, a diferencia del patrón oro, obtiene su valor al ser restringido por medio de reglamentaciones institucionales, el análisis económico no puede existir si no se estudia la regulación política. A más tardar cuando la economía se ocupa del mercado de trabajo y de la organización del proceso de pro-

[2] Esta designación, empleada tanto por la Organización para la Cooperación y el Desarrollo Económico (OCDE) como por el FMI, permite reconocer el carácter ideológico de la clasificación.

ducción entran en juego las relaciones industriales, es decir, las relaciones sociales. Entonces advertimos que en el *eclectic messy center* deben combinarse de manera fecunda teorías económicas, sociológicas y políticas para lograr explicaciones plausibles al transcurso de cada uno de los procesos de desarrollo en el planeta, y para resaltar las condiciones del atractivo de los modelos de desarrollo. La primera condición es una cierta *coherencia* de las circunstancias económicas, sociales y políticas en el lugar. También deben considerarse las *restricciones externas* y las *interdependencias* que subyacen a los procesos de desarrollo en el espacio global.

Por su parte, los estudios de caso pueden hacer una importante contribución a la comprensión teórica del desarrollo, puesto que en el estudio comparativo se puede averiguar algo en verdad "esencial". Ahora bien, los criterios para ello se dan sólo a partir de la generalización teórica, sin la cual los estudios carecen de un marco de referencia, de coordenadas que les brinden una orientación. Si bien las tendencias de la globalización pueden ser observadas desde muy distintos puntos de vista, es imprescindible escoger uno que brinde una perspectiva. Las comparaciones entre los casos no sólo son posibles porque el analista emprenda los trabajos intelectuales correspondientes, sino porque éstos se realizan en un medio que impone normas y estándares iguales: se llevan a cabo en el sistema mundial capitalista, en el mercado mundial. Las culturas y las sociedades que no sabían unas de otras no tenían que compararse. Por eso se puede decir que los relatos de Marco Polo fueron pequeños "estudios comparativos". Sólo con la imagen de la modernización y la industrialización, con los estándares globalizados de consumo y producción, los estudios de caso comienzan a tener sentido. Pero este sentido se perdería totalmente si los mencionados estudios se colocaran en lugar de las "grandes teorías", es decir, si se los presentara sin ningún marco de referencia. Pero si a pesar de todo esto llegara a suceder, entonces conllevaría la idea implícita de que los casos estudiados se representan sólo a sí mismos y nada más en un mundo fragmentado, posmoderno y diverso.

EL DESARROLLO COMO VALORIZACIÓN DEL ESPACIO

Aun cuando existe una gran variedad de posibles trayectorias de desarrollo, éste siempre implica la integración de un país, de una región, al espacio global, es decir, al mercado mundial, al mundo del valor. *O sea que el desarrollo es valorización;* en este punto debemos remitirnos a la teoría de los derechos de la propiedad de John Locke (véase al respecto el capítulo 1). En el curso de la vasta internacionalización y globalización de la economía el estado-nación perdió el dominio monopólico sobre el espacio territorial, al que se remiten de manera tradicional la facultad estatal de la soberanía y su capacidad de inclusión y exclusión (al respecto véase el capítulo 10). Naturalmente esto tiene que ver, en primer lugar, con los desarrollos técnicos alcanzados desde la Revolución industrial y con el empleo de combusti-

ESQUEMA 3.1. SECUENCIA DE ETAPAS DE LA VALORIZACIÓN

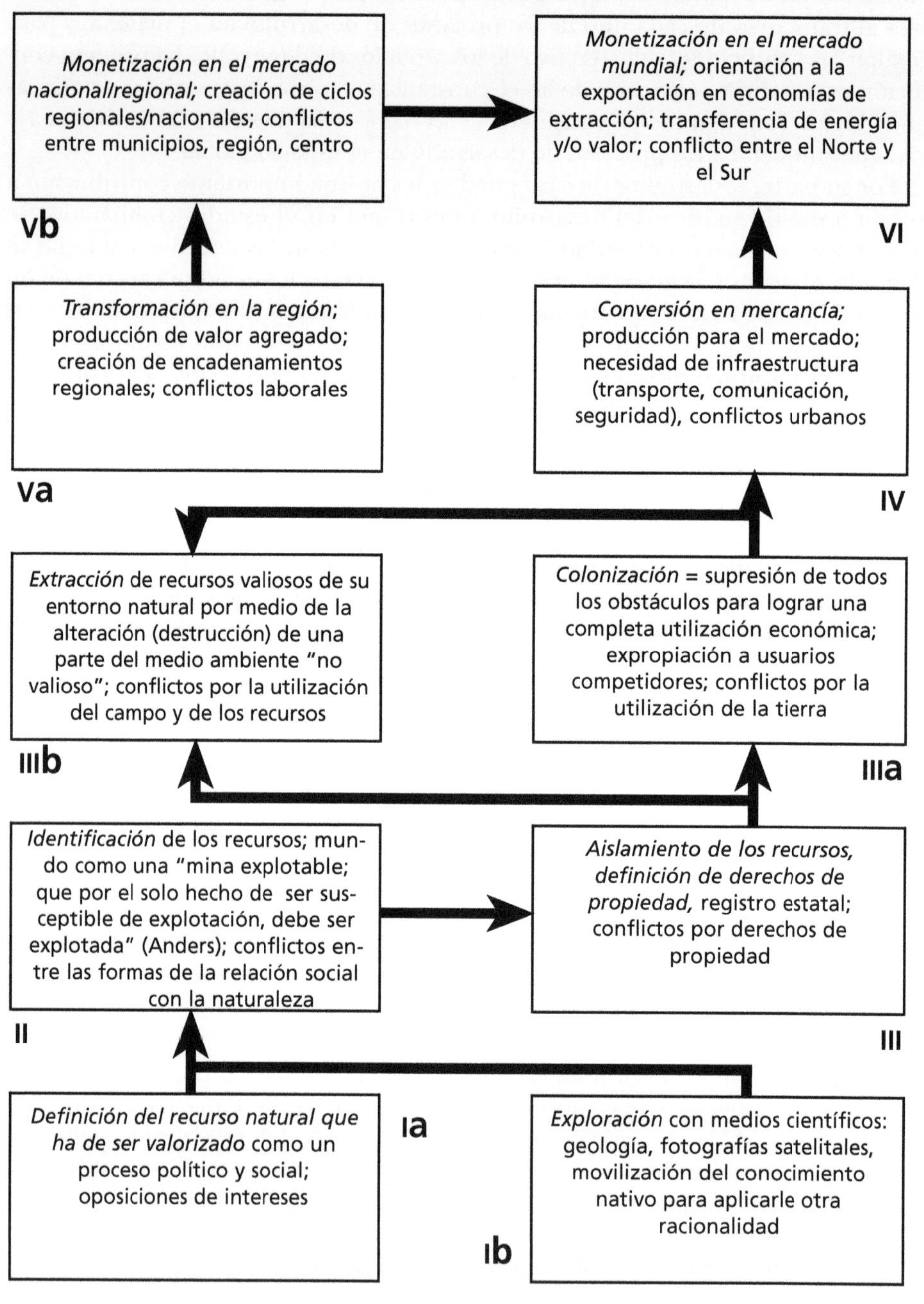

bles fósiles. En un principio fueron los modernos medios de transporte y de comunicación surgidos de la Revolución industrial —ferrocarril, barco de vapor, transportes urbanos— los que contribuyeron a la exploración, valorización, colonización y mejor dominio del espacio territorial. Es decir que, en segundo lugar, apoyaron con el avance espacial de la explotación económica la demanda de soberanía del estado nacional sobre el territorio estatal y los ciudadanos que en él vivían. Todas las naciones trataron de explorar las regiones poco accesibles de su territorio nacional por medio de la mejora de las rutas de transporte y de los medios de comunicación, para de esta manera integrarlas económicamente al espacio nacional como proveedoras de recursos naturales y como mercados, a la vez que se integraban políticamente a su población regional. De esta manera se otorga a la población del estado, además de la pertenencia formal y política, una pertenencia material, económicamente subordinada. Así nace la economía "nacional" como una economía territorial en cuyo marco también se puede desarrollar de manera adecuada el sistema de regulación de la sociedad. La "valorización" del espacio sigue perspectivas políticas, o mejor dicho geopolíticas, y al hacerlo se sirve de intereses y mecanismos económicos. De hecho el estado nacional puede definirse por el territorio nacional, que debe ser valorizado económica y políticamente para poder dominarlo y establecer fronteras. Pero, paradójicamente, el proceso de la valorización económica tiene como consecuencia que el estado nacional pierda una parte del control político sobre el territorio a manos de los poderes económicos globales. Esto lo mostraremos a continuación.

La "valorización" del espacio no se lleva a cabo solamente en un territorio determinado. Pues también se valorizan espacios que no poseen dimensión territorial o sólo la tienen microscópica, por ejemplo los micro y nanoespacios de los genes, que se hacen accesibles a la valorización por medio de la tecnología genética. Sigamos los pasos individuales de la "cadena de valorización" (véase el esquema 3.1): la *exploración* (Ib) y la *definición* (Ia) de los recursos naturales que han de ser valorizados se encuentran al inicio de un proceso en el que se acumula conocimiento acerca de un espacio. Este conocimiento se orienta a la obtención de información sobre los recursos naturales explotables, es decir, se distingue de manera fundamental, por ejemplo, del conocimiento nativo acerca del espacio, de la contemplación estética de la naturaleza o de la adoración religiosa de los "lugares sagrados". En la comprensión moderna el espacio no es un "espacio de vida", sino algo comparable a una "mina explotable" que, por el solo hecho de ser susceptible de ser explotada, debe explotarse (Anders, 1980).

Al final de esta sección de la valorización se encuentra la *identificación* (II) —positiva— de los recursos naturales que revisten un interés económico y, por lo tanto, también la identificación —negativa— de esas partes de la naturaleza que no pueden ni deben ser valorizadas y que, entonces, son y seguirán siendo consideradas "sin valor". El conocimiento al respecto es y seguirá siendo limitado. Pero la suposición de que en eso que en un principio fue identificado como "sin valor" se pudiera ocultar algo valioso motiva a que se realicen constantes proyectos de exploración científica del espacio y a que se recaben informaciones, almacenadas y monopolizadas en bancos de datos (por ejemplo en bancos de genes). La organización de la adquisición de conocimientos sobre el espacio se estructura mediante la lógica binaria de lo valioso y lo no valioso. Ahora bien, la parte no valiosa del espacio natural, debido a esta característica que le imputa la economía (que no tenga un precio de mercado), se convierte en una reserva en la que se depositan todos los efectos secundarios no deseados y no explotables de la producción, que no son calculados. Ésta es una circunstancia que los economistas ecológicos critican desde hace mucho tiempo (Daly, 1991; WRI, 1999).

La identificación de los recursos que han de ser valorizados es la condición previa para el *aislamiento por medio de la definición de los derechos de propiedad* (III). De esta manera se abandona la complejidad de la naturaleza a favor de la simple lógica de la propiedad/no propiedad. Ello tiene consecuencias considerables que resultan de este menosprecio de los contextos naturales. La cerca, que le da expresión evidente al derecho de propiedad de un trozo de tierra, por lo general divide arbitrariamente ecosistemas (territorios de caza o senderos por los que transitan los animales) cuya estructura no se determina por los derechos de propiedad. Algo similar se puede decir de la "zonificación" de un país, es decir, de la división en formas de utilización de los recursos naturales por medio de un acto estatal. Por mucho que se esfuercen los planificadores, la "zonificación" no puede respetar la integridad de los espacios naturales y sociales, puesto que siempre implica una vecindad (uno junto al otro) de utilizaciones alternativas de las superficies, lo que excluye su comunidad (todos juntos) o bien la disuelve en la concatenación de prioridades sucesivas (uno tras otro). Este contexto remite al hecho de que la estructuración del espacio siempre arroja una dimensión temporal. Pero este paso de la valorización también pone de manifiesto por qué en la OMC se negocia tan denodadamente por los derechos de propiedad. Con la definición de los derechos de propiedad intelectual también está en juego el aprovechamiento de los valores de los que se puede uno apropiar en un espacio territorial, por ejemplo en la biotecnología y en la tecnología genética (Guha y Martínez-Alier, 1997:109-127).

A la identificación y el aislamiento por medio de la definición jurídica de los derechos de propiedad le siguen dos posibilidades prácticas de la utilización económica de los derechos de propiedad: la extracción de recursos minerales o agroflorales (IIIb) o la colonización de un país (IIIa). En el curso de la extracción se arranca del espacio el recurso identificado como valioso para comercializarlo (etapas IV a VI). El mineral es sacado de la tierra y atrás quedan un hoyo negro y un montón de escombros. Las informaciones genéticas son extraídas, y podría ocurrir que un día los campesinos fueran obligados a pagar por sus semillas. En el caso de la colonización, la naturaleza identificada como sin valor es hecha a un lado para poder llegar a los recursos valiosos (ya sea en forma agraria o como tierra útil para las poblaciones) que después serán explotados, con frecuencia de manera extractiva. El bosque es talado y convertido en tierra para la agricultura o en pastos para el ganado. Las poblaciones se extienden sobre la superficie del territorio. A pesar de que se desarrollen cultivos mixtos adaptados a reglas, en muchos casos se tiene como consecuencia de ello una degradación ecológica del espacio. Tras su extracción o su cultivo agrícola los recursos valorizados abandonan el espacio territorial en forma de mercancía (*commodification,* conversión en mercancía, IV). Para ello se requiere una infraestructura adecuada. Se deben construir calles, aeropuertos, vías fluviales y otras instalaciones de la infraestructura material; también es necesario establecer una administración pública. A más tardar en esta etapa de la valorización, si no es que ya en la de la garantía de los derechos de propiedad y en la reglamentación de los inevitables conflictos, o en la "zonificación" del territorio y la fijación de los derechos de propiedad intelectual, entran en juego el estado nacional y las instituciones internacionales, es decir, además de la lógica económica de la explotación, intervienen también la conservación y el acrecentamiento del poder político en un territorio determinado (a este respecto, en relación con la Amazonia, véase Altvater, 1987). También las ciudades se desarrollan en el curso de la valorización económica y política; en ellas se concentra la infraestructura material e institucional de la valorización. Ésta es una razón por la cual, a partir de los años setenta, el crecimiento urbano ha sido tan extremadamente alto en las sociedades en vías de desarrollo. Sólo en las ciudades se forma, por último, un mercado de trabajo que resulta imprescindible para la valorización de la región. Debido a ello las personas de la región se convierten en trabajadores asalariados y adquiere relevancia la pregunta de cómo se reglamenta el trabajo asalariado, qué *formas híbridas* se crean entre el trabajo asalariado "moderno" y las formas de vida y de trabajo tradicionales. Así pues, la valorización económica y política tiene una dimensión social y cultural.

Pero la conversión en mercancía no es el objetivo final de este proceso; lo sería más bien la conversión en dinero de los recursos transformados en mercancías (*monetización,* IV) y, por cierto, en dinero "duro". Con la transferencia del contravalor monetario de los recursos valorizados al mercado de divisas el espacio regional o local queda integrado al espacio global. Esto tiene varias consecuencias. En primer lugar, el espacio regional (territorial) se convierte en parte del espacio del medio ambiente global. Como lo expuso Stephen Bunker para el caso de la Amazonia, se realiza una "transferencia de entropía" en perjuicio de la región de la que se extraen los recursos (Bunker, 1985; Altvater, 1987, 1991). Por lo tanto, el proceso de la valorización no sólo modifica el medio ambiente regional sino que tiene consecuencias positivas o negativas, más o menos fuertes, sobre otras regiones o "espacios del medio ambiente" y sus trayectorias de desarrollo. En segundo lugar, el espacio valorizado es integrado, especialmente por medio del último paso, al área monetaria global y, de esta manera, expuesto a la competencia de tipos de cambio. Ésta somete a quienes toman las decisiones en la región sobre la estrategia de valorización a la racionalidad del dinero y del capital. Por lo tanto, todos los pasos de la valorización son dirigidos por esta racionalidad, es decir, por el afán de rentabilidad y ganancia. Paradójicamente, y en tercer lugar, la valorización apoyada por el estado nacional contribuye a la limitación de la soberanía sujeta al territorio. Pues también las instituciones del estado nacional están expuestas a la racionalidad económica dominante del mercado mundial. Éstas siguen más la lógica económica que la política, como se puede argumentar, basándose en Max Weber, en contra de Carl Schmitt.

Cuando se sigue el "rodeo" de la *comercialización regional* (Va y Vb), se forman cadenas de valor agregado (*linkages,* Hirschman, 1981), que son la condición previa para que las economías de extracción se puedan convertir en economías de producción, y los países productores de materias primas se transforman en países industrializados. No obstante, para la consecución de estas metas es necesario llenar ciertos requisitos sociales, políticos y económicos que, por lo general, sólo están al alcance de las economías ya desarrolladas. Por lo tanto, la meta ambicionada es al mismo tiempo su condición previa y, con toda seguridad, una constelación de este tipo no es un buen punto de partida para que surjan de manera natural, en el transcurso de la valorización, estas redes de cadenas de valor agregado, sumamente complejas.

Mientras tanto, son precisamente los medios de transporte y de comunicación los que contribuyen a que el espacio nacional se diluya en el mayor espacio del sistema mundial. La extensión del planeta define los límites del espacio. Mientras que los trenes apoyaban las demandas de soberanía de un estado nacional sobre su territorio nacional, en la era de los aviones, del Internet y de la planeación del uso de la tierra elaborada científicamente, aquéllas se diluyen en los traicioneros vientos del mercado, de la cultura y de la política mundiales. El poder político del estado nacional para imponer límites se disipa en el espacio global. Consecuentemente, la valorización se lleva a cabo en un espacio que no se puede cercar territorialmente por medio de fronteras nacionales. Pero si se trata de la dimensión territorial del espacio, como por ejemplo en el desarrollo de sistemas de uso de la tierra por medio de la "zonificación", entonces se muestra —particularmente en los países en vías de desarrollo— la dimensión global en forma de expertos internacionales, que se dedican al negocio del *land use planning* (planificación del uso del suelo) (Sombroek y Eger, 1996) y que, en parte gracias al uso de las modernas técnicas de fotografía satelital, emprenden la "zonificación" de territorios, aun cuando también se les otorgue voz a los interesados locales y nacionales. Casi siempre esta voz es muy queda en comparación con los intereses económicos, que toman la palabra a voz en cuello. En todo esto, los intereses que tienen como base el mercado mundial son particularmente poderosos, sobre todo porque, dadas las condiciones del libre mercado y de la convertibilidad monetaria, disponen de una fuerte opción de salida.

Resulta entonces que la importancia del estado-nación soberano se reduce cada vez más, dado que la valorización económica del espacio no constituye ni refuerza la economía nacional —como Friedrich List todavía podía asumir en el siglo XIX—, sino que tiene lugar dentro del sistema global, cuya racionalidad en última instancia la dirige. Es a este sistema global al que los estados-nación deben tomar en cuenta. Éstos no desaparecen, pero sí operan según la lógica del "estado nacional de competencia" (Cerny, 1995, 1996a; Hirsch, 1995) que aparece en el mercado mundial como el administrador de una economía nacional competidora frente a otros administradores de economías nacionales competidoras. El estado-nación ya no es más el "ámbito" positivo, protegido, de una identidad nacional, a partir del cual el soberano último, el pueblo, provee al estado y a sus órganos representativos de un poder soberano hacia el exterior frente a otros estados nacionales en el sistema internacional; ahora representa, más bien, una barrera negativa que estorba a las "cuatro libertades" (de comercio, de flujo de capitales, de prestación de servicios y de migración). Ésta es la premisa de la desregulación. Con la disolución de los vínculos espaciales del estado nacional también se debilita el vínculo con las materias primas energéticas, minerales y agrícolas situadas en el territorio. Entonces, una de las más importantes tareas del estado nacional de competencia será proveer de energía y de materias primas a la economía. Pero esto de ninguna manera debe darse como valorización del espacio nacional. Una vez que los recursos naturales han sido valorizados y convertidos en mercancía en algún lugar del mundo, se los puede vender y, por lo tanto, comprar, en cualquier parte. Así pues, se trata sobre todo de procurarse una divisa dura, con poder adquisitivo, con la que se puedan comprar todos los recursos naturales —desde combustibles hasta material genético— en todo el mundo, al precio más accesible que se encuentre. Sólo en estas condiciones totalmente capitalistas resulta del todo adecuada la afirmación de que la tierra es una enorme "bodega" (Durrel, en el prólogo a Myers, 1985:10). Las estrategias de la valorización del espacio ya no están ligadas al territorio respectivo en las condiciones del libre comercio y del libre flujo de capitales. Debido al último paso de la valorización, la transformación de la mercancía en dinero mundial, también los actores que están muy lejanos territorialmente pueden obtener los recursos naturales valorizados, siempre y cuando dispongan de la necesaria divisa dura.

PARADIGMAS DEL DESARROLLO

La valorización del espacio es una condición del desarrollo, pero el desarrollo no se agota en la valorización. Como lo muestran las referencias a las crisis, el desarrollo es cualquier cosa menos un proceso lineal. También forman parte de él los pequeños "accidentes" en una trayectoria, y esas rupturas que llevan "a cambiar de carril". Pero esto no es fácil. En la actualidad las economías en proceso de transformación de Europa Central y Oriental están teniendo que vivir esta situación a gran escala. Los estándares técnicos, la organización social del trabajo, las calificaciones, las formas sociales y políticas de la regulación y las normas de la vida cotidiana han sido devaluadas sin excepción en la transición a la economía de mercado, que equivale a la integración al mercado mundial. En los primeros años de la transición, con las "terapias de choque", esto se fundamentó en la esperanza de que con la depreciación de los "viejos" estándares, madurados todavía bajo el socialismo real, se podría hacer *tabula rasa,* sobre la cual se podría después dispo-

	Conceptos teóricos	*Conceptos políticos*	*Sistema monetario*	*Poder hegemónico*	*Concepto económico-político y su orientación*	*Estrategia de desarrollo*
1	Economía política clásica	Principio del libre comercio	Patrón-oro *Purchasing power parity*-(PPP) Puntos-oro	Inglaterra	Automatismo del mercado. Referencia: mercado mundial	Especialización de acuerdo con las ventajas de los gastos
2	Economía nacional Institucionalismo Escuela histórica	Proteccionismo temporal (List) para proteger a las *infant industries*	Patrón-oro; PPP Puntos-oro	*Contested hegemony* (hegemonía impugnada) de Inglaterra	Mecanismo del mercado y protección estatal. Referencia: economía nacional	Protección y fomento a *infant industries* ; fomento a "fuerzas productivas"
3	Keynesianismo; "fordismo"; predominio de la macroeconomía	Regulación nacional e internacional para evitar la inestabilidad	Patrón-dólar/ patrón SDR *(special drawing rights)* (Bretton Woods), tipos de cambio fijos; *balance of payment theory*	Estados Unidos	Intervención estatal según "triángulo mágico": empleo total, estabilidad del valor monetario, balanza de pagos equilibrada. Referencia: economía nacional	Industrialización para la sustitución de importaciones; planeación central por parte del estado nacional
4	Neoliberalismo; predominio de la microeconomía	Desregulación global	No hay patrón; competencia tipos de cambio; tipo de cambio flexible; teoría del portafolios;	*"After hegemony";* competencia económica y política	Automatismo del mercado, desregulación. Referencia: mercado mundial	*"Outward looking strategies";* ajuste estructural
5	*Societal economics;* mesoeconomía; "posfordismo	Competitividad sistémica; formación de distritos industriales	Formación de unidades económicas regionales: "macrorregionalismo"; tipos de cambio flexibles y tratados monetarios regionales regulados	Regionalización; "triadización"; *burden sharing* en un nuevo orden mundial	Automatismo del mercado + política industrial y aseguramiento de las localizaciones; Referencia: mercado mundial y bloque regional de comercio	Movilización de las fuerzas de la sociedad civil; *outward looking;* preponderancia de la competitividad sistémica

ner rápidamente el opulento menú de la nueva economía de mercado. Pero la estructura de calificación de las personas y todo aquello que tiene que ver institucionalmente con ella —educación, familia, sistema de enseñanza, investigación, actitud, etc.— es como un volante que reacciona lentamente y que, gracias a esta lentitud, le confiere continuidad y estabilidad a un proceso de desarrollo, incluso por sobre las rupturas críticos. Es extraordinariamente difícil volver a poner en marcha lo que ha sido detenido con violencia en el *big bang*. Aquí se muestra de manera práctica que el desarrollo exige estructuras coherentes de ámbitos parciales y relaciones sociales entre los subsistemas, que posibiliten acoplamientos con un efecto sinérgico. Así pues, la transición del plan al mercado, más allá de las modificaciones económicas, exige también adaptaciones en otros ámbitos sociales. Y éstas son muy difíciles, dado que los tiempos de las transformaciones son sumamente diferentes en los distintos ámbitos sociales.

No tan dramáticas como los procesos de transformación de una economía planificada a una economía de mercado en Europa Central y Oriental, aunque sí acompañadas de profundas crisis, son las transiciones de un modelo de desarrollo a otro dentro del mundo capitalista. De hecho no sólo existen distintas "culturas capitalistas" sino también diferentes paradigmas de desarrollo. No se puede hablar de un paradigma de la política del desarrollo hasta que los conceptos políticos, las estrategias de desarrollo y la orientación económica se combinen de manera *coherente* con el orden global de la moneda mundial y el sistema hegemónico. El esquema 3.2 esboza los paradigmas del desarrollo respecto de los conceptos teóricos y políticos o, mejor dicho, de las ideas principales de la organización del orden de la moneda mundial y del orden hegemónico, así como respecto de las estrategias de la política económica y del desarrollo. Este esquema sólo se puede leer renglón por renglón. Las columnas señalan distintas etapas del desarrollo histórico. Éstas le dan voz a una secuencia histórica que no puede ser interpretada —digamos teleológicamente— como un desarrollo superior. Tampoco desde el punto de vista de la eficiencia se puede decir cuál de los paradigmas sería más eficiente. Es decir que con estos "ingredientes" de paradigmas del desarrollo no se puede confeccionar un menú al gusto. En las condiciones sistémicas básicas del intervencionismo estatal la estrategia de la industrialización que sustituía a las importaciones era un modelo racional y eficiente. Pero en la transición al posfordismo esta estrategia de industrialización por la sustitución de importaciones, en una geoeconomía caracterizada por el dominio de los mercados financieros y por la regionalización, está condenada al fracaso. Por eso resulta absurdo cuando, por ejemplo, se critican los conceptos de los años treinta y cincuenta desde el punto de vista de los conceptos de los años noventa (véase, por ejemplo, Esser, 1993).

Las experiencias negativas con las políticas proteccionistas y autárquicas tras el fracaso del comercio mundial y las relaciones monetarias mundiales en la década de los treinta fueron, después de la segunda guerra mundial, el fondo sobre el que se dio la renovación de la teoría del libre comercio, que hasta hoy domina los debates por la configuración del orden económico mundial: se supone que el cumplimiento del principio de libre comercio, como se define en la primera parte del Acuerdo General sobre Aranceles y Comercio (GATT), en la "cláusula de la nación más favorecida", es más favorable para el incremento del "bienestar de las naciones" que la retirada de las economías nacionales tras las murallas proteccionistas de los estados nacionales. El sistema monetario internacional también estaba comprometido con este principio —que vio la luz en Bretton Woods, en 1944—, para que la ruinosa espiral devaluatoria y el agresivo establecimiento de espacios económicos autárquicos no se convirtieran en opciones políticas, como ocurrió en los años treinta. No obstante, como ya había sucedido en el siglo XIX, a los países más desarrollados y, por lo tanto, con una economía más fuerte, les resultó más fácil abrazar el libre comercio que a las naciones menos desarrolladas y con una economía más débil. En la competencia, quienes llevan la delantera pueden defender mejor su ventaja; en cambio los rezagados tienen dificultades para persistir con éxito en la carrera por recuperar el terreno perdido frente a la industrialización.

Atractividad

En el mundo eran y siguen siendo discutibles los distintos paradigmas de desarrollo, pero, en última instancia, sólo uno domina en todos los planos: en la realidad económica y social, en la política y en la cultura, en la configuración de la relación social con la naturaleza y en la ideología, la teoría y la estrategia preponderantes. Tampoco el régimen temporal y las dimensiones espaciales pueden coexistir en una diversidad múltiple cuando se ha elegido una determinada trayectoria de desarrollo, sino que deben "coincidir", ser compatibles y corresponderse. Marx interpretó esta circunstancia con el concepto de la "determinación de la forma" de todas las categorías de reproducción social; en la teoría de la regulación se opera con el concepto de la "correspondencia" en una forma histórica de regulación: todas las relaciones deben "corresponderse", ser "compatibles"; de otra manera se llega a fricciones que inhiben el desarrollo y que dan pie a los intentos de seguir otra trayectoria de desarrollo. Si los paradigmas de desarrollo resultan ser acertados y, por lo tanto, superiores en comparación con otros paradigmas posibles, entonces desarrollarán una "fuerza propagandística" en la sociedad mundial. Un modelo será atractivo mientras quienes lo sigan parezcan estar más próximos a un criterio compartido en la sociedad globalizada —para mayor sencillez llamémoslo *American way of life*— que a otras sociedades que recorren otra trayectoria de desarrollo.

Ninguna sociedad puede resistirse a la magia de la atractividad. O la propia sociedad es o se vuelve atractiva, es decir, un "modelo de desarrollo", o debe tratar de adaptarse a las condiciones de atractividad de otras sociedades. Así pues, las sociedades están expuestas al campo de fuerza de "atractores", cuyo efecto tiene como consecuencia que las muchas trayectorias de desarrollo que existen dentro del sistema mundial se muevan de manera turbulenta sobre una trayectoria atractora específica (Briggs y Peat, 1990:45-73). No obstante, esto sólo es válido en lapsos determinados, hasta el momento en que las potencias de otra "realidad posible" son redescubiertas, "despertadas",[3] inyectadas de vida y transformadas en una realidad real. Ésas son las épocas de las agitaciones sociales, de la superación de la vía de la dependencia, de tomar otra trayectoria de desarrollo, épocas de profundas reformas, de "transformaciones" y aun de revoluciones. Y tras una fase de transición reformista, transformista o revolucionaria continúa el desarrollo, aunque por una trayectoria distinta a la anterior.[4]

El criterio de la atractividad de un "modelo de desarrollo" social lo constituyen, por una parte, las posibilidades de satisfacción de las necesidades humanas. Los modelos de sociedades materialmente "más ricas" resultan —desde luego— más atractivos que aquellos bajo cuyos regímenes las personas son menos ricas, sufren carencias, permanecen pobres o incluso empobrecen más. Que se pueda hablar de "modelos" en este contexto es una consecuencia de la globalización. Sólo cuando las personas se enteran en las regiones más remotas del planeta del estilo de vida de los ricos el modelo hollywoodesco se vuelve tan atractivo en todo el mundo. La globalización incluso parecería abrir posibilidades de elegir los modelos de desarrollo. En ciencias sociales comparadas es sintomático que se hable de *regime-shopping*, es decir de "comprar" elementos de modelos que parecen exitosos para poder combinarlos en un modelo híbrido. La idea de la factibilidad ilimitada no sólo dirige la investigación científica (por ejemplo, en la tecnología genética), sino también la asesoría política de las ciencias sociales. Pero lamentablemente se pasa por alto que el desarrollo depende de una trayectoria. No es un experimento ahistórico realizado en un laboratorio en el que se combinan los módulos adecuados de "competitividad sistémica" (Esser *et al.*, 1994; Messner, 1995), sino que ésta se determina en una trayectoria de desarrollo específica. Las trayectorias permiten que el éxito —medido con indicadores de bienestar unificados— ocurra de diferentes maneras. Esto tiene efectos considerables en la competencia global. Pues si las sociedades (estados nacionales de competencia) compiten unas contra otras en diferentes trayectorias, puede suceder que, a pesar de grandes esfuerzos, una sociedad se rezague en la competencia y que sea o se vuelva poco atractiva. La atractividad nunca es abso-

[3] La formulación se refiere a la confirmación de Robert Musil: "Si existe un sentido de la realidad, debe haber también un sentido de la posibilidad." Al respecto escribe en *El hombre sin atributos:* "Una posible vivencia o una posible verdad no son iguales a la vivencia real y a la verdad real menos el valor del ser verdadero, sino que [por lo menos según la opinión de sus adeptos] incluye algo muy divino, un fuego, un vuelo, una voluntad de construcción y una utopía consciente. Quien no tema a la realidad, sin embargo, la trata como tarea e invención. Es la realidad la que despierta las posibilidades y nada sería más equivocado que negar esto" (Musil, 1978:16-17). Esto, naturalmente, debe entenderse también como un discurso opuesto a la frase hueca del "fin de la historia".

[4] Al respecto, otra vez Musil: "A pesar de todo, en la suma y en el promedio siempre quedarán las mismas posibilidades, que se repiten hasta que llegue un ser humano para el cual una cosa real no signifique más que una cosa pensada. Él es el que le dará su sentido y su definición a las nuevas posibilidades, el que las despertará" (Musil, 1978:17). Lo que aquí se dice del "ser humano" se puede aplicar de modo similar a los movimientos sociales.

luta, sino siempre comparativa y, excepcionalmente, superlativa durante un lapso breve (como posiblemente haya sido el caso de Estados Unidos durante los años cincuenta). Por eso la atractividad no se puede democratizar. La sociedad automovilística perdería su atractivo si los seis mil millones de habitantes del planeta pudieran estar tan motorizados como los europeos o norteamericanos en la actualidad. Aquellos competidores que ya están adelantados en el desarrollo mantendrán su ventaja por el simple hecho de que la atractividad sólo puede ser defendida si se mantiene la exclusividad del modelo. Por eso no se trata sólo de la atractividad, sino de la coherencia, que le confiere una cierta durabilidad.

En el mundo real el criterio de la atractividad no es algo unívoco. Pues el modelo que domina en los años noventa (tras el "triunfo en la guerra fría", en el "nuevo orden mundial" y "al final de la historia"), de economía de mercado, sociedad plural y democracia, en primer lugar, no es exitoso en el mundo entero —compite consigo mismo, por así decirlo— y, en segundo lugar, su perdurabilidad es cuestionable, si se toma en cuenta el manejo social de la naturaleza. La euforia tras el "triunfo en la guerra fría" sólo ocultó temporalmente que el modelo "occidental" se encuentra, en muchas regiones del mundo, en medio de una crisis tan evidente que no tiene que ser investigada antes por medio de métodos científicos para ser presentada ante nuestros sorprendidos contemporáneos.

Espacios temporales de la coherencia

Sólo tiene sentido hablar de coherencia cuando se han determinado los límites del *espacio funcional y físico,* así como la extensión de los espacios *temporales.* La coherencia sólo se puede definir de manera sustancial en las coordenadas de tiempo y espacio. Posiblemente puede ser producida a un plazo muy corto por medio de un poderoso esfuerzo energético, por ejemplo con rayos láser (Haken, 1995:69 ss), y volver a disolverse tras un breve tiempo histórico, cuando la energía haya sido utilizada y no se pueda renovar, en medio de una situación desordenada y caótica. La breve (en el horizonte de la historia de la humanidad) "bonanza" fordista del modelo de sociedad "occidental", que había resultado tan extraordinariamente atractivo hasta entrados los años ochenta del siglo XX, bien puede conducir a que se consuman todas las energías y las materias y que se transformen en desechos no deseados, molestos y aun peligrosos, que representarán obstáculos insalvables, no sólo ahora sino también en el futuro, para la producción de coherencia. Dicho de otra manera y en términos económicos: una alta productividad del trabajo es, indudablemente, expresión de una gran coherencia. Pero si se toma en cuenta la dimensión temporal y, por lo tanto, la irreversibilidad, tal vez la coherencia no pueda ser garantizada con el correr del tiempo y necesariamente decrezca la tasa de crecimiento de la productividad. Al respecto se pueden mencionar motivos sociales (véase sobre todo la teoría de la regulación, Boyer, 1986; Lipietz, 1986) y ecológicos (WRI, 1999; Wuppertal Institut, 1996). En todas las sociedades industriales se ha impuesto esta tendencia en las décadas pasadas y se ha mostrado sin excepción lo difícil que es satisfacer las condiciones de la coherencia, es decir, la construcción de estructuras de orden sociales, económicas, políticas y energéticas.

Lo que se ha dicho del tiempo se puede aplicar de manera similar a los espacios. Por espacios físicos entendemos territorios *geográficos* con características específicas (relieve, clima, ecosistemas, razas humanas, etc.) y con fronteras definidas de manera por completo política y que, por lo tanto, también pueden ser desplazadas territorialmente, ya sea por medios pacíficos o bélicos. El espacio sin límites no existe; aun si no hubiera fronteras políticas, el planeta finito constituiría el límite. Por el contrario, los espacios *funcionales* se definen por medio de las "lógicas de acción y de funcionamiento" que en ellos predominan: el espacio funcional *económico* se caracteriza por el cálculo monetario de la rentabilidad, que además dirige la incorporación del trabajo. El espacio funcional *político* obedece al cálculo del poder, con el cual se asegura el dominio en y sobre el espacio, también en el sentido del territorio. En el espacio social se articulan intereses, se reglamentan conflictos y se busca un consenso, siempre precario, a través de la comunicación, en condiciones de reciprocidad y equivalencia. El *"espacio del medio ambiente"* está dominado por restricciones ecológicas, formulables termodinámicamente: el incremento de entropía (St) en un sistema abierto corresponde a la producción de entropía (Sp) que se resta a la fuga de entropía (Sa) y al abastecimiento de energía (E) que ingresa al medio natural o que sale de él.[5] Los límites ecológicos, entonces, resultan del posible abastecimiento de energía proveniente del exterior, de la capacidad portadora de los ecosistemas en cuanto a emisiones y de las posibilidades de la fuga de entropía. El manejo de las restricciones naturales se torna coherente cuando la "ecuación de la entropía" es igual a cero. Por un lado, las barreras están dadas objetivamente como "barreras naturales duras" del espacio del medio ambiente, pero, por otro, esto no es más que un elemento dentro de la "relación social con la naturaleza" articulada en forma discursiva (Becker, 1992; Schultz, 1993; Harvey, 1996:218-222).

Tenemos entonces que los espacios funcionales no son "cerrados" sino abiertos, se penetran y se influyen mutuamente. El trabajo (es decir, los tiempos y la organización laborales, la remuneración, la participación, etc.) es controlado por el cálculo de rentabilidad y por las "restricciones presupuestales duras": los intereses (i) formados en los mercados financieros globalizados demandan una tasa mínima de ganancia (p'), que depende del reparto entre ganancias y salarios (P/Y), así como (positivamente) de la productividad laboral (Y/L) y (negativamente) de la intensidad del capital (K/L). En este proceso desempeña un papel importante el espacio funcional, pero también la expansión del espacio físico, territorial. Mas el trabajo es siempre una actividad que modifica la naturaleza. Las materias se separan o combinan gracias a la correspondiente aplicación de energía. Cuanto más alta sea

[5] Acerca de los conceptos termodinámicos véase Georgescu-Roegen, 1971. Acerca de la transferencia de los conceptos físicos a las ciencias sociales, véase también Altvater, 1992.

la productividad a consecuencia del empleo de combustibles fósiles, en mayor medida y más rápidamente se modificará y, por lo tanto, degradará el "espacio del medio ambiente", y esto constituye un problema ecológico. Y a través de estas modificaciones se influye sobre el trabajo que separa o une. Entonces, no se puede pensar jamás que el trabajo sea independiente de las condiciones naturales. Pero también hay interferencias entre la economía, la ecología, la política y el espacio social. Sin estabilidad social la capacidad de ganancia de la economía peligraría y los conflictos, particularmente cuando se dirimen con violencia, lo destruirían todo: las personas, las relaciones sociales y la naturaleza.

El conjunto de los espacios funcionales que influyen unos en otros y se penetran mutuamente puede considerarse como la "relación social con la naturaleza", abierta para la gestión social-cultural y que subyace a la regulación política. Si se lograra configurar de manera coherente los espacios funcionales, este estado (dinámico) podría ser considerado sustentable (duradero y orientado al futuro):

> El desarrollo sustentable se centra en las personas, puesto que busca mejorar la calidad de la vida humana, y se basa en la conservación, ya que está condicionado por la necesidad de respetar la capacidad de la naturaleza para producir recursos naturales y los servicios que sostienen la vida. Desde esta perspectiva el desarrollo sustentable significa mejorar la calidad de la vida humana viviendo en el marco de la capacidad portadora de los ecosistemas (WWF, 1996:5).

En *espacios* territoriales pequeños son más viables las relaciones coherentes entre los *espacios funcionales* que en las grandes unidades geográficas, pues mientras más pequeño el espacio físico, tanto más grande *ceteris paribus* el "mundo exterior" al cual se pueden exportar, sin retroacción y sin sanciones, elementos "perturbadores" que alteran el orden y la coherencia de los espacios funcionales. El aislamiento de las personas no deseadas, es decir, la negación de la integración social, que pudiera poner en peligro el consenso social (el orden social) es un intento de producir coherencia en el espacio social por medio de la externalización de las personas "que alteran el orden". Son ejemplos de esto tanto la emigración europea que se dio a consecuencia de la industrialización en el siglo XIX y a principios del XX como los esfuerzos inversos de Europa Occidental a fines del siglo XX por hacer impenetrables sus fronteras para los inmigrantes. Externalizar los desechos sólidos, las aguas negras y el aire contaminado del espacio físico, es decir, utilizar un espacio del medio ambiente que va mucho más allá del territorio que corresponde a cada sociedad, constituye una fuga de entropía que mantiene la coherencia. Se pueden presentar ejemplos al respecto provenientes de todas las regiones del mundo. Entre otras cosas, Japón se ha convertido en el "niño bueno" de la ecología, porque las "industrias sucias" (por ejemplo la producción de aluminio) han sido desplazadas a otras regiones del mundo. En Europa las cosas no son diferentes —como lo documenta el transporte ilegal de basura venenosa de la RFA a Polonia, a Ucrania, a Rumania, etc.— y tampoco es mejor en Estados Unidos, donde se ha establecido la sucia industria maquiladora del otro lado de la frontera mexicano-norteamericana. Cuando se trata de definir la unidad territorial de la coherencia, tomar en cuenta el "espacio del medio ambiente" (Opschoor, 1992; Wuppertal Institut, 1996) podría obligar a que se alcanzara la coherencia por medio de los mecanismos que provee el propio espacio del medio ambiente.

El espacio funcional económico abarca al planeta completo, sin ninguna excepción territorial, tras el fin del experimento del socialismo real. Esto es grave sobre todo por dos razones. En primer lugar, la "restricción presupuestal dura" del dinero (y del capital) controla el trabajo y, con él, las transformaciones de materias y energía en el proceso laboral y de producción. Cuanto más extensa sea la economía más amplios, monumentales y faraónicos serán los proyectos con los que se modifique la naturaleza por medio del trabajo. La producción masiva y el consumo masivo demandan un tránsito masivo y los correspondientes sistemas para ahorrar tiempo y superar distancias que, a su vez, dan lugar a empresas de abastecimiento de energía de dimensiones continentales. Así pues, la economía hace reventar la lógica, limitada a los espacios físicos y territoriales, de los espacios funcionales sociales, ecológicos y probablemente hasta políticos. En la tendencia de la globalización la economía disuelve las fronteras que, hasta ese momento, habían permitido expulsar los elementos "desordenados" hacia el mundo exterior de cada sistema. En el espacio del medio ambiente esto es ya notorio. Las sustancias que resultan de los procesos energéticos basados en los combustibles fósiles y que son liberadas en la atmósfera repercuten en todos los espacios territoriales. Entonces, si en principio ha sido posible "tomar prestada" la coherencia del "mundo exterior" por medio de la importación de energía y de la fuga de entropía de un sistema, esto será imposible, como consecuencia de la lógica económica del crecimiento en el tiempo y de la expansión en el espacio, en el momento en que la tierra sea globalizada. A fines del siglo XX, la humanidad está muy cerca de ese momento. Ya no existen sistemas abiertos, sino tan sólo el sistema cerrado del planeta tierra. Se puede aducir, con razón, que la tierra está abierta a la energía que irradia el sol. Esto es correcto, sólo que la energía solar no constituye la base energética del modelo de desarrollo predominante y más atractivo en la actualidad, sino que son los combustibles fósiles, y éstos existen en cantidades limitadas. Peor aún, las emisiones no pueden ser lanzadas a un mundo exterior lejano a la tierra, sino que deben ser transformadas en el propio sistema del planeta tierra.

La influencia y la penetración recíprocas de los espacios funcionales económicos, sociales, políticos y ecológicos no siempre son tomadas en cuenta en la medida en que lo exige su importancia teórica y práctica en la política. La construcción del "espacio del medio ambiente" en el estudio del Instituto Wuppertal (1996) prescinde totalmente del análisis de la lógica del funcionamiento y de las restricciones de la economía, la política y la sociedad. Por el contrario, en la teoría económica el "espacio del medio ambiente" no es considerado como un tema con una "lógica" independiente. Sus esfuerzos se orientan más bien a crear a la lógica de la economía un campo de utilización en el espacio del medio ambiente, sea poniéndole precio a la naturaleza, privatizando los bienes comunes o expidiendo certificados comerciables. A veces esto resulta convincente a primera vista y de manera sumamente ingenua; finalmente los precios dirán la verdad ecológica. Pero esto no es posible. Desde una perspectiva ecológica los precios económicos sólo pueden mentir. Son la expresión de una lógica funcional que no corresponde a la de la naturaleza (o, para decirlo en términos tecnocráticos, del espacio del medio ambiente). No se puede reflexionar acerca del objeto de la sustentabilidad si no se toma en cuenta la compleja relación de los espacios funcionales. Por esta razón las ciencias sociales orientadas al futuro deberán tematizar como un todo las interferencias, las condiciones de coherencia y, por supuesto, las restricciones y sus efectos.

LAS RESTRICCIONES EXTERNAS DE LA COHERENCIA INTERNA

Sólo se puede hablar de coherencia si se tiene claridad absoluta sobre sus *restricciones.* Los espacios funcionales (o subsistemas sociales) tienen sus propios códigos con los que se comunican los actores; sus acciones están sujetas a restricciones determinadas. Estos espacios deben seguir reglas de coherencia, sin que por ello se pueda garantizar su éxito. Los códigos de la comunicación no tienen que ser de ninguna manera binarios, como lo supone Luhmann, y, sobre todo, no es forzoso que un sistema que tiene que seguir ciertas restricciones y que debe desarrollar reglas de coherencia obedezca un código único. En las etapas de circulación por las que debe pasar el capital en el sistema económico, resulta ya evidente la necesidad de que existan varios códigos: comprar y vender, pagar y no pagar en el mercado, como también lo plantea Luhmann. Pero el excedente monetario exige una forma material, pues de otra manera los intereses no serían más que una inflación devaluatoria del signo dinerario; la ganancia tiene que haber sido producida realmente para que los propietarios del ingreso dinerario puedan obtener intereses reales. En la producción, que recorre el capital original en forma de dinero también como capital productivo, se trata entonces de la organización material y social de un proceso de valorización, que es también un conflictivo proceso de explotación. Aquí se deben regular los contrastes sociales, que rompen y complican la dimensión binaria del pagar y no pagar. Se trata de la configuración institucional de la relación salarial y laboral, del complejo de factores responsables de la competitividad y también de las relaciones no conformes al mercado, que son económicamente relevantes pero que no pueden ser comunicadas en los términos monetarios de la economía. La simple reducción de la comunicación económica a la polaridad de pagar y no pagar se debe a la negativa de ver en las relaciones del capital algo más que una simple yuxtaposición de cadenas de pago controladas por el dinero.

Con la obligación de orientarse a la tasa de intereses determinada en el mercado (mundial) se produce al mismo tiempo la tendencia a igualar las tasas de ganancia a un promedio social (mundial). Pero ésta es sólo una forma monetaria de expresión de un proceso —que se desarrolla en muchos planos— de igualación de niveles de producción, de formas de trabajo y de salarios, del estado social, etc., de acuerdo con el "modelo" más atractivo; también expresa el fracaso de esas sociedades en las que no se puede alcanzar la igualación necesaria al promedio. La igualación de las tasas de ganancia es una tendencia, pero nunca se va a realizar. Esto tiene que ver con la también efectiva tendencia a la baja de las tasas de ganancia. No obstante, Marx ya señaló que las tasas de ganancia no pueden bajar de manera permanente, porque es durante las crisis que esto causa cuando ocurren precisamente esos procesos de reestructuración económica y social que dan lugar a una nueva fase de acumulación con tasas de ganancia crecientes.[6]

La coherencia social local se muestra entonces en las restricciones económicas globales. A consecuencia de ello el desarrollo está doblemente determinado: por las restricciones de la sociedad mundial y, sobre todo, de la economía ("imperativos"), y por las condiciones de la configuración de un sistema coherente *in situ,* en la región o en el nivel nacional. La observancia de las restricciones es la expresión de la ilimitada globalización *económica*; la coherencia sólo se puede producir cuando se introducen límites al espacio por medio de instituciones *políticas* y *sociales* y cuando las redes de la sociedad (civil) se involucran en ellas y también las defienden. Éste es asimismo el motivo por el cual las propuestas de desarrollo económico deben seguir reglas generales y ser a la vez muy específicas. Por eso la tan discutida globalización nunca podrá ser total. La coherencia dinámica sólo se puede alcanzar en una *determinada* curva histórica de atracción; en otras es imposible, o se da sólo de manera incompleta.

Puede deberse a razones internas o externas de la sociedad el hecho de que sólo una parte de la misma sea capaz de tomar en cuenta las severas restricciones presupuestales del dinero y de sus precios (intereses y tipo de cambio); la otra parte de la sociedad (por ejemplo la "tradicional" y en la actualidad, posiblemente, también el sector informal) no puede hacerlo. El precio por el dualismo es la renuncia a por lo menos algunas de las atracciones que ofrece el moderno sector integrado al mercado mundial (y, por lo tanto, formal). El dualismo social remite a la simultaneidad de inclusión y exclusión, es decir, de integración a la economía globalizada o bien de exclusión de su dinámica y, consecuentemente, de las gratifica-

[6] Esto también lo confirman los datos sobre tasas de ganancia y dividendos que la OCDE presenta de manera regular en su panorama económico. Véase OECD, 1995b:A28. Por consiguiente, las tasas de ganancia han aumentado en el transcurso de la década neoliberal de los ochenta, mas en los noventa tienden de nuevo a la baja, con ciertas diferencias nacionales. Pero hoy en día, a diferencia de lo que ocurrió en el transcurso de los ciclos de coyuntura y de crisis de las décadas pasadas, esto está relacionado con dos tendencias que nos ocuparán más adelante. En primer lugar el incremento de la tasa de acumulación, que ocurrió junto con el aumento en las tasas de ganancia, no implica un aumento relevante del empleo. El crecimiento y el empleo están desacoplados. En segundo lugar la globalización se expresa sobre todo en el hecho de que los capitalistas industriales actúan como los propietarios del ingreso dinerario, es decir que comparan las tasas de ganancia que pretenden alcanzar *in situ* con los réditos en los mercados globales de capital.

ciones que, indudablemente, ofrece. La dinámica divisoria de exclusión e inclusión ocurre en todas las sociedades de la "sociedad mundial" y es provocada por las tendencias a la globalización.

INTERDEPENDENCIAS: ASINCRONÍA E IRREGULARIDAD DEL DESARROLLO

Resulta evidente que no todas las sociedades del planeta logran establecer estructuras coherentes de competitividad sistémica, es decir, tomar en cuenta las restricciones de la sociedad mundial en forma sistémica e inteligente. Además, es del todo imposible que la coherencia pueda ser mantenida y defendida a largo plazo en el sentido mencionado arriba. Si así fuera, las crisis serían tan inimaginables como los procesos de transformación. Entonces hay que hablar de la simultaneidad del orden (coherencia) y del desorden (incoherencia) o de la unificación global y de la simultánea fragmentación o fraccionamiento regional (también opina así Cox, 1996:27). Frecuentemente se habla de "unificación y fragmentación" para referirse a las contradicciones entre el orden del industrializado "mundo de la OCDE" y el "desorden" de los países periféricos. Bonder, Röttger y Ziebura (1993) critican, con razón, este concepto, puesto que, en primer lugar, el "mundo de la OCDE" de ninguna manera presenta esta supuesta unidad, sino que se encuentra expuesto a la dura y agresiva "competencia de la tríada"; en segundo lugar, la fragmentación y la unificación son las dos caras de la moneda de una tendencia global única, que Wolf-Dieter Narr y Alexander Schubert (1994) han calificado de "producción de inequidad" global.

A continuación se mostrará que la fragmentación, el fraccionamiento y la fractalización son tendencias totalmente diferentes que caracterizan a la sociedad mundial y que estructuran las interdependencias que hay en ella.

Fragmentación, desacoplamiento y marginalización

Sólo después de que la necesidad social de coherencia en los espacios funcionales sociales y que las difíciles condiciones para su producción avanzan hacia una regulación social se puede hablar del reverso de la moneda, la incoherencia, o la simultaneidad de orden y desorden (al respecto véase Altvater, 1992), o de la unificación y simultánea fragmentación o fraccionamiento en el espacio global. Esta tesis constituye una de las más gustadas y difundidas metáforas en la discusión acerca de la globalización. No obstante, estos conceptos de la fragmentación, el fraccionamiento y la fractalización —emparentados y difíciles de distinguir unos de otros— son categorías que sirven para aprehender los diferentes aspectos de las circunstancias de las asincronías y las irregularidades globales. Estas últimas son características de la acumulación capitalista desde su inicio, como lo resalta André Gunder Frank:

"En el transcurso de los siglos pasados el mundo ha experimentado un proceso de acumulación de capital único y universal, aunque desigual e irregular" (Frank, 1982:68) El hecho de que las irregularidades y asincronías económicas se manifiesten como fragmentación cultural condujo a Robertson a afirmar que existía un proceso contradictorio de "interpenetración entre la universalización del particularismo y la particularización del universalismo" (Robertson, 1992:100). De esta manera se hace alusión, por un lado, a las tendencias de la globalización estructural provocada por el mercado que no pueden lograr una universalización cultural; pero, por otro lado, como lo expone Robertson, se está hablando de una *condition humaine:* la universalización y la particularización "se han enlazado una con otra como parte de un nexo global" (p. 102). La universalización de lo particular refleja la variedad "posmoderna"; la particularización de lo universal, la "resistencia a la globalización contemporánea" *(ibid.).* Con esto se está indicando que también cuando se contempla la globalización cultural se deben tomar en cuenta las tendencias de fragmentación y particularización.

Ya los teóricos del sistema mundial han hecho notar que resulta una paradoja histórica el hecho de que, en la misma época ilustrada de hace aproximadamente quinientos años, pudiesen surgir el moderno estado nacional con sus fronteras limitantes y el moderno sistema mundial, cada vez más abierto, en el curso del cual se pudieron dar los "descubrimientos" y las conquistas, y que al mismo tiempo la racionalidad europea del dominio mundial haya impuesto su *simple* marcha triunfal —simple desde una perspectiva actual (véase Crosby, 1991)— sobre la *diversidad* de las culturas. La "simultaneidad de lo no simultáneo" fue una fórmula que se utilizó en la teoría del imperialismo para poder explicar las diferencias y contrastes en el desarrollo. La nacionalidad y la globalidad tienen la misma raíz, se desarrollan de manera paralela, son las dos caras del modelo común del desarrollo capitalista.

Los espacios territoriales que se encuentran dentro de los confines de un estado nacional son, en un sentido funcional, un elemento de la circulación globalizada de capital. En esto se expresa la unidad del sistema mundial, que se hace notar en cada crisis monetaria, porque la moneda de un estado nacional nunca entra sola a una crisis, sino que la acompañan otras monedas debido a las interdependencias globales (a causa de la convertibilidad). Así pues, la crisis de una moneda, sea de la libra, del peso, asiática, rusa o brasileña, siempre afecta en su totalidad al sistema monetario y financiero. Debido a las interdependencias en los mercados financieros globalizados, el efecto "tequila" o "de contagio" siempre ejerce una presión devaluatoria sobre varias monedas, lo cual, a la inversa, equivale a la revaluación de otras monedas. Entonces, las crisis monetarias pueden tener su punto de partida en una moneda nacional (fragmentación) pero surten su efecto sobre toda la red del sistema monetario (unificación).

Fraccionamiento, o el combate por la distribución de la plusvalía global

Esto es un indicio seguro de que, por lo general, también las partes fragmentadas de las sociedades mundiales capitalistas no son otra cosa que *fracciones* del capital mundial. Participan tanto de la producción como de la distribución del producto de valor global. John Halloway se refiere con agudeza a este hecho:

> Los estados nacionales compiten [...] por llevar a su territorio una parte de la plusvalía producida en todo el mundo. El antagonismo entre ellos no es la expresión de la explotación de los estados "periféricos" por los estados "centrales" [...] sino que más bien pone de manifiesto la competencia (sumamente desigual) entre ellos por atraer (o conservar) una parte de la plusvalía global a su territorio (Holloway,1993:23).

¿Actúan por lo tanto los estados nacionales como agentes de una fracción respectiva del capital mundial? Éste sería el caso si el capital todavía poseyera esos atributos relativos al estado nacional que le fueron atribuidos por Smith, Ricardo y aun Marx. Ricardo difícilmente se podía imaginar transacciones internacionales de capital debido al carácter "sedentario" de los capitalistas. El hecho de que Friedrich List les otorgue una importancia central a las fronteras nacionales en las transacciones capitalistas resulta concluyente en su planteamiento "nacional-económico" en contra del "cosmopolitismo" de la "escuela clásica" de la economía política británica. Marx define al "capital total social" como ese espacio de reproducción dentro del cual se dan las tendencias de compensación de las tasas de ganancia. En el siglo XIX este espacio —en el que, en primer lugar, dentro de un ramo se forman un valor y un precio de mercado iguales de un producto que fue fabricado individualmente y en distintas condiciones y, en segundo lugar, ocurre una igualación de las tasas de ganancia de las distintas esferas (Marx, MEW, 25:190)— coincidía en gran parte con la sociedad del estado nacional. El respectivo capital nacional se expandía de manera colonialista o imperialista por el mundo (siempre apoyado desde el estado nacional), por encima de las fronteras. Pero más allá de éstas actuaba como parte de un capital nacional, con el fin de apropiarse de materias primas provenientes de las colonias o de otras regiones —casi siempre dependientes—, explotar sus recursos humanos o abrir en ellas mercados para la realización de mercancías.

Cuando en los mercados mundiales ya no se conforman solamente los precios del mercado unificado de las mercancías *(like products)* producidas en distintos lugares, en condiciones diferentes (costos salariales unitarios), sino que los movimientos del capital dentro y fuera de los distintos ramos contribuyen a una *tendencia* de compensación de las tasas de ganancia (puesto que éstas se orientan a las tasas de interés unificadas), es perfectamente pertinente hablar de una globalización del "capital social total". Las megafusiones que se han presentado en la segunda mitad de los años noventa, en las que las fracciones del capital se reconfiguran dentro del sistema mundial, muestran que esto no es una abstracción teórica. La producción y la distribución del producto de valor entre las fracciones de los estados nacionales obedecen a tendencias globales que —cómo podría ser de otra manera en el sistema mundial capitalista— son controladas por el dinero.

Si se habla de competencia se debe distinguir entre la competencia dentro de una misma rama *(competencia por los precios)* y la que se da entre las ramas *(competencia por las mejores condiciones de valorización),* puesto que sus efectos sobre la "unificación" hacia un capital total nacional, regional o local son diferentes. Porque en la competencia intrarrama los empresarios son proveedores o clientes, y compiten con precios y calidades. En este caso la competencia de las localizaciones se desarrolla más allá de las fronteras nacionales. Cuando han sido eliminados los límites naturales de la competencia gracias a los bajos costos del transporte, sólo puede existir ya un precio mundial de mercado, que se convierte en el modelo a seguir, y que obliga a la adaptación de los costos de producción en las distintas localizaciones. Por esta razón la competencia de las localizaciones se da en varios planos. En ella participan empresas individuales, pero también estados nacionales que tratan de incrementar el atractivo de la "localización Alemania" (o Francia, Japón, Estados Unidos, etc.). En esta competencia entre fracciones de un sistema unificado, en cada rama se trata de producir un promedio de los costos "de la sociedad mundial". Este promedio tiende a bajar, especialmente si los costos del transporte no crean límites de competencia entre las localizaciones.

Esta tendencia es apoyada por medio de la competencia entre las ramas. También se lleva a cabo en el espacio global, pero en este caso se trata de los réditos que pueden ser producidos por la inversión de capitales en ramas y países distintos. En realidad lo nuevo de la globalización consiste en que la comparación de réditos ya no se hace en una sociedad nacional, sino en el planeta entero. Las posibilidades de las inversiones alternativas de capital se multiplican y, por lo tanto, exigen de los propietarios del capital la movilidad necesaria para aprovechar esta circunstancia. Los prestadores de servicios especializados en el sector financiero son de gran ayuda para ello, pues desarrollan esas innovaciones financieras gracias a las cuales es posible darle liquidez a corto plazo aun al capital fijado a largo plazo en inversiones de producción. La "liquidación de las circunstancias de producción" es una expresión manifiesta de la unificación global. Todas las diferencias de rédito locales, regionales y nacionales son igualadas según la tendencia, tomando en cuenta también los riesgos y el desarrollo de los intereses que, a su vez, son valorados y comunicados globalmente por agencias de evaluación especializadas.

En la economía globalizada pueden distinguirse a grandes rasgos tres grupos de actores, para los que se plantea de manera distinta la cuestión de las relaciones de interdependencia. En primer lugar, habría que mencionar al grupo de los llamados *global players,* que realmente comparan las rentabilidades (el *shareholder value*) y que configuran sus condiciones de producción, prácticas de gestión, modelos empresariales, etc., según un estándar mayoritariamente unificado (*benchmarks;* véanse Sklair, 1998a, así como el capítulo 6, en el que se hablará ampliamente de esto). En segundo lugar están las empresas que tienen una presencia internacional, pero que, a diferencia de la primera categoría, no tienen posibilidades de sustraerse a la competencia de las áreas monetarias. Su competitividad no depende únicamente de los "factores" económicos reales, sociales y culturales "de las localizaciones", sino también del tipo de cambio de la moneda en la competencia de tipos de cambio. Así pues, a veces una revaluación monetaria devalúa las reducciones de costos o la disciplina de costos, de modo que la competitividad de las industrias nacionales se ve más influida y perjudicada por los movimientos en las cotizaciones que por los costos salariales unitarios.[7] Por último, y en tercer lugar, existen esas empresas que sólo tienen relevancia local o nacional, porque sólo producen y ofrecen "bienes de Thünen" o prestación de servicios que no pueden ser comercializados internacionalmente. En la unidad de la economía global estas empresas representan *fragmentos* con una escasa vinculación entre sí; no funcionan como *fracciones* de un todo. No participan —o si acaso lo hacen es gracias a mediadores— en las disputas por obtener parte de la abundancia producida globalmente. Si llegaran a aumentar los costos del transporte y de las transacciones en la economía mundial (por ejemplo a consecuencia de un perceptible encarecimiento de los precios de la energía) podría crecer el círculo de las "empresas de Thünen" de esta tercera categoría.

Al imperativo económico de la unificación lo obedecen también las instituciones globales, principalmente el FMI y el BM, al someter a los estados nacionales y a sus economías a programas de "ajuste estructural". El sentido de estos programas es que los países sometidos a ellos sigan siendo o se conviertan en puntos de atracción para el capital en el espacio global que ofrece muchas alternativas para la inversión de capitales. Ésta es una política explícita contra la tendencia a la fragmentación y a favor del fraccionamiento dentro de la economía y de la sociedad mundial. Dicho de otra manera, las economías nacionales (y regionales) no son tratadas como partes *individuales* e independientes unas de otras, sino como una parte *especial* del todo (de la totalidad del sistema mundial capitalista). Por eso las reglas del ajuste estructural son tan unitarias a pesar del planteamiento caso por caso y país por país (véase también el capítulo 4):

> De hecho los países en vías de desarrollo no han tenido más opción que adaptarse a las nuevas realidades económicas del emergente sistema de mercado global [...] Si no lo hubieran hecho esto les habría garantizado una mayor marginación de los mercados mundiales y un acceso igualmente limitado al capital internacional (WWF, 1996:2).

[7] El fraccionamiento dentro de la geoeconomía unificada tiene aquí un fundamento monetario. Cuando la unificación del sistema global se manifiesta también en el hecho de que los valores económicos (y por lo tanto también los recursos naturales valorizados) sólo pueden tener validez si se expresan en dinero mundial (dólar estadunidense, marco alemán, yen), es una regla insoslayable estabilizar la respectiva moneda nacional frente al dinero mundial. Éste es un imperativo económico que han experimentado en carne propia los países que fueron obligados a devaluar su moneda durante la crisis de los mercados financieros globales. La dependencia de los mercados internacionales que muestra tener la "riqueza de las naciones" de divisas, que además pueden estar sujetos a manipulaciones, puede resultar un obstáculo de primera importancia para el desarrollo.

No obstante, existe toda una serie de ejemplos de efectos negativos de las medidas de ajuste estructural como consecuencia de las "particularidades de los países individuales y sus funciones diferenciadas en la emergente división internacional del trabajo" (p. 3), ignoradas por la lógica país por país y debido a las interdependencias globales entre las medidas de ajuste en los países individuales. Si, por ejemplo, la producción de cosechas comerciales se amplía simultáneamente en varios países para lograr una mayor captación de divisas mediante el aumento de las exportaciones, esta estrategia puede contribuir a que bajen los precios de las materias primas y a que, contra las expectativas, no sólo disminuyan los ingresos por exportaciones sino que, debido a la sobreexplotación de la tierra, se provoquen problemas ecológicos y, por lo tanto, también dificultades en la producción de alimentos. Aun cuando en algunos casos mejoran los indicadores económicos a consecuencia de las medidas de ajuste estructural, con frecuencia empeoran las condiciones sociales, aumenta el desempleo, disminuye la capacidad de regulación del sistema político-administrativo —como consecuencia de la desregulación y la privatización—, la distribución de los ingresos se torna cada vez más desigual y se degrada el medio ambiente (p. 10).

Entonces, el fraccionamiento y la fragmentación no son sinónimos intercambiables, pero tampoco representan una alternativa clara. En puntos críticos un espacio económico puede pasar de un estado al otro. Gracias a que es miembro del Tratado de Libre Comercio de América del Norte (TLCAN), a los programas de ajuste estructural del FMI y a su ingreso a la OCDE, México ha sido estabilizado como una "fracción" en el sistema global, a costos financieros y sociales muy altos después de la crisis del peso en 1994. También los países asiáticos, Rusia y Brasil, afectados por la crisis financiera después que estalló la crisis de 1997, fueron mantenidos —gracias a elevados créditos— como fracciones del sistema global, aunque al costo de la fragmentación interna y de una polarización que —como en Indonesia— se puede agudizar hasta llegar prácticamente a la guerra civil. Lo mismo se puede decir de Rusia, y también en Brasil se mantuvo la fragmentación del sistema global por medio de nuevos créditos. Por otra parte, algunas sociedades africanas son únicamente fragmentos fuera de una sociedad mundial unificada a pesar de su fraccionamiento. Estas sociedades carecen casi de interés para la reproducción del sistema en su conjunto. Este intercambio de fragmentación y fraccionamiento se repite también en el espacio nacional: las sociedades son fragmentadas cuando algún estrato social es marginado, *excluido* (Mingione, 1997; véase también el capítulo 7).

La fractalización o el principio de la autosemejanza en el sistema global

Los problemas de la simultaneidad de la unificación y el fraccionamiento se complican cuando no sólo el capital, en forma de dinero y de mercancía, se expande más allá de las fronteras nacionales (comercio mundial, inversiones directas y de cartera, créditos internacionales), sino cuando también los trabajadores abandonan sus respectivos países y emigran más allá de las fronteras nacionales. Si sólo se tratara de "trabajadores extranjeros", de meros *factores de producción* sin mayores exigencias, el problema se podría solucionar según las leyes del mercado de la oferta y la demanda, o sea de acuerdo con las reglas de la formación de precios, como en el caso de otras mercancías en otros mercados de mercancías. El mercado mundial del trabajo no debería ser diferente de otros mercados nacionales o regionales; los mercados de unidades más pequeñas incluso desaparecerían sin dejar huella (es decir, sin diferencias relevantes de precios) en medio de las unidades mayores, y no producirían un *modus operandi* diferente en otros planos. Sólo serían distintas las monedas en las que se pagaran los salarios. Pero, a excepción de los inevitables costos de la transacción, esto no constituiría un obstáculo, dada la convertibilidad en la competencia de tipos de cambio. Pero en las sociedades modernas los trabajadores son ciudadanos, y como tales tienen derechos de ciudadanía y reclamos que hacerle al estado. Tienen derechos y obligaciones que los definen como "pertenecientes" a una nación. Arrastran un bagaje completo de particularidades culturales, características históricas y propiedades físicas, de "costumbres del corazón" (Alexis de Tocqueville), y también de la cabeza y del estómago, de garantías aseguradas institucionalmente y de derechos democráticos. Disponen de una identificación y de un pasaporte. ¿En qué estado deben ejecutarse los derechos de ciudadanía, si éstos valen exclusivamente para los "pertenecientes" y son, por lo tanto, derechos excluyentes, por lo que, al menos en parte, se renuncia a ellos con la migración transnacional? ¿Frente a qué estado se deben cumplir los deberes de un ciudadano, desde el servicio militar hasta el pago de impuestos? ¿Dónde quedan, en un entorno diferente, las características históricas, culturales, étnicas, nacionales y sociales? ¿Cómo se comporta la migración frente a las tendencias hasta ahora mostradas de fragmentación y fraccionamiento?

En el curso de la expansión transnacional del capital también se ha internacionalizado el mercado de trabajo, aunque sólo parcialmente. Porque la movilidad transnacional y transcultural del trabajo es, en comparación con la libertad espacial y temporal del capital, primero, reducida, y segundo no siempre voluntaria, si se toman en cuenta sus causas: de la pobreza económica a las catástrofes ecológicas, pasando por la persecución étnica, racial y religiosa y los conflictos militares. En el siglo XX se formó un moderno *nomadismo* (Hanna Arendt) transnacional. Formal y materialmente, el estado nacional sigue siendo "arena de la legítima redistribución", pero en la realidad social-estatal (sobre todo en Europa) los clientes y los contribuyentes no necesariamente son de la misma nacionalidad. Así pues, las fracciones en la competencia global por la distribución no se pueden separar claramente por medio de las fronteras estatales y monetarias. El estado benefactor reúne ciudadanos económicos no vinculados entre sí como ciudadanos de un estado que comparten los derechos de ciudadanía que otorga una misma nacionalidad, pero que, por otro lado, tampoco pueden ser reducidos a meros factores de producción sin atributos nacionales. El estado nacional se está erosionando también porque para muchos ciudadanos económicos ya no constituye de manera natural la arena donde se pueden ejercer los derechos de ciudadanía (de un estado) (véase el capítulo 10).

Por consiguiente, la globalización de la economía exige la reproducción de las estructuras sociales de los planos regionales y nacionales en un plano supranacional e internacional. El tradicional estado benefactor con características de estado nacional ya sólo puede realizar sus tareas de forma incompleta, y entra a una zona difusa de inestabilidad política y social, quizás aun de convulsiones, a partir de las cuales, no obstante, en el transcurso de conflictos más o menos violentos "aparecen" nuevas formas. A esta reacción se la califica de *emergencia,* aunque hay que decir que no es que simplemente se lleve a cabo la transición de un estado antes estable a otra forma de estabilidad en una unidad superior (en un plano europeo y aun global). En este proceso el estado benefactor se convertiría en una figura polidimensional que —siguiendo la tradición— estaría vinculada al estado nacional y que, al mismo tiempo, sería un elemento estructurador del sistema global. Esta polidimensionalidad es tomada en cuenta en el concepto de la subsidiaridad: las regulaciones tienen que llevarse a cabo en el plano donde los costos por las transacciones sean menores y donde más puedan beneficiar a aquellos a quienes se van a aplicar. Pero en vista del combate por el plusvalor global, que se libra sobre todo con medios monetarios, es decir, con intereses y tipos de cambio, el estado benefactor globalizado es, a lo sumo, una mala copia de los logros reformistas alcanzados alguna vez.

De esto se puede sacar una conclusión teórica. No sólo la fragmentación y el fraccionamiento son tendencias de la sociedad mundial, tan contradictoriamente unificada, sino también la *fractalización.* En la teoría del caos los fractales son el resultado de procesos de iteración (Eisenhardt, Kurth y Stiehl, 1995), por medio de los cuales se crean ramificaciones infinitas hasta llegar a un mundo "de una infinita filigrana de confusión" (según Briggs y Peat, 1990:142). Los mismos movimientos se repiten, siguiendo el principio de la autosemejanza, en diferentes planos y etapas. Al hacerlo recorren un proceso de evolución en el que —como el acoplamiento inverso en una ecuación— se asume la forma que ya existía en el punto de partida del proceso de iteración. Los matemáticos pueden construir la ecuación y pueden simular la iteración por medio de computadoras, para visualizar las formas fractales, de las cuales la más famosa es el "conjunto de Mandelbrot" (Briggs y Peat, 1990:139).

Este procedimiento no es adecuado para nuestros propósitos. Pero los movimientos del capital en los mercados financieros globales y particularmente los movimientos migratorios humanos sí pueden ser descritos como curvas que atraviesan las distintas dimensiones del sistema global, más allá de fronteras regionales, culturales y nacionales. En su transcurso surgen en distintos planos elementos funcionalmente necesarios y comparables, es decir, ¡no idénticos! También dentro de las empresas que operan internacionalmente se realiza este proceso de fractalización, fomentado por las nuevas estrategias de gestión, que tratan de apropiarse de las potencias de la descentralización racionalizando a las empresas (véase el capítulo 6).

Al hacer referencia a la transnacionalización de ciertas instituciones y tareas del estado benefactor se está señalando una tendencia que también hace sentir su efecto en el ámbito monetario. El banco central es el banco de los bancos. También los bancos centrales necesitan para sus negocios un banco de los bancos centrales, porque la consolidación del valor del dinero nacional ya no puede basarse en el oro, tan escaso, sino en mantener su restricción por medios institucionales. Entonces, la restricción del dinero requiere una reglamentación. Las instituciones creadas para ello son sumamente "parecidas" entre sí en los distintos planos en el espacio nacional o supranacional.[8] Gracias a este parecido está dada la posibilidad de que se formen "desencadenamientos" y de que se eviten conflictos jerárquicos que habrían de provocar fricciones entre estados dentro del sistema internacional, ya que se afectarían los derechos soberanos. La competencia de las "fracciones" en el sistema mundial se impondría inmediatamente. Su regulación sólo es concebible gracias a la fractalización del espacio global.

A esta altura en el discurso político y politológico se habla de "subsidiaridad" y de "política en varios planos" (Scharpf, 1994, 1998; Kohler-Koch, 1993). ¿En qué plano se puede solucionar un problema en la forma más rápida, eficiente y adecuada? Esta pregunta sólo se podrá plantear cuando de verdad existan en diferentes planos —absolutamente jerárquicos— sistemas institucionales con funciones equivalentes. Esta equivalencia funcional la poseen las instituciones en gran parte gracias a la "autosemejanza". La fractalización no representa una alternativa a las tendencias descritas de la fragmentación y el fraccionamiento. Más bien es una forma de que transcurra la unificación en el proceso de la globalización, de la cual la fragmentación y el fraccionamiento son sus otros aspectos contradictorios. De esto se pueden sacar dos conclusiones que son de naturaleza más bien heurística. En primer lugar, la teoría de los fractales remite a la importancia que tiene la observación para los fenómenos estudiados. Los hallazgos de un estudio también dependen de las perspectivas, medidas y escalas que se seleccionen para medir un objeto. De modo que en este como en otros ámbitos de las ciencias sociales la objetividad es limitada. Se depende siempre del acceso, fundamentado teóricamente y configurado discursivamente.

En segundo lugar, las estructuras fractales son al mismo tiempo "sumamente complejas y extraordinariamente simples" (Briggs y Peat, 1990:139), "una sorprendente combinación de una simpleza extrema y de una complejidad que da vértigo" (Mandelbrot, citado en Briggs y Peat, 1990:140). Esta combinación también podría

[8] Este parecido se muestra, por ejemplo, en los estatutos del Banco Central Europeo y del Deutsche Bundesbank. Con el euro se ha creado en el plano superior de la unión monetaria un sistema de instituciones que podría estar conformado por la "masa hereditaria" de los bancos centrales nacionales. El hecho de que las informaciones genéticas de los bancos centrales superiores (en este caso el Deutsche Bundesbank) sean decisivas demuestra un cierto parecido entre los procesos de selección sociales y económicos y la sucesión natural.

caracterizar las estructuras del sistema mundial, cuyos elementos son muy sencillos pero cuyo conjunto es en extremo complicado, como ya se mostró en la última sección del capítulo anterior. Las estructuras de la sociedad mundial se modifican debido a la ya mencionada migración humana, a la transnacionalización de la producción o la formación de mercados supranacionales, integrados, con las correspondientes instituciones reguladoras, según el principio de la autosemejanza. Sólo si la globalización se diera por efecto de la mera acción de los procesos de mercado, y no por medio de la regulación social y política, podrían ignorarse en el espacio global las tendencias de la fractalización, por irrelevantes.

Ahora es posible resumir gráficamente (esquema 3.3) estos aspectos de la globalización:

ESQUEMA 3.3. FRAGMENTACIÓN, FRACCIONES Y FRACTALES EN LAS CONDICIONES DE LA GLOBALIZACIÓN

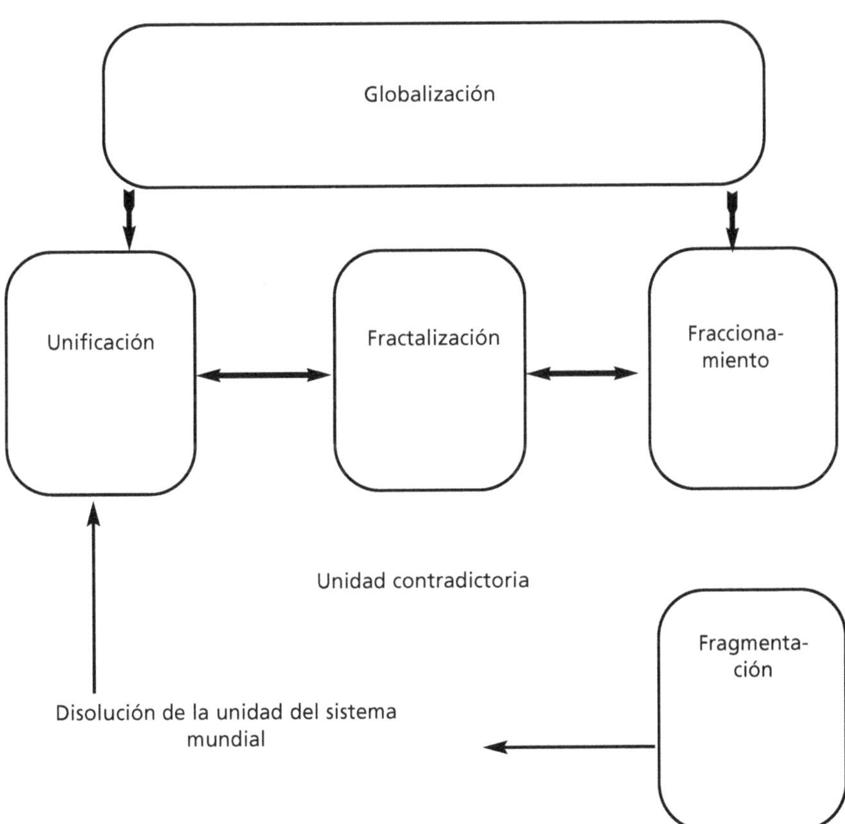

La unidad del sistema mundial resulta de la competencia, en la cual, no obstante, surten efecto al mismo tiempo las tendencias de fraccionamiento. La unificación sólo se puede comprender cuando también se toman en cuenta los efectos de la fractalización, de la reproducción de instituciones y los transcursos de las funciones según el principio de la autosemejanza en los distintos planos del sistema global. En esto también se manifiesta la relación entre globalización y localización, es decir, la llamada metafóricamente "glocalización". Entonces, la unidad del sistema mundial capitalista no se describe por medio de la oposición entre unificación y fraccionamiento; apenas se puede comprender cuando se toma en cuenta la estructuración de la unidad en el curso de la fractalización. Así pues, la *inclusión* resulta del fraccionamiento y de la fractalización en la unidad del sistema mundial; por su parte, las tendencias de la fragmentación ocasionan una disolución de la unidad del sistema mundial, a saber, el desacoplamiento de países y regiones, de clases y grupos de población, así como su *marginación* y *exclusión.* En el curso de la globalización se multiplican las posibles trayectorias de desarrollo que, al mismo tiempo, permanecen ligadas a un "atractor extraño".

4

EL UBICUO FETICHE DEL DINERO

Los procesos de mercado son controlados por el dinero; por lo tanto, el mercado mundial es una economía monetaria global. El hecho de que la "riqueza de las naciones" (Adam Smith) no sólo aparezca de manera concreta como una "espantosa acumulación de mercancías" (Karl Marx), sino también en abstracto como un *ingreso dinerario* (John M. Keynes), tiene que ver con la forma dinero de la riqueza que, a lo largo del desarrollo histórico, ha evolucionado de modo muy imaginativo. Porque el dinero lo vuelve a uno sibarita, y es por lo tanto un fuerte motivo para crear innovaciones, como lo ejemplifica el desarrollo de los medios de transporte de la carroza al automóvil (acerca de la diferencia entre la innovación de los productos y la de los procesos en el dinero, véase Strange, 1999:22-42). La forma dinero hace posible que todas las calidades se reduzcan a una sola; iguala las peras y las manzanas, que resultan entonces comparables en el mercado. Una vez que se ha alcanzado la calidad de dinero la variedad cuantitativa es una característica monetaria. "Tener" es más importante que "ser"; se ha provocado una dinámica de incremento. El dinero es como la "bebida que estimula al sistema a entrar en actividad" (Keynes, 1936:173). ¿Por qué? El dinero es un derecho, es decir, un ingreso que, por otro lado, se enfrenta a deudas y obligaciones. Al aumentar los ingresos dinerarios en el mundo lógicamente aumentan también las deudas, y viceversa: con las deudas se incrementan también los ingresos dinerarios. Aquel que se asombre o enfurezca por las deudas no debería guardar silencio acerca de los ingresos dinerarios.[1]

El dinero tiene un precio en el tiempo, que es el interés, y un precio en el espacio, que es el tipo de cambio. Ambos dependen uno del otro. Cuando existen el libre tránsito de dinero y de capitales y la convertibilidad absoluta de las monedas, la caída de precios en el espacio, es decir, la devaluación de la moneda, sólo se puede evitar si se eleva el precio en el tiempo, es decir, el interés. Si un gobierno quiere estimular las inversiones bajando las tasas de interés tiene que aceptar una devaluación de su moneda. No se pueden tener al mismo tiempo un tipo de cambio estable, una política monetaria independiente y libre tránsito de capitales. Esta relación es tan férrea como las leyes de los vasos comunicantes en el mundo de la fí-

[1] "Entonces las deudas no son en sí y por sí mismas negativas, sólo lo son desde la perspectiva de los deudores; para los acreedores representan un ingreso positivo, son una suma de dinero, o de lo que sea que reviste un cierto valor, que más allá de sus consideraciones es deuda o ingreso" (Hegel, *Wissenschaft der Logik,* p. 767. *Digitale Bibliothek Band 2: Philosophie,* p. 40416 [véase *Hegel-Werke,* vol. 6:61]).

sica (Wyplosz, 1998:4). No hay banco central ni actor principal que se pueda sustraer a ella. La autonomía de lo político se rompe frente al "poder del dinero". En realidad el dinero ejerce una "severa restricción presupuestal", es decir, funciona como un imperativo.[2] Según Keynes, el dinero estimula a entrar en acción. Pero de ninguna manera está determinado dónde se desarrollarán estas acciones cuando las monedas son convertibles. El campo de la inversión de capitales es global cuando se han hecho a un lado las barreras que estorban el tránsito de capitales en el espacio. El dinero "es un proceso social" (Leyshon y Thrift, 1997:1); dado que, en el curso de la globalización, también se ha globalizado la "severa restricción presupuestal", sólo se puede hablar de un "ubicuo fetiche del dinero".

Así como en la sociedad nacional el dinero constituye el "verdadero régimen común", el dinero mundial proyecta los estándares de la normalidad cotidiana mundial (apoyado por los modernos medios masivos de comunicación) y las normas con las que deben cumplir la producción, la reproducción y la regulación en las diferentes regiones y naciones. Como consecuencia de la globalización en todo el mundo las normas de la sociedad financiera definen el "sistema del trabajo social" como una consecuencia de la globalización mundial, y constituyen la escala con la que se mide a gobiernos y estados. De esto se encargan agencias especiales, las *rating agencies,* "los principales promotores discursivos en el sistema financiero internacional" (Leyshon y Thrift, 1997:191; también Sassen, 1999:75). No contradice este hecho la afirmación de que "aun para los derechos monetarios con mayor liquidez la movilidad del capital es imperfecta, debido a los riesgos inherentes a los países y a los tipos de cambio" (Cohen, 1996:270). Porque en sí la creación de escalas por las agencias de evaluación especializadas, que enlistan los riesgos de los países, los proyectos y las monedas, es una manifestación de la globalización que Cohen quiere poner en duda con su señalamiento. Si no existiera la posibilidad de que el capital se desplegara globalmente resultaría superfluo el cálculo del riesgo, al que el FMI otorga una gran importancia desde el golpe que representó la crisis asiática (FMI, 1998b:19-20). En vista de las tendencias globales, simultáneas pero antagónicas, de unificación y fragmentación (véase capítulo 3), no es de extrañar que estos cálculos, cuando se los realiza, muestren diferencias, es decir que no presenten una economía con un riesgo nivelado. Si sólo se pudie-

[2] En la novela *Gobierno,* de B. Traven, se describe cómo por medio de los contratos crediticios se crean dependencias y se extorsiona: "por recomendación de don Ramón, don Gabriel obtuvo inmediatamente un generoso crédito de los representantes de las monetarias, que tenían sus oficinas principales en Tabasco. Porque la compañía y sus representantes estaban tan dispuestos a otorgarles créditos altos a los indios con trabajo como a los agentes. Los créditos recibidos representaban una seguridad mayor que los contratos por escrito. Los créditos tenían que ser pagados con trabajo, no sólo por los indios, sino también por los agentes. Cuanto más alto fuera el crédito recibido por un agente más se esforzaba por cumplir los deseos generales y particulares de la compañía. Don Gabriel era ahora un eslabón de esa cadena, que iba desde la selva hasta el tocador de la actriz y a la sala de conferencias de un consejero del ministro. La cadena se movía, y cada eslabón tenía que moverse con ella, le gustara o no" (Traven, 1932:139).

ra empezar a hablar de un sistema global cuando toda la tierra presentara el mismo nivel entrópico, se tendría que prescindir de este concepto, que carecería de sentido.

La presión por lograr la unificación en el moderno mercado mundial aparece en muchas tradiciones teóricas. "Hoy la sociedad es unívocamente una sociedad mundial" (Luhmann, 1987:585), un "resultado de la evolución" (p. 557). Naturalmente, los procesos de evolución también afectan las formas y las funciones del dinero en el espacio global. Porque cuando es el dinero el que determina la forma de la socialización, por lo menos en la misma medida que el trabajo, resulta lógico preguntar por el papel que desempeña en la creación de la "sociedad mundial". El dinero sólo reconoce las fronteras monetarias y, desde que se instituyó la convertibilidad, éstas perdieron su importancia y ya sólo son motivo de negocios de *arbitrage* especulativo. Por el contrario, el sistema del trabajo social tiene vínculos locales incluso en la división internacional del trabajo. Si no existiera el dinero no existiría tampoco la "diferenciación funcional" (por contraposición a la "segmentaria" y "estratificatoria"), que Durkheim y Luhmann consideraban la insignia de la modernidad. En la concepción de Luhmann el dinero se independiza para formar una serie de actos de pago que sólo puede ser constante mientras se conserve la capacidad de pago: "Debido a su centralización monetaria la economía es hoy un sistema estricto constituido de manera cerrada, circular y autorreferencial [...] Pagar o no pagar: éste es, en sentido riguroso, el meollo de la existencia de la economía" (véase Luhmann, 1990:103-104). Reducir la comunicación en el sistema de la economía a procesos de pago podrá corresponder a una economía precapitalista: "así que éste compraba, aquél vendía, éste traía, aquél llevaba, éste prestaba, aquél contraía deudas, éste daba, aquél pagaba. Pero todos juraban en falso, defraudaban y mentían" (así dijo el detractor de la escolástica, Agrippa de Nettesheim, 1486-1535:416). La pregunta es si una economía capitalista puede ser caracterizada por una serie de actos de pago. El hecho de que Luhmann considere el dinero exclusivamente como medio de circulación confirma su referencia a la metáfora del ciclo. Como medida abstracta, el dinero ejerce una fascinación tan irresistible que incluso al desempeñar su función de medio de circulación, en la que no se puede concebir sin las mercancías reales (bienes y servicios) que hace circular, permite y aun inspira la abstracción de procesos económicos reales. En vista de la codificación económica por medio del pago de dinero, Luhmann no sólo excluye de la economía a todos los procesos metabólicos: "Siempre que [...] está involucrado el dinero está involucrada la economía [...] pero no en el proceso de bombeo que extrae el petróleo del subsuelo" (Luhmann, 1990:101). También escribe que "el presupuesto privado [estaría] excluido del sector capitalista de la economía [y que sería incapaz] de pagar si no consiguiera ingresos de otra manera, sobre todo por medio del trabajo" (Luhmann, 1990:110).

De *otra* manera. ¿De qué manera? Es evidente que el sistema económico de la comunicación monetaria está ligado de una forma determinada a la organización social del *metabolismo* entre la naturaleza y la sociedad, incluso cuando el dinero se desacopla de las circunstancias reales e impone su lógica de acción a todos los demás sistemas de acción. El valor (de cambio) no vale nada sin el valor de uso. El fetichismo del dinero, tan penetrantemente descrito por Marx, permite la abstracción de las dimensiones materiales y energéticas de la comunicación social en los subsistemas sociales tanto como en la sistematización en la semántica científica. Pero se ha mostrado que, para mantener la comunicación calificada por el pago/no pago dentro del sistema parcial que es la economía, se realizan procesos "metabólicos" de producción. El trabajo es una actividad social y una confrontación con la naturaleza; por lo tanto es transformación de la materia y la energía. En consecuencia la sociedad, también la sociedad mundial, sólo puede ser adecuadamente interpretada como sociedad financiera y, al mismo tiempo, como sociedad laboral. Sólo así se puede explorar la variedad de contradicciones entre el espacio local y el global, metafóricamente llamada *glocalización* (Altvater y Mahnkopf, 1996:27-30).[3] El dinero es global, el trabajo sigue siendo local. La doble forma de socialización en el modo de producción capitalista por medio del dinero y del trabajo es responsable de la simultaneidad de la globalización debida a la dinámica del dinero y a la fragmentación provocada por los vínculos locales del trabajo. Por lo tanto, se puede poner fin a la estéril discusión acerca de si se lleva o no a cabo el "desacoplamiento" de la economía monetaria y la economía real, o de si el "desacoplamiento" es únicamente relativo. En realidad el dinero sí tiende a desligarse de todos los vínculos sociales, limitaciones económicas, regulaciones políticas y barreras ecológicas. Pero la inevitable liga con el modo de socialización del trabajo detiene una y otra vez el vuelo del dinero, que se derrite como las alas de Ícaro, es decir, pierde su valor y tiene que realizar un aterrizaje forzoso para obedecer las leyes de gravedad de la economía real del trabajo.

SOCIEDAD FINANCIERA *VERSUS* SOCIEDAD LABORAL

Según la afirmación trivial, una sociedad en la que los seres humanos dejaran de trabajar iría a la ruina;[4] sin trabajo la sociedad no existe. No obstante, esto todavía no dice nada acerca de la *forma* de socialización. Pues no todo trabajo es socialmen-

[3] También en muchos estudios acerca de la globalización cultural se utiliza el concepto de "glocalización" (véanse Robertson, 1992; Swann, 1995; Baumann, 1996), pero en ellos la palabra tiene otro significado: Swann (1995:115), por ejemplo, la utiliza para designar la simultaneidad de "heterogeneización local y homogeneización general", el proceso de "criollización", que nada tiene que ver con la unificación civilizatoria y cultural. De manera semejante, Zygmunt Baumann ve obrar una "industria local de la autodiferenciación", de la que depende qué bienes de consumo e informaciones serán absorbidos y resultarán apropiados como "nuevas características simbólicas para las identidades borradas y redescubiertas, recién inventadas o tan sólo postuladas" (Baumann, 1996:65).

[4] "Cualquier niño sabe que toda nación que dejara de trabajar, no digo por un año, sino por algunas semanas, reventaría..." (Marx en una carta dirigida a Kugelmann el 11 de julio de 1868; Marx, MEW, 32:552).

te reconocido como tal, si no las sociedades capitalistas no se permitirían el escándalo del elevado desempleo masivo. Resulta evidente que el trabajo sólo muestra ser "socialmente necesario" cuando sus productos son "valorizados", es decir, cuando se topan con la demanda de solvencia monetaria. Este proceso presupone la forma social del valor y la genera una y otra vez. Es decir que, sin dinero, en la moderna sociedad capitalista no existe la sociabilidad. La paradoja consiste en que las sociedades capitalistas que producen mercancías son *al mismo tiempo sociedades laborales y financieras.* La *sustancia* del valor se construye por medio del trabajo; la *forma* del valor se desarrolla hasta convertirse en el dinero, que agudiza las relaciones sociales hasta convertirlas en imperativos.

En circunstancias capitalistas desarrolladas el dinero es capital posible, el "medio para la producción de ganancias" (Marx, MEW, 25:352). Quien se sirva de este medio tiene que ocuparse también de que se produzca la ganancia. Por el excedente del dinero sobre el capital adelantado se cumple finalmente el sentido del regateo capitalista-de economía de mercado: D'-D. Marx afirma:

> Todo este proceso, la transformación de su dinero en capital, se lleva a cabo y no se lleva a cabo en la esfera de la circulación. Es decir, se realiza gracias a la mediación de la circulación, puesto que esta transformación está condicionada a las compras realizadas por la fuerza de trabajo en el mercado de productos. No se desarrolla en la circulación, porque sólo introduce el proceso de valorización, que se realiza en la esfera de producción (Marx, MEW, 23:209)

En suma, es el dinero el que hace posible la circulación. Sin dinero no tendría lugar la socialización en forma capitalista-mercantil. Por eso se habla de una sociedad financiera. Pero sin la producción de excedente en forma de plusvalor (o de ganancia) por medio del trabajo, el excedente monetario carecería de sustancia y únicamente tendría por resultado un incremento inflacionario. Por eso es también una sociedad del trabajo. El trabajo y las relaciones laborales tienen que seguir la "lógica" del dinero.

La forma dinero es determinada más cercanamente por las funciones que corresponden al dinero. Marx y otros teóricos del dinero coinciden en el análisis de las funciones, sólo para volver a divergir inmediatamente después. Y esto no sólo porque Marx, antes de analizar la función del dinero, haya explicado y reconstruido su forma —una empresa que jamás se le hubiera ocurrido a un teórico del dinero de la economía dominante, como tampoco a los sociólogos que "redescubrieron" a Simmel para oponerlo a Marx (por ejemplo Deutschmann, 1995)—, sino porque se debe distinguir entre dos funciones básicas: por un lado, el dinero en relación con el mundo de las mercancías, cuyo valor es medido por el dinero (medidor de valor), que también las hace circular (medio de cambio) y, por otro lado, el dinero en una relación autorreferencial: el dinero como dinero (medio de conservación del valor y medio de pago).

En este último rubro Marx trata al dinero en primer lugar como un tesoro que, bajo esta forma ("medio de conservación del valor"), se convierte en la encarnación de la riqueza social. En segundo lugar, los prestamistas adelantan el dinero a cambio de la promesa de los deudores de pagar intereses. Con el interés el dinero sólo se toma como medida a sí mismo. El dinero funda nuevas relaciones sociales, a saber, las que se dan entre el acreedor y el deudor. El primero es propietario del ingreso dinerario, porque dispone de activos monetarios y alberga ciertas expectativas respecto a sus (futuros) réditos; el segundo sólo dispone de los correspondientes pasivos (y frecuentemente de seguridades no monetarias que provienen del pasado), por lo que tiene que hacer frente a obligaciones monetarias *(liabilities).* Los deudores deben obedecer la lógica del dinero, que les imponen los propietarios del ingreso dinerario al ser la personificación de la racionalidad monetaria. Los intereses son como un "impuesto" que se cobra sobre la producción,[5] y son responsables de producir un comportamiento económico y la correspondiente "racionalidad económica" (Max Weber), que es corresponsable de la enorme dinámica capitalista que no conoce ni reconoce más máximas de acción que la lógica del dinero.

Ahora bien, la tendencia hacia el sector comercial puede fracasar frente a las circunstancias reales. Los deudores pueden no pagar sus deudas en los plazos acordados y aun convertirse ellos mismos en acreedores. No obstante, en primer lugar, las relaciones acreedor-deudor que hayan fracasado realmente todavía pueden ser conservadas monetariamente si el dinero no se devalúa de la pérdida directa del ingreso, sino por procesos inflacionarios. En el transcurso de estos procesos se realiza una verdadera redistribución a favor de los deudores y en perjuicio de quienes sólo tienen pocas oportunidades de convertir el ingreso dinerario en ingreso real o cuyos ingresos contractuales no pueden adaptarse a la tasa de inflación. En segundo lugar, los ingresos dinerarios pueden cambiarse de una moneda susceptible de ser devaluada a otra más estable. Esta posibilidad es mayor en la medida en que más avanzada esté la globalización de las finanzas y más sencilla sea la movilización de los ingresos dinerarios. Poder aprovechar estas posibilidades es uno de los motivos de las innovaciones financieras en los mercados financieros globalizados.[6] Debido a estas posibilidades las monedas se encuentran en una competencia por la estabilidad. Las monedas deben conservar su función de asegurar el ingreso dinerario. Dado que la consolidación del valor no se puede dar sustancialmente por el patrón oro, los bancos centrales deben tomar las medidas institucionales correspondientes.

[5] Así se afirma en el semanario alemán *Der Spiegel* (julio de 1996:98): "El capital busca en todo el planeta posibilidades de inversión. Quien quiera ser interesante para los inversionistas sólo debe perseguir, como Schrempp, un objetivo: 'ganancia, ganancia, ganancia'. Quien como empresario muestre un excesivo compromiso social, será castigado con la privación del capital."

[6] Sin embargo, según una encuesta hecha entre empresas norteamericanas, sólo 13% de las más pequeñas (valor agregado menor a 50 millones de dólares) pueden utilizar este recurso; por el contrario, entre las empresas grandes, pueden hacerlo 65% (valor agregado superior a 250 millones de dólares) (según *The Economist,* 10 de febrero de 1996: 5).

En tercer lugar, la sustancia de los deudores puede agotarse si el servicio de la deuda ya no se puede derivar de los flujos de los ingresos reales. La medida en que el dinero como dinero rige las condiciones reales de vida la mostró claramente la crisis de la deuda en los años ochenta, en la que cayeron casi todos los países del tercer mundo. También la severa crisis financiera de los noventa en Asia, Rusia y Latinoamérica es una manifestación del dominio del dinero sobre la economía real y las condiciones de vida de las personas. La acumulación monetaria, por un lado, está desacoplada sin ninguna consideración de la acumulación real, lo que constituye una expresión de la "desinserción total". Este proceso ya ha sido descrito con frecuencia, por ejemplo por Keynes: "Los especuladores pueden ser tan inocuos como burbujas de jabón en una corriente continua de espíritu emprendedor. Pero la situación se torna grave cuando el espíritu emprendedor se convierte en la burbuja de jabón en medio de un remolino de especulación" (Keynes, 1936:134).[7]

La comprensión de este aspecto de la "desinserción" es central, aun cuando con frecuencia sea negado. El desacoplamiento de la acumulación real y la monetaria sólo llegará hasta donde lo permita la consolidación del valor del dinero en la sociedad laboral. Porque los deudores deben pagar el precio del dinero (intereses) a los propietarios del ingreso dinerario, y por eso deben proceder de manera capitalista en la utilización del dinero y (mandar) producir una ganancia suficiente para servir los intereses del dinero prestado. Los intereses se saldan con las ganancias, y son —en la medida en que tengan una magnitud no sólo monetaria sino también real— una parte del plusvalor (global), que se redistribuye en los mercados financieros globales en el curso de las actividades de *arbitrage*. Esto es normal, dadas las condiciones sociales existentes. También es normal que los acreedores se conviertan en deudores, y que, por el contrario, los deudores se puedan convertir en acreedores. No es normal una situación social en la que no se realice un intercambio de posiciones entre los deudores y los propietarios del ingreso dinerario y en la que entonces se crea una relación social y económica unilateral que se reproduce por medio de los continuos flujos de interés de los deudores hacia los propietarios del ingreso dinerario. Esto sólo dejará de representar un problema si los deudores son capitalistas que pueden obtener ganancias del capital invertido productivamente para cubrir los intereses. Ahora bien, aquí se incluyen las relaciones de distribución entre el capital y el trabajo, es decir, tanto la relación salarial como la laboral. Los intereses *fuerzan* aumentos de productividad en el proceso de producción y limitan las posibilidades de que se modifiquen las relaciones de distribución del ingreso producido entre el trabajo asalariado y el capital.

Pero los intereses pueden ser demasiado altos en comparación con la rentabili-

[7] En sus *Anotaciones sobre el mercantilismo* Keynes se remite incluso a John Locke, quien escribe en una "carta a un amigo acerca de la usura": "Los intereses altos dañan el comercio. La utilidad que se obtiene de los intereses es mayor que la ganancia que produce el comercio, lo que motiva a los grandes comerciantes a dejar el comercio y a invertir su capital para obtener intereses, cosa que arruina a los pequeños comerciantes" (Keynes, 1936:291).

dad de las inversiones productivas y con la tasa de crecimiento del producto social. Por eso lo que Alain Minc llamó la "revolución" (Minc, 1997:cap. 1) fue históricamente tan decisivo cuando, a fines de los años setenta y principios de los ochenta, las tasas de crecimiento reales del PIB cayeron por debajo de los intereses reales a largo plazo (intereses nominales menos tasa de inflación). El esquema 4.1 muestra la "revolución" de la transformación de una situación "amigable para el deudor" —donde existían altas tasas de crecimiento real y tasas de inflación comparativamente bajas — a un escenario amigable con los propietarios del ingreso dinerario, donde se dan altos intereses reales que ya no alcanzan las tasas de crecimiento real. El esquema 4.1 se refiere a Estados Unidos, pero en otros países miembros de la OCDE se encuentran tendencias muy similares (OECD, 1997b:50, 108).

La constelación de intereses por encima de las tasas de crecimiento reales y también por encima de los réditos de las inversiones reales tiene consecuencias sobre el proceso de acumulación. Es cierto que el dinero es una bebida estimulante, pero también tenemos que tomar en cuenta, según dice Keynes, "que del plato a la boca se cae la sopa" (Keynes, 1936:173). En el espacio nacional ("limitante keynesiano") se puede estimular las inversiones reales y, por lo tanto, también la producción, los ingresos y el desempleo, si los intereses se mantienen por debajo de la tasa de ganancias que se desea alcanzar. Ésta fue la idea de Keynes en la *Teoría general:* "Sin embargo, lo que más nos conviene es reducir la tasa de interés a un punto relativo en el esquema de eficiencia marginal del capital en el que haya empleo total" (Keynes, 1936:375). No obstante, se deben superar muchos obstáculos más antes de que las inversiones monetarias se conviertan en empleo (al respecto véase Altvater y

ESQUEMA 4.1. ESTADOS UNIDOS: CRECIMIENTO REAL DEL PRODUCTO INTERNO BRUTO E INTERESES REALES A LARGO PLAZO 1960-1995

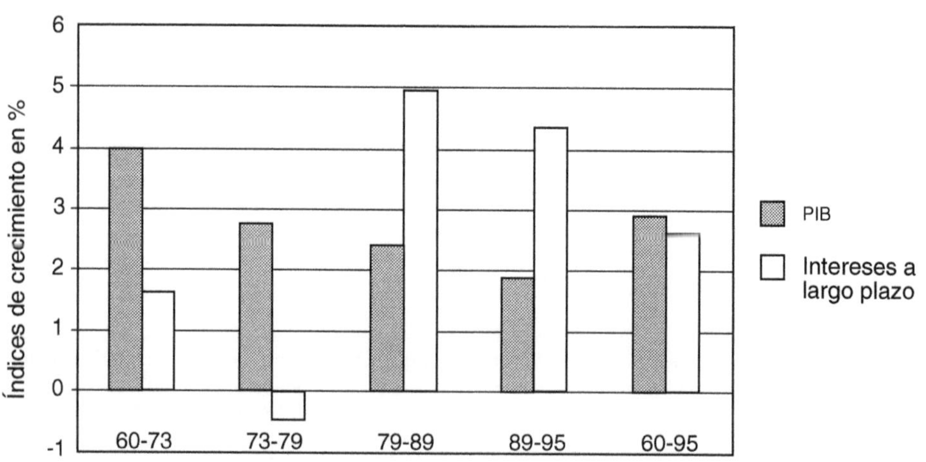

Mahnkopf, 1993:41). La "limitante monetaria", en el caso —tan usual desde principios de los años ochenta— de que los intereses sean más altos que la rentabilidad de las inversiones, puede producir efectos patológicos sobre la economía y la sociedad, pues cuando los deudores no son capaces de pagar debidamente sus deudas aumentan los riesgos crediticios. Puesto que los dadores de crédito sólo accederán a hacer préstamos si los riesgos pueden ser compensados, el nivel de intereses globales aumenta por el monto de los componentes de riesgo. De esta manera las inversiones financieras se vuelven posiblemente más atractivas que las inversiones reales, hasta que llega el "momento de la verdad", hasta que resulta que, en la "competencia por participar del plusvalor global", el "pastel que se va a repartir" no es lo suficientemente grande como para que se puedan cumplir en forma todos los derechos que entre tanto se han contraído y derivado. Entonces estalla la crisis financiera.

Las consecuencias de esto no son negativas sólo para los deudores, sino también

ESQUEMA 4.2. DESACOPLAMIENTO DE LA ACUMULACIÓN MONETARIA Y LA REAL

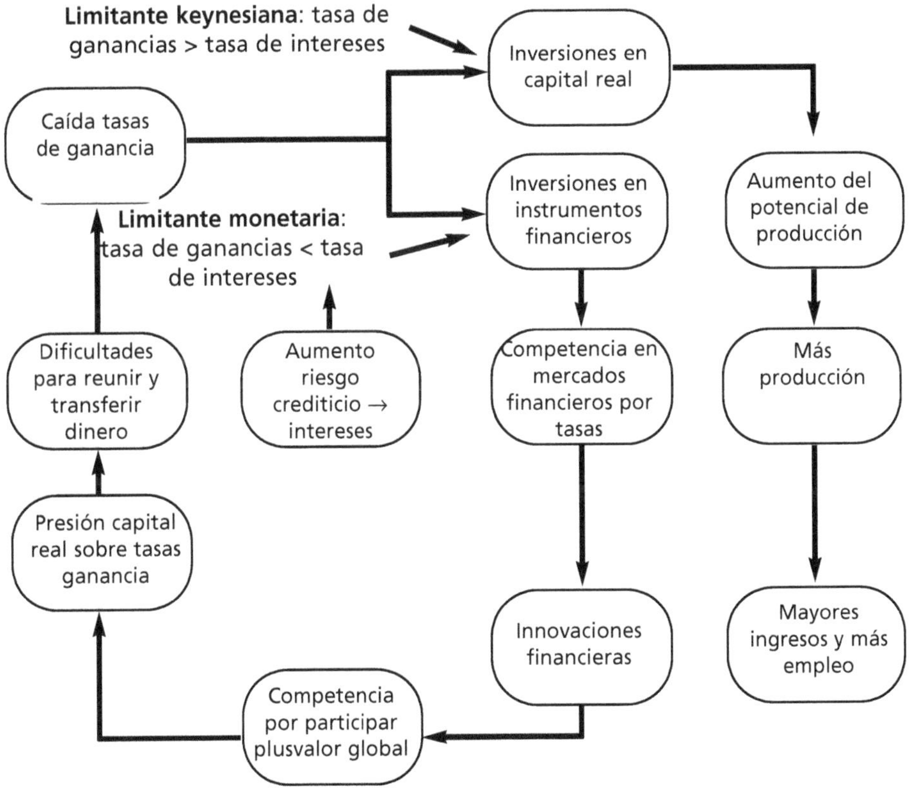

Limitante keynesiana: tasa de ganancias > tasa de intereses
Inversiones en capital real
Caída tasas de ganancia
Inversiones en instrumentos financieros
Aumento del potencial de producción
Limitante monetaria: tasa de ganancias < tasa de intereses
Dificultades para reunir y transferir dinero
Aumento riesgo crediticio → intereses
Competencia en mercados financieros por tasas
Más producción
Presión capital real sobre tasas ganancia
Innovaciones financieras
Mayores ingresos y más empleo
Competencia por participar plusvalor global

para el desarrollo económico a mediano y a largo plazo, que es determinado por las inversiones *reales*. Esto se puede ilustrar con el siguiente ejemplo. Si las tres cuartas partes (es decir 75%) del PIB de un país van a los trabajadores asalariados y son consumidas por ellos, queda una cuarta parte (25%) para los que obtienen las ganancias. De ese 25%, 5 a 10% es colocado en mercados financieros internacionales. Se invierten 20 unidades que, con un coeficiente de capital del 4, producen un aumento del PIB de 5%. Entonces, con unos intereses de 0.5 (10% de 5), el PIB aumenta de 100 a 105.5. Supongamos que, con la misma distribución entre ingresos salariales y ganancias, en lugar de 5 unidades se colocan 20 unidades al 10% en mercados financieros y que sólo se invierten realmente 5 unidades. Entonces cambia el panorama. El crecimiento asciende ya sólo a 2 (10% de 20) más 1.25, es decir, en total 3.25. El PIB, si el resto de las condiciones permanece constante, aumenta a sólo 103.25. Ese efecto negativo sobre las tasas de crecimiento podría impedirse si algunas partes de los ingresos salariales se redistribuyeran para colocarlas en inversiones reales. Si los trabajadores recibieran 65 en lugar de 75% y se pudiera invertir esta diferencia, la tasa de crecimiento aumentaría en 2.5%, de modo que aunque se desviaran fondos de acumulación a los mercados financieros globales el PIB aumentaría a 105.75. Este ejemplo, mecánico y sumamente simplificado, sirve para mostrar que, debido a lo atractivo que resulta invertir en mercados financieros antes que en la economía real, cuando parece adecuado sostener una cierta tasa de crecimiento aumenta la presión sobre los ingresos de las masas.

En las aproximadamente dos décadas en las que los intereses han sido más elevados que las tasas de crecimiento reales deben de haberse llevado a cabo procesos de redistribución que perjudicaron a los deudores. El servicio de la deuda en los años ochenta de ninguna manera fue suficiente para reducir efectivamente la deuda acumulada en los años noventa: las deudas públicas aumentaron en casi todos los países —tanto desarrollados como menos desarrollados—, y cuando el aumento fue pequeño o a veces incluso negativo —como en Estados Unidos— esto se compensó con un alto endeudamiento externo. Especialmente afectados resultaron los países endeudados del llamado "tercer mundo", cuya deuda externa se duplicó en los años noventa en relación con la que tenían en los ochenta; también una serie de NIC, a los que la reputación de "mercados emergentes"[8] les había proporcionado mucho capital y, por lo tanto, una alta deuda externa, cuyo servicio topó con límites. Las estrategias de los propietarios del ingreso dinerario, especialmente de los "inversionistas institucionales", siguen sobre todo el objetivo de la mayor valorización posible del ingreso, pero también su aseguramiento contra los

[8] El concepto de "mercado emergente" se inventó a fines de los años ochenta: "A mediados de los ochenta la Corporación Internacional de Finanzas del Banco Mundial estaba tratando de obtener apoyo para un fondo de inversiones en el tercer mundo cuando uno de los presentes se quejó de la terminología: 'Nadie quiere invertir en el Fondo de Inversiones para el Tercer Mundo —protestó—, más vale que se les ocurra algo mejor.' Así que en pocos días a los funcionarios se les ocurrió una alternativa: 'mercados emergentes', y resultó un éxito. Estos 'mercados emergentes' rápidamente generaron 'gurús emergentes' " (Kristoff y Wyatt, 1999).

peligros de la desvalorización (inflación) y de la devaluación (del cambio de inversión). El retiro masivo de capital, como en México en 1994, en Asia en 1997-1998, en Rusia en 1998, en Brasil en 1998-1999, deja a países, sociedades y economías en un estado caótico. El capital móvil busca inversiones rentables en otros países, en otros mercados, y espera hasta que las instituciones financieras internacionales, en primer lugar el FMI, hayan alcanzado el "saneamiento" de los países afectados por la crisis financiera y monetaria, lo cual vuelve a hacerlos atractivos para los propietarios del ingreso dinerario que operan globalmente. Ahora bien, los costos políticos y sociales del saneamiento por medio de programas de ajuste estructural son extraordinariamente altos. Pero los propietarios del ingreso dinerario no deben preocuparse por ello, puesto que los lastres del ajuste no recaen, por lo general, sobre aquellos que pueden hacer que el dinero "trabaje" para ellos, sino sobre quienes se ven obligados a vender su fuerza de trabajo.

FORMAS HISTÓRICAS DE LA CONSOLIDACIÓN DEL VALOR DEL DINERO: DEL ORO AL CIBERDINERO

La forma dinero, según Marx, puede desarrollarse conceptualmente a partir de la forma mercancía y el valor. En la propia mercancía, que no es sólo una cosa sino un elemento de una relación social, se encuentra una relación cuya forma más elevada la representa la forma dineraria: todas las mercancías individuales se transforman en mercancías *especiales* de la "tremenda acumulación de mercancías", cuando se presenta la riqueza de las naciones en las que domina el modo de producción capitalista. Las mercancías se refieren al equivalente *general* del dinero. Y éste es ya el caso incluso cuando son sólo dos mercancías las que se ponen en relación. En principio la forma dinero ya ha sido entendida, se ha "resuelto el enigma del dinero",[9] cuando se ha reconocido la forma de la mercancía como una relación social que requiere una apariencia externa en un equivalente de valor. Esto es ya suficientemente difícil, como lo muestran la discusión sobre el análisis de la forma valor que hizo Marx (véanse, por ejemplo, Backhaus, 1969; Vroey, 1991; Ganssmann, 1986; Heinrich, 1991; Backhaus y Reichelt, 1995) y la discusión filosófica, que se ha prolongado desde tiempos de Aristóteles, acerca de la pregunta de qué es, real-

[9] Hajo Riese (1995) le reprocha a la economía clásica no haber entendido la relación entre la esfera del dinero y la de los bienes. Tiene razón en ello, pero sólo si se excluye a Marx de esta reclamación. En la teoría del valor y del dinero postulada por Marx ya se ha realizado convincentemente aquello a lo que Riese aspira en la discusión sobre la economía clásica, neoclásica y keynesiana, es decir, entender cómo se relacionan en forma específica el mundo real y el monetario en las condiciones de la socialización capitalista. No se trata de defender a Marx de Riese y otros. Pero sí es necesario remitir a la riqueza de la teoría de Marx sobre el dinero, puesto que los modernos teóricos del dinero opinan que no tienen que tomar en cuenta sus análisis. Esto trae consecuencias lamentables para el contenido teórico y su alcance.

mente, el dinero. El dinero unifica sociedades al hacer que todas las diferencias sustanciales se desvanezcan por obra de su calidad formal de signo común: es el "verdadero régimen común" (Marx), la correlación *monoteísta* entre el *monoteísmo* del judaísmo, el cristianismo y el islam:[10]

Todo se puede obtener a cambio del "mero dinero", que aun como algo que existe fuera del individuo puede ser captado por fraude, violencia, etc. Así pues, todos se pueden apropiar de todo, y depende de la casualidad lo que el individuo puede apropiarse o no, ya que esto depende del dinero que tiene. Con ello, el individuo en sí es postulado como el dueño de todo. No existe ningún valor absoluto, ya que el valor del dinero en sí es relativo. No existe nada que no se pueda vender, ya que todo se puede vender por medio del dinero. No existe nada superior o sagrado, etc., ya que todo se puede adquirir mediante el dinero. La *res sacrae* y *religiosae,* que quedan excluidas del *commercio hominum,* no existían antes del dinero, ya que todos son iguales ante Dios. Es bonito ver cómo la propia iglesia romana de la Edad Media se convirtió en el principal propagandista del dinero (Marx, 1953:723).

Cuando el dinero constituye una relación social para la cual únicamente es un *signo,* no es de extrañar que, en el curso de su historia, se libere de la pesada sustancia que ocasiona los altos costos de producción y transacción. El hecho de que el dinero se desacople de la economía real ya está dado en la forma dinero y, por lo tanto, no es nada nuevo. En lugar del oro aparecieron muy pronto en el intercambio comercial papeles "sin valor" (cheques, notas de cambio, billetes). La pregunta era siempre por la consolidación del valor del dinero cuando ésta no estaba dada por el valor del material sino que tenía que ser reglamentada a partir de la relación social que constituye el dinero. La interrogante acerca de la liga entre el valor del dinero y el valor real, de la relación entre la economía real y la economía monetaria, se podía contestar fácil y claramente cuando regía el patrón oro; en última instancia el *valor del metal* oro determinaba el valor del dinero. El valor del metal dependía del tiempo de trabajo que fuera necesario para extraer y refinar el oro. Después que se anuló el patrón oro la consolidación del valor del dinero se institucionalizó en el banco central:[11] debe restringirse *institucionalmente* el dinero[12] para asegurar el valor hacia adentro y hacia fuera (en la competencia de tipos

[10] "El dinero podría ser descrito como una especie de deidad sobrenatural" (Leyshon y Thrift, 1997:1).

[11] Esto ocurrió en el transcurso de la primera guerra mundial y —después que Gran Bretaña lo restituyó brevemente en 1922—, de manera definitiva, durante la crisis económica mundial de 1931 (Aldcroft, 1977; Ziebura, 1984; Polanyi, 1944/1978). La garantía del valor del oro de la moneda mundial que es el dólar norteamericano fue anulada oficialmente en 1971, durante la administración del presidente Nixon.

[12] Por eso es imputarle una interpretación limitada a la teoría del dinero de Marx asumir que "se tratara de un sistema de dinero-mercancía" (Leyshon y Thrift, 1997:55). Sin embargo, Marx mismo, al principio de su capítulo dedicado al dinero en *El capital,* escribió que siempre que en lo sucesivo mencionara el dinero se referiría al oro. No obstante, es posible suponer una consolidación diferente del

de cambio). Sólo con el fin del patrón oro comienza la gran época de los bancos centrales.

Esto es cierto mientras se trata de asegurar el valor de las monedas nacionales, la estabilidad del dólar, el marco, el franco, etc. No obstante, tras el colapso del sistema monetario de Bretton Woods, que ya conocía el dólar como dinero mundial basado en el oro, los mercados de divisas mundiales y de finanzas fueron tan desregulados que incluso el poder de los grandes y fuertes bancos centrales para la consolidación institucional de las monedas nacionales se vio sumamente limitado. En tiempo de una intensificada competencia de los tipos de cambio se llega, por lo tanto, a nuevas formas supranacionales y transnacionales de cooperación, por ejemplo en "Eurolandia" o por medio de la influencia del FMI para estabilizar monedas nacionales. La consolidación del valor del dinero en la circulación global es, en comparación con el patrón oro, un proceso social, económico y político extremadamente complicado. De modo que el valor del dinero no es una variable que dependa del trabajo ejecutado durante su extracción y producción, sino el resultante de la eficiencia económica en la competencia global, de la negociación política de intereses opuestos (por ejemplo las ramas de la economía orientadas a la exportación y la importación), de los conflictos sociales en torno a una tasa de inflación aceptable, etc. La institución del banco central, responsable de la consolidación del valor, está llamada a dedicarle su atención sobre todo al objetivo de la estabilidad hacia dentro y hacia fuera. Ahora esto resulta más claro que en el caso del dinero oro, lo que significa que el "dinero [...] es un proceso social" (Leyshon y Thrift, 1997:1).

En el curso de la desmaterialización el dinero deja de obedecer a las reglas a las que se encuentra sometido como "bien público". Al principio se libera del vínculo con el oro; eso hoy ya es historia. En el intercambio comercial que no maneja dinero en efectivo es independiente del auténtico efectivo. Esto es hoy normal en el mundo de los cheques y las tarjetas de crédito. Pero la tendencia es que el dinero se desligue también de los vínculos con los bancos centrales. Se *independiza de los bancos centrales* dado que las instituciones privadas "crean" dinero. Esto ocurre sobre todo con el dinero electrónico. Por eso el dinero es privatizado, y ésta es la utopía del liberal F. A. von Hayek (Von Hayek, 1978). El hecho de que sacrifique parcialmente su carácter de bien público es un aspecto de las innovaciones monetarias y financieras. Vemos entonces que la desmaterialización del dinero está viviendo un punto culminante, cuando los *bits* y los *bytes* pueden ser utilizados como signo dinerario.

En este contexto, el dinero digital se debe ver como un *medio de circulación* que, en principio, puede asumir dos formas técnicas: *on-line* y *off-line.* El dinero *on-line* se utiliza en redes de computadoras, por ejemplo, cuando se "compra" en Internet. El

valor, a saber, una constitucional, en lugar de la metálica del patrón oro (Marx, MEW, 23:109). Esta suposición —por cierto necesaria— de la teoría del dinero de Marx, en combinación con otros planteamientos teóricos modernos sobre el dinero, basados en Keynes, resulta extraordinariamente útil.

dinero *off-line* toma la forma de *money card* (tarjeta de dinero), que está "prepagada", es decir, que está "cargada con dinero" y que, por lo tanto, funciona *off-line*. El "monedero electrónico" (una forma especial de tarjeta de débito) lleva, por así decirlo, el dinero en sí mismo, y éste es tan bueno como el dinero de los bancos centrales, ya que la tarjeta es cargada por una cuenta y "descargada" en la tienda, al descontar los montos gastados como en una tarjeta telefónica controlada por chips. El proceso de carga puede realizarse en el mostrador del banco, en cajeros automáticos o en teléfonos equipados especialmente para ello, a cambio de un cargo a la cuenta del cliente por parte de la institución que expide la tarjeta o a cambio de un pago en efectivo, es decir, de dinero del banco central. Con este "monedero" se pueden hacer desde pagos mínimos (menos de 10 dólares). Con esto se le otorga un potencial considerable a la tarjeta de dinero y, por lo tanto, a la intervención de los grandes bancos, que quieren racionalizar la función del medio de circulación en los gastos de dinero cotidianos y rutinarios. Por consiguiente, únicamente es sustituido el dinero del banco central, sin que se cree nuevo dinero; empero esto podría modificar los hábitos de pago y, consecuentemente, también la circulación monetaria.

Esta tarjeta puede resultar útil para todos los involucrados. De no ser así, serían nulas las posibilidades de que su uso se impusiera. La institución que la expide gana cuando se hacen las transacciones con la tarjeta prepagada. Las tiendas que la aceptan no tienen ya que manejar dinero en efectivo y, por lo tanto, se ahorran gastos y se encuentran con clientes que, debido a la desmaterialización del *dinero digital*, están más afectados por la "ilusión del dinero" que si estuvieran manejando dinero del banco central. Los consumidores no perciben inmediatamente las restricciones presupuestales del dinero y, además, están en condiciones de reducir los costos de transacción: no tienen que ir una y otra vez al banco para retirar de su cuenta dinero del banco central con que hacer las pequeñas compras. El riesgo de robo o asalto se reduce. El ahorro de tiempo puede ser considerable para todos los involucrados.

Por ello el *potencial* de expansión del dinero electrónico (*off-line* y *on-line*) será alto siempre y cuando, en primer lugar, se logren mantener bajas las comisiones por su utilización; en segundo lugar, se brinden compensaciones en caso de pérdida o mal funcionamiento de la tarjeta; en tercer lugar se simplifiquen las posibilidades técnicas de su manejo, y en cuarto lugar se pueda asegurar en contra de cualquier uso inadecuado. Pero a esto se añade, en quinto lugar, el obstáculo más difícil de superar: la conducta de las personas que desde hace generaciones están acostumbradas al material (metal y papel) del dinero y que tienen que superar ciertas resistencias cuando tienen que manejar dinero electrónico ("virtual") y ya no material ("real"). En el dinero que está materialmente disponible se puede "nadar", como lo hace el tío Rico MacPato. En el dinero de computadora, cuando mucho, se puede "navegar" en Internet. El dinero digital exige capacidades sociales de abstracción que de ninguna manera han de darse por sentadas. Y, en principio, no excluye los controles ajenos sobre las conductas de gastos, es decir que puede ser un medio para crear al "ciudadano de cristal".

Gracias a la simplificación de las operaciones de pagos y del crédito a corto plazo, resulta más fácil para los prestatarios privados disponer de dinero. El crédito al consumidor, una innovación típica del fordismo para asegurar la continuidad y el aumento de la demanda masiva, que ha ocasionado que las últimas islas de la producción casera de subsistencia se hayan desintegrado, ha contribuido ya al hecho de que muchos hogares hayan elevado su endeudamiento con fines de consumo.[13] Depende de los ingresos obtenidos en la economía real que el espacio para maniobrar, que se ganó gracias a la posibilidad de endeudamiento, no se vea estrangulado en el futuro por los rendimientos del interés y la amortización. Tampoco el "ciberdinero" va a cambiar la circunstancia de que el funcionamiento de los mercados de ingresos depende de los flujos de ingresos producidos en la economía real. Por eso la seguridad del dinero de computadora no es, de ninguna manera, un asunto principalmente técnico sino, sobre todo, económico y social. Es cierto que las cuentas pueden ser saqueadas, porque los *hackers* pueden encontrar un acceso ilegítimo a ellas, una posibilidad que puede ser descartada casi por entero tomando medidas técnicas (criptológicas) de ciframiento. Resulta más real que las cuentas vayan a la ruina porque —como consecuencia del desempleo o de la quiebra de una compañía— se dejen de percibir los flujos de ingresos o éstos se reduzcan a tal grado que ya no cubran el crédito de la computadora.

Para el banco central es de gran relevancia el hecho de que el dinero de computadora —sin importar si es *on-line* u *off-line*— sustituya al dinero del banco central, aun cuando, como ya se subrayó, éste de ninguna manera desaparezca. Pues con el dinero de computadora, en sexto lugar, se modifican los hábitos de pago y, por lo tanto, también la velocidad de circulación del dinero, es decir, una medida básica para determinar la cantidad de dinero. Por eso al adquirir mayor importancia el "ciberdinero" podría volverse más difícil el control del banco central sobre la cantidad de dinero. Debido a la reducción radical de los costos de las transacciones la volatilidad del dinero invertido —desde la PC, en la sala de la casa, se pasan grandes cantidades de dinero de un banco a otro—, apoyada por programas de cómputo, podría optimizar los valores en cartera. La velocidad de circulación del dinero puede aumentar. Por añadidura el banco central pierde el monopolio de la

[13] En cualquier caso existen suficientes evidencias del sobreendeudamiento de los hogares, porque las tarjetas de crédito y los créditos sin garantías y al consumidor endulzan la "severa restricción presupuestal" del dinero. En 1991 el endeudamiento por consumo ascendía en Francia al 20, en Gran Bretaña al 31, en Japón al 20, en Estados Unidos al 24 y en Alemania al 17% de los ingresos disponibles (Deutsche Bank, *Monatsberichte*, abril de 1993:29). En Estados Unidos la participación de los *revolving credits*, es decir, de los créditos para financiar los créditos contratados por los hogares, aumentó de 22 en 1984 a 36% en 1993 (Ritzer, 1995:64). Las deudas acumuladas por el uso de tarjetas de crédito son, entre tanto, "la forma más común de pasivos financieros. Un porcentaje más alto de personas tienen hoy en día deudas en tarjetas de crédito (39.9%) que por hipotecas (38.7%), préstamos para autos (35.1%) y de otro tipo" *(ibid.)*. También en Japón, un país con una tasa de ahorro tradicionalmente alta, se ha incrementado el endeudamiento por consumo, particularmente en la década previa a 1993, con un aumento anual de casi 13%. Esto representa un crecimiento dos veces más grande que en Estados Unidos (5.6%) (*Financial Times*, 13 de febrero de 1996).

distribución de dinero a manos de instituciones privadas. Esto tiene por lo menos dos efectos. En primer lugar el lucro de *seignorage* del banco central se reducirá en la distribución del propio dinero, si cada vez más dinero de computadora entra en circulación. El segundo efecto es probablemente más grave. Al recurrir a dinero de computadora producido de manera privada los bancos de crédito disminuyen su necesidad de refinanciamiento con el banco central, necesidad que hasta ese momento era producto del suministro de dinero en efectivo requerido para los clientes, así como también de la obligación de cubrir la reserva mínima. La balanza del banco central se reduce (mientras que la emisión de tarjetas aumenta); se reducen asimismo los ingresos por intereses del banco federal y, consecuentemente, también la ganancia del banco central (Friederich 1996:26). De esta manera las posibilidades de influir en el refinanciamiento por medio de la tasa de descuento y, por lo tanto, la cantidad de dinero, se ven limitadas. Resulta dudoso que, en lugar de ello, se puedan elevar las reservas mínimas cuando los bancos se pueden refinanciar ventajosamente en los mercados internacionales. En pocas palabras: la "pérdida de la soberanía de los intereses [del estado nacional]", deplorada desde los años setenta, será todavía mayor si el dinero de computadora se generaliza como medio de circulación. Es por eso por lo que la producción de *dinero de computadora* se incluye en las tendencias generales de las innovaciones financieras a la desmaterialización del dinero en el mercado mundial. El *dinero digital* podría ser una contribución a la realización final de la utopía de Von Hayek acerca de la desaparición del dinero público y de la competencia entre muchos distribuidores de dinero privados por el "mejor" dinero, el más estable y, por ende, el de valor más estable (Von Hayek, 1978). Resulta natural que los distribuidores privados de dinero consideren la estabilidad del valor como un medio para alcanzar el fin del lucro de *seignorage*. La licencia para imprimir dinero ofrece el mejor camino para llegar a la ganancia, sin tener que hacer el rodeo de la onerosa producción. La tendencia a la privatización del bien público que es el dinero encaja perfectamente en la tendencia de la globalización financiera: en una realidad que puede ser considerada como *"capitalismo de derivados o de arbitrage"*.

¿Cómo se puede consolidar el valor del *dinero digital*? Igual que sucede con el papel moneda del banco central, el aseguramiento del valor del dinero debe darse por medio de la restricción, es decir, por medio del control sobre la cantidad de la oferta de dinero. Pero no es seguro que los bancos centrales puedan todavía controlar el ciberdinero en el "mundo virtual" de Internet o en los medios electrónicos de pago *(e-cash)*. Los *money-providers* privados los sustituyen parcialmente. Éstos, por su parte, deben garantizar que el dinero emitido por ellos, en primer lugar, pueda circular y, en segundo, no pueda ser copiado. La primera condición no se sobreentiende, pues el acto de transferir una suma de dinero supone la correspondiente infraestructura técnica: de una PC al acceso a Internet, pasando por un lector de tarjetas de crédito. Esto podrá darse por sentado hoy en las grandes metrópolis, pero en el espacio rural o en regiones menos desarrolladas de ninguna manera resulta natural. Es decir que la desmaterialización del dinero sólo es mate-

ESQUEMA 4.3. "LA HISTORIA DEL DINERO ES LA HISTORIA DE SU DESAPARICIÓN"

(Thomas Jahn, Die Zeit, 1 de diciembre de 1995.)

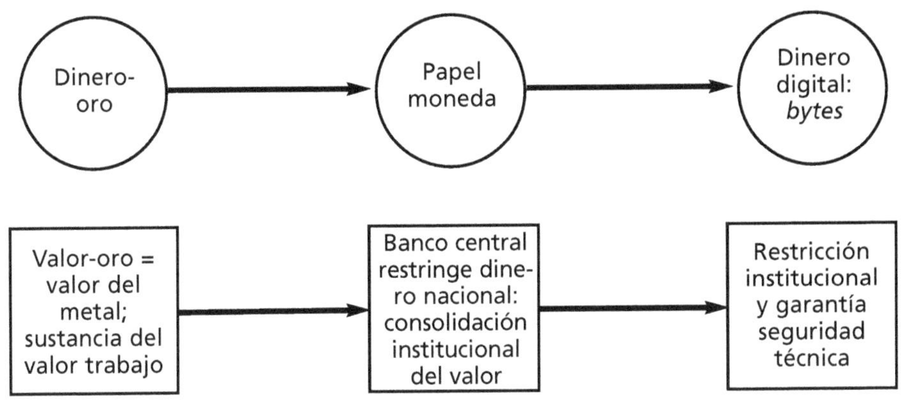

LA EVOLUCIÓN HISTÓRICA DE LA CONSOLIDACIÓN DEL VALOR DEL DINERO

rialmente perceptible para los que no están excluidos del mundo digital del dinero virtual. Para estos últimos seguirán vigentes las formas tradicionales de operaciones de pago: en efectivo y por transferencias entre cuentas. No obstante, esta división tiene consecuencias. Pues cuando las monedas nacionales pierden importancia con la propagación del ciberdinero, no sólo se socava la política monetaria de la restricción del dinero institucionalmente asegurada, sino que se dificulta asimismo la recaudación de impuestos. También el estado fiscal tiene fronteras determinadas por el territorio geográfico, mientras que la circulación del ciberdinero se lleva a cabo en el *ciberespacio desterritorializado.*

Para impedir la copia del signo dinerario electrónico se utilizan procedimientos criptográficos, pero éstos aún tienen la desventaja de que dificultan el uso fácil y universal del ciberdinero, y no evitan el peligro de que, en una interconexión de redes cada vez más estrecha de distintos mercados (tanto en el espacio como en el tiempo, respecto de la estructura de los plazos), resulte muy difícil poder aislar los casos de riesgo. Al socavar la seguridad del dinero, la función del medio de circulación y, por lo tanto, la del crédito, se vería alterada. Un billete de banco es seguro cuando cualquier falsificación resulta evidente. Por eso las características específicas de los billetes auténticos están colocadas de manera visible sobre el papel. Esto es totalmente diferente en el *dinero digital.* Los códigos que hacen que su uso sea seguro deben ser invisibles, pues sólo así se evita que se violen. Éste es otro elemento de la abstracción y desmaterialización del dinero en su función de medio de circulación.

Entonces, en el transcurso de la evolución histórica el dinero se independiza de la sustancia del oro. Lo que queda más allá de su existencia en papel y electrónica es el *signo* de las circunstancias reales, la función mediadora de una relación social. También sería posible interpretar la desmaterialización del dinero como un proceso innovador. ¿Pero hacia dónde apuntan las innovaciones? En los medios de producción esperamos de las innovaciones una mayor eficiencia y ganancias en la productividad. En los bienes de consumo se debe mejorar el diseño, aumentar la capacidad de rendimiento, reducir los costos, etc. Las innovaciones del dinero electrónico en su función de medio de circulación apuntan, en primer lugar, al lucro por *seignorage,* es decir, a la diferencia entre el valor del dinero real y el nominal. Cuanto menos valga el material del valor monetario más grande será el potencial lucro por *seignorage;* en el caso del dinero desmaterializado electrónicamente éste puede ser, en principio, casi igual al valor nominal del dinero. Además, en segundo lugar, los costos de transacción y el comportamiento del dinero en efectivo pueden reducirse. En tercer lugar, se refuerza la "ilusión del dinero", que puede instar al público a realizar compras que de otro modo quizá no haría, e incluso a caer en un verdadero "delirio de compras", con un dinero que aparentemente saca de la computadora para comprar mercancías que no necesita, para darle gusto a gente que le cae mal. Para ello se desarrollan estrategias de marketing vinculadas explícitamente con la tarjeta de dinero o con el dinero *off-line:* comprometen a los clientes con bonos y puntos, mejores servicios o por medio del método de atraer a clientes con créditos iniciales no cubiertos en una cuenta virtual (que no le cuesta dinero del banco central al distribuidor, véase *Der Spiegel,* núm. 30, 1996:140). El dinero de computadora (tanto *on-line* como *off-line*) se refiere en este momento sobre todo al dinero en su función de medio de circulación.

Pero esto es diferente en el dinero en su función de crédito. Las innovaciones del "capital productor de intereses" tratan de facilitar la movilidad de las reservas y aumentar la flexibilidad de las inversiones, para, en primer lugar, poder aprovechar de manera óptima las posibilidades de realizar inversiones productoras de intereses en el espacio global, o los movimientos en el tipo de cambio en la competencia de tipos de cambio, así como las zonas de bajos estándares de regulación (especulación). En segundo lugar, para tener la mayor participación posible en los flujos globales de ingresos (de la "economía real") por medio de la utilización de todas las diferencias de intereses y tasas de ganancia *(arbitrage)* y de esta manera, en tercer lugar, poder reducir los riesgos mediante la transformación del riesgo *(hedging).* Por lo general se está haciendo referencia a todo esto cuando se habla de "innovaciones financieras" en el contexto de la "globalización". Aquí se está abriendo el "nuevo mundo" de los derivados financieros. Hoy constituyen la innovación financiera más espectacular, que, por supuesto, se sirve de las modernas técnicas de información. Las innovaciones de la técnica de la información se homologan con las innovaciones del dinero como medio de circulación.

El dinero de computadora y las innovaciones del crédito tienen en común la desmaterialización del dinero. Éste, como bien lo entendieron Marx y Keynes, es en primerísimo lugar una relación social, que unifica a las sociedades al diluir todos las diferencias sustanciales en su calidad formal de signo común; por así decirlo, el dinero es una *nada carente de sustancia construida socialmente*. Ahora bien, sin ésta nada nadie vale nada; es el "nombre de la rosa" el que cuenta, la rosa es olvidada. La *hard budget constraint*, aparentemente neutra, que lleva implícita, surge de la restricción del dinero.

CAPITALISMO DE DERIVADOS O LA "SOCIEDAD DE CLUBES" DE LOS PROPIETARIOS DEL INGRESO DINERARIO

En los derivados, los elementos de los contratos financieros —los intereses acordados, el plazo de vencimiento, la moneda, las modalidades del reintegro, la forma de la garantía por escrito— se combinan de una manera nueva, desacostumbrada hasta ese momento *(unbundling* y *repackaging)*. Los derivados financieros son "instrumentos de mercados financieros (por ejemplo *swaps*, futuros financieros, opciones) derivados de otro producto financiero (valor base); pueden utilizarse para el aseguramiento de posiciones existentes, para el *arbitrage* con fines especulativos" (Deutsche Bundesbank, *Monatsberichte*, octubre de 1993:63).[14] Los derivados financieros innovadores no hubieran sido posibles sin la "desintermediación financiera, la integración financiera de los mercados, la centralización financiera del capital y la re-regulación financiera" (Leyshon y Thrift, 1997:205). Y con esto se justifica el juicio de que la globalización es un efecto de las decisiones políticas, de que los estados (y sus gobiernos) no fueron sorprendidos por la violencia de los procesos económicos sino que los fomentaron activamente. Sin la convertibilidad de las monedas y sin la desregulación del sector financiero las innovaciones financieras, responsables del espectacular crecimiento de los derivados y de las tendencias a la concentración en el sector financiero global, no hubieran sido posibles. Es decir que con las innovaciones financieras puede incrementarse la flexibilidad de los prestamistas y los prestatarios. Cada quien obtiene la formación del instrumento que se aproxime más a sus intereses personales. El capital falto de liquidez la adquiere, y se puede manejar de manera flexible. De esta manera se "liquidan" relaciones de producción dispuestas a largo plazo. El "desacoplamiento" entre la acu-

[14] Los futuros financieros son contratos financieros a plazo, que se basan, sobre todo, en títulos de valor con intereses, o bien tasas de interés *(Zins-futures)* o monedas extranjeras *(currency-futures)*. Las opciones implican el derecho, aunque no la obligación, de comprar *(call-option)* o vender *(put-option)* una cierta cantidad de un valor base *(underlying)* ya sea en un momento específico (opción europea) o a lo largo de un espacio de tiempo (opción norteamericana) a un precio acordado de antemano. Los valores base pueden ser acciones *(Aktienoptionen)*, índices de acciones (índices de opciones), títulos de valores con intereses fijos (opciones de intereses), monedas extranjeras (opciones de divisas), *Finanz-swaps (swaptions)* y de nuevo opciones (opciones a opciones). Las opciones pueden servir para asegurar operaciones financieras riesgosas, pero también se pueden utilizar como instrumentos de especulación, igual que los futuros. Ya sea que se los estandarice en la bolsa de valores o que se "hagan a la medida" fuera de la bolsa, o que se los comercie *over the counter* (OTC) (según Deutsche Bundesbank, *Monatsberichte*, octubre de 1993:63).

mulación monetaria y la acumulación real, por consiguiente, no es sólo la expresión cuantitativa de contratos financieros excedentes sobre las cifras de ventas de la economía real, sino el efecto cualitativo de un sometimiento de las condiciones reales económicas y sociales al sistema financiero. La liquidación de activos —propiciada por las innovaciones financieras— facilita la flexibilización en las "localizaciones", requerida en el marco de la desregulación neoliberal. De esta manera es posible enfrentar entre sí a las localizaciones de producción en todo el mundo. La transferencia de capital ya no es una amenaza vacía sino una posibilidad real que es apoyada por los nuevos instrumentos financieros.

El sistema financiero internacional evolucionó a grandes saltos en las últimas décadas, de una manera francamente espectacular. Observemos primero la dimensión *cuantitativa* de los ingresos dinerarios en el mundo. Las ventas comerciales mundiales se han incrementado en más del doble de los años ochenta a los noventa (de 2 680 mil millones de dólares en promedio en la década de 1980 a 1990 a 5 675 mil millones de dólares en promedio entre 1990 y 1999, IMF, 1998c:200). Pero las ventas en los mercados de divisas, entre 1985 y 1996, han aumentado diariamente de 188 mil millones de dólares a 1 190 mil millones de dólares, es decir, más de cinco veces (IMF, 1998a:190). El valor nominal de contratos sobre derivados financieros ascendió a fines de marzo de 1995 a 48 mil millones de dólares, las ventas alcanzaron, en el año de 1997, 360 mil millones de dólares (IFM, 1998a:97). Para la circulación del comercio mundial con un volumen mundial (exportaciones mundiales de bienes y servicios en 1997) de 6 801 mil millones de dólares (IMF, 1998b:97) bastarían 27 mil millones de dólares, en cifras redondas, para 250 días de trabajo al año. O sea que las transacciones financieras tienen muy poco que ver con el comercio mundial; el dinero funge ya sólo en aproximadamente 2% —si es que se le quiere dar una expresión cuantitativa— como medio de circulación y en 98% como medio de pago, como crédito.

Pero las relaciones financieras también se han modificado *cualitativamente* en el último cuarto de siglo. Las ya mencionadas innovaciones financieras hicieron posible que el capital en forma de dinero pudiera incrementar enormemente su movilidad y flexibilidad. Sólo así se pudo dar este "impulso globalizador" en la década pasada y se pudo también conformar una nueva geografía financiera (al respecto hablan también Leyshon y Thrift, 1997:225 ss). Las pequeñas islas Caimán en el Caribe (1992) albergan en su "paraíso fiscal" considerablemente más capital —393.17 mil millones de dólares de activos extranjeros de los bancos, frente a compromisos en el exterior de 388.66 mil millones (IMF, 1994c:61 ss)— que México, geográficamente cercano y mucho más grande. En este país los bancos sólo albergan 6.02 mil millones de dólares (1993: 6.88 mil millones de dólares), pero tienen compromisos en el exterior por 45 mil millones (1993: 53.16 mil millones de dólares) que pueden ser retirados a corto plazo, como sucedió a fines de 1994, con efectos desastrosos para las condiciones sociales y la estabilidad política de México. "La primera crisis financiera del siglo XXI" —según dijo Michel Camdessus del FMI— pudo ser dominada, pero al precio de la agudización de la crisis política y social en México. Los motores que impulsan el proceso de la separación del mercado y el dinero de los vínculos sociales y políticos, del desacoplamiento de la esfera "real-económica", se localizan en los puntos nodales de la red financiera global, ahí donde los controles políticos son débiles y los vínculos sociales pueden ser descuidados en el *off shore*. Surge así una nueva geografía del sistema mundial en la que no son los mapas de los espacios naturales ni los de las fronteras políticas los que sirven para orientarse, sino las estadísticas de las transferencias financieras globales, en la medida en que existan y que sean confiables. Los puntos nodales de la red global dominan la forma de funcionar del sistema financiero: se lleva a cabo una *nodalización* del espacio económico global.

Se puede deducir someramente lo grande que es el poder del dinero si se toma en cuenta que las reservas de derechos financieros generan derechos a cobrar intereses. Los "reclamos bancarios en países que figuran en los reportes del BIS de mercados selectos, en junio de 1998 sumaron 1 184 dólares" (IFM, 1998b:42). Esta suma puede elevarse tranquilamente, pues la globalización y la desregulación han reducido la transparencia del sistema financiero global, de modo que tanto las deudas como los ingresos dinerarios son sistemáticamente subvaluados. Esto se puso de manifiesto en Corea del Sur, en el transcurso de la crisis financiera de 1997-1998, cuando se dieron a conocer deudas de empresas sobre las que ni el mismo banco central o el FMI tenían duda alguna. Las exigencias desempeñan siempre un papel fatal si los intereses son más altos que las tasas reales de crecimiento (o que la rentabilidad de los objetos de inversión financiados con crédito). Pero como ya ha quedado demostrado, esto es lo que ocurre desde comienzos de los años ochenta. Contraer deudas es por ello siempre un juego riesgoso, que puede terminar en un desplome.

Pero también los propietarios del ingreso dinerario se ven afectados. Cuando los compromisos no se pueden canjear en los mercados de derivados (futuros, opciones), porque, por ejemplo, se presentan alteraciones inesperadas en los intereses y, por lo tanto, en las cotizaciones de los valores que subyacen a los derivados, los contratos pueden romperse y derribar el castillo de naipes de los derivados. Originalmente desarrollados como innovaciones para asegurar los riesgos *(hedging)*, los derivados se han convertido cada vez más en objeto de especulación,[15] en "juego de la bolsa de valores de los bancócratas" (Marx, MEW, 23:783). Esto se mostró con la casi bancarrota del LTCMF, que con un efecto de palanca *(leverage)* extremo multiplicó muchas veces, a partir de un valor base muy bajo, el valor nominal, con el que entonces se pudo especular desde la computadora (acerca de la presentación

[15] *The Economist* (del 10 de febrero de 1996) publicó una lista de las pérdidas en el mercado de derivados que, aunque no está completa, da una idea de la explosividad. Las mayores pérdidas las debieron asumir desde 1993 Showa Schell Sekiyu (1 400 millones de dólares), Metallgesellschaft (1 300 millones de dólares), Orange County (1 700 millones de dólares) y el Barings Bank (1 400 millones de dólares). El Barings Bank, como se sabe, se fue a la bancarrota a causa de ello. El semanario *Der Spiegel* dijo del Bankhaus Trinkaus & Burkhardt que los comerciantes "se enorgullecían cuando su institución era considerada la oficina de apuestas más grande de Alemania" (*Der Spiegel*, 1996, núm. 7:94).

véase IFM, 1998b:51; 1998d). Pero resultó fatal para el fondo el hecho de que en los programas de cómputo no estaba prevista la crisis en Asia, y que entonces no sólo se presentaron pérdidas sino que se debieron reunir enormes sumas contractuales de las que el fondo no disponía. También aquí se hizo presente el manejo de las "crisis financieras del siglo XXI": el New York Federal Reserve Bank logró reunir en un tiempo sumamente breve a 14 bancos que operan internacionalmente y que, pocos días después del 21 de septiembre de 1998, aportaron 3 600 millones de dólares para salvar al fondo. En este caso se impuso una nueva forma de *private-public-partnership* (PPP): moderada y facilitada por una institución pública, pero sostenida sustancialmente por instituciones privadas, para la prevención de una crisis mayor, dado su efecto financiero global, que afectaría no sólo a los deudores sino también a los acreedores.

El aprovechamiento de altos rendimientos en el extranjero, el afán por reducir riesgos, de evitar restricciones por medio de regulación o impuestos, contribuyeron a la internacionalización y después a la globalización de los mercados financieros, pero también —y ésta es una reacción secundaria inevitable— a la crisis fiscal de los estados nacionales, a pesar de que los propios estados nacionales hicieron todo lo posible para apoyar esta forma de la globalización por medio de la desregulación. Los actores en esta red financiera son la expresión personificada de la desinserción: se despidieron de la comunidad de los ciudadanos fiscales y por lo general no necesitan tampoco las prestaciones de solidaridad de un estado benefactor, puesto que la pueden comprar de manera privada. Habitan guetos aislados, y se han desvinculado ellos mismo de la sociedad, que sustituyen con "clubes" donde conviven con sus iguales. Igual que los propietarios del ingreso dinerario se interesan grandemente por el dinero estable —como afirmaron Edward Luttwak (1994), John Kenneth Galbraith (1994) y Robert Reich (1993) en el caso de Estados Unidos o Jens Petersen (1995:128) en el de Italia—, pues de él depende el valor real de su patrimonio, pero casi no muestran interés por las aportaciones estatales que aseguran la infraestructura y la estabilidad social por medio de gastos sociales y estatales que persiguen fines que no sirven a la estabilización a corto plazo del valor del dinero y del tipo de cambio. Existe en la sociedad la tendencia a formar *"comunidades agrupadas en clubes"* y, por otro lado, *guetos excluidos.* Entonces, evitar la participación en los costos del régimen común ya no se considera un acto inmoral, ni siquiera criminal, sino una reacción normal. Por eso no se deben esperar escrúpulos morales o sentimientos de culpa por la evasión fiscal,[16] y aun la opinión pública considera este tipo de delitos en forma menos crítica que el pequeño hurto a una tienda, que tiene un tufo a pobreza, en lugar del aire majestuoso del gran dinero (respecto a finanzas y crimen véase también Strange, 1999:123-138).

[16] Ulrick Beck hace un muy buen resumen: "Los empresarios han descubierto la piedra filosofal. La nueva fórmula dice: capitalismo sin trabajo más capitalismo *sin impuestos.* Muchos empresarios se están convirtiendo en contribuyentes *virtuales*" ("Kapitalismus ohne Arbeit", *Der Spiegel,* núm. 20, 13 de mayo de 1996).

No obstante, las más de las veces el comercio de derivados y los derechos que conllevan son juegos de suma cero. Es decir que no tienen efecto alguno, o sólo muy reducido, sobre el mundo real de la economía. Pero los problemas se presentan inmediatamente cuando las posiciones abiertas no pueden cerrarse en el tiempo convenido. Entonces es posible una reacción en cadena y la suma, que en "circunstancias normales" sería ficticia, de derechos de intereses, comisiones y premios, muestra ser desagradablemente real en los "tiempos anormales". Se pueden dar pérdidas que también afectan al mundo real de la economía, junto con las disposiciones de producción y los lugares de trabajo. La crisis financiera que primero atacó a México en 1994, después a los países del Sureste asiático en 1997, a Rusia en 1998 y a Brasil en 1999, mostró de manera inequívoca que entre las innovaciones del sistema financiero, de las que se había hablado durante tanto tiempo, también se cuenta la innovación de la globalización de la crisis financiera. Sería una fatal equivocación concluir que las crisis identificadas por los países en que sucedieron son crisis locales o nacionales. Son la expresión *local* de una crisis finaciera *global.* Y ésta fue ocasionada en gran medida por los nuevos instrumentos financieros de fondos que operan internacionalmente: por fondos de retiro, en los que pequeños ahorradores ahorran para su vejez y en los que se reúnen sumas considerables de capital; por fondos mutuos y de inversión, que invierten el capital de los propietarios del ingreso dinerario de modo que se produzcan los réditos más altos, por *hedge funds* que invierten grandes sumas con un riesgo comparativamente alto mediante el aprovechamiento de márgenes pequeños en negocios de *arbitrage,* para obtener réditos altos. En el hecho de que estos fondos especializados reúnen enormes ingresos dinerarios, y lo valorizan en el espacio global de modo óptimo, se muestra la transformación social ocurrida en las décadas pasadas. Por ejemplo, los fondos de retiro reúnen el capital de individuos que, en un estado social en funciones, hubieran encontrado asegurada su vejez gracias a las prestaciones de solidaridad de la seguridad social. En la crisis del estado social, y como consecuencia de la individualización, en lugar de la seguridad del estado social han aparecido los fondos privados. Así se globaliza la "solidaridad intergeneracional", pues los medios de los fondos de pensiones con un carácter local y nacional son invertidos a corto plazo —con frecuencia con la intervención de *hedge funds*— en mercados globalizados. Los ingresos de los fondos provienen de los intereses de "mercados emergentes" que fueron explotados sin remedio. De esta forma, "Salamet, el hombre de los *rickshaws*" de un apartado lugar de Indonesia, es un deudor que, por medio de muchos mecanismos financieros, provee los réditos del fondo de pensión del que los granjeros Mary Jo y George Paoni, de "Cantral III, un pueblo agrícola, como 130 millas al suroeste de Chicago", perciben su pensión (véase Kristof y Wyatt, 1999). La disolución de la solidaridad social y, por ende, territorial, es impulsada de manera irresistible por la globalización de los fondos. Pero la crisis financiera de Asia mostró también que aquí existen límites duros. Ahora deben inyectarse dineros públicos (del FMI) en los empobrecidos mercados emergentes asiáticos para que este sistema privado de redistribución de la riqueza monetaria no se desplome.

DEUDAS

La acumulación de activos financieros por los propietarios del ingreso dinerario es el reverso de la medalla de la acumulación de deudas. Esto ha ocasionado un cambio radical de las condiciones sociales en la "sociedad mundial" durante las dos últimas décadas. Los ingresos dinerarios se guardan principalmente en divisas duras —en dinero mundial, que dicta los estándares—, en las que, por lo general, también se debe hacer el servicio de la deuda. Aun cuando los créditos externos hayan financiado proyectos de inversión o egresos por consumo locales, el servicio de la deuda en divisas duras muestra de manera inexorable que también los deudores locales deben obedecer las reglas del espacio global. La estabilidad de la divisa de los deudores es un objetivo económico y político de importancia primordial por el solo hecho de que la denominación de las deudas se da en divisas duras. Pues una devaluación de las divisas incrementa la carga del servicio de la deuda por el monto de la tasa de devaluación.

La estructuración de la sociedad mundial por medio de las relaciones entre deudores y acreedores carecerá de dramatismo mientras los deudores sean capaces de servir sus deudas. Pero esto sólo será posible si los compromisos del servicio de la deuda no sobrepasan la rentabilidad alcanzable en la economía real (en el proceso de producción). Así pues, las deudas imponen una rentabilidad adecuada al compromiso de pagar intereses y, por lo tanto, la estructuración económica racional del proceso de producción, es decir, la asunción y perfeccionamiento del "cálculo del capital" (Weber 1921/1976:48), la adecuada selección de técnicas y una distribución entre salarios y ganancias que permita la conjunción de los intereses. Esta imposición, como tal, no es nueva, y ha provocado reacciones de rechazo en las grandes religiones y sistemas filosóficos: la prohibición islámica o canónica de los intereses.[17] La imposición a que se expone el deudor puede ser tan violenta que corre el riesgo de perder su patrimonio y ver destruida su existencia. Las consecuencias sociales de un sobreendeudamiento son corrosivas. En tiempos pasados la amenaza era la esclavitud por deudas y la prisión para deudores, hoy son otras formas racionalizadas de la dependencia y la limitación de los espacios de acción. Por eso, a lo largo de la historia, siempre que las deudas aumentaban demasiado, se declaraba la bancarrota de los deudores o la condonación reglamentada de las deudas, por ejemplo, en el reinado de Solón en Atenas, en el año 594 a.C.[18] Por lo ge-

[17] En el Segundo Concilio de Letrán, en 1139, los usureros, es decir, las personas que cobraban intereses, fueron amenazados con duros castigos mundanos y divinos: a ellos les habría de estar negada la confesión, es decir, la sepultura cristiana. Posteriormente esta regla draconiana fue modificada: los prestamistas ya no habrían de ir al infierno; para ellos se inventó el "purgatorio", donde habrían de arder un cierto tiempo hasta purificarse del pecado de cobrar intereses, y obtener después el paso franco al cielo (Le Goff, 1988).

[18] Aristóteles, en su presentación de la historia de la constitución de Atenas, resumió las obras de Solón diciendo que la "abolición de la esclavitud por deudas" se hallaba en primer lugar, aun antes de la posibilidad de la percepción legal de los intereses y de la introducción del llamamiento frente a un tribunal del pueblo (Finley, 1976:30).

neral, tras la condonación de las deudas podía iniciarse un nuevo ciclo de deudas (al respecto véase Löschner, 1983). La bancarrota, entonces, produce un alivio no aconsejable debido a la reacción en cadena que provoca la bancarrota de los grandes deudores en el sistema financiero globalizado. Consecuentemente, en las modernas crisis financieras entran en acción las instituciones de los acreedores para hacer que los deudores mantengan o adquieran su capacidad de pago. La consecuencia es una nueva carga con deudas y servicio de las mismas, aun cuando éste deba posponerse. Entonces, la carga de las deudas aumenta con la reestructuración de las deudas. Esto ya ocurrió durante la crisis de la deuda de los años ochenta y no se ha modificado en las crisis financieras globales de los noventa.

La prohibición de intereses fue una expresión de las limitadas posibilidades reales en sociedades que operaban con energía biótica y que, por lo tanto, sólo podían producir tasas de crecimiento económicas muy bajas. En oposición a ello existe aparentemente la otra experiencia de que los intereses, cuando se cobraban en épocas precapitalistas, a veces eran exorbitantemente altos. La razón para ello es que todavía no se conformaba un mercado de capital que hubiera podido definir un precio pasable para el dinero prestado. Tanto con una tasa de interés cero como con intereses extremadamente altos el ánimo de lucro capitalista se topaba pronto con límites, ya fuese con los del rendimiento físico o con los de la racionalidad y la rentabilidad económicas. En cambio, la creación de riqueza en muchas culturas era considerada incuestionablemente positiva, no así la transformación de la riqueza en capital de ingreso que se pudiera prestar. Por eso existen no pocas culturas en las que los tesoros eran "socializados" regularmente en ceremonias solemnes, ya fuera por destrucción, consumo colectivo o redistribución (por ejemplo, el *potlatch* de los kwakiutl, un pueblo de la costa occidental de Canadá). Sólo después que se formaron las condiciones capitalistas, y que la producción pudo elevarse considerablemente en el curso de la Revolución industrial y gracias al empleo de los combustibles fósiles, fue posible descartar la regla, y no sólo permitir los intereses sino incluso fomentarlos como estímulos positivos para forzar un excedente de la producción real. Entonces, en principio debe ser posible organizar el proceso de producción como proceso de valorización del capital, para que los intereses puedan ser pagados por los deudores sin consumir su sustancia.

El dinero, los combustibles fósiles y las condiciones de producción capitalistas conforman una "triple alianza" (al respecto véase Altvater, 1994), que habría de modificar el mundo de una manera tan radical como nunca antes en la historia de la humanidad. Así se explica que en la Iglesia católica la prohibición de los intereses fuese "derogada *de facto* a pesar de su validez bíblica eterna, ratificada además por decretos papales" (Weber, 1921/1976:340). Los derechos sobre los intereses de los propietarios del ingreso dinerario frente a los deudores ya no se deben medir por mandamientos morales, sino en relación con el crecimiento del producto interno bruto, el incremento de productividad y la tasa de utilidad sobre el capital productivo.

La transición al capitalismo de derivados y al capitalismo global de deudas es equivalente a una toma monetaria del sector público, perceptible en el aumento del endeudamiento estatal en casi todos los países. Así, la privatización del dinero por medio de la desregulación y las innovaciones financieras corresponde absolutamente a una socialización de las deudas. Las instituciones públicas no sólo pierden la soberanía del control económico-político, sino que además tienen la obligación de garantizar el servicio de la deuda, gracias al cual se mantiene el valor de los ingresos dinerarios privados. Cuando los deudores privados no estén en condiciones de reunir los intereses y amortizaciones, debe intervenir el sector público. O bien se constituye un caso "normal" de fianza, o la amenaza de un *crack* financiero exige la intervención pública, para evitar las reacciones secundarias negativas. De esta manera, en Argentina la participación de las deudas públicas en la deuda externa total aumentó entre 1980 y 1989 de 60.7 a 96.6%, en México el aumento en el mismo lapso fue de 82.2 a 95.0%, en Chile de 50.3 a 77.5% y en Brasil de 10.6 a 94.4% (FUNDAP, 1993:25). También en Asia, antes del inicio de la "crisis asiática" de 1997, la mayor parte de la deuda era privada. Pero también aquí tuvieron que intervenir los estados con créditos elevados, para salvar a los deudores privados de la bancarrota, o —como en Corea del Sur, Japón e Indonesia— nacionalizar parcialmente los bancos o asumir una parte de las consecuencias financieras de la devaluación de la moneda, la inflación y la pérdida de empleos. Se inicia así un proceso de endeudamiento público que se hace posible debido a las instituciones financieras, en primer lugar el FMI. Como consecuencia de la crisis Indonesia recibió una ayuda financiera de organismos internacionales por un monto de 36 600 millones de dólares, Corea del Sur por 58 200 millones y Tailandia por 17 100 millones (Dieter, 1998:78). El aumento del endeudamiento público no tiene nada que ver con el *crowding out* de los mercados privados por medio del endeudamiento oficial que tanto deploraron los neoclásicos en los setenta. Por el contrario, las deudas públicas no son la otra cara del saldo mecánico de los ingresos dinerarios privados. Han tomado el lugar de los deudores privados, es decir, de las empresas, que se endeudan demasiado poco porque invierten demasiado poco. E invierten demasiado poco puesto que los réditos de la inversión real son reducidos en comparación con los intereses para las inversiones financieras.

De este modo los ingresos dinerarios quedan asegurados debido a que el servicio de la deuda es sacado de la regulación de la fuerza del mercado y llevado al dominio soberano. La globalización ocasiona que los deudores se endeuden en los mercados externos.[19] Se decía que los intereses son como los impuestos a la producción. Ahora se ha mostrado también que los intereses realmente deben ser reu-

[19] Las deudas externas pueden definirse de tres maneras: en primer lugar de acuerdo con el lugar de la emisión de títulos de deuda, en segundo lugar de acuerdo con la dirección de la casa o la empresa del acreedor, en tercer lugar de acuerdo con la moneda en la que se ha de pagar y servir la deuda. El primer criterio ya no resulta útil, dada la globalización de los mercados financieros; el segundo es importante, pero no decisivo. Por lo tanto, es el tercer criterio el que resulta central. Según el criterio que se elija, puede variar la deuda externa de un país. Si se utiliza el tercer criterio, por ejemplo, los títulos de deuda de un país que no estén denominados en la propia moneda son parte de la deuda externa. Esto pasa, por ejemplo, con los "tesobonos" mexicanos, indexados en dólares, es decir, que son pagarés estatales.

nidos por medio de la recaudación soberana de impuestos. Esto es social y económicamente muy costoso, puesto que los rendimientos para el servicio de la deuda (en el presupuesto secundario) limitan el campo de acción para la conformación de la política estatal (en el presupuesto primario). Lo que resulta problemático en ello es que con el pago de intereses garantizado públicamente no sólo se ven bajo presión las prestaciones sociales, sino que de esta manera —efecto de acoplamiento inverso positivo— siguen aumentando los ingresos dinerarios y con ellos —si no caen los intereses reales— también los derechos de interés. Si los ingresos dinerarios no son colocados en inversiones productivas, y si al hacerlo no se ven expuestos al riesgo de la pérdida, en el capitalismo de derivados no disminuirá la presión sobre los presupuestos públicos.

LA COMPETENCIA GLOBAL DE TIPOS DE CAMBIO O EL AUTORITARISMO DE LOS MERCADOS FINANCIEROS

El efecto macroeconómico de la transferencia de cajas públicas a los propietarios privados del ingreso dinerario depende de cómo se hayan utilizado los créditos contraídos: en relación con el consumo o con la inversión, para el incremento macroeconómico de la productividad. Pues si aumenta la productividad macroeconómica (por ejemplo como consecuencia de inversiones en la infraestructura) también aumenta el plusproducto social. Aumentan las ganancias y con ellas la acumulación del capital, de modo que con el empleo se incrementa también el ingreso salarial. Todo esto eleva los ingresos estatales, de modo que el servicio de la deuda no debería ya representar ningún problema. En otras palabras, el efecto del endeudamiento estatal también depende de la utilización. Por lo tanto, el endeudamiento de los presupuestos públicos no siempre tiene, como tal, un efecto negativo.

No obstante, las cosas cambian cuando, en primer lugar, los créditos asumidos por las instituciones públicas no pueden ser utilizados productivamente. Entonces el servicio de la deuda sólo puede pagarse con los ingresos corrientes del estado (nacional) (como "estado tributario"), sin que los mismos hayan aumentado como consecuencia del efecto productivo de gastos estatales de inversión. En segundo lugar, cuando los intereses están por encima de las expectativas de ganancia (y de las ganancias verdaderamente alcanzables), los ingresos adicionales producidos en el sector privado resultan insuficientes para elevar los ingresos por impuestos, que deben utilizarse para el servicio de la deuda. En tercer lugar, una situación de este tipo se agudiza cuando por esta razón el capital dinero fluye más hacia inversiones financieras que hacia proyectos productivos de inversión, porque entonces sólo aumentan los derechos de intereses en comparación con las ganancias producidas realmente. Esto, en realidad, debería conducir a una reducción de los intereses, de modo que el "programa de la eficiencia marginal del capital" (es decir, la tasa de ganancia) se vuelva atractivo para el inversionista de capital. Los mecanismos del mercado deben llevar entonces a una autocorreción de la relación de intereses, productividad, tasa de ganancia e ingresos estatales.

Sin embargo esta reacción no se presenta cuando se pueden constituir oportunidades atractivas para inversiones financieras "más allá de las fronteras" del estado nacional, en los mercados globales. La observación que hizo Keynes acerca de la sopa "que se cae del plato a la boca" podría complementarse hoy con las posibilidades de fuga que tiene el capital en dinero líquido para atravesar las fronteras de un país, dada la libre convertibilidad de las monedas. Resulta entonces que es precisamente la globalización la que disuelve la relación tradicional entre la tasa de interés y la tasa de ganancia, entre la esfera monetaria y la esfera económica real. En el capitalismo de derivados el precio del dinero y la severa restricción presupuestal ya no imponen la *producción* de un plusproducto creciente (ni, por lo mismo, del plusvalor); se tiene la impresión entonces de que se pueden "ganar" más ingresos reales con la especulación con medios financieros. El capitalismo moderno parece ser una especie de *perpetuum mobile.* Los derechos de interés se orientan en los mercados globales, especialmente si están involucradas instituciones públicas, al *plusproducto ya producido.* Son menos los estados nacionales que compiten entre sí en los mercados globales que los propietarios del ingreso dinerario (bancos, lugares de acumulación del capital, fondos para el retiro, prestadores de servicios financieros) que se apoderan monetariamente del plusproducto producido en el área global (monetaria). Ahora bien, los estados nacionales resultan funcionalmente indispensables por dos razones, y en esta medida está justificado hablar de los estados como sujetos en esta lucha por la redistribución.

En primer lugar los ingresos dinerarios privados deben ser servidos por instituciones públicas. El endeudamiento público es el reverso de la moneda de inversiones reales insuficientes (es decir, de inversiones que no fueron colocadas en dinero), el síntoma de una profunda crisis de valorización y sobreacumulación. Las deudas públicas son una respuesta a la sobreacumulación de capital y, al mismo tiempo, impiden el saneamiento, la devaluación. El precio es alto: la crisis fiscal de los estados, que entre tanto se ha agudizado hasta convertirse en una crisis de los sistemas sociales de regulación en todo el mundo. Sin embargo, el aumento del endeudamiento público es limitado, y no sólo porque a partir de una dimensión determinada (en comparación con el producto social) resulta contraproducente y produce inestabilidad económica,[20] sino porque también tiene efectos negativos sobre el consenso político y la estabilidad social.

[20] De ahí, por ejemplo, los "criterios de Maastricht", que exigen una reducción de las deudas a máximo 60% del PIB y una del reendeudamiento de máximo 3% del PIB. Son valores arbitrarios, pero implican la suposición de que el endeudamiento público será manejable hasta llegar a las magnitudes definidas por estos criterios, sin tener que ceder ante las tendencias inflacionarias o que recortar demasiado otros gastos estatales sociales y de inversión, para poder cumplir con el servicio de la deuda. La importancia que el servicio de la deuda tiene para los presupuestos públicos se muestra, por ejemplo, en Italia, donde el "déficit primario" (déficit público sin servicio de deuda) está casi en cero, absorbiendo el servicio de la deuda, pero poco debajo de 10%, es decir, muy por encima del criterio de convergencia del 3% del PIB.

Por un lado, en la crisis estructural de acumulación las deudas públicas son el reverso de la medalla de los ingresos dinerarios privados. Pero por otro las deudas públicas también los ponen en peligro, porque cuando son elevadas pueden minar el valor del dinero interno y externo, si los gastos del estado no se reducen en otras áreas que no sean el pago de intereses. Entonces, en segundo lugar, los estados deben encargarse de que el dinero en el que se denominan los ingresos dinerarios y por lo tanto los derechos a partes del plusvalor global, tenga y mantenga valor, que de ser posible sea reevaluado y le otorgue a los propietarios del ingreso dinerario un incremento, aun cuando no hayan obtenido una ganancia económica real. Así pues, asegurar la estabilidad monetaria se convierte en la primera y más importante tarea del estado. *La competencia monetaria entre los propietarios del ingreso dinerario privado se transforma en la competencia de tipos de cambio entre los estados nacionales (o bien entre los bloques comerciales).*[21] De este modo la competencia del mercado mundial cobra una dimensión política. Al mismo tiempo, en la competencia monetaria se constituyen nuevas posibilidades para las inversiones de capital de los propietarios particulares del ingreso dinerario, quienes entonces pueden aprovechar las modificaciones especulativas esperadas de los tipos de cambio y recurrir de nuevo a los presupuestos estatales. Pues las pérdidas por devaluación las asume en primer lugar el sector público. Así ha sucedido en el curso de las crisis financieras en Asia, Rusia, Europa Oriental y Latinoamérica: los especuladores se endeudan en una moneda susceptible de ser devaluada, la cambian a dólares y obligan así al banco central a realizar compras para sostener los precios de su propia moneda. Cuando se han agotado las reservas de divisas del banco central no se puede ya sostener el tipo de cambio de la moneda nacional. Tras la devaluación los especuladores recompran la moneda por un monto menor, dada la tasa de devaluación, y resuelven sus deudas con una bonita ganancia especulativa (Köhler, 1998; Dieter, 1998). Entre junio de 1997 y junio de 1998 la moneda de Indonesia se devaluó 83.5%, la de Malasia 36.2, la de Corea del Sur 35.7. Sólo Singapur y Taiwán salieron mejor librados, con una devaluación de 13.9 y 18.9%, respectivamente (*The Economist*, 27 de junio de 1998:124). Ya en 1994 México debió sufrir una devaluación de alrededor del 50%. En enero de 1999 el tipo de cambio del real brasileño no pudo ser sostenido y en pocos días perdió más de 30 por ciento.

En la competencia global por obtener parte del plusvalor la devaluación de la moneda disminuye el derecho a *"claims"* en la moneda afectada sobre partes del plusvalor producido globalmente, mientras que aumentan los derechos de las monedas revaluadas por reflejo. Hasta ahora los países con monedas fuertes se han beneficiado de las crisis financieras en más de un sentido: con las importaciones más

[21] En la competencia de tipos de cambio no cuentan en realidad los estados nacionales como unidades políticas, sino las áreas monetarias. Por eso los estados nacionales son más bien un territorio que coincide con un área monetaria. A eso se debe que en el curso de la reunificación alemana fuese más importante el marco alemán que la bandera. Y junto con el euro surgió el 1 de enero de 1999 "Eurolandia".

baratas de mercancías y servicios y con inversiones de capital favorables en las áreas monetarias afectadas por la devaluación. Estas ventajas las pueden aprovechar, sobre todo, quienes disponen de ingresos dinerarios. Pero aquellos que dependen de la venta de su fuerza de trabajo deben enfrentar desventajas. Las crecientes exportaciones de países con devaluaciones —la balanza de mercancías y servicios de todos los países afectados por la crisis tiene un alto excedente— hacen bajar los precios y, por lo tanto, también los costos. De modo que la pérdida de valor de las monedas tiene, paradójicamente, un efecto deflacionario (Mattick, 1974). De este modo se muestra que la crisis financiera, aun cuando errores económico-políticos y socialpolíticos hayan podido desempeñar un papel en el *"crony capitalism"* (IMF, 1998c:82-105; Dieter, 1998:56), es en realidad la expresión monetaria de una profunda crisis de acumulación.

En la competencia de tipos de cambio de 174 divisas[22] en el mercado mundial, menos de diez de ellas pueden ser realmente calificadas de monedas "fuertes". Otras muestran una convertibilidad limitada, o pueden "tomar prestada" fuerza al vincular el tipo de cambio de la moneda nacional a una fuerte. Pero esto sólo resulta posible si la divisa se vuelve atractiva por medio de altos intereses reales. Así ha sucedido en numerosos países en vías de desarrollo y NIC (en el sureste de Asia y en algunos países latinoamericanos, como México, Brasil y Chile). Surgieron así "mercados emergentes" que se expandieron rápidamente con un considerable efecto de "resaca" sobre los dineros a corto plazo de los inversionistas institucionales.

Tras la "década perdida" de la crisis de la deuda en los años ochenta los países en vías de desarrollo, especialmente los latinoamericanos y asiáticos, recibieron en la primera mitad de los años noventa nuevos influjos de capital que no obstante, debido a su fácil movilidad, pueden ser retirados tan rápidamente como fueron atraídos por los respectivos mercados emergentes. Se evitan en lo posible los vínculos espaciales y temporales; las localizaciones se comparan en el espacio funcional abstracto de las tasas de rentabilidad tomando en cuenta el desarrollo (esperado) del tipo de cambio. El atractivo de un país o de una región resulta entonces de tomar en cuenta la posición en la competencia de tipos de cambio, y ya no en primer lugar como consecuencia de la combinación de factores o de la situación político-geográfica, a menos que estos elementos se reflejen en la fuerza de la moneda. Por esta razón pudo suceder que un país como México fuera país favorito para las inversiones de capital en los años noventa (un rico país petrolero, miembro del TLCAN y de la OCDE, una aparente estabilización neoliberal exitosa bajo el mando del presidente Salinas), hasta que los réditos monetarios se desplomaron comparativamente y las inversiones a largo plazo del capital que operaba en el nivel internacional se retiraron de la noche a la mañana. Y en este proceso

[22] Este número resulta de los datos presentados por la International Organization for Standarization; Deutsche Bundesbank: Devisenkursstatistik, *Statistisches Beiheft zum Monatsbericht* 5, noviembre de 1995.

resultaron determinantes tanto factores externos como internos. El asesinato del candidato a la presidencia Luis Donaldo Colosio, en marzo de 1994, el asesinato del secretario general del PRI Francisco Ruiz Massieu, en septiembre del mismo año y, particularmente, la revuelta en Chiapas, provocaron la "inseguridad" de los inversionistas. Además, Estados Unidos elevó su tasa de interés. Así sucedió que los títulos de deuda estatales (cetes) denominados en pesos perdieron atractivo frente a los indexados en dólares (tesobonos), lo cual constituyó una señal inequívoca de la crisis del peso que se avecinaba y que estalló finalmente, como "regalo de Navidad", en las dos primeras semanas de diciembre de 1994. El peso mexicano perdió 40% de su valor en el curso de tan sólo una semana de ese diciembre "negro"; la devaluación oficial se dio el 20 de diciembre de 1994. También los valores reales de México conservaron sólo 40% de su valor original en el transcurso de esa semana, por lo menos medidos en dinero mundial. ¿Y qué otra medida forzosa se puede tener en la competencia internacional de tipos de cambio? En México la fuga de capitales fue financiada con créditos de alrededor de 50 mil millones de dólares otorgados por Estados Unidos, Canadá, otros países de la OCDE y el FMI, para evitar que México, como país deudor, perdiera su capacidad de pago, lo cual hubiera dañado principalmente a los inversionistas institucionales en Estados Unidos. Así pues, los mexicanos tuvieron que vivir que, por primera vez en diez años, volviera a aumentar la deuda externa, de 128.8 mil millones a 153 mil millones de dólares. Durante 1995 este monto se mantuvo constante *de facto*, pero únicamente porque un "fondo de estabilización" de casi 18 mil millones de dólares otorgado por el FMI había neutralizado partes de la deuda externa. El precio fue un considerable aumento de las amortizaciones desde 1998.

África no es un continente atractivo para el capital que opera internacionalmente. La región subsahariana está marginada. A diferencia de todos los demás continentes, África presentó también en la primera mitad de los años noventa (y no sólo durante la "década perdida" de los ochenta) una fuga neta de capitales. Esto es indicio de que los propietarios del ingreso dinerario que operan globalmente no se sienten ni quieren sentirse en casa en el continente negro. En la competencia de tipos de cambio las riquezas naturales y culturales no cuentan demasiado. Lo único que tiene relevancia es el hecho de que con materias primas baratas se puedan obtener ventajas competitivas en los países industrializados, para poder así fortalecer la moneda. La unificación monetaria es, por lo tanto, el reverso de la medalla de una profunda escisión social de dimensiones globales. Los datos disponibles hablan un idioma claro: la inequitativa repartición de la riqueza valuada monetariamente ha aumentado en el mundo.

Bajo un régimen de tipos de cambio fijos las tasas de interés en el espacio nacional pueden ser conformadas en gran parte sin tomar en cuenta las condiciones básicas de la economía mundial, para influir positivamente sobre el crecimiento y el empleo. Ésta fue la idea principal del proyecto keynesiano. No obstante, con un tipo de cambio flexible que obedece reglas de convertibilidad, la competencia de tipos de cambio es totalmente eficaz y crea la necesidad de poner la política económica al servicio de la estabilización del tipo de cambio (en comparación con otros tipos de cambio). El "trilema" de que un país no pueda, al mismo tiempo, tener una política monetaria independiente (política de intereses), un tipo de cambio estable y una libre convertibilidad de la circulación del capital opera también en los años noventa como una especie de "ley de hierro de las finanzas internacionales" (Krugman, 1999:61). La soberanía de los intereses y del tipo de cambio ha dejado de existir y, de esta manera, se ha puesto fin también a una política económica y del empleo que toma en cuenta las condiciones respectivas de cada estado nacional, con el fin de evitar la devaluación en la competencia de tipos de cambio. Mientras que en los años treinta ocurrió una "carrera devaluatoria" que tuvo consecuencias desastrosas para el desarrollo de la economía mundial, la estabilidad y, finalmente, aun la paz mundial, hoy la competencia monetaria corre una "carrera estabilizadora" por los intereses reales y los tipos de cambio, para atraer el capital, que resulta sumamente flexible gracias a las innovaciones financieras en los mercados globalizados.

Vemos entonces que el dinero en el sistema global no sólo es una "bebida que estimula al sistema a entrar en actividad" (Keynes, 1936:173) sino un *"troublemaker"* por excelencia. El dinero transporta y aumenta la inestabilidad existente en una economía capitalista y hace posible que pueda ser transferido de una bolsa de valores a otra, de un área monetaria a otra, de una localización a otra. Por eso desde la "crisis asiática" se habla de "contagio". Para satisfacer los mismos derechos monetarios se producen diferencias y contrastes reales. Es inevitable que diverjan las condiciones reales y monetarias, y no sólo en el aspecto cuantitativo. Las reglas de la globalización monetaria imponen un "régimen común" de pagar y no pagar que excluye a la comunidad, a menos que ésta se pudiera utilizar de manera instrumentada como recurso para rendir tributo a los imperativos del "ubicuo fetiche del dinero". Pero dado que la consolidación del valor del dinero ocurre en la sociedad laboral, el desacoplamiento de las esferas real y monetaria presenta límites, que se hacen notar como crisis financieras y de tipos de cambio, aun en el capitalismo del siglo XXI. Para asegurar la estabilidad del dinero las instituciones internacionales emprenden entonces reformas estructurales y de economía real. Casi siempre se da por sentado que estas reformas tendrán como objetivo una redistribución de los recursos a favor del sector financiero. Por eso la afirmación del director gerente del FMI, Michel Camdessus, de que la crisis financiera de México en 1994-1995 fue la "primera crisis financiera del siglo XXI" no carece de una cierta ironía.

De la estabilidad económica dependen los réditos financieros de las inversiones en las respectivas áreas monetarias, y dado que la estabilidad monetaria es influida tanto por las condiciones de la economía real como por las circunstancias políticas, éstas deben ser conformadas de tal manera —según la conclusión normativa— que la estabilidad monetaria en la competencia de tipos de cambio sea y se mantenga como el resultado ("reformas estructurales"). En el transcurso de los años ochenta se impusieron planes de estabilización con ayuda de instituciones internacionales, en condiciones democráticas. Podían contar con un amplio respaldo de la opinión pública, puesto que la desestabilización inflacionaria realmente representaba una carga considerable en la vida cotidiana. Cuando se tiene que asegurar en primer lugar el valor adquisitivo del dinero para no sufrir de un día para otro enormes pérdidas de ingresos dada la inflación galopante, el trabajo se vuelve secundario. Por eso existe un amplio apoyo popular a los planes de estabilización en Latinoamérica (especialmente en Argentina y Brasil). Pero los costos de la estabilización muestran ser tremendamente altos, sobre todo porque son distribuidos de manera inequitativa. Por consiguiente, la principal alternativa tras el relajamiento de la política de estabilización conlleva, en realidad, una reacción de los propietarios globales del ingreso dinerario, como la que se vivió en México o en Rusia, o de una agudización de la política de estabilización, pero cuyas cargas sociales y políticas resultan demasiado pesadas. Los mercados financieros globales representan a la última autoridad en las respectivas áreas monetarias, y no el gobierno o el soberano, es decir, el pueblo de cada territorio, en el que se encuentra el área monetaria que hay que estabilizar en la competencia global de tipos de cambio.

LAS INSTITUCIONES DEL FETICHE DEL DINERO: FMI Y BANCO MUNDIAL

A fines de la segunda guerra mundial se creó un sistema económico mundial de instituciones que debía evitar una desintegración crítica de la economía mundial como la ocurrida en los años treinta: el regreso a la "independencia económica nacional" (Keynes, 1933/1985), una vuelta regresiva a la política autárquica (Fried, 1939) o la desesperada introducción de una desastrosa carrera de devaluación y estabilidad de los tipos de cambio, como la que verdaderamente pudo amenazar a fines de los años noventa. Por esta razón el FMI, como una institución mundial de tipos de cambio, debía "promover la estabilidad de los mismos [y] mantener arreglos ordenados del tipo de cambio, y evitar devaluaciones competitivas de las monedas" (artículo 1 del convenio del FMI). Por el contrario el Banco Mundial —o, como se llama oficialmente, el Banco Internacional para la Reconstrucción y el Desarrollo— se concibió originalmente para financiar la reconstrucción económica de una Europa en escombros al término de la segunda guerra mundial. La institución debía:

> ayudar en la reconstrucción y el desarrollo de los territorios de los miembros facilitando la inversión de capital con propósitos constructivos, incluyendo la reconstrucción de las economías destruidas o alteradas por la guerra, la reconversión de las facilidades productivas a los requerimientos de la paz y el estímulo del desarrollo de las facilidades productivas y los recursos en países menos desarrollados (artículo 1 del convenio sobre el Banco Mundial).

En comparación con otros programas de ayuda aplicados por Estados Unidos tras el inicio de la guerra fría (en primer lugar el Plan Marshall), el papel desempeñado por el Banco Mundial en Europa fue más bien modesto. En esa época el "tercer mundo" tampoco era importante, ni siquiera existía el concepto, que sólo formó parte de la discusión política en relación con la Conferencia de Bandung de los países no alineados, en 1955.[23]

Por lo demás la guerra fría fue como un viento fresco para las instituciones de Bretton Woods. El FMI se tornó de pronto necesario para la estabilización de las monedas en el "mundo libre". El Banco Mundial se utilizó cada vez más para apoyar financieramente la promesa hecha en 1948 por el presidente Truman de la "occidentalización" y "norteamericanización" de todas las regiones del mundo, siempre y cuando estuvieran dispuestas a sumarse al mundo libre. De este modo las instituciones de Bretton Woods se convirtieron en importantes figuras de ajedrez (de la parte "blanca" del tablero occidental) en la guerra fría en contra del "reino del mal".

El dilema entre la disponibilidad y la seguridad del dólar como dinero mundial

No obstante, la observancia de las reglas de las instituciones de Bretton Woods creó un dilema al que se llamó posteriormente el "dilema de Triffin". Puesto que el sistema monetario de Bretton Woods ya no estaba vinculado directamente al oro, como sí lo habían estado los sistemas monetarios históricos (del "patrón oro"), sino directamente al dólar estadunidense, y sólo indirectamente al oro (debido a la vinculación del dólar con el oro hasta el año de 1971), su funcionamiento dependía, por un lado, de la *disponibilidad* del dólar para la *circulación* de las mercancías y para controlar los crecientes movimientos del capital (el dinero como medio de circulación y como medio de pago), pero, por otro, debía restringirse para poder conservar su seguridad como moneda de inversión y para mantener el precio fijado en dólares del oro (35 dólares por onza de oro fino). Esta vinculación era algo así como el "ancla de estabilidad" del sistema. En una divisa oro la restricción y, por lo tanto, la estabilidad del valor adquisitivo del dinero están garantizadas por la propia sustancia del valor del trabajo, materializada en oro, que se produce en la extracción y procesamiento del mineral. Por consiguiente la sociabilidad obtenida en forma monetaria tiene en realidad una sustancia material en la forma del oro. Por el contrario, en una divisa la sociabilidad ya no es producida sustancialmente por medio del trabajo, sino exclusivamente de manera monetaria por medio del dinero. La restricción del dinero, por lo tanto, sólo puede ser garantizada institu-

[23] Hobsbawm hace notar que el concepto del "tercer mundo" apareció por primera vez en 1952, y que debía acentuar el contraste entre el "primer mundo" (occidental-capitalista) y el "segundo" (socialista real) (Hobsbawm, 1995:448). Pero las fechas no se contradicen, puesto que la Conferencia de Bandung fue el primer punto culminante de un proceso iniciado con anterioridad, que consistía en elevar el peso político de los países no alineados, del "tercer mundo".

cionalmente: por medio del respectivo banco central del área monetaria. Los bancos centrales son criaturas de fines del siglo XIX o principios del XX. Por consiguiente fue necesario crear también en el plano internacional instituciones para la regulación del dinero, cuando el dinero mundial, por una compleja mediación —a través del dólar— estaba acoplado con el "metal precioso". La necesidad económico-funcional de la restricción política del dinero mundial exigía el establecimiento de reglas, normas, instituciones, es decir, la vinculación de un *régimen*, también en el plano internacional.

La contradicción entre la disponibilidad y la restricción del dólar como divisa en el sistema de Bretton Woods podía ser resuelta hacia una u otra dirección, pero nunca por medio de un corte entre ambos extremos. A principios de los años cincuenta Estados Unidos disponía de más de 68.3% de las reservas de oro del mundo occidental; en 1970 ya era sólo 29.9% (Guttmann, 1994:138). El dólar, que originalmente después de la segunda guerra mundial había sido "tan bueno como el oro" (o aun mejor que el oro, dado que sus reservas proporcionaban intereses a sus dueños y provocaban menores costos de transacción que el oro), se vio sometido a una presión cada vez mayor a partir de principios de los años sesenta. Un sistema de tipo de cambio fijo, como el que se acordó en Bretton Woods —con el dólar como la estrella fija en el centro, alrededor de la cual giraban, como planetas, las demás monedas— sólo se puede conservar, en realidad, si la estrella fija ejerce la suficiente fuerza de gravedad, mas no si las fuerzas de repulsión sobrepasan a esta moneda en dirección a una devaluación. Desde finales de los años cincuenta los grandes países industrializados, entre los que ya se contaban también los estados perdedores de la segunda guerra mundial, habían tratado de estabilizar el sistema de tipo de cambio fijo. Pero esto se había dificultado tras la creación de la convertibilidad de las monedas de los países industrializados y el surgimiento de los mercados internacionales de capital (mercado europeo y del dólar) en los años sesenta. Con este objetivo se acordaron el General Arrangement to Borrow, la creación de un fondo de oro común y una serie de acuerdos de swaps entre los bancos centrales, todos sin excepción en el entendido de mantener la capacidad de funcionamiento del sistema por medio de la disponibilidad de liquidez y, al mismo tiempo, de conferirle estabilidad al valor del dólar como dinero mundial. Esto se logró, especialmente en un principio, porque ningún gran país industrializado siguió el ejemplo de los franceses, quienes en 1965 cambiaron las reservas en dólares del banco central de Estados Unidos al tipo de cambio fijo por oro. Era de todos sabido que el sistema podía ser llevado al desplome si todos los participantes manifestaban un comportamiento de *free rider*, pues Estados Unidos no disponía ya de suficientes reservas de oro para hacer frente a los compromisos del dólar frente al extranjero. Incluso, contraviniendo totalmente las doctrinas liberales, ejercieron controles temporales sobre la circulación del capital (Guttmann, 1994:137 ss), para defender su moneda, y no con medios propios del mercado sino administrativos. No obstante, las devaluaciones y revaluaciones del tipo de cambio se hicieron cada vez más frecuentes, hasta que, en el año de 1971, el gobierno de Nixon tuvo que prescindir de la convertibilidad del dólar, y en marzo de 1973 fracasó de manera definitiva el sistema de tipos de cambio fijos. Empezó entonces la época de las fuertes fluctuaciones de los tipos de cambio, de la creciente "volatilidad". Las inestabilidades monetarias, que de acuerdo con la doctrina neoliberal debían ser eliminadas por medio de la flexibilización de los tipos de cambio, se han incrementado considerablemente desde entonces.

De la regulación del estado nacional a la autonomía de los mercados

También las instituciones de Bretton Woods se vieron afectadas por la globalización monetaria, tan propensa a las crisis. Se convirtieron entonces en los órganos ejecutores políticos de las "severas restricciones presupuestales" económicas. Sus instrumentos eran los programas de ajuste estructural, que se ganaron una muy mala reputación con su inmisericorde rigor monetario (en relación con los intereses sociales y políticos). No obstante, esto no será tema de discusión sino hasta los años ochenta. La década de los setenta es testigo del final del sistema de Bretton Woods de tipos de cambio fijos, del "choque del precio del petróleo", de la primera gran crisis económica de la posguerra y también de la transición, en grandes partes del tercer mundo, del financiamiento público para el desarrollo a la asunción de deudas externas en mercados privados de capitales. El FMI ofrece "facilidades" especiales para tratar de hacer que los choques del aumento del petróleo y de la crisis financiera en los países industrializados sean más soportables para los países en vías de desarrollo. Pero estos loables propósitos fracasaron a más tardar a principios de los años ochenta, cuando la devaluación del dólar fue contrarrestada con medios monetarios, es decir, con un aumento extremo de los intereses. Para los países con deudas externas en dólares o marcos alemanes esta política resultó ser un "choque de intereses", para los países industrializados fue la "revolución" de las tasas de interés, que aumentaron más allá de la tasa real de crecimiento del PIB.

A consecuencia de los crecientes intereses en los mercados mundiales y, al mismo tiempo, de los términos de intercambio a la baja para los países productores de materias primas, los países endeudados se vieron precipitados a la crisis a principios de los años ochenta. El servicio de las deudas externas ya no se podía hacer "en la debida forma". La crisis de las deudas irrumpió con la incapacidad de pago de Polonia en diciembre de 1981 (lo cual también contribuyó a que se produjera el golpe militar de Jaruzelski), y continuó con la de México en agosto de 1982 y de Brasil en noviembre del mismo año. Desde entonces casi ningún país endeudado se vio a salvo de la incapacidad de pago, aunque fuera temporal, y por lo tanto de la necesidad de renegociar los créditos. En este contexto las instituciones de Bretton Woods cobraron una importancia que no habían alcanzado ni antes de 1971 ni en la década posterior. Mientras que hasta 1973 el FMI regulaba el dinero principalmente en su *función de medio de circulación* (mantenimiento del sistema de tipos de cambio fijos), en los años ochenta, junto con el Banco Mundial, tuvo que estabilizar el dinero en su *función de medio de pago y crédito.* Esta tarea debía asegurar, antes que nada, los ingresos dinerarios de los propietarios del ingreso dinerario que operaban internacionalmente, es decir, en primer lugar, de los grandes inversionistas institucionales y de los fondos para el retiro, de inversión o *hedge funds.* Entonces el FMI y el Banco Mundial se vieron frente a la tarea central de posibilitar que los países deudores, a pesar de todas las dificultades, pudieran cumplir con el servicio de la deuda y fungir —como ya lo vimos en el capítulo anterior— como fracciones de la economía global.

Mientras las instituciones de Bretton Woods trataban de evitar que algunos bancos acreedores dejaran el "sindicato" de los prestamistas internacionales (evitar estrategias de *bail out*), hicieron también todo lo posible por impedir que se formara un cártel de deudores. La estrategia de conversión de la deuda sin una reducción sustancial de la misma condujo a que las deudas casi se triplicaran desde el inicio de la crisis. Ciertamente el servicio de la deuda se redujo temporalmente para una serie de países, medido con los ingresos por exportaciones, pero a un precio muy alto: las restricciones de las importaciones y los intentos de obtener ingresos en dólares por las exportaciones condujeron, en primer lugar, a que se elevara la presión sobre los precios de los productos de exportación (en el sector de materias primas minerales y agrarias), lo cual contribuyó al vencimiento de los *terms of trade,* y que, en segundo lugar, el comercio intrarregional fuera restringido para favorecer el comercio con los países industrializados. Los años pasados han mostrado que las crisis de deuda de ninguna manera se superan de la manera preferida por el FMI y el Banco Mundial para resolver los problemas de endeudamiento. Deudores en Asia, Europa Oriental y Latinoamérica, que habían sido clasificados por instituciones públicas (FMI, OCDE) y por *rating agencies* privadas (Moody's, Standard and Poor, etc.) como "economías dinámicas" y "mercados emergentes", es decir, como economías reales financieramente robustas, presentaron también incapacidad para pagar la deuda.

Se ha generalizado la expresión "consenso de Washington" para la estrategia seguida por el FMI y el Banco Mundial (acerca de la aparición del concepto véase Krugman, 1995b:28-29). El concepto del consenso no sólo manifiesta el acuerdo de las instituciones de Bretton Woods sino también el de los bancos privados con sede en Washington, de las grandes instituciones de asesoría política y económica y, naturalmente, del gobierno de Estados Unidos. También los países endeudados participan del consenso: para recibir los créditos de ajuste estructural o de conversión de deuda deben declarar su conformidad con las medidas del FMI (carta de intención). El efecto contextual del consenso de Washington se puede explicar mediante el esquema 4.4: el conjunto de medidas descritas bajo la denominación "consenso de Washington" está concebido para producir en la balanza de cuenta corriente de un país un excedente con el que se pudiera financiar el servicio de la deuda externa. El estado nacional debe cumplir en la economía di-

ESQUEMA 4.4. EL CONSENSO DE WASHINGTON:
SOLUCIÓN DEL PROBLEMA DE REUNIÓN Y DE TRANSFERENCIA

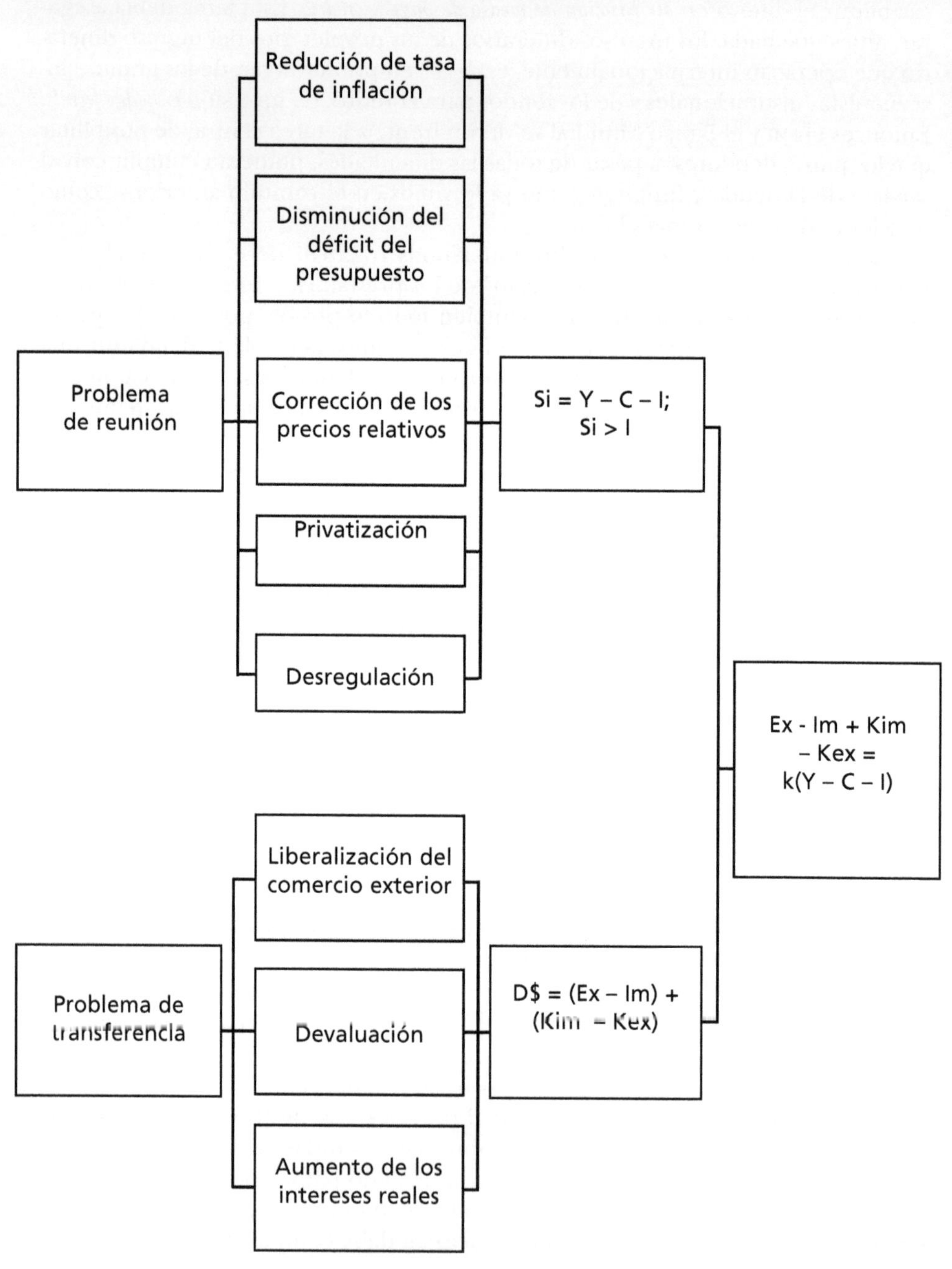

neraria global con los compromisos del servicio de la deuda, es decir, percibir divisas en dólares. Éstas serán utilizadas para el servicio de la deuda. Pero la percepción de divisas sólo puede utilizarse de manera parcial para estabilizar la moneda nacional al construir reservas financieras de divisas. En aquellos lugares donde esto ha sucedido —Asia, Brasil—, las reservas de divisas se han reunido muy rápidamente. Vale decir que no han logrado una defensa efectiva del respectivo tipo de cambio.

Las medidas deben ser adecuadas para solucionar el problema de reunión y de transferencia. La distinción entre ambos problemas se debe al análisis que hizo Keynes del problema de la reparación alemana en el año de 1929 (al respecto véanse Keynes, 1929; Ohlin, 1929). El ahorro interno S_i debe ser mayor que la inversión para poder alcanzar un excedente transferible por medio de una reducción del déficit del presupuesto, de la tasa de inflación, de una corrección de los precios relativos, la privatización de instituciones públicas y la desregulación. La transferencia de un excedente de divisas *D$* se da por medio de la liberalización del comercio y de los movimientos de capital y mediante un aumento de los intereses reales (véase el esquema 4.4).

Las medidas del consenso de Washington deben operar una reorientación de los recursos de los países endeudados en beneficio de los propietarios extranjeros del ingreso dinerario, es decir que se deben juzgar en el contexto de la redistribución global del plusproducto mediante el efecto del sistema financiero. La reorientación —como lo vio claramente Keynes en su análisis del problema de la reparación alemana— no es posible sin causar conflictos sociales en las sociedades de deudores y en las de acreedores. La presión sobre los salarios, la disminución de los gastos estatales, particularmente en el ámbito social, la privatización y la desregulación, los altos intereses que tienen efectos negativos sobre el empleo, provocan en muchos casos la insatisfacción social. Esto se puede observar en todos los países endeudados, sea en forma de disturbios anti-FMI, de revueltas por hambre o de levantamientos, como en el estado de Chiapas, en México, dirigido explícitamente contra el "neoliberalismo", o como en Indonesia, tras el estallido de la crisis en 1997. En los países acreedores, debido al imperativo a que se ven sometidos los deudores de exportar a cualquier precio, se eleva la competencia, la "competencia de localizaciones". Pero también, dejando de lado las consecuencias negativas para la cohesión social de una sociedad, la observancia de las reglas del consenso de Washington puede ser sumamente contraproducente. Las empresas y las instituciones estatales sólo se pueden privatizar una vez. En algún momento en el futuro podrían posiblemente faltar las instituciones privatizadas como instituciones de regulación política en tiempos de dificultad económica (al respecto véase también WWF, 1996).

Tampoco el problema de la transferencia se puede solucionar fácilmente. En primer lugar no hay garantías de que un excedente de ahorro interno pueda realmente ser transferido externamente. En segundo lugar la solución del problema no sólo depende de la política de los gobiernos nacionales de los países endeudados, sino de los mercados mundiales para capital y mercancías. Si aumentan los intereses en los mercados financieros globales y se reducen los precios internacionales de las materias primas, la transferencia de recursos va a exigir cada vez mayores rendimientos reales hasta llegar al estrangulamiento de los países endeudados o la depauperación o marginalización y periferización de partes de la sociedad respectiva. La política del Banco Mundial y del FMI ha contribuido a que en grandes partes del "tercer mundo" hayan sido *excluidos* segmentos de la sociedad y de la economía formal, y a que en tanto hayan conformado el sector informal cada vez más amplio de trabajo y condiciones de vida precarias (al respecto véanse los capítulos 5 y 7). También el FMI se enfrenta con este problema al tratar de suavizar los costos sociales de la crisis financiera: en Indonesia y Tailandia, según un estudio realizado por el FMI, "las pérdidas de empleo en el sector formal forzarían a los trabajadores calificados a moverse hacia los sectores agrícola e informal" (*Finance & Development*, septiembre de 1988:19). Según este estudio entre el 7 y el 12% de los hogares de Indonesia, Tailandia y Corea del Sur han sido afectados directamente por la crisis financiera.

O sea que se podría sacar la siguiente conclusión: en los años ochenta ambas instituciones de Bretton Woods han regulado básicamente la crisis al haber abierto los países deudores al mercado mundial mediante programas de ajuste estructural y sectorial y al haberles posibilitado su servicio de la deuda, aunque con costos sociales, ecológicos y políticos que todavía hoy están pagando millones de personas (véase Chossudovsky, 1997). El éxito de estas estrategias estriba en que las precarias relaciones financieras globales han podido estabilizarse en principio por medio de esta política. No obstante, en los años noventa se ha mostrado que las instituciones de Bretton Wood, en la medida en que quieren desempeñar un papel como instituciones reguladoras globales, se dirigen a los propietarios del ingreso dinerario que operan internacionalmente, es decir, en primer lugar, a los bancos internacionales y, además, que deben desarrollar nuevas reglas según la "desregulación" de las dos últimas décadas. Sin un control de los capitales internacionales será imposible un desarrollo capitalista más o menos estable. Pues la internacionalización de los mercados financieros ha inaugurado una nueva era en la que resulta muy evidente que la esfera monetaria y la económica real se han independizado una de otra, y en la que el mundo del dinero (que nosotros hemos llamado "sociedad de clubes" de los propietarios del ingreso dinerario) y el mundo del trabajo se encuentran en oposición. La crisis de la deuda nos ha enseñado que no es posible hacer sentir las restricciones del dinero a una sola de las partes que conforman la relación, es decir, sólo a los deudores, al someterlos al paquete de medidas del consenso de Washington y al obligarlos a sacar cada vez más y más del trabajo. Casi es imposible legitimar que se sostenga frente a los acreedores internacionales la tesis de la libertad inviolable y la estabilidad básica del sector privado. Que las instituciones internacionales reglamenten el dinero como medio de circulación o bien la relación social entre deudores y acreedores son cosas diferentes. La tesis difundida por Von Hayek (1978) de la privatización del dinero se ha realizado mayormente en la mitad del mundo que corresponde a los acreedores, mientras que, por el contrario, en la mitad que corresponde a los deudores tiene lugar una socialización de los costos sociales y ecológicos provocados por la deuda.

Los deudores son tratados como "fracciones" del capital mundial y deben realizar duros ajustes para volver a resultar "atractivos" para las inversiones de capital. Los acreedores no necesitan hacer esto. Esta lógica de un tratamiento desigual hacia acreedores y deudores en el sistema global fue criticada por Keynes durante las negociaciones en torno al sistema monetario internacional, en 1944. El "plan Keynes" de esa época preveía la necesidad de que los países con excedente, es decir, los países acreedores, conformaran su política económica de tal manera que se eliminaran los excedentes. Este plan fue desechado; sólo los deudores debían ajustar su política económica. Ahora bien, en 1944 no era concebible que en el curso de las décadas siguientes se produjera un contraste social tan unilateral entre los deudores y los acreedores en la economía mundial, y que no sólo países individuales, sino grupos enteros de países y aun continentes fueran a ser rebasados por el servicio a la deuda. El consenso de Washington no ofrece ninguna solución en esta situación, y por eso, mientras tanto, ya está siendo cuestionado por los representantes de las instituciones de Bretton Woods.

A esta misma apreciación ha llegado en tanto Josef Stiglitz, director de economía y vicepresidente del Banco Mundial: en repetidas ocasiones ha criticado que la concentración obligada por el consenso de Washington al combate a la inflación y a la liberalización de los mercados financieros "ha conducido a políticas de economía general que no representan el mejor apoyo para un crecimiento a largo plazo". La hiperinflación debe ser evitada como sea; por el contrario, un "nivel de inflación moderado" podría beneficiar los resultados económicos. Pero Stiglitz también cuestiona otros elementos centrales de esta doctrina, en su opinión demasiado "simple": la fijación en la reducción de déficit presupuestarios, los costos tan frecuentemente subvaluados, las ventajas igualmente subvaluadas de las privatizaciones y, no en último lugar, la propaganda de un "estado minimalista". Un consenso pos-Washington, según el mensaje, en primer lugar debía reconocer que el crecimiento económico no se puede alcanzar sólo mediante la estabilización macroeconómica, la liberalización del comercio y la privatización, y que, en segundo lugar, no sólo importan el crecimiento económico y el aumento del producto social bruto, sino también una mejor salud y educación, el mantenimiento de los recursos naturales y un medio ambiente sano, un desarrollo justo y democrático, "lo que implica que todos los grupos de la sociedad gocen los frutos del desarrollo, y no sólo los que están en la cima" (Stiglitz, 1998).

Por lo tanto, una conclusión acerca de la crisis financiera rusa y latinoamericana es: la política del FMI ha fracasado (véase también Dieter, 1998). Con ayuda de las medidas de ajuste estructural la economía real —la sociedad laboral— es sometida a las condiciones de funcionamiento de la sociedad del dinero, y rebasada por ellas. El ajuste estructural al estilo FMI sólo agudiza el problema, porque ya no sólo se afecta a la esfera financiera sino a la economía real. Las oportunidad de sortear la crisis se reducen cuando el FMI funge como gestor de la crisis. Un nuevo sistema de regulación para refrenar el "ubicuo fetiche del dinero" no sólo se debe referir a las deudas, sino incluir asimismo los ingresos y, por lo tanto, también el flujo de capitales.

5

LAS FALSAS PROMESAS DEL LIBRE COMERCIO

El comercio internacional, si fuera liberado de sus limitaciones políticas, conduciría a una división del trabajo más profunda; por lo tanto estimularía la producción de más mercancías y tendría como consecuencias un mayor crecimiento y un aumento del bienestar y del empleo. Éstas son, en resumen, las promesas de quienes hablan a favor del principio del libre comercio y de la desregulación. Por eso parecería conveniente eliminar políticamente las barreras arancelarias y no arancelarias al comercio. La historia de la reducción arancelaria en la época de la posguerra constituiría un buen ejemplo de lo adecuado del imperativo del libre comercio.[1] Se espera que la reducción arancelaria acordada al final de la Ronda de Uruguay, en la primavera de 1994, y la supresión de las barreras no arancelarias al comercio, produzcan ganancias comerciales de aproximadamente 274 800 millones de dólares hasta el año 2004. De este total, más de una cuarta parte le correspondería a Estados Unidos, y a la OCDE, más de dos tercios. El restante tercio "se reparte" entre los países de África, Latinoamérica, Asia (sin contar a Japón) y Europa Central y Oriental (véanse UNDP, 1994:63; Schott y Buurman, 1994:16) Según estos cálculos las ganancias comerciales en el año 2002 (en dólares de 1992) ascenderían a 0.1% del PIB en los estados en proceso de transformación en Europa Central y Oriental, mientras que en Europa lo harían al 1.4 (Japón 0.9, Estados Unidos 0.2). Hay que hacer notar que el PIB europeo-oriental y el europeo-occidental difieren totalmente entre sí en sus montos totales (acerca de otros cálculos en los efectos sobre ingresos de la Ronda de Uruguay véase la sinopsis: FMI, 1994a:86). Vemos entonces que el libre comercio beneficia especialmente a las naciones comerciales que ya manejan entre sí la mayor parte del comercio mundial.

Pero frente a las ganancias calculadas que se derivan de la expansión del comer-

[1] En el marco del GATT, en el transcurso de ocho rondas —en total— de reducciones arancelarias, los derechos arancelarios han sido reducidos en una proporción tan alta desde 1947 que (por lo menos en los países industrializados) ya prácticamente carecen de importancia comercial. En la Ronda de Kennedy (1964-1967) la reducción arancelaria promedio fue de 35%, mientras que en la Ronda de Tokio (1973-1979) fue de 34%, y de 40 en la Ronda de Uruguay (1986-1993). No obstante, durante este mismo periodo las barreras no arancelarias al comercio aumentaron compensatoriamente (véase Hauser y Schanz, 1995). La reducción arancelaria promedio acordada en la Ronda de Uruguay fue de 38% para los países industrializados (ponderada con base en el volumen de intercambio), de 20 en los países en vías de desarrollo y de 30 en los países en vías de transformación en Europa Central y Oriental (véase Schott y Buurman, 1994:61).

cio mundial existen también pérdidas considerables, que recaen particularmente en los países en vías de desarrollo. Los *terms of trade* (relación real de intercambio) han empeorado casi continuamente, sobre todo debido a la caída de los precios de las materias primas; en el periodo que va de 1980 a 1990 cayeron 45% (UNDP, 1997:102). Además, también las *injustas* reglas del libre comercio internacional contribuyen en gran medida a que se refuercen las asimetrías de la globalización: en el marco de la Ronda de Uruguay los aranceles sobre mercancías provenientes de países industrializados se redujeron hasta 45%; por el contrario, en productos que constituyen el mayor potencial de exportaciones de las naciones menos desarrolladas (por ejemplo, textiles, pieles, productos agrícolas), la reducción fue sólo de entre 20 y 25% (p. 103). También los obstáculos no arancelarios al comercio, cuyo número se ha duplicado entre 1989 y 1995, afectan particularmente las exportaciones provenientes de países en vías de desarrollo (por ejemplo acero, juguetes, televisores a colores). A esto se suman las pérdidas de divisas que sufren los países del Sur como consecuencia de la subvención que se da a los productos agrícolas, particularmente en la Unión Europea y en Estados Unidos, y debido también a las cláusulas contingentes sobre exportaciones en el marco del Tratado de Fibra Múltiple en la industria textil y del vestido, es decir, en ese ramo que a fines del siglo XX —igual que a fines del siglo XVIII— sigue constituyendo el punto de partida para la industrialización de estos países.[2] En perjuicio de los intereses de los países en vías de desarrollo no se acortó la vigencia de las patentes y otros derechos de autor; por el contrario, en el marco de la OMC, aun se reforzó la protección de los derechos de propiedad original; como consecuencia, los costos por la *transferencia de tecnología incluso podrían aumentar en el futuro* (p. 102).

Las pérdidas que sufren los países en vías de desarrollo debido al desigual acceso al comercio, a los mercados de trabajo y a los medios financieros fueron calculadas por el reporte sobre desarrollo humano de 1992 en 500 mil millones de dólares anuales; es decir, diez veces más que la ayuda al desarrollo que estos países reciben del extranjero (UNDP, 1997:10).

Pero de acuerdo con la teoría del "efecto de cascada" que John Kenneth Galbraith bautizó profanamente como "tesis del estiércol de caballo" —porque afirma que hay que alimentar a los caballos para que los gorriones también reciban su parte— todos los participantes en el sistema del comercio mundial están en mejores condiciones después de la desregulación del comercio mundial que antes de ella, si a los países ricos les va bien. El "reporte Cecchini" utiliza argumentos similares acerca de los costos de la no integración de Europa Occidental en 1988 (Cecchini, 1988); la comisión de la Comunidad Europea trató de emplear este informe para argumentar que la desaparición de las fronteras comerciales internas en la

[2] En la Ronda de Uruguay se acordó una reducción de 12% en los derechos arancelarios promedio para los textiles y la ropa, pero este tipo de arancel es todavía tres veces más alto que los tipos arancelarios promedio sobre las importaciones de países industrializados (UNDP, 1997:104).

Unión Europea traerían aparejada una considerable ganancia de bienestar: menos inflación (–6.1%) y desempleo (–1.5%), una reducción del déficit presupuestal de los estados (una descarga de 2.2% sobre el PIB) y una mejora de la posición en el comercio exterior (+1% del PIB). El crecimiento del PIB podría alcanzar 4.5% como consecuencia de la "reacción en cadena" macroeconómica provocada por la desregulación. No obstante, los autores del reporte conceden un margen de incertidumbre de ± 34% (pp. 15, 131-132).

Dadas estas promesas del libre comercio no es de extrañar que el teorema —postulado por David Ricardo— de las "ventajas comparativas de los costos" se cuente entre las proposiciones menos cuestionadas de la teoría económica. Este teorema aparece al principio de todo libro sobre economía internacional (un buen ejemplo se encuentra en Ethier, 1995) y fundamenta el libre comercio mundial como un principio universal. Así, por ejemplo, Jagdish Bhagwati afirma en una entrevista: "No existe absolutamente ningún motivo por el cual se tenga que hacer primero que un país esté listo para el comercio. Yo podría venir de Marte y podríamos, sin problema alguno, ejercer el libre comercio" (*Wirtschaftswoche*, núm. 9, 23 de febrero de 1995:30). Bhagwati es considerado como una especie de "decano" de la teoría y la política del libre comercio. Cuantos menos obstáculos al comercio, menos discriminación y más clara la consecución del principio del socio más favorecido,[3] mayor comercio internacional y, por lo tanto, mayor bienestar social.

VENTAJAS COMPARATIVAS DE LOS COSTOS

Los argumentos a favor del principio de libre comercio se encuentran ya en el clásico panegírico de Adam Smith en pro de una división profundizada del trabajo en la sociedad nacional y la división del trabajo en la fábrica. De esta manera se echan a andar los motores del aumento de la productividad para que se incremente la "riqueza de las naciones". Por eso su *Investigación y causas sobre la riqueza de las naciones* comienza con la frase: "El progreso más importante en las facultades productivas del trabajo, y gran parte de la aptitud, destreza y sensatez con que éste se aplica o dirige, por doquier, parecen ser consecuencia de la división del trabajo" (Smith, 1776/1976, I:5)

Adam Smith imaginaba la división profundizada del trabajo en primer lugar en

[3] Según el artículo I del GATT las ventajas aduaneras que un país concede a otro deberían ser automáticamente también a favor de todas las otras naciones comerciantes (en tanto sean miembros del GATT o de la OMC). Esto tenía y tiene la intención de evitar una "balcanización" de la economía mundial en áreas de aranceles preferenciales. Además, el principio de la no discriminación tiene una dimensión orientada al interior. Según el artículo III, tras haber cruzado las fronteras aduaneras los productos extranjeros deben ser tratados como productos nacionales, esto con el fin de evitar medidas proteccionistas. La creciente importancia de las barreras no arancelarias al comercio demuestra que esto no se ha logrado.

la fábrica individual (como división del trabajo) y dentro de la economía (división del trabajo mediante el mercado). Sirviéndose del ejemplo de la producción de alfileres por medio de la división del trabajo, muestra con palabras que desbordan de entusiasmo cómo se puede aumentar el excedente por medio de la especialización de las actividades individuales. La "mano invisible" del mercado, por su lado, se ocupará de que el plusproducto obtenido a consecuencia de la división (y de una combinación más eficiente) de los procesos laborales llegue también a los consumidores (empresarios y compradores) que le puedan dar el mejor uso, puesto que pueden pagar el precio más alto. Por cierto que Adam Smith sólo utiliza una vez el concepto de la "mano invisible", para poner de manifiesto que las buenas intenciones no sólo conducen al resultado deseado de la "riqueza de las naciones" sino, sobre todo, a la consecución de los propios intereses: "el individuo sólo piensa en su ganancia propia; pero en este como en muchos otros casos es conducido por una mano invisible a promover un fin que no entraba en sus intenciones" (Smith, 1776/1976, I:477)

Pero en el juego de las libres fuerzas del mercado la "mano invisible" sólo puede conseguir lo mejor cuando los actores no aspiran a obtener un excedente en la balanza comercial a costa de los otros. Para la teoría mercantilista, antes de la marcha triunfal de la economía política clásica, el comercio internacional era, en primer lugar, el medio para acumular el oro y la plata en las manos (o en la caja fuerte) del soberano. La balanza comercial debía ser positiva: mercancía a cambio de dinero, venta sin compra. El comercio exterior debía proporcionar a la nación —equiparada con el soberano— un excedente ya transformado en oro. Adam Smith rechazaba enfáticamente esta visión preclásica de la producción de excedentes, del atesoramiento mercantilista:

> La importación del oro y de la plata no es el principal y menos aún el único beneficio que una nación obtiene del comercio exterior. Las naciones que lo practican, no importa su condición, reciben de él dos beneficios nuevos adicionales. Remiten al exterior el excedente del producto de su tierra y de su trabajo, carente de demanda en el interior, y consiguen traer, a cambio de aquel sobrante, artículos que se solicitan en el país (pp. 468-469).

Según Adam Smith, por esta razón el descubrimiento de América fue para Europa menos importante por la explotación de yacimientos de oro y plata que por la "apertura de nuevos mercados que aumentaron la capacidad productiva del trabajo" (p. 470).

Para Adam Smith la expansión transnacional e internacional de los mercados debía contribuir a la profundización de la división del trabajo y, *por lo tanto,* al aumento del bienestar de todas las naciones. Participar en el libre comercio mundial significa obtener una ganancia segura, puesto que en el programa del mercado mundial libre, no regulado y, por consiguiente, genuino, sólo están previstos "juegos de sumas positivas". Así pues, para Smith el mercado mundial es un vehículo para el incremento de la productividad y, por lo mismo, un medio para estimular y realizar la producción de excedentes. Aquí coinciden dos argumentos que hoy en día conservan su validez: en primer lugar, se señalan los efectos de escala *(economies of scale),* porque el mercado crece y por lo tanto se pueden elaborar unidades óptimas de la producción en masa y, en segundo lugar, se acentúan las ventajas de los costos como consecuencia de un *incremento de las fuerzas productivas,* debido a la profundización de la división del trabajo.

Los efectos que tiene el comercio sobre la prosperidad, sobre todo el comercio a distancia, parecen ser tan abrumadores que Fernand Braudel los califica en su historia social del siglo XV al XVIII como un "milagro":

> Una condición indispensable para todo capitalismo, y a primera vista habría que decir que incluso la única, es la circulación, que arroja mayores ganancias cuanto mayor sea el espacio que atraviesa. Este determinismo elemental es válido en todas partes (Braudel, 1986a:645).

Por lo tanto el comercio no es, en primer lugar, más que una condición y un fenómeno concomitante de la división del trabajo, cuya profundización es necesaria si se ha de incrementar la productividad del trabajo y con ella la cantidad del valor de uso que se quiere producir y distribuir, es decir, si ha de aumentar la "riqueza". Es importante hacer notar que la división del trabajo obra sobre la *producción.* Pero, en segundo lugar, el comercio internacional es el intercambio entre sociedades distintas, que cuentan con sus propios sistemas de división del trabajo (en relación con la productividad y la intensidad del trabajo, el monto de los salarios, las condiciones de reproducción de la fuerza de trabajo, o sea, también con la relación entre los sexos). Todo esto se refleja en el tipo de cambio de las monedas. También —y precisamente— este intercambio puede ser favorable, como lo mostraron Ricardo con su teorema de las ventajas comparativas de los costos y Marx con su teorema del efecto modificado de la ley del valor sobre el mercado mundial. No obstante, al intensificarse el intercambio internacional se da una presión considerable sobre las condiciones de reproducción de la fuerza de trabajo por igualar los costos salariales unitarios de la posición que en ese momento resulte más competitiva en el mercado mundial. Así pues, la división del trabajo también tiene consecuencias sobre la *distribución* del excedente producido. En tercer lugar, en la citada afirmación de Braudel resuena la modernidad de las postrimerías del siglo XX. Pues también en tiempos del "capitalismo de *arbitrage* o de derivados, la circulación [...] arroja mayores ganancias cuanto mayor sea el espacio que atraviesa" *(ibid.).* Nosotros podríamos añadir: y cuanto más breves sean los intervalos de tiempo que ha de emplear. La ampliación del espacio, es decir, la globalización, conlleva ganancias para los fondos comerciales, porque se multiplican las posibilidades de obtener ganancias de *arbitrage* en la *circulación.* Las consecuencias para la producción y la distribución son considerables, incluso mucho antes de que se hablara de la globalización. La ganancia circulante no se produce en la circulación sino en la producción. Las formas en las que se apropia y se distribuye la ganancia producida en la circulación se han modificado radicalmente en el transcurso de la historia.

Pero al valorar los efectos que el comercio a distancia tiene sobre la división del trabajo, la productividad, el bienestar, la distribución y la circulación, resultan importantes los costos de transporte. La intensificación de la división internacional del trabajo y sus consecuencias para el "bienestar de las naciones" depende, en cuarto lugar, de cómo pierden su importancia económica las distancias físicas. Adam Smith no otorgó a los costos de transporte una atención sistemática, pero resulta evidente que los costos de transportación no pueden ser pasados por alto en el comercio a distancia, dados los grandes tramos que hay que recorrer. Esos costos dependen 1] de los sistemas técnicos del transporte, 2] de los costos del salario en el sector del transporte, 3] del precio de los combustibles y 4] de los costos de las transacciones como aranceles, impuestos, seguros, etc. Regresaremos a ello en las páginas 168-176.

David Ricardo fue un paso más lejos que Adam Smith en su estudio acerca de los efectos que el libre comercio tiene sobre la prosperidad. Asumió de manera explícita que las distintas naciones tienen diferentes niveles de productividad laboral y de salarios. Por eso puede ser que un país necesite menos horas de trabajo que sus competidores para producir todas las mercancías que se comercian en el mercado mundial. Esta nación es más competitiva en términos *absolutos.* Puesto que los proveedores de este país pueden producir con menores costos y, por lo tanto, hacer ofertas más baratas que sus competidores, el comercio se paralizaría muy pronto dada la carencia de poder adquisitivo de los países que no pudieran competir: "Ningún país puede importar largamente si no exporta también, ni puede exportar largamente a menos que importe al mismo tiempo", afirma David Ricardo en su libro *Principios de economía política y tributaria,* de 1817 (Ricardo, 1927:248). Ésta es una paráfrasis de la frase atribuida a sir Thomas Smith, del año 1549, que Braudel considera como la suma de lo "que se debe saber acerca de la balanza" (Braudel, 1986a:217): "Debemos cuidar siempre de no comprar a los extranjeros más de lo que nosotros les vendemos" *(ibid.).* Esta frase, naturalmente, también es válida al revés, a menos que una nación se convierta, a la larga, en un país de acreedores y otra en uno de deudores. En el capítulo anterior se mostró que esto no puede funcionar a largo plazo. No obstante, carece de fundamentos el temor mercantilista citado por Braudel de que pudiera haber una fuga de metales preciosos (con efectos deflacionarios) si se comprara demasiado. Pues, según Ricardo, incluso en condiciones de una ventaja de costos absoluta en la producción de todos los productos de un país en comparación con otro, puede ser ventajoso especializarse por medio de la división del trabajo en los productos *comparativamente* más baratos de producir, e importar aquellos que no se puedan producir tan ventajosamente. "Ninguna extensión en el comercio exterior incrementará inmediatamente el monto de valores en un país, aunque puede contribuir notablemente al incremento de las mercancías y, por lo tanto, a su disfrute" (Ricardo, 1927:108).

Ricardo ejemplifica sus reflexiones con el conocido caso de Inglaterra y Portugal. Ambos países producen vino y paño. En ambos productos Portugal tiene la ventaja absoluta sobre Inglaterra, a pesar de lo cual le resulta redituable seguir comerciando con Inglaterra mientras las relaciones de los costos entre el paño y el vino sean diferentes. Portugal prescinde de exportar paño, y la fuerza de trabajo liberada de esta manera puede ser empleada más efectivamente en la producción de vino. Así pues, Portugal embarca el vino excedente a Inglaterra, donde a cambio obtiene una mayor cantidad de paño (y, como añade Ricardo, de mejor calidad) de la que hubiera podido ser producida en el país aun si la fuerza de trabajo no se hubiera canalizado de la producción de paño a la de vino. A su vez, los ingleses producen menos vino y se concentran en la producción de paño, pues resulta más económico cambiar en Portugal el paño por vino, dada la cantidad (y la calidad). Gracias a esta especialización, la producción de paño y de vino se incrementa con la misma cantidad de trabajo en total. La productividad del trabajo (cantidad de trabajo por hora de trabajo) aumentó en ambos países gracias a la ampliación de la división del trabajo. En ambos países aumentó también el bienestar social, a pesar de que no aparecen cambios en los valores de una balanza comercial equilibrada, pero sí en la calidad y cantidad de los valores de uso.

Los antecedentes del ejemplo elegido por Ricardo (Portugal e Inglaterra, paño y vino) se encuentran en el tratado comercial entre Inglaterra y Portugal firmado en 1703 mediante el cual el mercado portugués se abrió a la lana y a los artículos de lana ingleses, y que, en compensación, hizo posible que Portugal exportara vino a Inglaterra. Por parte de Gran Bretaña el acuerdo fue negociado por lord Methuen (por esta razón se lo conoce como "Tratado Methuen"). Este tratado expuso a la economía portuguesa a la influencia británica, que se extendió al sistema crediticio, el cual experimentó un gran auge en Lisboa, dado que se tenía que financiar el comercio con Brasil. "Los ingleses —según Fernand Braudel en su estudio sobre el comercio— asumen en Lisboa el mismo papel que antes habían desempeñado los holandeses en Sevilla: proporcionan las mercancías para Brasil *a crédito*" (Braudel, 1986a:226). Para amortizar la deuda el oro brasileño fluye a Londres vía Portugal, que trata de evitar la fuga acuñando monedas de plata, de poco valor en Inglaterra, en lugar de monedas de oro. Pero la unilateralidad de la orientación del comercio (exportación de vino portugués para pagar el crédito británico) no puede corregirse. La consecuencia del tratado fue la aniquilación de la industria portuguesa del paño y de la lana. Friedrich List tuvo razón en su crítica a "la escuela", como acostumbraba llamar despectivamente a la economía política clásica:

> La escuela muestra un absoluto desconocimiento de la naturaleza de las circunstancias económicas de una nación al creer que el intercambio de productos agrícolas por mercancías manufacturadas puede estimular su civilización, su bienestar y, en general, el progreso de su sociedad, en la misma medida que si construyera una industria manufacturera propia (List, 1841/1982:195).

El ejemplo escogido por Ricardo se limitaba al intercambio de mercancías, pues en esa época la migración laboral o la transferencia de capitales entre las naciones que comerciaban[4] no desempeñaba un papel importante. Vale la pena tomar en cuenta la argumentación que da Ricardo para explicar el descuido en que se tenía a los movimientos de capital:

> La experiencia nos muestra que la inseguridad supuesta o real del capital, cuando no está bajo el control inmediato de su dueño, junto con la natural renuencia que todo hombre tiene a abandonar su país y contactos para encomendarse, con hábitos ya fijos, a un gobierno ajeno y a nuevas leyes, controlan la emigración del capital. *Estos sentimientos, que yo lamentaría ver debilitados, provocan que la mayoría de los propietarios se conformen con bajas ganancias en su propio país, en lugar de buscar un empleo más adecuado para su bienestar en naciones extranjeras* (Ricardo, 1927:117, cursivas nuestras).

Esta cita de Ricardo muestra claramente que a los economistas políticos clásicos también les importaba la *cultura* del capitalismo. En todo caso, sabían que las "leyes atemporales" y los "teoremas" abstractos son efectivos en una sociedad histórica. Una posición tan "apegada a la tierra" como la de Ricardo ya es anacrónica, dadas las circunstancias del moderno "capitalismo de casino" y de los derivados financieros. Con la desmaterialización del dinero, descrita en el capítulo anterior, también se debilitaron los vínculos locales. Las relaciones sociales que se producen gracias al intercambio de mercancías y al dinero pierden su arraigo local en el espacio global. No obstante, las crisis financieras más recientes han revivido la discusión sobre las consecuencias del libre tránsito de capitales. Bhagwati (1998), muy en la tradición de Ricardo, llamó la atención sobre la diferencia entre el libre comercio de "baratijas" y el de dólares, y abogó por ciertos controles del tránsito del capital en interés del libre comercio.

CONDICIONES GLOBALES DE CIRCULACIÓN Y CONDICIONES NACIONALES DE PRODUCCIÓN, O LA DISCUSIÓN POR LAS CLÁUSULAS SOCIALES Y AMBIENTALES

A diferencia de Ricardo, Marx estudió las condiciones de producción de las mercancías antes de plantearse la interrogante sobre las condiciones de intercambio en el mercado mundial. Él supuso que *dentro* de una nación la productividad y la intensidad del trabajo tienden a un promedio que nunca puede ser alcanzado y que, además, se desplaza en el proceso histórico de largo plazo. Esta suposición es la expresión de la comprensión que Marx tenía de la sociedad. Ésta no se verifica por medio

[4] No se consideró en este argumento la migración a las colonias ubicadas en América, Australia, África y Asia.

de decisiones racionales de individuos particulares, sino que es "encontrada" por los individuos y reproducida mediante sus actividades (como proceso de socialización o de "estructuración". Cuando las naciones (o mejor aún: las empresas de las "economías nacionales" caracterizadas por ciertas condiciones promedio) comercian, comparan los productos de trabajos distintos, que por eso, "en realidad", no son susceptibles de comparación. Esto se puede aplicar por igual a diferencias de costo absolutas, relativas o comparativas. Así pues, el punto de partida para esta observación lo constituye la contradictoria relación entre producción y circulación. En la producción de mercancías (bienes y servicios), que siempre está situada localmente,[5] existen entre las naciones y entre las localizaciones diferencias considerables respecto de la productividad y la intensidad, del tiempo de duración y la calificación del trabajo, haciendo abstracción de la cultura y de la infraestructura material e institucional. Pero en la circulación en el mercado mundial estas diferencias sólo se pueden expresar como costos cuantificables en el precio que se le ha asignado en el mercado mundial. Así pues, en la circulación del mercado mundial, mercancías individuales, producidas en el espacio nacional, se convierten en productos análogos que deben cumplir con determinados estándares (costos, calidad, diseño) para poder aspirar a los privilegios del libre comercio tal como están estipulados en el GATT o en la OMC. Por esta razón, en la competencia entre localidades no se trata de vender todas las mercancías posibles, sino de imponer estándares. Ambas cosas no son mutuamente excluyentes, pues casi siempre los estándares son determinados por los proveedores que poseen la mayor parte del mercado. Pero esto significa también que las estadísticas acerca de los enlaces comerciales internacionales, utilizadas con frecuencia para respaldar la afirmación de que la globalización no es nada nuevo, tienen poco valor. Sólo tiene sentido hablar de globalización cuando los productos análogos estandarizados de la circulación determinan en la localización los *estándares de la producción* y los *benchmarks* (Sklair, 1998a) de la rentabilidad del capital invertido.[6] Pero dado que en el producto ter-

[5] Esto no es válido para la industria del transporte, pues su producto consiste precisamente en cruzar las distancias. La mayor parte del trabajo de transporte (excepto el envío, el depósito, la administración, etc.) no se lleva a cabo *in situ*, sino en el trayecto entre dos lugares. Marx se ocupó intensivamente de la industria del transporte en el segundo volumen de *El capital*. Escribió: "Lo que vende la industria del transporte es el cambio de sitio mismo. El efecto útil producido está indisolublemente ligado al proceso de transporte, es decir, al proceso de producción de la industria del transporte. Las personas y las mercancías viajan con el medio de transporte, y su viaje, su movimiento local, es el proceso de producción que ocasiona. El efecto útil sólo se puede consumir durante el proceso de producción; no existe como un objeto de uso distinto a este proceso, que no funge como artículo de comercio ni circula como mercancía sino hasta después de su producción. Pero, como en cualquier otra mercancía, el valor de cambio de este efecto útil se determina por medio del valor de los elementos de producción que en él se utilizaron (fuerza de trabajo y medios de producción) más la plusvalía que ha producido el trabajo extraordinario de los trabajadores empleados en la industria del transporte" (Marx, MEW, 24:60-61).

[6] Por eso hay una gran diferencia entre que los países europeos importen "ultramarinos" exóticos de países del "tercer mundo" o en que introduzcan a través de Estados Unidos plátanos reglamentados

minado se "borra" el proceso, según la filosofía del libre comercio no importa ya en qué condiciones ambientales o qué circunstancias sociales se llevó a cabo la producción. En el producto terminado se desvanecen todas las diferencias de calificación, de intensidad del trabajo, del monto de los salarios o de productividad. En el automóvil terminado no se nota el pago por hora que recibió el obrero en las fábricas de São Paulo, Wolfsburg, Seúl, Tokio o Detroit, lo largo que es el tiempo tarifario de trabajo y lo intensa que fue la labor. Por lo general tampoco es posible reconocer en el producto con qué efectos ecológicos (externalización de costos ambientales) ha sido fabricado, ni si se han violado derechos humanos y laborales en su producción.

Así pues, en el mercado mundial sólo puede haber un precio para una mercancía determinada —excluyendo el transporte y otros costos de transacción—, a pesar de que los elementos de la calidad genérica de las mercancías pueden haber sido producidos en muy diferentes condiciones de trabajo y de producción. La "diferencia simultánea de los salarios nacionales" se debe, según Marx, a que "el precio y el alcance de las primeras necesidades vitales —desarrolladas natural e históricamente—, los costos de educación de los obreros, el papel desempeñado por el trabajo de mujeres y niños, su tamaño extensivo e intensivo" (Marx, MEW, 23:583) son tan diferentes de un país a otro y aun dentro de un mismo país que no es realista asumir que existan un trabajo homogéneo y unas condiciones sociales promedio en el mercado de trabajo. Por esta razón la "ley del valor" funciona en el mercado mundial sólo de manera modificada. Los diversos trabajos nacionales promedio forman, por así decirlo, una "escala graduada" de diferentes intensidades y productividades, "cuya medida la constituye la unidad promedio del trabajo universal" (Marx, MEW, 23:584). Esta medida no es una abstracción racional sino que encuentra su valor en el dinero mundial, en el que las diversas calidades de trabajo y de las jornadas laborales contenidas en los productos (debido a una diferente productividad laboral) encuentran un denominador común. El trabajo doblemente productivo de un país en comparación con otro se paga en el mercado mundial como un trabajo doblemente intensivo, es decir, como si los obreros hubieran producido en la misma unidad de tiempo (por ejemplo, siete horas) el doble de mercancías, que se podrán transformar en la doble cantidad de dinero mundial. Así pues, a pesar de que en principio son cualitativamente imposibles de comparar debido a la diferente productividad (en el espacio nacional), estas mercancías son de nuevo equiparadas en el intercambio internacional. Los mencionados productos análogos hacen que los trabajos se conviertan en análogos cuando son intercambiados en el mercado mundial, a pesar de que sean muy diferentes en muchos aspectos.[7]

o vino chileno o sudafricano. Esto debido a que los ultramarinos no son productos análogos, en tanto que los plátanos o el vino importados por Estados Unidos sí lo son.

[7] Debido a las diferentes productividades en el nivel internacional es posible pagar distintos salarios sin perder competitividad. El país menos productivo tiene, en el promedio nacional, un nivel de sala-

El GATT obedece este principio en su artículo XX, según el cual las circunstancias nacionales pueden ser protegidas frente a la competencia en el mercado mundial mientras se trate de "medidas de honestidad pública, medidas para proteger la vida y la salud de personas, animales y plantas [...] medidas para la conservación de recursos naturales no renovables" (art. XX, *a, b, g*). Pero deben tomarse en cuenta dos limitantes. En primer lugar los productos compiten, y resulta irrelevante con qué métodos de producción (y también en qué condiciones laborales y con qué efectos ecológicos) fueron fabricados. En segundo lugar, los estándares de producción sólo se pueden aplicar si también valen para las mercancías producidas en el interior del país. En otras palabras, en la competencia del mercado mundial todas las mercancías son iguales en principio, y los métodos de producción (estándares ecológicos y sociales) son un factor poco importante para el orden del comercio mundial que no tiene que ser reglamentado comercial ni políticamente. Esto no se modificó sino en la OMC, en cuyos estatutos aparecen cláusulas comerciales ecológicas.

El "libre comercio" no sólo produce ventajas comparativas de costos para los compradores de las mercancías que se ofrecen en los mercados mundiales, sino que, como es lógico, también tiene consecuencias para los productores de estas mercancías. Éstas pueden ser favorables para algunos países, cuando en los mercados internacionales de mayor tamaño se realizan efectos de escala que incrementan la productividad y que, por lo tanto, amplían el margen en el que se puedan dar aumentos salariales. También las ganancias extras, obtenidas como consecuencia del efecto modificado de la ley del valor legal, tienen este efecto, porque aumenta el margen de distribución (en el saldo activo de la balanza de cuenta corriente) entre el trabajo asalariado y el capital. Pero puede pasar también que las relaciones laborales y salariales sean puestas bajo presión, debido a que los costos de producción y los precios de las mercancías tengan que ser adaptados (reduciéndolos) a las condiciones del mercado mundial. Los atrasos en la productividad se equilibran entonces con una mayor intensidad laboral y salarios más bajos. Es por esto por lo que el análisis de *mercado* hecho por Ricardo debe ser complementado con el análisis de las condiciones de *producción* de las mercancías, de modo que se puedan identificar los efectos del comercio internacional como "bienestar" o "malestar" de las naciones, que deben no sólo entenderse como naciones de consumidores sino también de productores.

Estas circunstancias constituyen los antecedentes del debate por las "cláusulas

rios más bajo que el más productivo. Entonces, lo que cuenta en la comparación internacional son los *costos salariales unitarios*, no las productividades o los salarios en sí. Por eso también es posible que dos países de diferentes productividades y salarios muestren tasas de ganancia promedio igualmente altas: un país gracias a la alta productividad laboral, el otro debido a los salarios más bajos. Los capitales del primer país aspiran a obtener ganancias extras, las empresas del otro una tasa de plusvalor comparativamente alta. Este hecho tiene una importancia considerable en la explicación del *boom* de la posguerra que se dio en los países industrializados hasta entrados los años sesenta (Altvater, Hoffmann y Semmler, 1979).

sociales" y "ambientales" en el comercio internacional. De acuerdo con la Carta de la Organización Internacional del Trabajo (OIT) de 1919 están permitidas las sanciones para defender los estándares de los empleados. No obstante, éstas siempre han sido cuestionadas y se ha limitado su eficacia frente a las reglas del libre comercio. Y en realidad resulta ingenuo pensar que los derechos nacionales de protección —previstos por la OIT desde su fundación— no iban a poder ser conculcados en la competencia del mercado mundial. Ahora bien, esto no debe conducir necesariamente a la temida reducción de los salarios prevista por Von Afheldt (1994), que acabaría en la indignante situación de que el "trabajo [fuera] tan barato como la basura". Pero esta reacción en cadena va más allá, como ha reconocido correctamente Dahrendorf (1995): lleva a la adaptación de las reglas e instituciones de beneficencia y a que los sistemas de negociaciones tarifarias, surgidos (en general) en una tradición nacional de conflictos, se disuelvan en el baño de ácido de la competencia global. Por último, se tienen que bajar incluso los estándares de consumo de los productores, puesto que el parámetro es dictado por las "localizaciones" con el nivel más bajo. Cuando esto sucede las grandiosas promesas del libre comercio resultan huecas y falsas, incluso para la masa de los consumidores.

En las zonas industriales libres, también conocidas como *export processing zones* o maquiladoras, las condiciones de trabajo con frecuencia son particularmente malas a fin de lograr que el trabajo local resulte más barato para las empresas internacionales. Las maquiladoras no nacieron apenas en los años noventa, en el llamado "tercer mundo"; tienen una historia que se remonta hasta los años sesenta.[8] En los setenta se instalaron maquiladoras en la India y otros países asiáticos, posteriormente también en América Latina (especialmente en Centroamérica: Guatemala, El Salvador, México, Haití) y en África (sobre todo en Mauricio y Zimbabue), y a partir de 1989 también en algunos ex países socialistas (Rusia, China, Bulgaria, Rumania). En ciertos casos el país entero es una especie de maquiladora (por ejemplo, Vietnam). Los gobiernos apoyan el establecimiento de maquiladoras por medio de la exención de impuestos, aranceles favorables, disposiciones ambientales laxas y salarios bajos (IVCFTU, 1998), con la esperanza de crear así puestos de trabajo. Aun cuando casi siempre son empresas locales las que producen en las maquiladoras, "no serían zonas de importación sin las multinacionales" (p. 10), pues las empresas locales son en su mayoría abastecedoras de las grandes empresas transnacionales (ET), que determinan las condiciones de precios, cantidad y calidad por las que se deben regir los proveedores locales. En una encuesta sobre las condiciones de trabajo en siete empresas transnacionales de la industria del vestido y artículos deportivos (Nike, H&M, Levi Strauss, Otto Versand, C&A, Walt Disney y Adidas), realizada por la Clean Clothes Campaign (Campaña de la Ropa Limpia)

[8] La primera maquiladora nace con apoyo de la ONUDI y la UNCTAD y de otras organizaciones de la ONU, es decir, patrocinada con fondos públicos, en Shannon, Irlanda, después que el desarrollo del moderno avión de reacción tornó innecesario hacer escalas en el aeropuerto europeo más occidental antes de atravesar el Atlántico. Para combatir el desempleo en una región estructuralmente débil se estableció una maquiladora.

(1998) y que se estaba preparando para las audiencias del tribunal permanente del pueblo de la Fundación Internacional Lelio Basso para los Derechos Humanos, a finales de abril y principios de mayo de 1998, en Bruselas, se documentó una gran cantidad de violaciones a los derechos de los obreros y las obreras, a la dignidad humana y a las libertades democráticas fundamentales.[9] Éstas iban desde la prohibición o el impedimento de la actividad sindical, jornadas de trabajo demasiado largas, formas de trabajo forzado, violencia en contra de las mujeres y presión ejercida por las ET sobre los subcontratistas —que, a su vez, presionaban a sus obreros— hasta la represión política por parte de los órganos estatales de coacción, debido a razones que tienen que ver con el fomento a la exportación (Wick, 1998; Wichterich, 1998; Talpade Mohanty, 1998; Kernaghan, 1998; véase también Altvater, 1999b).

Los derechos humanos, que la comunidad internacional acordó en el marco de la ONU en 1948 y que entre tanto se han ampliado gracias a la incorporación de derechos sociales y ecológicos, y los derechos sindicales, consignados en la Carta de la OIT y en muchos otros documentos (véase la lista en la Charter on Industrial Hazards and Human Rights del Permanent Peoples' Tribunal, y en la sentencia de este último sobre los Workers and Consumers Rights in the Garment Industry, Bruselas, 5 de mayo de 1998),[10] son violados con mucha frecuencia. Únicamente ejerciendo presión política a nivel internacional se puede contribuir a evitar la sobreexplotación y la violación de estos derechos: es necesario hacer campañas en contra de gobiernos represivos y de empresas transnacionales que obtienen ganancias económicas por medio de la violación de los derechos humanos.[11] Puesto que las cláusulas sociales de la OIT sólo constituyen un derecho débil frente a las reglas del libre comercio, los códigos de conducta se convierten en una "segunda mejor" alternativa (véase Scherrer *et al.*, 1998). Para que éstos sean y sigan siendo efectivos las ONG y los sindicatos deben comprometerse en su conformación y su defensa.

Lo mismo se puede decir de las cláusulas ambientales. En la Declaración de Río de Janeiro en la conferencia de la UNCED de 1992 y en la Agenda 21 se determinaron directrices para el mejoramiento de los estándares ambientales. El desarrollo de cláusulas ambientales —a diferencia de las sociales— todavía está en los estatu-

[9] La bibliografía acerca de las violaciones a los derechos humanos y laborales por las ET es demasiado amplia como para poder presentarla aquí con justicia. Véanse los estudios "clásicos" de Fröbel, Heinrichs y Kreye, 1977; Kasch, Leffler, Scmitz y Tetzlaff, 1985, así como las más recientes publicaciones de Custers, 1997; Talpade Mohanty, 1998; Kernaghan, 1998; IVCFTU, 1998.

[10] Consúltese en Internet en la las siguientes direcciones: http://www.corpwatch.org/corner/altvision/charter.html; http://cleanclothes.org; http://www.grisnet.it/filb.

[11] Es un buen ejemplo de esto el desempeño de Shell en Nigeria, antes de causar, en el mar del Norte, el desastre del *Brent Spar*, y cuando debido al asesinato de Ken Saro Wiwa, del régimen militar que la transnacional apoyaba, se vio en la necesidad de explicar su actuación frente a la opinión pública de los países industrializados, sensibilizada al caso. En la actualidad Shell tiene un "código de conducta" en el que se da prioridad a los derechos humanos y de la naturaleza.

tos de la OMC. Pero la determinación de procesos de producción no contaminantes sigue estando subordinada a las reglas del producto análogo (Chahoud, 1998). Sólo definiciones "suaves" como una armonización de los estándares ambientales, el desarrollo de etiquetas ecológicas o el apoyo de sistemas de gestión del medio ambiente (utilizando las disposiciones de ISO 14000) son realistas en la OMC en este fin de siglo. Pero con estas débiles medidas no se eliminan los efectos negativos del libre comercio sobre el medio ambiente. Éstos son:

1] El libre comercio daña la calidad ambiental al enfatizar la ventaja competitiva de aquellos países que no internalizan los costos ambientales [...] El libre comercio actúa así en contra de los esfuerzos del gobierno para promover el desarrollo económico benigno para el medio ambiente.

2] El libre comercio también contribuye a la incertidumbre y al crecimiento incontrolable en escala de la economía global, el cual debe ser visto como el paso más importante a la sustentabilidad.

3] El libre comercio es nocivo para la cohesión de las comunidades y para la capacidad social de proveer lo necesario a sus miembros (Perkins, 1998:51).

La conclusión, que se orienta a la crítica que hace Daly del teorema del libre comercio (Daly, 1993), todavía se puede radicalizar. Si el libre comercio estimula el desarrollo, habría que preguntarse de qué clase de desarrollo se trata. Ricardo y los defensores del teorema de las ventajas comparativas de los costos parten de manera natural del aumento del bienestar. Pero dado que las condiciones del proceso de producción en el que se fabrican los productos tratados son eximidas por el régimen comercial de ser observadas y reguladas, los efectos del libre comercio sólo son positivos cuando los procesos de producción no tienen ningún efecto negativo. Pero esta suposición es cuestionable cuando se puede elevar la competitividad externalizando costos ambientales y sobreexplotando a la fuerza de trabajo. Se puede comprobar empíricamente que "los costos del comercio global rebasarán cualquier [...] efecto benéfico" (Lofdahl, 1998:351). Lofdahl estudió los efectos del crecimiento demográfico, el aumento del PIB per cápita y el comercio sobre la reforestación y la tala desmedida de la selva tropical lluviosa:

Dado que se ha mostrado que el PIB y el comercio disminuyen el área forestal, y que los bosques y selvas son una medida razonable de la salud ambiental, la afirmación de Bhagwati [acerca de los efectos benéficos del libre comercio] resulta falsa: los ambientalistas tienen razón en temer al comercio y al crecimiento (Lofdahl, 1998:351).

Además, por medio del comercio se vinculan recursos energéticos, incluso cuando hay una eficiencia creciente. Puesto que el comercio mundial de la última mitad del siglo XX ha aumentado un poco más de 6% —comparado con el crecimiento de 4% del producto mundial *(world output)*— (Adams, 1997b:180), el consumo de energía también habría podido tener un aumento relativo. El consumo de energía en la industria y en los hogares ha disminuido desde la "crisis petrolera" de 1973, pero ha aumentado en el sector de los transportes (véase Glyn, 1995:48-53). Así pues, el extraordinario incremento del comercio global ha tenido consecuencias muy considerables sobre el medio ambiente.

Los productos análogos existen sólo desde el punto de vista del mercado; desde la perspectiva del proceso de producción fueron fabricados de distinta manera, en condiciones sociales, económicas, técnicas y culturales diferentes. En la mercancía en el mercado se ha borrado la especificidad social que es tan decisiva en su proceso de producción. Con el precio de la mercancía —del producto análogo, para el que hay un precio individual— al que se aspira en el mercado se definen los costos aceptables y, con ellos, también los salarios y las condiciones de producción técnicas y sociales, incluyendo sus efectos sobre el medio ambiente.

Por estas razones el libre comercio de mercancías no puede ser observado sin tomar en cuenta las consecuencias para los procesos de producción.[12] Y es en este momento cuando las cláusulas comerciales —cláusulas sociales y ecológicas— hacen su entrada, y se tornan también objeto de discusión. Porque sin duda alguna forman parte constitutiva de la protección de los estándares sociales y ecológicos en contra de los competidores que se oponen al "proteccionismo" social y ecológico. Por el contrario, los competidores con bajos estándares sociales y ecológicos son acusados de *dumping* social y ecológico. En el marco *nacional* existe una serie de cláusulas comerciales que se refieren a los procesos de producción: la política social y la política ecológica no serían concebibles sin su manifestación en forma de "cláusulas". El hecho de que éstas sean tan discutidas en el sistema global y de que hasta hoy no operen como reglas eficaces puede ser considerado como un claro indicio de que sí existe indudablemente el mercado mundial pero, de manera

[12] Las consecuencias que resultan de la eliminación del proceso de producción se muestran muy claramente en el ejemplo de la controversia por el atún y el delfín entre México y Estados Unidos. Este último país trató de impedir la importación de atún desde México porque debido a los métodos de pesca del atún también se atrapaban delfines en las redes. Estos animales están bajo una protección especial en Estados Unidos, por ser mamíferos marinos. Pero no se pudieron imponer con su argumentación frente al panel de resolución de controversias del GATT. En primer lugar no se aceptó que las disposiciones norteamericanas de protección a los delfines se pudieran aplicar de manera "extraterritorial". En segundo lugar en la disputa no se trataba del producto (atún), sino del proceso (métodos de pesca). "Según el reporte del panel, los diferentes métodos de producción no justifican la discriminación del atún mexicano por parte de Estados Unidos, puesto que a pesar de que los procesos de producción, es decir, los métodos de pesca, sean divergentes, el producto es idéntico y no debe ser discriminado" (Hauser y Schanz, 1995:266). Entre tanto existe ya una nueva perspectiva en la OMC. En un litigio entre Estados Unidos, India, Pakistán, Tailandia y Malasia debido a la prohibición de importar ciertos camarones y productos derivados, porque durante su pesca también se atrapaba una rara especie de tortugas marinas, el órgano de apelación de la OMC falló a favor de Estados Unidos y de la protección de las tortugas marinas, refiriéndose al artículo XX *(a-j)* del GATT, a la Convención de la Protección de Especies (CITES) y al preámbulo de la OMC, donde se lee: "permitiendo el óptimo uso de los recursos naturales del mundo, de acuerdo con los objetivos del desarrollo sustentable" (WTO, 1998).

igualmente indudable, no hay una sociedad mundial. Los productos análogos que son comerciados en el mercado mundial no se consideran como resultado de un proceso de producción social (mundial), sino como mercancías que, provistas de un precio, podrían haber caído del cielo.

Así pues, no son las ventajas *comparativas* de los costos, sino las *absolutas* (incluyendo aquellas que pueden alcanzarse por medio de la externalización de costos sociales y ecológicos) las que determinan las corrientes comerciales y su dirección. Los costos incluyen elementos sociales y económicos favorables (internalización) en las "localizaciones" y excluyen determinadas estructuras de costos negativas (externalización) en las "localizaciones". Pero con esto pierde su validez la fundamentación teórica de los efectos benéficos que el libre comercio tiene para todas las naciones: algunos ganan mucho, otros poco, y otros incluso pierden. Por eso los cálculos citados arriba de las ganancias comerciales de algunos grupos de países son tan cuestionables como las balanzas embellecidas presentadas por Cecchini (1988), en las que, aunque sí se calculan los costos de la no desregulación en el espacio de la Europa integrada, no se calculan los costos de la desregulación ni las ventajas de la regulación. Pero sólo así se podría establecer una balanza que hiciera posible ponderar las ventajas y las desventajas del libre comercio. Este argumento, naturalmente, no habla en contra del comercio internacional, pero sí en contra de la suposición de sus efectos benéficos para *todos* los participantes. Ya llamamos la atención sobre ello al principio de este capítulo.

REDUCCIÓN DE LOS COSTOS DE TRANSPORTE Y DE LAS DISTANCIAS ESPACIALES Y TEMPORALES

Aun hoy una parte de la fascinación del teorema del libre comercio se debe a dos circunstancias: en primer lugar el mundo entero está sujeto al principio racional del cambio equivalente (en dinero mundial: dólar, yen, marco o euro); la "riqueza de las naciones" se mide mayormente en dólares, y en menor grado en las otras monedas "grandes" y fuertes de la tríada. En segundo lugar los costos de transporte son ignorados hoy aún más que en época de Ricardo, y esto tanto entre regiones del mundo muy alejadas una de otra como para mercancías industriales completas, es decir, no sólo para bienes poco perecederos como paño o vino, trigo y piel de castor (véase al respecto Bologna, 1998:152). Las distancias en el tiempo y en el espacio son económicamente intrascendentes, por lo menos las que hay entre los centros de comercio mundial que se encuentran en los puntos nodales de la red de trayectorias de transporte y comunicación. Aquellos lugares que están fuera de las rutas se hallan desacoplados también (pero no únicamente) debido a los altos costos de transporte. Cuando no se toma en cuenta la influencia de los derechos arancelarios y de los obstáculos no tarifarios al comercio, la dimensión del comercio mundial depende de las condiciones técnicas que influyen sobre la importancia económica de las distancias, así como de los precios de los combustibles con los que se llevan a cabo los cambio de lugar de personas y mercancías.[13]

En el ejemplo utilizado por Ricardo se habla del vino y del paño —es decir, de bienes de almacenamiento que son comparativamente fáciles de transportar— en Inglaterra y en Portugal, o sea dos países que no están tan lejos uno del otro como para que los costos por el transporte marítimo y otras transacciones pudieran tener una importancia decisiva. En realidad, el transporte marítimo, por ejemplo de o a Portugal, era en esa época más veloz que el transporte terrestre en distancias más cortas en la propia Inglaterra (Weber, 1990; Fried, 1939:59; Sombart, 1916/1987). También los datos sobre el alcance de las importaciones británicas de productos a granel hablan a favor de la reducción de los tiempos y los costos en el recorrido de grandes distancias. Entre 1839 y 1914 la distancia promedio de las regiones de las que Inglaterra importaba su trigo aumentó de 3 850 a 9 500 km. "Pero este aumento considerable de los caminos no fue efectivo en cuanto a los precios, puesto que en el mismo periodo los fletes marítimos se redujeron en un tercio" (véase Ritter, 1994:34). El mundo de Cicerón y el de tiempos de Ricardo, a principios del siglo XIX, podían ser recorridos en aproximadamente 40 a 60 días. Así se hace presente la "reducción del tiempo y el espacio" (Weber, 1990) por medio del progreso técnico y logístico-organizativo. Con el abaratamiento de los costos de transporte aumenta el "poder de penetración del sistema de precios" (Innis, 1995:66); las señales de los precios estimulan el comercio entre el "nuevo" y el "viejo" mundo, haciendo que del "comercio interior" surja el "comercio exterior".

> Cuando, por un lado, gracias al progreso de la producción capitalista, el desarrollo de los medios de transporte y de comunicación reduce el periodo de circulación de un cierto monto de mercancía, el mismo progreso y la posibilidad —que existe gracias al desarrollo de estos medios— producen, por el contrario, la necesidad de trabajar para mercados cada vez más lejanos, en pocas palabras, para el mercado mundial. La masa de las mercancías que están en tránsito y que se dirigen a puntos distantes está creciendo enormemente (Marx, MEW, 24:254).

La logística, las nuevas redes transcontinentales de ferrocarriles, los supertanques petroleros y los barcos contenedores, así como la extrema ampliación del alcance del transporte aéreo —sobre todo desde que empezaron a funcionar los

[13] De ninguna manera debe sobreentenderse la irrelevancia de las distancias. Krugman (1995a:339-340) cita un estudio canadiense del que se desprende que las provincias canadienses comercian con mucha mayor intensidad entre ellas que con regiones norteamericanas más pobladas y que son comparables desde el punto de vista de las distancias. Por ejemplo, Ontario exporta tres veces más mercancías a Columbia Británica que a California, a pesar de que ésta, con sus 30 millones de habitantes, es un mercado diez veces más grande que Columbia Británica, con 3 millones. Estos resultados no pueden ser atribuidos a los aranceles, a diferencias lingüísticas o culturales, ni a las distancias geográficas; más bien hacen referencia a la considerable importancia que las fronteras políticas tienen incluso entre naciones amigas.

jumbos a fines de los años sesenta— estimulan la expansión del mercado. Pero, al mismo tiempo, se muestra que el mercado requiere la inserción oficial. Se crean estructuras e instituciones globales que rebasan el espacio y que aspiran a regular los procesos de mercado: de la Asociación Mundial de Telégrafos en 1865, a la Asociación Mundial Postal en 1874, las exposiciones mundiales a partir de 1851 y los sistemas y estándares de normatividad técnica, pasando por la variedad de instituciones reguladoras de la economía mundial y de la sociedad mundial actuales.

Existe una serie de motivos para que los costos de transporte sean bajos en comparación con otras estructuras de costos del precio de producción. A principios de este siglo Alfred Weber distinguió en su teoría de las localizaciones (Weber, 1909) entre bienes ubicuos ("ubicuidades") y bienes locales. Los primeros son los bienes que se encuentran en todos los lugares: tierra, madera, cal, etc.; los segundos son específicos de una "localización" en particular: frutas regionales, servicios locales, artículos de modas específicamente nacionales que encuentran poca demanda fuera de sus respectivas fronteras, etc. Weber no se hubiera podido imaginar que, a fines de siglo, muchos de los productos fabricados industrialmente para el consumo masivo se convertirían en *ubicuidades de la economía mundial,* porque los costos de transporte y de transacción han hecho desaparecer las "fronteras de competencia", porque las modas locales se han convertido en una "alta moda" global, porque los gustos locales se han unificado en el "McMundo" (Barber, 1995) y porque las trayectorias de comunicación permiten un intercambio a alta velocidad entre lugares lejanos.

También las nuevas tecnologías de *producción* han restado importancia a los vínculos espaciales y, por lo tanto, a los costos de transporte. Ahora se pueden instalar acerías electrónicas en lugares donde los costos de transportación del carbón hubieran sido muy altos. Estas plantas acereras no consumen carbón y también pueden emplear chatarra, porque puede utilizarse gas como reductor, y porque se puede generar calor mediante energía eléctrica. Es decir que no dependen del lugar en que se extraiga el mineral de hierro. La organización espacial del proceso de producción sigue el principio de minimización de los costos de transporte, y no la existencia de bienes primarios. Las cadenas de producción pueden dividirse. Los procesos de producción son desintegrados espacialmente (véase el capítulo 6). Así pues, no sólo las tecnologías de transporte sino también las de producción reducen el problema de los costos de transporte. La división del trabajo en el espacio puede ser manejada con más flexibilidad que nunca gracias a las tecnologías de producción y de transportes.

Las "viejas" teorías de las localizaciones de Heinrich von Thünen, del año de 1826, de Alfred Weber (1909) o de Wolfgang Christaller (1933) encierran la suposición de que los costos de transporte (dependiendo del peso que se cargue en un trayecto) y, por lo tanto, la distancia entre los lugares de extracción, producción y consumo, desempeñan un papel esencial en la optimización de la ubicación de una empresa entre los yacimientos de materias primas, el lugar de producción y los mercados compradores. Cuanto más altos sean los costos de transporte de una determinada materia prima (precio por tonelada/kilómetro), más cerca de sus yacimientos debería ser instalada la empresa de transformación, a menos que en el curso de la misma no se diera una pérdida de peso (pues entonces es irrelevante si el producto se elabora cerca del yacimiento del material o de los mercados). De esta manera se puede explicar por qué la industria alemana del hierro y el acero se concentró en la segunda mitad del siglo XIX en la cuenca del Ruhr, por qué la Alta Silesia o Lorena se convirtieron en zonas industriales, o cómo zonas de producción agraria ("círculos de Thünen") se concentraron alrededor de grandes centros de consumo (ciudades). El modelo de los círculos de Thünen incluso se ha utilizado en la economía mundial (Fried, 1939); sin embargo este modelo sólo tiene sentido cuando las mercancías de comercio mundial están constituidas en gran parte por productos agrarios. Y aun esto se ha vuelto cuestionable, cuando incluso frutas, verduras, carne y pescado frescos son transportados por medio mundo para hacerlos llegar a los centros de consumo con poder adquisitivo ubicados en los países industrializados: flores de Israel, Kenia o Colombia, uvas de Sudáfrica, pescado del Pacífico o ejotes de Egipto para el mercado de Europa Occidental o Estados Unidos. Con los instrumentos de los círculos de Thünen no se puede explicar por qué industrias modernas se han asentado en el estado federado alemán de Baden-Wurtemberg, por qué no ha surgido una industria petrolera en los yacimientos petroleros del Cercano Oriente, por qué las industrias electrónicas se han concentrado en el Silicon Valley o por qué Daimler-Benz manda construir su auto Swatch en Lorena. Sombart desarrolló un "esquema de localización" que clasifica las decisiones "racionales" de las localizaciones según consideraciones determinadas por la calidad y los costos. Estas últimas pueden ser determinadas por el consumo, el medio de producción o el trabajo. Entre las ventajas de calidad son particularmente importantes las de entrar en contacto, a las que ya se había referido Alfred Marshall (1890/1964). Las decisiones determinadas por el consumo se rigen por la cercanía de los mercados, las determinadas por los costos ya sea por la calidad y los costos del trabajo, o por los costos de los medios de producción (Sombart 1916/1987, II:902). Sólo los costos energéticos no desempeñan papel alguno en este esquema, aunque en realidad resultan decisivos.

Los *precios de los combustibles fósiles,* es decir, de los combustibles de los modernos sistemas de transportes, son bajos (demasiado bajos, si se toman en cuenta las consecuencias ecológicas), de modo que su efecto sobre los costos de transporte es limitado, por el momento. Después del salto en los precios del petróleo en 1973, de 2.81 dólares a casi 11,[14] y tras haber alcanzado su mayor precio en 1982, con 33.9

[14] Este salto en los precios pasó a la historia como "crisis petrolera". En los hechos, tomó por sorpresa a los países industrializados. Sin duda alguna el aumento de los precios fue una consecuencia de la devaluación interna y externa del dólar, es decir, de la moneda en la que se facturaba la mayor parte del comercio petrolero. La guerra egipcia-israelí de octubre de 1973 brindó la oportunidad para el radical aumento de precios, que de otra manera se hubiera dado paulatinamente debido a la devaluación del dólar, y no hubiera sido percibida como un golpe.

dólares por barril de crudo, los precios cayeron en 1993 a 17 dólares, y en 1998 alcanzaron un nuevo mínimo con 13.50 dólares por barril; en diciembre de 1998 se registró el nivel mensual más bajo desde hace 20 años, con 9.68 dólares. Los precios para bienes de consumo han aumentado anualmente 10.7% en el promedio de la OCDE de 1973 a 1979, 8.9 de 1979 a 1989, y 5.4 de 1989 a 1995 (OECD, 1997b: 91). A pesar de las variaciones en los precios del petróleo crudo, que causaron una "segunda crisis petrolera" a principio de los noventa, la tendencia a largo plazo de las décadas pasadas señala un relativo abaratamiento de la materia prima petróleo. Massarrat muestra que este desarrollo no se da apenas en los años setenta de este siglo sino que determina los mercados petroleros desde la década de 1880 (Massarrat, 1993:127).

Entonces, no es de extrañar que los costos energéticos del transporte hayan disminuido relativamente, a pesar de la crisis ecológica debida a las emisiones producidas por los procesos de combustión de los combustibles fósiles y a los altos costos sociales y ecológicos. Por añadidura, se ha incrementado la parte del tránsito vial dentro del sector de transportes de los países miembros de la OCDE, de modo que, en 1998, 48% del consumo final del petróleo recayó en el tránsito vial de estos países; en 1974 esta cifra había sido de 34. Después de los acuerdos de reducción de las emisiones de gases de efecto invernadero alcanzados en la Cumbre de la Tierra, celebrada en Río de Janeiro en 1992, el único sector que muestra una creciente emisión de CO_2 es el del transporte, lo cual seguramente es también consecuencia de los bajos precios de los energéticos. Éstos estimulan el comercio y los conceptos de logística de transportación intensiva *(just in time)*[15] que, por lo general, no pueden ser soportados ecológicamente.

Más comercio significa que más mercancías son transportadas alrededor del mundo, lo cual significa un mayor consumo de energía y más contaminación. Tan sólo el transporte de los 4 billones de toneladas de carga enviadas por barco en 1991 requirió 8.1 exajoules de energía, la misma cantidad que consumieron, juntas, Turquía y Brasil. Los 17 mil millones de toneladas enviadas por avión usaron 0.6 exajoules, iguales al consumo total anual de Filipinas (French, 1993:169).

El consumo de energía del transporte de bienes, calculado en toneladas/kilómetro, es más elevado por aire y por tierra, y más bajo por mar. Esto no ha sido obstáculo para que en los años previos se hayan expandido particularmente el tránsito aéreo y el terrestre.

[15] Si los costos de transporte son bajos, pero los costos por intereses son altos y, por lo tanto, también lo es el almacenamiento (debido al capital involucrado), vale la pena trasladar el almacenamiento a la calle. El suministro a buen puerto de preproductos y productos intermedios debe hacerse *just in time*, para posibilitar la continuidad del proceso de producción y, al mismo tiempo, poder prescindir del colchón que representa el almacenamiento. El monto de los costos por intereses no es relevante sólo para las decisiones de inversión (y, por lo tanto, para las plazas de trabajo), sino también para opciones estratégicas de gestión ecológicamente relevantes.

Una razón para este desarrollo la constituyen, en primer lugar, los modernos *conceptos de logística:* transporte en contenedores, flete aéreo, sistemas viales transcontinentales, trenes de alta velocidad, oleoductos transcontinentales y redes electrónicas, en combinación con medios electrónicos de comunicación. Éstos últimos han hecho posible optimizar las rutas de transporte en todo el mundo, reduciendo así el problema de los fletes sobre vacío y de retorno. Indudablemente con esto también se modifica la geografía. Las rutas de transporte sólo conectan centros determinados y "dejan de lado" a otros que carecen de interés o aun son negativos para la rentabilidad del capital invertido en el sector del transporte. Esto empieza con la recomposición de las redes ferroviarias europeas, en condiciones de privatización y desregulación, y no se detiene en las conexiones aéreas, que ya no conectan directamente a regiones enteras del mundo, sino sólo dan un rodeo que pasa por los países industrializados.[16] También en la optimización logística del libre comercio opera el principio de la inclusión y de la exclusión. Las redes entre determinadas regiones mundiales se tornan cada vez más densas, en tanto que otras regiones son desacopladas. Un simple vistazo a un mapa del tránsito aéreo y marítimo en cualquier atlas basta para reconocer, por la cantidad de las líneas de transporte y comunicación, la dirección y la densidad de los vínculos.

Se debe buscar una segunda razón en las deprimentes *circunstancias laborales y salariales* que priman en el sector internacional del transporte. Mientras que en el marco nacional —a pesar de todas las diferencias y discriminaciones regionales, de calificaciones y de género— los salarios son comparables entre los sectores, éste no es el caso en el espacio global. Aquí se repite un desarrollo que fue característico del siglo XIX: un mercado de trabajo desprotegido, en el que los empleadores se podían imponer fácilmente, hasta que los obreros se organizaron en sindicatos, dando con ello el empujón necesario para la formación de las relaciones industriales, aunque su densidad y profundidad de regulación era distinta en los diferentes estados nacionales. En los mercados laborales globalizados del sector del transporte domina, por el contrario, un sistema, mayormente desregulado, de oferta y demanda. Cuando los mercados no están regulados, es decir, cuando sus mecanismos de desinmersión no son regulados, siempre se impone la oferta más barata en demandantes que deciden racionalmente. Entonces la fuerza de trabajo más barata obtiene el trabajo, mientras que la más cara ve frustradas sus aspiraciones.

Esta regla de los mercados laborales globalizados se ha desarrollado particularmente en el transporte marítimo, aunque desde luego no sin un doble apoyo estatal. Para empezar, los estados nacionales han fomentado con subvenciones la cons-

[16] Por esta razón es posible sacar conclusiones acerca de la posición que una ciudad ocupa en el espacio nodalizado a partir del número y el tipo de conexiones aéreas internacionales de que dispone. Por ejemplo, el hecho de que Berlín tenga un vuelo directo a Ulan Bator pero no a Nueva York puede ser considerado como un indicio de que Berlín no es una ciudad global.

trucción de astilleros y de barcos en todo el mundo, y de esta manera han contribuido a que se formara un exceso de capacidad, toda vez que las tasas de crecimiento del comercio mundial son altas pero han tendido a disminuir durante las décadas pasadas. Como consecuencia de esto los empresarios navieros se vieron forzados a reforzar la competencia por los precios. Pero entonces la competitividad de la navegación marítima se convirtió en un problema para el estado, que trató de solucionarlo por medio de la creación de un marco legal para el ahorro de costos salariales (acerca de los aspectos legales véase Däubler, 1988). Pero los costos salariales sólo podían reducirse si los navieros se retiraban de los espacios sociales de regulación, es decir, si permitían que las flotas navegaran con "banderas baratas".[17] En alta mar —donde no se está sometido a la soberanía de ningún estado nacional— la "localización" del navío es adscrita a un estado determinado y su sistema legal. La bandera es el símbolo de la relación entre el barco y el estado. Por eso la elección de bandera es, al mismo tiempo, elección de espacios estatales de regulación, es decir, de sistemas y montos tributarios, cuotas, estándares ambientales, reglas sociales, salarios, medidas de seguridad, grado de organización sindical, etcétera.

Pero el cambio de bandera se acompaña siempre de la pérdida de protección legal por parte del estado en el que los propietarios del navío tienen su "localización". Por lo tanto, la decisión ha de ser considerada cuidadosamente. Cuanto más fuerte es la competencia, más fuerte es la tendencia a cambiar de bandera. Esto hace posible la contratación de "marineros baratos" (*Frankfurter Rundschau*, 19 de marzo de 1993), principalmente del sureste de Asia o del Báltico, que están dispuestos a trabajar en las peores condiciones. Los sindicatos del país de origen de la compañía naviera no intervienen en esto para ofrecer su protección, puesto que no organizan (no pueden organizar) a los marineros baratos. Un barco contenedor de 30 mil toneladas brutas de registro cuesta por la tripulación alrededor de 2 millones de marcos anuales, si se le pagan las tarifas estipuladas en Alemania; una tripulación que puede ser contratada si se cambia de bandera costará sólo aproximadamente 800 mil marcos (*Die Tageszeitung*, 10 de febrero de 1989). En otras palabras, la plaza de trabajo bajo la bandera alemana cuesta aproximadamente 100 mil marcos al año, y la que está bajo una bandera extranjera, 50 mil. En el segundo registro, los costos ascienden a 70 mil marcos (*Die Welt*, 11 de enero de 1995). Con estas diferencias de costos salariales cambiar de bandera es una decisión razonable. Por eso a fines de 1993 sólo 287 barcos de compañías navieras que operan

[17] Y no se trata solo de las banderas de Liberia y Panamá, que amparan aproximadamente una cuarta parte del tonelaje bruto mundial *(world gross tonnage)*, sino también de la de Luxemburgo, país miembro de la Unión Europea: "la naviera, que pertenece al tradicional grupo Andreas Bolten (TT-Line; Olau-Line), colocó repentinamente en diciembre pasado a sus dos transbordadores bajo la bandera de conveniencia de Luxemburgo" (*Die Tageszeitung*, 5 de febrero de 1993). Para ello fueron particularmente determinantes las razones tributarias, creadas por una ley emitida en 1990 (Banque Générale de Luxemburg, *Notes Financières*, núm. 39, mayo/junio de1993). Gracias a esta regulación Luxemburgo no sólo se puede volver una potencia financiera, sino marítima. La ubicación geográfica es casi irrelevante.

en Alemania lucen la bandera de este país,[18] cuando a mediados de los años ochenta todavía lo hacían 691 (*Frankfurter Rundschau,* 26 de octubre de 1994).

Como medida en contra del cambio de bandera se promulgó en 1989 en Alemania el segundo registro naviero, que también permite contratar a una tripulación con salarios bajos con la bandera alemana: "En el caso de marineros que no residen en la República Federal de Alemania se pueden cerrar contratos tarifarios con los sindicatos del país de origen. Puesto que se hacen valer las condiciones de ese país ('contrato de origen'), es posible hacer grandes 'ahorros' en los costos de personal de la empresa naviera" (Däubler, 1988:7).[19] El segundo registro naviero fue declarado legal por la Corte Constitucional Federal de Alemania a principios de 1995. Los barcos que ostentan la bandera alemana son anotados obligatoriamente en el primer registro naviero; además 90% de ellos aparecen en el segundo registro. Con este último se está tratando de conservar una flota comercial nacional a pesar de las condiciones de competencia. No obstante, esto sólo puede ocurrir si se reducen los costos salariales y operativos a un nivel más bajo y "competitivo". Pero el hecho de que debido a esta medida también han empeorado los estándares de seguridad no sólo ha sido denunciado reiteradamente por los sindicatos, sino que es algo que también ocupa a la opinión pública, sobre todo después que ocurrieran espectaculares accidentes marítimos y aéreos.[20]

La finalidad de conservar una flota comercial nacional propia en tiempos de la globalización no sólo ha producido el híbrido que es el segundo registro naviero, que no sólo no va a lograr imponerse a la solución radical que representa la bandera de conveniencia y que además ha fundamentado una generosa política de subvenciones que apoya a astilleros y compañías navieras. Países de banderas baratas, como Panamá o Liberia, oponen resistencia a estas políticas de los países indus-

[18] En una entrevista con la revista *Die Woche* el director de Hapag-Lloyd, Bernd Wrede, decía: "La bandera no puede seguir siendo un criterio para nosotros. Si conseguimos un pedido de transporte por parte de una empresa química suiza o de una fábrica tailandesa de hornos de microondas, son siempre los mismos competidores que se pasan la estafeta unos a otros: coreanos, japoneses, taiwaneses. Entonces no se trata ya de la bandera alemana, sino de los precios y de la calidad del producto. La bandera es sólo una cuestión de utilidad y no de sentimientos. Por cierto que nuestros grandes competidores —también los asiáticos— navegan, como nosotros, bajo una bandera extranjera" (*Die Woche,* 10 de noviembre de 1995).

[19] Dentro de la OCDE se viene realizando un debate, desde fines de los años setenta, sobre si debe introducirse un segundo registro naviero en ese organismo. También en la Unión Europea se lleva a cabo este debate, que hasta ahora no ha conducido a ningún resultado concreto y que por lo mismo —y ésta es una autojustificación— ha llevado a Luxemburgo, que es un país sin costas, a establecer un segundo registro naviero.

[20] En el periodo comprendido entre 1982 y 1985, 1 003 barcos estuvieron involucrados en accidentes, con un total de 353 702 toneladas brutas de registro. Tan sólo 485 barcos, que cargaban 240 909 toneladas, ostentaban la bandera de conveniencia de sólo cuatro países: Panamá, Grecia, Chipre y Corea del Sur. También en el tránsito aéreo la tendencia de algunas organizaciones turísticas a utilizar aviones baratos ha reducido considerablemente los estándares de seguridad. Véase el debate tras la caída del jet de Birgenair en el Caribe (*Die Zeit,* 15 de febrero de 1996; *Der Spiegel,* 12 de febrero de 1996; *Die Woche,* 15 de febrero de 1996).

trializados con cuotas e impuestos bajos. La consecuencia: también en este flanco domina la tendencia a reducir los costos de transporte.[21]

Un tercer motivo para los bajos costos de transportes lo constituyen las subvenciones con las que se promueve el consumo de energía. Zarsky calcula las subvenciones a la energía en Estados Unidos entre 5 y 36 billones de dólares (Zarsky, 1997:35). También los subsidios al carbón son muy altos: en Alemania son de 109 dólares por tonelada, en Japón de 161 (Adams, 1997b:186). Existen muchos motivos para estas subvenciones, sobre todo el aseguramiento de las plazas de trabajo, pero existen muchos más motivos en contra, especialmente ecológicos. Pero, al mismo tiempo, con las subvenciones se alcanza un efecto paradójico. Puesto que se subsidia la disminución de distancias, también desaparecen las "fronteras de competencia" (Schneider, 1958:77-85), que tradicionalmente habían separado a las localizaciones. De esta manera se agudiza la competencia entre las localizaciones, que en realidad debía ser reducida gracias a las subvenciones.

DE PRODUCTOS ANÁLOGOS A LUGARES ANÁLOGOS *(LIKE PLACES)*

Debido a que los costos de transporte y por lo tanto las distancias son casi irrelevantes por los motivos ya mencionados, la existencia de fuentes de materias primas como un factor de la localización tiene una importancia tan secundaria como la ubicación de una gasolinera para un automovilista en una gran ciudad. O como se lee en un texto ya relativamente viejo acerca de geografía económica: "No se puede ignorar el hecho de que muchas industrias de productos terminados o de calidad han alcanzado una gran libertad en la elección de su localización porque los costos de transporte, especialmente en la era del automóvil, ya no constituyen una parte importante de los costos totales" (Kraus, 1966:557). Los recursos naturales se toman de cualquier país, para ser transformados donde se puedan encontrar y concentrar los factores cuya combinación constituye la *competitividad sistémica* de las lo-

[21] No sólo es posible "cambiar de bandera" en alta mar, sino también en los servicios de remolque en los puertos. En la "guerra de los remolcadores" en los puertos de Hamburgo una compañía naviera holandesa ofrece sus servicios de 30 a 40% más baratos que las remolcadoras alemanas. Esto es posible en el marco de la Unión Europea después de la creación del mercado común. Este caso es un buen ejemplo de la idiotez de la competencia entre localizaciones. Primero, después de la unificación alemana en 1990, el puerto de Rostock se vio afectado por la competencia de Hamburgo. Entonces la compañía naviera holandesa "alquiló" marineros desempleados de Rostock para poder ofrecer en Hamburgo precios de servicios de remolque más baratos que la competencia local (véanse los diarios alemanes de enero y febrero de 1996). En lugar de la acostumbrada tripulación de tres hombres en los remolques, la naviera holandesa trabaja con tripulaciones de dos marineros, que pasan a bordo 360 horas al mes, en vez de las 210 que prevé la tarifa. Un capitán gana con los holandeses de 5 000 a 5 500 marcos al mes, mientras que las tarifas establecen un pago de 7 500 marcos (*Neues Deutschland,* 4 de abril de 1996).

calizaciones. Pero en esta combinación los costos de transporte —que evocan, en la economía desinserta, a la tradicional territorialidad de la administración— son sólo marginales. Los bienes específicamente locales o nacionales se convierten en "ubicuidades", y las "localizaciones" donde se los produce también. El GATT sólo conocía productos análogos, pero en la competencia global las localizaciones se están convirtiendo en *like places,* que han aparecido para juntar puntos en el *rating* global. Ahora los factores de las localizaciones para la ubicación de empresas son muy distintos de los que habían resaltado Thünen, Weber y otros. Porque cuando los costos de transporte y de otras transacciones no desempeñan ya ningún papel, los costos laborales y todos esos factores que mejoran o empeoran la productividad del trabajo asumen una importancia crucial.

Los casos de especialización o la trayectoria de desarrollo de la dependencia en economías de extracción

Para que una localización se desarrolle hasta convertirse en un *like place* es de gran importancia que en el lugar se extraigan materias primas o se produzcan bienes industriales. La pregunta central de la teoría tradicional del desarrollo apuntaba a las posibilidades de que las economías de extracción desarrollaran estructuras de producción industrial. El camino a la economía industrial pasa por la exportación de materias primas, para financiar con ellas la industrialización. Tras esta primera fase del desarrollo las economías industrializadas deben ser capaces de participar en un comercio provechoso (nacional e internacional) con productos industriales, y así superar las dependencias. Esto nos lleva a preguntarnos si el comercio con materias primas puede ayudar a salir de la dependencia a un país que las produzca. El teorema del libre comercio promete ganancias para todos los que participen en el comercio mundial, mientras concentren la producción y el comercio en aquellos productos que presenten ventajas de costos comparativas. Por consiguiente, los países que cuentan con una gran riqueza en materias primas agrícolas, minerales y energéticas deberían concentrar sus actividades económicas en su extracción y explotación. Vemos así que las leyes del comercio mundial conservan el estatus de país productor de materias primas, mientras que la estrategia política de desarrollo aspira a convertir a estos países en países industrializados. En otras palabras: ¿es posible pasar de la primera fase del intercambio entre materias primas y bienes industriales a una segunda fase del comercio —determinado por la división del trabajo— de bienes industriales diversificados?

Especializarse en la extracción de materias primas tiene efectos negativos sobre el desarrollo social, la estabilidad política, la conservación ecológica y aun la eficiencia económica: todo esto se ha mostrado ampliamente con el ejemplo de la Amazonia, rica en materias primas (véanse Bunker, 1985; Altvater, 1987). En la mayoría de los casos la mayor parte de las riquezas naturales es transferida a los países industrializados, donde estos recursos son "refinados", es decir, convertidos en productos industriales. Pero éste es sólo un aspecto del proceso; el otro sale a la luz cuando seguimos la valorización de los recursos naturales extraídos (véase al respecto el capítulo 3). Esta valorización se inicia en el lugar de los activos o de la explotación de los recursos naturales, pero sólo puede ser concluida en el espacio global, y es únicamente en las divisas duras donde alcanza su realización. En el transcurso de la "valorización" los recursos naturales son trasladados de un lugar geográfico concreto (donde estos recursos poseen, sobre todo, valor de uso) al espacio económico, al mercado mundial (donde tienen, sobre todo, valor de cambio).

La valorización de las materias primas en el mercado mundial es dominada por todos esos factores que influyen sobre los *terms of trade* (relación real del intercambio) o los costos de capital (intereses y tipos de cambio). Pero estos factores determinantes, regidos por el mercado, tienen también una dimensión política. Precisamente en el sector global de materias primas tienen gran importancia los intereses *geopolíticos* (sobre todo en el marco del funcionamiento de la *geoeconomía* capitalista). Porque, en primer lugar, las conexiones del espacio local con el espacio global abren la posibilidad de "sangrar" los flujos monetarios, que corren hacia el espacio global. Se forman clases de rentistas *(rent seeking classes),* que trabajan en combinación con empresas transnacionales que operan en el espacio global. El soborno, el chantaje y la aseguración política de meros ingresos por pensiones se tornan importantes en estas condiciones y fortalecen a grupos que no tienen interés en cambiar estas circunstancias.

En segundo lugar los cambios de posición de los lugares en el espacio nacional (y global) ejercen una influencia considerable sobra la identidad local o regional de la respectiva población. Además, los factores ecológicos desempeñan un papel importante. La extracción de recursos naturales agrícolas y minerales tiene como consecuencia, muy frecuentemente, el empeoramiento de las condiciones ambientales y, por lo tanto, de las condiciones de vida de la población que vive en ese lugar. En algunos casos esto incluso provoca la necesidad de migrar, como ha sucedido en partes de la Amazonia brasileña, en África central o en algunos estados de Asia Central (sobre todo en relación con la destrucción del mar de Aral y la contaminación nuclear del Kazajstán oriental). En tercer lugar, una vez instalada, la infraestructura de transportes para la exportación de recursos naturales sirve también para la importación de mercancías provenientes de las economías de producción competitivas. El ya mencionado efecto de demostración —en combinación con bajos costos de producción y una red logística que funcione adecuadamente y que minimice los costos de producción— y además, en cuarto lugar, una moneda sobrevaluada como consecuencia del *boom* de exportaciones de recursos naturales, tienen un efecto devastador sobre los proveedores locales de productos de la industria transformadora en una economía de extracción. En una economía abierta y no protegida por lo general no tienen oportunidad alguna frente a competidores provenientes de economías de producción.

En quinto lugar, resulta decisivo el hecho de que las materias primas tengan que ser producidas o extraídas en un territorio concreto. Sólo dentro de límites muy modestos es posible producirlas en *space labs* o en invernaderos, pero ligados al clima y al lugar. Por eso la valorización exige necesariamente una infraestructura de transportes que permita que las materias primas estén disponibles para el mercado mundial. La infraestructura está ligada al territorio: calles, puertos, oleoductos, aeropuertos. Pero aun en tiempos de la geoeconomía y de la globalización el territorio es un decisivo *recurso de poder* político de los estados. Aun cuando sea reconocida la soberanía política que los estados tienen sobre el territorio demarcado, puede haber conflictos de intereses políticos y económicos por la explotación de los recursos, sobre todo en lugares donde las demandas todavía no se han definido, por ejemplo en Asia Central y en la región del Cáucaso. Ahí los intereses económicos por las valorizaciones pueden convertirse muy fácilmente en un antagonismo político que llegue hasta el conflicto armado. Por ejemplo, la cuestión del trazado de oleoductos desempeñó un papel importante en los recientes conflictos en la región del Cáucaso y en Asia Central (Kreikemeyer, 1998). Por eso en las economías de extracción de ningún modo es adecuado el optimismo de Luttwak (1994) en cuanto a que en la "geoeconomía" sin fronteras aumenta la competencia, pero no los conflictos y las guerras, que se tornan disfuncionales. Porque los depósitos de materias primas tienen coordenadas territoriales concretas del lugar, y un territorio sólo puede dominarse mediante el poder político o, en caso de dudas, el militar; y esto a pesar de la tendencia de la "desterritorialización" (Ruggie, 1993). Son testigos de ello las innumerables víctimas de las guerras civiles en Angola, Liberia, Sierra Leona o Congo, guerras en las que se peleaba por algo tan importante como los derechos de explotación de materias primas estratégicas (oro, diamantes, hierro, cobre, cobalto, manganeso, urano). Una densa red de relaciones entre las empresas mineras extranjeras y nacionales, las bolsas de valores norteamericanas o los bancos franceses, "empresas de servicios" con una organización paramilitar —que pagan a sus mercenarios con derechos de prospección, que éstos, a su vez, venden a empresas especializadas— y políticos corruptos han convertido la abundancia de materias primas de muchos países africanos en una de las principales fuentes de guerra, violencia y pobreza.

Economías de producción, o los lugares análogos entre la competitividad local y la informalización

Las diferencias entre las formas de extracción y de producción se muestran también cuando se analiza la forma de la competencia (véase el esquema 5.1). Los llamados productos análogos tienen muy diferentes características en las economías de extracción y de producción: las materias primas minerales y energéticas —casi siempre— y las agrícolas —prácticamente sin excepción— son productos análogos debido a sus propiedades naturales físicas y químicas. Las propiedades naturales del hierro, por ejemplo, pueden diferir de un lugar de extracción a otro, respecto de la concentración, la pureza, la facilidad de acceso a la mina o su grado de riqueza. Pero una vez que los minerales han sido extraídos, el producto análogo tiene un precio unitario en el mercado mundial *(single* y *spot price).* Ésta es la base de la estrategia global de los países industrializados: empujar hacia el mercado mundial a tantos proveedores como sea posible, para asegurar el abasto de los compradores en cualquier situación posible. La competitividad de los territorios de extracción es entonces una consecuencia de factores naturales (del lugar) y de factores de la formación de precios (en el espacio global). Pero estos últimos de ninguna manera son resultado de inocentes fuerzas del mercado, sino de una política del poder.

ESQUEMA 5.1. RÉGIMEN DE TIEMPO Y ESPACIO DE EXTRACCIÓN, PRODUCCIÓN Y *ARBITRAGE*

	Extracción	*Producción*	*Arbitrage*
Característica básica	Existencia natural de recursos	Competitividad de localizaciones artificiales	Utilización de diferenciales en la circulación
Régimen de tiempo y espacio	Lugar natural y espacio global; creación de productor análogos en la competencia global	Lugar artificial, espacio y tiempo global: creación de lugares análogos	"Destrucción", es decir, *tendencia a reducir a cero el lugar, el espacio y el tiempo*

A diferencia de lo que ocurre en las economías de extracción, para las economías de producción el lugar y el espacio son menos importantes que la posibilidad y la capacidad de mejorar *la economía del tiempo en el lugar,* y así alcanzar ventajas absolutas de costo en el *espacio* global. Mientras que en una economía de extracción los yacimientos de recursos naturales tienen una locación definida naturalmente, que no puede ser modificada,[22] la ubicación de instalaciones de producción depende de una serie de factores artificiales. Todas las inversiones son comparadas desde la perspectiva de cuánto pueden contribuir a mejorar la economía del tiempo. La disminución del tiempo se considera como un aumento de la productividad y —*ceteris paribus*— la *tasa de intereses sobre las inversiones de capital* se orienta entonces al *benchmarking* en la competencia global. Los regímenes de tiempo y espacio son determinados por las economías líderes, que tienen el poder de impo-

[22] Una mina puede ser abandonada y la producción agrícola puede interrumpirse si las localizaciones competidoras ofrecen productos análogos más baratos. Pero por lo general la ubicación de la extracción de recursos naturales no puede ser trasladada de un lugar a otro como una fábrica en el curso de una fuga de capitales.

ner estándares en los mercados. El lugar *artificial* social, político y económico es más adecuado a las condiciones de funcionamiento de la competencia global, porque provee con más facilidad que el espacio natural las necesarias mejoras a la economía del tiempo que esta competencia requiere. Aquí confluyen modernas teorías de la competitividad (véanse Messner, 1995; Porter, 1990; Adam, 1997a). El lugar artificial en el tiempo espacial se constituye mediante los factores de demanda (cercanía del mercado), los factores de oferta (disponibilidad de capital humano, ciencia y tecnología) y factores de aglomeración (intensidad de los *clusters* industriales, la creación de "ahorros externos"). Los factores metaeconómicos y la habilidad política desempeñan un importante papel en la configuración "artificial" de una localización. La combinación de todos estos factores es conocida con el nombre de "capital social" (véase Putnam, 1993), porque en él no cuenta sólo el capital monetario valorado de las empresas sino la red de factores sociales de influencia sobre la competitividad. La calidad y la disponibilidad del "capital social" son factores extremadamente importantes para las estrategias de acumulación privadas. Por lo tanto, para mejorar la economía del tiempo la existencia natural de recursos de una localización es menos importante que la estructuración artificial de la localización. Puesto que los imperativos externos resultan obligatorios para una exitosa economía de la producción, se trata de identificar aquellas variables que pueden ser influidas en la localización por actores económicos, sociales y políticos. Éstas son todas las circunstancias y los factores que obran sobre los costos salariales unitarios, es decir, sobre la productividad del trabajo y los salarios laborales (incluyendo los costos salariales adicionales). Todos ellos son una condición importante en la creación y el aseguramiento de la "competitividad sistémica".

Sin embargo las localizaciones no pueden disponer de manera autónoma de la *interfase* monetaria. Las decisiones tomadas por las autoridades nacionales en las localizaciones prácticamente no ejercen influencia alguna sobre el tipo de cambio cuando existen las condiciones de un régimen de tipos de cambio flexibles con absoluta convertibilidad de las monedas y mercados de capitales desregulados en el capitalismo de los *arbitrageurs*. La *interfase* entre la economía nacional (local y regional) y el mercado mundial, es decir, el desarrollo de los intereses y el tipo de cambio, resulta posiblemente, en tiempos de crisis financieras (o sea de alta volatilidad a corto plazo) más importante para la competitividad actual de una localización de producción que los costos salariales, los índices de inflación y la productividad, cuya importancia a largo plazo es indiscutible. Para elevar la velocidad de adaptación a las señales del mercado mundial, en primer lugar, se liberaliza, desregula y flexibiliza a los mercados nacionales. En segundo lugar resulta especialmente importante asegurar la continuidad del proceso de producción y de circulación, es decir, evitar costosas interrupciones en la producción, el transporte y la circulación de las mercancías para favorecer a la economía del tiempo.

Así pues, en las economías de producción el tiempo y el espacio representan un obstáculo a la rápida adaptación de la utilización local del capital al mercado mundial. En las economías de extracción los recursos naturales proceden de una localización natural. Si no se toman en cuenta las circunstancias del lugar no se puede utilizar el capital invertido en la extracción de estos recursos. En las economías de producción las características (naturales y sociales) del lugar pueden mostrarse como una barrera para la reducción del tiempo de producción y para la continuidad y aceleración de la producción y la circulación, es decir, para el incremento de la productividad y de las ganancias. Las estrategias del aumento de la "competitividad sistémica" tienen, en última instancia, el propósito de producir una mejora de la economía del tiempo en un espacio económico artificial adaptado a este fin, eliminando los obstáculos del espacio natural.

Sin embargo, es imposible eliminar por completo el lugar natural y social concreto en interés de una economía del tiempo abstracta. En primer lugar los mapas del lugar y el espacio que existen en la cabeza de las personas no pueden ser sencillamente borrados o intercambiados. Esto no sólo lo determinan las condiciones naturales del lugar. La sustitución del lugar natural (que tan decisivo es para una economía de extracción) es un proceso complejo, debido al espacio social, económico y político creado artificialmente, sobre todo si, además, se cuenta con un mapa social, económico y político, generalmente cargado de factores emocionales, dador de identidad y que se ha heredado de generaciones anteriores. La creación de un mapa nuevo nunca es sólo una labor intelectual, y menos una labor económica. Se trata de un proceso social y cultural lleno de conflictos. Siempre se ven implicados problemas de distribución y de justicia social, así como la destrucción y construcción de identidades. Por eso una cosa es identificar *normativamente* las condiciones del incremento de competitividad, y otra son los estudios *analíticos* que se ocupan de las restricciones que se oponen a la realización del régimen de tiempo y espacio, definido de manera normativa.

En segundo lugar se añade una circunstancia que ya se había discutido en relación con las economías de extracción: la creación de una localización adaptada a las exigencias y las condiciones del espacio global —comparable a las economías de extracción— facilita también la "incursión" de competidores externos. Una vez que la economía se ha abierto al mercado mundial no es posible, de ninguna manera, reservar la utilización de efectos positivos de la economía del tiempo a las empresas locales y evitar que los competidores externos los aprovechen a su favor. Por lo tanto el *spacial fix* es el precio que hay que pagar por la eliminación de las fronteras espaciales (véase Harvey, 1996:412) y por el ascenso de la economía del tiempo. En una economía mundial de esta manera se agudiza también la competencia entre localizaciones.

La consecuencia de esto es que los sectores de la economía territorial que no son satisfechos por los *benchmarks* que deben cumplirse en una exitosa integración al mercado mundial se van a pique económicamente o se ven obligados a orientar las actividades económicas a otros estándares, diferentes a los del mercado mundial. Así surge el llamado *sector informal*. Para este momento tal sector tiene ya una considerable importancia en todos los países que participan en el comercio mundial (véase el capítulo 7, donde esto se analiza detalladamente). Constituye la expresión de la *fragmentación* (Mingione, 1991, 1997) de las sociedades modernas bajo la presión de tener que ejercer los estándares globales. Así pues, el lugar análogo sólo puede surgir si sectores del lugar concreto se sustraen a la comparación obligada por el comercio mundial y por la transferencia de capitales; a partir de esta definición se define la "normalidad". Pero bajo la presión de la globalización, con la reducción de distancias espaciales y temporales y, por lo tanto, también sociales, se disuelve la normalidad específica de un lugar. Ya sólo es "normal" lo que subsiste en la competencia mundial. Se espera que se hagan adaptaciones a las condiciones de la globalización, sobre todo la flexibilización del trabajo y de la organización laboral, para poder mantener el paso de la flexibilización y la movilidad del dinero. Los sectores que pueden recorrer con éxito este camino mantienen su papel de actores en la competencia global de los lugares análogos; los que no lo logran son "excluidos". Estos sectores producen para mercados locales y regionales en condiciones laborales tan alejadas de la norma que se puede hablar de *informalidad.* Entonces, la expansión del comercio global tiene una consecuencia paradójica. Porque todos los estándares de la competencia tienen un efecto global, pero no pueden ser alcanzados en las localizaciones por todos los actores, junto con la fuerza creadora de normas de la globalización nace también la informalidad local. Los lugares análogos también se asemejan porque producen un creciente sector informal en el marco de la globalización. Si se los expresa en números aumentan de manera muy modesta en comparación con las poderosas transacciones comerciales y movimientos de capital en los mercados mundiales. Pero la informalidad afecta a un gran número de personas; en algunas regiones del mundo la gran mayoría se ha "informalizado" de una u otra manera. En el capítulo 7 nos ocuparemos detalladamente de este tema.

COMERCIO CON SERVICIOS

No todo el comercio usa intensivamente el transporte. El mercado mundial —esto se expresa en las nuevas tendencias de las relaciones del comercio mundial— ya no lo es sólo para mercancías materiales, sino para servicios no materiales. En 1975 una cuarta parte del comercio mundial recaía en el intercambio de prestaciones *(non-factor services)* y de ingresos financieros *(investments incomes);* a mediados de los años noventa esta cifra había aumentado un tercio (OECD, 1994b:45). Los antecedentes reales de estas relaciones modificadas son complejos. Entre los "servicios" se cuentan el turismo, los servicios de transporte, las ganancias producidas por el comercio de tránsito, servicios de seguros y servicios financieros, las patentes y licencias, la investigación y el desarrollo, los servicios de ingeniería y cualquier otro servicio técnico, el procesamiento electrónico de datos, la construcción, el montaje, las composturas, los costos gubernamentales, es decir, los pagos entre empresas vinculadas como los gastos empresariales, los servicios postales, los costos de publicidad y de participación en ferias y los servicios gubernamentales, incluyendo los ingresos de oficinas militares extranjeras. En la tradición de la teoría económica los servicios son considerados productos inmateriales en los que coinciden los procesos de producción y de consumo *(uno actu)*, bien en el lugar del proveedor del servicio *(domestic-establishment trade)* o en el lugar del consumidor *(demander-located services)*. En la primera categoría se encuentran, por ejemplo, las ofertas turísticas, los servicios educativos y la asistencia médica; en la segunda los grupos de montaje, los asesores empresariales, los contadores públicos, etc. En este momento los de más expansión son los servicios "a larga distancia", que se pueden brindar sin la movilidad de proveedores y clientes, de productores y consumidores. Forman parte de este grupo los servicios de transporte, los servicios financieros y de aseguración que se realizan por medio de las telecomunicaciones, los servicios de consultoría de todo tipo y también el *software* "encarnado" en un producto industrial (un diskette, un CD-ROM o Internet).

Junto con estos *non-factor services* los *investment incomes* son calculados también en el comercio internacional y, por lo tanto, aparecen en la balanza de cuenta corriente. Ésta es una categorización que sólo nos resulta clara cuando consideramos que, en la teoría económica, los ingresos factoriales (de trabajo y de capital) son interpretados como una remuneración por los "servicios" que estos factores producen, y por ello no aparecen en la balanza de capital sino en la de cuenta corriente. También en la creciente participación de los ingresos financieros (ingresos por rentabilidad del capital) se refleja la tendencia de que las inversiones directas contengan en gran parte servicios orientados a la producción (servicios arquitectónicos, de diseño, de ingeniería, marketing, procesamiento electrónico de datos, etc.), razón por la cual los *investment incomes* pueden ser considerados servicios en una medida que no se puede calcular con precisión, desde una perspectiva estadística de la balanza de pagos. Las fronteras al sector productivo se vuelven permeables.

> Por lo tanto la definición del sector servicios está en función de las fronteras otorgadas al sector secundario. Por ejemplo, las actividades de construcción y de reparación (de autos, aparatos domésticos, zapatos) y el servicio público (abasto de electricidad, gas y agua) a veces son consideradas parte del sector secundario, a veces no [...] De hecho, cuanto más aumentan los vínculos entre las actividades económicas y más compleja se vuelve la producción, más y más borrosas se tornan las fronteras entre los sectores económicos (UNCTAD/Banco Mundial, 1994).

En la década de 1982 a 1992 el comercio de servicios aumentó un promedio anual de 9.5%, es decir, considerablemente más que el comercio de mercancías (Hoekman y Souvé, 1994:5). Como consecuencia de ello en las décadas pasadas ha cambiado la estructura del comercio internacional. Disminuye la importancia *relativa* del comercio de mercancías, mientras que aumenta la del intercambio de prestación de servicios y los ingresos financieros. Pero al mismo tiempo resalta claramente la irregularidad de esta evolución. Para Estados Unidos la reducción de la participación del comercio de mercancías en la balanza de cuenta corriente es menos dramática que para Japón y Europa Occidental (véase OECD, 1994b:45).

En el comercio de servicios aparecen de manera todavía más marcada que en el de mercancías los conocidos desequilibrios entre los países en vías de desarrollo y los países industrializados: 87% del comercio de servicios transfronterizo se realiza entre los países industrializados, poco más del 7% en los países (NIC) asiáticos, con las metrópolis de servicios Singapur y Hong Kong; el enorme "resto" del mundo participa con un escaso 6% de servicios en la sociedad mundial en expansión (UNCTAD/World Bank, 1994:14). Y más importantes que la expansión del comercio de servicios son las modificaciones que se han dado en el periodo de 1970 a 1990 debido a la combinación del comercio transfronterizo con los "servicios comerciales": la participación de los servicios de transportes se redujo de 40% a principios de los años setenta a 30 en los años noventa. En comparación, aumentó aproximadamente 25 a 40% la participación de los "otros servicios e ingresos". En otras palabras: la gestión, el financiamiento, las aseguradoras, los servicios profesionales y técnicos y los servicios mediáticos y de asesorías de todo tipo son los componentes *con el crecimiento más rápido* en las transacciones internacionales en el intercambio de prestaciones de servicios *(non-factor services)*. Sin embargo, también aquí se muestran diferencias significativas entre los países en vías de desarrollo y las naciones industrializadas: en ambos grupos de países "otros servicios" desempeñan el papel más relevante en la importación. Por el contrario, los países en vías de desarrollo obtienen del comercio internacional de servicios en el turismo una gran parte de sus ingresos por exportaciones; en algunos de estos países más de la mitad de los ingresos provienen de las exportaciones de servicios de este tipo. En la balanza de "otros servicios e ingresos" los países en vías de desarrollo presentan altos déficit (p. 13). Según cálculos de la UNCTAD, la participación de los servicios en la reserva de las inversiones directas se ha duplicado de 25 a 50% en los años que van de 1970 a 1990 (UNCTC/UNCTAD, 1993:61).

Con estos antecedentes, y con la creciente comerciabilidad de datos y de servicios relacionados con datos, las barreras no arancelarias al intercambio de prestaciones de servicios que resultan de las regulaciones nacionales se convierten en una molestia para los *global players*. Los diferentes estándares técnicos y normas, inversiones, disposiciones, impuestos, controles de pasaportes, etc., de un estado nacional son percibidos ya sólo como obstáculos "artificiales" al comercio, como el núcleo de un "nuevo proteccionismo".[23] Éste es el motivo por el cual, en el transcurso de la Ronda de Uruguay del GATT, la reglamentación del intercambio de prestaciones de servicios, de las *trade related investment measures* (TRIMS) y de los *trade related property rights* (TRIPS) fue el tema central y también la razón de que, ade-

[23] Todavía hasta los años cuarenta las ciudades en Inglaterra tenían redes eléctricas con voltajes diferentes. En Estados Unidos las normas del comercio bancario de los estados individuales no se unificaron hasta hace pocos años. En la República Federal Alemana el federalismo del sistema educativo es considerado, con razón, como una conquista democrática.

más del GATT y de la OMC, se fundara el General Agreement on Trade in Services (GATS), cuyo motor e iniciador fue la Unión Americana. La liberalización en el marco del GATT se extiende ahora a los servicios e ingresos sobre los bienes de capital, entre los que se cuentan también los *intellectual property rights.* Una presión de liberalización especialmente fuerte pesa desde entonces sobre aquellos sectores de servicios que, debido a su carácter infraestructural, habían sido protegidos por regulaciones de los estados nacionales y dominados fuertemente por proveedores nacionales, especialmente en las empresas de telecomunicaciones, bancos y aseguradoras. Después de la desregulación, mayormente concluida, y de la globalización de los mercados financieros y de capitales, lo que importa hoy en día son especialmente los mercados de la telecomunicación y de los medios, o más precisamente las posibilidades de acceso de un pequeño número de *global players* de Estados Unidos, Japón y Europa Occidental a sistemas de información y comunicación hasta entonces protegidos nacionalmente. Naturalmente, esto sólo es posible en el marco de la privatización de empresas públicas. De esta manera cayeron en manos privadas las instalaciones técnicas del futuro "ciberespacio". Con la privatización las redes quedan libres de toda obligación pública. Esto equivale a la ruina de los servicios públicos. Si hasta ahora los monopolios estatales habían permitido a los prestadores de servicios de telecomunicación que financiaran servicios deficitarios pero socialmente deseables con medios tomados de otros sectores del negocio que fueran más rentables, en el futuro existirá una división de los mercados: unos para clientes con poder adquisitivo, y otros para "casos sociales", que estarán limitados a un suministro básico, independiente del mercado.

Las formas de liberalización y desregulación acordadas en la Ronda de Uruguay *constituyeron* un nuevo tipo de ingresos (es decir, los derechos de propiedad intelectual), para hacerlos comercializables como mercancías. Hay en ello una gran cantidad de restricciones, por ejemplo, para el libre acceso a bienes públicos que podrían ser monopolizados bajo este régimen por poderosas ET. Esto vale tanto para programas de cómputo como para patentes de tecnología genética.[24] Dado el "poder de información y de control" que ya ejercen hoy algunas empresas que actúan en todo el mundo, es más que probable que la mayor parte de la producción mundial de "signos" permanezca concentrada en el Norte "o bien que sea hecha en 'laboratorios' controlados por esta región del mundo o sometidos a sus normas

[24] Estos últimos son una expresión especialmente absurda de la desregulación, puesto que con ellos, dentro de un proceso evolutivo totalmente desconocido en su complejidad, un minisegmento de vida es transferido al poder de disposición y a la capacidad de venta de propietarios privados de derechos de propiedad para que lo valoricen, es decir, para que se consume una lógica totalmente ajena y contraria al proceso de evolución de la vida. Pero las consecuencias económicas también son un problema. Porque sólo se protegen los intereses económicos de quienes se pueden dar el lujo, con el correspondiente gasto de capital, de emanciparse (aparentemente) de las condiciones naturales. Los sencillos campesinos de la India o de África no poseen el capital necesario, y por eso se vuelven dependientes de los grandes consorcios cuando les es arrebatada la posibilidad de obtener semillas según sus métodos tradicionales, puesto que sus códigos genéticos ya han sido patentados.

y procedimientos" (Latouche, 1994:30). De esta manera amenaza, por un lado, un nuevo "imperialismo" de las imágenes y las palabras, de los valores morales "libremente transportados", de las normas legales, de las reglas de comportamiento político y de los criterios de lo que es competente. Tres cuartas partes de las conexiones telefónicas más importantes están a disposición de sociedades de países en los que sólo vive 15% de la población mundial. La parte del continente africano subsahariano no sólo está marginada económicamente sino también en lo que respecta a las tecnologías de información: más de la mitad de la población africana no ha hablado nunca por teléfono, menos aún posee una línea telefónica. Mientras que cien norteamericanos disponen, en promedio, de 65 a 70 teléfonos, en el África subsahariana (exceptuando Sudáfrica) cien personas deben compartir medio teléfono. Aproximadamente a mil personas en el Cercano Oriente, en Asia (incluyendo los ex estados de la Unión Soviética), en Latinoamérica y en África les correspondería una conexión a Internet; en Estados Unidos, en Australia y en los países escandinavos aproximadamente mil personas disponen de 10 a 18 conexiones a Internet (Schiller, 1996:4). En resumen: para muchas personas no existe la globalización de la comunicación.[25] Pero aun si en un futuro el mundo entero estuviera conectado, se conservaría la relación del centro y la periferia. Aun entonces existirían las "centrales de conexiones" del "complejo industrial-informativo", que ya no toma decisiones "siguiendo los parámetros de la geometría del espacio, sino los de la geometría del poder" (Virilio, 1993:34) y, habría que añadir, del dinero.

También el Multilateral Agreement on Investment (MAI) forma parte en este contexto de la liberalización a favor de las grandes empresas que operan globalmente. Aun cuando el MAI se negoció en el marco de la OCDE,[26] le incumbe tanto a la OMC que su director general, Ruggiero, la consideró la "constitución económica" de la globalización. El proyecto del MAI, que fue bloqueado en un principio porque llegó a manos de la opinión pública a través de sindicalistas de gremios de la OCDE y de ONG, desatando una ola de protestas internacionales, preveía una amplia libertad de las empresas transnacionales frente a los "países huéspedes" de sus proyectos de inversión. El MAI seguía de manera extrema la lógica del GATT y de la OMC: fortalecer la libertad de los actores económicos frente a la regulación políti-

[25] Bajo la presión de la liberalización, llevada a nuevos niveles por el GATS, muchos países del Sur se ven obligados a renunciar a su monopolio en el sector de las telecomunicaciones y a abrir su mercado a los productos y servicios de los *global players*. Así se da la paradójica situación de que Internet, "cuyo desarrollo fue financiado en el Norte con dinero público —sobre todo en Estados Unidos, donde la National Science Foundation proveyó la infraestructura de gran espacio—, tenga que ser financiado de manera privada en los países más pobres. Por lo menos así parece preverlo el programa *InfoDev* del Banco Mundial, cuando habla de que 'hay que ayudar a los países en vías de desarrollo a integrar completamente el sector de información a la economía'" (Renaud y Torrès, 1996).

[26] Jagdish Bhagwati ve un motivo decisivo para no negociar el MAI en el marco de la OMC en el hecho de que ésta es una empresa individual en la que participan todos sus miembros. "con el IPP y el MAI en ella sería difícil refutar la acusación de que lo que lo que es bueno para el 'capital' en la OMC no es bueno para el 'trabajo' o la 'naturaleza'" (carta al editor, *Financial Times*, 22 de octubre de 1998, p. 12).

ca y los controles. Pocas veces ha sido tan claro lo que verdaderamente es la globalización: el otorgamiento de todos los derechos a los actores en el *espacio global* y su correspondiente limitación a los actores *en las localizaciones*, en el espacio local, regional o nacional. Los ciudadanos no habrían de tener derecho a opinar en el proceso político siempre que éste se tratara de los intereses de inversionistas transnacionales. Tampoco los derechos de los ciudadanos económicos y sociales valdrían en el sistema de las relaciones industriales.

En 1998 el MAI fue eliminado de la agenda después de años de negociaciones secretas, cuando se publicó el proyecto.[27] Ahora bien, no va a haber manera de evitar una reglamentación de los derechos y obligaciones de parte de las empresas transnacionales hacia los países en los que invierten. Esto también tiene que ver con que, en muchos casos, las ET son política y económicamente más poderosas que los gobiernos nacionales o regionales. La soberanía política legitimada hacia el interior en las sociedades democráticas (y, dentro de las relaciones internacionales, también hacia el exterior) es sustituida por la soberanía económica. Ésta no tiene que legitimarse frente al pueblo de un estado o frente a la opinión pública, sino, en el mejor de los casos, frente a accionistas *(shareholders)* o, casi siempre, sólo ante los miembros de un elitista consejo de administración. Por eso, como escribieron algunos críticos, el MAI constituye la expresión de una "refeudalización" de la hegemonía mundial (Wolter, 1998:54). El "buen gobierno" no puede consistir en ampliar el espacio de maniobras de las ET, sino en acotarlo por medio de reglas. La *globalización como regla de la irregularidad*, como se la denominó en el borrador del MAI, ha ido demasiado lejos y provocado resistencias (véase también Wiseman, 1998:122 ss).

EMPRESAS TRANSNACIONALES E INVERSIONES DIRECTAS

En general la concentración regional de las corrientes de inversiones directas corresponde a la distribución geográfica de las corrientes de comercio. Según datos proporcionados por el *World Investment Report*, alrededor de 60% de los ingresos y 85 de los egresos de las inversiones directas extranjeras incumben a países industrializados desarrollados y, por lo tanto, aproximadamente 40% de las entradas y 15 de los egresos a países en vías de desarrollo. Entre los "países en vías de desarrollo", a las naciones del este y sureste asiático les corresponde la mayor parte. A todo el continente africano le incumbieron en 1997 sólo 1.2% de las entradas y 0.3 de los egresos (véase UNCTAD, 1998a). Esta desigualdad extrema en el reparto refuerza la tesis de la fragmentación global, sólo que ésta resulta ser expresión y no negación de la globalización. Aun al estudiar las reservas de las inversiones direc-

[27] La publicación del texto se hizo en Internet, y la discusión en torno a él puede ser consultada igualmente en la red. Los textos también se pueden solicitar a la OCDE, al Directorate for Financial, Fiscal and Enterprise Affairs.

tas se observa el mismo resultado. Como ya sucedió durante los años ochenta, en la actualidad Estados Unidos y la Unión Europea ocupan el primer lugar tanto en las reservas de las inversiones extranjeras directas en su territorio nacional (en total aproximadamente 70% de las reservas mundiales) como en las inversiones directas en el extranjero (alrededor de 90% de las reservas mundiales) (véase el esquema 5.2).

ESQUEMA 5.2. DISTRIBUCIÓN REGIONAL DE LAS RESERVAS EN INVERSIONES EXTRANJERAS DIRECTAS EN EL TERRITORIO NACIONAL Y EN EL EXTRANJERO, 1985 A 1997
(en porcentajes)

	Inversiones extranjeras directas en el territorio nacional (reservas)				*Inversiones extranjeras directas en el extranjero (reservas)*			
Región/País	1985	1990	1995	1997	1985	1990	1995	1997
Países industrializados	72.3	79.3	70.6	68.0	95.7	95.6	91.5	90.2
Europa Occidental	33.6	44.1	39.1	36.9	44.4	50.8	51.1	50.4
Unión Europea	31.2	41.5	36.3	34.6	40.6	46.6	45.1	45.1
Otros países de Europa Occidental	2.3	2.7	2.8	2.3	3.8	4.5	5.9	4.3
EE. UU.	24.4	22.7	20.5	20.9	36.4	25.5	5.6	25.6
Japón	0.6	0.6	1.2	1.0	6.4	11.8	8.5	8.0
Países en vías de desarrollo	27.7	20.6	28.1	30.2	4.3	4.4	8.4	9.7
África	3.1	2.2	2.1	1.9	0.9	0.7	0.5	0.5
Latinoamérica/ Caribe	10.1	7.1	10.2	10.9	1.1	0.7	0.9	1.0
Países europeos en vías de desarrollo	0.1	0.1	0.1	0.1_				
Asia	14.3	11.1	15.6	17.2	2.3	2.9	6.9	8.2
Asia Occidental	5.7	2.8	2.1	1.7	0.3	0.4	0.3	0.3
Asia Central	–0.1	0.2	-					
Asia del Sur, del este y del sureste	8.6	8.3	13.4	15.3	2.0	2.6	6.4	7.9
Pacífico	0.2	0.1	0.1	0.1–				
Europa Central y Oriental		0.1	1.3	1.8	–	0.1	0.2	
Mundo	100	100	100	100	100	100	100	100

FUENTE: UNCTAD (1998a), *World Investment Report 1998: Trends and Determinants*, cuadro 3.5.

ESQUEMA 5.3. INDICADORES SELECCIONADOS DE INVERSIONES EXTRANJERAS DIRECTAS Y DE PRODUCCIÓN INTERNACIONAL, 1986-1997
(en miles de millones de dólares y porcentajes)

	Valores en precios corrientes (en miles de millones de dólares)		*Tasas anuales de crecimiento (en porcentajes)*			
	1996	1997	1986-1990	1991-1995	1996	1997
Inversiones extranjeras directas en el país (ingresos)	338	400	23.6	20.1	1.9	18.6
Inversiones nacionales directas en el extranjero (egresos)	333	424	27.1	15.1	–0.5	27.1
Inversiones extranjeras directas en el país (reservas)	3 065	3 456	18.2	9.7	12.2	12.7
Inversiones nacionales directas en el extranjero (reservas)	3 115	3 541	21.0	10.3	11.5	13.7
Fusiones transfronterizas *(mergers and acquisitions)*[a]	163	236	21.0[b]	30.2	15.5	45.2
Ventas de las sucursales extranjeras	8 851[c]	9 500[c]	16.3	13.4	6.0[c]	7.3[c]
Valor bruto de producción de las sucursales extranjeras	1 950[c]	2 100[c]	16.6	6.2	7.7[c]	7.7[c]
Activo fijo de las sucursales extranjeras	11 156[c]	12 606[c]	18.3	24.4	12.0[c]	13.0[c]
Información						
PIB a costos factoriales	28 822	30 551[d]	12.1	5.5	0.8	6.0[d]
Formación de capital bruto	5 136	5 393[d]	12.5	2.6	–0.1	5.0[d]
Ingresos de *royalties* y otras comisiones	5 361[d]	21.9	12.4	8.21	5.0[d]	
Expotación de bienes y servicios no factoriales	6 245	6 432[d]	14.6	8.9	2.9	3.0[d]

FUENTE: UNCTAD (1998a), *World Investment Report 1998: Trends and Determinants,* cuadro 2.

[a] sólo adquisición de participaciones mayoritarias
[b] 1987-1990
[c] proyección sobre la base de los datos de 1995
[d] estimaciones

No obstante, al contemplar los montos, las inversiones directas extranjeras tienen mayor relevancia para el proceso de la agrupación de la ecología mundial que las exportaciones mundiales de bienes y servicios. En la época de 1960 a 1992 las reservas de las inversiones directas extranjeras aumentaron de 67 700 millones de dólares a 1.95 billones; en 1997 eran ya de 3.5 billones de dólares (véanse, respecto a los siguientes datos numéricos, UNCTAD/World Bank, 1994, así como UNCTAD, 1998a).[28] En la segunda mitad de los años ochenta las inversiones directas nacionales en el extranjero aumentaron anualmente 27.1%, es decir, casi tres veces más rápido que las exportaciones (11.1) y el producto social mundial (9.8). Durante la primera mitad de los años noventa disminuyó en un principio el aumento de las inversiones directas extranjeras hasta llegar a 15.1 anual, pero se recuperó en 1997 y alcanzó 27.1% (véase el esquema 5.3).

En los años sesenta fueron sobre todo empresas norteamericanas, a principios de los noventa son también cada vez más empresas europeas y japonesas las que organizan su producción más allá de las fronteras. Más de 90% de los influjos de inversiones directas provenientes de Estados Unidos registradas en el esquema 5.3 fueron realizadas en forma de fusiones y adquisiciones. En las industrias farmacéutica y automotriz, en la rama armamentista, en el ámbito de las telecomunicaciones y también en el sector financiero, se han formado en los últimos años, en todo el mundo, empresas gigantescas, y todavía no se divisa el final de las megafusiones:

> El número total de los fabricantes principales de automóviles se reducirá a 5 o a 10 en el año 2010, de los 15 que son en la actualidad. En la industria farmacéutica muchos mercados son controlados ahora por un número más reducido de empresas; de entre ellas, siete tienen ventas por más de 10 mil millones cada una, constituyendo aproximadamente una cuarta parte de un mercado de 300 mil millones de dólares (UNCTAD, 1998a).

Entonces, por lo menos en los países industrializados ha aumentado verdaderamente la participación de las empresas subsidiarias extranjeras en la producción industrial respectiva. En Estados Unidos aumentó de 7.0% en 1981 a 15.7 en 1995. También en otros países se registra un aumento; no obstante, en Alemania hubo una reducción de 16.7 a 12.8%, y en Japón, de un ya de por sí bajo 4.7, a 2.5% (OCDE, 1999:243). A pesar de la tendencia general que apunta a una importancia creciente de las inversiones directas, su peso en los mercados nacionales varía debido a los distintos grados de apertura.

[28] Los datos se deben tomar con cierta reserva. Si bien proceden de fuentes serias, éstas se contradicen como regla general (y no sólo como excepción). Se reproducen aquí sólo para ilustrar las tendencias. La falta de datos sobre la transnacionalización de la producción se puede interpretar como expresión del *disembedding*, igual que sucede en el caso de la internacionalización del sector financiero (véase el capítulo 4). Los deficientes informes estadísticos son consecuencia de los escasos controles sociales y políticos de los actores económicos en el espacio global y, por lo tanto, de la falta de transparencia.

Por el contrario, las ET en los países en vías de desarrollo y NIC apenas participaron en 1997 con 9 700 millones de dólares en las inversiones directas internacionales, que tienen un monto de 424 mil millones de dólares. A pesar de que desde fines de los años ochenta ha aumentado claramente el número de los países de origen y de destino de las inversiones extranjeras directas —y esto particularmente mediante las exportaciones de Japón y de otros países asiáticos, entre ellos recientemente China, con fuertes incrementos—, la mayor parte de las IED (inversiones extranjeras directas) realizadas en todo el mundo corresponde a las potencias de la tríada. Las afluencias en los países en vías de desarrollo son limitadas (UNCTAD, 1998b), pero no son más altas en los países en proceso de transformación de Europa Central y Oriental. En 1997 fueron 19 mil millones de dólares en valores absolutos. La participación en las reservas mundiales en el respectivo territorio nacional fue en 1997 de 1.8%, en las reservas en el extranjero de tan sólo 0.2. También esta región mundial está muy lejos de una distribución equitativa de las reservas, que de suyo son bajas. Tres cuartas partes corresponden a la Federación Rusa, Polonia, Hungría y la República Checa (UNCTAD, 1998c).

A principios de los años noventa se dio un auténtico *boom* de inversiones en una serie de países del tercer mundo, especialmente en los "mercados emergentes" de Asia y Latinoamérica. En los países más afectados por la crisis que estalló posteriormente (Indonesia, Malasia, Tailandia y Filipinas) todavía se invirtieron en 1996 más de 60 mil millones de dólares netos, entre ellos casi 10 mil millones en forma de inversiones directas. Ya se mostró en el capítulo 4 que este *boom* carecía de cimientos y que desembocó en una grave crisis financiera, primero en México, en 1994, después en Asia, en 1997, en Rusia, en 1998, y en Brasil, en 1999. Desde 1997 los países asiáticos en crisis registraron salidas de capital neto: en 1997 aproximadamente 20 mil millones de dólares, en 1998, más de 45 mil millones de dólares y en 1999, 26 mil millones de dólares en cifras redondas. Las inversiones directas se han reducido a más de la mitad de 1997 a 1998, de 12 000 a 4 900 millones de dólares. Esto, aunque quizá no de una forma tan dramática, no es diferente en otras regiones del mundo. Las afluencias de inversiones directas en las "economías de mercados emergentes" se han reducido en todo el mundo desde su punto más alto en 1997, con 142 700 millones de dólares a 116 700 millones de dólares en 1999 (IMF, 1999:40). Pero eso sí, empresas norteamericanas y europeas aprovecharon la crisis financiera en Asia para "introducirse" a bajo precio, dada la devaluación de las monedas locales, a algunos sectores (servicios, especialmente bancos, aseguradoras y telecomunicaciones) de los países sacudidos por la crisis (UNCTAD, 1998d y UNCTAD, 1998e).

En el curso de la crisis asiática se ha desplazado la geografía de las corrientes globales de inversión. Un aspecto de las transformaciones globales lo constituye la atracción que ahora ejerce China. Según datos proporcionados por la UNCTAD, en 1997 China atrajo casi un tercio (es decir, 45 mil millones de dólares) de la inversión directa mundial. Si se toma en cuenta el tamaño del país éste no es un monto considerable. Pero en comparación con los 6 400 millones de dólares que atrajo África en 1997 (y sin la República de Sudáfrica y Nigeria fueron sólo 3 700 millones de dólares), ésta es una señal de desplazamientos en la división del trabajo global (UNCTAD, 1998e).

Entonces, los países africanos, particularmente los subsaharianos, no fueron integrados en modo alguno al mercado mundial, sino crecientemente marginados (véase Collier, 1995). Su participación en las exportaciones mundiales se ha reducido de manera continua: mientras que entre 1979 y 1980 las exportaciones de África todavía tuvieron un aumento anual de 2.8%, el crecimiento en las exportaciones africanas se redujo anualmente 2.4% en la década siguiente, mientras que los países del sureste asiático registraron un incremento anual de 6.8%. A esto se añade el hecho de que a principios de los años noventa, tal como ocurría en la década de los setenta, las exportaciones consistían en tres cuartas partes de mercancías del sector primario. A pesar de la baja en los precios de las materias primas a fines de los años ochenta 40% de las exportaciones correspondían a café y cacao. En esta imagen de la marginalización de la economía mundial de un continente entero se observa también que la participación de los trabajadores activos en el sector formal se ha reducido en África, durante los últimos diez años, de un ya de por sí modesto 12 a 9% del total de la población económicamente activa, a diferencia de lo que ocurre en la mayoría de las demás regiones en desarrollo. La inserción política internacional de muchos estados africanos se da más a través de programas de ayuda del Banco Mundial y contactos con los ministerios de ayuda al desarrollo de los países industrializados que a través de la OMC y las relaciones comerciales con otros países (Collier, 1995:541). Además de por las transferencias de la ayuda internacional al desarrollo, algunos de estos países se encuentran ligados hoy con la economía mundial, en primer lugar, por medio de transferencias que hacen sus emigrantes que trabajan en otros países.[29]

Paralelamente al desarrollo de las inversiones directas de las ET, crece esa parte del comercio internacional que se realiza en el interior de las mismas: 30%, según datos proporcionados por la OCDE. Entre las 53 mil ET que existen en la actualidad, con sus 450 mil sucursales en todo el mundo (UNCTAD, 1998a:1), existen consorcios con ventas superiores al producto social bruto de algunos estados medianos. Las ET poseen aproximadamente un tercio del capital de inversión productivo del mundo. Ya en 1992 las cien ET más grandes —bajo cuyo control se encontraba en ese momento un capital de inversión que ascendía a 3 400 millones de dólares— tuvieron ventas anuales por 5 500 millones de dólares, lo cual equivalió aproximadamente al producto social bruto de Estados Unidos (UNCTC/UNCTAD, 1993) En 1997 el activo fijo de las ET se elevó a 12 606 millones de dólares, y sus ventas mundiales, de 9 500 millones de dólares, son mayores que el comer-

[29] En algunos países en vías de desarrollo, por ejemplo India, Yemen, Pakistán, Marruecos, Túnez y Turquía, las transferencias anuales que hacen los emigrantes y los obreros migratorios superan en una tercera parte y más las transferencias anuales de la ayuda pública al desarrollo.

cio mundial, de 6 400 millones (véase el esquema 5.3). La diferencia se explica porque, naturalmente, una parte de las ventas de las ET se realiza dentro de los respectivos países y, consecuentemente, no aparece en la estadística del comercio mundial. También los créditos comerciales internacionales son, en una medida considerable, créditos dentro de las ET. El volumen de los créditos comerciales internacionales entre las empresas relacionadas se ha incrementado continuamente en las últimas décadas. Y las fronteras entre meros créditos comerciales, que se amortizan con la liquidación del negocio, e inversiones directas, no siempre resultan claras ni unívocas.

En las décadas anteriores a la primera guerra mundial las inversiones directas extranjeras se utilizaron sobre todo para la explotación de los recursos naturales en las colonias. En ese entonces los grandes consorcios perseguían, con su internacionalización, una estrategia "etnocéntrica" (Perlmutter, 1972): la determinación de la política empresarial se realizaba en la central de la metrópoli; en rigor los mercados extranjeros eran sólo un apéndice de los nacionales. La globalización se ejercía como una expansión a partir del territorio nacional. Los objetivos de las ET actuales tienen poco en común con las estrategias de internacionalización de las empresas —en principio con una orientación nacional— de las primeras décadas posteriores a la segunda guerra mundial. En ese entonces en las sucursales extranjeras, operativamente independientes de las casas matriz, se elaboraban productos y servicios que, en una fase anterior del ciclo del producto, se producían en los respectivos países de origen de las empresas. Era característico de esta forma de organización "policéntrica" o "multinacional" de este periodo que en naciones industriales extranjeras se establecieran fábricas similares a las de los países de origen de las empresas (por ejemplo plantas de Opel o Ford en Alemania, o de Volkswagen en Brasil y México). Las centrales sólo fijaban directrices generales de la política comercial y dejaban en manos de sus empresas subsidiarias conducir los negocios bajo su propia dirección, lo cual también implicaba recurrir a los abastecedores locales.

Hoy las empresas persiguen objetivos mucho más complejos con sus actividades en el extranjero. Esto se muestra también en las estructuras de *global grid* o *global matrix:* donde antes la relación estrictamente jerárquica entre el centro y la periferia dominaba la división del trabajo en el consorcio hoy existen varios centros. En el caso extremo cada sucursal asume un papel estratégico determinado dentro de la red global, para determinados productos, funciones o regiones (Kogut, 1985). Naturalmente, en relación con países grandes como China, India o Rusia, se trata siempre de la conquista y penetración de los grandes mercados nacionales. Pero más que todo, las ET tienen como objetivo ocupar una posición dominante en el mercado mundial, gracias a las inversiones extranjeras directas que han aumentado a saltos desde mediados de los años ochenta:

para reestructurar o racionalizar las inversiones ya existentes, para así capitalizar las ganancias de la integración global o regional, o adquirir valores adicionales (tecnológicos, organizacionales o de marketing) para consolidar, mantener o avanzar en la posición global competitiva (Dunning, 1993:299).

A diferencia de las dos fases anteriores de la internacionalización de los procesos de producción, la transnacionalización de las empresas, ocurrida en las dos últimas décadas, no se limita a la instalación de establecimientos de armado final en otros países, sean países industrializados, NIC o países en vías de desarrollo. La estrategia incluye, más bien, el proceso completo del valor agregado y el sistema completo de las industrias proveedoras en la restructuración global de la organización empresarial. Por ejemplo, empresas que quieren vender una cuarta parte de su producción a Estados Unidos tratarán de hacerlo no tanto a través de las exportaciones como por medio de una internacionalización del valor agregado. Según la tendencia, una cuarta parte de la producción debería transferirse a donde se encuentren los mercados de consumo. Como consecuencia, ramos industriales completos pierden su carácter nacional específico (norteamericanos, alemanes, ingleses, etcétera).

En realidad, el concepto mismo de inversiones directas "extranjeras" produce confusión, puesto que da la impresión de que las inversiones directas que una ET realiza en algún país están "arraigadas" en actividades económicas del país de origen. En las empresas geocéntricas importantes unidades de estrategia disponen de programas de inversión propios, que pueden divergir con toda tranquilidad de las planeaciones estratégicas de la central de la empresa. Mats Forsgren escribe con precisión acerca de las ET suecas, tan exitosas en el mercado mundial: "En la actualidad algunas de ellas son tan grandes, tan internacionalizadas y diversificadas en sus operaciones, que uno puede hablar de varios circuitos y de varias periferias dentro de la misma empresa" (Forsgren, 1990:266).

No obstante, en muchas inversiones en el extranjero las reflexiones sobre los costos de los salarios no desempeñan el papel central que se les adjudica en la discusión pública. Los sistemas de impuestos y contribuciones que "benefician" a las empresas atraen con la misma frecuencia las inversiones extranjeras directas. La aseguración y la apertura de los mercados desempeñan casi siempre un papel mucho más importante como motivos para la inversión. Lo mismo se puede decir del empeño por saltarse barreras comerciales en los territorios de importantes competidores (nuevos) por medio de la presencia en el mercado, o de protegerse de las tendencias proteccionistas en los nuevos grandes espacios económicos de la tríada. En los últimos años adquirió una creciente importancia sobre todo el motivo de reducir el riesgo de fluctuaciones en el tipo de cambio al fijar los costos y los ingresos en la misma moneda. Por lo general los motivos de costos desempeñan un papel comparativamente más importante en la IED en la industria de la transformación que en el sector terciario.

Sin embargo, el "lamentable desarrollo" de los salarios promedio que se registró particularmente en Estados Unidos, aunque también en otros países industrializados, no se puede remitir, en opinión de Krugmann, a las salidas de capital neto en el tercer mundo, puesto que éste apenas habría empezado a captar afluencias de capital en un monto digno de mención a partir de principios de los años noventa.[30] Este juicio coincide con nuestras apreciaciones de que son más bien las dimensiones financieras de la globalización las que provocan los efectos negativos sobre el empleo. Esta objeción en contra de conclusiones demasiado simples, sacadas a partir de la "competencia por salarios baratos" para el número de plazas de trabajo y el monto de los salarios en los países industrializados exportadores de capital, también reviste alguna importancia en relación con el debate por la "localización Alemania" (al respecto véase detalladamente Mahnkopf, 1999). Un país entero, especialmente uno como la RFA, que sigue siendo la segunda nación exportadora del mundo, naturalmente que no sólo se ve amenazado por medio de una "exportación de plazas de trabajo" directa. Sin embargo, el proceso de la globalización incluye cada vez más personas en la división del trabajo mundial y, por lo tanto, en el raudo cambio de estructuras. Esto refuerza la eficiencia del "látigo de la productividad": "viejas" plazas de trabajo son sustituidas cada vez más pronto por nuevas plazas, intensivas en capital. No obstante, el número de las plazas eliminadas por el progreso técnico es mucho menor que el de las nuevas que se han creado. Las consecuencias son ampliamente conocidas: la productividad laboral aumenta más rápido de lo que se expande la producción (industrial). Dadas las condiciones de la altísima oferta de fuerza de trabajo, única en la historia por su magnitud, y que muy probablemente no disminuirá considerablemente en los próximos años, esto implica *desempleo estructural,* que crecerá a través de oscilaciones cíclicas.

Las ET pueden ser consideradas "protagonistas" de la globalización económica por dos razones. Sus prácticas de racionalización llevan a la formación de un "sistema de producción integrado internacionalmente" con nuevas prácticas de gestión (véase el capítulo 6) y fuerzan el cambio estructural por sectores de la economía mundial, el cambio de la estructura del empleo y la relación entre los sexos (véase el capítulo 7). Pero hay algo que con toda seguridad no son las empresas transnacionales: motores de un crecimiento mundial del empleo. En este sentido las ET no son otra cosa que empresas locales y nacionales, obedecen la presión de la competencia y tratan de elevar la productividad. Puesto que el crecimiento económico no puede compensar el despido de fuerza de trabajo, la consecuencia es un desmantelamiento del empleo.

Se puede discutir atinadamente acerca de la efectividad para el empleo de las inversiones extranjeras directas por una buena razón: los datos disponibles para esta dimensión del proceso de globalización son más que deficientes. Sólo quizás una docena de países reúne información acerca del desarrollo del empleo en "sus" empresas transnacionales o en las sucursales nacionales de las empresas transnaciona-

[30] En comparación con el capital que fluye en meros "agujeros nacionales, los enormes déficit presupuestales de Estados Unidos y otros países", las sumas exportadas a los países en vías de desarrollo son más bien reducidas (Krugman, 1994:127-128).

les con sede en el extranjero. También existe poca información acerca de las relaciones de propiedad de estas empresas. Pero sí se puede distinguir una tendencia. Se sabe de empresas norteamericanas y japonesas y, entre tanto, también de empresas europeas, cuyas sus inversiones directas extranjeras se realizaron en los últimos años en forma de compras y fusiones de empresas. A diferencia de las inversiones en empresas, que llevan a la construcción de capacidades de producción en el extranjero, en las fusiones y adquisiciones se puede partir de que tendrán consecuencias negativas *inmediatas* sobre el empleo. Pues otras empresas son compradas en el mercado, junto con sus clientes, su fuerza de trabajo, su infraestructura técnica y de "conocimiento", y con su "cultura empresarial" específica, casi siempre cuando "el valor interno de la empresa supera con mucho el valor de cotización". Para los trabajadores de las empresas afectadas las fusiones de este tipo suelen representan despidos masivos, sobre todo en los lugares en que sus derechos no están bien protegidos. Según estimaciones de la OIT se pueden hacer por lo menos dos afirmaciones bastante certeras acerca de la relación entre las inversiones empresariales en el extranjero y el empleo. En primer lugar el efecto sobre el empleo de las inversiones directas extranjeras es más bien limitado, e incluso negativo. Entre las ET más importantes el empleo total era menor a fines de los ochenta que a principios de la misma década, y es muy probable que esta situación haya empeorado en los noventa. Los trabajadores de las ET apenas representan de 2 a 3% de todos los empleados del mundo; pero en los países en vías de desarrollo constituyen 10% de los empleados que dependen de un sueldo fuera del sector agrario, y en los países industrializados incluso 20% (Parisotto, 1995). Si en los últimos años se presentaron aumentos en el empleo en las empresas transnacionales, esto fue casi exclusivamente en las sucursales extranjeras (sobre todo de empresas japonesas). Por eso, en segundo lugar, el aumento del empleo en las empresas que operan internacionalmente se encuentra muy rezagado frente al crecimiento de las inversiones extranjeras directas (p. 72). Aun si se registraran algunos efectos positivos de las ET sobre el empleo en los "países huéspedes" industrializados se podría afirmar: "el impacto de inversiones extranjeras directas en los países huéspedes industrializados ha sido menos el de una creación directa de empleos, que el de un intercambio o a una 'reorganización' de la propiedad de los empleos existentes" (p. 68).

La estructura del empleo y de la calificación es influida de manera determinante por las inversiones directas. Las estrategias de producción, marketing y ganancia de las ET, que son complejas y están internacionalmente integradas, produjeron más bien una redistribución de las plazas de trabajo disponibles que la creación de nuevas plazas. Es cierto que, de hecho, en los países en vías de desarrollo se aprecian ganancias del empleo neto por la IED pero, en gran medida, esto se da porque sobre todo las actividades intensivas en trabajo son desplazadas. Pero estos aumentos se concentran en pocos países (en Asia del sur y del este, en México y, sobre todo, en China). En África, en el resto de Latinoamérica y en Asia Occidental el empleo ha aumentado muy poco, o incluso se ha reducido. Las actividades de las ET en el extranjero fomentan más bien la tendencia a una producción intensiva en capital y a técnicas que ahorren trabajo. No se distinguen en esta tendencia de otras empresas que, como ellas, son "ejecutoras" de tendencias fundamentales del desarrollo capitalista. Aun cuando el empleo en el extranjero aumente de manera absoluta —como lo demuestra el ejemplo de la actividad inversionista de empresas alemanas en los países industrializados y en las sociedades en proceso de transformación—, el incremento en el empleo está muy por detrás de la expansión de las ventas en las ramas respectivas (véase Altvater y Mahnkopf, 1996:265). Pero hay algo que resulta particularmente decisivo: las plazas de trabajo que se pierden en los países industrializados no aparecen en la *misma* medida en los países más pobres del Sur.

Además de los efectos *directos* sobre el empleo de la producción internacionalizada, difíciles de calcular, se debe contar también con efectos *indirectos*. Si los inversionistas extranjeros demandan servicios y productos semiacabados locales, pueden presentarse efectos positivos sobre el empleo entre los abastecedores, subcontratistas, consultores y clientes conectados de manera vertical con las empresas transnacionales. Pero estas agrupaciones económicas no resultan tan naturales, pues además de las inversiones su formación requiere tiempo y energía personal y organizativa. Por eso los inversionistas extranjeros sólo las buscan cuando en el país huésped se dan claras ventajas de costos frente a las relaciones de cooperación ya existentes o cuando sus gobiernos hacen requisitos de contenido local. Entre las compañías del país huésped que compiten con las ET son posibles los efectos tanto negativos como positivos sobre el empleo: pueden ser eliminados por el mercado, pero también se pueden dar efectos de *spillover* y un aumento en la eficiencia que, por lo menos a mediano plazo, pueden atraer aumentos en el empleo (Lall, 1995). Que las inversiones extranjeras directas actúen más bien en el sentido estimulador del empleo de encadenamientos hacia atrás o adelante (OCDE, 1995; UNCTAD, 1994), o que eliminen plazas de trabajo, depende particularmente de las estrategias de producción concretas que sigan las ET en sus localizaciones respectivas y de las medidas de política de desarrollo que quieran y puedan ejecutar las instancias económico-políticas del país huésped. Puesto que con las tendencias a la globalización de la producción se vinculan nuevos patrones de dependencia económica y nuevas relaciones entre los mercados de trabajo nacionales, las plazas de trabajo —tanto en relación con su cantidad como con su calidad— se convierten más que nunca en variables dependientes de las distintas estrategias de producción de las empresas que operan más allá de sus fronteras.

Por lo que se refiere a la *calidad* del empleo, el "país de origen" de una ET —a diferencia de las suposiciones (posfordistas) habituales— no tiene ya el claro "monopolio" de las plazas de trabajo con las más altas exigencias de calificaciones. El lugar al que vayan los "buenos trabajos" depende más bien del "valor de una localización" y de cómo aprecia este valor la gestión en las estrategias empresariales globales. Pero este valor resulta cada vez menos de factores tradicionales —por ejemplo la cercanía al mercado o las ventajas comparativas de costos— que de ciertas características combinadas de una localización que pueden producirse por medio de "ventajas locales que pueden crearse; por ejemplo una fuerza laboral con habilidades adecuadas y una infraestructura de telecomunicaciones desarrollada" (Campbell, 1994:194). Especialmente los servicios electrónicos pueden ser llevados a casi a todos los lugares en forma de *footloose industries* donde exista la correspondiente fuerza de trabajo calificada y la infraestructura necesaria. Dado que estas condiciones ya están dadas en un gran número de países, como Brasil, China, India, México, Corea o Filipinas, se insinúa aquí un cambio dramático: la posibilidad de una competencia total, que incluya al planeta entero y que no tome en cuenta las "altas jerarquías" entre los países industrializados y los países en vías de desarrollo.

Se refuerza la *interdependencia* de los mercados de trabajo nacionales, así como la nueva "ejecutabilidad" de importantes localizaciones (duras y suaves), que son de importancia para las decisiones de producción e inversión de las empresas. De este modo obtienen una nueva calidad las contradicciones de la globalización. Por un lado el proceso de la integración internacional de la producción promueve la especialización de mercados de trabajo nacionales, puesto que las ventajas estratégicas de las localizaciones contienen un componente más grande de "capital humano"[31] y porque las localizaciones locales ya no tienen que presentar todo el espectro de ventajas de infraestructura físicas y sociales para atraer las inversiones directas extranjeras. Por otro lado, patrones especiales de segmentación que existen en el plano de los mercados de trabajo nacionales son fortalecidos y creados precisamente debido a la especialización de localizaciones locales dentro de la cadena de valor agregado de las ET. De este modo se agudizan también las inequidades entre las "plazas de trabajo nucleares", relativamente seguras y bien pagadas, y los trabajos periféricos dispersos en el sistema global de las empresas. Al mismo tiempo, dentro de algunas ramas y campos de acción se puede llegar fácilmente a una convergencia, más allá de las fronteras, de salarios y/u otros elementos de la relación del empleo:

> En otras palabras, un punto de intersección entre el mercado de trabajo global y los mercados de trabajo nacionales fomenta la convergencia de condiciones en un nicho del mercado de trabajo más allá de las fronteras, lo cual va en contra de un patrón nacional de una segmentación creciente del mercado de trabajo (Campbell, 1994:200).

Con la creciente interdependencia de los mercados de trabajo nacionales se expanden las tareas económicas del estado o de la región dentro de la "geoeconomía": aumenta la presión sobre los estados individuales por ofrecer a los "jugadores globales" las mejores condiciones en la "competencia de las localizaciones". Es la combinación de todos los factores la que ofrece a las empresas individuales decisivas "ventajas de entrar en contacto". Para atraer hoy día a una ET a un país es-

[31] No nos gusta mucho usar el término "capital humano", pues con él se opaca la determinación de la forma de la educación como característica del asalariado obligado a realizar un trabajo lucrativo. El concepto tiene la misma calidad que si se llamara a "la sustancia del ojo el capital de la visión" (Marx, 1953:200). Si utilizamos este término es sólo por convención.

pecífico no basta ya una oferta amplia de fuerza de trabajo barata: en muchos países subsaharianos los salarios son más bajos que en la mayoría de los países asiáticos, y a pesar de eso sólo atraen 1% de las inversiones directas internacionales que han fluido a los países en vías de desarrollo durante los últimos años (Collier, 1995:543). También muchos de los llamados países de salarios baratos están teniendo la experiencia de que en modo alguno están protegidos frente a una competencia de desplazamiento. Por eso en muchos países de Asia se está dando ya el intento de defender las ventajas competitivas que provienen de tener una fuerza de trabajo barata con una "mejora" de la calificación, o bien despidiéndose del mercado mundial "formal"...

DUMPING, *COUNTERTRADE*, RELACIONES DE COMERCIO INFORMALES

Los ardientes defensores de un orden de libre comercio con límites de competencia rebasados parecen no confiar mucho en sus propias promesas. Pues el número de las medidas antidumping ha aumentado particularmente en los países industrializados (en Estados Unidos y la Unión Europea), en el lapso de 1991 a 1994, de 143 "medidas en vigor" a 157 en el caso de la Unión Europea, de 209 a 306 en Estados Unidos, de 71 a 83 en Canadá y de 20 a 85 en Australia (OECD, 1995a). Esto afecta sobre todo a los países industrializados en Asia y algunos países de Europa Oriental que están sobresaliendo en la competencia. Las exportaciones sudcoreanas a la Unión Europea se vieron afectadas en 18.3% por las medidas antidumping (MAD); en los grupos de mercancías con MAD fue incluso 34.7%. Los productos de exportación georgianos fueron afectados en 43.7, los de Kazajstán en 66%. Se trataba sobre todo de productos textiles, abonos, productos electrónicos, piedras y tierras, así como cementos (según DIW, *Wochenbericht,* 7, 15 de febrero de 1996). Evidentemente las medidas proteccionistas debían proteger más bien a las industrias tradicionales que a las *high-tech.* En la OMC se habían registrado 805 MAD a fines de 1995; de ellas, 60% fueron introducidas por Estados Unidos y la Unión Europea, la mayoría en contra de China y Corea del Sur (*Financial Times,* 14 de diciembre de 1995). Vemos así que la reglamentación, en espera de ser establecida, de estándares sociales y ambientales, sí se ha convertido en un asunto político al hacer el rodeo de las MAD.

El hecho de que, por añadidura, las promesas del libre comercio no siempre se pueden cumplir, lo muestra también la gran importancia que tienen los negocios de compensación, los acuerdos de pago bilaterales, el simple intercambio de productos *(barter),* las entregas por reciprocidad, etc., todo esto como un intercambio de mercancías por mercancías sin que haga su aparición el dinero, o como un intercambio sobre una base de compensaciones. El FMI informa que entre el 10 y el 25% del comercio mundial total se desarrolla sobre la base de acuerdos de *barter* y *countertrade* (comercio recíproco) (IMF, 1995a:27). En estudios hechos en los ochenta (véase Jalloh, 1995:365) la OCDE parte del 5%, el GATT del 8. Especialmente en los países de Europa Central y Oriental los negocios por compensación desempeñan un papel muy importante, sobre todo porque algunas "viejas" relaciones de suministro todavía existen o fueron renovadas cuando quedó claro que, en las condiciones del "libre comercio", la competitividad iba muy por detrás de los competidores. En 1992, según datos del FMI, 40% del comercio ruso se dio sobre la base del trueque; en 1993 todavía fue el 11. Además, en más de cien países, según el FMI (IMF, 1995a:25), los negocios por reciprocidad son la norma, es decir que no se llevan a cabo bajo las condiciones de la libre competencia. La razón para la considerable importancia del comercio recíproco se debe buscar en el dinero mundial: sólo las empresas que disponen de divisas o que tienen la oportunidad de hacerse de divisas en el intercambio pueden participar en el libre comercio mundial. Los demás no. Por eso se puede partir con toda seguridad del hecho de que las crisis financieras de la segunda mitad de los años noventa impulsaron el trueque. Empresas y países cuyas reservas de divisas resultan insuficientes deben recurrir en los negocios al principio de la compensación y de la reciprocidad. "El comercio recíproco —según Jalloh (1995:374)— no es una forma prehistórica de hacer negocios, sino una alternativa viable al comercio convencional en mercados con poco efectivo, subdesarrollados o de alto riesgo, como los mercados africanos." El ejemplo del comercio recíproco muestra una vez más, de manera concluyente, que el principio del libre comercio no puede reclamar la validez eterna, sin tiempo ni espacio, que aseveran sus defensores.

Entonces se debe tomar en cuenta que —igual que en el trabajo y en el proceso de producción— hay que distinguir entre el aspecto formal y el informal. Además de su aspecto formal que hasta ahora ha presentado y que resulta visible, el mercado mundial también tiene un rostro informal y oculto. Éste tiene tratos amables con los negocios ilegales de los comerciantes de armas, con la *drug-connection* desde el triángulo de oro hacia Europa Occidental, o de Bolivia a Estados Unidos, y con las estructuras de lavado de dinero de la mafia en "refugios seguros". "La economía de las drogas está inscrita en el proceso de la globalización que caracteriza a la economía actual" (Morel y Rychen, 1995:11) La venta anual de los traficantes de droga se estima entre 300 y 500 mil millones de dólares. "Así, el tráfico de drogas sería el segundo en el mundo de acuerdo con su cifra de ventas, después de la venta de armas y antes del petróleo; ahora bien, de acuerdo con las ganancias, sería el número 1 absoluto" (Buss, 1996, *Das Parlament,* 4 de abril de 1996). Pues los márgenes de beneficio entre los niveles de elaboración son enormes. El cocalero boliviano recibe aproximadamente 200 dólares por 200 kg de hojas, de las cuales se obtiene un kilo de cocaína. En las calles de las grandes metrópolis el kilo cuesta entre 80 y 120 mil dólares. Los enormes ingresos de la mafia de las drogas en los distintos niveles de elaboración y de comercio son colocados y lavados en los mercados financieros internacionales. Sin la globalización y las "innovaciones" (presentadas en el capítulo anterior) en el sector financiero y sin la ola de desregulación que se dio desde principios de los años ochenta y que barrió las posibilidades estatales de control, el mercado de las drogas no sería tan atractivo. Y se lo está proveyendo de reservas, pues las tendencias de la globalización han creado una división del trabajo internacional en la que al millón y medio de peruanos, colombianos y bolivianos que se ganan la vida en el negocio de las drogas tampoco les quedó otra alternativa de adquisición formal y legal. También los gobiernos tienen interés en el negocio que representa el tráfico de drogas, a pesar de las espectaculares acciones realizadas en contra de las mafias del narcotráfico. Los déficit estructurales en la balanza de cuenta corriente, en un gran número de casos, tanto en Latinoamérica como en Asia, sólo pueden ser reducidos por medio de transacciones informales, sobre todo mediante ingresos obtenidos del tráfico de drogas (Morel y Rychen, 1995:70.).

La dimensión del mercado informal mundial es considerable, aun cuando sólo se pueda medir indirectamente, por ejemplo, en el déficit global de las balanzas de cuenta corriente. En el sistema cerrado del mercado mundial los excedentes y los déficit deben dar un saldo de cero. Pero no es así: anualmente el mundo presenta un déficit en la balanza de cuenta corriente de más de 100 billones de dólares (OECD, *Economic Outlook,* diferentes años). En parte estos déficit se pueden explicar por el diferente cálculo de las *exportaciones (FOB: free on board)* y las importaciones *(CIF: cost, insurance, freight).* También la diferente terminación de las entregas de exportaciones en el año *x* y de la paga en el año *x + 1* (a veces también *x – 1*) puede tener importancia para el déficit, aunque debería compensarse a lo largo de los años. Pero también otros factores menos inocuos desempeñan un papel. Entre ellos se encuentran, sobre todo, muchos pagos que son contabilizados como salidas, pero no como ingresos; de esta manera se puede evadir impuestos, lavar dinero, encubrir sobornos (al respecto véase Couvrat y Pless, 1993). Al mercado informal mundial lo determinan reglas diferentes a las del libre comercio y de las ventajas comparativas de costos que éste pretende alcanzar. La gran importancia de las relaciones comerciales "informales" en algunas regiones del mundo muestra que la expansión geográfica del principio del libre comercio todavía es limitada a fines del siglo XX.

6

LAS EMPRESAS TRANSNACIONALES EN LA COMPETENCIA DEL TIEMPO

En las condiciones impuestas por los mercados desregulados y liberalizados y por los ciclos de innovaciones abreviados (con gastos de desarrollo cada vez mayores dentro de los costos que se dan durante el tiempo de vida del producto), la competencia del tiempo cobra una dimensión crítica en cuanto al éxito empresarial. Domina la ley de la "economía del tiempo", que ya abordamos en el capítulo pasado en la discusión sobre los lugares análogos. Los tiempos en que los aparatos están inactivos demuestran ser factores decisivos de costos, por lo que se debe tender a eliminarlos por completo. La tendencia a la aceleración del proceso de circulación del capital, analizada por Marx en el segundo volumen de *El capital* (Marx, MEW, 24) sigue existiendo en la actualidad y está ganando una nueva calidad en el curso de la globalización en la creación de *lugares análogos.* Frente a ello, los costos de la fuerza de trabajo necesarios para la producción de bienes y servicios van perdiendo importancia. Cada vez menos personas producen cada vez más productos en la industria, el sector de servicios y la agricultura en tiempos muy reducidos, los comercian y los venden... o no. Los servicios cognoscitivos se pueden desarrollar hoy por medio de la técnica de la información. Estadísticas, patrones de desarrollo tecnológicos, tasas de datos, programas, informaciones y conocimientos de todo tipo son "transportados" en tiempo real hacia cualquier lugar del planeta, y las distancias pierden la importancia que una vez tuvieron, debido a la aceleración del tiempo en el que se puede cruzar el espacio.

Paul Virilio (1996) califica estos proceso de "globalización del tiempo" como patológicos. Por un lado se distorsionan las escalas humanas: los seres humanos, que por lo general miden entre 1.50 y 2 metros, se "mueven" en un mundo que tiene más de 40 mil kilómetros. Ningún ser vivo había logrado esto en toda la historia de la tierra. Aunque "la velocidad" es "el generador axiomático de esa topografía social que llamamos modernidad" (Illich, 1997:204), la experiencia de que la velocidad "devora" el espacio y de que el mundo pronto podría resultar ser "demasiado pequeño" es nueva. "No va a ser la explosión demográfica la que ocasione esta terrible estrechez, sino la reducción de las distancias y los plazos" (Virilio, 1996) Pero esta aceleración del cambio resulta también patológica debido a que aumenta los problemas de sincronización en la sociedad.

Las altas velocidades de los cambios se enfrentan con problemas de recepción. Provocan reacciones de rechazo, por ejemplo, contra las excesivas exigencias del aprendizaje de por vida, porque éste no garantiza ninguna seguridad en la planeación de la vida y en la preservación del puesto de trabajo. La elevada velocidad en la innovación de las novedades técnicas tiene, no obstante, muchas consecuencias negativas y efectos secundarios, como por ejemplo en la manutención de animales de laboratorio, cuya madurez es acelerada con medios químicos y bioquímicos; las consecuencias de la manutención masiva de animales de laboratorio son bien conocidas. La física de la vida cotidiana nos enseña que con el aumento de la velocidad de un sistema también se dificulta su control. El que circula *a demasiada velocidad* en su auto se sale de la curva. Por eso se deben respetar los tiempos propios de los sistemas. Pero la lógica de la acumulación capitalista tiende a pasar por alto los tiempos propios de los individuos y de las especies, así como los tiempos específicos de los sistemas en los procesos democráticos y en la naturaleza. Por eso las consecuencias de esta aceleración son "choques" que no sólo ocurren en el tránsito vehicular. Si los individuos son bombardeados con estímulos informativos más rápidamente de lo que el sistema inmunológico físico y psíquico los puede asimilar también se pueden presentar enfermedades. Si aumenta la brecha entre los rápidos y especialmente adaptables y los lentos, y si la distancia toma la forma de una tijera de ingresos que se abre o conduce a la cancelación del contrato entre generaciones, la sociedad se verá lastrada con conflictos difíciles de solucionar. Si la explotación de los recursos naturales aumenta más rápido de lo que éstos se pueden regenerar las bases de la existencia humana en el planeta estarán siendo amenazadas (véase al respecto Reheis, 1996).

A esto se añade que, debido a la desconsiderada reducción de los ciclos de reflexión, el horizonte temporal se encoge hasta alcanzar la dimensión de referencia del "presente extendido" (o de la "presentización" del futuro y el presente, como lo llamó Anders, 1972:123) y entonces algunos aspectos problemáticos son proyectados a futuro a mediano o a largo plazo. La consecuencia es una creciente inseguridad que no se puede reducir en modo alguno mediante una producción acelerada de conocimiento (e innovaciones). Por el contrario: por un lado se deben asimilar cada vez mayores cantidades de información y conocimiento en una medida determinada de tiempo; por otro, el crecimiento exponencial del conocimiento es acompañado por una obsolescencia acelerada de las reservas de conocimientos anteriores. Es sabido que forma parte de la autoconcepción de la "modernización reflexiva" (Giddens, 1995; Beck, 1997) la conciencia de que la adquisición y la producción de conocimientos también provocan nuevas formas y ámbitos del no conocimiento. Esta probabilidad aumenta en la medida en que avanza la especialización del conocimiento experto, pues se torna confusa la comprensión de los contextos generales. Además, la creciente intensidad de la competencia mundial agrava la presión de adaptación sobre las estructuras sociales y económicas y, por lo tanto, sobre las acciones de los actores sociales y económicos. Esta reacción, a su vez, nutre de nuevo la aceleración del cambio, de modo que las sociedades se deben volver a adaptar aceleradamente a él, "reduciendo así nuestro grado de libertad en el tiempo y, consecuentemente, el número de opciones que podemos seleccionar" (Lutz, 1994:99).

El aumento en el tamaño de las empresas y, sobre todo, las transformaciones en la estructura de la organización que éstas experimentan, remiten a la creciente importancia de la *competencia del tiempo.* El tiempo se convierte en un "arma en la competencia" (Wildemann, 1998), según se dice en el marcial lenguaje de la administración de empresas. Para alcanzar esta meta, en primer lugar, en todos los procesos empresariales y de producción se eliminan los colchones de tiempo, al hacer a un lado la redundancia y las reservas de seguridad, que permiten los errores. En segundo lugar, se elevan las velocidades de trabajo en IyD, producción y logística. Esto se logra por medio del empleo de modernas técnicas de información y comunicación (de Tools, bancos de datos, CAD, etc.), que se ocupan de que se integren las funciones administrativas y técnicas y de que la técnica dicte el ritmo de trabajo. En tercer lugar se da una utilización más intensiva del tiempo, por ejemplo por medio de una aseguración integrada de la calidad, de instalaciones de control automáticas, de un trabajo paralelo en el tiempo *(simultaneous engineering)* o de una generación de producción sincrónica. Así se logra una ampliación de los tiempos industriales efectivos. En cuarto y último lugar las organizaciones deben ser capaces de "aprender" mediante un acortamiento de las rutas de información y comunicación y por medio del control del tiempo. El empleo de modernas tecnologías de información y comunicación sirve para reducir los procesos de la toma de decisiones intra e interempresariales; pero con la aceleración de las decisiones también aumenta simultáneamente el grado de falta de seguridad, y se abrevian los periodos de seguridad aparente. En ningún otro lado resulta esto más evidente que en la circulación acelerada del capital dinero, de la que se habló en el capítulo 4. Los nuevos instrumentos financieros, en realidad, no representan más que innovaciones en la administración del tiempo en la esfera monetaria. Para el ámbito de la economía real el nuevo discurso de gestión formula los retos para una nueva economía del tiempo bajo el lema de "empresa virtual". Adaptando algunos fragmentos de la teoría de sistemas no lineales, las empresas representan al medio como

> múltiple, complejo y de movimiento rápido, por lo tanto, "ambiguo", "confuso" o "plástico" [...] Segundo, es visto como tratando de formar una isla de adaptabilidad superior en este entorno de rápido movimiento [...] Tercero, debe entonces ser enmarcado como una entidad flexible, siempre en acción [...] tropezándose y avanzando a ciegas en formas que permitan sobrevivir y prosperar, especialmente movilizando una cultura que produzca tradiciones de aprendizaje [...] y una extensa red social intra e interempresarial [...] Cuarto, la organización comercial es vista [...] como una entidad cultural [...] construida cada vez más a partir de un "rechazo a aceptar conocimientos establecidos". Quinto, la organización comercial debe consistir en sujetos dispuestos y con voluntad (Thrift, 1998:40-41).

Especialmente en la gestión de un "sistema de producción internacionalmente integrado" se debe contar con periodos más breves de seguridad de planificación. Esto se aplica tanto al plano estratégico como al operacional, porque los imperativos monetarios desempeñan un papel cada vez más importante en las decisiones sobre dónde invertir. También en los procesos de la reestructuración organizacional de las empresas que persiguen la descentralización de la producción y de muchas otras funciones empresariales se trata, en última instancia, de penetrar con flujos de información horizontales (en lugar de verticales) esas fronteras que hasta ahora habían hecho que resultara muy lento que los socios participantes tomaran decisiones. Esto implica contradicciones que permiten reconocer algunos límites de la globalización dentro de los "motores de la globalización", las propias ET. A continuación hablaremos de ello.

PATRONES DE ORGANIZACIÓN DE UNA NUEVA ECONOMÍA DEL TIEMPO

Las medidas de la política nacional o regional que están orientadas a eliminar los obstáculos al mercado favorecen ese tipo de integración internacional de la producción que en los documentos de la UNCTAD es llamada *shallow integration* (integración superficial). La apertura de los mercados y su liberalización provocan que las ET reaccionen a la defensiva frente a la creciente inseguridad: al otorgarle una importancia desmedida al desempeño financiero frente a una política de producción creativa, al transferir los riesgos económicos y los costos sociales a una periferia cada vez mayor de pequeñas (sub)empresas y a sus empleados y, en general, al apostarle al ahorro de costos y al cambio tecnológico en las trayectorias preestablecidas. La estrategia de una producción "plana" pero global de cadenas de valor agregado (véase el lado izquierdo del esquema 6.1) se utiliza sobre todo en ramas que sirven en todo el mundo a segmentos homogéneos del mercado, por ejemplo en la industria automotriz o en la de productos electrónicos de entretenimiento. Aquí, como siempre, se trata de las economías de escala, y éstas pueden alcanzarse más fácilmente —si la producción y los productos están prácticamente estandarizados en todo el mundo y si las decisiones y funciones están mayormente centralizadas— por medio del ya clásico repertorio de la *lean production*. Por consiguiente se trata de una versión adelgazada de la producción en masa, no de su fin.

No obstante, a más largo plazo podría ser más importante la estrategia empresarial transnacional que persiguiera una producción amplia de cadenas de valor agregado transnacionales (véase al respecto el lado derecho del esquema 6.1, así como la tipología en Hirsch-Kreinsen, 1998a, 1998b). En el fondo, en esta variante se trata de explorar nuevos potenciales de racionalización en los puntos de intersección entre diferentes empresas y de conquistar nuevos clientes y sectores comerciales. La integración transfronteriza y transorganizacional se da menos por la centralización de la responsabilidad que por la cooperación y las alianzas entre empresas formalmente independientes, cuyas actividades comerciales son coordinadas por medio de un "control indirecto de contextos" (Teubner, 1990). La característica principal de esta estrategia de internacionalización la constituye una descentralización en pequeñas partes empresariales, flexibles y "contundentes", que no sólo actúen de manera independiente en lo operativo sino también en lo estratégico. Las unidades periféricas no tendrían por qué surgir en la consecución de estas variantes de internacionalización, pues a toda sucursal le será asignado un papel estratégico (para determinadas funciones, productos o mercados regionales).

ESQUEMA 6.1. ESTRATEGIAS EN EL MERCADO MUNDIAL DE LAS EMPRESAS

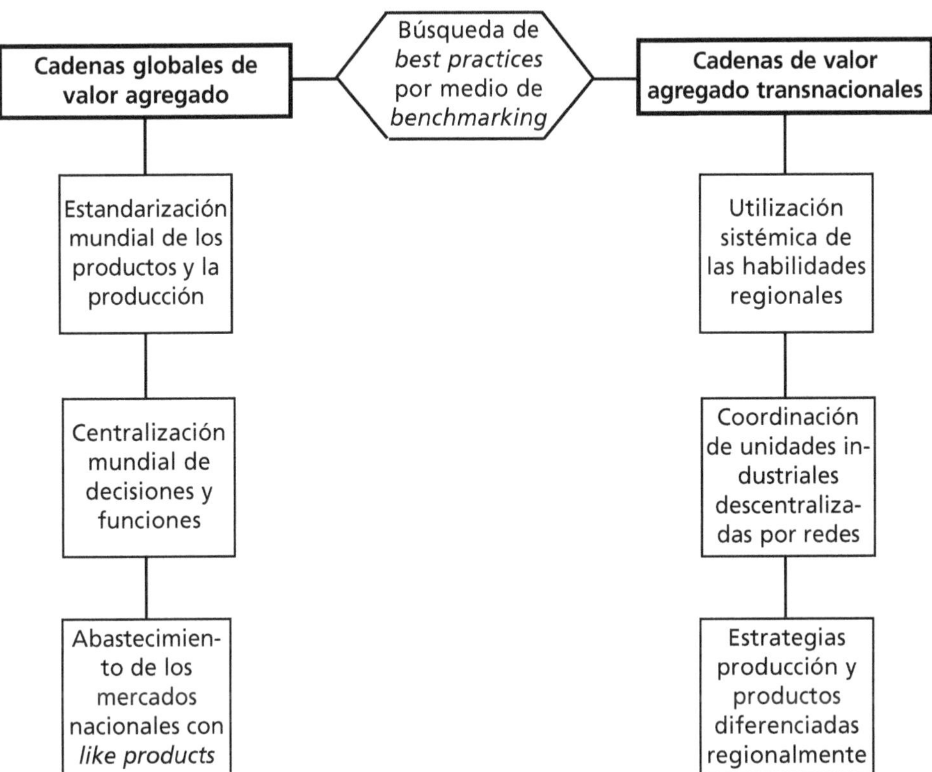

No obstante, en las empresas con una organización estructurada en forma de matriz y que combinan las capacidades referidas al producto y al mercado con las capacidades regionales o nacionales en cadenas transnacionales de valor agregado, existen todavía jerarquías económicas y tecnológicas entre los "centros de control" y las localizaciones subordinadas. Estas distintas posiciones jerárquicas resultan, por ejemplo, del know-how especializado y de la prestación de servicios que son requeridos por otras partes de la empresa o por solicitantes externos: son precisamente estas graduaciones en las capacidades regionales las que producen los efectos deseados de sinergia y las *economies of scope* —ventajas por medio de la especialización— en la llamada estrategia de producción.

"EMPRESAS VIRTUALES" EN EL ESPACIO DE VELOCIDAD

¿Qué pasa en las *joint ventures,* fusiones y compras de empresas en el ámbito *high-tech* y en las alianzas transfronterizas en la investigación y el desarrollo que se expandieron súbitamente a principios de los años noventa? ¿Por qué se practican al mismo tiempo la cooperación y la competencia dentro y entre las empresas? ¿Por qué las relaciones de intercambio unilaterales entre las empresas y sus clientes, distribuidores y competidores son sustituidas por redes (de valor agregado) (Dunning, 1993:292)? ¿Qué tienen en común las relaciones formales e informales, verticales y horizontales; por qué a veces las redes de producción, IyD, marketing y distribución se vinculan, en relación con un proyecto específico, por un tiempo limitado, con los competidores, y otras veces con los distribuidores o los clientes? En el preciso lenguaje de la teoría marxista la respuesta a esta pregunta se podría formular de la siguiente manera: en tiempos de aceleradas innovaciones tecnológicas aumenta la composición orgánica del capital. Esto pesa sobre la tasa de ganancia; no obstante, su caída puede frenarse si se economiza la inversión de capital, se reducen los costos de circulación y se aumenta la tasa de plusvalor. Esto se puede alcanzar mediante una reducción de los tiempos de circulación del capital, es decir, reduciendo el periodo real de la producción de valores o la fase de circulación de las mercancías producidas (Marx, MEW, 25:221-277).

En general, las relaciones transfronterizas se diferencian de los arreglos interempresariales tradicionales en que las primeras se establecen para impulsar una estrategia *global* de las compañías participantes (Perlmutter 1993; Hedlund y Kogut, 1993; Barlett y Ghoshal, 1993a, 1993b; Doz y Prahalad, 1987; Hedlund, 1996). Esto ha contribuido a que se refuercen las fusiones empresariales más allá de las fronteras nacionales (Dunning, 1993:192-193), especialmente en el caso de las empresas provenientes de ramas en las que se debe contar con altos costos de entrada al mercado, donde seducen las grandes ventajas de las economías de escala y, al mismo tiempo, se deben esperar riesgos altos en la rauda realización del progreso técnico. Por un lado aumentan tanto los costos como los riesgos en IyD; por otro, cada vez queda menos tiempo para cobrar la ventaja del *first mover* para las inversiones. Cuanto más intensa sea esta competencia, más breves serán, en consecuencia, los "periodos de vida media" de las innovaciones tecnológicas. De esto resulta la necesidad de comercializar estas novedades lo más rápido posible. La exitosa comercialización de las innovaciones es incierta debido a la creciente imbricación entre las tecnologías de producción y de proceso, que obliga a las empresas a dominar tecnologías diversas y complementarias. Entonces también se trata de hacer que tecnologías clave, junto con aliados estratégicos, influyan sobre una nueva generación de productos más rápido que la competencia, y así establecer estándares obligatorios para los competidores. Ésta es una estrategia que cuenta con el apoyo estatal en la "competencia de la tríada", como se puede leer en el "libro blanco" de la comisión de la Unión Europea (*Weißbuch,* 1993). A esto se añade el imperativo de mantener y extender en un medio ambiente siempre cambiante la posición global ya alcanzada en la competencia. Para muchos empresarios actuar globalmente es una cuestión de sobrevivencia. Más aún: las empresas que quieran volverse o seguir siendo *global players* deben estar presentes en diversos ámbitos de producción y mercados. Debido a la gran concentración del capital, las inestabilidades financieras y las considerables asimetrías regionales del mercado mundial, esto ocasiona altos costos para las empresas, que responden a todos estos problemas con modificaciones en la *técnica de producción* y en la *organización estructural,* que generan importantes consecuencias para la organización de procesos laborales.

El aspecto de la técnica de producción de la nueva economía del tiempo

En el ámbito de la técnica de fabricación el desarrollo de una nueva generación de chips de alto rendimiento y la caída del precio del software y el hardware han desencadenado una nueva ola de automatización. En la actualidad dos empresas japonesas (Hitachi y Toshiba), junto con una universidad norteamericana (Berkeley) y el Instituto Frauenhofer de Stuttgart para la Técnica de Producción y Automatización, están ya trabajando en un sistema de producción "inteligente" para la fábrica del siglo XXI. Su meta es lograr el desarrollo de sistemas de fabricación siempre programables y reconfigurables, que permitan personalizar los servicios al cliente de manera masiva, la producción de cientos de variantes de productos en una misma línea de producción.[1] Los procesos concretos de trabajo podrán realizarse en el futuro en "mundos aparentes". La economía internacionalmente integrada, que es una relación funcional orientada a la valorización de los recursos empleados, seguirá ligada a condiciones en extremo materiales; por supuesto, sus actores seguirán operando en diferentes espacios socioculturales de vida y comunicación. Pero para alcanzar sus objetivos económicos algunos de estos actores se mueven en realidades simuladas. El casco monitor, que produce imágenes tridimensionales en las que se puede uno mover, y el guante de datos, conectado a una

[1] La base técnica de este nuevo sistema de producción la constituye la combinación de computadoras súper rápidas con cámaras de alta velocidad que, por ejemplo, funcionen siguiendo la *fuzzy logic,* es decir, de acuerdo con sistemas de regulación que puedan seguir reglas para dar resultados sin precisión, como "algo más", "cerca de" y, no obstante, "trabajen" con precisión. En las redes neuronales o en sistemas neurológicos *fuzzy* combinados que —como el cerebro humano— transportan datos mediante sinapsis de una unidad de trabajo (neurona) a otra, también se trata de solucionar los problemas de manera autodirigida y de identificar y corregir errores (al respecto véase Rojas, 1994). Por medio de procesos especiales de aprendizaje, estas redes podrán reconocer incluso, gracias a comparaciones con muestras almacenadas, relaciones funcionales complejas entre medidas físicas, químicas y económicas y elaborar y evaluar por sí solas la información en cada etapa. El objetivo de introducir semejante sistema es acelerar los cálculos cuando aparecen resultados con informaciones imprecisas sobre "pensamientos" asociativos y creativos, para tomar decisiones precisas y flexibles. También, con procesos de simulación y con la introducción de sistemas especializados diagnostican errores y dan pronósticos de manera independiente, se trata, en última instancia, de que los sistemas técnicos generen en milisegundos y de manera independiente propuestas de soluciones.

computadora, hacen posible una integración visual, auditiva y en principio también táctil —y esto es lo que distingue a esta tecnología de todos los demás inventos de la era industrial— del ser humano en entornos generados por computadora. Paul Virilio llamó a la invención paradójica del "contacto en la distancia", que se da en tiempo real, un proceso profundamente inquietante de "desorientación", que se añade y consuma la desregulación de lo social y de los mercados financieros. El nuevo peligro consiste en que el "tiempo mundial" del ciberespacio y los multimedios dominen las acciones cotidianas, y que las formas de relacionarse con la realidad, como las que se producen en los procesos de simulación científicos y técnicos, se conviertan en ejemplo y modelo cuando se trate de producir las complejas estructuras de la realidad *social* (Hack, 1988:236).

La realidad virtual desempeña un papel determinante sobre todo en la simulación de sistemas prototípicos para la "guerra de información". También en la planeación urbana, en la restauración y construcción de viejos y nuevos edificios, en la formación académica y el aprendizaje técnico, así como en la simulación de cirugías, se prevé que las nuevas técnicas —que en última instancia son métodos de un manejo activo y sistemático del tiempo— tengan un gran éxito futuro. Estas nuevas técnicas de simulación se están utilizando sobre todo en la industria automotriz, aunque de momento sólo en una etapa de experimentación.[2] El hecho de que sean la industria automotriz y su entorno industrial —es decir, las antiguas ramas principales del industrialismo fordista— los ámbitos en los que se están probando por primera vez las técnicas de simulación de la "nueva" economía basada en el conocimiento y la información no es casual ni carece de relevancia: en la rama automotriz hace tiempo que ya es realidad una estrategia de producción *global;* segmentos del mercado homogéneos son "conquistados" y "defendidos" en camino a una estandarización —que tiende a ser mundial— de productos y procesos de producción. El empleo de la más moderna técnica de la simulación sirve así especialmente a la estimulación de la aceleración. Los procesos de trabajo interactivos en un mundo generado por computadora son la expresión de una "institucionalización de la innovación" que debe hacer constante y, al mismo tiempo, acelerar el proceso de la flexibilización.

[2] En ingeniería mecánica se construyen, montan y examinan máquinas virtuales, que luego son sometidas a prueba en cuanto a sus posibilidades de desmontaje en un proceso posterior de reciclamiento. El objetivo que se persigue es el acoplamiento perfecto de las tres grandes cadenas de procedimientos que participan en el proceso de producción: los especialistas en la tramitación del pedido, el desarrollo del producto y la fabricación del producto deben trabajar juntos de manera paralela y sincronizada por sobre las fronteras de secciones, empresas y aun países, y a pesar de la distancia espacial. La condición para esto es, sin embargo, tener un "modelo de datos del producto" (de ninguna manera fácil de producir) al que puedan recurrir todos los actores involucrados en el desarrollo de un automóvil. Y no sólo los automóviles, sino incluso las herramientas que se han de emplear en su fabricación y las fábricas donde se han de construir pueden ser planeadas, instaladas y producidas, en principio, de esta manera.

ESQUEMA 6.2. "INTEGRACIÓN VIRTUAL" EN EL ÁREA DE SEMICONDUCTORES DE IBM

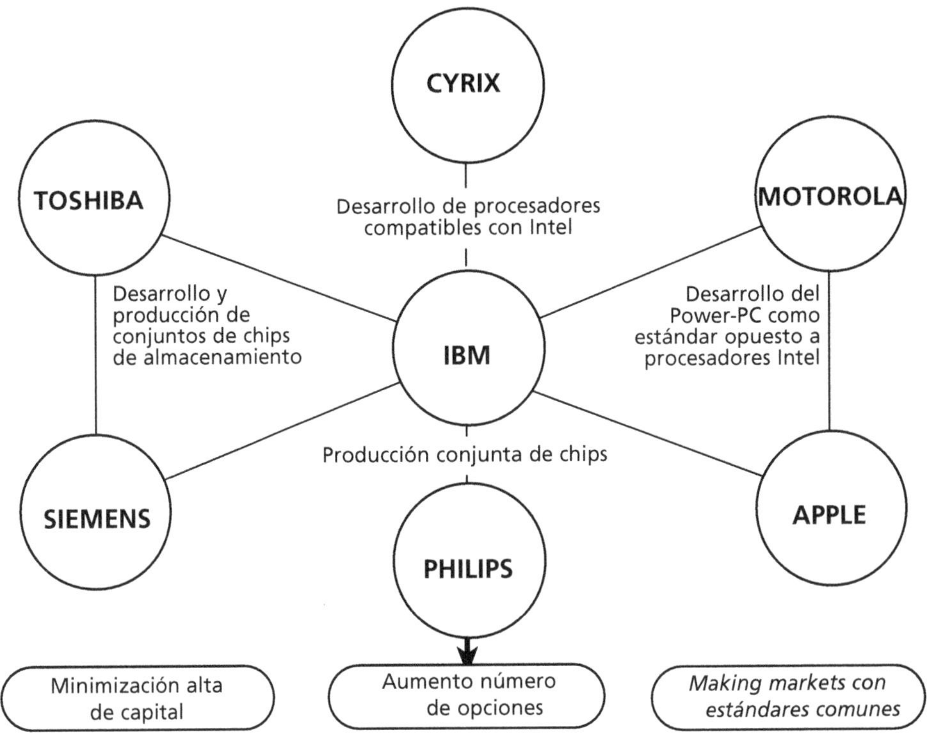

El aspecto de la organización estructural de la nueva economía del tiempo

Hoy las infraestructuras productivas facilitan una integración mediante la técnica de la información de todas las unidades empresariales (aun las más distantes) que participan en la producción y distribución de bienes y servicios. Por medio del enlace de informaciones pueden surgir, en casos extremos, *empresas virtuales* (Davidow y Malone, 1993) en las que —por lo menos en principio— resulta posible una producción dirigida por los deseos individuales del cliente y una distribución simultánea en el momento de la demanda. Organizacionalmente se trata de fusiones que, aunque a los ojos de los clientes individuales aparezcan como *una sola* empresa, internamente se basan en relaciones temporales, que dependen de un proyecto específico, que abarcan localizaciones y están organizadas en forma horizontal o vertical, entre unidades total o mayormente independientes entre sí. Tales relaciones de cooperación pueden regularse por medio de contratos formales o de principios de organización informales. La dimensión de la autonomía en el planteamiento de beneficios varía de acuerdo con el grado de la independencia económica de los socios que están cooperando; a su vez, la profundidad de la cooperación depende del grado de complejidad de las tareas. Debido a que los procesos de innovación intensivos en capital sólo son posibles si se combinan varios actores, las redes empresariales establecen nuevos vínculos de cooperación entre socios que, al mismo tiempo, son competidores (al respecto véase el esquema 6.2).

En la medida en que los procesos económicos se realizan en todo el mundo en "tiempo real" y el espacio geográfico aparece como un "espacio de velocidad" tecnológica, la "organización virtual", que en un principio era sólo una figura retórica en el nuevo discurso de la gestión (Thrift, 1998), se vuelve práctica empresarial real. En principio es muy posible que el mundo entero se convierta en una inmensa zona comercial en la que las empresas elijan los conocimientos, know-how o componentes de fabricación que necesiten.[3] Las redes eliminan las barreras del tiempo, de modo que el trabajo repartido en todo el mundo puede hacerse durante las 24 horas del día, aunque simultáneamente. Debido a esto las localizaciones de producción de bienes y servicios obtienen un carácter provisional. La empresa moderna se transforma en una alianza temporal de equipos, *teletrabajadores* (trabajadores a distancia), trabajadores temporales y proveedores cuyo estatus legal se puede modificar con el correr del tiempo. Las verdaderas "localizaciones" de las empresas son las *redes,* y por lo tanto los puntos nodales, las redes de comercio, distribución y circulación que fusionan y vinculan redes de información y de relaciones adquieren más relevancia. Esto ya se demostró en el análisis de las relaciones en el mundo financiero (véase el capítulo 4, y acerca de la "nodalización", también el 2). La empresa, que alguna vez Theodor Geiger calificó como el "lugar cardinal en el que se torna actual el enfrentamiento entre las convicciones económicas" (Geiger, 1929:766), parece estar transformándose en una red transnacional en la que las personas y las organizaciones colaboran entre sí por tiempo limitado. Debido a ello el proceso concreto de trabajo es *des-socializado,* por lo menos en parte. Resulta evidente que este cambio ocasiona nuevas contradicciones.

[3] "La compañía de juguetes californiana Lewis Galoob Toys, Inc. podría ser un buen ejemplo. Con sólo 200 empleados fijos Galoob alcanza ventas anuales de casi 200 millones de dólares. Mientras que los ingresos se han más que triplicado desde 1985, el número de empleados sólo se ha duplicado en el mismo periodo. La razón: Galoob compra las ideas de producción a inventores independientes y comisiona su desarrollo a despachos de ingenieros también independientes. La producción se lleva a cabo en subempresas en Hong Kong que, a su vez, son surtidas por proveedores chinos. Los juguetes terminados se envían a Estados Unidos, donde son distribuidos por representantes contratados por honorarios. Incluso las funciones administrativas como el *factoring* y la contabilidad las ha confiado Galoob a prestadores de servicios externos" ("Fit für den Weltmarkt", en *Digits,* 1:15; véase también "Markplatz Internet", *Die Zeit,* 10 de mayo de 1996).

Competencia de localizaciones por medio del benchmarking

El aspecto *amable* de la "integración virtual" se puede describir como la descentralización entre el poder económico de decisión y la responsabilidad general de las centrales empresariales, como el traslado de las facultades de disponer y de la responsabilidad por el resultado a unidades jerárquicamente inferiores, en resumen: como la eliminación de la "burocracia" por la *"adhoc-cracia"* (Minzberg, 1979; Deutschmann, 1990). Con esto se señala la transición de relaciones jerárquicas y burocráticas que —aun al precio de pérdidas por fricción y de muchas rigideces— son perfectamente adecuadas para las tareas rutinarias hacia una estructura flexible de la organización, cuya característica es que pequeñas unidades descentralizadas, que sólo colaboran durante proyectos específicos, resuelven problemas *ad hoc*, en consecuente autoorganización y con el objetivo de una permanente autooptimización y automodificación. Pero aun el aspecto duro y *poco amable* del cambio actual de las relaciones de producción y de trabajo tiene mucho que ver con las posibilidades técnicas de los modernos medios de comunicación. Debido a su utilización se desplazan las relaciones de intercambio entre los niveles individuales de la cadena de valor agregado: hay que alejarse del orden jerárquico y acercarse a los "mercados electrónicos". En las condiciones de una coordinación en forma de mercado el acuerdo entre diferentes empresas (o unidades empresariales) se da por la oferta y la demanda, *ad hoc*, en "tiempo real" y en todo el mundo.[4] Aquí, en lugar de la vigilancia fordista-taylorista y el control del gasto concreto por parte de los superiores jerárquicos, aparece el control por medio de los flujos de información hacia los mercados. No obstante, esto ha provocado el problema de que la comunicación electrónica no permite que se forme la cohesión social en la empresa y, que, en última instancia, fomenta la entropía social.[5]

El principio de integración del "control contextual indirecto" apunta, en primer lugar, a la eliminación de mecanismos burocráticos por medio de otros conformes al mercado: la cooperación y las relaciones de intercambio entre los segmentos empresariales descentralizados "de valor agregado" y los sectores prestadores de servicios se transforman en relaciones entre clientes y proveedores y se regulan contrac-

[4] Por ejemplo, en los centros de investigación del consorcio de electrónica y técnicas de circulación ABB, relacionados entre sí, se investiga las 24 horas del día (Piper, 1995). En Volkswagen alrededor de 16 mil empleados de la matriz están en actividad a lo largo de todo el día en localizaciones en algún lugar del mundo. Están desarrollando nuevos productos y estrategias de inversión, capacitan a compañeros de trabajo, optimizan el intranet que pertenece a la propia empresa y examinan los estándares de calidad. Lo que se planea es una unión mundial de IyD en las localizaciones de Wolfsburg, São Bernardo (Brasil) y Shangai, para reducir de manera decisiva los tiempos de desarrollo (Kempe, 1998:7).

[5] Pues la investigación tradicional de las organizaciones ha mostrado que sin la comunicación cara a cara se pierden importantes informaciones contextuales, indispensables en toda cooperación especializada (véase Simon, 1981). Eso haciendo abstracción de que ninguna organización es capaz de funcionar a largo plazo sin las relaciones personales informales, sin los "servicios de amistad" recíprocos que pasan por alto los canales oficiales de información y suministro, sin las negociaciones de coaliciones informales y sin el control social directo.

tualmente. Entre la cabeza del consorcio y los centros de ganancia se simula una especie de mercado de capital (Teubner, 1992:201). Entonces, el otro aspecto de la coordinación siempre forma parte de la "cuasi integración" o "integración virtual" de las actividades económicas: la tendencia simultáneamente efectiva para la "mercadización" de relaciones algunas vez estructuradas de manera jerárquica dentro de una empresa. Esto también se podría formular de la siguiente manera: las "redes" son las (nuevas) manifestaciones de la "mercadización" interna de una empresa y, al mismo tiempo, el "precio" de la eliminación de las jerarquías. Esto resulta, por un lado, en el consecuente *outsourcing*—en parte global— de todas las funciones que no forman parte del negocio central,[6] que se puede observar en la actualidad, y por otro, debido a ello, también en la coordinación de relaciones de intercambio internas de la empresa sobre la base de precios de compensación. Éstos representan el anclaje organizacional de un principio interno de competencia de la red en las unidades de producción que se controlan a sí mismas. A partir de esta característica de la estructura de las redes empresariales —una integración *de facto* en la desintegración formal de distintos niveles de la cadena de valor agregado (Sydow y Windeler, 1994:10)— surge una dinámica que se produce en el interior de las "máquinas de la globalización", en las propias ET.

Dado que en la cooperación de acuerdo con el mercado el poder y la autonomía de decisión se mueven "hacia abajo", la capa intermedia de la gestión media e inferior se puede "adelgazar". Esto se acompaña, por un lado, de profundas grietas en las oportunidades para ser competente, hacer carrera y tener una vida profesional exitosa de quienes originalmente "ejercían" los procesos industriales de reorganización: los ejecutivos acaban por convertirse en "afectados", que tienen que arreglárselas con un complejo cambio en cuanto a los papeles que desempeñaban, con una eliminación de lugares de trabajo y con una mayor competencia interna y externa en el mercado de trabajo (Deutschmann *et al.*, 1995:436, 440; Faust *et al.*, 1994). Al asumir tareas que antes se concentraban en las posiciones y las secciones medias, surgen "empresas en las empresas" por medio de pequeñas "unidades de valor agregado" que se controlan a sí mismas. A la cabeza de estas empresas se encuentran *"intrapreneurs", allaround-managers* contratados, de quienes se espera que piensen y actúen de manera que rebasen sus funciones y con visión de administración de empresas. Pero la autonomía ampliada de ninguna manera carece de control, al contrario: dentro del marco de acción que el presupuesto establecido de manera central define en relación con las estructuras de gastos y de costos, así como con el

[6] Esto puede llegar al grado de que, en un caso extremo (como en el consorcio italiano de ropa Benetton), sólo el desarrollo, el diseño y la distribución están a cargo de la "empresa matriz", o las matrices de los consorcios en la industria automotriz sólo son responsables del montaje y la distribución. Gracias a los mercados electrónicos aun las pequeñas empresas pueden comprar a escala internacional servicios, productos o un know-how relacionado con el proyecto, o bien realizar proyectos conjuntos de planeación y asesoría (por ejemplo proyectos de diseño o de software) en cooperaciones globales, sin tener que haber realizado antes una investigación que quite mucho tiempo o sin tener que establecer una costosa organización compradora internacional (Bullinger *et al.*, 1995:384).

volumen de inversiones para las subunidades, resultan la coordinación y los controles de la empresa por medio de un elaborado sistema controlado por computadora de recolección de información y establecimiento de estándares *(benchmarking)*. Precisamente las empresas de este nuevo tipo, integradas internacionalmente,

> concentran datos, por encima de los consorcios y las redes, acerca de las entradas de los contratos, las ventas, el suministro adecuado al cliente, la satisfacción al cliente, el tiempo de producción y la garantía de calidad, por medio del desarrollo de la rentabilidad, la estructura de costos (salariales) y la regularización del tiempo de trabajo. Según este principio estos datos pueden ser producidos, sondeados y comparados específicamente para los países, las localizaciones y algunos centros de ganancia (Hirsch-Kreinsen, 1995:427).

El objetivo de la recolección y la elaboración de estos datos, que permiten una precisa comparación del rendimiento de las unidades económicas (véase Sklair, 1998a), es el permanente "autocontrol" y "autoobservación" de las respectivas unidades empresariales, con la central siempre vigilante (véase esquema 6.3).

La competencia "abierta" o, para ser más precisos, la comparación de rendimientos, constante y organizada, entre las unidades empresariales, se puede realizar más fácilmente en lugares donde se producen productos comparables con tecnologías idénticas. Pero incluso en las condiciones de una producción muy especializada e integrada internacionalmente se puede llevar a cabo el *benchmarking* para que cumpla su más importante función incentiva. Ésta consiste en que la gestión y, sobre todo, los empleados, sean estimulados a asumir en las distintas sucursales de una ET objetivos del rendimiento *(best practices)* que ya hayan sido alcanzados en alguna otra localización, sin importar en qué circunstancias ambientales concretas. Aun cuando las decisiones de invertir (o de dejar de hacerlo) están motivadas por reflexiones estratégicas que no resultan ser la "consecuencia lógica" de la comparación de datos sobre el rendimiento de toda la empresa, los métodos de comparación desempeñan un importante papel en la competencia entre localizaciones. En general, basta el conocimiento del levantamiento de datos y el *ranking* de toda la empresa para impulsar a los trabajadores y a quienes manejan los intereses de las empresas a hacer concesiones salariales y laborales o para debilitar la oposición a un cambio de la organización laboral.

Sólo a primera vista las complejas estrategias de internacionalización del "nuevo tipo" parecen representar el tan deseado cambio estructural hacia la "empresa posfordista", puesto que están ligadas a una descentralización (interna de la empresa) en el plano operativo. Pero cuando se echa un segundo vistazo se demuestra que el escepticismo es aconsejable frente a apreciaciones demasiado optimistas del potencial "participativo" y "orientado a la participación" de este nuevo patrón de racionalización. Por ejemplo, en el marco de los conceptos de *lean management,* se eliminan las jerarquías lo mismo que las existencias en bodega y los recursos para el personal, pues se trata de simplificar las estructuras de la organización y de reducir los costos. También se pueden observar patrones postayloristas de la utiliza-

ESQUEMA 6.3. *BENCHMARKING* EN REDES EMPRESARIALES

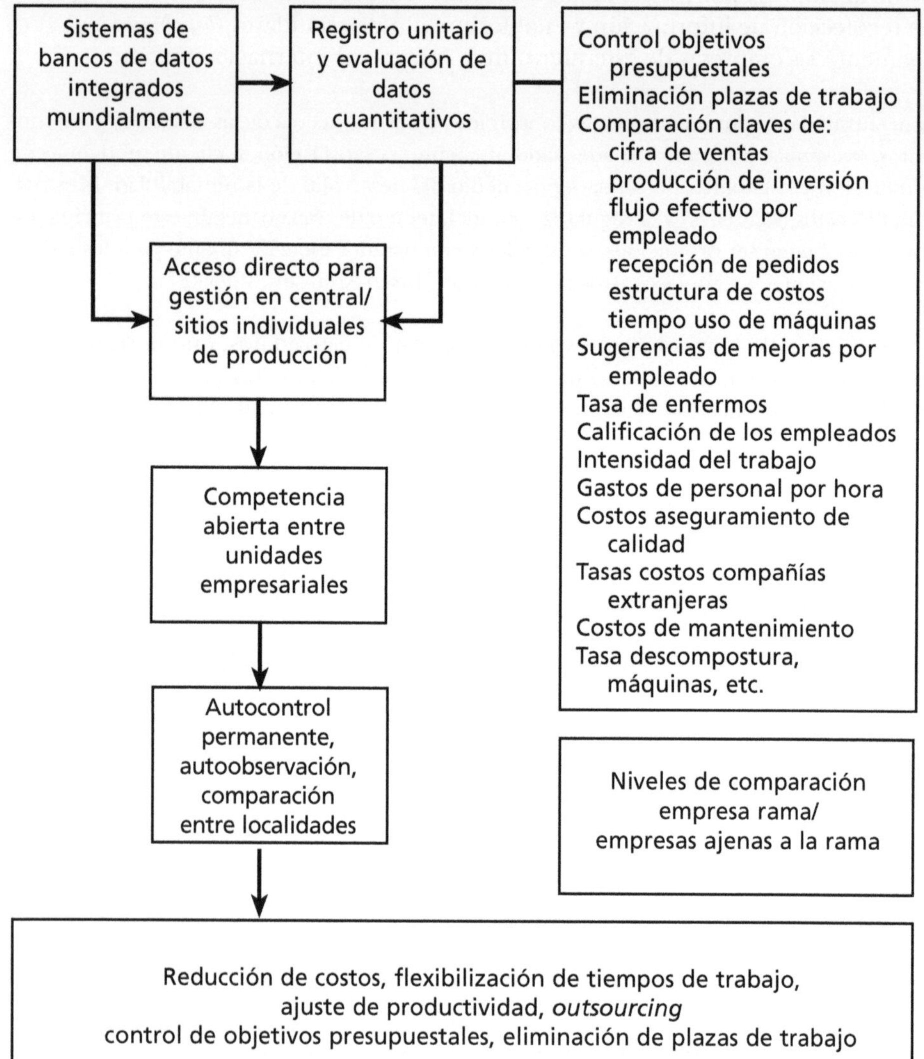

ción de la fuerza de trabajo —aunque en una medida cuantitativamente menor que la que se pronosticó hace algunos años— en la integración de tareas, en el desplazamiento de los controles de calidad en ámbitos ejecutivos o en la introducción del trabajo en grupos o equipos. Pero es imposible pasar por alto que todas estas medidas están orientadas, en primer lugar, a elevar la eficiencia económica desde los niveles más bajos. Y tiene una importancia aun mayor el hecho de que los pasos individuales en la producción y el trabajo no son ya los puntos de referencia de la "racionalización sistémica" (Altmann *et al.*, 1986), sino que ahora lo son las cadenas completas de producción y de valor agregado: del desarrollo de los productos a su producción y distribución. Los sistemas de información y comunicación que van más allá de las sucursales y que afectan a todo el consorcio y que son, al mismo tiempo, transfronterizos, han hecho posible la descomposición general de todas las partes del proceso y su reordenamiento en un sistema total flexible. No sólo se restructura el proceso inmediato de fabricación, sino también todos los procesos anteriores y posteriores. Particularmente la investigación y el desarrollo de un producto que resulte lo más cercano posible al mercado y fácil de ser fabricado, un aseguramiento de la calidad orientado al proceso y una logística diferenciada y compleja se están convirtiendo en los medios decisivos para controlar el proceso total en la cadena (Sauer y Döhl, 1994:204). Con las nuevas tecnologías de información y comunicación es posible dominar las intersecciones de los segmentos. De esta manera se limitan los espacios de acción de los "ganadores de la racionalización", que se benefician de la automatización flexible. Hay pocos indicios de que con la disolución "desde abajo" y "desde arriba" de la gran empresa fordista, históricamente obsoleta, regresen la "economía a la sociedad" y el "ser humano a la fábrica" (Sabel, 1994). Los resultados de recientes estudios de sociología industrial (Schumann *et al.*, 1994; Faust *et al.*, 1994; Dörre y Neubert, 1995) abrigan pocas esperanzas de que la producción centrada en la técnica pueda ser sustituida por una producción centrada en el ser humano.

La propagación de "unidades de valor agregado" que se autocontrolan, y de *cost centers* y *profit centers,* apunta a una disminución de los tiempos en los que han de "calcularse" las decisiones y las medidas. También la ampliación de las funciones de la investigación y el desarrollo, el aseguramiento de la calidad y la logística hasta que llegan a convertirse en funciones que inciden transversalmente, se explican por la profundización de la economía del tiempo. En las palabras del gestor de ABB responsable de Europa, Eberhard von Korber, se manifiestan las nuevas prioridades: "En la competencia global el grande ya no se come al chico, sino el rápido al lento" (*Die Zeit,* 15 de diciembre de 1995). El cambio acelerado, que se expresa en mayores márgenes de ganancia, pone como condición que las decisiones en una empresa sean tomadas lo más rápidamente uestos de la empresa y debe darse una rotación entre los puestos de gestión a más tardar después de cinco años. Más que las empresas burocráticas y jerárquicas tradicionales, las redes y consorcios "heterárquicos" —especialmente si actúan en todo el mundo— dependen de las fuerzas de cohesión que ejercen las orientaciones culturales y sociales de valores y conductas compartidas por los miembros de la organización. No obstante, el principio de construcción de estas redes implica una dinámica que amenaza constantemente desde adentro a esta deseada integración social, y que más bien la torna improbable. Porque la visión de conjunto, la previsibilidad y, por lo tanto, la seguridad, corren un peligro extremo en una organización virtual.

Una organización virtual, medida con el parámetro de la visión de conjunto, tiene en realidad poco de una organización "verdadera". En lugar de producir y vender algo de manera conjunta —donde cada uno sabe con precisión qué esperar de su trabajo—, los miembros de una organización virtual pasan la mayor parte de su tiempo haciendo algo más: negociando en qué ha de consistir su participación en el valor agregado y el tipo de sus relaciones con los demás participantes. Y esto se aplica tanto a los clientes como a los proveedores que de manera continua se topan con el mundo virtual de la empresa o bien lo abandonan (Stevenson y Moldoveaunu, 1996:10).

Pero entre los empleados la disposición a seguir y la motivación laboral no se pueden estabilizar fácilmente sin vínculos duraderos. La creatividad también necesita tiempo para dar rodeos y, sobre todo, requiere estructuras de organización que sean tolerantes con los errores. De otro modo la necesidad de retirar del mercado productos defectuosos, que cada vez se ha vuelto más frecuente (y no sólo en la industria automotriz), debido a que se ha llevado demasiado lejos la compresión de los tiempos en la investigación y el desarrollo, consumen el "tiempo ganado" en la competencia.

CONTRADICCIONES ESPECÍFICAS DEL SISTEMA DE UNA ORGANIZACIÓN DESCENTRALIZADA

Con la creciente importancia de las relaciones inter e intraorganizativas, la gestión de estas relaciones se convierte en un importante "recurso estratégico" en la competencia. Si se logra mantener el equilibrio en la dinámica relación de tensión de las relaciones conforme al mercado y jerárquicas en una red o en un consorcio transnacional, esto resulta en efectos de sinergia. Éstos de ninguna manera son fáciles de alcanzar, pues los arreglos cooperativos están acompañados de muchos riesgos: tanto las diferencias culturales y los intereses particulares como la conducta "oportunista", que nunca puede ser totalmente eliminada, pueden aniquilar los efectos de sinergia deseados. Las alianzas estratégicas son todo menos *"love affairs"* (según dijo el jefe de Daimler-Benz, Jürgen Schrempp). Por eso las empresas que cierran alianzas basadas precisamente en la tecnología recurren a medidas que deben minimizar los riesgos inherentes: se definen los derechos de propiedad de la propiedad intelectual y se hacen acuerdos según los cuales las ventajas tecnológicas obtenidas por medio de la cooperación pueden ser compartidas con los socios respectivos mas no con terceros sin la autorización de los mencionados socios, lo que en muchos casos se topa con reglamentaciones anticárteles nacionales o regionales (por ejemplo europeos). Se acuerdan límites a las transferencias de tecnología, para asegurar que los socios de la red sólo tengan acceso a las calificaciones, las informaciones y los equipos técnicos que son indispensables para la cooperación. Para la selección de formas jurídicas las empresas ponen atención en que se repartan el control y la responsabilidad. Además, en la planeación de los detalles de la alianza se aseguran de que los derechos y las obligaciones sean previsibles para todos los participantes, así como de que no entrañen contradicciones. En principio nada que pueda ser formalizado debe dejarse a la confianza mutua. "Al mismo tiempo la confianza y la indulgencia son ingredientes críticos de toda alianza exitosa, si se han de evitar conflictos de intereses que tengan que ver con el uso de las habilidades básicas de las compañías participantes" (Dunning, 1993:207).

Entonces, la confianza, la concordancia y la compatibilidad en la elección de medios y de objetivos presuponen que las relaciones de cooperación posean una cierta estabilidad y que sean potencialmente viables a largo plazo. Si estas condiciones no están dadas, resulta difícil controlar las fuerzas centrífugas, que operan particularmente en grandes empresas con sitios de producción y oficinas dispersos en todo el mundo. La estabilidad y la viabilidad a largo plazo de las relaciones de cooperación siempre se ven amenazadas, por ejemplo, cuando las partes negociadoras cambian constantemente, sea porque cambien las relaciones de propiedad a consecuencia de las fusiones o de las compras de empresas, o porque las innovaciones radicales desplazan los límites del mercado y de las ramas (en el ámbito de las telecomunicaciones o los multimedios).

FUERZAS CENTRÍFUGAS EN LAS REDES EMPRESARIALES

En comparación con las empresas tradicionales, las redes de empresas presentan una mayor flexibilidad. Pero precisamente esta flexibilidad puede volverse un problema en relación con los requerimientos internos de estabilidad.[7] Por un lado la competencia en la relación interna y externa obliga a todos los involucrados a que aumenten permanentemente su rendimiento. Las estructuras flexibles de la organización son una condición esencial para alcanzar lo más pronto posible las metas de racionalización en la producción y una adaptación a las condiciones del mercado en la circulación. Por otro lado, no se puede definir de antemano cuánta falta de seguridad y de previsibilidad soportan las relaciones de cooperación para evitar los efectos contraproducentes, o viceversa: qué medida de seguridad y previsibilidad es condición indispensable para que los empleados o los socios de

[7] "Al usar incentivos de gran potencia y basados en el mercado, tales como opciones accionarias y bonos atractivos, una compañía virtual puede obtener rápidamente los recursos técnicos que necesita si los mismos están disponibles. Pero los incentivos para hacer que una compañía virtual sea poderosa también la hacen vulnerable. Cuando los incentivos crecen y aumentan los riesgos que se asumen, la coordinación entre las partes a través del mercado resulta más y más difícil, precisamente porque tantas recompensas personales están en juego... En contraste, las compañías integradas y centralizadas generalmente no recompensan a sus empleados por asumir riesgos, pero sí tienen procesos estabilizados para dirimir conflictos y coordinar todas las actividades necesarias para la innovación" (Chesborough y Teece, 1996:66).

la red desarrollen una verdadera iniciativa propia y estén dispuestos a asumir riesgos. Además, la flexibilización de la estructura de la organización debe ser vista en relación con el problema de las fronteras cada vez más difusas entre la empresa y el "medio ambiente", y con la tensa relación de competencia y cooperación. En la medida en que los mecanismos del mercado imponen las estructuras de las organizaciones, las fronteras entre las empresas y su "entorno" se vuelven más delgadas y porosas (Peters, 1988). Las empresas pierden sus vínculos locales y territoriales. A diferencia de la "época taylorista burocrática", el "puesto de trabajo" ya no garantiza que se encuentre a la compañera de trabajo siempre en el mismo lugar. Los "puestos de trabajo" tampoco son ya idénticos a su respectiva localización de funciones en la empresa. La "compañía" es otra cosa que el edificio en el que se realiza la producción (Kühl, 1995:87). Con la difusión espacial y temporal desaparece la expectativa universal de seguridad. Pero precisamente esto puede provocar cargas muy considerables. Cuando por ejemplo empresas que tras una exitosa reestructuración global de sus procesos de producción y del correspondiente "adelgazamiento" de personal, y tras haber modificado sus fábricas para convertirlas en "centros de excelencia" con una muy limitada profundización de ensamblaje, comprueban que han ido demasiado lejos con la "reducción al negocio central", entonces la divisa será *insourcing* en lugar de *outsourcing*.[8] Pero de este modo los que hasta ese momento habían sido socios de la red se convierten súbitamente en competidores externos a los que se debe aventajar en el mercado por medio de ofertas más favorables. Ésta es una tendencia que, en la actualidad, se observa en los talleres automotrices alemanes "adelgazados".[9] Pero precisamente las ET que obtienen ventajas de las diferencias de las localizaciones nacionales o regionales específicas perderán probablemente más que un socio, hasta entonces confiable, en el momento de anunciar la rescisión de relaciones (a veces añejas) de suministro: con su decisión frecuentemente lastiman también intereses dentro del área de "extranegocios" de su red, intereses de *stakeholders* importantes de cuya cooperación probablemente dependan en otro sentido o en algún momento posterior las sucursales de consorcios extranjeros.

Estos actores no toman parte directamente en las transacciones económicas corrientes de la red industrial, como los proveedores, clientes y competidores. Ellos afectan las transacciones económicas mediante permisos oficiales u otras sanciones positivas o negativas que garantizan o cancelan la legitimidad. Para los subsidiarios estas interacciones extranegocios

[8] Evidentemente esto rige en muchas empresas de Alemania Federal para la logística de distribución, con la que se pueden alcanzar ventajas competitivas en el mercado frente a proveedores externos, cuando se combina con un servicio adicional o con estrategias para la conservación de los clientes. Con el desarrollo de las redes de telecomunicación disponer de un know-how computacional interno en la empresa parece obtener nuevamente el rango de una habilidad fundamental (Deutsch, 1995).

[9] Junto con Porsche, el taller de Mercedes en Hamburgo construye sistemas de techos para uso propio y para otros productores; el taller de Bad Homburg produce válvulas que vende también a la BMW (Deutsch, 1995).

pueden ser tan significativas como las relaciones con los proveedores y los clientes en casa (Forsgren, 1990:265).

Para poder desarrollar estas relaciones en los ámbitos cercanos a los puestos directivos, las administraciones municipales, los sindicatos, la industria y cualquier otro grupo de interés, se necesita en parte un largo tiempo y recursos de todo tipo.[10] Pero estas relaciones, que son consideradas como "activos" importantes (como "capital social, véase Putnam *et al.*, 1993), son fácilmente alterables y pueden ser afectadas de manera duradera. La competencia global con actores económicos dentro y fuera de la red respectiva depende de recursos no económicos del entorno local, nacional o regional (Mahnkopf, 1994) y, al mismo tiempo, su dinámica representa una amenaza permanente para estos recursos.

Un segundo problema, con no menos consecuencias, surge de la irresoluble relación de tensión entre los mecanismos de coordinación en la red que fomentan la cooperación y garantizan una autonomía descentralizada y los mecanismos que imponen una competencia permanente y, al mismo tiempo, aseguran controles efectivos. El problema clave de todas las redes empresariales es el "egoísmo estructural" de las unidades empresariales individuales, integrado a sus estructuras "deliberadamente" y de forma duradera, gracias al control indirecto del *benchmarking* (Deutschmann *et al.*, 1995:445; Hirsch-Kreinsen, 1995:430). Este egoísmo ocasiona que se socave el marco del control central, se menosprecien decisiones estratégicas de las oficinas centrales, se "produzcan" datos que embellecen la situación económica de la unidad o que se bloqueen innovaciones de la organización o tecnológicas que provienen de otras partes de la empresa.[11] En general, se puede partir de que todas las relaciones construidas por una sucursal con actores fuera de la red empresarial pueden ser utilizadas como recursos de poder frente a la central. Cuanto más dependan todas las otras partes de la empresa de las "buenas relaciones" que una sucursal tenga con su entorno político —por ejemplo porque le permiten el acceso a un gran mercado–, mayor será el peso que esta sucursal pueda hacer valer en la empresa general. Este factor se convertirá él mismo en accionista, porque puede influir de manera duradera en el comportamiento de las inversiones.

Entonces, dadas las condiciones internas de competencia en las ET, la cooperación que favorece la sinergia, el intercambio de informaciones, el conocimiento técnico y organizacional y, no en último lugar, el personal calificado, sólo pueden ponerse en marcha con muchas dificultades, si acaso. Con frecuencia en el inter-

[10] Baste hacer mención de que esas redes de relaciones se pueden convertir en "cordadas" conservadoras. Cuando debe ser destruida alguna economía regional también hay que romper las cordadas. Todo lo demás se da por sí mismo, como lo muestra tan atinadamente el ejemplo de los nuevos estados federados alemanes después de la unión monetaria.

[11] Esta característica resulta conocida por el debate sobre la ineficiencia de los sistemas de planificación en el socialismo real.

cambio se requieren precisamente los rendimientos que mejoran la rentabilidad total de la empresa, pero que más bien empeoran la "balanza" en las unidades empresariales a quienes debe proveer; esto se debe a que en ellas recaen principalmente los costos de la producción de rendimiento. Con frecuencia no resulta posible apreciar en toda su dimensión los efectos a más largo plazo de los objetivos de racionalización, que fueron determinados con carácter obligatorio por la central. Como la aceleración es el principio fundamental, para el gestor individual y más aún para el empleado individual, a quien se debe motivar para que brinde rendimientos superiores, resulta cada vez más difícil evaluar si el resultado de sus esfuerzos lo convertirá en ganador o perdedor. Más de un jefe de sección de alguna gran empresa no sabe "si su campo de acción será recompensado o cerrado cuando se alcance el objetivo de costos señalado" (Stevenson y Moldoveanu, 1996:9). Esto provoca problemas y tensiones, particularmente para empresas cuyo sustento es la tecnología. Pues en la coordinación de IyD que rebasa los ámbitos de acción y las localizaciones, es imposible evitar un conflicto entre la "autonomía" y la "integración": la orientación global de las actividades comerciales exige, por un lado, que las condiciones de IyD se concentren en un solo lugar; pero, por otro lado, las empresas que operan a nivel global también deben buscar el acceso mundial a fuentes locales, y con importancia estratégica, de innovaciones y recursos cognoscitivos. Por esta razón se presenta un dilema: por un lado, deben evitarse a toda costa los trabajos dobles que intensifican los costos, a lo cual contribuye el *benchmarking;* esta preferencia también conduce a establecer las actividades de IyD lo más cerca posible de las oficinas centrales y a someterlas a un estricto control. Pero, por otro lado, las empresas quieren "aprender" de los "centros de innovación" internacionales en países que presentan ventajas tecnológicas y competitivas relevantes, y precisamente eso queda bloqueado por el control demasiado directo o por el establecimiento de mercados empresariales internos, por medio de acuerdos de rendimiento para el intercambio interno de rendimientos (véanse Gerybadze, Meyer-Krahmer y Reger, 1997).

Las tentativas de la central de controlar las tendencias a la autonomía de las unidades empresariales descentralizadas más bien parecen agudizar los problemas que surgen del efecto desintegrador de la competencia internacional en la red empresarial. Esto vale principalmente para los costosos procesos de comunicación en la gestión y el enorme costo en conversaciones, viajes y tiempo para los gestores que participan, lo cual amenaza con convertirse en el problema principal de las empresas descentralizadas (Hirsch-Kreinsen, 1995:432). Por un lado, la unión de empresas descentralizadas —particularmente la variante que está integrada internacionalmente—, debido a las fuerzas centrífugas que en ella operan, depende de la adaptación recíproca por medio de la comunicación cotidiana y las relaciones personales. Entonces, incluso donde gobiernan las severas restricciones presupuestales, su creciente complejidad demanda una integración social que se puede alcanzar mediante la adquisición de orientaciones culturales comunes, de la socialización (especialmente de los ejecutivos) y de la lealtad no específica de los miembros de la organización con los objetivos de la empresa. Todo esto no puede sustituirse con la comunicación por Internet. Por otro lado, la permanente competencia intraorganizacional y el principio de la "autooptimización", relacionado con ella, provoca que las relaciones sólo puedan ser vistas como algo temporal.

El olvidado "factor subjetivo"

En los hechos el "problema de comunicación" resulta central. Esto se puede ejemplificar con ese grupo parcial de los *analistas de símbolos* —llamados así por R. Reich (1995)—, quienes se encuentran en las intersecciones de las empresas y, al mismo tiempo, en los puntos nodales, que vinculan con sus respectivos entornos: el grupo de los gestores medios y los expertos altamente calificados. Particularmente las ET que generan un conocimiento innovador y se quieren convertir en una "organización inteligente" (Quinn, 1992) dependen de que el conocimiento individual de gestores y expertos —entre el que se encuentra lo que Michael Polanyi (1967:20) llamó "conocimiento tácito", así como las habilidades sociales y comunicativas— se conviertan en "conocimiento explícito", de modo que pueda conducir a proceso rutinarios. La base de estos procesos la representan las recurrentes "rondas de diálogo significativo" (Nonaka, 1994:20, citado en Wilke, 1998:165).

La investigación de las organizaciones nos enseña que los mecanismos de control de acuerdo con el mercado funcionan sólo si únicamente se deben transmitir informaciones. Pero cuando existe una gran inseguridad y cuando, además, se trata de transmitir conocimiento nuevo, todavía no codificado, que debe convertirse en "conocimiento explícito", estos mismos mecanismos de control resultan de poca utilidad (Nonaka y Tauechi, 1995). La necesidad de medidas que produzcan confianza en las empresas de alta velocidad y alto rendimiento, que deben asegurar continuamente su competitividad en el mercado mundial, es enorme. De ello vive una rama grande y en expansión: la de la consultoría empresarial. Sus productos prometen algo que pareciera ser casi imposible: lograr que se produzca confianza en las organizaciones y, al mismo tiempo, reducir su tamaño *(downsizing)* y reconstruirlas (reingeniería). Y no sólo las y los obreros, que temen por su trabajo, pueden obtener pocos beneficios del nuevo discurso de la gestión, que pregona la aceleración económica y la inseguridad personal como objetivos compatibles y aun deseables. También grupos de empleados altamente calificados y ejecutivos empresariales pueden sacar poco del "ser empresario en la empresa" *(intrapreneurship)* si la segmentación de la organización empresarial no produce en los centros de ganancia y centros de costos una mayor autonomía y nuevos retos empresariales, sino un aumento de la presión de trabajo y de la intensificación del rendimiento (véase Kotthoff, 1996). Por eso Nigel Thrift da en el blanco cuando afirma lacónicamente: "La mayor parte de la angustia provocada por el nuevo discurso de la gestión es producida por y para la clase media, no para la clase obrera" (Thrift, 1998:60).

En la medida en que desaparecen los niveles de jerarquía y se desplazan las unidades empresariales autoorganizadas que compiten entre sí, empiezan a escasear los medios de integración tradicionales de un grupo estratégico de actores: estamos hablado de las prerrogativas en forma de posiciones sobresalientes, privilegios de estatus y símbolos de exclusividad, pero sobre todo de las promesas de ascenso, todos ellos como formas decisivas de vinculación con las que la empresa trata de ganarse el compromiso y la lealtad de empleados de alto rendimiento con una actividad difícil de controlar (Baethge *et al.*, 1995:19, 24). También el acelerado cambio en el conocimiento y la consecuente devaluación acelerada de la experiencia profesional y los conocimientos técnicos y científicos son de lo más apropiado para sacudir el modelo de carrera acostumbrado y las correspondientes orientaciones de los ejecutivos. A esto se añaden las nuevas cargas relacionadas con el nuevo papel de *intrapreneur* de los "portadores del rendimiento" empresariales. Las oficinas de las empresas transnacionales, dispersas por todo el mundo, se ven ante la exigencia de pensar "globalmente" y, al mismo tiempo, conservar su capacidad de actuar "localmente". Esto quiere decir que deben conciliar los intereses particulares de su ámbito de responsabilidad con los objetivos y las necesidades de la empresa en su totalidad. Por lo tanto, para muchos ejecutivos y expertos empresariales —y esto lo muestran los más recientes estudios sociales (Faust *et al.*, 1994; Deutschmann *et al.*, 1995; Pahl, 1995, 1997)— los nuevos perfiles de exigencia van de la mano con pesados lastres psíquicos y mentales: con jornadas de trabajo demasiado largas, estrés, la "sensación de no poder desconectarse" y la "carga emocional y de tiempo, a la que frecuentemente no se le concede la debida importancia, ocasionada por la incesante *politización de la empresa* en el proceso de reestructuración" (Deutschmann *et al.*, 1995:447)

Las fronteras institucionales entre los sitios tradicionales —antes centrales— de la producción de conocimiento (universidades y centros estatales de investigación), los laboratorios industriales y las redes de investigación que operan globalmente se están volviendo cada vez más borrosas (Thrift, 1998:29). Esto ocurre en la medida en que se traspasan las fronteras disciplinarias en la producción de conocimiento, de modo que el círculo de los participantes sea cada vez más heterogéneo y que el conocimiento se produzca con mayor frecuencia en el contexto de las respectivas aplicaciones, y no ya como parte de una secuencia lineal que va de la investigación básica a la aplicación. Ésta es también una "consecuencia del proceso de globalización, que se encarga de que el círculo de los países que disponen de conocimientos técnicos y científicos y del know-how se expanda claramente" (Nowotny, 1996; Gibbons *et al.*, 1994). Como consecuencia de este desarrollo, los expertos altamente calificados en empresas con "jerarquías movibles" se convierten, sobre todo para las empresas transnacionales integradas "virtualmente", en "porteros" de la información. Ahora bien, los colaboradores con la correspondiente alta calificación también pueden convertirse en factores de riesgo para el desarrollo de la empresa, debido a la mayor libertad que tienen en cuanto a movilidad profesional: "El capital humano, que en el futuro será cada vez más decisivo para la competitividad, puede 'escaparse', a diferencia del capital real" (Bullinger *et al.*, 1995:384-385).

Parte constitutiva del ser experto radica en el doble vínculo que se tiene con los criterios de racionalidad económica de la empresa y con los estándares normativos de la comunidad científica o grupo profesional al que el individuo se sienta pertenecer, dada su formación (Zündorf, 1995:252). Los patrones "de valor racional" de orientación y de acción formados en la culturas profesionales extraempresariales de expertos pueden entrar fácilmente en conflicto con los estándares "de fin racional" que rigen en las empresas.[12] Los mencionados estudios sociales, así como también resultados obtenidos en la investigación sobre ejecutivos (Von Rosenstiel, 1992), señalan que los expertos y los gestores se sienten enfrentados a la creciente presión de tener que legitimar sus funciones profesionales y su importancia social frente a un discurso industrial y ecológico crítico. A esto se añade que también los gestores deben soportar una mayor carga de tensiones y angustia en su vida privada; naturalmente, esto tiene mucho que ver con la nueva concepción de sí mismas que tienen las mujeres y con las relaciones personales, que cada vez se tornan más inestables.

A los ejecutivos que trabajan en empresas transfronterizas se les exige, por un lado, que demuestren "habilidad para las relaciones sociales" y capacidad de comunicarse y, por otro —sobre todo cuando se alternan los lugares de trabajo en el propio país y en el extranjero—, se los empuja a una situación vital que contribuye a que no se desarrollen las características de personalidad requeridas (Deutschmann *et al.*, 1995:489). El régimen de tiempo que impera en las empresas es principalmente el que ocasiona que los ejecutivos y los expertos muy calificados, es decir, los pilares de un sistema de producción integrado de manera internacional, tengan que lidiar con tensiones permanentes entre la vida privada y la profesional. La alternativa consiste en un "gitanismo posmoderno" materialmente muy confortable pero, a la larga, emocionalmente muy poco satisfactorio: sin hijos, con vínculos sociales laxos, con una carga rayana en los límites de la capacidad psicológica y con una total disponibilidad de tiempo. Habría que preguntarse dónde podrían adquirir estos expertos cosmopolitas —que no tienen que lidiar con los problemas escolares de los hijos, ni con los juegos de poder en gremios políticos municipales, que no son jardineros aficionados ni miembros de una iniciativa ciudadana que fomente las relaciones sociales de manera *obligatoria*— las *habilidades tácitas*, es decir, el conocimiento empírico implícito e intuitivo, así como las diferentes clases de habi-

[12] En sus reflexiones acerca de las actuales reestructuraciones del sistema de conocimiento Helga Nowotny acentúa, no obstante, el hecho de que con la creciente "inserción" de la producción de conocimiento "en las condiciones sociales, en las que se deben estipular la financiabilidad, la aceptación social de la ciencia y la técnica y los activos de la opinión pública según la rendición de cuentas y la participación", también se provoca una "pérdida de los controles de calidad habituales realizados por élites científicas estables, organizada profesionalmente" (Nowotny, 1996). En el mejor de los casos únicamente se puede especular sobre las consecuencias de tal desarrollo para la relación de tensión que aquí nos interesa entre la moral profesional de los expertos y sus funciones empresariales.

lidad para las relaciones sociales requeridas para la comunicación en la empresa con el fin de poder hacer frente a los diferentes entornos culturales y sus respectivos accionistas con vínculos locales y regionales.

La solución del problema central de integración se podría alcanzar —igual que en la sociedad en su conjunto— con "más democracia", por medio de mayores posibilidades de participación, o bien retomando el camino que conduce a la vieja empresa centralizada. Ambas opciones imponen límites a la forma dominante de la globalización.

CONVERGENCIA DE LAS ESTRUCTURAS LABORALES POR MEDIO DE LA COMPETENCIA INSTITUCIONAL

La transformación de las empresas multinacionales, organizadas policéntricamente, a *global players* transnacionales, con una orientación geocéntrica, en los que todas las partes empresariales están integradas en una estrategia mundial, provocan la seria pregunta de si las ET serán crecientemente "apátridas" y si perderán las viejas ligas con las culturas nacionales y regionales, así como los arreglos institucionales (Dicken, 1992; Carnoy, 1993, y, de manera más incisiva, Dunning, 1993; Van Liemt, 1992; Ohmae *et al.*, 1992; Thurow, 1996). En contra de esta tesis se argumenta que sigue siendo posible distinguir diferencias específicas, según el país, en los métodos de producción y las relaciones industriales, así como en los sistemas de control o en los "estilos" de política económica; por eso no se podría hablar de una "economía mundial completamente integrada" (Boyer y Drache, 1996:13; Hirst y Thompson, 1996; Ruigrok y van Tulder, 1995). Con frecuencia en este mismo contexto la concentración de las actividades económicas mundiales en la "tríada" es considerada como un indicio de que la formación de bloques de los países industrializados se opone a la globalización (Hirst y Thompson, 1996). En ambos argumentos subyace —en la tradición del pensamiento neoclásico— la idea de que la globalización debería incluir de manera uniforme a todas las regiones del mundo (y a todas las naciones y las clases y capas sociales), es decir, producir una economía mundial totalmente integrada y que debería combinarse de manera necesaria con una convergencia global y no producir nuevas divergencias. De entrada esta concepción no toma en cuenta la estructura básicamente asimétrica de la forma de producción capitalista. Desde luego que las ET no operan en todos los países de la tierra, desde luego que tampoco desaparecerán en el mundo todos los tipos de frontera y, como puede comprobarse, el comercio mundial y las corrientes de inversión de las empresas se caracterizan por una alta concentración espacial en las llamadas potencias de la tríada. La tesis de una creciente deslocalización de la producción y de la producción de servicios tampoco indica que las "localizaciones" concretas ya no contarán; al contrario: la globalización y la localización se requieren mutuamente.

La tendencia a la globalización ha ocasionado que todas las etapas del valor agregado —empezando por la investigación y el desarrollo, pasando por la producción, la contabilidad, el marketing, la distribución y hasta el diseño del producto o los servicios legales y financieros— se sometan a un proceso de *global sourcing.* La gestión y especialmente el mercado de trabajo para actividades altamente calificadas se están internacionalizando, con la consecuencia de que los estándares nacionales de trabajo pierden relevancia. Puesto que además la expansión de medios nuevos y más baratos de comunicación y de transporte se relaciona con una cierta homogeneización y estandarización de los hábitos de consumo y los mercados de productos (por lo menos con respecto a los mercados para bienes de consumo no perecederos y, en una medida creciente, también en los víveres y la ropa), las empresas aspiran a unificar lo más posible la organización de la producción y el manejo de personal, así como las estrategias de publicidad y de marketing. En busca de nuevas mejores prácticas *(new best practices),* se emplean tecnologías y métodos de organización y de gestión transfronterizos, tanto dentro de la (unión de) empresas como en las empresas de proveedores (Grahl y Teague, 1991; Grootings *et al.,* 1989).

> Si el marco institucional en el que opera la empresa ya no corresponde a un solo país sino a varios, resulta inevitable que se eche a andar un proceso de homogeneización. A medida que la compañía comienza a mostrar un comportamiento —si no una apariencia— multinacional, los capitalismos tenderán a converger más a que divergir. El proceso sólo podrá ser acelerado por la creciente práctica de las *joint ventures* y las alianzas estratégicas entre dos o más empresas de diferente nacionalidad formal (Strange, 1997:190).

Contra la tan diagnosticada tendencia de que la competencia por la racionalización se dirime cada vez más en un plano global, también se ha formulado toda una serie de objeciones y de reservas que la relativizan: de manera comprobable, operan en el espacio global sobre todo empresas norteamericanas y japonesas, aunque pocas europeas (Dicken, 1992), y no digamos ya de otras regiones del mundo. Una y otra vez, en este contexto se hace también referencia a la dispareja propagación de los métodos japoneses de gestión en los países de la tríada; las diferencias que siempre han existido en las *best practices* norteamericanas, japonesas y europeas de las empresas confirman que no se ha llevado a cabo una convergencia de regímenes nacionales de innovación. También se pueden identificar diferencias en el grado de globalización, que se relacionan con las circunstancias técnicas y organizacionales de la rama respectiva, con el desarrollo histórico de las empresas, con su dimensión o con las prácticas comerciales específicas y las condiciones del marco general en los países de origen. No en todos los sectores los procesos de reingeniería han avanzado tanto hacia un sistema de producción integrado internacionalmente como en la industria química, en la producción automotriz, en los productos electrónicos de entretenimiento y en ciertos campos del sector de prestación de servicios. Y aunque la tendencia no sea uniforme, sí es predominante. Ni siquiera la industria alimentaria, con sus especificidades nacionales, representa una excepción (Flecker y Krenn, 1994:19). Y como reacción a la presión que impone la competencia en los llamados países de bajos salarios, particularmente en las ramas tradicionales como la industria del vestido o los muebles, se han provocado desplazamientos masivos de funciones empresariales hacia empresas filiales extranjeras o en subempresas jurídicamente independientes, además de una reintegración transfronteriza de las cadenas de valor agregado.

Pero no sólo la dimensión cuantitativa —indiscutible porque resulta difícil comprobarla empíricamente— ha alcanzado hasta hoy la fragmentación deliberada de la producción por sobre las fronteras de los países, las empresas y las ramas. El problema central sigue siendo la calidad de esta transformación. Sólo tendrá sentido hablar del carácter global de las estructuras de producción cuando no se globalicen únicamente sencillas funciones de producción sino cuando al mismo tiempo ocurra una descentralización de las actividades de IyD y la correspondiente redistribución de las funciones centrales de control. Precisamente en este punto divergen mucho las apreciaciones: mientras que algunos autores (Lane, 1995:95 basándose en Dicken, 1992:199) dudan que también las funciones de producción con un alto valor agregado sean afectadas por el torbellino de desplazamientos, otros (Chesnais, 1988; Dunning, 1993; Gerybadse, Meyer-Krahmer y Reger, 1997; Hack, 1998) han constatado una tendencia, también comprobable empíricamente, a la descentralización, sobre todo de las tareas de IyD. La "globalización de la organización de la investigación" sólo significa, en un sentido más estricto, que la investigación esté distribuida equitativamente en todo el mundo.[13] La creciente globalización de la investigación, el desarrollo de productos y la innovación más bien consolidan y reúnen actividades dispersas por todo el mundo; la globalización se acompaña de una mayor concentración de las actividades en pocos centros de punta (Gerybadze, Meyer-Krahmer y Reger, 1997). Las redes globales de la investigación realizada en las grandes industrias —como lo puede mostrar Lothar Hack en un estudio acerca del consorcio Siemens— no surgen en primer lugar porque los conocimientos y las capacidades científicas de que una empresa dispone en su "casa matriz" se puedan conseguir a menor precio en otros continentes. A diferencia de los años ochenta, cuando en realidad fueron sobre todo las estructuras de oferta y de costo las que impulsaban la búsqueda de *pools* de investigadores y de talento, hoy en día, en primer lugar, los efectos formadores de valor de los procesos de aprendizaje transnacionales a lo largo de toda la cadena de valor agregado están en primer plano. En segundo lugar, la concentración de las actividades de IyD ocurre ahí donde coinciden los clientes importantes y condiciones particularmente favorables para la ejecución y el financiamiento de las actividades de innovación. Es-

[13] "Dado el caso, serían organizadas de manera global las organizaciones de investigación y de desarrollo en su conjunto. Se construirán cada vez más redes mundiales de instalaciones para el desarrollo, en parte en cooperación con otras industrias. Estos laboratorios y centros de desarrollo servirán también a la organización de la fabricación y de la actividad comercial regional. Los numerosos contratos y acuerdos con universidades e instituciones públicas de investigación se orientan más directamente a los centros de investigación importantes de los países industrializados" (Hack, 1998:17-19).

ta constelación, en tercer lugar, se convierte en la causa de una dura competencia dentro de las empresas. Se trata de determinar qué localización o qué campo se establece como *leading house* mundial para un grupo específico de productos (y, naturalmente, aquí también interviene de nuevo el *benchmarking*).

En cuarto lugar, son de importancia sobre todo las distintas formas de conocimiento, así como las reservas de conocimiento nacionales y locales. Por eso los "procesos de reajuste que tienen que ver con la transferencia de conocimientos se enfrentan una y otra vez con procedimientos determinados por los conocimientos específicos que se tienen en lugares particulares" (Hack, 1998:17). En el curso de la progresiva terciarización y globalización de las actividades globales la utilidad de la asignación de los recursos en los campos de la investigación, la ciencia y educación ya no favorecen necesariamente las economías nacionales. Hoy ya no importa tanto la *aplicación* del conocimiento generado a nivel nacional como la reunión transfronteriza de diferentes tipos de conocimiento e informaciones. La *absorción* del conocimiento surgido en todo el mundo se vuelve tan importante como el fomento de la producción de conocimiento en el propio país (véanse Gerybadze, Meyer-Kramer y Reger, 1997). Por medio del empleo de la tecnología de la información y la comunicación resulta más fácil codificar por lo menos parte del conocimiento (técnico) y transmitirlo más allá de las fronteras nacionales. Por eso una competencia impulsada por la innovación y la calificación sólo podría conducir al "éxito" si las innovaciones en los productos y el proceso se acompañan de una reducción de los costos. De ahí que no existe una alternativa que permita decidir entre la competencia por las innovaciones o por la reducción de costos. La una carece de sentido sin la otra.

También son causa de controvertidas discusiones las respuestas a la importante pregunta de si, a consecuencia de las estrategias globales de producción, se ha de llegar a una convergencia de las estructuras nacionales, o si los sistemas de negocios *(business systems)* específicos de cada país (Whitley, 1990, 1992) mantendrán su relevancia social específica (Lane, 1995; Mueller, 1994). La difusión de métodos de manejo de la técnica y del personal por sobre las fronteras de empresas, ramas y países remite a procesos de globalización *social*. Es sabido que los tipos de control del comportamiento que supone la gestión varían considerablemente, y esto no cuando se comparan los estilos de gestión del Lejano Oriente y de Europa Occidental, sino aun dentro de la misma Europa Occidental, aunque los puntos de vista, las normas y los métodos de la gestión sí son unificados por medio de un reclutamiento de personal que toma en cuenta valores y objetivos empresariales típicos, así como por medio de las correspondientes medidas para el desarrollo del personal. Todo esto servirá a la aculturación de los responsables centrales de la toma de decisiones, quienes se apegarán a las técnicas de gestión preferidas por la central.[14] Las empresas con una orientación global pueden elegir con esta

[14] Está bien documentada la importancia que tiene para los "trasplantes" japoneses en Europa y Norteamérica la socialización por medio de medidas en el reclutamiento de personal. Las empresas japo-

estrategia el personal para las localizaciones en el extranjero de acuerdo con las características de personalidad que mejor se adapten a las respectivas "culturas sociales". Así, a la IBM se la conoce por su política de personal, que ejerce en todo el mundo según directrices idénticas. Se aplican sistemas de remuneración unificados y, donde los compromisos locales lo permiten, se prescribe obligatoriamente a las sucursales en el extranjero el mismo comportamiento frente a los sindicatos (en concreto: el debilitamiento del poder de representación sindical).

> Esto implica que los trabajadores de producción o gerentes tan cuidadosamente seleccionados serán capaces de entender y aplicar los sistemas y prácticas que la corporación desea difundir internacionalmente (Ferner y Edwards, 1995:241).

Pero las estrategias son contradictorias. Ni las medidas del reclutamiento de personal "adecuadas al entorno" ni la movilidad internacional de los gestores puede asegurar que las *best practices* planeadas sean verdaderamente realizadas en todas las partes de la empresa, tanto en el propio país como en el extranjero. Por esta razón la figura del "gerente global", cuya existencia "comprobaría la importancia de la globalización social para la convergencia o divergencia de estructuras laborales", podría "estar más difundida en la discusión acerca de la globalización que en la realidad económica y social" (Flecker y Krenn, 1994:14). También señala en este sentido la frecuente queja planteada en estudios empíricos sobre la escasez de *euromanagers* y la *expatriate failure,* es decir, el fracaso de su aplicación en el extranjero. Incluso donde los criterios para el desempeño de una empresa (o una de sus partes) tienen una obligatoriedad transfonteriza, los entornos específicos (de cada país) conservan una gran importancia para el comportamiento de la gestión y el personal.

Sin duda alguna la gerencia en las localizaciones individuales se debe encargar de poner en práctica de manera autónoma los proyectos de racionalización de toda la empresa *en detalle.* Pero cuando con esta constatación del peso de los "efectos sociales" se relaciona también la vasta suposición de que las empresas *deberían,* en primer lugar, adaptarse al perfil social que las rodea (Sorge, 1991) para alcanzar los objetivos de racionalización en cuanto a costos, productividad o un determinado número de órdenes fijados por la central, se trata de una pura ilusión. Las partes de una empresa transnacional insertas en una estructura en forma de matriz (o de *holding*) no son tan autónomas como para tomar decisiones acerca de las inver-

nesas eligen tanto a la gerencia local como a los empleados en todas sus sucursales extranjeras de acuerdo con ciertas características de personalidad que demuestren una exitosa capacidad de adaptación a las técnicas gerencials importadas: un egocentrismo limitado, una elevada tolerancia a la frustración, un comportamiento "reverente", es decir, devoto y de respeto a la autoridad de sus superiores; y —esto se refiere específicamente a los talleres de la Nissan en Gran Bretaña— tener experiencia previa con los métodos de la producción automotriz de ninguna manera supone una mejor oportunidad de obtener un trabajo en un *global player* japonés (Winfield, 1994, citado en Ferner y Edwards, 1995:241).

siones y el trabajo sin consentimiento de la central. Por lo general tampoco van a poder seguir una estrategia de trabajo independiente o tener carta blanca para elegir a sus proveedores, porque la mayor presión impuesta por la competencia a los mercados mundiales obliga a una rápida adopción de nuevas organizaciones y técnicas; porque las empresas internacionales y las redes de compañías expanden su ámbito de influencia, dentro del cual se transfieren sus métodos de una localización a otra; porque la integración transfronteriza de los procesos de producción exige compatibilidad, y porque las formas de dirección presionan a los gestores locales en las empresas internacionales para que adopten estándares internacionales (Flecker y Krenn, 1994:18; UNCTAD, 1994:271).

ARBITRAGE PARA LAS LOCALIZACIONES Y OPCIONES DE SALIDA DE LAS EMPRESAS

Las condiciones del trabajo también se asemejan porque han sido y siguen siendo influidas por un sinnúmero de particularidades históricas, institucionales, socioculturales y propias de la economía regional. En los cálculos de las centrales empresariales surge la imagen de un mercado de trabajo global, con la consecuencia de que el monto de los costos laborales, el nivel de calificación de los empleados o su respectiva productividad son manejados como la expresión de patrones típicos de regulación que la política empresarial debe optimizar. Desde esta perspectiva la "flexibilidad" de un tipo de mercado de trabajo hace que los demás aparezcan como extremadamente "rígidos". La estereotípica respuesta de las ET a la creciente presión que impone la competencia es: la adaptación de las reglas, normas y leyes específicas de cada país —entre las que se encuentran, en primer lugar, los sistemas de contratos colectivos y sistemas de seguridad social, pero también (por lo menos en parte) sistemas educativos— a la dinámica económica y monetaria del mercado global. Se espera que la política ofrezca "reformas institucionales", particularmente las que conciernen a los tradicionales arreglos institucionales de los mercados laborales, a los que se responsabiliza de su "rigidez".

Si no se da la adaptación, entonces se amenaza con la fuga de capitales. La "competencia institucional" es controlada cada vez más por "la fuga y la contradicción" o, formulado de otra manera, el capital va donde la liberalización del mercado de trabajo y los reglamentos que se refieren a los derechos sociales prometen aumentar la competitividad de las empresas, es decir, su *shareholder value*. Desde la perspectiva del *mainstream* económico esta forma de competitividad resulta preferente a una integración institucional operada políticamente; ya en los años cincuenta Jan Tinbergen sugirió para ella el término "integración negativa". Esto se aplica incluso en los casos en los que resulta previsible el peligro, relacionado con la competitividad del sistema de un "arbitraje social que desestabilice el sistema" (Demmer, 1994). En sus últimas consecuencias la "competencia institucional" demanda que las regulaciones de los mercados de trabajo se reduzcan al orden político necesario y a la competitividad política indispensable.

Las condiciones institucionales (por ejemplo del mercado de trabajo regional) en los países individuales no constituyen elementos inalterables de una "cultura nacional" dada, sino el "sedimento de intereses, relaciones de poder y soluciones de conflictos" entre los actores sociales (Flecker y Krenn, 1994:21). Por lo tanto la convergencia de estructuras de trabajo producida por los procesos de globalización e internacionalización de ninguna manera debe eliminar *todas* las diferencias en la creación de la organización empresarial. La geografía y la historia siguen siendo importantes. El espacio y el tiempo conservarán su influencia sobre las condiciones mundiales de producción y empleo. También en las ET se debe contar con rutinas consagradas por el uso y con cuestiones culturales que se dan por sentadas, que tienen que ver con la procedencia específica gerencial de punta *(top management)*. Por esta razón resulta fácil contestar la pregunta (Von Hirst y Thompson) de por qué, si la tendencia a la globalización resulta supuestamente tan incontenible y generalizada, las empresas que tienen actividad comercial en todo el mundo conservan su base en su país de origen. La respuesta es simple: las ET mantienen sus oficinas generales en los centros metropolitanos porque les resulta más fácil establecer alianzas estratégicas en los "subsistemas" de la política y la ciencia —con base en orientaciones culturales compartidas y costos de oportunidad considerablemente más reducidos— en sus países de origen. Si las empresas con actividades transnacionales conservan sus *home bases* esto de ninguna manera se debe tomar como prueba de su inalterado "vínculo nacional" o aun como la demostración del carácter puramente ideológico del debate sobre la globalización. Estas circunstancias indican únicamente que las empresas que se han "enganchado" en una "cultura nacional" y en una infraestructura específicas permanecerán en sus localizaciones de origen en tanto que esto les permita alcanzar ventajas competitivas en el espacio global.

También en el futuro las ventajas específicas de las diferentes empresas y ramas en la competencia global dependerán de manera decisiva de las condiciones "blandas", es decir, las que se pueden crear y modificar en el "medio ambiente" local y regional de las ET. Y esto aun en el caso en el que la movilidad del capital obtiene todavía más facilidades gracias a medidas tomadas por la política nacional o regional. Resulta irónico que sean precisamente las "nuevas tecnologías" las que pueden operar en contra de esta movilidad:

> A este respecto, si algún efecto han tenido los recientes cambios tecnológicos ha sido el de *reforzar* la importancia que tiene la localización para muchas tareas de producción y, en algunos casos, el rápido cambio tecnológico, incluyendo las innovaciones organizacionales —como la *lean production,* en la que la confianza y la formalidad son muy solicitadas—, parece haber reforzado las diferencias geográficas (Kozul-Wright, 1995:161, cursivas nuestras).

Ahora bien, entre las condiciones de una producción cada vez más integrada internacionalmente, que aumenta las opciones de salida de las empresas en virtud de los arreglos nacionales o regionales, no existe garantía de que invertir en la mejoría de los perfiles de las empresas —lo cual se conoce comúnmente como "política de la localización"— traiga aparejadas ventajas a más largo plazo para la economía nacional o regional. A la competencia entre localizaciones la favorecen la calidad del sistema educativo, las medidas estatales referentes a infraestructura y saneamiento del medio ambiente, ventajas fiscales y posibilidades de amortización para los inversionistas, una reducción de los costos salariales adicionales, la renuncia voluntaria de los empleados a la parte que corresponde a los empleadores para el seguro de enfermedades y para la vejez, cláusulas de renuncia al derecho a huelga, un claro empeoramiento para los empleados de los reglamentos para la protección contra el despido y la planeación social, permisos excepcionales para realizar procesos de producción que dañan al medio ambiente y muchas cosas más (Altvater y Mahnkopf, 1993, 1995). Podrían señalarse innumerables ejemplos de una política económica que con estos factores ejerce un "*arbitrage* para las localizaciones". Que las "inversiones" realizadas en la localización rindan o no al final no está ya en manos de los actores regionales ni nacionales, pues los factores que determinan la "competitividad sistémica" son dictados por la economía global. Aun cuando las ET tengan (todavía) una base nacional sus actividades se orientan a mejorar su posición en la competencia internacional. Por eso sus decisiones de inversiones y producción no necesariamente reflejan condiciones específicas nacionales y locales, aun cuando éstas hayan sido "adaptadas" mejor a las condiciones del mercado. Sólo cuando se hace la comparación global se demuestra cuán altos deben ser los réditos de las inversiones productivas, cuán bajos los salarios y cuán elevadas las ganancias de la productividad para que se sostenga una localización.

El *arbitrage* de las localizaciones es un "negocio" muy riesgoso. Así pues, una política de exención de impuestos puede atraer inversiones directas extranjeras al país. Pero debido a que los ingresos estatales reducidos pueden influir negativamente en la calidad de los servicios con financiamiento público y de las instalaciones que constituyen la infraestructura, esta misma política puede hacer que empeore a mediano plazo el atractivo de una localización "mejorada" de acuerdo con los intereses a corto plazo de los empresarios (Cerny, 1996b:93-94). Lo mismo se puede decir de las medidas de desregulación de los mercados de trabajo, que pueden "seducir" a las empresas para que se establezcan a corto plazo. Lo que beneficia a los "inversionistas" no sólo puede dañar a una economía nacional o regional en su conjunto; en ciertas circunstancias puede perjudicar todo un sistema de producción internacionalmente integrado; quien quiera participar en un sistema de este tipo debe poder invertir en la actualidad sobre todo en tecnología que redunde en la intensificación del capital, y tener por objetivo penetrar simultáneamente en muchos mercados, porque se acortan los ciclos de producción. Esto exige poderosas inversiones en la investigación y el desarrollo, en la modernización de las estructuras organizacionales y en los perfiles de calificación de los empleados. Precisamente este tipo de inversiones se ven amenazadas cuando la desregulación de los mercados financieros ofrece oportunidades de ganancia a corto plazo y, con frecuencia, especulativas. Como lo muestran desde mediados de los años ochenta las crecientes participaciones de fusiones y la adquisición de empresas en las inversiones directas,[15] por ejemplo, las inversiones directas que sólo se realizaron para disminuir el riesgo cambiario pueden tener un efecto contraproducente para la formación de un sistema de producción integrado internacionalmente; en muchos casos se mostró que las empresas adquiridas por medio de fusiones y adquisiciones no resultaron fáciles de insertar, ni espacial ni funcionalmente, en ET ya integradas. Más del 60% de las fusiones fracasan por los llamados "problemas de integración posfusión", por diferencias en los estilos de cooperación, los sistemas de cálculos de costos y los idiomas, por una abundante burocracia y un limitado control y manejo, por la insuficiente planeación y mala ejecución, es decir, por procesos que destacan el hecho de que los cálculos económicos también están "insertos" social, tecnológica y psicológicamente en los "motores de la globalización", las ET.

La concentración y la centralización se cuentan entre los mecanismos básicos del progreso capitalista, pero han cambiado los motivos para las fusiones y adquisiciones. Naturalmente, el ahorro en los costos constituye una razón tradicional y todavía central. Pero en primer lugar se trata de llegar a mercados más grandes para los productos individuales, así como al poder de los mercados para dictar los estándares a la competencia global. Por añadidura, desde principios de los años ochenta la economía real es juguete de la economía monetaria. El proceso también se puede calificar como un triunfo del capitalismo de *shareholder* por sobre el capitalismo de *stakeholder*: los intereses orientados a los réditos de los propietarios del capital ganan la partida frente a las obligaciones y las responsabilidades que tienen las empresas frente a los accionistas, es decir, frente a quienes son "afectados" negativa o positivamente por las decisiones de la empresa: los empleados, los proveedores, los clientes y una opinión pública local o regional. El "dictado de los mercados del capital" provoca que las empresas tengan que ser vistas a través de la "lente de las casas de bolsa". En sus procesos de formación de objetivos y de control un aumento del valor del mercado sube de lugar en la lista de prioridades, de acuerdo con el "valor interno" de la empresa; el cálculo de costos y precios se hace de manera parecida. Para poder corresponder a los intereses económicos de los inversionistas incluso en las condiciones dadas de un debilitamiento persistente de la demanda sólo queda la competencia por los costos de la producción: a partir de la variable que depende de los salarios se conforma una, o mejor dicho, *la* variable de intervención, y los mecanismos institucionales de la formación de salarios —es decir, los sistemas establecidos de contratos colectivos— se ven sometidos a una pre-

[15] A fines de los años ochenta la participación de las fusiones y adquisiciones en las corrientes de inversiones directas era de 65% y más; a principios de los noventa, cuando se debilitó un poco la ola de fusiones, la participación de las fusiones y adquisiciones en la totalidad de las inversiones directas internas en algunos países, entre ellos Alemania, Italia, Países Bajos, Gran Bretaña y Estados Unidos, seguía siendo de más de 50%; también en Francia, España, Austria, Suecia y Canadá la participación, de entre 25 a 50%, era muy alta (Härtel y Jungnickel, 1996:54, con datos tomados de la UNCTAD, 1995).

sión considerable. De esta manera, en las condiciones de la competencia global incluso el robusto "modelo alemán" ha entrado en una crisis existencial. Las instituciones sociales que habían "inserto" al mercado de trabajo alemán (occidental) durante largo tiempo en acuerdos de protección y redistribución hoy son consideradas como restos conservadores y colectivistas, y parecen enfrentarse a una inminente adaptación a los requerimientos de los mercados internacionales (al respecto véase Mahnkopf, 1999, quien se ocupa detalladamente del asunto).

Los rápidos se comen a los lentos, se dice. Pero la aceleración de los procesos económicos y sociales no carece de peligro. Esta aceleración, como ya hemos expuesto, termina en un choque. La gerencia en el espacio de la velocidad se transforma, en la competencia global, en gerencia en el delirio de la velocidad. Y entonces podría ocurrir que los rápidos sean demasiado rápidos y que la lentitud sea una estrategia gerencial razonable.

7

TERCIARIZACIÓN, FEMINIZACIÓN, INFORMALIZACIÓN, O GANADORES Y PERDEDORES DE LA GLOBALIZACIÓN

¿Se debe interpretar la tendencia, comprobable en las balanzas de cuenta corriente de los países industrializados desarrollados, a aumentar el comercio transfronterizo de servicios y su consiguiente mayor participación en las inversiones extranjeras directas, como signo de la transición a "sociedades de servicios posmodernas"? ¿Se puede hablar de este proceso como una "desmaterialización" o aun como una "virtualización de la economía"? La tesis de una transformación inminente o —por ejemplo, en el caso de Estados Unidos— de una ya consumada de los países industrializados en "sociedades de servicios" con redes multimedios en las que la economía se "desmaterializa", goza de una creciente popularidad. No sólo los apologistas del ciberespacio anuncian en su *Magna Charta for the knowledge age* [*Carta Magna de la era del conocimiento*] la "caída de la materia", es decir, la creciente irrelevancia económica de los factores materiales y la victoria de las "fuerzas del espíritu" por sobre el "crudo poder de las cosas". Complementando la profecía de Daniell Bell (1975) acerca del surgimiento de una "sociedad de servicios postindustrial" en la que el conocimiento teórico se habría de convertir en el "principio axial", científicos sociales que por lo demás suelen ser sensatos son de la opinión de que el factor "información" —también llamado "conocimiento" o "comunicación"— hará que la economía orientada y controlada por lo material sea irrelevante. La antigua forma de producción habrá de ser desbancada por una economía de "corrientes inmateriales" en la que el conocimiento adoptará el papel de los factores clásicos de producción y la economía monetaria será sustituida por una "economía simbólica". Con frecuencia esta utopía positiva se relaciona con una utopía negativa para quienes todavía dependen fatalmente del trabajo en la economía inmaterial, virtual, del conocimiento. Quien no disponga de ingresos dinerarios o de "capital humano" y dependa de sus ingresos, tiene malas perspectivas en la sociedad globalizada. (Zukunftskommission, 1997). A continuación abordaremos los procesos de la terciarización, para discutir después una creciente feminización e informalización del trabajo en el curso de la globalización.

LOS SERVICIOS: EL SOFTWARE DE LA PRODUCCIÓN INDUSTRIAL

El núcleo objetivo que comparten todas las profecías acerca de una "sociedad de servicios" (Bell, 1975) basada en el conocimiento, una "sociedad del conocimiento" (Gibbons *et al.*, 1994; Stehr, 1994) o una "sociedad de la información" y la "economía informacional", tan difundidas en los últimos años (Castells y Hall, 1994) consiste en una particularidad de la "tercera fase de la Revolución industrial": la cada vez más estrecha relación entre la ciencia y la industria introduce un cambio de estructuras que puede describirse como una "cientificación de la industria" o una "industrialización de la ciencia".[1] Por consiguiente se da un desplazamiento del considerable peso de la producción intensiva en materiales —del hardware— a procesos de producción con un uso intensivo de conocimientos e información, de los talleres y laboratorios de investigación y desarrollo a la planeación y de los procesos de trabajo a las secciones de información y atención al público, a los ámbitos del marketing y el financiamiento. Así vemos que el software del conocimiento y la información adquiere cada vez mayor importancia. La terciarización es una tendencia histórica, aunque sus manifestaciones son sumamente diferentes entre sí.

En todo el mundo se está reduciendo la participación del sector primario (producción de materias primas) en el producto interno bruto (PIB). La participación del sector secundario (principalmente producción industrial) ha aumentado en las décadas pasadas en algunos países (por ejemplo, Japón), pero en otros se ha mantenido constante o incluso ha disminuido. Pero aun en los países donde el proceso de industrialización se inició relativamente tarde, aunque con un ritmo acelerado, como en los NIC asiáticos de la primera generación, "la industria ya ha rebasado el cenit de su importancia relativa" (Menzel, 1996:32). Aun cuando el sector terciario de prestación de servicios fuera de la OCDE sólo en casos excepcionales (como en México a fines de los años ochenta) ha alcanzado una participación de más de 50% en el PIB, en todo el mundo se aprecia un desplazamiento de las actividades económicas hacia este sector. No obstante, los datos altamente agregados en los que se basan, por ejemplo, la OIT en su proyección del desarrollo del empleo entre 1950 y 2000, o el Banco Mundial en sus reportes sobre el desarrollo mundial, ocultan el hecho de que —independientemente del nivel de desarrollo de las economías individuales— los ámbitos de prestación de servicios responsables del crecimiento del sector terciario son muy *variados.* La demanda de *servicios relacionados con la producción* se expande en la medida en que la producción y los procesos de producción se tornan más complejos y especializados: su aumento tiene una fuerte correlación con el nivel y el crecimiento del ingreso per cápita. Por eso la expansión del sector terciario en los países industrializados se sustenta en una medida mucho mayor en el incremento de los servicios intermedios (relacionados con la producción), que lo que sucede en los países industrializados.

[1] Así interpreta Lothar Hack (1988) la tendencia, basándose en el físico Lew Kowarski, quien a su vez retomó las reflexiones que John D. Bernal (1946) había hecho en los años cuarenta.

Un estudio de la OIT (Wiezorek, 1995) acerca de un grupo de nueve países industrializados (Australia, Bélgica, Canadá, Francia, Japón, España, Suecia, Gran Bretaña, Estados Unidos) y otro grupo muy heterogéneo de 12 "países en vías de desarrollo", llega a las siguientes conclusiones: desde principios de los años setenta la participación de la fuerza de trabajo en la agricultura ha disminuido 60% en los países en vías de desarrollo y el número de los empleados en la industria de la transformación se ha reducido una cuarta parte, de modo que, en 1993, ésta ocupaba ya sólo el 20% de los empleados. Parece ser un pronóstico del todo plausible hoy en día que, en los países en vías de desarrollo —a más tardar a principios del milenio—, cuando mucho una quinta parte de los empleados obtengan sus ingresos en la industria de la transformación. También en el grupo mucho menos homogéneo de los países en vías de desarrollo la participación de quienes se emplean en la agricultura ha disminuido notablemente. A excepción de China, que sigue siendo un enorme país agrario, en los países en vías de desarrollo escasamente 22% del empleo mundial corresponde a la agricultura y otras industrias de extracción, 10% a la industria ligera y otro 10 a la industria pesada,[2] un escaso 14 a los sectores de infraestructura y 46 al sector residual "terciario" (Wiezore, 1995: 213). Esto corresponde a una tendencia señalada por la OCDE (1993) y la ONUDI (1992), según la cual el empleo se está reduciendo en todo el mundo, independientemente del ingreso per cápita y la ubicación geográfica. Este desarrollo es interpretado por Eric Hobsbawm como una "revolución social" (Hobsbawm, 1995); por primera vez en la historia de la humanidad menos de la mitad de los seres humanos trabaja en el campo (al respecto véase el capítulo 9).

En el "grado de terciarización" de una economía nacional expresado estadísticamente por lo general se oculta que también en las ramas industriales se ejercen empleos relacionados con la prestación de servicios. Así, por ejemplo, la RFA muestra un "vacío de servicios" frente a Estados Unidos.[3] Con todo, si se calcula la participación de los empleados con trabajos relacionados con la prestación de servicios, este "vacío de servicios" se llenará muy pronto. Más de 40% de las actividades en la industria de la transformación en la RFA son actividades de prestación de servicios. Si se hace un cálculo aproximado de todas las personas económicamente activas, tanto la RFA como Estados Unidos tendrán una participación en el sector de prestación de servicios de aproximadamente 70% (DIW, reporte semanal 14, 1996). En todos los países de la OCDE se calculan tendencias similares. Si se hace una división del sector terciario en sus componentes más importantes, se podrá mostrar que son sobre todo servicios como el financiamiento, la aseguración, la asesoría in-

[2] Por lo tanto la "emigración de las plazas de trabajo a los países de bajos salarios" no basta para explicar el retroceso de las plazas de trabajo en la industria en los países desarrollados.

[3] En el año de 1993 en Alemania sólo 59% de los empleados laboraban en ramas de prestación de servicios, mientras que en Estados Unidos esta cifra era de 72% (DIW, 1996). Sólo 40% de los ingresos nacionales en Alemania se obtuvo en el sector de prestación de servicios, mientras que en Estados Unidos estos ingresos ascendieron a más de dos terceras partes del total.

mobiliaria, económica, legal y fiscal, la auditoría, el diseño, la investigación de mercados, la producción en medios o la publicidad los que muestran tasas de crecimiento por encima del promedio. Esta tendencia es interpretada como prueba de la formación de un "sector cuaternario", de un "sector posmoderno" propiamente dicho (Menzel, 1996:33). Sin embargo, este mismo desarrollo también se puede entender como una creciente interdependencia entre la producción de bienes y la prestación de servicios. La demanda de servicios intermedios aumenta en la medida en que la producción se torna más compleja y especializada y en que la integración horizontal rebasa las fronteras de las diversas ramas. En esta perspectiva, el aumento de empleos relacionados con los servicios que requieren un manejo intensivo de información y conocimiento son precisamente la consecuencia de ese proceso de restructuración por el que están atravesando las grandes y medianas empresas en Estados Unidos y Europa desde principios de los años noventa: el *outsourcing*, *rigthsizing*, *downsizing* o *re-engineering* han ocasionado que muchas de las funciones y habilidades que antes se concentraban dentro de las grandes empresas sean desplazadas a unidades empresariales jurídicamente independientes, a proveedores, *entrepreneurs* y "trabajadores del conocimiento" asalariados, que trabajan en una SOHO *(small office/home office)*.

Hace mucho que no se desplazan únicamente tareas como el registro de datos y textos, el trabajo administrativo y de contabilidad o la traducción. Con el equipo adecuado y con la organización correcta también es posible que realicen su trabajo de manera autónoma y fuera de la empresa arquitectos, programadores, investigadores y los responsables de la atención al público y las ventas. En muchas empresas la decisión de "compra" favorece con mayor frecuencia a los servicios que "tienen que ver intensivamente con el capital humano" y hace a un lado la autoproducción de los necesarios servicios cercanos a la producción, porque los avances tecnológicos en los medios de transporte y de comunicación han reducido considerablemente los costos de transacción. Para poder consumir en la filial alemana los servicios de manejo intensivo de conocimiento e información de un bufete neoyorquino, o de un compañero de red en una empresa transnacional (con sede en Estados Unidos), las condiciones técnicas de la comunicación deben estar dadas y los costos de transporte y comunicación no tienen que ser de consideración. Desde una perspectiva estadística, las consecuencias del *outcontracting* mundial de servicios relacionados con la producción, al que recurren las empresas para reducir los costos de transacción, parecen ser una reducción del empleo industrial y un impulso al aumento de los servicios, a pesar de que, comparativamente, se ha modificado poco la naturaleza de las actividades. Por eso cuando el trabajo industrial se convierte en prestación de servicios (sea asalariada o independiente) no se puede concluir, sin un análisis más riguroso, que esta transformación implique una transformación de las sociedades industriales en sociedades de servicio.

A principios del siglo XIX Jean Baptiste Say (1829), quien desconocía los medios audiovisuales, es decir, los bienes materiales de la industria del entretenimiento —y por lo tanto sólo podía disfrutar de la música si escuchaba el concierto en vivo, *uno actu*—, postuló una tesis que sigue teniendo vigencia en la actualidad, en la que planteaba que los servicios son inmateriales, por lo que no pueden ser almacenados ni transportados. Desde entonces se resaltan características como la inmaterialidad del producto, la resistencia de los servicios frente al progreso técnico (Fourastié, 1954:79-80) o el postindustrial "juego entre personas", para delimitarse en relación con el "juego contra la naturaleza" (Bell, 1975:168), propio de la sociedad industrial, así como la simultaneidad *(uno actu)* de la producción y el consumo. Pero estas aparentes invariables pueden confundirse entre sí. Pues

> los servicios comunicativos, el ejemplo paradigmático del principio *uno actu* de la prestación de servicios, se consumen en forma de bienes industriales (CD, videos, audiocasetes). Los prestadores de servicios de consumo se transforman en empleados que ofrecen servicios orientados a los productos, y los artistas del entretenimiento se vuelven colaboradores de consorcios internacionales y productores de bienes materiales, es decir, su localización en un sector se modifica (Häussermann y Siebel, 1995:144-145).

En resumen: los servicios relacionados con las personas con frecuencia son sólo un "estado comercial intermedio" en camino a una renovada "ronda de industrialización" y ésta, a su vez, puede tener como consecuencia que procesos parciales que todavía no se pueden industrializar sean separados del conjunto y puedan ser comercializados como "servicios". Fuera de eso, existen muchas razones para afirmar que los cambios que sufre la agricultura debido a su fusión con la tecnología computacional y la biotecnología son mucho más dramáticos que la previsible confusión de fronteras entre los sectores industrial y de servicios.

REDES GLOBALES DE COMUNICACIÓN: UTOPÍA TÉCNICA Y CÁLCULO ECONÓMICO

Sólo gracias a la infraestructura pública de suministro de energía y otros servicios, las calles y los rieles, fue posible desarrollar el potencial de las manufacturas y las fábricas en la primera fase de la Revolución industrial. De igual modo, sólo la infraestructura de redes globales de comunicación de alto rendimiento pueden movilizar el potencial de la revolución microelectrónica. Con la expansión de estas redes se aceleran en el tiempo y se concentran en el espacio procesos de comunicación que rebasan los tradicionales límites sociales y espaciales. En esta medida las redes de telecomunicación forman la infraestructura tecnológica de una "economía informacional". La fusión de las telecomunicaciones y las computadoras representa también una condición igualmente elemental para la globalización de la economía, así como el ferrocarril constituyó una condición indispensable para la formación de los mercados nacionales (e internacionales) durante el proceso de la industrialización. Pero del mismo modo que el vapor y la electricidad no favorecieron automáticamente al progreso social —ésta fue una utopía de Saint-Simons y sus discípulos—, tampoco se puede confiar ciegamente en las fuerzas milagrosas de las redes telemáticas. Desde que a mediados de los años treinta Lewis Mumford identificó las redes radiofónicas como medios adecuados para recuperar la idea del *ágora* griego y Marshall McLuhan, a principios de los sesenta, calificó al cinescopio como la técnica que permitiría hacer realidad aquí y ahora la "aldea global", se exige una y otra vez de las novedades tecnológicas —que posibilitan una intensificación del tránsito y la comunicación— que contribuyan a la igualdad universal y a la democracia y, en cierto modo, que sustituyan la decreciente capacidad de unión de la religión y de las tradiciones sociales.

Se cita al ex vicepresidente norteamericano Al Gore como prominente defensor de esta utopía técnica. En la primera conferencia mundial sobre el Desarrollo de las Telecomunicaciones, que se llevó a cabo en 1994 en Buenos Aires, combinó su defensa de la construcción de una "infraestructura global de información" (Gore y Brown, 1995) con la visión de un "ágora virtual" en la que cada ciudadano, sin importar en qué parte del mundo viva, pueda contribuir a formar una voluntad nueva e inmediata. El mismo discurso surge también del (in)sensato y, al mismo tiempo, ambivalente concepto de la "autopista de la información", que se ha convertido en una popular metáfora de la estructura técnica de datos que debe hacer posible la comunicación mundial en tiempo real. Este concepto se relaciona con la esperanza de una "sociedad de la información" libertaria, habitada por *netoyens* (ciudadanos de la red) mayores de edad y en la que los tradicionales patrones de identidad, como la nacionalidad, la pertenencia étnica, el sexo o el arraigo a una región serán parte del pasado. Por lo menos en teoría, con la expansión de una "cultura mediática popular transnacional" aumenta también la posibilidad de que "cada vez más personas desarrollen un sentimiento de identificación con la humanidad como un todo" (Swann, 1995:111). Porque no sólo aumenta el conocimiento de acontecimientos, modos y condiciones de vida lejanos, gracias al cual el "relativismo cultural" debería convertirse, en cierta medida, en práctica vital de la "gente pequeña". Con la creciente apertura al mundo las estructuras relevantes de comunidades genuinamente internacionales, pero hasta ahora elitistas, como la "comunidad científica", podrían ser accesibles también para las "masas".

En la concepción amable de la capacidad de simulación de los procesos políticos se pierde aquello que distingue a la opinión pública mediática —por ejemplo, de Internet— de las formas tradicionales de opinión pública, la plaza del mercado, la cantina de la esquina o el municipio: el "ágora virtual" es "habitado" por personas que opinan que no están físicamente presentes. Por lo tanto el espacio social que surge de este modo por medio de la comunicación no está circunscrito por características físicas ni por significaciones simbólicas, por ejemplo una red orientadora de confianza, familiaridad, solidaridad y seguridad. Por un lado se traza una nueva etapa cualitativa en el aumento de la comunicación, provocada por el desacoplamiento entre la comunicación y la presencia física, con lo que se llega a un nuevo desacoplamiento entre el mensaje y la comprensión. A diferencia de lo que sucede en el "mundo sacro de la galaxia Gutenberg", el receptor no puede estar seguro de la noticia que recibe, de que las señales en la pantalla sean idénticas a lo que el emisor trató de comunicar. Sin la presencia física resulta difícil comprobar la seriedad y la obligatoriedad de un discurso. Son precisamente las expresiones no verbales de reconocimiento o desprecio, de respeto o de indiferencia frente al interlocutor las que constituyen la condición para que las personas se perciban recíprocamente como sujetos, y para que, como seres políticos, se recuerden sus obligaciones mutuas. Por esta razón la comunicación mediática mundial que pretendiera simular procesos políticos se vería confrontada con el problema de que sería muy difícil establecer un consenso por este medio y que, probablemente, el disenso ni siquiera se notaría. En Internet, según reza una conocida fórmula, se encuentran mil respuestas a una pregunta que nadie planteó.

Según Georg Simmel (1992:699), los "procesos sociales de delimitación" obtienen una "incomparable solidez y claridad" gracias a la espacialización. El límite es un acontecimiento "anímico" y, al mismo tiempo —según entiende Simmel—, sociológico. Mediante su proyección en una figura sensorialmente perceptible —una línea en el espacio—, la relación de reciprocidad gana claridad y seguridad, aunque también, con frecuencia, cae en la parálisis. La espacialización de las relaciones sociales se encarga de la observancia de las normas, valores y concepciones morales; es decir que se crea el orden social. Por eso, con la disolución de materialización espacial de la comunidad política el ciudadano es "desarraigado", en cierta medida. Las relaciones desterritorializadas, "desinsertadas", que se establecen en el aleatorio terreno mediático y que pueden romperse prácticamente sin consecuencias, son, de acuerdo con la estructura, puntuales, y no están relacionadas con el tiempo. Según Jürgen Habermas (1995) resulta dudoso que las "opiniones públicas mundiales, territorialmente desarraigadas y segmentadas, así como las comunidades de las aldeas globales o las islas de comunicación" que surgen, por ejemplo, gracias al intercambio de información a través de Internet, puedan ampliar de manera cosmopolita la conciencia pública. Habermas atribuye a las redes mundialmente diferenciadas de la comunicación electrónica masiva un efecto "dispersador" sobre la conciencia centrada en el mundo de vida. Mientras que la visión ingenua de una "nueva era ateniense de la democracia" se basa en las fuerzas comunicadoras descentralizadoras y desconcentradoras de redes telemáticas que abarcan al mundo entero, en la prosaica se trata, en primer lugar, "del más grande negocio en el más importante y lucrativo mercado del siglo XXI" (Al Gore). También la sociedad de la información, basada en el conocimiento, sigue el imperativo de la valorización del capital, del *shareholder value*.

A diferencia de lo que debería suceder en el "ágora virtual" surgida dialógicamente, en los mercados de información y medios reina una dura competencia, pues la ganancia esperada es alta. En ellos participan un sinnúmero de actores. Pactos entre pequeños y grandes operadores de redes, alianzas entre conglomerados mediáticos y empresas de telecomunicación, cooperaciones entre sociedades telefónicas y compañías que ofrecen televisión por cable; las alianzas entre productores de energía, bancos, fabricantes de aparatos electrónicos o *joint ventures* entre empresas de software, compañías de computación y la televisión por cable se están repartiendo el mercado. Éste es muy dinámico, pues no sólo son numerosos los operadores de la infraestructura y los servicios de comunicación. Igualmente numerosos son los posibles campos de aplicación de los servicios multimedios: en las empresas se los puede utilizar en la asistencia a distancia a equipos costosos, pueden también garantizar un perfecto control *just in time* y una perfecta producción, reducir los viajes de servicio, asegurar un rápido flujo de información entre las distintas secciones y una mayor flexibilidad por parte de los empleados, así como impulsar aún más la descentralización de la organización empresarial. En los bancos y las aseguradoras, las redes, los servicios y las asesorías *on line* hacen que el personal —y el papel moneda— salgan sobrando. En el comercio se puede controlar electrónicamente la mayor parte del almacenamiento, el transporte y la distribución. Mediante la utilización de códigos de barra y lectores ópticos se acelera el trabajo de las cajeras que, en rigor, es sustituido por estos aparatos; más aún, si se emplean robots de venta, las cajeras pueden ser totalmente remplazadas. En medicina se pueden hacer diagnósticos y vigilar a los pacientes a distancia; el historial clínico está disponible electrónicamente. En investigación se pueden combinar una técnica cara y computadoras de alto rendimiento. En el control del tránsito se emplean sistemas de mando y de información. Todo lo que los seres humanos necesiten o quieran hacer podrán hacerlo en el futuro desde sus casas: desempeñar un *teletrabajo* (o trabajo a distancia), utilizar los servicios del *telebanco,* comprar en la pantalla "a buen precio y de manera individual" *(teleshopping),* "aprender durante toda la vida", recurrir electrónicamente a servicios administrativos públicos o, en caso de vejez, enfermedad o discapacidad, buscar el contacto multimedio con un trabajador social. Pero, sobre todo, las personas deberán mantenerse entretenidas por medio de ofertas interactivas de juegos, *video on demand,* en una gran selección y para el consumo individual. En el mundo moderno no se excluye del todo el retroceso o evolución regresiva del individuo a la mónada de Leibniz (véanse el capítulo 1, pp. 36-44; Harvey, 1996:75).

"Integración" es la palabra técnica clave: se trata de la integración del desarrollo (de productos y servicios), de la producción de estos productos y de su consumo en "espacios de consumo". Se están integrando también campos de actividades que alguna vez estuvieron separados. En neologismos como *advertorials* (de *advertising* y *editorials*), *infomercials* (de *inoformation* y *commercials*), *infotainment* (de *information* y *entertainment*) o *edutainment* (de *education* y *entertainment*) se ha conceptualizado la fusión de estrategias de comercialización, el propósito de entretener y las tecnologías de comunicación. Además de la creación de nuevos empleos, la integración de técnicas de información, comunicación y telecomunicación promete más actualidad, más interacción y, sobre todo, mayores posibilidades de participación. Una información más rápida y más amplia se entiende de manera general como la promesa de que aumentará la racionalidad técnica. Pero hay que desconfiar de esta promesa. Cuando ya no se puede distinguir entre los medios de masas y los medios de la comunicación individual, seleccionar alguna información de entre la gran cantidad que se ofrece se convierte en un problema serio. Pues cuando de manera paralela a la individualización de la obtención de la información se multiplican también los criterios de selección e identificación de las "opiniones públicas" fragmentadas, la cohesión social y la política con ella relacionada pierden terreno. La consecuencia de ello no sería un aumento de racionalidad, sino de falta de claridad y de entropía en la sociedad y, por lo tanto, una pérdida de orientación individual socialmente relevante. Queda sin responder la pregunta central de cómo sigue siendo posible el orden social si el espacio social en el que se desarrolla la sociedad ya no coincide con nuestras experiencias territoriales, cómo se puede conformar la relación de unidad y diferencia en una sociedad si la variedad de formas de comunicación explota de tal manera que todos los diferentes tonos desaparecen en el generalizado estrépito informativo de los megabytes de Internet en línea y CD, etcétera.

EL CUENTO DE HADAS DE LOS EFECTOS ECOLÓGICOS GRATUITOS DE LA "DESMATERIALIZACIÓN DE LA ECONOMÍA"

Los representantes de un "postindustrialismo ecológico" cuentan con los "efectos ecológicos gratuitos" de una "desmaterialización" de la economía (Wuppertal Institut, 1995). Supuestamente éstos resultarían de una transformación sectorial de la economía y del uso intensivo de la "materia prima" que constituye la información. Pero ni la transformación sectorial de la economía mundial en dirección a la terciarización ni la transición a una sociedad global de la información se pueden concebir como introducción a una trayectoria de desarrollo de una "economía desmaterializada", de una "economía de corrientes inmateriales". En primer lugar el tránsito de servicios mundial surge también de un principio que se conoce a partir de la producción de bienes: los procesos de la racionalidad organizacional preparan una vasta estandarización de los servicios. Ésta es apoyada o sustituida posteriormente por la técnica. Desaparecerá toda duda sobre la "materialidad" de los sistemas de procesamiento de información, de sistemas de correo de voz, de cajeros automáticos y de tarjetas de chips —que aparecen en lugar de servicios bancarios que alguna vez fueron prestados por personas y que convierten a estos servicios en una *ware information* que se maneja en todo el mundo— a más tardar cuando llegue el momento de deshacerse de la basura electrónica.

A esto se añade que el producto final del sector de la información, que crece a una velocidad considerablemente mayor que el sector de la producción, sólo es utilizado de manera limitada en las casas y mayoritariamente en la producción industrial. Por lo tanto el hardware y el software de las tecnologías de información desmaterializadas sirven, en una parte considerable, a la producción material. Al mismo tiempo se muestra que los medios de producción industriales fabricados para el sector de la información conforman el flujo de mercancías que tiene mayor crecimiento (Jonscher, 1983, citado en Schmiede, 1996:16-17). También forma parte de este cuadro el hecho de que Silicon Valley, que constituye el paradigma de una "sociedad de servicios basada en la técnica de la información", sea "una localización internacional de primer nivel para la elaboración industrial de aparatos y sistemas de información" (Lütje, 1998:557), en la que ni los procesos de trabajo ni los principios estructurales de las relaciones industriales corresponden al mito de la desaparición del trabajo industrial en una "economía informal" (Carnoy *et al.*, 1993; Castells, 1996).

También existen otras razones para que el desacoplamiento de la producción y la "envoltura" de los servicios no sean equivalentes a una "desmaterialización de la economía". Porque la pretendida evaporación de la materia, su aparente disolución en comunicación e información presupone, en segundo lugar, condiciones en extremo materiales y tiene consecuencias también materiales: estos servicios todavía son los que se ocupan mayormente de la movilidad de las mercancías y las personas. Estos servicios van de la mano con un considerable gasto de energía que supone consecuencias sumamente materiales para la ecología, es decir, para los sistemas naturales de la tierra. Las infraestructuras y los servicios basados en la técnica de la información no llevarán, según todas las previsiones, a una sustitución del transporte físico por corrientes inmateriales, sino, en el mejor de los casos, a una mayor eficiencia del tránsito automotriz; en ello trabajan especialmente las secciones de investigación y desarrollo de los grandes consorcios automotrices. También pertenece al reino de los buenos deseos la idea de que el tránsito se podría reducir considerablemente o aun sustituir por medio de un desplazamiento de los servicios a las "autopistas de la información". En esos modelos simples, que convierten un número pronosticado de lugares de trabajo a distancia en una disminución del tránsito en las horas pico y ésta, a su vez, en combustible ahorrado, para sacar de ello conclusiones sobre una disminución en la emisión de CO_2, se sobrevalúan claramente las ventajas ecológicas relacionadas con el desplazamiento de los lugares de trabajo a los domicilios particulares, a oficinas comunitarias cercanas al hogar o a oficinas móviles. Si bien más lugares de trabajo a distancia podrían causar una disminución del tránsito en las horas pico, y por lo tanto una eliminación de las propias horas pico, no reducirían el volumen del tráfico en sí. Pues quien tiene que ir con menor frecuencia a un lugar de trabajo empresarial puede vivir más alejado de los centros urbanos y, por lo tanto, tendrá que efectuar recorridos más largos.

En tercer lugar los servicios sirven, sobre todo, a la aceleración del proceso de circulación del capital. Pero un sector de la circulación es, precisamente, la producción de bienes materiales. Si la circulación se acelera —pues sirve al aumento de la productividad—, también lo hará la producción (tomando en cuenta las condiciones naturales, que no se pueden omitir del todo). Pero una mayor velocidad de los procesos de producción y de transporte equivale a un mayor gasto de energía y a un mayor consumo en masa, de modo que, precisamente debido a los servicios "virtuales", se puede procesar materialmente más materia y más energía en un tiempo igual. La "desmaterialización" del comercio mundial reduce los costos de transporte por unidad (de valor). No obstante, cuando este efecto se interpreta en el sentido de una desmaterialización y virtualización ecológicamente deseables de la economía, se olvida que el comercio mundial —éste es el mensaje del teorema de libre comercio— estimula las actividades comerciales, es decir que contribuye a un mayor consumo de materia y de energía (véase el capítulo 5).

En cuarto lugar, los países ricos en conocimiento técnico son significativamente los que, al mismo tiempo, se han asegurado un acceso privilegiado a los recursos materiales (y ecológicos) del globo por medio de un elevado gasto de energía política y militar. Entonces, la economía de la información depende del ejército. Esto vale, en primer lugar, para Estados Unidos. La industria norteamericana de semiconductores y microelectrónica debe su papel como líder del mercado mundial a un enorme fomento estatal que sale del presupuesto de defensa, y aun cuando la investigación y el desarrollo de las tecnologías de la información y la comunicación ya no están directamente influidas por los intereses estatales y militares —como en tiempos de la guerra fría—, el vínculo entre la técnica de la información (o de la microelectrónica) y el armamento de ninguna manera ha mermado. Por el contrario: en la era de la guerra *high tech* los "ojos, oídos, cerebro y sistema nervioso" de los sistemas militares se componen, esencialmente, de microelectrónica; casi todos los sistemas armados dependen de componentes microlectrónicos. La "información" —junto con el espacio, el tiempo, la materia y la energía— tiene una importancia decisiva en la guerra; la información se ha convertido —en la guerra del Golfo, en la agresión permanente contra Irak, en Yugoslavia— en un arma. Por ello el interés del ejército consiste, en primer lugar, en utilizar recursos civiles para desarrollar productos con utilidad militar en el ámbito de las tecnologías de la información y la comunicación. Pero la información, así como las tecnologías de la información y la comunicación, apropiadas y probablemente utilizadas por el ejército, están al servicio de la destrucción, tanto del armamento enemigo como del ser humano y la naturaleza.

Según Panajotis Kondylis (1995) el conocimiento sólo puede convertirse en un factor esencial del proceso de reproducción social en una sociedad material sumamente tecnificada. Es decir que tiene una base indispensable, a saber, materias primas para la producción. Éstas pueden referirse al mercado mundial por medio del intercambio (véase capítulo 5), pero esto no se sobreentiende. Inminentes combates por recursos materiales y ecológicos entre países ricos y pobres, y dentro de los países ricos,

> instituirán de nuevo y determinarán dónde han de transcurrir las nuevas fronteras que el flujo global de información ha de borrar. En la distribución de bienes se es todavía menos generoso que en el intercambio de información. Y en la distribución de recursos materiales de importancia vital —incluyendo el agua y el aire— se termina completamente el ciberespacio (Kondylis, 1995).

A esto sólo habría que añadir: ¡ay del país que obstruya el acceso a los recursos materiales (por ejemplo, el petróleo) de la "economía de la información" o que pretenda disparar su precio! Como ya lo mostró el ejemplo de la guerra del Golfo, esto se dirimirá en una "guerra de información" cuyas consecuencias no serán de ninguna manera virtuales para la materia, los seres humanos y el medio ambiente natural.

LA TERCIARIZACIÓN: ¿UNA OPORTUNIDAD PARA LAS MUJERES?

Los procesos de la globalización económica y el cambio estructural sectorial se influyen mutuamente. Con el desplazamiento del empleo hacia las actividades de servicio mejoran las oportunidades de trabajo de las mujeres, aunque sigue siendo dudoso que por ello se reduzca la desigualdad entre los sexos. El cambio estructural a favor de las actividades de servicio ha provocado una "feminización" del potencial de trabajo, y esto no sólo en los países de la OCDE. A pesar de que las mujeres en todo el mundo realizan claramente más trabajo no remunerado en el hogar y para la sociedad que los hombres (UNDP, 1995), su proporción en la población económicamente activa ha aumentado en forma clara en las dos últimas décadas. Y esto vale también para los países de la Unión Europea, en los que la proporción de población femenina económicamente activa en 1975 todavía era menor a 40%, pero a principios de los años noventa había aumentado ya a cerca de 50 (*Bulletin on Women and Employment in the EU:* 1996). Hoy las mujeres representan, en números redondos, 40% de la fuerza de trabajo en la UE, y todo indica que la tendencia a un aumento de la actividad asalariada femenina —y la tendencia paralela de una disminución en la proporción de población económicamente activa masculina en *prime age*[4] (Europäische Kommission, 1994:49)— continuará también en el futuro. Esta tendencia se debe esencialmente al crecimiento del sector de servicios. Éste emplea 65% de la población económicamente activa (casi 97 millones de personas) y alrededor de 80% de las mujeres económicamente activas (Eurostat, 1998). No obstante, en todos los países europeos la creciente tasa de población femenina económicamente activa se acompaña también de una creciente tasa de desempleo; además, en ningún lado se encuentran referencias de que la creciente tasa de empleo de las mujeres esté acompañada de un cambio en la distribución del trabajo remunerado y no remunerado entre hombres y mujeres.

Se podría concluir entonces que el "camino a la sociedad de servicios" es también el "camino de las mujeres al sistema de empleo", por lo menos en Europa.

[4] En la Unión Europea la proporción de población masculina económicamente activa en la principal edad productiva disminuyó en 1992 a 94%; en los ex países de la EFTA incluso a 92%; así pues, se encontraba más o menos al mismo nivel que en Estados Unidos (91%) (Europäische Kommission, 1994: 49).

¿Pero pueden las mujeres tener confianza en que ellas serán las "ganadoras" del cambio estructural económico y tecnológico? La terciarización de las estructuras económicas, así como la consecuente mejor calificación de la fuerza de trabajo y la utilización de las modernas tecnologías de información y comunicación, ¿fomentan la eliminación de las desigualdades específicas de género en el mercado de trabajo? ¿Podría ser apoyado este desarrollo por el hecho de que nuevas exigencias del mercado respecto a "otros" métodos de dirección, aparentemente "más blandos", muestren una amplia coincidencia con perfiles de calificación y de capacidad que fueran considerados en un influyente debate como "patrones culturales específicamente femeninos"? Tal confianza en el transcurso del desarrollo económico-social sería fatal, porque las tendencias mencionadas no eliminan las desigualdades específicas de género en el mercado de trabajo; sólo hacen que aparezcan bajo "nuevas" formas.

LOS DOS SEXOS DE LA ECONOMÍA DE SERVICIOS

La segregación por género en los mercados de trabajo ha cambiado poco con la terciarización que acompaña a la globalización. Sólo una pequeña minoría de mujeres ha penetrado a esos segmentos de la nueva "economía de servicios" en los que los ingresos son más altos, mejores las oportunidades de ascenso y mayores las exigencias de calificación. Sobre todo los mandos medios y superiores en las tecnologías de información y comunicación intensivas en capital o en biotecnología siguen estando reservados a los varones.[5] Aun donde las mujeres lograron penetrar en nuevos campos de actividad calificados (en el ámbito de actividades comerciales y administrativas en bancos y aseguradoras), sus oportunidades no mejoraron de manera generalizada. Los procesos de restructuración en el sector bancario y de seguros abrieron nuevos campos de acción y oportunidades profesionales para las mujeres en el nivel gerencial medio e inferior, pero no ocasionaron que se rompiera el "techo de cristal" (OIT, 1997) que impide el acceso a la gestión superior. La feminización de las funciones gerenciales en los negocios de masa, que requiere un trato más intensivo con la gente, que es más gravoso y que se desarrolla en el interior del país, ha contribuido a que las mujeres sean mantenidas lejos de los campos de negocio lucrativos (administración de bienes de clientes acaudalados, *merchant & investment banking*, organización de fusiones y adquisiciones en un plano regional e internacional) (Bird, 1990; Tienari, Quack y Theobald, 1998). Por lo general incluso a mujeres altamente calificadas se les dan con mucha menor frecuencia que a hombres con las mismas calificaciones las oportunidades necesarias de capacitación

[5] Un estudio realizado en cinco países por Eurostat mostró que el sector de servicios de cómputo y software es dominado por hombres, a excepción de Italia, donde 48.1% de quienes están empleados en ese sector son mujeres (Eurostat, 1998).

y perfeccionamiento para poder ascender a posiciones de responsabilidad en el manejo de las finanzas internacionales. El mundo de las "finanzas globales", del ámbito en expansión del *merchant & investment banking* en los centros financieros internacionales importantes (Sassen, 1999), sigue mostrando un grado más alto de segregación específica de género que el sector bancario en su conjunto.[6]

La liberalización y la globalización mundiales de los mercados financieros han intensificado la competencia entre las instituciones de crédito y han desencadenado una nueva ola de concentración y automatización. Con la automatización de trabajos de rutina y el desplazamiento de actividades y secciones enteras a oficinas *offshore*, así como con la introducción de nuevos métodos gerenciales —por ejemplo la medición del personal dirigido a la ganancia en lugar de a la cantidad de empleados— podría modificarse considerablemente la "composición de género" de la rama. También en el comercio la racionalización con ayuda de tecnologías TIME (telecomunicación, [técnicas de] información, medios, electrónica) podría provocar la pérdida de plazas de trabajo. En las labores de oficina y administrativas, que durante los años ochenta constituyeron la mayor contribución (40%) a la expansión del empleo femenino en la Unión Europea (Europäische Kommission, 1994:175), se han registrado claros retrocesos en el empleo. Entonces, las mujeres en Europa se concentrarán particularmente en los campos en los que de por sí ya recaía en los años ochenta la mitad de las plazas laborales "de mujeres": en los servicios sociales (cuidado de niños y ancianos, en el ámbito de la asistencia, la salud y la educación) y en los servicios "simples", orientados al consumo (por ejemplo la gastronomía y la limpieza de edificios).

Con la privatización de las funciones de servicio del sector público (particularmente en el sector de los servicios de salud), iniciada en todos los países europeos, pierde relevancia el importante papel integrador que había desempeñado el sector público en el pasado respecto a la participación remunerada de las mujeres.[7] Éstas se ven doblemente afectadas por las medidas de ahorro en la asistencia públi-

[6] En esto también influyen prácticas sociales y culturales del *"occupational gendering"*: en los segmentos superiores del negocio del crédito se solicitan personas que estén calificadas, sean flexibles y tengan disponibilidad para viajar. Sin embargo las mujeres que cumplen estos requisitos —mujeres blancas de la clase media, con una educación buena a muy buena, menores de 40 años y sin hijos— cumplen de todas maneras, con mucha mayor frecuencia que sus colegas masculinos, funciones de *"back-office"* (en la investigación o en la gestión de personal). Véanse al respecto los trabajos de Linda McDowell y Gillian Court (1994; así como McDowell, 1997) del *"sex-typing"* en la competitiva atmósfera de la "ciudad de Londres".

[7] No obstante, en ese entonces la mayor integración de las mujeres al mercado de trabajo en el curso de una expansión estatal de las labores se obtuvo a cambio de una mayor segregación profesional, y el aumento continuo de empleos en el sector público (por ejemplo en el "país modelo" en lo que a política femenina se refiere, Suecia, o en Dinamarca) se dio casi siempre a "costa de las ventajas relativas en los ingresos frente al sector privado; en Alemania, donde el trabajo femenino casi no se redujo en el servicio público en comparación con el sector privado, el aumento en los empleos de tiempo completo fue muy pequeño, por lo menos en comparación con Dinamarca y Suecia, donde las ganancias relativas en el sector público empeoraron claramente" (Schmid, 1991:29-30).

ca: por un lado se eliminan o se reducen las ofertas de cuidado de los niños o de los parientes ancianos, con lo cual se destruye una condición esencial para que las mujeres ejerzan una actividad profesional. Y, al mismo tiempo, se eliminan también plazas de trabajo ocupadas exclusivamente por mujeres. Si los gastos del estado se reducen mediante la disminución de los gastos de personal en el ámbito de los servicios sociales, la demanda de actividades sociales, de asistencia y educativas —que son tanto consecuencia como condición para que aumente el trabajo femenino remunerado— sólo podrá elevarse si se reduce de modo considerable el precio por estos servicios. Las propuestas económico-políticas que apuestan a una mayor expansión de estos campos de servicio para superar la crisis del empleo —campos en los hoy que laboran mayoritariamente mujeres— apuntan, en esencia, al reforzamiento de un segmento (específico de género) de trabajo en el que se pagan salarios bajos. Desde la perspectiva de esas familias de la clase media alta que tienen (o deberían tener) la necesidad de niñeras, trabajadoras domésticas y enfermeras, habría que garantizar que los servicios producidos conforme al mercado no cuesten más que los ingresos adicionales que obtienen las madres, hijas y esposas, que se ven "liberadas" del trabajo doméstico *no remunerado.*

A diferencia de las posiciones ocupadas principalmente por hombres en el campo de los servicios empresariales y financieros, donde existe una necesidad *decreciente* de fuerza de trabajo poco calificada y una constante demanda de personal (altamente) calificado, en ese segmento del sector terciario en el que laboran sobre todo mujeres —en los servicios orientados al consumo y al contacto con personas— existe una demanda *creciente* de fuerza de trabajo "poco calificada". Bien entendido: el limitado nivel de calificación de estas actividades es una *consecuencia* de la circunstancia empírica de que sean principalmente mujeres quienes desempeñan estas actividades. Se presupone que han obtenido las calificaciones necesarias para ejercer estas labores (el cuidado de enfermos y ancianos, la educación y el cuidado de los niños) mediante los procesos de socialización. Y sólo se consideran "calificadas" las actividades que son aprendidas por medio de una educación formal.[8] Pero, precisamente, en el caso del trabajo de reproducción, en la calificación no está la solución sino el problema. La aparente revaloración del "trabajo femenino de reproducción" en el proceso de su profesionalización durante el siglo XIX produjo nuevas profesiones femeninas (maestra, enfermera, etc.). Pero éstas, en la escala de valoración y en la jerarquía, eran menos importantes que las profesiones masculinas, precisamente porque se trataba de actividades de reproducción que no producían "valores".

Entonces, resulta que en la expansión de los servicios en la Unión Europea par-

[8] Como lo muestra el ejemplo de los trabajos que tienen que ver con el cuidado de los enfermos, las oportunidades para redefinir las exigencias de calificación de las "actividades de mujeres" dependen, entre otras cosas, de que determinados aspectos de la actividad profesional obtengan un "perfil de especialización" gracias a un mayor uso de la técnica... lo que precisamente hace que se vuelvan interesantes para los hombres.

ticiparon claramente más actividades mal pagadas y con una limitada calificación formal que actividades de mucho valor y bien pagadas. Las mujeres "ganaron" con *esta* tendencia de la terciarización, pero no con el desarrollo paralelo hacia plazas de trabajo más exigentes y mejor pagadas (por ejemplo en el campo de los servicios empresariales y financieros). La expansión de las nuevas actividades de asistencia y de tiempo libre, con bajos salarios, tampoco contribuye a eliminar las desigualdades específicas de género, "pues estos sectores actualmente incluyen todos los elementos principales de la inequidad de género: baja paga, empleo inseguro, pobres expectativas de promoción, etc." (Rubery y Maier, 1995:529). Muchas de las formas de empleo consideradas "atípicas", "flexibles", "precarias" o "faltas de protección" suelen ser inadecuadas para garantizar la independencia económica con los ingresos obtenidos por el trabajo. Si la gran mayoría de las nuevas contrataciones de mujeres jóvenes, menores de 30 años, se da en condiciones "atípicas", lo atípico se convierte en norma. Ésta es una característica principal de la "feminización del empleo".

Es menos marcada la tendencia a la feminización en el caso de trabajos de poca importancia o de relaciones laborales temporales, pues en muchos países europeos (particularmente en España, Grecia, Portugal y Finlandia) también los hombres jóvenes que buscan integrarse al mercado de trabajo deben contentarse con relaciones de trabajo temporales (Europäische Kommission, 1997:51). Tampoco las nuevas formas de empleo "híbridas" o "intermedias", que no se definen por medio de un contrato de trabajo sino por un contrato de derecho mercantil y que prácticamente carecen de seguridad social, muestran un claro prejuicio ocasionado por el género. Las empresas recurren en mayor medida a contratos temporales de trabajo o al trabajo prestado como una reacción a la agudización de la competencia global; de este modo pueden aumentar la flexibilización de los procesos de decisión y los servicios. Utilizan preferentemente trabajo barato (ya sea carente de seguridad social o subvencionado con medios públicos) o delegan determinadas funciones empresariales otorgándoles una "independencia" ya existente o recién creada. Debido a la mayor inclusión de formas de empleo "atípicas" en los procesos empresariales normales —por ejemplo en forma del empleo integrado de compañías extranjeras o del empleo de trabajadores bajo su propia responsabilidad— resulta cada vez más difícil dividir al mercado de trabajo en una zona central "normal" y en campos de actividad periféricos. Con el "adelgazamiento" y la descentralización de la organización empresarial el trabajo abandona la empresa; la empresa desaparece como un lugar social delimitado en el que se realiza trabajo. No sólo se reducen las existencias del almacén, también se afecta al personal. El material y la fuerza de trabajo son solicitados y entregados *just-in-time.*

Con la expansión de relaciones laborales precarias, de pequeñas empresas y de "independencias unipersonales" (particularmente en el sector de los servicios), aumenta la cuota de mujeres que trabajan. Ahora bien, las fronteras que separan al trabajo formal del trabajo realizado en casa (de manera informal), que en muchos países europeos constituye una parte importante de los procesos económicos de reestructuración, son más bien inciertas. El trabajo casero, que es el menos protegido por las instituciones y reglas contractuales y del estado social, tiene una larga tradición que data de la primera fase de la industrialización. Hoy está viviendo un resurgimiento. En la actualidad el trabajo casero no tiene aplicación sólo en ramas industriales tradicionales como la industria zapatera o del vestido, en las que se emplea preferentemente a migrantes (por ejemplo en Londres, París, Amsterdam o Roma, véanse Morokvasic, Phzacklea y Waldinger, 1990; Morokvasic, 1991), sino que se ha extendido (particularmente en Gran Bretaña y Francia) hacia sectores modernos, como la mecánica de precisión y la electrónica. Entonces, la forma de empleo "atípica" del trabajo casero no tiene una importancia marginal en modo alguno. Incluso en lugares "donde el trabajo casero todavía se da en forma tradicional, por ejemplo en la industria del vestido, su incremento en tiempos recientes debe considerarse como una parte constitutiva esencial de patrones de desarrollo completamente nuevos, que se relacionan con la adopción de nuevas tecnologías, nuevos métodos de control y nuevas estrategias de ventas" (Europäische Kommission, 1995a:84). Y como en otras partes del mundo, el trabajo casero en la Unión Europea es predominantemente femenino y contribuye, de esta manera, a la discriminación específica de género en el mercado de trabajo.

Esto parecería no aplicarse a algunas formas modernas de trabajo casero. El trabajo casero permite la asociación de una comunicación abierta al mundo en una "sociedad de la información" cuando se realiza con base en los medios electrónicos. A la utilización de las nuevas ofertas multimedios en domicilios particulares y en microempresas se vinculan, por añadidura, expectativas de empleo casi "míticas". Por lo menos a primera vista, los servicios cercanos a la producción, que pueden efectuarse en la "oficina en la sala de la casa", lejos de las grandes empresas, más o menos burocráticas, presentan un gran atractivo. Con los servicios que pueden llevarse a cabo no en la pantalla de la computadora de la oficina sino en la terminal que se tiene en casa, el lugar del trabajo parece regresar al lugar de la vida. Esto constituye el lado amable del *outsourcing* transfronterizo del insumo del trabajo empresarial. Al mismo tiempo, el lugar de la vida —pero también únicamente a primera vista— parece estar asimismo abierto al mundo, independientemente de lo provinciano que pueda resultar el entorno, pues el mundo entero está al alcance de las conexiones multimedios que se tienen en casa.

Pero las ventajas y las desventajas de los servicios en red y que no dependen del lugar parecen tener sexo. También en el trabajo casero y a distancia el mercado laboral se divide en dos: en el segmento primario se encuentran los hombres que disponen de libertad para moverse y viajar, casi siempre provistos de altas calificaciones especiales y, en su mayoría, con una posición segura como perceptores de un sueldo. Así pues, los valores agregados de la libertad y la flexibilidad son contabilizados a favor de los especialistas —predominantemente del sexo masculino— que, gracias a las nuevas tecnologías de información y comunicación, pueden realizar su trabajo en un departamento de soltero en el centro de la ciudad, en una casa en el campo, en un cuarto de hotel o en casa del cliente. En el segmento secundario se encuentra el trabajo periférico a distancia, efectuado por mujeres. Una carga múltiple que incluye cuidar a los niños, hacer las labores domésticas y un trabajo de procesamiento de datos en la computadora constituye la experiencia predominante de estas "jornaleras procesadoras de datos". Más aún, el trabajo casero y a distancia podría ser perfectamente adecuado para obrar en contra de una mayor participación de los hombres en las labores domésticas. Por lo general no son las calificaciones especiales las que hacen que el trabajo casero y a distancia sea "atractivo" para las mujeres, sino el imperativo que representan las obligaciones familiares y la poca movilidad que de éstas se deriva, así como un mercado regional que no ofrece otras posibilidades alternativas de empleo. En cualquier caso, en la actualidad hay pocos indicios de que las mujeres se pudieran convertir en las "ganadoras" de la llamada "revolución de la tecnología de la información".

En resumen: bajo los imperativos del mercado mundial la "relación laboral normal" —hecha a la medida de las carreras productivas ejercidas por hombres— del periodo fordista de posguerra está perdiendo relevancia. Pero a partir de su debilitamiento y de la progresiva "feminización" del proceso productivo masculino —que se está volviendo discontinuo y depende del destino productivo de otros— no ha surgido la igualdad entre los sexos en el mercado de trabajo ni en los lugares de trabajo. En la "individualizada sociedad comercial" en la que todos (y todas) son tratados como empresarios de su propia fuerza de trabajo y en la que el acoplamiento del empleo y de un ingreso que garantice la existencia ya no se da por sentado, la idea de la independencia económica —"la condición *sine qua non* [...] de esas *'exit-options'* en las que tanto insistió el feminismo de los últimos años"— resulta un "proyecto elitista" (Ostner, 1998:74-75). Se polarizan

> las oportunidades de remuneración y de ascenso en el grupo de los hombres y en el de las mujeres. Un creciente número de hombres y (como siempre) de mujeres con empleos precarios se corresponde con un grupo, que sigue siendo considerable, de ganadores de trabajadores normales del sexo masculino y (cada vez más) del sexo femenino *(ibid.)*.

Desde el punto de vista de las empresas todas las medidas se concentran en la flexibilización del trabajo —sin importar si ésta se alcanza mediante un aumento de plazas de tiempo parcial en detrimento de las de tiempo completo, recurriendo al trabajo gratuito legal o ilegal o al trabajo casero y a distancia—, a la reducción de los costos salariales y sociales y a la adaptación del manejo de la mano de obra a una demanda decreciente en los mercados mundiales. Mientras estas estrategias empresariales se acompañen de una reducción de los reglamentos vigentes de protección social y jurídico-laboral, las medidas para la flexibilización de las relaciones laborales en el mercado de trabajo formal "primario" no podrán distinguirse claramente de una informalización del empleo. Que una forma concreta de empleo, por ejemplo el trabajo casero o a distancia, quepa en una o en otra categoría, depende de los respectivos marcos legales y, sobre todo, de una interpretación más o menos generosa: si a una relación laboral le bastan los reglamentos oficialmente vigentes de la protección contractual y jurídica, pero si no se imponen rigurosamente las condiciones mínimas, las actividades permanecerán en el ámbito informal.

La informalización del trabajo

Con la "feminización del empleo" no sólo se hace referencia a la expansión cuantitativa de las actividades femeninas asalariadas, sino también a la creciente difusión de estructuras de trabajo "flexibles" —que desplazan al empleo de tiempo completo, que dura toda la vida y garantiza la existencia, es decir, la "relación laboral normal"— y a la "internacionalización de la economía informal" (Portes, 1995). Tras décadas de una regulación entre el trabajo y el capital amortiguada por el estado benefactor —en el horizonte de la "relación laboral fordista normal"—, la informalidad ha regresado también a los centros de los países industrializados desarrollados. Se está imponiendo como tendencia a una mayor aplicación de relaciones laborales sin protección ni regulación en un sinnúmero de ramas, en la propagación del forzado trabajo parcial, eventual, casero e ilegal y, no en último lugar, en la expansión de *sweat-shops.* La mayor parte de las personas —y no sólo en los "viejos" países industrializados— vive hoy en las ciudades. Por lo tanto el ingreso doméstico no puede ser compensado, como en fases anteriores de contracción y de crisis de la economía mundial capitalista, con un aumento de la producción agrícola de subsistencia. Por esta razón cada vez más personas se ven forzadas a nivelar la desaparición de ingresos formales y el retroceso de los servicios sociales con actividades económicas informales. El "resurgimiento de la informalidad" es, por un lado, consecuencia de la ya descrita expansión del sector de servicios y, por otro, remite a un patrón específico de la reestructuración industrial en las condiciones de competencia mundial de las empresas. Según las ideas expuestas en el capítulo 3 el sector informal surge y crece porque la totalidad de la economía de un país no puede tomar en cuenta las restricciones o los "imperativos" del mercado mundial (véase, al respecto, el esquema 7.1).

La producción de coherencia económica para volverse o seguir siendo competitivo en la localización sólo se obtiene al precio de la exclusión, es decir, de arrojar el trabajo no necesario al desempleo o a la informalidad de empleos precarios y atípicos. Ya vimos en el capítulo 5 que las economías de producción competitivas y los sectores informales son la misma cara de la misma moneda. la transformación de localizaciones con su respectiva singularidad en lugares análogos.

La terciarización de la economía y del empleo fomenta simultáneamente en varias maneras la propagación de actividades económicas informales (Parnreiter, 1998): en primer lugar, en el ámbito de los servicios enfocados a la producción, que están creciendo vertiginosamente, que se han establecido en el núcleo del sector internacionalizado de la economía —en los servicios financieros, de seguros y económicos—, se ofrecen nuevas posibilidades para hacer que las actividades económicas que crean ingresos puedan evadir las reglamentaciones estatales

ESQUEMA 7.1. GLOBALIZACIÓN E INFORMALIZACIÓN

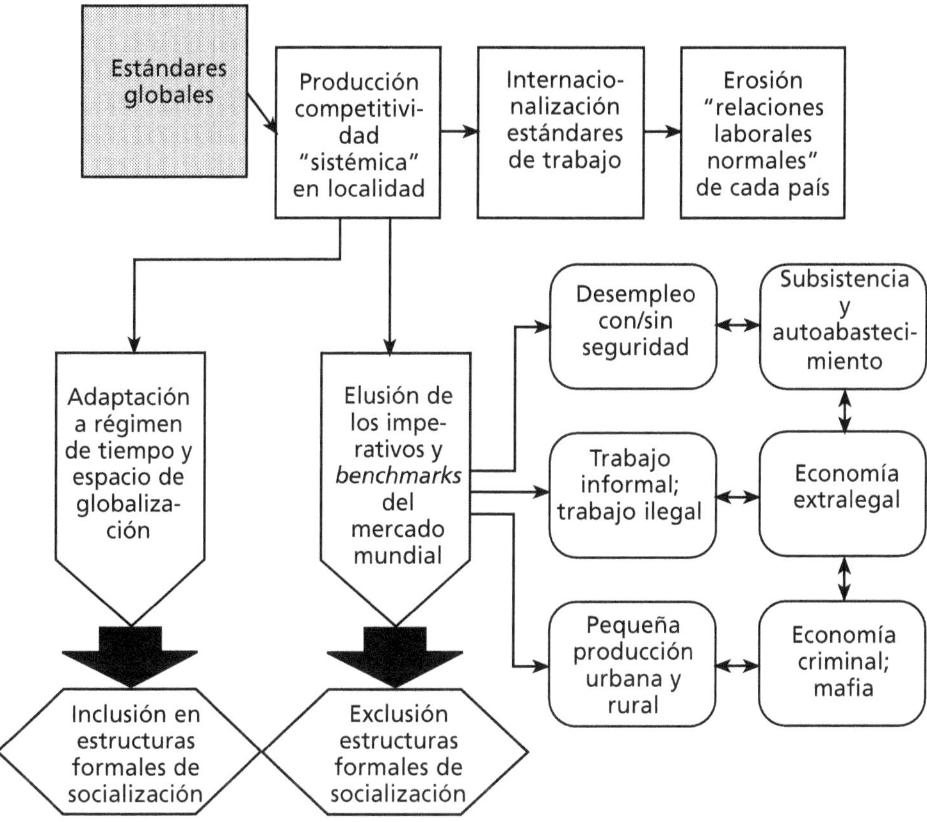

(por ejemplo leyes tributarias nacionales) (véase Waldinger y Lapp, 1993:22). La evasión de impuestos es una estrategia muy difundida de los propietarios del ingreso dinerario que, como el trabajo ilegal, desacata las normas legales del estado tributario nacional. En segundo lugar, una gran parte de la dinámica del empleo en el sector terciario se debe atribuir a la expansión de servicios personales (en el comercio y la industria de la limpieza, restaurantera y de servicios alimentarios) que son de trabajo intensivo y, por lo tanto, potencialmente susceptibles de altas remuneraciones, y no permiten que se los desplace a regiones donde se pagan bajos salarios. Precisamente por eso estos servicios se ven sometidos a una presión constante para informalizarse, es decir, se ven forzados a relaciones laborales que no corresponden, o corresponden sólo parcialmente, a las respectivas normas y leyes sociales respecto de los trabajos y su remuneración. La creciente demanda de servicios complejos y especializados también hace que aumenten más que proporcionalmente las ganancias de los empleados en el ámbito de los servicios financieros y económicos, así como entre quienes se dedican a las profesiones libres; no obstante, esto se expresa en una menor demanda de los "profesionales urbanos" por las mercancías a granel producidas industrialmente y en una creciente demanda de servicios personales. A diferencia de las tendencias igualadoras de la producción en masa y el consumo en masa fordistas, se ha constituido una fuerte polarización en la valoración monetaria de diferentes actividades y trabajos para la economía de servicios "posfordista". Un número comparativamente pequeño de fuerza de trabajo productiva y de empresas competitivas experimenta una fuerte revaloración; por el contrario otros trabajos —aun cuando se trate de trabajos imprescindibles de la reproducción social— sufren una devaluación monetaria. Esto tiene como consecuencia que crezca el número de la fuerza de trabajo a la que le ha sido negada la integración completa y duradera a la sociedad, pasando por sobre el ingreso doméstico disponible, la estabilidad de su destino productivo y sus condiciones de trabajo.

Entonces, cuando también en los países industrializados se forman "zonas de bajos salarios" y "enclaves de la informalidad" en medio de la economía formal dominante, se está expresando una doble tendencia. Por un lado, la fuerte competencia en el mercado exige una constante mejora de la competitividad, es decir, el aumento de la productividad del trabajo en las ramas que están expuestas a la competencia en el mercado mundial. La liberación del trabajo en los sectores formales es la consecuencia inevitable. Por otro lado, precisamente en el marco de la terciarización, surgen ofertas de empleo informal, de modo que la informalización de partes de la economía es apoyada tanto por el lado de la oferta *(push)* como por el de la demanda *(pull)*. La consecuencia de la dualización de la economía y de la sociedad en sectores formales e informales es una creciente desigualdad salarial, que influye sobre los patrones de consumo en las casas particulares y las formas de organización del trabajo. En cuanto a la estructura social urbana en los centros de la economía mundial —las *global cities* o ciudades globales—, Saskia Sassen ha destacado que la informalización del trabajo no sólo se debe "remitir a las diferencias salariales que se han formado y a la reestructuración concomitante del consumo en estratos de altas y de muy bajas percepciones", sino también a la "falta de habilidad de los proveedores de algunos de los bienes y servicios que forman parte del nuevo consumo para competir por los recursos necesarios en contextos urbanos, donde los sectores líderes han aumentado considerablemente los precios del espacio comercial, del trabajo, los servicios auxiliares y otros factores de producción, de modo que se vuelve una opción entrar parcial o totalmente a la informalidad" (Sassen, 1998b:154).

Vemos así que la informalidad es el resultado de desplazamientos estructurales económicos y sociales en el curso de la globalización, la modernización y la terciarización. La exclusión, la pobreza, la marginalización y una mayor discrepancia salarial son, por ende, la consecuencia de la urbanización, en cuyo transcurso no pueden ser incluidos todos los sectores sociales en la nueva estructura en formación.

> Otra forma de leer las corrientes críticas de la transición procede del hecho de que se ha roto el equilibrio mínimo entre la utilización del trabajo potencial y la satisfacción de las necesidades. Los equilibrios intensivos dejan a una gran parte de la fuerza de trabajo en un estado de ociosidad o subempleo y, paralelamente, una serie de necesidades no satisfechas en la esfera de la pobreza, la marginación y la exclusión [...] Este creciente desequilibrio es dictado por las reglas de "hierro" de la economía de mercado, en la que las actividades y necesidades laborales son medidas rígidamente en términos monetarios (Mingione, 1997:25).

Debido también al extendido carácter "atípico" e "híbrido" de las relaciones laborales, la terciarización arriba mencionada de la economía se presenta asimismo en forma de una expansión de las actividades económicas informales; y en todas partes el trabajo en este campo de la economía es mayoritariamente femenino. El desmantelamiento de los servicios y las subvenciones estatales (en el marco de programas de ajuste estructural) y el cada vez menor poder adquisitivo de los ingresos regulares tienen como consecuencia que aquellos que se ven forzados a recurrir a estos empleos queden excluidos de la norma social. En países que carecen de una red social y de un seguro de desempleo, según afirma lacónicamente el Banco Mundial en su reporte sobre el desarrollo mundial de 1995, los "desplazamientos hacia el empleo informal son una característica igualmente importante de la adaptación al mercado mundial, así como el aumento del desempleo" (World Bank, 1995:128). El trabajo remunerado secundario, adicional, o el "cuasi trabajo" en los ámbitos de los servicios, representan con frecuencia el único camino para las mujeres —en los países en vías de desarrollo, en los países en transformación, aunque últimamente también ya en los países industrializados— para asegurarse un medio de subsistencia para sí mismas y para los miembros de la familia que dependen de ellas. Con no poca frecuencia, el "estatus de independencia" del que hablamos en la sección anterior oculta la transición de condiciones laborales formales a informales. La mayoría de esos "pobres que trabajan", cuyo número se ha incrementado claramente desde que se inició la fase de recesión a principios de los años noventa, son mujeres que, normalmente, no son las únicas que perciben un salario en la familia y cuya paga por debajo de la línea de pobreza queda oculta por el monto total de los ingresos familiares.

Las fronteras entre la economía formal y la informal son inciertas (véase el esquema 7.2).

Tampoco es para nada clara la división entre el trabajo de subsistencia en los domicilios particulares y entre el trabajo informal, criminal e irregular. Thomas (1992) distingue entre el carácter del producto y el del proceso de producción y distribución y, después, si ocurren o no transacciones mercantiles. En los domicilios el proceso y el producto son legales, pero no ocurren transacciones mercanti-

ESQUEMA 7.2. TRABAJO FORMAL E INFORMAL

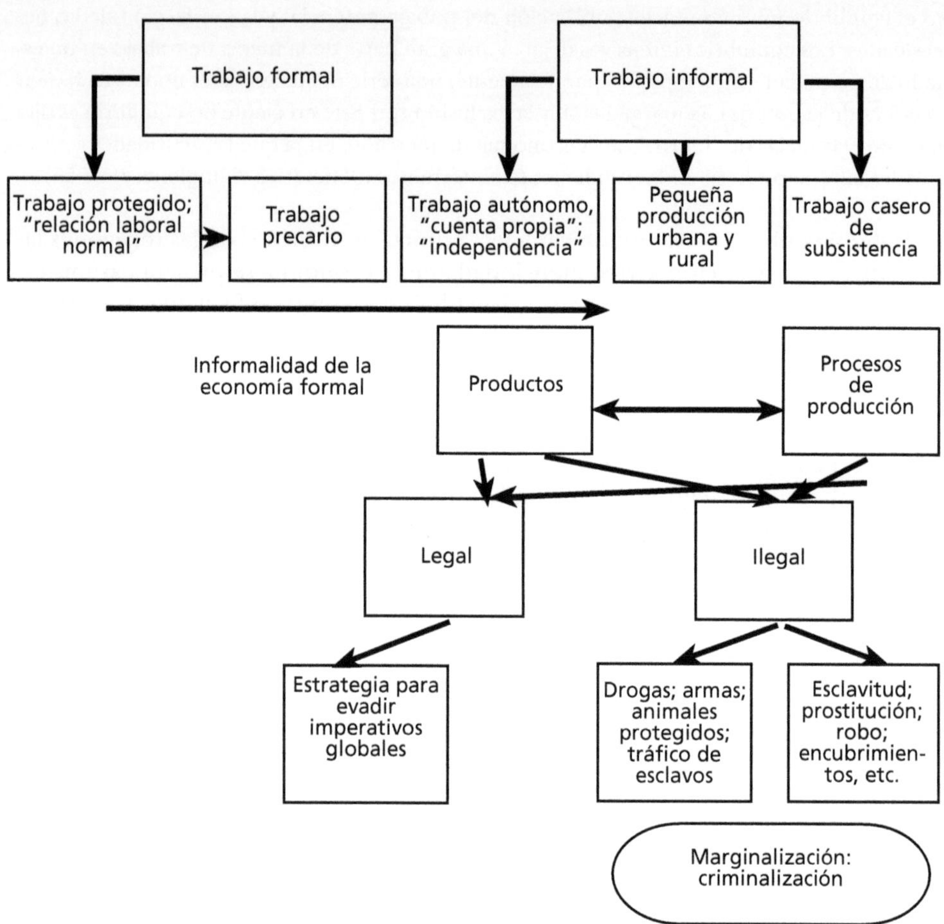

les. El trabajo será irregular si el producto es legal, pero no así el proceso de producción, por ejemplo cuando se rompen estándares sociales, reglamentos ambientales u obligaciones fiscales. Un sector económico es criminal cuando tanto el proceso como el producto son ilegales (por ejemplo en la economía de las drogas, en el tráfico internacional de mujeres, en el tráfico de armas, etc.). La economía informal, no obstante, tiene un producto *(output)* legal y el proceso de producción y distribución es también legal (véase World Bank, 1995:6). Las actividades informales se encargan de que el número de los desempleados aparezca menor de lo que sería si no existiera, en la "sombra", un ámbito informal de economía y empleo. Más aún, estas actividades informales se caracterizan por que los actores económicos que en ellas trabajan —en parte muy duramente— no tienen derecho alguno a prestaciones sociales (aunque también es cierto que pagan gravámenes sociales) y, por lo general, tienen que actuar en condiciones de extrema inseguridad legal (al respecto, véase también Altvater y Mahnkopf, 1993:134). Pero si se toman en cuenta estos criterios, ¿se distingue todavía el sector informal del formal? Posiblemente no sean de relevancia las diferencias categóricas, sino sólo las diferencias de grado: el producto del sector informal quizá sea legal, pero no corresponde a los estándares de la competencia en el mercado mundial y, por lo tanto, sólo puede circular en circuitos regionales, urbanos o nacionales, "fuera de la competencia". El proceso laboral y de producción también es legal, pero no se emplean todos los elementos de la "relación laboral normal", y por esta razón el sector informal presenta una proporción tan extraordinariamente alta de los ya descritos trabajos precarios, híbridos y atípicos.

La muy difundida opinión —también por el Banco Mundial— de Hernando de Soto (1989) en el sentido de que la informalidad es expresión de la sobrerregulación estatal, de las rigideces de los mercados de trabajo protegidos por el estado social y, por lo tanto, una inteligente salida de emprendedores ingeniosos de esa maraña de reglas estorbosas y del pantano de la corrupción pública y la incapacidad administrativa, sólo se refiere al estado nacional y no toma en cuenta las tendencias de la globalización y la terciarización, que constituyen el centro de este análisis. La informalidad es la expresión de las tendencias de fragmentación en los procesos económicos en el marco de la globalización (véanse los capítulos 3 y 5). También para explicar la elevada proporción de actividades informales en sociedades occidentales desarrolladas se utiliza con frecuencia el argumento de De Soto y de otros acerca de la excesiva tributación, de la "sobrerregulación", de la "sobreburocratización", de modo que los actores económicos dinámicos se verían "forzados" a buscar empleo más allá de las fronteras de la economía formal (y legal), en la economía informal. Entonces sería fácil formalizar la economía informal reduciendo la carga fiscal y eliminando la "sobrerregulación" y la "sobreburocratización". Éste es un argumento común en el discurso neoclásico que, sin embargo, no le hace justicia a la economía informal en el espacio global. La informalización es un proceso complejo, que por eso mismo ha ocasionado evaluaciones sumamente controvertidas (véanse, para una visión panorámica, Moser, 1994; Rakowski, 1994).

La economía informal es importante en todas las regiones del mundo. En la mayoría de los países de Europa Central y Oriental, en Latinoamérica y aun en los NIC asiáticos, más de una tercera parte de los empleados se ganan su sustento fuera de la agricultura, en las llamadas economías de hinterland, de patio trasero y de banqueta, con actividades que, según las categorías de la OCDE, corresponden al "empleo oculto" o a lo que en los escritos de la OIT se considera "empleo clandestino" (World Bank, 1995:128; Portes 1995:132 ss). En 1990, en los países africanos subsaharianos más del 60% de la población urbana con trabajos remunerados vivía de ingresos obtenidos en el "sector informal"; este campo de la economía aumentó, entre 1980 y 1985, a 75% de las personas que ingresaban a la vida productiva; en cambio el sector formal sólo se incrementó 6%. En Asia el número de las personas económicamente activas empleadas en el sector informal oscila, dependiendo del país, entre 40 y 66% (UNDP, 1995:17; Chen y Gereffi, 1994). Este sector ha aumentado de manera verdaderamente explosiva como consecuencia de la crisis financiera de 1997 y el periodo siguiente. Esta circunstancia remite a la estrecha relación ya señalada entre las restricciones globales y los procesos de exclusión en la "localización".

Pero también en los países industrializados tanto el rendimiento económico como la dimensión del empleo "a la sombra" de la economía formal está cobrando una importancia cada vez mayor (véanse, para Estados Unidos, Castells y Mollenkopf, 1991; Portes, 1995:212-218; para la Unión Europea, Williams y Windebank, 1995:25). En Europa el trabajo ilegal que se realiza para evadir impuestos es el tipo más común de empleo informal, y es de suponer que esta variante de actividad informal es ejercida en la mayoría de los países por hombres económicamente activos con un empleo *regular.* En Italia, el país con la historia más larga y mejor documentada de trabajo ilegal (Bologna y Fumagalli, 1997; Mingione, 1991), aproximadamente la mitad de la población económicamente activa (es decir, 11 millones de personas) *también* tiene empleos informales (Europäische Kommission, 1995b). El número de los llamados "trabajadores autónomos" se calcula en 5.8 millones. En un total de 14.2 millones de empleados dependientes, el monto de quienes no son ni "empleados" ni "patrones" es de 28.8%; se encuentran en un estatus *in between,* son, en este sentido, "autónomos"; están en una relación laboral "híbrida" —como la hemos llamado—, "intermedia". Sus actividades tienen, en su mayoría, un carácter informal respecto a los derechos laborales, la protección sindical, la seguridad social, etc. (véase Rapiti, 1997:173-192).

También a las mujeres se les encomienda con frecuencia trabajo casero que no está reglamentado por el estado social ni por un contrato colectivo, y precisamente en las ramas que han contribuido a establecer el mito de la *Terza Italia:* en la industria textil y del calzado, en la producción de artículos de punto y de piel y con los abastecedores de la industria automotriz. A principios de los años noventa en algunas áreas el empleo irregular alcanzó una proporción de casi 70%. No existen cifras tan precisas para ningún otro país europeo. Según estimaciones, en España, Grecia y Portugal aproximadamente 20% de la población tiene un empleo informal, en Francia, Bélgica e Irlanda se calcula entre 12 y 18% y en Alemania Occidental, Dinamarca, los Países Bajos, Luxemburgo y Gran Bretaña, alrededor de 10 (Europäische Kommission, 1995b:86). No obstante, estos cálculos aproximados podrían tener poco que ver con la realidad predominante a fines de los años noventa; ilustran sobre todo que —a diferencia de los países en vías de desarrollo y NIC— las relaciones laborales informales no han sido hasta ahora tema de investigaciones científicas en Europa. Esto se aplica particularmente al "nuevo trabajo casero", que aunque está muy extendido en muchos estados miembros de la Unión Europea no es tomado en cuenta en la investigación, las estadísticas y los cálculos en la misma medida que en los países en vías de desarrollo.[9] Lo que resulta imposible pasar por alto es la estrecha relación entre el nivel de seguridad proporcionado por el estado y la propagación de un "sector informal" de la economía y el empleo: la "difusión de actividades informales encubiertas", perceptible en todos los países de Europa, es "fomentada por la pobreza y el desempleo, que tienen su origen en trastornos en el funcionamiento del estado benefactor" (Europäische Kommission, 1995b:79).

Con la creación del concepto del "sector informal" la OIT reaccionó a principios de los años setenta al descubrimiento de que el desempleo abierto en los países pobres de la periferia sólo constituye una pequeña parte de los problemas del empleo (OIT, 1972; Hart, 1973). Sin un seguro de desempleo nadie se puede permitir estar largo tiempo sin ningún tipo de ingresos. Los componentes más importantes del problema del empleo en los países en vías de desarrollo son, por lo tanto, las relaciones laborales con salarios en el nivel de la pobreza o por debajo de él, así como el subempleo estacional.[10] Pero el concepto de informalidad no es sinónimo de pobreza; se refiere a relaciones de producción. Los "pobres que trabajan" (los *labouring poor* de los que habló Marx —MEW, 23:788— en relación con la "acumulación originaria") producen rendimientos en la producción de bienes y servicios indispensables para toda sociedad. No obstante el trabajo de los pobres no es reconocido, registrado, protegido ni reglamentado por ninguna institución oficial. Por eso el trabajo en el sector informal con frecuencia es de producción y distribución de servicios fuera del marco legal de las leyes laborales, de la seguridad social y de la protección legal. Las relaciones laborales son sumamente inestables. Debido a que falta el acceso al moderno mercado de capital, los productores independientes y sus familiares deben arreglárselas con poco capital y cubrir su necesidad de crédito de otra manera, con frecuencia en condiciones más desfavorables que en el mercado de capital oficial. Se trabaja con técnicas y habilidades muy primitivas y, por lo tanto, la productividad es tan limitada que, por lo general, sólo permite percibir ingresos muy bajos e irregulares. También se desdibujan las fronteras entre la vida

[9] A esto se añade que el empleo en trabajos con un plazo limitado, ocasionales y en puestos de auxiliar, así como el trabajo parcial o de temporada son considerados, por ejemplo, en Gran Bretaña, como actividades formales que, aunque son dadas de alta, quedan excluidas de toda forma de tributación; en Italia, por el contrario, se trata de formas de empleo no registradas e irregulares. También el trabajo casero forma parte en algunos países europeos (Alemania e Italia) del empleo formal, pero en otros países (Gran Bretaña, Grecia) pertenece al ámbito de las actividades informales.

[10] Aunque desde los años ochenta la crisis de la deuda, los programas de ajuste estructural ordenados por el FMI y el Banco Mundial y los procesos de la creciente urbanización en los países en vías de desarrollo y, desde principios de los noventa, también las consecuencias de los procesos de transformación económica en Europa Oriental, se han encargado de que el problema del empleo se haya vuelto *universal;* desde entonces el desempleo ha aumentado más en países con ingresos bajos y medios que en los países con ingresos altos (World Bank, 1995:14).

privada y la vida laboral, así como las que separan los bienes del negocio de los bienes personales. El trabajo remunerado con frecuencia se compone de muchas relaciones laborales del mismo tipo; el aseguramiento de la existencia, en conjunto, se vuelve inestable. No resulta raro que el trabajo en el sector informal sea realizado mayoritariamente por mujeres (y niños) en los campos del comercio y la prestación de servicios. En muchos países del tercer mundo dos terceras partes o más del empleo total en el sector informal del comercio y la prestación de servicios recaen en las mujeres. Por lo menos la mitad de las mujeres que trabajan están activas en el sector informal, porque están desempleadas o subempleadas o porque han sido excluidas del sector formal debido a que se les ha dificultado el acceso a créditos o a otros medios de producción (UNDP, 1995:44-45).

Los participantes débiles del mercado ya no son protegidos (como solían serlo, por ejemplo, en las empresas con contratos colectivos en Alemania) por el mayor poder de organización de los participantes más fuertes del mercado, sino que tienen que tratar de aventajar en la competencia vendiendo más barato que el otro. La observancia del derecho obtiene un carácter más bien situacional: si el mercado, el cliente o la pura necesidad lo ordenan, se traspasan las fronteras que separan los acuerdos y las decisiones legales e informales y las transacciones económicas ilegales. Esto, a su vez, opera como un impedimento de la organización colectiva de intereses aun en esos casos en los que se despoja a alguien de sus derechos (como persona, empleado o participante del mercado). Aquí radica, al mismo tiempo, el efecto desintegrador que tiene el gran sector informal sobre la formación de una "sociedad civil" y de un estado de derecho competente. Entonces, el sector informal es, simultáneamente, una consecuencia de ajuste estructural de localizaciones a la competencia global y una causa para que sea muy difícil acumular el "capital social" que ha de elevar la competitividad.

El sector informal es cualquier cosa menos un vestigio de las relaciones laborales y vitales tradicionales y, sobre todo, no es un fenómeno de transición que vaya a desaparecer en el curso de la modernización. Por el contrario, es precisamente fruto de la globalización y de la modernización. Se asemeja a una "esponja de fuerza de trabajo" (OIT, 1991), que dispone de una capacidad casi ilimitada para absorber la fuerza de trabajo que es expulsada del "sector moderno" de la economía, es decir, de las empresas que también son competitivas sin una explotación extrema de su fuerza de trabajo. El sector informal está vinculado de muchas maneras con el sector formal, es su "lado oscuro", en el que se refugian quienes no encuentran un ingreso que les asegure la existencia bajo la "luz del sol" de la economía formal.

El trabajo femenino en las fábricas del mercado mundial

También se cuentan en la economía informal subempresas que producen para las grandes compañías (con frecuencia transnacionales) de la economía formal. De esta manera ha surgido una especia de "colaboración formal-informal" que aparece en lugar de las "fábricas del mercado mundial" en zonas industriales libres (ZIL): los enclaves extraterritoriales para la producción para la importación resultan superfluos si, en el curso de la progresiva liberalización del comercio, disminuyen los derechos de importación y exportación, se eliminan los derechos laborales como consecuencia de la desregulación o si los incentivos fiscales o las desgravaciones fiscales de las ganancias obtenidas en la actividad empresarial y los ingresos ya no se limitan a los enclaves de las ZIL o maquiladoras (respecto a las zonas industriales libres véase el capítulo 5). Las maquiladoras, según juzga fríamente Christa Wichterich, son "un modelo de ayer. La forma de producción de hoy es informal" (Wichterich, 1998:44), porque la estrategia global de producción de las empresas transnacionales se sirve, en los países en vías de desarrollo, de las ventajas que ofrece un gran sector informal. Según cálculos realizados, aproximadamente 60% de los empleados en la industria automotriz y electrónica de la India que produce componentes y refacciones laboran en el sector informal, principalmente como obreros (y obreras) no registrados. La descentralización de la producción y el recurso a obreras contratadas que trabajan en pequeñas empresas abastecedoras del sector informal —que no está protegido por el estado social y carece de una organización sindical— es hoy una práctica corriente en un número creciente de ramas de la industria de la transformación (en la rama textil y del vestido, en la industria electrónica y del calzado). También una gran parte de la agro y acuaindustria funciona basándose en el mismo principio; por ejemplo la pesca del camarón y la industria camaronera en México, o las granjas de flores en Colombia, donde mujeres y niñas se matan trabajando por salarios bajos, durante días o meses, en condiciones laborales que ponen en peligro su salud, para exportar a Estados Unidos y Europa. Pero también hay pruebas de que la moderna industria computacional de Silicon Valley se sirve del sector informal para poder reaccionar de manera flexible al desarrollo del mercado y, al mismo tiempo, mantener bajos los precios por medio del desplazamiento del trabajo de fabricación y programación (Hossfeld, 1990). Todas estas plazas de trabajo tienen en común que se localizan en ramas y empresas mayoritariamente "libres de sindicatos", y que en ellas se ejecuta primordialmente trabajo irregular o de temporada. Actividades que no necesitan una vigilancia técnica constante ni controles de calidad precisos pueden efectuarse en microempresas y centros de producción domésticos, eludiendo las leyes laborales del país, con obreros y obreras "invisibles" que no están registrados en las estadísticas de los lugares de trabajo y que no disfrutan de ninguna protección (sindical). La alta proporción de "subcontratación" (Rowbotham y Mitter, 1994) tiene como consecuencia que aun compañías de marcas líderes sean hoy con frecuencia "empresas huecas" que no tienen fábricas propias, sino que mandan diseñar, producir y comercializar sus productos. Los productores en la rama textil y electrónica se convierten cada vez más en comerciantes, pues la producción real ocurre en pequeñas empresas y microempresas descentralizadas y divididas. El ICFTU calcula el número de las personas que trabajan en todo el mundo en empresas distribuidoras de las ET en 200 millones (ICFTU/IBFG, 1996); tan sólo 4.5 millones trabajan en las maquiladoras.[11]

Desde que llegaron a su fin las altas tasas de crecimiento en los "viejos" países industrializados las empresas se han visto obligadas a solventar la competencia principalmente mediante los costos y la apertura de nuevos mercados (Chandler y Hikino, 1997:54); al mismo tiempo, el empleo de nuevas tecnologías de producción, comunicación y transporte hace que los sitios pequeños de producción sean mucho más rentables que antes. Esto, a su vez, facilita la coordinación de las partes de las empresas separadas en el espacio; la descentralización de las actividades empresariales manteniendo, al mismo tiempo, un control central; la difusión de los sistemas *just-in-time,* y la reducción de costos de exportación. El número de ET, cada vez mayor desde los años setenta, y el aumento de inversiones extranjeras directas son expresión de estos desarrollos (véanse, al respecto, los capítulos 5 y 6).

Para muchas economías nacionales, particularmente para las de los NIC del sureste asiático, así como para muchos países centroamericanos, el "trabajo femenino barato" resultó ser también, en la producción para la exportación, la "plataforma al mercado mundial". El trabajo femenino es "barato" tanto en el primer y en el tercer mundo, como a principios y a fines del siglo XX, porque el "mito que se niega tercamente a morir" (Wichterich, 1998:17) de los ingresos complementarios de las mujeres proporciona la justificación para los ingresos salariales que, en parte, se encuentran muy por debajo de los costos reales de manutención (Mitter, 1986:46-47; Standing, 1989; Custers, 1996:105; Köpke, 1998:74). En el ejemplo de los países latinoamericanos se puede estudiar cómo su integración al mercado mundial desde principios de los años ochenta —desde el desarrollo de sus capacidades de producir para la exportación productos industriales semiacabados y acabados—, en primer lugar, fue precedida por un proceso de exclusión de las mujeres de los modernos sectores de la economía y que, en segundo lugar, los desplazamientos de la producción hacia las maquiladoras provocaron un aumento de las relaciones laborales informales. Los responsables de esto fueron dos procesos: la constante emigración del campo a la ciudad —que ha ocasionado que, a fines de los años ochenta, casi tres cuartas partes de la población económicamente activa de Latinoamérica (en África y Asia el porcentaje es un poco más bajo) se concentre en las ciudades— y la creciente actividad asalariada de las mujeres, desencadenada por el empobrecimiento que provocó la reducción de los servicios sociales en muchas economías familiares (Infante, 1995:160). Por otro lado, la eliminación de muchas plazas de trabajo en las grandes empresas del sector privado y el masivo recorte de personal en el sector público —que afectó precisamente a mujeres calificadas— se vieron acompañados de una drástica reducción de los salarios: en la industria transformadora de Latinoamérica los salarios se redujeron 13.2% en promedio, en la industria de la construcción 15.2; en la agricultura 29.9

[11] Pero se deben contar también aproximadamente 20 zonas económicas especiales en China con 14 a 40 millones de empleados (¡estimados!).

y en el sector público hasta un 30% (PREALC, 1991, 1992, 1993, citado en Infante, 1995:164). No obstante, la tasa de desempleo a finales de la "década perdida" —a consecuencia de la crisis de endeudamiento— de los ochenta en la región era de poco más de 6%, lo que dio como resultado que especialmente las mujeres fungieran como "amortiguadores". A fines de los años ochenta no son ya únicamente las mujeres muy pobres, ancianas, solas o sin educación las que son absorbidas por la "esponja de fuerza de trabajo" del sector informal, sino también muchas mujeres casadas y madres que mediante actividades informales en las ramas comerciales y de servicios contribuyen a la estabilización de los ingresos familiares, que en parte cayeron por debajo de la línea de pobreza. En las maquiladoras existe sobre todo demanda de mujeres jóvenes, solteras, con educación básica y sin hijos, que constituyen una fuerza de trabajo barata; aunque estas mujeres disponen de experiencia profesional limitada, a diferencia de muchos hombres con experiencia profesional están "libres" de vínculos sindicales. Como ya ha ocurrido frecuentemente en la historia del sistema industrial capitalista, las mujeres son forzadas a desempeñar el papel de "competidoras sucias" frente a los empleados del sexo masculino, que tienen una mejor organización sindical. Sin embargo, lo que resulta novedoso es que, de manera paralela al incremento del trabajo femenino, se ha reducido la proporción de los hombres en la población económicamente activa y que, en algunos países, la tasa de desempleo entre los hombres supera entre tanto a la de las mujeres (para algunos países latinoamericanos véase Safa, 1994:30-31). Las jóvenes empleadas en las empresas que producen bienes de exportación trabajan con contratos a corto plazo, rotatorios, y percibiendo salarios que, con frecuencia, no equivalen ni a dos terceras partes de lo que se les paga a los hombres (respecto de la violación de los derechos humanos y laborales en esta "colaboración formal-informal" véanse las explicaciones presentadas en el capítulo 5).

También las modernas actividades de servicios son ejecutadas siguiendo reglas parecidas. En el sureste asiático, en el Caribe (por ejemplo, el *"digiport"* de Jamaica) y a últimas fechas también en Irlanda, trabajan predominantemente mujeres percibiendo salarios bajos en oficinas satélite que disponen de las más modernas instalaciones de telecomunicaciones. En ellas se procesan datos y textos para consorcios mediáticos, empresas aseguradoras, líneas aéreas, bancos y sociedades ferroviarias norteamericanos y europeos. Entre el nuevo "ejército industrial de reserva" de una economía integrada transnacionalmente y entre los "obreros migratorios *online*", que ya no tienen que abandonar sus lugares de origen, se pueden reconocer claros patrones de una división del trabajo hecha específicamente por género: actividades que requieren poca calificación y que perciben salarios muy bajos —como la captura de grandes cantidades de datos—, y que carecen de posibilidades de ascenso, son realizadas más por mujeres que por hombres en los *teleports* y zonas de libre comercio en el Caribe, México, Malasia, Filipinas, Sri Lanka o India. Donde, por el contrario, se trata de proporcionar "servicios inteligentes" —en la producción de agencias de publicidad en Polonia y Hungría, en el trazado de planos de construcción en Brasil o en el desarrollo de software en la India y Filipinas—, los hombres tienen las mejores oportunidades de empleo.

EXCLUSIÓN SOCIAL EN LOS MERCADOS GLOBALES DE TRABAJO

Para los mejor y los peor calificados, es decir, para los mejor y los peor pagados, ha surgido una especie de "mercado de trabajo global". Estas categorías de empleo se encuentran, por lo tanto, en competencia directa por sobre las fronteras de los mercados de trabajo nacionales. Las regulaciones nacionales del mercado de trabajo apuntan aquí al vacío. Entre la autoridad política formal de los estados nacionales para imponer normas, promulgar leyes y determinar fronteras comerciales dentro de un territorio determinado, y el alcance espacial de los sistemas actuales de producción, distribución y comercio, se halla una contradicción que influye sobre la eficacia de la política económica, social y de mercados de trabajo de una nación. Entre las condiciones de los mercados financieros desregulados y los mercados internacionales de bienes y servicios las instancias nacionales pierden la soberanía sobre sus propios recursos, y esto afecta el núcleo de la "cuestión democrática" (véase el capítulo 10).

Pero no sólo esto es de importancia. La competencia en los mercados de trabajo globalizados tiene como consecuencia, en primer lugar, que los "estados nacionales" de competencia también aspiran a mejorar la estructura de calificación de los empleados. La propagación (presentada en la primera sección de este capítulo) de los sistemas industriales de producción "informacional", basados en el conocimiento, produce una creciente necesidad de fuerza de trabajo altamente calificada, que tiene que satisfacer el sistema educativo. Sin embargo el cambio del nivel de calificación no produce automáticamente una revaloración y una elevación general con la consecuencia de que la población experimentara mayoritariamente mejoras respecto a sus ingresos o su estatus social (véase Castells y Aoyama, 1994:26).

Con la transnacionalización —hecha posible gracias a la tecnología— de las empresas de servicios y el desplazamiento de las tareas que requieren *high skills* a los países en vías de desarrollo, o NIC, se plantea, en segundo lugar, el problema de la "fuga de cerebros" en una forma históricamente modificada: como siempre el "capital humano" fluye a los países industrializados —o mejor dicho a sus transnacionales— en forma de conocimientos especializados desde los países en vías de desarrollo. Su producción no tiene que ser financiada por el valor agregado de los países industrializados que los utilizan. Pero a diferencia del pasado, la fuga de cerebros no es un "negocio" unilateral. Por ejemplo, los ingenieros indios de software que forman parte de la división mundial del trabajo constituyen, a consecuencia de la fuga de cerebros, una isla de relativa prosperidad y relativa seguridad social en un país en el que la mayor parte de la población padece pobreza e inseguridad existencial extremas.[12] En los NIC del sureste asiático de la "primera generación", en India, en China y en muchos otros países del "Sur", las esperanzas se orientan a obtener ganancia en la competencia con los países "envejecidos" del "mundo de la OCDE" a partir de la ventaja que les otorga tener un número mucho mayor de especialistas jóvenes, bien preparados y relativamente baratos, para poder así atraer a su país una mayor cantidad de trabajos de prestación de servicios que tienen un manejo intensivo de la información y el conocimiento. Sin embargo no es de ninguna manera seguro que concentrarse en trabajos altamente calificados preludie un desarrollo económicamente exitoso y socialmente estable, que surjan esos "entornos tecnológicos de innovación" que son adecuados tanto para producir sinergias científico-tecnológicas como productividad económica y un espacio social en el que se puedan dar los efectos de la prosperidad.

Para el nacimiento de *tecnopolos* o *tecnópolis* (Castells y Hall, 1994:8) —de nuevos centros territoriales de innovación tecnológica según el estilo de los "distritos industriales" históricamente más antiguos— se necesita, más que ET de capital de riesgo *(venture capital)*, una buena universidad, así como estímulos (institucionales) fiscales y de otro tipo para los *global players*, fundadores de empresas locales y pequeñas empresas que gusten de los riesgos. Aun cuando esté dado un "clima tecnológicamente innovador", si no existen las posibilidades de producir por sí mismos tecnología avanzada en el país, y sin una amplia difusión de las tecnologías modernas en todos los demás sectores de la economía, por lo general no se constituirán los *back-linkages* y *forward-linkages* para un proceso de desarrollo duradero en la economía nacional. A esto se añade que las modernas *tecnópolis* —inspiradas en el modelo de Silicon Valley— actualmente no están originándose primordialmente en los NIC del Sur. En muchas regiones y ciudades de Europa, Estados Unidos (y Japón) se está haciendo el intento de ser competitivos en el nivel global en el ámbito de las tecnologías de la comunicación y la información, así como en la biotecnología, con "centros de innovación" y "parques tecnológicos". Esto sucede especialmente en regiones que durante el periodo pasado de industrialización fordista más bien formaban parte de la "periferia" (quizás incluso de las "regiones estructuralmente débiles"), o que fueron "desindustrializadas" por la caída de viejas ramas industriales (carbón, acero, construcción de barcos y automóviles). Se encuentran ejemplos de ello en todas partes: en Sophia-Antipolis, en Francia,[13] en Silicon Glen, en Escocia, en Irlanda y en Baviera o en Gelsenkirchen en la cuenca

[12] Con una mirada forjada en las condiciones de vida norteamericanas, Jeremy Rifkin pregunta con justicia cómo "un país como la India puede soportar la carga de construir enclaves *high tech* competitivos a nivel global entre cientos de millones de compatriotas depauperados" (Rifkin, 1995:154).

[13] Sophia-Antipolis, situado entre Niza y Cannes, es un parque tecnológico fundado en 1969 en el que se han eliminado todos los "factores de interferencia ajenos al ramo" y que se considera como el prototipo de una tecnópolis y como el punto culminante provisional de la disolución urbana. En un entorno rural, en medio de campos de golf y reservas naturales, trabajan aproximadamente 15 mil personas, segregadas espacial, funcional y socialmente de los sobrecargados centros de aglomeración urbana (véase Mönninger, 1996).

del Ruhr, en Alemania, en Arizona, en Texas y en la región del Medio Oeste en Estados Unidos.

> Pero sigue ocurriendo que, sin una sociedad local innovadora, apoyada por organizaciones sociales e instituciones públicas adecuadas, no habrá un entorno innovador. Y sin un entorno innovador el desarrollo de industrias de alta tecnología contribuirá al desarrollo regional sólo dentro de los estrechos límites impuestos por los ciclos comerciales de industrias que probablemente sean sumamente volátiles. No existirán posibilidades de un verdadero crecimiento local y, por lo tanto, no habrá escape posible del estado de dependencia de otra región, de las compañías de otra región y de los individuos innovadores de otras regiones (Castells y Hall, 1994:235).

En realidad la "economía de la información" —global por su estructura— de fines del siglo XX ni siquiera tiene que estar necesariamente cimentada en los *nuevos* "entornos tecnológicos innovadores". Las mejores condiciones de infraestructura para esos efectos de sinergia de los que depende la economía "posfordista" basada en la información las siguen ofreciendo los centros de aglomeración metropolitanos en los países industrializados desarrollados: "ciudades globales" (véanse Sassen, 1991; Keil, 1993) como Nueva York, Tokio, Londres, etc. En ellas se siguen concentrando las principales funciones de coordinación y control de la economía mundial. Porque estos "puntos nodales estratégicos" (respecto de la nodalización véase el capítulo 2) en la red internacional de las ET y de las corrientes financieras muestran muchas ventajas: una infraestructura urbana en parte de primera calidad, buenas conexiones de comunicación y de tránsito, acceso al respectivo sistema financiero nacional y, no en último lugar, la cercanía espacial de un espectro diferenciado de instituciones y servicios especiales del sector terciario. Además, las ciudades globales están conectadas entre sí por una red muy densa de comunicaciones y de transportes. En pocas palabras, las centrales de conexión y comando de la nueva economía mundial, que se desarrolla con ayuda de la moderna tecnología de la información en el "espacio de velocidad", se encuentran en los lugares donde la velocidad metabólica fue sustituida más radicalmente que en otros sitios por la velocidad tecnológica. Esta estructura prácticamente no es afectada por la competencia de las calificaciones en los mercados de trabajo globales.

En los países industrializados que ven su futuro en una "economía de servicios" informacional sólo grupos parciales de los empleados podrán obtener alguna ganancia de la pronosticada tendencia al auge. Entre los ganadores de la globalización de mercados de trabajo (parciales) se encuentran, en cualquier caso, los nuevos "portadores del rendimiento", esa categoría de empleados con mucha movilidad que Robert Reich (1993) llamó los "analistas de símbolos". Se trata de personas a quienes se les paga por identificar y solucionar problemas, y para desarrollar estrategias para la solución de problemas, sin importar en qué parte del mundo se presenten: científicos, *top managers,* ingenieros encargados del diseño y desarrollo de software, biotecnología y tecnología genética, directores de banco, banqueros de inversiones, abogados, corredores de bienes raíces, asesores fiscales, periodistas especializados en economía, planeadores estratégicos, gestores de relaciones públicas, etc. Por el contrario, para el gran grupo mayoritario de los empleados encargados del trabajo y los servicios rutinarios en los países industrializados el futuro en el mercado de trabajo es (todavía) peor que en el pasado. Aun cuando muchos de estos empleados todavía trabajan hoy en condiciones medianamente cubiertas por la seguridad social, por lo general están bien calificados y no ganan mal, el frío viento de la competencia global sopla sobre todo en su dirección. Ellos son quienes perciben con mayor fuerza las consecuencias de una economía ilimitada y "desinserta" de los sistemas sociales de reglamentación. Estos empleados experimentan la creciente presión de la competencia, por un lado, como un imperativo a seguir capacitándose permanentemente; pero también la perciben como una creciente intensificación del trabajo, provocada por la integración de áreas de acción antes separadas entre sí. La integración de tareas no significa únicamente eliminar las jerarquías, delegar responsabilidades "hacia abajo" y cooperar en equipo, sino también que personal altamente calificado tenga que encargarse de trabajos rutinarios, así como una enorme cantidad de un trabajo adicional que no es remunerado. De esta forma, las nuevas estrategias de gestión son vividas como una presión para tener que seguir objetivos cuasi empresariales —como reducción de costos, aumento de la eficiencia o la optimización del rendimiento financiero de la unidad empresarial—, manteniendo el estatus de empleado dependiente de un salario.

Finalmente, con la agudización de la competencia internacional, en las sociedades industriales occidentales se hace aún más fuerte el vínculo —que de suyo ya era estrecho— entre el empleo, el ingreso y la formación. Por lo tanto las oportunidades de la fuerza de trabajo sin formación académica se reducen todavía más, pues la calificación, la edad y, en una medida creciente, otras características *atribuidas*, es decir, no *adquiribles* (por ejemplo mediante el rendimiento), están tomando un papel cada vez más relevante dentro de la política de personal de las empresas. A esto se añade la tendencia, por un lado, de pagar sólo las calificaciones que contribuyen de manera directa al proceso de valor agregado y, por otro, de desplazar las actividades laborales menos calificadas al extranjero, donde los costos de trabajo son más bajos. La disminución de los costos salariales y sociales, así como la adaptación del manejo de la fuerza de trabajo a una demanda variable en los mercados mundiales, son los objetivos empresariales. Su realización se alcanza por medio de las ya descritas medidas de flexibilización del trabajo, de la descentralización y el desplazamiento de ámbitos de trabajo intensivo en los procesos de producción, así como la propagación del trabajo casero y a distancia.

La acelerada transformación de las estructuras profesionales y de las formas de empleo hace que resalte una división entre "adentro" y "afuera" que podría incluso superar la vieja separación entre "arriba" y "abajo". Esta nueva línea divisoria se traza a lo largo de las calificaciones de la fuerza de trabajo. En las condiciones de la competencia global y de la rápida difusión de nuevas tecnologías de información y comunicación se trata, sobre todo, de aumentar y diversificar el potencial del conocimiento. Consecuentemente, el potencial de conocimiento encarnado por los "recursos humanos" de un país aparece como un importante factor para la competencia. El "capital humano" es organizado, administrado, utilizado, calificado, movilizado y, no en último lugar, liberado por la economía. Por consiguiente, la formación y la educación ejercen una función discriminadora en este proceso. Quien llegue al mercado de trabajo con las calificaciones profesionales "equivocadas" o quien tenga que sufrir una devaluación del perfil de habilidad y capacidad debido a la utilización de nuevas tecnologías o, peor aún, quien carezca totalmente de experiencia en el manejo de los "nuevos medios de producción" que constituyen la información y la comunicación, tiene que contar con que se lo excluya del sistema de gratificación de la sociedad productiva.

> En otras palabras, la rápida difusión de la TIC (tecnología de información y comunicación) ha provocado —y sigue provocando— una "exclusión" sustancial de grandes partes de la fuerza de trabajo, ya sea no calificada, con las calificaciones equivocadas o incapaz de ser adiestrada. Es muy probable que esta tendencia en la demanda de trabajo, que surgió apenas en los últimos diez o quince años, se haga mucho más pronunciada en lo que resta de los años noventa (Freeman, Soete y Efendioglu, 1995:600).

Ricardo Petrella (1994:35) considera, de cara a estas tendencias, que un "sistema de apartheid social mundial" se cierne ya sobre nosotros. Todos los recursos humanos que sean considerados obsoletos y sin valor —porque no satisfacen las necesidades de las empresas virtuales, los centros de tecnología de punta, los parques tecnológicos, las autopistas de la información y la comunicación o los "hospitales inteligentes"— serán arrojados a la devaluación y, por último, a la destrucción. Los representantes de estos recursos humanos "bajos", sean individuos, pueblos, barrios, ciudades, regiones, países o aun continentes enteros, como África, quedan excluidos de los nuevos procesos de aprendizaje o bien de las medidas de readaptación profesional o de capacitación y perfeccionamiento. A diferencia de épocas anteriores, los desempleados de largo tiempo ya no fungen como un "ejército de reserva"; en un sentido económico ya no resultan "'útiles' en forma alguna ni para el mantenimiento ni para la reproducción del orden económico predominante" (Ingrao y Rossanda, 1995:415).

Pero esta impresión es engañosa. Los miembros de la "nueva clase inferior", que viven en los centros aglomerados de las ciudades de Europa o en las regiones abandonadas de Estados Unidos, forman una "clase baja funcional" (Galbraith, 1994:44). Con su trabajo en la economía informal hacen posible, como ya vimos en las secciones anteriores, el nivel de vida y el confort de quienes gozan de una buena posición social. Debido a que los "recursos humanos" tienen una importancia tan determinante en la "economía del conocimiento", no sólo se reducen las oportunidades en el mercado laboral de los empleados no calificados. De manera paralela a la exclusión de amplias capas de la población de esa modesta redistribución social que representa el trabajo asalariado formalmente regulado, y de la expulsión de muchas personas a la "economía en la sombra", crece también el número de los que forman parte de los perdedores de la globalización y de la "informalización" de la economía y el empleo.

La sociedad norteamericana constituye tanto el ejemplo negativo de una división social llevada al extremo que hasta ahora (todavía) se ha evitado en Europa, como del fundado "miedo de la clase media a la caída" (véase Ehrenreich, 1992). El crecimiento provocado por el trabajo intensivo se acompaña en Estados Unidos de la reducción del nivel (que de suyo no es tan elevado) de seguridad social, con el aumento de las zonas de bajos salarios y, sobre todo, del incremento de la desigualdad social, incluso entre quienes tienen un trabajo: en los Estados Unidos de los años noventa el problema es menos "crecimiento sin empleo", como en Europa, que "crecimiento sin riqueza".

La diferencia "meritocrática" de ingresos, formación y estatus entre la "élite cosmopolita" de propietarios del ingreso dinerario que especula en mercados mundiales, los especialistas altamente calificados de la "era de la información", los empleados medios que temen por su seguridad económica, los obreros, y una creciente "clase baja funcional", aumenta cada vez más. Los procesos, estrechamente ligados entre sí, de la desindustrialización, la terciarización, la concentración (global) del capital y la diferenciación meritocrática han provocado una polarización social y espacial: entre las "zonas del dominio y el lujo", en las que vive y atiende sus actividades basadas en el conocimiento en el elevado ámbito de los servicios la élite urbana de las sociedades modernas y altamente industrializadas, crecen las "islas de pobreza" en las zonas de construcciones antiguas del centro de la ciudad o en los asentamientos de viviendas de interés social en las afueras de la ciudad. Ahí viven quienes han sido arrojados al margen del mercado de trabajo formal, quienes viven de ingresos de transferencia o quienes dependen totalmente de fuentes de ingresos ilegales. La ciudad, según Alain Touraine, "ya no es el símbolo de la modernidad triunfante, sino del desgarramiento de una sociedad en la que la economía es cada vez menos social", y añade: "No obstante, preservarla es el objetivo de aquellos que se rebelan contra la creciente distancia entre una sociedad globalizada y una sociedad urbana en plena disolución" (Touraine, 1996). El mercado de trabajo cuyo sector informal es engrosado una y otra vez con los migrantes recién llegados al país, procedentes de los países en vías de desarrollo, y cuyo segmento superior está en posibilidad de aprovechar completamente las gratificaciones de la globalización y de la sociedad de servicios, presenta múltiples divisiones.

LA MIGRACIÓN INTERNACIONAL

Grandes segmentos de la población de regiones mundiales que viven en medio de una creciente pobreza se convierten en migrantes potenciales. Esto sólo es posible porque junto a la globalización económica también ha ocurrido una "homogenización de los valores o *integración cultural* del mundo, que hace que la estratificación del sistema internacional —y la inequidad que esto implica— encuentre su expresión en la conciencia individual" (Hoffman-Nowotny, 1989:31). La pertenencia a ese "mundo único" se expresa en que la aspiración a la movilidad social se ha vuelto universal.

Aproximadamente 125 millones de personas vivían en el extranjero a mediados de los años noventa, es decir que la proporción de migrantes en la población mundial no se ha modificado esencialmente desde principios de los años setenta (World Bank, 1995:77). Pero, por un lado, el aumento de los números absolutos es relevante y, por otro, los flujos mundiales de migración de la actualidad se distinguen en muchos aspectos de movimientos migratorios anteriores: una gran parte de los migrantes actuales provienen de países pobres, y emigran por un tiempo más o menos breve a otro país en vías de desarrollo o NIC. Una gran parte de esa escasa mitad de los migrantes que, especialmente desde principios de los noventa, ha emigrado a los países industrializados, se debe clasificar, según los cálculos de la OIT, como migración laboral. Pero a diferencia de la "época de oro" del capitalismo (en los años cincuenta y sesenta), cuando en los países ricos de Europa y de América del Norte se partía de una fuerte demanda de obreros extranjeros (de sexo masculino) por parte de la industria transformadora y los migrantes de las regiones rurales más pobres se integraban a los centros industriales del Norte gracias a una actividad asalariada relativamente estable de tiempo completo, los migrantes laborales de los años noventa se encuentran mayoritariamente excluidos de los mercados de trabajo formales. Un indicador importante de su exclusión lo constituye la tasa de desempleo entre la "fuerza de trabajo extranjera", o sea los inmigrantes legales: en Francia, Alemania, los Países Bajos y Suecia —es decir, en países con diferentes regímenes laborales y políticas de nacionalización— era, en 1991, dos veces mayor que entre los ciudadanos nacionales; entre los extranjeros jóvenes esta cifra se triplicaba (Werner, 1993).

La limitada capacidad de absorción de los mercados de trabajo en los países de origen para un creciente número de fuerza de trabajo muy calificada es un detonador de los nuevos movimientos migratorios. Un nivel relativamente alto de educación no es garantía de que los "recursos humanos" serán empleados donde se hicieron inversiones públicas para su educación.[14] La estrategia de "recursos humanos" recomendada por todas las organizaciones internacionales de los países en vía de desarrollo no hace sino aumentar el potencial de migración. Migran prin-

[14] Un ejemplo de ello lo constituyen no sólo los médicos y científicos emigrados a Estados Unidos desde principios de los años setenta desde países como Filipinas, India, China y Corea. También muchos países de Latinoamérica y el Caribe han perdido hasta 20% de sus graduados universitarios debido a la emigración. Pero según cálculos de las Naciones Unidas las pérdidas de productividad ocasionadas por la migración repercutieron mucho más fuertemente en los países africanos; tan sólo entre 1985 y 1990 perdieron aproximadamente 60 mil gerentes mediana y altamente calificados (UNDP, 1994:75).

cipalmente jóvenes que disponen de un nivel de educación superior al promedio y que muy rara vez pertenecen a las clases sociales pobres. Su motivo de migración con frecuencia consiste en el "trabajo a cualquier precio" —aun cuando este precio sea una pérdida de estatus y prestigio, que se supone temporal, en la sociedad que los recibe— para poder encontrar a mediano plazo una ocupación adecuada a su estatus en su país de origen.

En los países a los que llegan, los migrantes no son ciudadanos políticos o de un estado social, sino ciudadanos económicos. Así crece, particularmente en los principales países capitalistas, una "clase baja no registrada" que busca ganarse la vida a la sombra de la economía formal y frente a "estándares de civilidad precarios y muy maltratados, si no es que suspendidos en su conjunto" (Offe, 1994:238). Excluidos de las acciones de redistribución del estado benefactor, se ven forzados a penetrar en las aberturas que ha creado el cambio estructural de los mercados de trabajo. Entonces son empujados al campo de los "malos trabajos". Así pues, la migración fortalece la presión de informalización sobre las relaciones laborales "normales" protegidas. La ilegalidad de muchos trabajadores migrantes, forzada por una rígida política de migración, favorece particularmente su inclusión a una zona de actividades económicas "encubiertas", al margen o fuera del mercado de trabajo formal. Los *pull factors* de la migración conducen, en una medida considerable, al sector informal.

En la Unión Europea, con la creación del mercado interior, por un lado se facilitó el libre tránsito de capital, mercancías, servicios y fuerza de trabajo (sobre todo la calificada).[15] Por otro, precisamente debido a la más fácil migración dentro de la UE, las "fronteras exteriores" (en el marco del Tratado de Schengen) se han vuelto todavía menos penetrables. Las "rutas de inmigración" que utilizan los migrantes son callejones sin salida. Con estas "reglas del juego" migrantes laborales de estados que no son miembros de la UE (y especialmente los que tampoco pertenecen a la OCDE) se convierten en "ilegales" al cruzar la frontera. En su insegura posición legal y económica se ven forzados a contentarse con posibilidades de laborar en la "zona gris" del mercado de trabajo.

Esto distingue a la gran masa de trabajadores migrantes de ese grupo de fuerza de trabajo cuya migración transfronteriza es no sólo políticamente deseada sino aun fomentada. Estamos hablando de los trabajadores "de cuello blanco", casi siempre de sexo masculino, que migran para obtener posiciones gerenciales y de expertos, bien remuneradas y legalmente aseguradas. Para ellos la migración temporal dentro de una empresa representa una medida *de obtención de calificación;* es

[15] Esto sucede gracias al reconocimiento transfronterizo de los certificados de formación profesional —con lo cual sobre todo quienes trabajan por su cuenta tienen la posibilidad de ofrecer sus servicios en toda la UE—, a programas de intercambio que fomentan la movilidad (como ERASMUS) de los estudiantes, pero, en última instancia, al derecho otorgado a las personas que no son económicamente activas (jubilados) a establecerse en cualquier estado miembro de la UE y a adquirir ahí bienes muebles.

prácticamente un paso para ascender en su carrera. Este tipo de migración no presenta mayores problemas de integración, pues, por un lado, los migrantes disponen de los necesarios conocimientos idiomáticos y, por otro, también en el extranjero se mueven dentro de una cultura que les es familiar (Salt, 1992; Wolter, 1997). Ambos tipos de migración tienen en común que casi siempre son de carácter temporal, no conducen necesariamente a una inmigración permanente y desembocan principalmente en el sector de prestación de servicios.

Pero a diferencia de los esperados "trabajadores migrantes" de saco y corbata, la masa de los migrantes laborales legales e ilegales debe contar con que sus calificaciones no van a ser revaluadas, sino más bien devaluadas. En la Unión Europea esto se aplica en una medida mucho mayor a las migrantes de sexo femenino (especialmente de Europa Central y Oriental y de Asia) que a los varones. La "feminización de la migración" (Castles y Miller, 1993:8) ha cambiado la imagen de la migración: el joven que llega, solo o con una familia a la que tiene que mantener, a una gran ciudad lejos de su patria, que ha abandonado para buscar una vida mejor, no corresponde ya al tipo ideal del migrante. Según datos del PNUD (1994:72) ya desde principios de los años ochenta más de la mitad de las personas que vivían en el extranjero eran mujeres. La mayor parte emigran solas, sin maridos ni hijos, a pesar de que muchas de ellas los tienen y los dejan, mientras dure su migración temporal o rotativa, al cuidado de parientes.[16] Igual que sucede entre los hombres migrantes, entre las mujeres también se encuentran muchas calificadas y muy calificadas. En sus países de origen con frecuencia trabajaban en mercados laborales segregados por género —en profesiones "típicamente femeninas", como enfermeras o maestras—, y también en los países a los que llegan figuran en un mercado de trabajo específico de género, casi siempre de trabajo informal.[17] Surgen campos de acción y regresan empleos que ya habían desaparecido con la revolución técnica y la democratización del estado benefactor: las criadas existen de nuevo. A diferencia de las sirvientas de principios del siglo XX las "nuevas perlas" no son jóvenes, solteras y sin calificación y, por lo general, tampoco están "bajadas del cerro", sino que frecuentemente se marcharon al país extraño con una educación escolar terminada y muchas veces incluso con una formación profesional calificada, dejando en no pocas ocasiones a sus hijos al cuidado de parientes en su país de origen y, ocasionalmente, incluso a un marido. En los países a los que las conduce su migración ayudan a hombres y mujeres de las clases medias altas a utilizar su

[16] Por lo general las "mujeres errantes" son muy jóvenes (entre 16 y 24 años) y no están casadas. Pero a las "megaciudades" de los países en vías de desarrollo, en las que desemboca un torrente migratorio mucho mayor que en las ricas metrópolis del "primer mundo", también llegan muchas mujeres mayores, que (ya) no pueden sufragar su manutención como viudas o mujeres solas en las regiones rurales de que proceden.

[17] En algunos países, especialmente en Filipinas, en Corea y Pakistán, la calificación de las enfermeras se da más para el mercado mundial que para el nacional; esto resulta evidente en las preguntas hechas en los exámenes y en los cuadros clínicos que son objeto de estudio (Ball, 1990, citado en Christopherson, 1994:115).

título profesional en el mercado de trabajo, al hacer en su lugar el trabajo de reproducción necesario, pero escasamente remunerado.

De esta manera se abre para un creciente número de mujeres de los países industrializados la posibilidad de recurrir al trabajo de reproducción barato y casi siempre sin protección legal de mujeres emigradas de países en vías de desarrollo y en transformación, de hacer "carrera en los límites de la etnicidad, la clase y el género" (Friese, 1995). Para las mujeres locales que cumplen con las calificaciones requeridas para salir del "gueto rosa" de las actividades de servicios de menor valor, pero que por consideración a la familia y los hijos se contentan con un trabajo de tiempo parcial, los segmentos superiores de los nuevos trabajos de servicios están vedados. Quien quiera ascender tiene que tener movilidad regional y ser flexible con su tiempo "como un hombre", tiene que documentar su disposición a recibir repetidamente capacitación profesional y estar siempre a disposición de la compañía cuando se le necesite. Si faltan las instalaciones públicas que la liberan de la carga del trabajo familiar y si, al mismo tiempo, la individualización de la vida privada dificulta un desplazamiento de las labores de reproducción al "eje generacional" en dirección a los padres y los abuelos, la comercialización de estas tareas se convierte en condición *sine qua non* para la creciente participación productiva de las mujeres.

Delegar partes del trabajo doméstico a inmigrantes desprotegidas y a trabajadoras errantes indica una nueva división internacional del trabajo entre mujeres de diferentes procedencias, etnias y generaciones y por lo tanto, al mismo tiempo, un proceso de modernización ambigua. Por un lado, en las migrantes ocurre un proceso de devaluación de la formación profesional femenina y de rebajamiento social, por otro, la liberación parcial del trabajo doméstico que experimentan las mujeres socialmente privilegiadas de Europa Occidental y Norteamérica les permite abrigar expectativas profesionales que de otra manera no tendrían. Ambos procesos se condicionan recíprocamente, dependen uno de otro y no carecen de riesgo para ambas partes. Pues el "arreglo sin protección" entre mujeres es todavía menos seguro que la seguridad que el matrimonio tradicional le garantizaba al marido —que gracias a la boda se liberaba prácticamente por el resto de su vida de realizar trabajos de reproducción—, y a la mujer, que, "a cambio", obtenía una seguridad social limitada. "Se está insinuando un cambio fundamental que, mientras ofrece una mayor igualdad entre los hombres y las mujeres de la clase media, produce una mayor inequidad entre las mujeres" (Friese, 1995:158). También en el siglo XIX las migrantes laborales rurales constituían una condición para la "liberación" de las mujeres burguesas de los trabajos de reproducción, quienes entonces podían ya dedicar su tiempo a la educación y la profesión y, al mismo tiempo, a la "institucionalización de las mujeres burguesas como educadoras de las doncellas". Así pues, la modernización de la vida privada y la realización de oportunidades profesionales que ofreció a las mujeres socialmente privilegiadas el cambio estructural de la economía y del empleo en las sociedades industrializadas occidentales, seguirá ligada —mientras el trabajo doméstico siga siendo una realidad femenina— a procesos históricos "que fueron descartados en la investigación como vestigios de la premodernidad", a la "formación de un personal de sirvientes del sexo femenino" (p. 160).

Mediante una sencilla reflexión se puede mostrar que esto no es así. En una población mayoritariamente vieja en los estados industrializados capitalistas las migrantes son empleadas en trabajos de reproducción, desde la educación de los niños hasta el cuidado de los ancianos. El mismo trabajo de educación y cuidado en los países de origen es realizado principalmente por las mujeres que viven ahí. Si se hace un balance "entre los rendimientos productivos y los costos reproductivos entre las migrantes", se dará uno cuenta de que el saldo "es considerablemente más positivo que entre la población local, cuyos costos reproductivos son pagados en parte por las inmigrantes" (Nauck, 1994:209). La diferencia entre modernización e ingresos entre el mundo desarrollado y el menos desarrollado y, por consiguiente, también la desigualdad social, es un recurso para reducir los costos de la seguridad social en los países que reciben a los inmigrantes. Pero la desigualdad existente entre los países de inmigración y los países de emigración es reforzada con la "nueva división del trabajo" en las labores de reproducción.

A diferencia de cómo se imaginan la migración los economistas neoclásicos, no se produce un equilibrio de ingresos entre los diferentes países y clases sociales. Los mecanismos de la "producción de desigualdad" (Narr y Schubert, 1994) se sirven de las divisiones sociales y económicas: entre ramas y grupos de capital, entre sectores formales e informales, calificados y poco calificados, hombres y mujeres, entre la fuerza de trabajo local y la extranjera. La globalización no ignora los mercados de trabajo, y produce ganadores y perdedores.

8

BLOQUES COMERCIALES ENTRE EL ESTADO NACIONAL Y EL MERCADO GLOBAL

La integración a espacios económicos regionales supranacionales (áreas de integración regional, AIR) fue poco actual en las primeras décadas tras la segunda guerra mundial, porque el sistema de los estados nacionales surgido después de los desórdenes de la guerra no precisaba una regionalización económica. La división del mundo en dos bloques era estructuración suficiente. El sistema monetario mundial fundado en 1944 en Bretton Woods disponía tipos de cambio fijos, de modo que era innecesaria la constitución de espacios monetarios regionales (como se haría posteriormente, después de 1979, con el sistema monetario europeo en el Viejo Continente). Cuando se ha fijado el precio de la moneda y, además, existen barreras de convertibilidad para los movimientos de capital —cuyo volumen parece verdaderamente ridículo si se los compara con las masas de los que se manejan hoy cotidianamente—, se evita, en esencia, la fatal competencia monetaria. La moneda mundial del dólar norteamericano era, hasta principios de los años sesenta, "tan buena como el oro", quizás aún mejor, pues las reservas de dólares, a diferencia del metal precioso, producían intereses y prácticamente no causaban costos. Estados Unidos era la nación más grande y también la más fuerte y competitiva, por eso el poder adquisitivo del dólar nunca estuvo en riesgo. El comercio mundial se expandió casi al doble de la producción mundial, de modo que la interdependencia económica aumentó en la "época dorada" del capitalismo aunque no existieran los bloques de integración. Paradójicamente, esas décadas del sistema monetario regulado, en las que se podía hablar con razón de la existencia de economías nacionales, constituyeron la época en que la integración global de los mercados transcurrió con el mayor dinamismo de los últimos cien años.

No obstante, el acuerdo del GATT de 1947 prevé reglamentaciones intermedias, en el plano entre espacios globales y estados nacionales. En el artículo XXIV del GATT se establece, en principio, la posibilidad de formar bloques económicos regionales, uniones arancelarias y zonas de libre comercio "por encima" del estado nacional tradicional y "por debajo" del mercado mundial. De esta manera se toma en cuenta la circunstancia histórica de que las naciones pueden unirse con lazos más o menos estrechos o aun coaligarse, y que la constelación de un número determinado de estados nacionales dentro de un sistema global no representa una masa inmodificable. La experiencia muestra que los estados nacionales no existen desde siempre ni para siempre dentro de sus respectivas fronteras. En 1871 Alemania fue unificada, a partir de un gran número de reinos y principados más o menos pequeños, para formar una nación y un espacio económico. Lo mismo pasó, aproximadamente al mismo tiempo, con Italia durante el *risorgimento.* Incluso Estados Unidos no surgió como nación unificada y como mercado común hasta después de una guerra civil. En los años posteriores a 1945 todavía se recordaban las fundaciones de estados hechas después de la primera guerra mundial, en el marco de la caída de los antiguos imperios (Austrohungría, el reino otomano, Rusia). Además, tras la segunda guerra mundial figuraba en el orden del día la "descolonización", es decir, la formación de nuevos estados independientes, y, por lo tanto, también de nuevas comunidades económicas. La lógica de estas coaliciones y uniones era, naturalmente, política; en la distinción hecha por la OCDE (1995c) ésta fue guiada por la política (y no por el mercado), en primer lugar. Con todo, muestra que no se debe partir de una reserva estatal de estados nacionales y de espacios económicos dentro del sistema global.

UN ESCALONAMIENTO DE PASOS A LA INTEGRACIÓN

¿De qué forma puede tener lugar la integración económica supranacional? En principio se puede distinguir un escalonamiento de posibles arreglos de integración: de 1] un acuerdo comercial preferente con aranceles preferenciales entre los miembros, pero que no son reducidos a cero, pasando por una 2] zona de libre comercio con una eliminación completa de aranceles entre los miembros, pero con diferentes aranceles exteriores; una 3] unión arancelaria que prevé, además de la eliminación completa de aranceles entre los países miembros, también una tarifa común para los aranceles exteriores, un 4] mercado común, en el que también se igualan las políticas económica, financiera, social y tributaria, una 5] unión monetaria, que se caracteriza por una moneda común o por tipos de cambio fijados de manera irrevocable entre las monedas de los países miembros, hasta llegar a la 6] unión política, que reproduce la soberanía interior y exterior del estado nacional en un plano supranacional dentro del bloque de integración regional (al respecto véase Balassa, 1962). Este escalonamiento, que de ninguna manera debe entenderse como una cadencia progresiva, es un ejemplo del efecto de las tendencias a la fractalización en el espacio global; las formas de reproducción de las sociedades se duplican en un nuevo plano según el principio de la autosemejanza. No son lo mismo en el plano supranacional que el espacio del estado nacional, pero tampoco son algo totalmente diferente.

Ahora bien, no es de ninguna manera seguro que los pasos a la integración se muevan hacia arriba según esta lógica ascendente de ir paso a paso. Se podría detener en un escalón, y también son concebibles los retrocesos. Una serie de arreglos de integración regional en el mundo aspira "únicamente" a obtener aranceles preferenciales o a formar zonas de libre comercio, otras (como la Comunidad Europea/Unión Europea) están más cercanas, desde el 1 de enero de 1999, al objetivo de la unión monetaria, e incluso al de la unión política. Pero podría ocurrir que el paso de la unión monetaria resulte muy incómodo si fracasa la unión política; así pues, el resultado de los pasos a la integración constituye, al mismo tiempo, su condición previa. En las condiciones de una competencia monetaria continuada y no regulada podría incluso ser muy difícil asegurar las condiciones del marco general de un mercado común, sobre todo porque se perdería la perspectiva de la estrecha colaboración y de la integración profunda, y porque los intereses nacionales o microrregionales (Cox, 1987) tendrían un mayor peso frente a los proyectos supranacionales. Frente a la lógica de una *integración inducida por el mercado* podría triunfar otra lógica: la de la *desintegración inducida por la política.* Por eso el escalonamiento no constituye un automatismo progresivo.

La unión arancelaria corresponde más a la "filosofía" del GATT que la zona de libre comercio, puesto que con su formación se constituye únicamente un espacio arancelario más grande, que puede utilizar de nuevo el principio del país más favorecido frente a terceros estados.

> Una unión arancelaria (con preferencias del 100%) crea una mayor área de comercio, elimina obstáculos para la competencia, posibilita un reparto más económico de los recursos y, por lo tanto, opera para incrementar la producción y mejorar los planes de vida. Por otro lado, un sistema preferencial (menos del 100%) conserva las barreras internas, obstruye la economía en la producción y limita el aumento del ingreso y la demanda [...] Una unión arancelaria conduce a la expansión del comercio sobre una base de multilateralidad y no discriminación; un sistema preferencial no (Clair Wilcox, citada en Bhagwati, 1993:25).

Por añadidura, se reduce el número de los actores en el sistema global, lo cual podría facilitar la negociación de reducciones arancelarias. "Y la integración en Europa más bien facilitó las negociaciones, no las dificultó. Estados Unidos pudo trata con la Unión Europea como una sola unidad porque ésta tenía una sola tarifa exterior (Melo y Panagariya, 1992:4). En una zona de libre comercio, por el contrario, los aranceles entre países miembros son reducidos o, en el mejor de los casos, eliminados totalmente después de un plazo de transición, pero se conservan los aranceles diferenciados frente a países que no son miembros de la zona de libre comercio. Ésta es probablemente la única solución viable para países que persiguen intereses comerciales, pero que presentan condiciones diferentes (como los países miembros del TLCAN).

En un reporte elaborado por Fritz Leutwiler para el GATT a fines de los años ochenta, entre los 69 tratados comerciales regionales —acordados entre 1948 y 1989— que se estudiaron, sólo cuatro acreditaron compatibilidad con el GATT. Los criterios del artículo XXIV del GATT son: no se pueden elevar las barreras comerciales a terceros países (art. XXIV, 5); las partes contratantes deben ser informadas ampliamente y sin tardanza sobre la formación de una unión arancelaria o una zona de libre comercio (art. XXIV, 7); las reglas comerciales restrictivas deben ser eli-

ESQUEMA 8.1. ESCALONAMIENTO DE LA INTEGRACIÓN REGIONAL

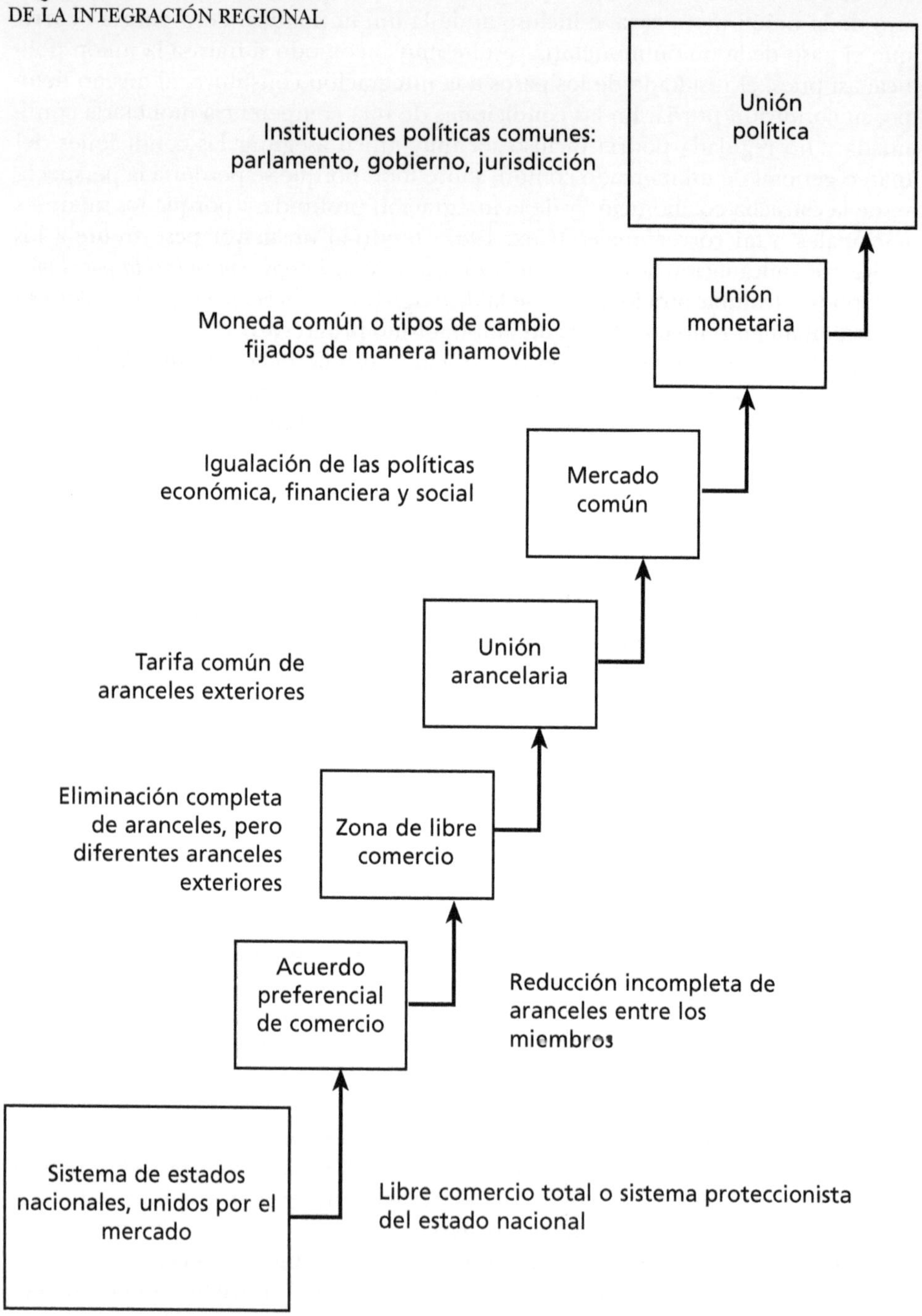

Unión política

Instituciones políticas comunes: parlamento, gobierno, jurisdicción

Unión monetaria

Moneda común o tipos de cambio fijados de manera inamovible

Mercado común

Igualación de las políticas económica, financiera y social

Unión arancelaria

Tarifa común de aranceles exteriores

Zona de libre comercio

Eliminación completa de aranceles, pero diferentes aranceles exteriores

Acuerdo preferencial de comercio

Reducción incompleta de aranceles entre los miembros

Sistema de estados nacionales, unidos por el mercado

Libre comercio total o sistema proteccionista del estado nacional minadas para "prácticamente todo el comercio" (cláusula de *substantially-all*) (art. XXIV, 8). Sin embargo también hay que tomar en cuenta el plazo en el que se realiza la preferencia del 100%; cuanto más largo sea, más será socavado, naturalmente, el artículo XXIV (véase también Bhagwati, 1993:27). Todas estas disposiciones no sólo eran vagas y difíciles de ponerse en operación; también eran políticamente imprácticas y no desempeñaban ningún papel importante *de facto.* En primer lugar, se mostró que las AIR exitosas, como la Comunidad Económica Europea, podían a aspirar a una existencia más larga y que, a pesar de la retórica del libre comercio, no se disolvían automáticamente en un orden global de libre comercio. Posteriormente, en el contexto de los tratados de la OMC y de la formación de bloques comerciales en los años noventa, se puso de moda la fórmula del "regionalismo abierto"; éste debía demostrar que las AIR de ninguna manera se oponían al principio del libre comercio de la OMC. En segundo lugar, la excepción debía valer primordialmente para países en vías de desarrollo. Pero el bloque comercial más exitoso surgió, de manera no precisamente sorpresiva, en la muy desarrollada Europa Occidental. En tercer lugar, a pesar de que no se dice nada explícito al respecto en el acuerdo del GATT, la unión arancelaria debía constituir la excepción en el orden global de libre comercio. Pero en los años sesenta se constituyeron, sobre todo, zonas de libre comercio. Así pues, en la historia de la posguerra del comercio mundial se mostró muy pronto que la excepción se convirtió en regla.

LA "PRIMERA OLA" DE LA FORMACIÓN REGIONAL DE BLOQUES O LAS DIFERENTES CAUSAS DE LAS COALICIONES REGIONALES

Irónicamente, el artículo XXIV del GATT fue introducido por iniciativa de Líbano y Siria, es decir, de países que nunca en la historia tuvieron la posibilidad de formar una unión comercial exitosa y que tampoco se habrían de unir nunca políticamente, si no se califica de unión el cuasi protectorado que Siria ejerce sobre Líbano desde 1992. Al cerrar el acuerdo del GATT, seguramente a nadie se le ocurrió que bajo su gobierno se pudieran extender formaciones tan poderosas como la Comunidad Económica Europea (que después sería la Comunidad Europea y, desde 1993, la Unión Europea); más bien se había pensado en regiones comerciales "naturales", como los países del Benelux o, efectivamente, Siria y Líbano. Pero después el artículo XXIV se utilizaría para justificar la formación de bloques económicos regionales en Europa, África y Latinoamérica (en Asia sería después que se constituyeran las AIR): como excepción a la regla del libre comercio arraigada en el sistema monetario y comercial.

Esto dio pie a la pregunta de qué es en realidad una región y cuáles son los estímulos que contribuyen a la integración regional. En un estudio de la OMC

(1995c), se hace la distinción entre la integración inducida por el mercado y la inducida por la política. No obstante, esta distinción resulta demasiado burda. Originalmente los creadores del GATT concibieron una región comercial como una coalición de uno u otro tipo entre estados vecinos. Entonces, la *cercanía geográfica* podía ser una *primera* razón, que en el caso de Líbano y Siria parece tan convincente y, sin embargo, resulta prácticamente irrelevante, sobre todo si se toma en cuenta que, en el marco de la globalización, las distancias tienen una importancia cada vez menor. Ahora bien, en segundo lugar, ya durante el proceso de integración de la Unión Europea, los cálculos políticos desempeñaron un papel importante (por lo menos durante la guerra fría), del mismo modo que en las coaliciones regionales del siglo XIX. Esto no es sorprendente, porque en tanto que el estado nacional sea el actor decisivo en la economía mundial, la creación de unidades regionales constituirá un proyecto político de primera importancia, eventualmente en contra de la lógica económica.[1]

En el caso de la unificación europea (occidental), en tercer lugar, los estímulos económicos —intensificación de las relaciones comerciales, inversiones directas, procesos transnacionales de concentración, cooperación tecnológica, etc.— desencadenaron un impulso más significativo de lo que frecuentemente se cree. Los procesos transnacionales de concentración de capital, ejecutados en toda Europa, la intensificación de las relaciones comerciales entre los países, las estrategias para utilizar las economías de escala, la asignación de órdenes en toda Europa, etc., han desempeñado un papel esencial en el reforzamiento de los impulsos "inducidos por el mercado" de la unificación.

Pero mientras tanto, en las condiciones de las competencias monetarias, la defensa de la estabilidad de las monedas se ha convertido en un objetivo político-económico de la mayor prioridad. La formación de bloques regionales se da, en cuarto lugar, para tener mejores oportunidades en la competencia monetaria global de alcanzar una "comunidad estable". No son la cercanía geográfica o los proyectos políticos y las relaciones económicas (reales) los que resultan decisivos, sino la oportunidad de mejorar las condiciones de la estabilidad *monetaria.*

¿Qué es una región? [...] Me parece que están cambiando los componentes de la definición. En el pasado una región se definía geográficamente. La vecindad era importante [...] tenía que ver con elementos socioculturales en común. Pero hoy se añaden nuevos componentes,

[1] Éste fue, sin duda alguna, el caso de la unificación alemana en 1990. La integración económica de la entonces todavía existente RDA al espacio monetario del marco alemán fue únicamente un medio para alcanzar una meta política: la unificación de ambos estados alemanes bajo la conducción alemana occidental. Entre tanto, la desestimación de la lógica económica de la integración ha demostrado ser sumamente costosa. Sin embargo, durante el proceso se cometieron tantos errores innecesarios, y precisamente por parte de quienes representaron con entusiasmo la meta política, que parece justificado preguntarse si la "tarea nacional" de la unificación no fue usada de manera consciente para obtener ventajas políticas totalmente particulares.

como el que menciona Marfán: la estabilidad macroeconómica. Pienso que este cambio en la definición de una región es importante (Aninat, en Teunissen, 1995:26-27).[2]

No obstante, las condiciones para la estabilidad monetaria han cambiado. En el combate a la inflación galopante que se desató en los años ochenta en algunos países de Latinoamérica las coaliciones regionales podían ser de ayuda: en la solución colectiva del problema colectivo del alto endeudamiento externo, en el cambio de los conceptos político-económicos de la industrialización para sustituir importaciones a conceptos de competitividad sistémica, en tratados comerciales y financieros en los que países asociados regionalmente podían tener un peso mucho mayor que cada uno en forma individual. Pero en la segunda mitad de los años noventa las crisis financieras globales hicieron evidente que tampoco los bloques regionales pueden disminuir su efecto devastador, pues siempre se ven afectadas monedas individuales que están bajo la presión de la fuga de capitales y la especulación. Como consecuencia de la devaluación de la moneda afectada por la crisis, en un bloque comercial regional cambian las condiciones internas de intercambio entre el comercio y la circulación de capital. Ésta es una fuerza explosiva prácticamente imposible de controlar para las relaciones de mercado en un bloque económico regional y que, en un caso extremo, puede destruir la alianza integrada. El otro caso extremo sería la unión monetaria. Es decir que bajo la amenaza de las crisis financieras globales no se darían los pasos a la integración, sino que sólo existiría la alternativa de la defensa del propio espacio monetario frente a los ataques especulativos o bien el gran paso hacia la unión monetaria. Pero cuando varias monedas blandas acuerdan un denominador común, éste no será más duro que sus elementos constitutivos. Con esto queda claro que los estímulos, los motivos, y seguramente también la dinámica de la regionalización, son influidos por las condiciones históricas en que se llevan a cabo. Y más aún: si se quiere entender la regionalización hay que desprenderse de la idea fácil de la cercanía geográfica como el factor de mayor importancia en la formación de bloques regionales.

El artículo XXIV del GATT siempre ha sido objeto de fuertes controversias. Un argumento pretende que el libre comercio sólo es concebible en dos constelaciones diferentes: en una economía global sin frontera alguna, con tantos actores igualmente fuertes entre sí como sea posible, o con un bloque comercial muy grande que, de ser posible, abarque la economía mundial: libre comercio de las empresas en las fronteras de un estado mundial. Inmediatamente se nota que esta idea ha sido apadrinada por el modelo del mercado polipólico, y que ambas alternativas resultan ser aparentes. Según esta argumentación el comercio global es menos libre

[2] Ésta es la reproducción de la charla de pasillo sostenida en un seminario sobre Regionalismo y Economía Global. El Caso de Latinoamérica y el Caribe, organizado por el Forum on Debt and Development (Fondad) con apoyo de la CEPAL, en marzo de 1995 (Teunissen, 1995). Augusto Aninat es un empresario chileno, Manuel Marfán es (1995) el viceministro de Finanzas de Chile.

cuando se forman pocos bloques económicos. Finalmente, esto se asemeja a la estructura oligopólica de los mercados, cuyos errores distributivos conocemos por la teoría de los mercados. Paul Krugman argumentó que el comercio mundial es menos libre y, por lo tanto, los efectos positivos para la prosperidad de las naciones son ínfimos o aun negativos cuando el mercado mundial se divide en tres bloques (según Melo y Panagariya, 1992:7). Es decir que la "triadización", de la que ya se habló, constituye el peor de los escenarios posibles. Ahora bien, cabe preguntarse inmediatamente cómo pudo ser posible que la variante peor evaluada por la teoría se haya convertido, en las décadas posteriores a la segunda guerra mundial, en la más poderosa de la historia. Por lo visto en la geoeconomía, precisamente en las condiciones del libre comercio, operan fuerzas que socavan sus bases. Por eso Hobsbawm tiene razón al concluir que el "libre comercio global, por lo general, es observado menos críticamente por los economistas que por los historiadores de la economía" (Hobsbawm, 1995:703).

Jacob Viner (1950) propuso ya en 1950 juzgar a las AIR según fueran "creadoras de comercio" o "desviadoras de comercio". En el primer caso las objeciones contra la formación de bloques económicos regionales podrían acallarse fácilmente; en el segundo caso las zonas de preferencias dentro de un bloque económico regional o las murallas arancelarias a su alrededor debían ser eliminadas lo más pronto posible. Tras esta distinción, que aún se utiliza actualmente para evaluar las AIR, se adivina la poderosa figura de Adam Smith, quien sigue exclamando, igual que hace 200 años: cuanto más comercio, más profunda la división del trabajo, mayor la productividad laboral, mayor la prosperidad de las naciones, y viceversa. Los factores que influyen sobre el comercio dentro de las AIR y de éstas con terceros *(trade creating factors)* son, en principio: 1] el monto de los aranceles antes de formar el bloque comercial; cuanto más altos fueran antes los aranceles y, por lo tanto, más significativa su eliminación, mayor será el potencial de la expansión del comercio. Después, naturalmente, desempeña un papel 2] hasta qué punto los países que constituyen un bloque comercial efectivamente tienen la capacidad de elevar la complementaridad y la complejidad de la división del trabajo por medio del comercio, para aumentar la prosperidad con los progresos en la productividad. Y aquí nos enfrentamos de nuevo con el problema ya discutido de que aumenten las posibilidades de que se intensifique el comercio junto con el grado de industrialización. Los países productores de materias primas pueden coaligarse en un bloque económico y no por eso producir un efecto positivo sobre el volumen de su comercio y la profundidad de su división del trabajo. ¿Por qué habrían de intercambiar soya entre sí los productores de soya? Esto sólo tiene sentido cuando la materia prima ha sido transformada en productos industriales con una muy alta diversificación. Por último, desempeña un papel muy importante 3] la tarifa de aranceles exteriores. Cuanto más baja sea ésta, menos podría ser desviado el comercio, según los supuestos de la doctrina del libre comercio. Pero, por lo general, pueden aparecer ambos efectos —la desviación y la expansión del comercio— y sería muy difícil cuantificarlos y aislarlos.

ESQUEMA 8.2. INTEGRACIÓN *DE FACTO, DE JURE* Y *DE CONSENSU*

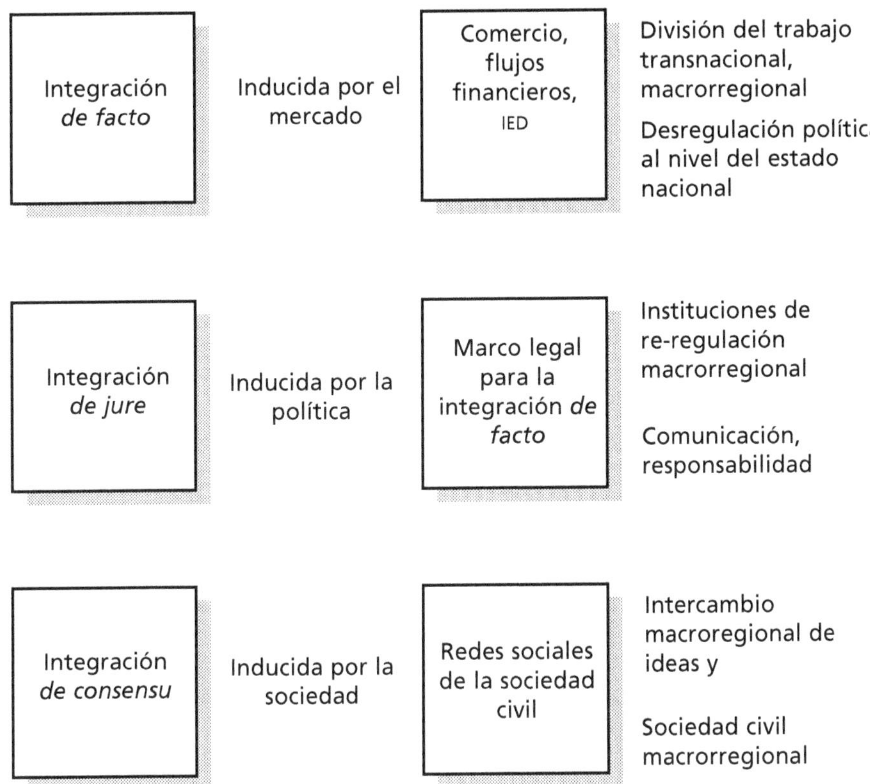

Las razones para la formación de la Comunidad Económica Europea, en el año de 1957, fueron en un principio de naturaleza política, es decir, constituir un bloque económico y político frente al "emplazamiento socialista", aislado tras la "cortina de hierro", e integrar en él políticamente a Alemania Occidental, partiendo de lo económico. Así pues, la integración europea fue, en primer lugar, un caso de "integración políticamente inducida". Pero, sorprendentemente, la creación de la Comunidad Económica Europea desencadenó, en los años sesenta, en África y Latinoamérica, una "primer ola de integración regional" (Anderson y Blackhurst, 1993). "Varias tentativas de integración regional se inspiraron en la experiencia de la Unión Europea, el grupo de países económicamente mejor integrados en el mundo" (IMF, 1994b:96). Surgieron entonces una serie de AIR que, no obstante, tuvieron poco éxito en los años siguientes, si se adopta como criterio el aumento del comercio intrabloque y la importancia en el comercio mundial. Pero esto sólo tiene sentido hacerlo cuando se trata de procesos *inducidos por el mercado;* los pasos de una integración *políticamente inducida* también se miden por el grado de la institucionalización de los procesos de decisiones, en la formación de una "conciencia colectiva", en la dimensión de los contactos por encima de las fronteras, y también en qué medida una AIR es percibida como una unidad por terceros y desde el exterior. Contemplada desde esta perspectiva la "fortaleza de Europa" es la expresión de un alto grado de integración económica, política y también cultural, que otras AIR no han logrado alcanzar. La relación de los diferentes planos de integración se esboza en el esquema 8.2. La integración inducida por el mercado ocurre como una mera integración negativa mediante la expansión de los mercados y la desregulación (eliminación de aranceles).

La integración negativa en este sentido es la característica principal de la globalización. Pero la integración positiva demanda esfuerzos políticos y el establecimiento de instituciones para el acuerdo de la regulación, necesaria en un espacio mayor de integración. Asimismo, la sociedad queda incluida en el proceso de integración, en la "integración *de consensu*".

Sin embargo, este proceso está lleno de condiciones. En un principio se limita a las élites de los países que participan en la integración. Pero en el ejemplo de la Unión Europea se puede estudiar cómo puede abarcar también los círculos de la sociedad civil.

Las razones para el éxito o el fracaso de la integración *económica* son múltiples y tienen que ver con el nivel y las estrategias de desarrollo de los países participantes. En primer lugar, mientras la división del trabajo intraindustrial esté poco desarrollada —si por ejemplo, como en muchos países del tercer mundo, 90% y más del comercio exterior se hace con una o pocas materias primas—, tiene poco sentido coaligarse en un bloque regional. También si, en segundo lugar, se sigue una estrategia de industrialización para sustituir importaciones, la formación de bloques regionales resulta una opción poco rentable, pues esencialmente se trata de movilizar las fuerzas del mercado interno por medio del "estado de desarrollo". Incluso en Latinoamérica, donde en el marco del Acuerdo de Libre Comercio para Latinoamérica (ALALC) se trató de estimular la industrialización para sustituir importaciones por medio de la expansión regional del mercado, este planteamiento fracasó. Por eso la primera lección es sencilla y clara: la expansión regional del mercado mediante una zona de libre comercio o una unión arancelaria sólo traerá beneficios si están garantizadas las condiciones materiales para profundizar la división del trabajo, es decir, cuando se haya alcanzado un mínimo de especialización intraindustrial y haya perspectivas de seguir desarrollándola. Querer alcanzar metas de la política de desarrollo por medio de la creación de bloques económicos regionales es ilusorio. Para ello, y según la constelación histórica, la combinación de factores y el grado de desarrollo ya alcanzado, siempre resultará mucho más adecuada una estrategia de libre comercio o el proteccionismo de la economía nacional.

La intensidad y la diversificación del intercambio entre países industrializados son mayores que entre países menos desarrollados. Esto se ve confirmado por las cuentas del comercio intrabloque en el llamado tercer mundo; la integración política y comercial muestra incluso, en las décadas pasadas, una tendencia decreciente en algunas AIR. Constituye una excepción la ASEAN/AFTA, pero esto no se debe tanto a la integración regional formal como a la enorme dinámica del crecimiento económico y del comercio internacional en la región hasta mediados de los años noventa. Se trata de un claro caso de integración inducida por el mercado, aun cuando la ASEAN se formó en los años sesenta como una alianza política para impedir el "efecto dominó" durante la guerra de Vietnam. Como sucedió en la economía mundial durante la "época de oro" de los años cincuenta y sesenta, también en el sureste asiático se intensifican las relaciones comerciales. Ahora bien, si se excluye el comercio de Singapur, el monto del comercio intrabloque en ASEAN/AFTA también disminuye considerablemente, a un nada espectacular, más bien decepcionante, 3 a 4%. Sólo aproximadamente 0.4% del comercio intrarregional se puede adjudicar a la introducción del sistema de aranceles preferenciales (Blomquist, 1993:59). La crisis financiera de los grandes países de la ASEAN y la presión sin concesiones de obtener excedentes en la balanza comercial obliga a todos los países a encontrar clientes en otras regiones del mundo. Si se reducen las importaciones de los países afectados por la crisis financiera, se produce un efecto negativo para la integración regional. Por supuesto, en la crisis financiera se muestra también lo útiles que resultan las instituciones regionales, ya que facilitan el intercambio por medio de conceptos en contra de la crisis y de comportamientos acordados en parte.

También las AIR africanas ECOWAS, CEAO y UDEAC han podido elevar ligeramente la proporción del comercio intrabloque desde 1960. No obstante, en conjunto éste resulta irrelevante, y en el bajo nivel del comercio de los países participantes asciende apenas a 10 o 12% del comercio exterior en su totalidad. En Latinoamérica la "primera ola" de la integración regional del comercio intrabloque se desarrolló muy aceleradamente, pero en las décadas siguientes se redujo hasta llegar a ser casi intrascendente. No es de extrañar entonces que, dado este desarrollo, y a causa de las decepciones con el proyecto de industrialización para sustituir importaciones, se apueste al libre comercio global o bien se dé un nuevo impulso en una "segunda ola" de la formación de bloques regionales. Esta última opción resulta más natural, porque la importancia de casi todas las regiones del tercer mundo en la economía mundial, medida en la participación de su comercio exterior en las exportaciones mundiales, ha disminuido.

Esto se aplica especialmente al continente africano, cuya participación en el comercio mundial se ha reducido a más de la mitad en las décadas pasadas. África, como se dice a veces cínica y a veces melancólicamente, se ha desacoplado "a la fuerza" de la economía mundial. Aquí se están haciendo valer las ya discutidas tendencias de la *fragmentación* y, más aún, de la *exclusión*. Resulta evidente que la formación de AIR en el caso de África no se originó únicamente como una protección frente a las influencias del mercado mundial, sino asimismo como una forma de intensificar el comercio, que también se puede lograr sin disponer de una moneda mundial. Así pues, aquí desempeñan un papel decisivo las tendencias del ya discutido comercio recíproco y del intercambio de productos sin intervención del dinero. La participación del contrabando y de los negocios ilegales y semilegales en las relaciones comerciales entre los países es muy difícil de calcular, pero debe ser muy alta, como por cierto lo es también en el caso de Latinoamérica. Por eso los datos oficiales proporcionan una imagen demasiado borrosa de la integración real, pero ésta sigue otras reglas que las previstas para las AIR, es decir, las del *mercado informal.* Esto significa que, en condiciones de un débil desarrollo económico, la integración inducida por el mercado refuerza principalmente las relaciones económicas informales, que no se pueden registrar con exactitud ni tampoco controlar políticamente con facilidad.

El escalonamiento de la integración se puede modificar con base en la experiencia. En América Latina los rendimientos por la integración esperados con la ALALC se corrigieron, reduciéndolos, en los años ochenta. Las esperanzas de que la industrialización por sustitución de importaciones produjera efectos sinérgicos si se formaba una región más grande se vieron defraudadas. Hay para ello muchos motivos, tanto políticos como económicos, pues también los procesos de desintegración pueden ser inducidos por la política o el mercado. Los países latinoamericanos (con pocas excepciones: México, Venezuela, Costa Rica) padecieron en los años setenta dictaduras militares. Éstas, ya de suyo, están cerradas ideológicamente a las tendencias transnacionales de integración; por eso, en un "estado burocrático autoritario" (O'Donnell, 1979) más bien seguirán el patrón tradicional del desarrollo nacional (como por ejemplo Brasil) o el de un régimen de libre comercio impuesto brutalmente (como en Chile) antes que fomentar procesos de integración regional, que con todo seguridad escaparían a su control político y, por lo tanto, socavarían su dominio sobre el territorio del estado nacional. En la organización que sucedió a la ALALC, la LAIA, sólo se pretendió alcanzar medidas político-económicas de coordinación entre los países participantes. Los planteamientos de la integración regional sólo se siguieron a fines de la "década neoliberal" de los ochenta, cuando los caminos nacionales de las dictaduras militares ya habían mostrado ser obsoletos y se había consumado la transición a los sistemas democráticos, y cuando, además, había resultado evidente que la apertura desprotegida al mercado mundial —aun cuando se la hubiera fundamentado con planes de ajuste estructural del FMI— provoca gravísimos problemas políticos y económicos, pues no se puede eliminar el desempleo, reducir eficazmente la deuda externa ni controlar la inflación. La integración supranacional puede —o por lo menos ésa es la esperanza— crear esos mercados intermedios, ubicados entre los mercados nacionales aislados frente a los imperativos de la innovación y un mercado mundial dominado por los países industrializados, es decir, no abierto, sino "cerrado". Es loable la intención de mostrar por medio de la regionalización el anhelado aumento de la competitividad con productos industriales comercializables en el mercado mundial. Pero este regionalismo abierto se topa con un mapa mundial en el que resulta muy difícil orientarse. No sólo se crean bloques comerciales y económicos "por debajo" de la comercialización, sino también redes empresariales transversales que abarcan al mundo entero, que se han fusionado en parte gracias a los duros miles de millones de las megafusiones (véase el capítulo 6). Así pues, el mercado mundial está estructurado y dominado por conglomerados de poder económico que dejan poco margen de acción para que los "pequeños" realicen su loable aspiración de crear estructuras de producción para la competitividad sistémica.

UNA "SEGUNDA OLA" DE FORMACIÓN DE BLOQUES REGIONALES DESDE LOS AÑOS OCHENTA

Entonces, en los años ochenta se inicia una llamada "segunda ola de la formación de bloques regionales". Ésta es desatada por los progresos en la integración de Europa Occidental, tras haber superado un periodo de estancamiento durante los años setenta. De nuevo resulta evidente que Europa Occidental sigue siendo un centro de comercio mundial en la segunda mitad del siglo XX y muestra, por añadidura, que la retórica del libre comercio es buena y bonita, pero que un bloque económico que funcione medianamente bien es mejor y más bonito. La fuerza de gravedad, medida en una participación europea occidental de aproximadamente 40% en el comercio mundial, obliga a hacer ajustes. Los estándares del libre comercio son establecidos en la "competencia de la tríada", en la que Europa Occidental tiene mucho qué decir. La simultaneidad de la ampliación y la profundización de la integración europea occidental es la que invita a que la imiten otras regiones del mundo. En los años ochenta se lleva a cabo, en primer lugar, la ampliación hacia el Sur, cuando Grecia, España y Portugal se suman a la Comunidad Europea, y, en segundo lugar, se logra la profundización de la integración, primero con el sistema monetario europeo, de 1979, y después con la aprobación del Acta de Europa Unificada y con la intención declarada de crear un mercado común y una unión monetaria (Tratado de Maastricht de 1991 y de Amsterdam de 1996) antes de que terminara el siglo XX (al respecto véase Altvater y Mahnkopf, 1993, quienes se ocupan ampliamente del tema).

La integración europea puede haber sido el detonante de la formación de AIR en otras partes del mundo, pero no puede explicarla. Las causas para las tentativas de integración regional económica en todas las regiones del mundo son totalmente diferentes a las que se dieron en los años sesenta. Mientras que hace tres años tuvieron lugar durante el clímax de la confrontación de bloques entre el Oeste "libre" y el Este "socialista real", en una fase del dinámico desarrollo económico bajo la incontestable hegemonía norteamericana, en los años ochenta y noventa representaron la respuesta a los retos de una crisis estructural global y a la agudización de la competencia global, fomentada por las inestabilidades extremas del sistema financiero. En los noventa se añade a esto que el efecto equilibrador de la bipolaridad en el mundo desaparece con el colapso del emplazamiento socialista y que, por lo tanto, los principios capitalistas pueden alcanzar una efectividad inmoderada. Por así decirlo, el capitalismo se puede presentar sin maquillaje a los pueblos. No hay una "competencia entre sistemas" que obligue a ofrecer prestaciones en la política social que, como expuso Shonfield, le ponían límite a la "inquietud" del mercado (Shonfield, 1968:76). En lugar de eso se ha agudizado la competencia con los costos salariales unitarios; la "inquietud" de los aumentos de productividad y la reducción de los costos laborales y de las prestaciones sociales son considerables. Así pues, las dimensiones de los cambios estructurales globales son variadas, pero observemos sus efectos individuales sobre las tendencias a la integración regional económica.

El fin de la confrontación de bloques

En primer lugar se deben mencionar el fin de la confrontación de bloques y la disolución del "emplazamiento socialista real" a partir de 1989, pero ya habían sido introducidas por la perestroika de Gorbachov a partir de 1985. La situación política y económica del mundo se modifica desde sus fundamentos; por primera vez en la historia cada palmo de tierra está incluido en el mercado mundial (capitalista). Después que desapareciera el "Consejo para la Ayuda Económica Recíproca"[3] prácticamente sin hacer ruido, Europa, Central y Oriental, que se había encerrado de manera casi hermética durante décadas, se convirtió de la noche a la mañana en una de las regiones comerciales más abiertas que existían en la economía mundial (IMF, 1994). Por primera vez en la historia todas las formas funcionales del capitalismo —mercancías, capital productivo, finanzas y trabajo— constituyen el mercado mundial, que abarca todas las regiones con sus redes de intercambio. No existen excepciones, no existe un "bloque rojo" ante cuyos muros termine el mercado mundial "libre". La globalidad funcional coincide con la globalidad geográfica. Los principios universales de la sociedad burguesa capitalista, según la norma ideal, pueden, por primera vez en su historia de quinientos años desde los grandes descubrimientos, proclamar su validez universal de manera real y práctica. Esto se hace evidente también en el discurso del "nuevo orden mundial", en las grandes conferencias de la ONU sobre los derechos humanos (Viena, 1993), la situación social de las personas (Copenhague, 1995), el estado del medio ambiente global (Río de Janeiro, 1992), los derechos de las mujeres (Pekín, 1995), las cuestiones sobre el desarrollo de la población (Estambul, 1994). Pero resulta que, con la realización

[3] Y en realidad se trataba también de un bloque económico regional, pero que no se había conformado como un subsistema de la economía mundial sino como su alternativa. El CAER debía coordinar los planes nacionales de manera internacional. Pero esta intención fue problemática desde el principio, puesto que su realización dependía de precios de compensación dentro de la RGW que nunca coincidían, y que por lo tanto entraban en conflicto con los precios del mercado mundial.

de la demanda de un nuevo orden mundial, alcanzado por medio de su expansión geográfica por todo el planeta, y como consecuencia de la apertura política de todos los espacios, esta norma vuelve a ser cuestionada, por ejemplo, por las interpretaciones fundamentalistas del mundo, que de ninguna manera provienen sólo del ámbito cultural islámico sino también de los seminario de la Universidad de Chicago, donde los listos Chicago Boys aprenden su fundamentalista ideología neoliberal.

Así pues, con la desaparición de la "alternativa socialista" se pierde por completo la visión de una alternativa global. Y no que ésta hubiera sido alguna vez realista o deseable en la forma en que se presentó como "socialismo real", pero sí inauguró un espacio de acción para proyectos alternativos, para una formación sociopolítica de la dinámica capitalista. La existencia del "emplazamiento socialista" ofreció a países individuales la oportunidad de explorar estrategias de la no alianza y la autodependencia, de buscar socialismos "africanos", "latinaomericanos" o "asiáticos".[4] El debate en torno al "fin de la historia" muestra con toda claridad la gran importancia que la existencia del "socialismo real" tuvo en el mundo burgués capitalista: el recuerdo de que, más allá del mercado, pueden existir, por supuesto, caminos de desarrollo alternativos, que entonces la historia está abierta y no se ha "terminado", que el presente no sólo tiene un pasado, sino también un futuro.

El impulso de la globalización, fortalecido por el fin del socialismo real y que de ninguna manera tiene como resultado la aceptación sin alternativa del principio global de libre comercio, es el que desencadena una reacción contraria. Uno de los movimientos en contra de la globalización inmoderada lo constituye la formación regional de bloques. En los estados de Europa Central y Oriental, los países más afectados por la disolución del socialismo real, comienza de inmediato la búsqueda de caminos que permitan alcanzar de la manera más rápida posible y sin complicaciones el ingreso en la Unión Europea, que domina hegemónicamente toda Europa. Entre tanto, forman sus propias AIR, como la CEFTA de los países que celebraron este acuerdo en la localidad de Visegrad.[5] También son revividas viejas tradiciones de espacios de integración, como por ejemplo, en Asia, las ya muy añejas formas de cooperación practicadas a lo largo de la antigua ruta de la seda (al respecto véase Dieter, 1996). Pero no sólo el ejemplo de Europa Central y Oriental muestra que el mercado global, liberado tras el fin de la confrontación de bloques, no se topa ya con los obstáculos de los estándares sociales y las fronteras políticas, por lo que debe moderársele de nuevas maneras, a falta de una mejor alternativa, posiblemente por medio de la formación de AIR.

[4] Estas alternativas casi siempre desacreditaban los conceptos socialistas de Marx y Engels o de los representantes de un "marxismo occidental" más bien libertario. No obstante, eran imprescindibles en el sistema de los *checks and balances* globales y, por ello, tenían una importancia considerable para el desarrollo del sistema global.

[5] Se trata de Polonia, Hungría, las repúblicas Checa y Eslovaca, Bulgaria y Eslovenia. CEFTA es el acrónimo de Central European Free Trade Area.

La crisis de hegemonía de Estados Unidos

En segundo lugar se debe señalar el papel diferente de Estados Unidos en la economía mundial. Mientras creciera la economía, estuviera asegurado el suministro de energía y de materias primas, los tipos de cambio permitieran balanzas de cuentas corrientes de los socios comerciales equilibradas por encima de los ciclos normales y las relaciones crediticias internacionales financiaran inversiones productivas y el comercio mundial, en lugar de bloquearlo como en el transcurso de la crisis de endeudamiento de los años ochenta, era fácil para Estados Unidos ofrecer la imagen modelo de un país e interceder a favor de la liberalización del comercio mundial. Esto es en interés de todos los participantes mientras el mercado mundial se expanda más dinámicamente que la producción mundial, sobre todo si las relaciones monetarias se han reglamentado de manera más o menos estable, como en el sistema de Bretton Woods (al respecto véanse las páginas 134-137). Todos pueden participar en el sistema de gratificaciones, aunque nunca de manera regular ni simultánea, por lo que siempre existen conflictos. Dan fe de ello las diversas rondas arancelarias en el marco del GATT, y también la institución de la UNCTAD a principios de los años sesenta, porque los países "sin bloque", conscientes de sí mismos, requerían para el diálogo sobre la política económica y de desarrollo una institución que, a diferencia del GATT, no estuviera bajo la férula de los países industrializados.

Si se juega un juego de suma positiva, la potencia hegemónica puede hacerse de una ventaja de *seignorage:* la moneda nacional es, al mismo tiempo, moneda mundial y, por lo tanto, medio de compra internacional. Las empresas norteamericanas pueden poner en circulación sin intereses dinero del banco central y financiar de esta manera documentos que producen intereses (por ejemplo inversiones de cartera) e inversiones que produzcan ganancias (inversiones directas). Éste es un negocio floreciente. La doble función del dólar como moneda nacional y mundial permite a Estados Unidos "producir" o "emitir" derechos al producto de valor de otras economías por medio de la generación de dinero y crédito; de esta manera pueden financiar la exportación de capital, como lo hicieron hasta los años setenta, y pagar así la transnacionalización de las empresas norteamericanas. Pero también se puede permitir un enorme déficit en la balanza comercial, sin tener que temer la insolvencia, como en los años setenta y ochenta, o construir una montaña de deuda externa de alrededor de 700 mil millones de dólares sin tener que temer el servicio de la deuda, como en los años ochenta y noventa. Porque pueden desvalorizar esta cantidad frente a las monedas acreedoras más importantes por medio de una devaluación de la moneda, como sucede desde 1988. Con la devaluación del dólar, ingresos dinerarios que habían sido formados en Estados Unidos por inversionistas provenientes de las áreas monetarias del yen o del marco alemán son recortados considerablemente o inmovilizados, puesto que la retransferencia al área monetaria propia acarrearía pérdidas irremisiblemente altas por el tipo de cambio, contra las que incluso el aseguramiento en el mercado de derivados poco puede hacer. A diferencia de los países del tercer mundo, Estados Unidos se puede endeudar con el extranjero; no tiene que adquirir primero la divisa dura con la que pueda cumplir el servicio de la deuda ni, para lograrlo, producir excedentes en la balanza comercial (con lo cual se estimula la inflación) o conseguir la certificación del FMI para obtener nuevos créditos. No obstante, las opciones de Estados Unidos sólo se mantienen abiertas mientras el dólar sea verdaderamente aceptado como moneda mundial, en la que se denominan los contratos internacionales. Si el dólar pierde su función de moneda mundial frente a otras monedas (el yen, el marco alemán o el euro), entonces Estados Unidos pierde su posibilidad de adquirir ventajas de *seignorage*. Por eso las instancias de la política monetaria y fiscal se balancean sobre el filo de la opción de devaluación, que significa desembarazarse de la deuda, y los intentos de asegurar el dólar, que mantiene la ventaja de *seignorage* de la moneda hegemónica y que estabiliza al sistema en su conjunto.

Esta política es difícil. Pero una cosa es segura: la economía norteamericana aún presenta el nivel de productividad más elevado en promedio (en la medida en que realmente se pueden comparar los niveles de productividad de la economía en su conjunto), pero la distancia con las economías competidoras ha disminuido en las últimas décadas. Esto tiene como consecuencia que la consolidación del valor del dólar norteamericano no proceda de su productividad superior y, por lo tanto, mayor competitividad en el "sistema del trabajo universal" (Marx) creado en el mercado mundial por el comercio mundial, sino que deba ser producida por medios monetarios: mediante tasas de interés reales comparativamente altas en Estados Unidos. En condiciones en que existen monedas convertibles, tipos de cambio flexibles y mercados de crédito internacionalizados, a consecuencia del endeudamiento de la potencia hegemónica (Estados Unidos) también tenderán a aumentar las tasas de interés en otras áreas monetarias: las tendencias globales tienen consecuencias locales y viceversa, lo cual es expresión de la "articulación" a la glocalidad (véase el capítulo 1). El efecto es por completo ambivalente. Por un lado, el déficit de la balanza comercial indica no sólo una deficiente competitividad (con un tipo de cambio determinado del dólar) sino también el hecho de que Estados Unidos se ha convertido en un importante mercado de consumo para muchas economías de exportación, incluso para aquellas que siguen una política no mercantilista, como Japón o Alemania. Pero por otro lado, debido al elevado nivel de los intereses reales, en todas las regiones del mundo se encarecen las inversiones en el capital productivo y se favorecen las inversiones en documentos financieros. A causa de los intereses estructuralmente elevados se reducen los tiempos de planeación de los inversionistas; las inversiones a corto plazo son preferidas por sobre los proyectos a más largo plazo.[6] La ola de fusiones y

[6] Esto se estudia cuando se habla de "miopía" en las teorías del fracaso del mercado (véase Semmler, 1990).

adquisiciones, incluyendo las "adquisiciones hostiles de empresas", que se ha dado en Estados Unidos y en parte también en Europa desde los años ochenta, muestra lo radicales que han sido estos cambios. De este modo queda claro que la pérdida de hegemonía de Estados Unidos desencadena graves modificaciones en el entorno monetario global.

Estados Unidos todavía conserva una posición de liderazgo global respecto a los bienes industriales con una alta participación de investigación y desarrollo, pero la ha perdido en los bienes con una participación de investigación y el desarrollo media y baja. No obstante, de la limitada participación de las exportaciones en el comercio mundial no se deben sacar conclusiones sobre un posible retroceso en la posición de competencia del capital norteamericano, porque, precisamente en el caso de Estados Unidos, una gran parte de las actividades económicas relevantes en el comercio exterior son realizadas por consorcios transnacionales de origen norteamericano fuera de las fronteras de Estados Unidos, y su valor agregado no puede ser registrado con los indicadores estatales acostumbrados. Pero la indudable pérdida de terreno de ese país frente a otros competidores ha ocasionado la erosión del sistema de reglas internacional institucional, que organizó políticamente el proceso de reproducción económico tan exitoso y que durante varias décadas posibilitó un capitalismo global "cooperativo". Pero con la pérdida de las reglamentaciones internacionales de la potencia hegemónica se dan, en un entorno internacional modificado, nuevas perspectivas de los estados nacionales entre el libre comercio global, el proteccionismo nacional y la formación regional de bloques.

Tan sólo ya por su ubicación geográfica, con una costa oriental que mira a Europa Occidental y una costa occidental en la cuenca del Pacífico que da hacia los países asiáticos del este y del sureste, Estados Unidos es un *global player,* cuyo interés en los mercados mundiales abiertos resulta indudable. Pero, precisamente debido a su dimensión geográfica, su homogeneidad política y social y el tamaño de su mercado interior, depende menos del mercado mundial que otros *players* en el sistema global. Quizás ésa sea también la causa de que Paul Krugman haya dado el cese de alarma frente a las voces que murmuraban acerca de la competitividad perdida (Krugmann, 1994). Tras el fin de la confrontación entre bloques desaparece el motivo para vincular también políticamente a las naciones y las regiones, por medio de la integración, en el sistema del "Occidente libre". En tal situación el dominio y la hegemonía divergen e incluso se contradicen: el dominio de la superpotencia dentro de la economía mundial puede mantenerse precisamente por el hecho de que las bases materiales del consenso, y por lo tanto del sistema hegemónico en su conjunto, sean minadas. Esto ocurre cuando la potencia hegemónica rechaza competidores potentes con "medios sucios", por ejemplo medidas proteccionistas. La estrategia de la expansión de las exportaciones nacionales se da en una situación como la de la suma cero, en la que uno pierde lo que el otro gana. Sólo en esta situación, en la que no funciona la protección política hegemónica del libre comercio, las políticas de fomento a la exportación y la limitación de importaciones de estados nacionales se convierte en proteccionismo; es decir que el proteccionismo es una opción política del estado nacional *condicionada por la situación* si la protección cooperativa de las relaciones comerciales se topa con límites provocados por un sistema institucional internacional asegurado hegemónicamente (véanse el capítulo 3, así como el capítulo 10 de Altvater y Mahnkopf, 1996, que proporciona información detallada al respecto). La "reciprocidad" en las relaciones de comercio mundial, como las que pretende el GATT, se convierte en un principio de discriminación neomercantilista con medidas de protección no tarifarias, en límites "voluntarios" a la exportación o en una competencia de los intereses y luego, de nuevo, en una disputa en la que se vuelve a utilizar el mazo de la devaluación. Esto recuerda la destructiva (y traumática) competencia devaluatoria de los años treinta; sin embargo la diferencia es manifiesta: en ese entonces todos los países trataron de utilizar ese instrumento, hoy ese recurso sólo está al alcance de una superpotencia, que puede protegerse de los efectos negativos de la devaluación en mercados financieros internacionales abiertos.

Al mismo tiempo se hace el intento de sacar, además de la carta global y del as de la protección del estado nacional, el comodín de la formación regional de bloques. Tras el fin de la confrontación de los bloques Estados Unidos mostró que para un estado grande y poderoso —aunque no necesariamente hegemónico según las reglas del orden hegemónico de los siglos pasados— es posible crear un nuevo orden mundial "unipolar" (Massanduno, 1997:49-88 ofrece una interpretación sobre la base de las "teorías realistas"). Pero en este nuevo orden mundial no sólo se le otorga importancia a las reglas universales de los sistemas mundiales de comercio, monetario y financiero, sino también a la formación de bloques regionales —ya no puede dañar políticamente en un mundo en el que no hay otra alternativa—, y el poder nacional se ejerce como una "hegemonía predadora" (Susan Strange), como un "gigante disminuido" (Jagdish Bhagwati). Al mismo tiempo, cuando el presidente George Bush anunció el "nuevo orden mundial" y cuando —como Cabot Lodge hace cincuenta años, a fines de la segunda guerra mundial— habló, medio siglo más tarde, al final de la guerra fría, del nuevo "siglo norteamericano" en ascenso (Kennedy, 1993), presentó su Iniciativa para las Américas y llevó a cabo el TLCAN por la acelerada vía del *fast track.* En parte, esto no fue otra cosa que un objeto de negociación de la Ronda de Uruguay del GATT, que se estaba realizando y que había entrado en una severa crisis. Pero en parte fue también un esfuerzo por reestructurar los mercados mundiales dada la erosión de la superioridad económica sobre los competidores en Europa Occidental y Asia Oriental. Que esta opción elegida por Estados Unidos sea de gran importancia para todos los actores de la economía mundial es consecuencia ya tan sólo del todavía avasallador peso de esa nación en las relaciones comerciales y financieras del mundo.

Los progresos en la integración de Europa Occidental

En tercer lugar se deben mencionar las consecuencias que los progresos en la integración de Europa Occidental tuvieron en los años ochenta en la formación de bloques en otras regiones del mundo. Los impulsos de integración de Europa Occidental (se habla al respecto con mayor precisión en Altvater y Mahnkopf, 1996, capítulo 12) que se desencadenaron con el Acta de Europa Unificada, de 1986, con la ampliación de la Comunidad Europea a los países del Mediterráneo, en la primera mitad de los años ochenta, y con el Tratado de Maastricht, de 1991, modificaron la situación, y no únicamente dentro de la "tríada". Pues, en primer lugar, el ejemplo europeo mostró que la formación de bloques regionales puede tener éxito, por lo menos si se la mide en la dinámica del comercio intrabloque, en la interdependencia por medio de las inversiones directas, en la intensificación de la circulación de servicios y en la migración entre los países participantes, y si se la mide en su importancia en la economía mundial. En segundo lugar la integración causó que la Comunidad Europea/Unión Europea pudiera aparecer como un solo bloque en importantes deliberaciones sobre la política y la economía mundial (una política exterior y de seguridad común), que habló con una sola voz —aunque no siempre convincente— sobre muchas de las cuestiones por tratar. Con el creciente peso de la Comunidad Europea en la economía mundial, en tercer lugar, adquiere mayor importancia el acceso al mercado de este bloque comercial, que desde fuera se percibe (no siempre con justicia) como una "fortaleza europea". Éste es un punto de vista que resulta central para las regiones vecinas de Europa Occidental, es decir, para el ámbito africano y del Cercano Oriente, y especialmente para Europa Central y Oriental tras su apertura al mercado mundial. Pero también en Latinoamérica y Asia una parte considerable de las importaciones proviene de suministros europeos occidentales, y Europa del Oeste tiene una importancia considerable como mercado de consumo para sus propias exportaciones. En estas condiciones sólo puede ser ventajoso si al bloque europeo occidental no se le presenta un solo país con un mercado comparativamente pequeño, sino un conjunto de países reunidos en un bloque regional. Éstas fueron, por ejemplo (junto quizá con otros motivos más importantes), las razones que el gobierno mexicano del presidente Carlos Salinas de Gortari esgrimió en las negociaciones sobre la constitución del TLCAN (véase Fishlow y Haggard, 1992), o que se plantearon cuando se constituyó el Mercosur, a principios de los años noventa. Entonces, si dentro del mercado global se crea una subestructura exitosa en forma de un bloque comercial regional, esto desencadenará necesariamente la formación de otras estructuras en otros lugares, en otras regiones. La formación de un bloque regional de comercio no se puede aislar dentro del mercado mundial, pues desencadena "olas de formación de bloques", que en parte se aplacan después de poco tiempo y en parte sacuden el pequeño barco de las AIR exitosas durante un tiempo más largo. Por lo demás, la Unión Europea pone su parte para que se refuercen las tendencias de la regionalización en otras regiones del mundo. Los tratados con el Mercosur y la estrategia para con América Latina de la Unión Europea, o el conjunto de las conferencias realizadas con las naciones asiáticas, ilustran el interés de la Unión Europea por las subestructuras regionales por debajo del nivel del GATT y de la OMC. Así pues, el "libre" orden mundial del comercio y la economía se organiza cada vez más como un orden regulado por bloques económicos regionales.

La globalización financiera y las inestabilidades financieras

Así llegamos a la cuarta y posiblemente más importante dimensión del cambio estructural, que puede haber impulsado la formación de bloques regionales: la globalización financiera desde el final del sistema de Bretton Woods, a principios de los años setenta. La formación de bloques regionales, por un lado, se localiza en un espacio geográfico y en un tiempo histórico. Sin embargo, por otro lado, las corrientes del capital y los movimientos del tipo de cambio de los ingresos dinerarios en papel (o electrónicamente administrados) ejercen una vasta influencia sobre la economía real, puesto que, en primer lugar, los derechos a intereses deben ser realizados; en segundo lugar las pérdidas —en la medida en que no puedan ser evitadas— deben ser realmente cubiertas y, en tercer lugar, la corriente de inversiones depende del atractivo financiero de un área monetaria. Las consecuencias de la liberalización de los mercados de capital y de las "innovaciones financieras" son relevantes precisamente para los procesos de integración de los llamados mercados emergentes. Se trata de la intención, citada arriba, de alcanzar la formación de una "comunidad estable" por medio de la integración económica regional. Por un lado se facilitan los procesos de integración si desaparecen las particularidades sociales y ecológicas en los movimientos con cuentas electrónicas de bancos que operan internacionalmente, si las diferencias económicas entre regiones mundiales se pueden reducir a la simple dimensión de tipos de cambio y diferenciales de interés, si la compleja geografía social y económica de una zona puede ser llevada a los criterios abstractos de intereses, tasas de inflación y tipos de cambio. Si éstos son los códigos de comunicación y no existen diferentes idiomas, particularidades culturales, estándares técnicos y formas de producción que estorben la unificación, se facilita llegar a una coalición. Y ésta es forzada, porque —como ya vimos en el capítulo 4— la estabilidad monetaria se ha convertido en el *non plus ultra* de la política económica. ¿Qué se aproxima más a este "imperativo" que una "comunidad estable" en forma de un bloque comercial regional?

Pero, por otro lado, los procesos de integración económica resultan superfluos en la globalización, que al mismo tiempo los dificulta. Porque un bloque económico tiene una dimensión territorial, dispone de una geografía comercial y de producción y de una historia únicas, así como de "localizaciones" que han crecido en el espacio económico. Sin embargo los movimientos financieros globales son ejecutados como transferencias electrónicas, casi desvinculadas del espacio, en el tiempo físico real. Al hacerlo, la territorialidad, las características sociales y la calidad económica son ignoradas en la calificación de los bancos. La posición que sostiene el libre comercio de que los bloques económicos regionales, según el teorema de las ventajas comparativas de costos, impiden la especialización y, por lo tanto, frenan el esperado aumento de prosperidad, es subrayada por los mercados financieros globales. Éstos constituyen un espacio que funciona globalmente, contra cuya fuerza de gravedad las unidades regionales poco pueden hacer mientras que la convertibilidad y la flexibilidad de las monedas no sean un tema importante. Ni siquiera en la poderosa Comunidad Europea/Unión Europea ha sido posible defender los tipos de cambio del sistema monetario europeo frente a los ataques del capital monetario en el espacio global. La disolución de los principios e instituciones reguladores, formados después de la segunda guerra mundial, ha producido una realidad monetaria global frente a la cual resulta muy difícil imponer las tentativas de trazar nuevas fronteras por medio de la formación de bloques regionales.

La internacionalización financiera ha creado el espacio en el que el fortalecimiento de la moneda y la estabilidad monetaria en la competencia internacional son más importantes que los objetivos de la "economía nacional", es decir, el desarrollo de las fuerzas productivas, el empleo total, el equilibrio social y la durabilidad ecológica. Porque las fronteras nacionales pueden blindarse contra las mercancías competidoras, pero no contra el capital internacional flotante. La geoeconomía (monetaria) le ha arrebatado el triunfo a la economía nacional (real). Las economías nacionales, que naturalmente subsisten en la geoeconomía moderna, deben acreditarse para debilitar las fuerzas "capitalífugas" y fortalecer las fuerzas "capitalípetas". En la competencia monetaria global no todas las 174 áreas monetarias (que por lo general, aunque no siempre, son congruentes con las fronteras de los estados nacionales) pueden atraer capital sin desatar con ello fugas de capitales en otras partes. Existen monedas fuertes y otras débiles, y entre las 174 hay sólo unas pocas (el dólar norteamericano, el marco alemán, el yen, el franco suizo y, recientemente, el euro) que pueden derivar su fuerza de circunstancias no monetarias: de las condiciones de la competitividad local (o regional, o nacional, pero, en cualquier caso, desplazadas) producidas por la mayor productividad, la estabilidad política y la fuerza militar o por el peso del comercio y las inversiones directas en la economía mundial. Otras monedas tienen que "pedir prestada" su fuerza, por así decirlo, al ser "amarradas" a monedas más fuertes ("monedas ancla"). El tipo de cambio se apoya o se acopla con el dólar (en el caso de Argentina o de Brasil) o el marco alemán (en el caso de los Países Bajos, Austria, Estonia, Letonia, etc.). Las diferencias económicas reales (desarrollo de la productividad, balanza de cuenta corriente) son compensadas en términos monetarios, es decir, con intereses reales comparativamente altos. De este modo se puede atraer verdaderamente al capital. Pero el éxito de tal estrategia depende por entero de que el capital atraído busque sólo réditos a corto plazo y se encuentre siempre a punto de dar el salto ("capitalífugo") a otro lugar de atracción con réditos más altos o de si se invierte a largo plazo en la ampliación y mejora del aparato productivo.

Sólo en este último caso existiría la posibilidad de mejorar la posición en la competencia monetaria global, con una estrategia de "estabilidad monetaria prestada", anclándose en el espacio de una "moneda ancla". Pero los ingresos dinerarios siguen criterios de responsabilidad que poco tienen que ver con el mundo real. A los propietarios de los ingresos dinerarios les es indiferente la procedencia de los réditos, lo que importa es que se den. El capitalista nacional que todavía Ricardo tenía presente a principios del siglo XIX ya no existe a fines del XX. Los réditos monetarios que se tienen en mente en la competencia monetaria son los últimos que tienen interés en una estrategia de competitividad *real,* mientras los réditos *monetarios* no corran peligro. Esto ya lo había analizado Marx al ocuparse del capital productor de intereses, y había visto la causa del desinterés en los complejos elementos productivos de enlace entre la inversión monetaria y los ingresos monetarios en el fetichismo del dinero. Ciertamente este fetichismo puede ser fatal; esto ya se señaló en la discusión de las tendencias de la "desinserción" (en el capítulo 2). Precisamente por eso, en los mercados financieros abiertos lo que importa es fortalecer en términos políticos las condiciones de competencia de la economía real, también frente a los mercados financieros globales y su "miope" estrechamiento. Por consiguiente la globalización fuerza la aparición de reacciones locales y ésta es la razón de que más bien se pueda hablar de "glocalización" que de globalización (véanse también las páginas 16-19 del capítulo 1). Los bloques económicos regionales, asimismo, son expresión de esta articulación de lo global y lo local.

Estrategias de competitividad sistémica

En quinto lugar se debe señalar la importancia del aumento que la competitividad regional, nacional y local tiene para los procesos de integración económica. Aquí se trata de las respuestas locales a los retos globales. Mientras estos últimos son principalmente de naturaleza monetaria, la creación y mejora de la competitividad requiere medidas sociales y una economía real —que, en principio, apuntan al aumento de productividad— para reducir el nivel de costos en la competencia global. Ya se mencionó que, a consecuencia de la reducción en los costos del transporte, las "fronteras para la competencia" entre las localizaciones (de producción) se han venido abajo. La globalización financiera también pone su parte para reforzar este efecto. En el fondo, las innovaciones financieras apuntan a movilizar algún capital fijo (por ejemplo invertido en empresas o a largo plazo) y hacerlo flexible para poder transferirlo a todo el mundo. Así las empresas pueden transferir, a una velocidad nunca antes conocida, el capital ligado espacialmente a medios de producción hacia otras inversiones, cuando así lo aconseja la comparación de la rentabilidad. De esta manera, aunque no se movilizan las plazas de trabajo, sí lo hace la dotación de capital de las plazas de trabajo, que puede ser transferida de una "localidad" a otra. En consecuencia, en una "localidad" se pierden las plazas de trabajo que se ganan en otra. Pero la balanza de las plazas de trabajo es siempre negativa, porque la transferencia se da en dirección a esas localizaciones en las que la productividad es comparativamente más alta, es decir, donde el empleo de la fuerza de trabajo es menor por unidad producida. Resulta ilusorio tratar de actuar en contra de estas tendencias de la globalización con reducciones salariales y otras concesiones en los costos de la fuerza de trabajo. Con esto sólo se logra que el nivel de los ingresos se reduzca en conjunto, sin que por eso se detenga la competencia. Puesto que el capital fácilmente movilizable compara en todo el mundo réditos y rentabilidades, los réditos mínimos globales deben poder alcanzarse también con el capital invertido en las plazas de trabajo.

La "competencia entre localizaciones" se agudiza considerablemente debido al medio de las relaciones entre capitales globales. Puesto que a este medio no se le puede hacer un dumping político, se requieren "ajustes estructurales". La constante elevación de la competitividad se convierte en programa. Las localizaciones son unidades espacial y temporalmente delimitables, casi siempre microrregionales, con frecuencia también nacionales, cuyas coordenadas no pueden darse con grados de longitud y latitud y con la altitud sobre el nivel del mar, sino que se determinan mediante su posición dentro de la escala de réditos del sistema financiero global, sobre la que pueden influir poco los actores en la localidad. Aun cuando la presión de la competencia entre localizaciones aísla y fortalece los particularismos frente a los intereses comunes, las consideraciones racionales provocan que se trate de alcanzar la integración regional. En el *Libro blanco* de la Comisión de la Comunidad Europea de 1993 se resumen claramente los motivos para los países industrializados (*Weißbuch*, 1993): se pretende mejorar la infraestructura social, material e institucional para otorgar, a todos los actores en Europa Occidental en la "competencia de la tríada", costos limitados de transacción y una mayor productividad, como resultado de un "pacto de productividad" y, por lo tanto, costos salariales unitarios reducidos. Con este fin se deben hacer arreglos corporativos que incluyen a los sindicatos. En Europa se puede echar mano de una larga tradición de corporativismo keynesiano y de estado benefactor, de una disposición a negociar sobre la sólida base de un "interés por la producción" compartido por el trabajo asalariado y el capital. En los países del tercer mundo no están dadas las condiciones para ello. No obstante, la regionalización promete las *economies of scale* que son la condición para que la moderna producción en masa fordista y la producción de calidad flexible posfordista puedan imponerse de manera rentable en la competencia internacional entre localizaciones.

La competitividad económica real y la estabilidad monetaria se convierten en una meta económico-política de primera importancia cuando las fronteras de la competencia ya no separan ni protegen entre sí a las localizaciones, cuando son azuzadas unas contra otras por el látigo de la competitividad en la pista del mercado mundial, cuando la moneda nacional tiene que ser defendida en la competencia monetaria global. Pero la competitividad tiene un componente estructural o sistémico (Porter, 1990; Esser *et al.*, 1994; Messner, 1995) que sólo puede darse en la compleja convergencia de las lógicas micro, meso y macroeconómicas y las estrategias que de ello resulten (al respecto véase el capítulo 7). Se trata de la capacidad tecnológica, social y de gestoría en el plano empresarial, de la disposición de las condiciones del marco general de la política industrial para las empresas, como la infraestructura, la tecnología, un sistema de reglas para las relaciones industriales, el cuidado de una "cultura" del rendimiento y la seguridad, de una política financiera, monetaria y cambiaria estabilizadora que haga que la localización sea más atractiva en comparación con otras y, *last but not least,* de estimular la demanda. Así pues, un sistema debe estar coherentemente estructurado para no quedarse rezagado en la "competencia de los posesos" (Krugman, 1994). La coherencia es el resultado de procesos de mercado, del control político que, sin embargo, no sólo debe ser ejecutado jerárquicamente sino además ser producido por la movilización de las actividades sociales: un elemento más allá de los mecanismos de mercado y la planeación jerárquica (Messner, 1995), la "condicionalización de la sociedad civil" con el medio del tratado de libre comercio (Grinspun y Kreklewich, 1994).

Haciendo abstracción de las contradicciones de las condiciones individuales en el contexto general del sistema (que no se pueden abordar aquí), se plantea inmediatamente la pregunta: ¿cuál es el sistema al que se refiere la competitividad "sistémica"? Puede formarse, en primer lugar, en economías grandes y diversificadas, altamente estructuradas, por debajo del plano del estado nacional, por así decirlo, como competitividad *microrregional* de *distritos industriales,* de *clusters* de empresas dinámicas *in situ,* de espacios de aglomeración con ventajas de contacto. Éste es el tema de esos estudios que indagan las razones del éxito de mercado de la *terza Italia,* de Baden-Wurtemberg, Jutlandia, el sur de Ontario, Silicon Valley, etc. Pero, en segundo lugar, muy bien puede ocurrir que la competitividad se produzca únicamente en un plano *macrorregional,* es decir, supranacional, por medio de la formación de un bloque económico regional. Esto se aplica a ciertos productos de alta tecnología que sólo pueden ser producidos competitivamente en redes transnacionales de empresas modernas con apoyo estatal supranacional e internacional. En Europa representan este rubro las industrias del Airbus o las redes transeuropeas en la economía de la energía, en el transporte y en la transferencia de datos previstas en el *Libro blanco* (1993). Por eso, en tercer lugar, las cooperaciones empresariales dentro de la "tríada", que fascinan a tantos analistas de la competitividad en el mercado mundial y que han provocado más de una crítica (Seitz, 1990), luchan por no quedarse atrás en las cooperaciones tecnológicas (al respecto véase también Archibugi y Mitchie, 1995). Pero puede ser, en cuarto lugar, que las microrregiones por debajo del plano del estado nacional se unan para formar *nuevas macrorregiones* por encima del estado nacional, y que de esta manera despojen al estado nacional de su soberanía, más aún de lo que ya ha sucedido en el curso de la globalización. Estas tendencias se dan en Europa bajo la forma de las "eurorregiones" que, no obstante, son una manifestación débil de la integración transnacional, por lo cual no se debe exagerar su importancia.

Algunas economías nacionales son tan pequeñas y débiles que como economías de mercado (o sea, no como economías de subsistencia) sólo pueden producir esas economías de escala y *economies of scope,* que permiten una competitividad de bajo nivel en la unidad más grande de una integración económica regional. Aun dentro de la Unión Europea la cooperación macrorregional es una necesidad para alcanzar los aumentos en la productividad que permiten que haya ventajas de costos en la competencia. Por eso resulta inadecuada la advertencia de Gert Rosenthal, director de la CEPAL, de que las AIR en América Latina ocasionarían el riesgo "de que un país pequeño ajustara su estructura de producción a las condiciones que prevalecen en el mercado de su principal socio comercial, en lugar de adaptarlas a condiciones más competitivas del mercado mundial" (según el *Financial Times* del 11 de diciembre de 1994). Las "condiciones más competitivas del mercado mundial" son impuestas por los países industrializados. La distancia de los países desarrollados es demasiado grande, en muchos mercados, como para participar con éxito en esta competencia. A esto se añade que la competencia monetaria exige un reforzamiento monetario de la moneda antes de que ésta pueda ser fortalecida por el "camino normal" por medio de una economía competitiva y, por lo tanto, de una balanza de cuenta corriente estructuralmente positiva. En este caso sería aconsejable, en aras de la estabilización de la moneda, simplificar el comercio entre los países de monedas débiles, para reducir la presión sobre la balanza de cuenta corriente. Ésta es también una razón de que la participación del *countertrade* y de los acuerdos de pago bilaterales sea tan alta en las regiones más pobres del mundo (al respecto véanse las páginas 168-176).

En muchas regiones del mundo la necesidad de aumentar la competitividad sistémica y la imposibilidad de realizar esto a nivel microrregional o nacional sin una cooperación macrorregional dentro del mercado mundial hablan a favor de la formación de bloques regionales. A diferencia de lo que sucedió durante la primera ola de formación de bloques en los años sesenta, las AIR sólo tienen importancia 1] como posibles "fronteras para la competencia", que casi desaparecieron en el sistema de libre comercio, bajo la presión de los mercados financieros globales y a causa de la insignificancia de los costos de transporte; 2] como esas unidades más grandes en las que tiene sentido cumplir los requisitos de la competitividad sistémica —medidos con el parámetro de las naciones comerciales más desarrolladas—; 3] como unidades por medio de las cuales la competencia de tipos de cambio y los desastrosos efectos de los movimientos de especulación operan contra las monedas individuales, es decir, con aquellas con las que se puede instaurar una "comunidad estable"; 4] como coaliciones políticas económicamente respaldadas "para resaltar la cohesión política entre los miembros" (OCDE, 1993a: 7), por lo tanto 5] como una medida "para imponer y encerrar reformas neoliberales (Grinspun y Kreklewich, 1994:36) y, 6] finalmente, para poder tener mayor peso en los tratados internacionales sobre el régimen económico global comercial y monetario:

> Ahora los países deben crear poderío económico para obtener resultados positivos en sus negociaciones internacionales. La base de la estrategia de regionalización —y aquí quisiera mencionar al Mercosur— está ligada fundamentalmente a esta nueva visión sobre las maneras en que las naciones pueden proyectarse en términos económicos. Al final, si el juego es de reciprocidad, uno debe tener algo qué ofrecer, y el tamaño del mercado es el primer as (Cardoso, 1995:7).

DEL GATT A LA OMC

Así pues, en la crisis estructural de la economía mundial podemos distinguir una serie de fuerzas que operan como un impulso a la formación de bloques económicos regionales. No obstante, esto no quiere decir, de ninguna manera, que estas tentativas se verán coronadas por el éxito. Aun así la tendencia a la formación de AIR fue tomada en cuenta en los acuerdos de la Ronda de Uruguay (1986-1994) acerca de la formación de la Organización Mundial de Comercio (OMC). La reglamentación sobre la integración regional comprende en la OMC toda una serie de modificaciones en comparación con el artículo XXIV del GATT. Las razones para estos cambios ya se mencionaron: el fin de la guerra fría y la desaparición del bloque soviético, la crisis de la deuda de los años ochenta y el imperativo de abrir las economías nacionales protegidas, la transición a un nuevo paradigma político-económico de la "competitividad sistémica", la crisis de hegemonía de Estados Unidos y, no en último lugar, el gran éxito de los pasos hacia la integración en Europa Occidental. Mientras que hace más de cincuenta años fracasó la instauración de un orden comercial mundial y sólo se logró la "versión mínima" del GATT, en 1994 los tratados para establecer la Organización Mundial de Comercio se vieron coronados por el éxito.

El GATT fue un tratado en el mundo de los estados nacionales; la OMC es ya expresión de un sistema económico global que requiere instituciones que puedan regular la desregulación. Porque resulta claro que también el libre comercio, que representa el principio fundamental tanto de la OMC como del GATT, precisa reglas cuya observancia debe ser vigilada. Las diferencias entre el GATT y la OMC, especialmente respecto a la formación de bloques regionales, se han resumido en el esquema 8.3.

Los tratados regionales de integración ya no son manejados en la OMC como excepciones, sino como una forma del manejo de los retos de la globalización. El papel de la OMC es, sobre todo, evitar la discriminación por medio de la integración regional. Por eso los mecanismos para dirimir disputas son tan importantes, aun cuando las naciones y los bloques comerciales ricos y poderosos recurran a ellos

ESQUEMA 8.3. GATT Y OMC: LOS CAMBIOS MÁS IMPORTANTES. EL PROCESO HISTÓRICO: DE UN SISTEMA DE ECONOMÍAS NACIONALES A LA GLOBALIZACIÓN

Los asuntos comerciales son responsabilidad de los gobiernos nacionales

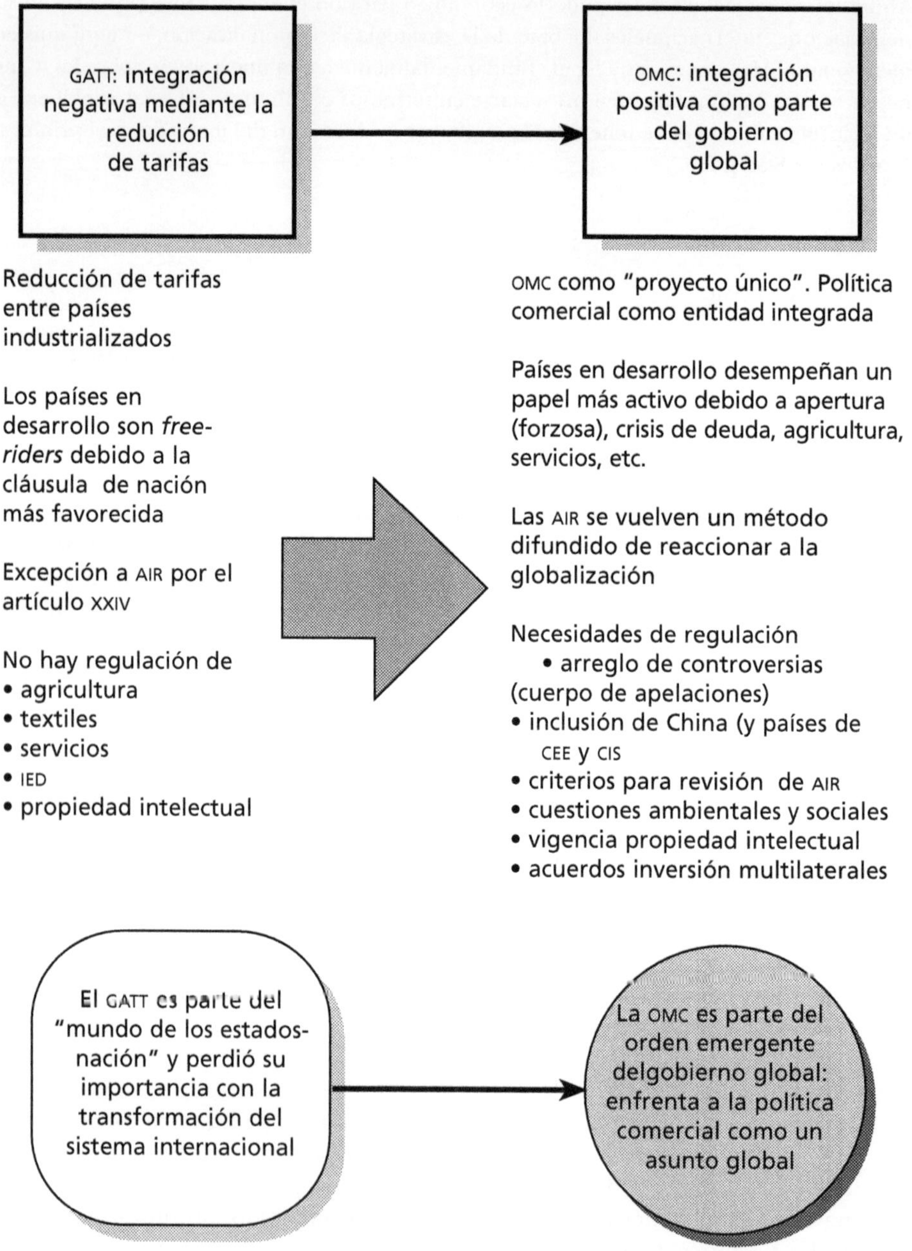

GATT: integración negativa mediante la reducción de tarifas

OMC: integración positiva como parte del gobierno global

Reducción de tarifas entre países industrializados

Los países en desarrollo son *free-riders* debido a la cláusula de nación más favorecida

Excepción a AIR por el artículo XXIV

No hay regulación de
- agricultura
- textiles
- servicios
- IED
- propiedad intelectual

OMC como "proyecto único". Política comercial como entidad integrada

Países en desarrollo desempeñan un papel más activo debido a apertura (forzosa), crisis de deuda, agricultura, servicios, etc.

Las AIR se vuelven un método difundido de reaccionar a la globalización

Necesidades de regulación
- arreglo de controversias (cuerpo de apelaciones)
- inclusión de China (y países de CEE y CIS
- criterios para revisión de AIR
- cuestiones ambientales y sociales
- vigencia propiedad intelectual
- acuerdos inversión multilaterales

El GATT es parte del "mundo de los estados-nación" y perdió su importancia con la transformación del sistema internacional

La OMC es parte del orden emergente delgobierno global: enfrenta a la política comercial como un asunto global

ESQUEMA 8.4. ESTRUCTURACIÓN DEL SISTEMA GLOBAL POR MEDIO DE BLOQUES REGIONALES DE INTEGRACIÓN

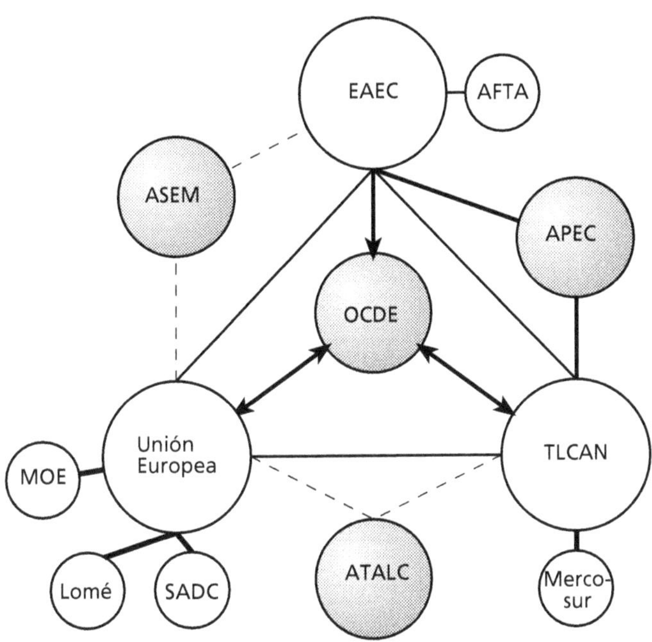

más que los participantes más pobres en el comercio global. Pero resulta evidente que las ventajas comparativas prometidas no siempre aumentan la "prosperidad de las naciones" y que entonces resulta más sencillo formar bloques comerciales regionales. La otra opción, que se eligió antes de la segunda guerra mundial, la "autosuficiencia nacional" (Keynes), ya no está a disposición de los estados nacionales a fines del siglo XX.

A esto se suma la circunstancia del desarrollo de un estrecho entramado de relaciones entre los bloques, especialmente entre la "tríada" en Europa Occidental, Norteamérica y Asia Oriental (véase el esquema 8.4). En primer lugar, cada una de las potencias de la tríada ha agrupado en torno suyo bloques económicos y comerciales "más pequeños", en parte con tratados formales (como entre la Unión Europea y los estados de África, del Caribe y el Pacífico, en el marco del Tratado de Lomé), acuerdos de asociación (la Unión Europea con los estados de Europa Central y Oriental), relaciones de cooperación (Unión Europea y TLCAN con el Mercosur). Además, en segundo lugar, han surgido relaciones más o menos formales e institucionales de consulta (encuentros africano-europeos, etc.). Las organizaciones de cooperación como la OCDE o la APEC desempeñan una papel importante que abarca todos los bloques. Todavía no está claro si se formará un "Área Transatlántica de Libre Comercio" (ATALC).

El globo terráqueo compactado en el tiempo y en el espacio también encuentra su expresión en la concentración de las relaciones económicas y políticas. Tampoco aquí se debe subestimar la importancia de las modernas técnicas de comunicación y transporte para este desarrollo. Pero también la globalización de las relaciones económicas y financieras es responsable de que se hayan formado bloques de integración macrorregional y reglas que complementan las relaciones interestatales, y, al mismo tiempo, relativizan su importancia.

9

UN PLANETA ES GLOBALIZADO

En los capítulos anteriores discutimos diferentes aspectos de la compresión del tiempo y el espacio y, al hacerlo, constatamos que la tendencia a la globalización se topa con barreras económicas, sociales, políticas y, no en último lugar, ecológicas. Porque la globalización tiene lugar en el planeta tierra y éste posee una superficie finita, un contenido material finito, una oferta de energía solar limitada, una biosfera que no puede ser explotada al infinito y que depende de una combinación de ciclos de energía y de material en la atmósfera, la hidrosfera, la litosfera, etc., que se ve alterada por los procesos económicos de la producción, el consumo y la circulación. "La globalización está alterando el contexto de los problemas ambientales de nivel local, nacional, regional y global" (Jones, 1997:7). Debido a la limitación de la capacidad de carga del planeta el paraíso terrestre se ha perdido definitivamente. Eso lo sabe la humanidad desde hace mucho tiempo. Pero que el trabajo por medio del cual los hombres deben apropiarse de la naturaleza no sólo significa el sudor de la frente después de haber sido expulsados del paraíso, sino que, en las circunstancias de la modernidad, implique una destrucción de la naturaleza de alcance global, es una experiencia que sólo se ha tomado ampliamente en cuenta desde hace pocas décadas: desde los informes del Club de Roma, a principios de los años setenta, de la Conferencia de Estocolmo de la ONU, en 1972, acerca del "entorno humano", del reporte Global 2000 del presidente Carter, del año 1976. La naturaleza de la tierra se convierte en objeto de reflexión social y de discusión, y con la crisis global del medio ambiente también se globaliza el discurso ecológico.

La naturaleza, así como su destrucción, existen al mismo tiempo de manera objetiva y subjetiva, "natural" y "social". Por lo tanto la forma social de la forma de producción capitalista reviste una importancia decisiva para el análisis de las relaciones del ser humano con la naturaleza (Demirovic, 1991:294). La naturaleza del planeta tierra no se puede describir sin recurrir al análisis de la globalización; por su parte, la dinámica y los límites de la globalización son incomprensibles si no se toman en cuenta las circunstancias de la naturaleza. La naturaleza no existe fuera de la sociedad, y la sociedad, a pesar de todas las tendencias a la desinserción (descritas sobre todo en el capítulo 2), depende, a su vez, de la naturaleza. Sin embargo la globalización económica no sólo ocasiona problemas ambientales globales; también los problemas ambientales locales, regionales o nacionales pueden haber sido provocados por las tendencias a la globalización. Los incendios en las selvas tropicales húmedas de Indonesia o de Brasil son catástrofes ambientales locales pero, debido a su repetición y a su propagación en la década pasada, han alcanzado una dimensión global. Mas aun si sólo tuvieran importancia local, las causas económicas de la destrucción de las selvas tropicales se podrían atribuir a las fuerzas de la valorización y la globalización. El carácter global de la destrucción regional de las selvas tropicales también se expresa en sus consecuencias: se han constituido redes de movimientos ambientalistas que operan globalmente, se alude a la cuestión de la territorialidad de la soberanía nacional cuando las selvas tropicales son vistas como parte integral de las tierras comunales globales y cuando se crean especialmente para su conservación instituciones globales (por ejemplo la Global Environmental Facility, administrada por el Banco Mundial, la PNUD y la UNEP, o el programa piloto del G7, establecido por el grupo de los siete países más industrializados del mundo para la Amazonia brasileña).

Los límites de la explotación de la naturaleza son tema de debates públicos. Entre tanto, ya casi se los ha "objetivado" en muchos estudios (por ejemplo OCDE, 1997, 1998a; UNEP, 1997; Comisión de Encuesta, 1998). El estudio más importante realizado en Alemania sobre la limitación del "espacio del medio ambiente" fue publicado por el Instituto Wuppertal por encargo de una ONG religiosa (Misereor), activa en la colaboración para el desarrollo, y otra que se ocupa de la política ambiental (BUND) (Wuppertal Institut, 1996). Aun cuando los límites de la disponibilidad de *recursos* —especialmente con medidas de sustitución en los países industrializados, hambrientos de energía y materias primas— todavía pueden ampliarse (Glyn, 1995), los límites de la capacidad de carga de las reservas para las emisiones gaseosas, líquidas y sólidas del proceso de producción y de consumo se han acortado dramáticamente: el efecto invernadero, el agujero de ozono, el esmog en verano, la creciente toxicidad, la erosión de los suelos, la desertificación, la cada vez peor calidad del agua potable, etc., son advertencias dirigidas a los contaminadores de que no se puede seguir indefinidamente como hasta ahora. Se reclama el espacio ambiental, que es el espacio de vida para las plantas y los animales y, naturalmente, para los seres humanos. Muchas especies están siendo eliminadas y corren peligro de extinción o ya se extinguieron. No se descarta una caída de la evolución aun antes de que se haya extraído de la tierra el último barril de petróleo. Las formas de vida y de producción de la "moderna sociedad industrial" no son compatibles con la naturaleza. El mensaje es así de sencillo, pero también así de inexorable en cuanto a sus consecuencias. La globalización en el planeta tierra es un proceso destructivo.

Pero la globalización de la forma de producción capitalista no sólo ha provocado muchos problemas ambientales. Como ya hemos visto, la globalización de la economía también se acompaña de una desregulación de la política:

La globalización económica está cambiando fundamentalmente la naturaleza de la gestión ambiental. Por un lado la globalización aumenta la influencia de las fuerzas del mercado [...] sobre la elaboración y la aplicación de la política ambiental. Por otro, somete la política ambiental nacional a la disciplina (o el caos) de las instituciones económicas internacionales. En ambos sentidos el impacto más importante de la globalización es que limita la capacidad de los estados nacionales de establecer unilateralmente su política (Zarsky, 1997:28).

Así pues, la desregulación política, la globalización económica y los límites ecológicos se encuentran en flagrante contradicción. Ésta tiene un componente "objetivo" que no se puede solucionar de manera discursiva. Pero respecto a las consecuencias para la intervención política la discusión gira en torno de la "hegemonía discursiva" (Hajer, 1995:287). Porque de ninguna manera se ha convenido ya cómo se debe reaccionar frente a los problemas ambientales y la globalización: ¿con el mercado o contra el mercado, en nivel global o más bien local, en movimientos sociales de protesta o dentro de los partidos tradicionales de un sistema político democrático? Y por añadidura está planteada la pregunta acerca de la prioridad de los problemas ambientales. Para los ricos propietarios del ingreso dinerario, con una gran movilidad, es diferente que para campesinos pobres o para los habitantes de los cinturones de miseria de las ciudades, y las mujeres la ven de manera distinta que los hombres (Guha y Martínez-Alier, 1997; Agarwal, 1997).

Las discusiones en torno a la hegemonía discursiva no pueden cuestionar las leyes naturales. La tierra está cerrada (casi, debido al impacto de los meteoritos) materialmente pero está abierta energéticamente (Georgescu-Roegen, 1976; Murota, 1998). La admisión del calor irradiado por la luz del sol y la radiación del calor "desvalorizado" en el oscuro cielo nocturno hacia el universo se ocupan de que haya una continua corriente de energía que mantiene andando el ciclo del agua y los movimientos atmosféricos (el viento y el clima) y que permite la producción de la biomasa, de la que depende toda la vida (respecto al balance de la energía véase Dürr, 1994). Éste es el mecanismo en principio más sencillo, pero infinitamente más complejo de la biosfera, de los "sistemas para la conservación de la vida" (Myers, 1985:12), de modo que se puede hablar del planeta tierra como de un "planeta vivo", Gaia (Lovelock, 1982).[1] Ahora bien, en la moderna economía de mercado, "desinmersa" de los sistemas naturales, las corrientes de ener-

[1] La hipótesis de Gaia tiene la gran ventaja de que no concibe al mundo como un "espacio del medio ambiente" (más al respecto adelante) antropocéntricamente, sino como un sistema que se organiza a sí mismo: "La característica más notable de la materia viva es la capacidad para la autoorganización. La vida crea orden utilizando los materiales en su entorno; en este proceso los productos de desecho se expulsan hacia el exterior y se influye sobre las condiciones del medio ambiente [...] La mezcla de gases y la temperatura se distinguen considerablemente de lo que los científicos habían predicho para una tierra 'muerta'. El hecho de que estas condiciones, aparentemente, hayan surgido y se conserven de manera paralela a la vida condujo a la hipótesis de Gaia: a asumir que la biosfera maneja sus propios sistemas para la conservación de la vida con ayuda de mecanismos naturales de acoplamientos de reacción" (Myers, 1985:13). No obstante, la desventaja de esta tesis consiste en que las relaciones sociales con la naturaleza (Becker *et al.*, 1991; Bruckner, 1994) y su construcción discursiva (Hajer, 1995; Harvey, 1962:218) no pueden ser aprehendidas de manera adecuada.

gía solar prácticamente no se usan, como no sea para los baños de sol que los turistas toman en la playa. Desde la Revolución industrial el sistema capitalista extrae su energía propulsora de los combustibles fósiles, que poseen una ventaja muy decisiva para mantener en marcha la dinámica de acumulación, desvinculada de la sociedad: la cantidad de energía contenida en estos combustibles puede ser *concentrada* de manera comparativamente sencilla y, por lo tanto, puede ser usada de modo flexible para propulsar complejos sistemas de maquinarias de la producción en masa. También puede ser *almacenada* en el tiempo (depósitos) y *transportada* en el espacio (barcos petroleros). Entonces, es particularmente apropiada para la realización de la lógica del desarrollo capitalista, que ha puesto en marcha una dinámica de liberación de las ataduras del tiempo y el espacio por medio de la aceleración y la expansión; en el capítulo 2 se hizo referencia a ello. Sin embargo, la desventaja de los combustibles fósiles estriba en que, en primer lugar, a diferencia del continuo fluir de rayos solares, son extraídos de una reserva finita, es decir que no van a durar eternamente, y que, en segundo lugar, los productos de la combustión (sobre todo el CO_2) impiden la radiación de la energía solar hacia el universo, ocasionando así el efecto invernadero. La cantidad de energía de la reserva de combustibles fósiles no es mayor que la cantidad de energía que el sol irradia a la tierra en cuatro días. Pero los gases de efecto invernadero son como un filtro que impide que la mayor parte de la admisión del calor irradiado por la energía del sol pueda ser emitida de nuevo, para mantener una temperatura promedio global para la vida en la tierra.

Cabe preguntarse entonces qué forma de producción y de regulación y qué régimen de tiempo y espacio resultan apropiados para manejar de manera duradera los recursos y las reservas naturales del planeta tierra. ¿Es en realidad concebible que un orden social, económico y político se base en recursos energéticos fósiles (y nucleares) no durables, agotables, por no hablar de las emisiones (de gases de invernadero a desechos nucleares) que ocasiona la utilización de estos combustibles? Según los postulados de la termodinámica la sustentabilidad se define por una balanza de entropía equilibrada: el flujo de entropía debe ser tan grande como la entropía importada y producida en el mismo sistema (Murota, 1998:121; véanse, sobre todo, Georgescu-Roegen, 1971; Rifkin, 1981; Daly, 1991). La balanza de entropía también puede mejorarse importando energía del exterior (véanse Dürr, 1994; Altvater, 1992:33-46). El sol es una fantástica fuente de energía, pero en la forma de producción capitalista "fosilista" se lo utiliza de manera insuficiente. Ésta es la razón de que los ciclos naturales de energía y materia y los ciclos económicos entren en contradicción; su impulso energético es totalmente diferente y obedecen, como vimos en el capítulo 3, a restricciones distintas. A partir de este diagnóstico analítico se pueden derivar normas para una economía sustentable (al respecto véase Leff, 1995, capítulo 5).

La aproximación de la World Commission on Environment and Development (WCED), la llamada Comisión Brundtland, a la cuestión de la durabilidad es diferente. Según lo que afirma, los problemas globales del medio ambiente son, principalmente, consecuencia de la pobreza en el mundo. El diagnóstico ofrece una terapia con la que se puede combatir la misma. Según las ideas de la Comisión Brundtland esto se puede lograr de la mejor manera por medio del desarrollo económico, que tendría que obedecer ciertas reglas de sustentabilidad. Por eso se trataría de crear un consenso internacional que también incluyera la distribución, por medio de la ayuda para el desarrollo, y la transferencia de la técnica apropiada del Norte al Sur (WCED, 1987). Así pues, los problemas del medio ambiente no se solucionarían contra sino con la economía de mercado capitalista. Según este mensaje la globalización no sólo produce problemas globales del medio ambiente sino que también ofrece las posibles soluciones. La norma de que futuras generaciones no encontrarán a la tierra en peor estado que la generación que vive en este momento (WCED, 1987:43) se puede apoyar en una larga tradición, a la que también pertenece Marx (Foster, 1997:278-295). Pero el análisis de la dinámica de la globalización muestra, en primer lugar, que no pueden cumplirse las duras condiciones termodinámicas de la sustentabilidad, es decir, una balanza de entropía equilibrada en la utilización de combustibles fósiles. Esto lo muestran, en segundo lugar, de manera especialmente clara, las crisis de la globalización financiera con las que se ha producido el efecto contrario a la disminución de la pobreza: en promedio las poblaciones de los países particularmente afectados por la crisis financiera son más pobres. Si los problemas globales del medio ambiente son una consecuencia de la pobreza los problemas no han disminuido en los años posteriores a la publicación del Informe Brundtland, sino aumentado.

La dinámica de la globalización ha contribuido al triunfo en la "guerra fría" a fines del "siglo XX breve". En realidad podría creerse que los principios de la democracia y la economía de mercado "en el fin de la historia" descansan en sí mismos. Han resistido con bravura el reto de este siglo. Pero en vez de descansar, su dinámica globalizadora es inquebrantable. Ni el mercado capitalista, impulsado por la "lógica del dinero", ni la democracia parlamentaria, que se alimenta de la competencia entre los partidos que se alternan en el poder, pueden alcanzar ese descanso que sólo haría soportable la globalización social y económica, dada la limitada capacidad ecológica de carga de la tierra. Por eso el discurso ecológico sólo puede tener futuro si existe la perspectiva de que de él resulten nuevos arreglos institucionales de la relación social con la naturaleza. Si estos arreglos han de seguir las reglas de la sustentabilidad, ésta también debe incluir al sistema energético.

"REVOLUCIONES PROMETEICAS"

La primera pregunta que surge tras constatar que la humanidad se encuentra al borde de una catástrofe ecológica en el curso de la globalización económica, social y política es ¿cómo se pudo llegar a esto? Mientras los seres humanos se entendieron con la naturaleza como cazadores y recolectores —y eso es lo que fueron durante la mayor parte de su existencia en la tierra— no poseían ni las posibilidades técnicas ni la disposición mental y social para aniquilar la naturaleza global. Incluso tras la lenta y muy desigual transición a la agricultura, el sedentarismo y el intercambio mediado por el mercado hace aproximadamente cinco mil años, durante la "primera gran transición" (Ponting, 1991:37) en el transcurso de la Revolución neolítica, cuando la naturaleza pudo ser modificada de modo radical en grandes partes de la tierra, era absolutamente inconcebible atacar la capacidad de regeneración de la naturaleza en una dimensión planetaria. Crisis ecológicas locales y regionales, incluso catástrofes que provocaron la ruina de culturas y sociedades existieron también en la protohistoria y la prehistoria.[2] Pero sólo con la Revolución industrial, en el siglo XVIII, es decir, hace aproximadamente 200 años, se dio inicio a la cosecha del "bosque subterráneo" (Sieferle, 1982), se pudo poner en práctica la ilimitabilidad teórica del sistema capitalista (Altvater, 1994:197). La globalización ocurrida en las décadas pasadas ha provocado que las crisis ecológicas no tengan ya límites locales o regionales, sino que tomen dimensiones planetarias. Corey Lofdahl hace el siguiente balance: "Nunca antes regiones geográficamente tan lejanas como los países del sureste asiático, África y Latinoamérica habían sido sujetas simultáneamente a formas tan generalizadas y tan similares de degradación ambiental" (Lofdahl, 1998:340).

La Revolución industrial es, igual que la neolítica, una "revolución prometeica", por lo menos si adoptamos la concepción de Nicholas Georgescu-Roegen (1986). Estamos hablando de esos cambios radicales en la historia de la humanidad en los que una forma de gobierno o una organización social no sustituye a otra sino que también se revoluciona el sistema energético[3] o, dicho de manera menos técnica, la "relación social con la naturaleza", se reescribe la "historia humana de la naturaleza" y el discurso social conduce a un nuevo arreglo de las instituciones ya existentes o al "surgimiento" de nuevas instituciones del metabolismo con la naturaleza. La característica que define a una revolución prometeica es la capacidad de aumentar considerablemente la eficiencia energética —es decir, obtener mediante un insumo limitado de energía un alto producto energético—, tan valiosa para los seres humanos (Hall, 1986). Prometeo entregó el fuego a los hombre y "algunas

[2] Ponting (1991) informa al respecto, por ejemplo acerca del fin de la cultura de la isla de Pascua o de la crisis social de los aztecas aun antes de la llegada de los conquistadores españoles, que podría haber sido ocasionada esencialmente por problemas ecológicos. Ha surgido una nueva rama de la historia, que se ocupa de la historia del medio ambiente o de la relación del hombre con el medio ambiente (por ejemplo Ponting, 1991; Crosby, 1991; Sieferle, 1989; Zirnstein, 1994; Deléage, 1991) y que ha reunido evidencias al respecto. Naturalmente, el concepto de la "prehistoria" es muy problemático, puesto que la "historia" se reserva para el breve periodo de la historia de la humanidad en el que puede trazársela por medio del legado escrito.

[3] Con el concepto de "sistema energético" se hace referencia, por un lado, a las "circunstancias ecológicas y técnicas (desarrollo de las fuentes de energía, de los transformadores y de su grado de efectividad) y, por otro, a las estructuras de apropiación y explotación de estas fuentes y transformadores por la sociedad" (Debeir, Deléage y Hémery, 1989:27 ss).

artes aprendieron por su causa". Con poca yesca podían prenderse grandes superficies, de modo que se pudieran ganar tierras de labranza para las plantas y los animales que fueron siendo domesticados en el curso de la historia. Así sucedió en las civilizaciones, muy desarrolladas, del suroeste de Asia, China y Mesopotamia, donde tuvo su origen la "primera gran transformación" de la historia de la humanidad"; en esto tiene razón André Gunder Frank (1998). Esta "revolución" fue la consecuencia de muchas pequeñas innovaciones que se fueron dando a lo largo de cientos y miles de años. Con la agricultura se pudo generar un excedente que se convirtió en la base del dominio social, que tras la formación del régimen político común fue también dominio político.

Así pues, la transición a nuevos combustibles y sistemas sociales de transformación de energía no consiste sólo en la mejora del efecto de utilización (incremento de la eficiencia energética), sino en un largo proceso de transformación de un sistema social, incluyendo el sistema energético. Por eso debemos distinguir entre el incremento de energía *dentro* de una formación social, con un sistema energético adecuado a ella, y la revolución en la eficiencia, que *trasciende* a un sistema energético y, junto con él, al sistema social. Una "revolución prometeica" es considerablemente más que una revolución en la eficiencia energética. En la Revolución neolítica lo revolucionario fue que la energía solar se pudo "capturar" por medio de una utilización agrícola mejorada, para producir así más plantas y animales que antes. Así se crean excedentes que rebasan el consumo propio. Con el sedentarismo, y gracias a la aparición de excedentes, nace la cultura urbana. Se forma un nuevo y atractivo modelo en el proceso evolutivo de las sociedades y culturas humanas, que resulta tan completamente diferente a la "barbarie" de los recolectores y cazadores que no que se puede hablar del inicio de la historia de la civilización sino hasta el inicio de la Revolución neolítica (véanse Sahlins, 1972; Ponting, 1991; Cameron, 1993; Scarre, 1993). La mayor eficiencia energética, que se alcanza al capturar la energía solar y transformarla en energía biótica (vegetal y animal) útil, sólo pudo ser movilizada debido a y en el curso de la transformación radical de las formas de vida y de trabajo, así como de la organización social de la relación con la naturaleza. Este proceso prometeico duró muchos siglos, si acaso no milenios.

Las muchas "revoluciones" que ha habido en la historia de la humanidad desde que comenzó el neolítico no modificaron esta base sino hasta la Revolución industrial del siglo XVIII. También los planteamientos rudimentarios de la formación de capital en Grecia, Roma o China se quedaron atrapados en los límites del sistema energético, la técnica y la ciencia y, sobre todo, en las estructuras anquilosadas de las formas de organización social, así hayan sido éstas "sociedades esclavistas", "formas de producción asiáticas" o sociedades feudales. La Revolución industrial empezó a prepararse en el siglo XIII, con la aparición de formas (comerciales) capitalistas, el nacimiento de la "racionalidad del dominio del mundo" y, especialmente, la transición histórica a una economía monetaria. La forma de producción capitalista tiene muchas raíces, surgió en diferentes regiones del mundo, pero fue en Europa donde se impuso con fuerza, partiendo de las ciudades del norte de Italia. Tras la "acumulación originaria del capital", la forma de producción capitalista típica no pudo surgir hasta la "gran industria" y los sistemas de propulsión, sobre la base de los combustibles fósiles. Éste fue el marco en el cual los nuevos actores históricos —la clase de la burguesía, de los capitalistas y, posteriormente, también de los obreros— conquistaron las nuevas formas sociales de la economía de mercado capitalista, tanto en la economía como en la sociedad, la vida cotidiana individual y el sistema político. A pesar de la posibilidad "discursiva" de estructuración, el sistema, en conjunto, depende de la trayectoria de desarrollo. No todas las realidades posibles pueden realizarse en un momento dado. Una poderosa constelación histórica resultó ser particularmente atractiva: la economía de mercado capitalista y la sociedad burguesa democrática, basadas en la energía fósil.

El insumo energético para extraer de la tierra la energía —acumulada durante millones de años—, primero en forma de carbón y luego de petróleo (desde principios del siglo XX) y de gas natural (desde la segunda mitad del siglo XX), y para transformarla en energía útil, era comparativamente reducido y, en cambio, el producto energético valioso era muy grande. Se requería poca energía humana para extraer de la tierra grandes masas de la energía almacenada en el carbón. Pocas gotas de petróleo bastan para bombear la cantidad suficiente para llenar un barril. Esta relación favorable de insumos *(inputs)* de energía y combustibles valiosos (para el uso humano) sustenta el carácter prometeico de la Revolución industrial. Así se facilitó la formación de la estructura social, más que nunca antes en la historia de la humanidad, y con dimensiones globales. La forma de producción capitalista se constituyó desde sus principios como un sistema mundial. Esto representa una innovación decisiva frente a los sistemas sociales anteriores, basados todos en la conquista neolítica, es decir, en la producción agrícola y, por lo tanto, en la *sujeción básica al lugar.*

Así pues, las energías bióticas fueron sustituyéndose cada vez más por combustibles fósiles (y posteriormente también nucleares). Para ello se desarrollaron complejos sistemas técnicos de transformación con una eficiencia en constante aumento, de manera que se hizo posible —en cierta forma como efecto secundario— satisfacer más necesidades con una menor explotación de la naturaleza. Esto no es resultado de preocupaciones ecológicas y de los esfuerzos que de ellas se siguen, sino la expresión de los intereses capitalistas por reducir los costos. Con la sociedad industrial se forma la "civilización científica y técnica" total, que se expande entre el ser humano, la sociedad y la naturaleza, incluyéndolos y dominándolos. Pero su dinámica procede de la forma de actuar de la economía monetaria y de mercado, de exigencia de obtener intereses, y por lo tanto ganancias de la producción. La producción de un excedente (un plusvalor) en forma capitalista se convierte en regla social, en "imperativo". Su incremento ha tomado dimensiones históricas desconocidas hasta la fecha. Las repercusiones sociales son tan vastas como las de la transición neolítica, sólo que se han dado en un lapso infinitamente menor. La Revolución neolítica duró miles de años, y por eso Ponting y Cameron consideran poco apropiado el término "revolución" para expresar los cambios sociales, técnicos, económicos y políticos en ese caso, y prefieren "transición".

Por el contrario, la revolución fósil-industrial en el capitalismo ha requerido sólo unas pocas décadas para abrirse paso en su marcha triunfal histórica. La revolución económica empezó antes de la era fósil, con el surgimiento de las primeras formas rudimentarias de economía monetaria y de "acumulación originaria" de capital. También la técnica se adaptó a las formas sociales y económicas. Desde el siglo XVI se desarrolló la máquina-herramienta, que sólo esperaba poder ser propulsada por medio de máquinas móviles que pudiesen desplegar más fuerza que los combustibles bióticos (seres humanos y animales, viento y agua). La revolución política se propaga en pocos siglos: 1688 en Inglaterra, 1776 en Estados Unidos, 1789 en Francia; también la revolución de 1917, en Rusia, forma parte de esta serie. La revolución social se consuma de manera paralela a la formación de la sociedad burguesa. Entre las muchas posibilidades evolutivas del desarrollo socioeconómico se encontraba un nuevo atractor, por cuya vía habrían de transitar en el futuro todas las sociedades, aunque con resultados sumamente diferentes.[4]

Pero precisamente aquí se encuentra el problema. Porque el incremento del excedente industrial se obtiene, esencialmente, utilizando esos recursos que se han formado en el curso de cientos de millones de años en la corteza terrestre y que, por lo tanto, son *reservas* transitorias, agotables y finitas que son explotadas y quemadas. Ningún otro ser vivo saquea las reservas, todos viven de la *energía que fluye* del sol. Según Nicholas Georgescu-Roegen, también la humanidad dispone, en principio, sólo de

> dos recursos de riqueza: primero, la reserva finita de recursos minerales en la corteza terrestre, que, dentro de ciertos límites, podemos consumir en un flujo casi a voluntad y, segundo, un flujo de radiación solar cuya cantidad no está sujeta a nuestro control. En términos de baja entropía, la reserva de recursos minerales es sólo una muy pequeña fracción de la energía solar recibida por el planeta en un año. Para ser exactos, la estimación más alta de los recursos energéticos terrestres no excede la cantidad de energía libre recibida del sol en *¡cuatro días!* Además, el flujo de la radiación solar continuará con la misma intensidad (prácticamente) durante un largo tiempo. Por estas razones, y porque la baja entropía recibida del sol no puede ser convertida en material con volumen, no es la reserva finita de energía solar la que le impone límites al tiempo que pueda sobrevivir la especie humana. En cambio, sí es la exigua reserva de los recursos de la tierra la que representa la escasez crucial (Georgescu-Roegen, 1971:303 ss).

[4] Probablemente la alternativa del socialismo real en el siglo XX acabó por caer también en la forma occidental, capitalista, de economía de mercado, porque no se logró desarrollar un sistema energético alternativo, liberarse de las presiones de la aceleración y expansión en el marco del régimen capitalista del tiempo y el espacio, es decir, encabezar una nueva "revolución prometeica". Los sistemas capitalistas y de economía de mercado, basados en los modos de funcionamiento del dinero y el capital, son más adecuados para la producción de excedentes que la propiedad colectiva y la planeación "socialista".

Por eso resulta totalmente evidente que la Revolución industrial, a diferencia de la neolítica, encuentra su dimensión y sus barreras en las reservas finitas de recursos y las reducciones del planeta tierra, y no en las potencias de la corriente energética del sol, a menos que se encuentre una salida "post" industrial, que también —y esto se olvida o se omite en la mayoría de los escritos acerca de la "sociedad postindustrial"— deberá ser *"posfosilista"* (Scheer, 1995:169; 208).

La dinámica de la Revolución industrial, que se puede ligar discursivamente de manera tan fluida con la lógica del desarrollo capitalista en la praxis social, queda esbozada en el esquema 9.1. En su transcurso, junto con la productividad del trabajo se eleva también la prosperidad de las naciones y se globaliza un modelo de vida con todas sus facetas, de la tecnología a la urbanización, de la movilidad a la individualización. La revolución capitalista incluso termina de manera radical con esa clase que surgió a partir de la Revolución neolítica: los campesinos. Su número en los países industrializados, a fines del siglo XX, es insignificante. E incluso en los países en vías de desarrollo la mayoría de la población ya no vive en el campo, sino en la ciudad. Pero la industrialización de la agricultura tiene consecuencias sumamente negativas, a las que ya hizo referencia Marx:

> La pequeña propiedad presupone que la gran mayoría de la población sea rural y que no domine el trabajo social, sino el trabajo aislado. Que por eso la riqueza y el desarrollo de la reproducción, tanto de sus condiciones materiales como espirituales, queden excluidas en estas circunstancias, por lo tanto también las condiciones de una cultura racional. Por otro lado, la gran propiedad reduce a la población agrícola a un mínimo siempre decreciente y la enfrenta con una población industrial cada vez mayor, aglomerada en grandes ciudades. Esto crea condiciones que provocan un desgarramiento irremediable en la relación entre el metabolismo social y el prescrito por las leyes naturales de la vida, a consecuencia de lo cual se desaprovecha el suelo, y este desaprovechamiento es llevado por el comercio mucho más allá de las propias fronteras (Liebig) (MEW, 25:821).

Después de la Revolución neolítica la agricultura fue para los seres humanos una fuente de energía valiosa y útil. La agricultura industrial ya no lo es: consume más energía (combustibles fósiles, abonos minerales, etc.) de lo que devuelve en forma de alimentos (al respecto véanse Martínez-Alier, 1987:20-72, y Leff, 1995:69-80). Así pues, la industrialización de la agricultura destruye de manera radical las bases de la Revolución neolítica.

"Las generaciones futuras —decía Pier Paolo Passolini— sólo podrán ver a su alrededor la entropía burguesa" (citado en Preve, 1989:109). Con esto no se refería únicamente al aumento de entropía en la naturaleza, sino al incremento de entropía social, del que también habla Ernest Gellner. La entropía como categoría de las ciencias sociales sirve como una medida de la distribución equitativa en las sociedades modernas, del "desorden molecular" en un sistema en el que, en principio, cualquier miembro puede asumir cualquier posición, y en el que han desaparecido las estructuras de orden de las sociedades con una división premoderna, con sus seguros procesos de coordinación y asignación.[5] Aplicada de manera crítica a la cultura, la entropía social es una medida de la "masificación" de la sociedad, contra la que sólo se puede luchar recuperando la individualidad perdida por medio de la moda, la movilidad y la extravagancia. Ernest Gellner denomina "resistencia a la entropía" a las tendencias antientrópicas. "Una categoría es resistente a la entropía si se basa en un atributo que muestre una clara tendencia a no distribuirse de manera regular entre toda la sociedad, aun después de un largo tiempo de la introducción original de una sociedad industrial" (Gellner, 1991:100). En la argumentación de Gellner las asignaciones de lo nacional y los mecanismos del distanciamiento social son particularmente importantes en las estrategias de resistencia a la entropía. El distanciamiento como estrategia de la resistencia a la entropía, es decir, la movilidad en el espacio y la flexibilidad en el tiempo, requieren la correspondiente aportación de energía y de material. Esto agudiza el problema ecológico. Y la estrategia de la resistencia social a la entropía se convierte en un factor de estrés individual y social que no existía en la era preindustrial de la lentitud social. A causa de los procesos de diferenciación en el curso de la modernización, y debido a la división del trabajo cada vez más profundizada, el régimen de tiempo no sólo se caracteriza por la aceleración —a diferencia de los regímenes de tiempo de la premodernidad—, sino también por la fragmentación: mucho se tiene que hacer al mismo tiempo, y lo mismo se debe hacer en muchos tiempos. La individualización al final de la era del fordismo, que muchos festejan ya como señal del "posfordismo", es simultánemante el resultado y el promotor del régimen fragmentado del tiempo.

Sólo se pueden hacer observaciones nebulosas sobre una revolución prometeica postindustrial. El sistema energético sólo tiene un futuro posible si evoluciona de los combustibles fósiles a la energía solar renovable, eso queda claro. A diferencia de la Revolución neolítica, en la que se utilizaba —y al hacerlo se modificaba radicalmente— la litosfera para la transformación de la energía solar, hoy también se tienen que incluir las otras esferas de la tierra en el proceso de la transformación de energía. Las energías correspondientes a la utilización del agua y del aire ya existen. Pero la "revolución" no se puede limitar al intercambio de la base energética de las sociedades. La forma de la sociedad tendría que adaptarse a la energía solar mediante la desaceleración en el tiempo y la regionalización y descentralización en el espacio. Dadas las tendencias dominantes de la globalización capitalista, no es posible esta adaptación del sistema social a los requerimientos ecológicos de la durabilidad en el planeta tierra; la ruptura con el discurso hegemónico es demasiado radical como para que estas condiciones de durabilidad puedan comunicarse con la perspectiva de provocar una reflexión política relevante.

[5] La utilización del concepto de entropía en las ciencias naturales y sociales es confusa y polémica. Pero el término tiene la gran ventaja de analizar la "relación social con la naturaleza" en una conceptualización arraigada en las ciencias tanto naturales como sociales (al respecto véase Altvater, 1992).

ESQUEMA 9.1. LA DINÁMICA DE LA REVOLUCIÓN INDUSTRIAL

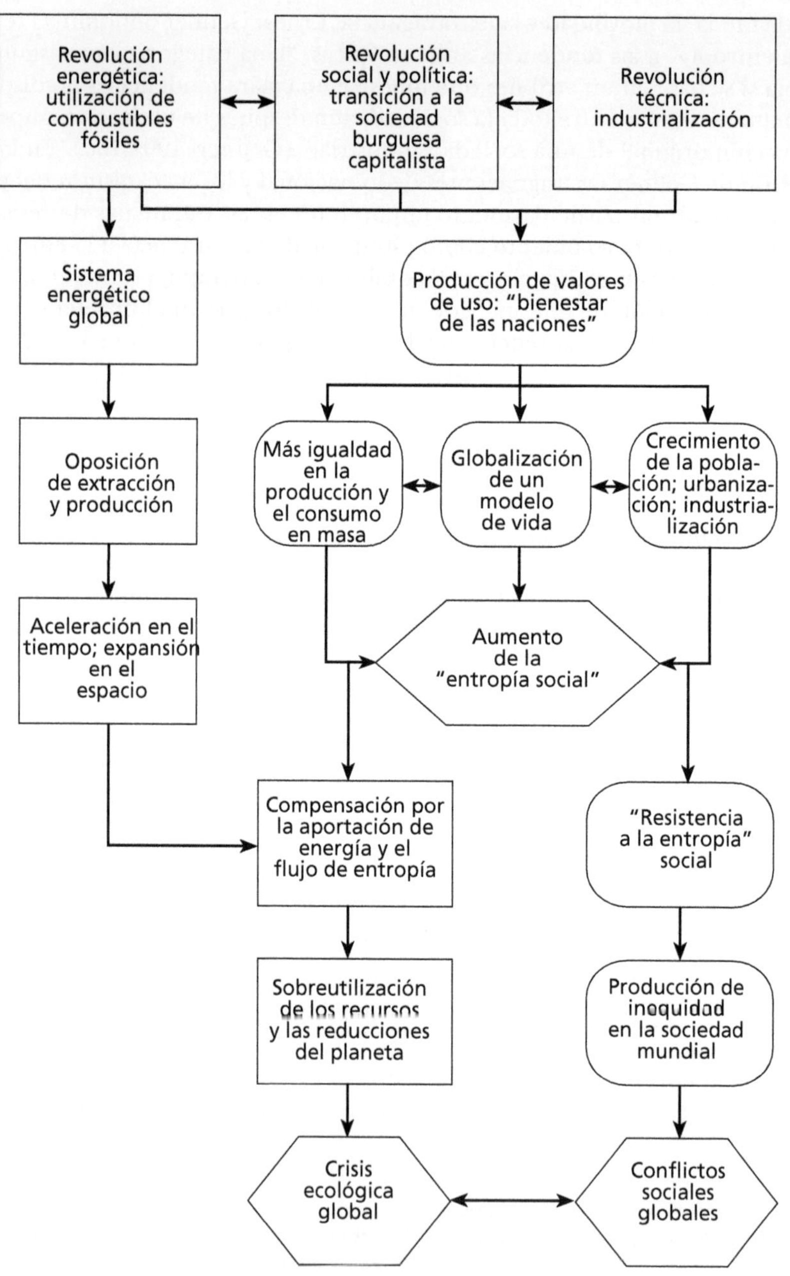

LÍMITES NATURALES Y BIENES POSICIONALES

Desde los inicios de la Revolución industrial los sistemas capitalistas de mercado sólo han regulado el aumento de la producción y del consumo, es decir, el crecimiento económico (tanto el biofísico como el monetario). Las economías de mercado, medidas en el aumento de la prosperidad de un gran número de personas, fueron sumamente exitosas. Pero hoy se debe plantear una nueva pregunta: ¿son los mecanismos del mercado apropiados y están los actores en la arena de la economía del mercado dispuestos a regular también el estancamiento y aun la contracción del sistema económico? Hasta ahora el estancamiento y la contracción han sido percibidos sólo como crisis económica con graves repercusiones sociales y políticas —dependiendo de su profundidad y duración— y, por lo tanto, han ocasionado medidas en contra que han sido acompañadas por un amplio consenso de los economistas: la estimulación del crecimiento para superar las crisis, reducir la pobreza y aumentar la prosperidad; de esta manera, según la creencia difundida (véase otra vez WCED, 1987), también se pueden solucionar los problemas económicos.

¿Cómo pueden los mercados, que hasta este momento de la historia han tenido tanto éxito para provocar un aumento cuantitativo monetario, ocuparse ahora exactamente de lo contrario? ¿Cómo pueden funcionar los sistemas democráticos si la participación en decisiones sustanciales debe desembocar en una renuncia autodeterminada? De nuevo nos vemos confrontados con la pregunta de cómo puede funcionar la globalidad como estado si la globalización como proceso de la modernidad debe detenerse por razones ecológicas (si es que no existen ya razones de otra índole). No se excluye que los historiadores del futuro, al ver en retrospectiva el "siglo XX breve" (de Sarajevo en 1914 a Sarajevo en 1991, Hobsbawm, 1995), vean una victoria pírrica en la guerra fría, la globalización del mercado y la democracia. Apenas han triunfado el mercado y la democracia cuando ya deben enfrentarse a tareas cuya efectividad no habían tenido que probar hasta ahora: la regulación de la asignación de los recursos, la producción y la distribución de bienes en el límite de la sustentabilidad de los ecosistemas del planeta tierra.

Nos encontramos frente a la problemática planteada por Roy Harrod (1958) y Fred Hirsch (1980) de la distribución de bienes "oligárquicos" ("posicionales"): "A partir de determinado límite, que hace mucho que se rebasó en las sociedades industriales de masas, empeoran las condiciones de uso de un bien cuanto más difundido sea su uso" (Hirsch, 1980:17). Lo que Hirsch describe para bienes individuales en mercados nacionales o regionales se aplica también, en el límite de la sustentabilidad del planeta, a grupos enteros de bienes, así como a las condiciones de producción técnicas y sociales en las que se producen. No todas las regiones y naciones del planeta pueden formar la combinación de artefactos materiales de la sociedad industrial y disfrutar sus productos en forma de prosperidad sin empeorar el "valor de uso", es decir, la utilidad del grupo de bienes industriales y servicios en su conjunto. El uso del automóvil por la humanidad entera no sólo fomentaría el efecto invernadero sino que conduciría a los usuarios de automóviles en todo el mundo (aunque seguramente no en forma regular) al embotellamiento y la inmovilidad. Entonces, la forma de producción y regulación ya desarrollada sólo se puede modificar al ser globalizada y democratizada, en tanto que cada vez más personas puedan participar de las gratificaciones. Por lo tanto, la democratización significa, *en el límite* de la sustentabilidad de los recursos naturales, un considerable aumento de entropía social y física. Este problema no existirá en sus variantes social y política mientras no se sobrecargue la "sustentabilidad" del sistema, mientras no se rebasen los límites del espacio del medio ambiente.

Para el control que la economía del mercado ejerce por medio de los precios este desarrollo provoca dos problemas considerables. El mecanismo del precio opera sólo bajo dos condiciones: en primer lugar la mercancía debe tener un valor de uso y, en segundo lugar, debe ser escasa ante la demanda. Si la mercancía no tiene ningún valor de uso (ni siquiera uno inventado) nadie estará dispuesto a pagar un precio por ella. Si la mercancía existe en exceso es imposible o muy difícil venderla a cambio de dinero, puesto que no se pueden registrar los derechos de propiedad para excluir de la utilidad a aquellos que no han pagado nada para obtenerla. Los bienes posicionales se caracterizan, precisamente, por que cuanto más se venden y se usan pierden su valor de uso. El valor de uso original no sólo es escaso, sino que hay una insuficiencia de él (respecto a la diferencia entre escasez e insuficiencia véase Altvater, 1993:70-71). La "casa de campo" mencionada en este contexto no será ya una "casa de campo" si muchos ciudadanos se deciden a mudarse al "campo". El valor de uso de la casa de campo se pierde y, al mismo tiempo, con la invasión de los paisajes se provoca una verdadera insuficiencia de refugios verdes.

Tras los sentimientos de euforia es adecuado ahora el pensamiento trágico, porque menos sentido tiene tratar de alcanzar una autolimitación de la explotación de la naturaleza con el mercado y la democracia representativa cuanto más se generalicen sus principios en el planeta. La expansión por encima de todos los límites ocasiona que desaparezcan cada vez más las posibilidades de externalizar los efectos negativos. La externalización de desechos —todavía considerada lógica hace no tanto tiempo— en el aire, en el agua, en el suelo, resulta dudosa cuando tiene que volver a ser internalizada debido a la interacción de las diferentes esferas. Aunque constituye más bien una excepción el que las compañías transnacionales pretendan crear *pollution havens* (refugios de la contaminación), por razones de competitividad (Esty y Gentry, 1997:162-166; Adams, 1997a:73-77), para liberar el presupuesto de las empresas de los costos por la protección al ambiente, no existen en realidad "industrias limpias". El crecimiento capitalista, impulsado por las tasas de intereses reales, está ligado indefectiblemente en el nivel ya alcanzado, a pesar de la creciente eficiencia de la transformación de energía y materia, con altos consumos de energía y de materias primas. Tampoco se puede negar que, aun sin una estrategia consciente de "migración industrial" (Adams, 1997a:73) a los *pollution havens,* el "espacio del medio ambiente", del que se sirven en su conjunto los habitantes del planeta tierra, se vuelve cada vez más estrecho. No existe escapatoria posible de lo que Jim O'Connor llamó la "segunda contradicción" (O'Connor, 1988); la degradación del medio ambiente afectará inexorablemente a quienes la provocan. En parte esto ocurre porque se encarecen los insumos de recursos (por ejemplo, el gasto realizado para tratar el agua), en parte porque se forman movimientos sociales que aparecen en el espacio social y político como "abogados" de la naturaleza y de una vida social que no niegue las condiciones naturales.

EL INVENTO DEL ESPACIO DEL MEDIO AMBIENTE

No cabe duda de que la industrialización es un modelo elevado y deseable, mientras no se abuse del espacio del medio ambiente o de la sustentabilidad de la naturaleza. La vida se facilita; la variedad de los valores de uso posibilita un nivel de satisfacción de las necesidades único en la historia de la humanidad. Lejos de los límites del "espacio del medio ambiente" la acumulación del capital y la modernización sólo encuentran barreras en sí mismas, de manera autorreferencial. Las "chimeneas humeantes" se consideran un símbolo de la dinámica y del progreso de las sociedades industriales. Pero el sistema económico y social se expande en contra de los límites del espacio del medio ambiente, y éstos sólo son percibidos como barreras externas a la expansión. Por lo tanto existen interferencias ecológicas en el desarrollo regulado autorreferencial del sistema social; la naturaleza se torna objeto del discurso social,[6] en el que intervienen iniciativas y movimientos cuyo interés ya no estriba en tener una participación monetaria en las gratificaciones de la sociedad industrial (sindicatos) sino en la protección de la naturaleza y el medio ambiente. Para poder captar las interferencias se inventó el concepto del espacio del medio ambiente. Ésta es una innovación, puesto que con la acción de los "mecanismos de desinserción" (véase el capítulo 2) los espacios territoriales y los tiempos históricos han sido comprimidos hasta la insignificancia. La *abstracción* del tiempo y el espacio es la característica de la realidad *concreta* de la economía de mercado capitalista globalizada.

El tiempo y el espacio carecen casi totalmente de importancia como barreras naturales en las coordenadas para la toma de decisiones de los responsables funcionales de la globalización. Pero el tiempo y el espacio, después que han sido "presentizados" y compactados, son reconstruidos científicamente como "espacio del medio ambiente" por medio de meras elucubraciones. El concepto del espacio del medio ambiente es, en principio, un invento, una construcción auxiliar para poder abarcar los límites de la naturaleza en los conceptos habituales de un dis-

[6] Mientras el aire sirva para respirar no se tiene que hablar sobre él. Pero si hace que se corte la respiración y provoca laringitis estridulosa, etc., se convierte en tema del discurso ecológico.

curso totalmente diferente, en este caso el económico. La tierra debe ser inventariada como un “almacén”. Primero tenemos que saber lo que hay para poder manejarlo siguiendo una *racionalidad* ecológica y económica. Pero resulta difícil, si no imposible, realizar el “inventario” del planeta, puesto que éste se desarrolla sin cesar y, por lo tanto, se modifica cuantitativa y cualitativamente. Querer retratar el proceso de la evolución como en una instantánea es una empresa heroica, destinada de antemano al fracaso. Por eso se debe recurrir a medios auxiliares con los que, por lo menos, se pueda obtener una idea aproximada del espacio del medio ambiente. Estos medios auxiliares son indicadores mediante los cuales se pueden expresar en un idioma informaciones sobre un determinado fenómeno (por ejemplo un fenómeno natural) que resultan comunicables dentro de un sistema económico, social o político. En la jerga científica este procedimiento se denomina “operacionalización”. Así pues, los indicadores plantean siempre la pregunta acerca de la idoneidad, la traducibilidad y la interpretación adecuada al fenómeno medido.

La idea, entonces, es sencilla en principio. Se trata de realizar un registro cualitativo y, sobre todo, cuantitativo de las reservas de energía y materia y de su distribución. Las reservas no son fijas, puesto que se modifican dinámicamente (con las estaciones del año, la latitud, las condiciones climáticas, etc., y como consecuencia de la intervención humana), pero constituyen un “marco de acción natural al que se denomina ‘espacio del medio ambiente’” (Wuppertal Institut, 1996:27). En el “Estudio de Wuppertal”, que se apoya conceptualmente en las obras de Opschoor (1992), el concepto del espacio del medio ambiente se define de manera claramente *antropocéntrica*.

> El espacio del medio ambiente designa el espacio que los seres humanos pueden utilizar en el medio ambiente sin perjudicar de manera duradera característica alguna. El espacio del medio ambiente resulta de la sustentabilidad ecológica de los ecosistemas, de la capacidad de regeneración de los recursos naturales y de la disponibilidad de los recursos [...] El concepto del espacio del medio ambiente reconoce la variedad de las posibilidades de utilización del medio ambiente natural que tiene el ser humano (p. 27).

Sin embargo, en otra parte del estudio también se lee:

> sería arrogante querer entender y predecir todas las relaciones e interacciones en la naturaleza por medio de métodos “de identificación”. No es el ser humano quien se encuentra en el centro como razón última del ser y para quien todo lo demás se convierte en un entorno del que se puede servir. Esta reflexión impide no tomar en cuenta a otros seres vivos y a la naturaleza inanimada. Va más allá de un antropocentrismo depurado e incluye a la naturaleza como objeto de la ética (p. 35).

Pero la “reflexión” ética no es tomada en cuenta en el registro empírico del espacio del medio ambiente. Por lo demás, resulta tan problemático declarar a la naturaleza "objeto" de la ética como tratarla como objeto de los intereses de valorización (al respecto véase el capítulo 3).

Entonces, tenemos en el centro al hombre, específicamente al hombre europeo racional, que tiene la capacidad de *reconstruir idealmente* el espacio del medio ambiente, que ha *desconstruido realmente* y de manera sistemática en los siglos posteriores a la Revolución industrial; y más aún: lo ha destruido. Y este hombre racional ve en el medio ambiente y en todo lo que lo rodea una acumulación de recursos para cuyo uso se deben desarrollar ahora otras reglas diferentes a aquellas con las que hasta este momento, y de acuerdo con el principio de valorización capitalista, se han consumido los recursos y degradado el medio ambiente. Este nuevo sistema de reglas se rige por la directriz de la sustentabilidad. Se trata de adaptar los ritmos de la valorización económica y de los ciclos naturales de reproducción. Las referencias en el estudio del Instituto Wuppertal a la necesaria desaceleración del tiempo y a la restitución del espacio (Wuppertal Institut, 1996:153 ss) son, en efecto, decisivas. Y más extraño resulta entonces que no se saquen conclusiones analíticas ni normativas a partir de este conocimiento.

El concepto del espacio del medio ambiente plantea toda una serie de preguntas sin respuesta. En primer lugar se debe aclarar cuáles son y cuáles no son características esenciales del espacio del medio ambiente. ¿Según qué criterios se debe hacer esta distinción, partiendo de que el "espacio del medio ambiente" se determina antropocéntricamente? El gerente de una empresa transnacional o el planificador de una instalación de monorrieles tendrán una idea de lo que resulta esencial diferente de la de un observador de aves o un esteta de la naturaleza. Asimismo, las mujeres desarrollan una comprensión de la naturaleza distinta de la de los hombres (Linz, 1998:29-33). En la construcción conceptual del espacio del medio ambiente no se puede hacer abstracción de múltiples conflictos de intereses; el concepto del espacio del medio ambiente debería articularse de manera discursiva y ser definido con autoridad científica. La definición sólo representa un paso en el proceso de la constitución de un espacio del medio ambiente cuyas formas de utilización son resultado de acuerdos hechos en el espacio social. A esto se añade, en segundo lugar, que la capacidad de regeneración de los ecosistemas tendría que estar provista de una dimensión temporal. Así pues, no se trata sólo del espacio del medio ambiente sino también del tiempo del medio ambiente,[7] es decir, de la articulación de diferentes regímenes espaciales y temporales entre las sociedades, y de la necesidad de compatibilizar ritmos y regímenes temporales económicos, sociales y naturales. Si la cuestión de la construcción del concepto de un espacio del medio ambiente resulta tan complicada, la "medición" del espacio del medio ambiente por medio de indicadores se convierte en un problema sencilla-

[7] Una selva tropical lluviosa primaria podría regenerarse, después de ser desforestada, en un lapso de entre 80 y 100 años, siempre y cuando la desforestación no hubiera sido total. Sin embargo, en las siguientes décadas no podría esperarse, dependiendo del tipo de suelo, más que una selva secundaria, pobre en especies.

mente irresoluble, sobre todo porque no sólo se presenta la cuestión de la utilización intrageneratíva, sino también intergenerativa del "espacio del medio ambiente". Por su parte, los indicadores tampoco son "objetivos", sino que siempre son muy cuestionados.

En tercer lugar, adquieren relevancia la ubicación del espacio del medio ambiente (regional o nacional) en el planeta tierra y su extensión relativa (en el espacio y en el tiempo). Las fronteras del espacio del medio ambiente no deben trazarse entonces únicamente en relación con el "inventario" de materiales y energía, ni con el de los seres vivos que en él habitan, sino tomando en cuenta también otros espacios del medio ambiente en competencia. Porque resulta más sencillo, este problema se soluciona al identificar en un principio al espacio del medio ambiente con el territorio del estado nacional. Sólo en un paso posterior resulta posible tomar en cuenta los efectos ecológicos de importación y exportación. Debe calcularse también el "equipaje ecológico" que se carga en el curso de las importaciones y las exportaciones por sobre las fronteras respectivas (Wuppertal Institut, 1996:133), pues la "huella ecológica" depende del tamaño relativo de cada espacio del medio ambiente (Adams, 1997b:183). Y no estamos hablando sólo de productos, sino también del consumo de materiales y energía durante el proceso de producción y de transporte, que lastra el medio ambiente en forma de desechos y calor perdido. El World Resources Institute hace un balance en un estudio sobre los efectos de la protección del medio ambiente sobre la medida de la productividad:

> Cada año, para generar casi cinco mil millones de toneladas de productos vendibles, la economía de Estados Unidos usa más de diez mil millones de toneladas de materias primas, generando, por lo menos, cinco mil millones de toneladas de desechos, particularmente mineros. El posterior procesamiento y fabricación de estos productos básicos produce cientos de millones de toneladas más de desperdicios y emanaciones que son vertidos al medio ambiente [...] En total, por lo menos ocho mil millones de toneladas de material son arrojadas al medio ambiente cada año [...] Estos inmensos flujos de residuos no vendibles, desechados en todas las etapas del ciclo de producción, generan importantes costos económicos e impactos ambientales (WRI, 1999).

El siguiente problema lo representa, en cuarto lugar, la distribución, si se entiende al planeta tierra como el único espacio del medio ambiente de todos los seres humanos —de las generaciones presentes y futuras—, sobre el cual todos, como *ciudadanos de la tierra,* pueden reclamar el mismo derecho. Esta concepción del espacio del medio ambiente como un espacio de personas con derechos de ciudadanos mundiales se da a partir de la norma de la durabilidad (WCED, 1987:43; Foster, 1997:288, respecto a Marx), pero a su aplicación se oponen las estructuras creadas por la globalización. No existe una sociedad mundial en la que se pudiera imponer políticamente la igualdad de derechos al espacio del medio ambiente. El mercado, a su vez, produce una inequidad de ingresos dinerarios, que genera derechos también desiguales a participar de la naturaleza. La desigualdad del consumo de la naturaleza se puede medir con indicadores. Del presupuesto energético total de que dispone la humanidad, de aproximadamente 8 terawatts, un centroeuropeo utiliza, por cabeza, aproximadamente 6 KW, un norteamericano, unos 11, un chino 0.8 y un africano 0.08. Si se realizara una distribución equitativa aproximada, cada ciudadano de la tierra dispondría de un "presupuesto energético personal" de 1.5 KW (Dürr, 1994). Esta oferta energética podría y tendría que derivarse, en su mayor parte, de los rayos solares; entonces sí sería *posible* abandonar el uso de los combustibles fósiles. Pero eso sí, esta redistribución supondría una reducción de entre 70 y 90% en el consumo de energía de los ricos. Salta a la vista que esto no sería posible sin cambiar las formas de vida y de producción. La cuestión de la redistribución no es independiente, entonces, de la cuestión de la producción y del consumo y de la estructuración sociopolítica del régimen común.

Y de este modo llegamos al quinto problema. En el estudio realizado por el Instituto Wuppertal se hace un balance entre el medio ambiente disponible y el consumo del medio ambiente en Alemania, tras lo cual se llegó a la conclusión de que, para el año 2050, el consumo energético de combustibles fósiles debía reducirse entre 80 y 90%, y el de energía nuclear 100%. El consumo material de materias primas no renovables y las emisiones de contaminantes también deberían reducirse en una proporción similar, si se quiere alcanzar durabilidad y perspectivas de futuro (Wuppertal Institut, 1996:80). Estos datos, que confirman otros estudios acerca del estado del mundo, muestran con una claridad meridiana que las formas de vida y de producción capitalistas no tienen perspectivas de futuro, especialmente porque no sólo es demasiado elevado su consumo de energía y materiales. Por añadidura resulta difícil hacer que el sistema, que ha crecido a un ritmo acelerado desde la Revolución industrial, dé marcha atrás y se contraiga. ¿Pero qué se sigue de esta dramática constatación? Por lo general no mucho, por lo menos nada dramático. En el "Estudio de Wuppertal" se aboga por una mayor eficiencia energética y se sugieren nuevos "modelos" de "buena vida" para los individuos (así pues, junto a la "revolución de la eficiencia" se propone una "revolución de la suficiencia"). Los cambios de los mecanismos sociales de la regulación son tabú en este discurso, al que, por lo mismo, se califica de "tecnocrático" (Linz, 1998:28-38). Y en realidad lo que se debería hacer sería discutir con verdadera seriedad si la dinámica de la acumulación capitalista, controlada por el mercado y el dinero, que finalmente es responsable de la agudización de la crisis ecológica, también resulta adecuada para ofrecer la solución.

Nos hemos limitado básicamente al problema energético, y no hemos incluido en nuestra argumentación las otras dimensiones del espacio del medio ambiente, sobre todo la capacidad de evolución de las especies, aunque la extinción de especies se está constituyendo en signo inequívoco de que el "espacio del medio ambiente" que hemos calculado para "nosotros, los seres humanos" ya ha quedado destruido para muchas especies. Por otro lado, la extinción de especies probablemente tenga efectos mucho más dramáticos que el efecto invernadero y el agujero de la capa de ozono. Muchas de estas dimensiones del "espacio del medio ambiente" no pueden ser captadas fácilmente ni de manera alguna con los medios de la operacionalización. Y así llegamos al *sexto* problema. El espacio del medio ambiente no tiene un tamaño objetivo dado (a pesar de que existe de manera objetiva), sino que se construye mediante indicadores (consumo de energía, extracción de materiales, ingresos de contaminantes, etc.). La construcción, y a veces sólo la imaginación, depende de informaciones y de su procesamiento, y ambas cosas tienen que ver con intereses de la sociedad (tanto la nacional como la "sociedad mundial"). Ya en el propio sistema científico que recopila y procesa las informaciones para formar indicadores adecuados existen filtros, particularmente los que provienen del arsenal de la racionalidad económica. El "Estudio de Wuppertal" está en contra de inventariar a la naturaleza como "capital natural" (Wuppertal Institut, 1996:28 ss). Pero también en él se utilizan los indicadores económicos, como los que se emplean en los cálculos del "costo ecológico del crecimiento". Y éstos, en realidad, carecen de valor, como no sea el de alarmar con un argumento tomado de la lógica económica: el resultado del crecimiento económico se ha obtenido a un costo más elevado que él mismo; el precio de la prosperidad es demasiado alto, la prosperidad resulta demasiado cara (Van Dieren, 1995). Aquí, evidentemente, ya no funciona la racionalidad del-fin-que-justifica-los-medios del cálculo ecológico. Ésta es una razón para dudar de la medida de la productividad si de ella se excluyen sistemáticamente los efectos ecológicos de la economía (WRI, 1999).

La tragedia de la modernización industrial

Si el espacio del medio ambiente está agotado en gran parte y, por lo tanto, el consumo del medio ambiente debe reducirse, la industrialización es un "bien posicional" al que no pueden tener acceso todas las regiones y naciones del planeta. Dicho de otra manera, es imposible un reparto equitativo del consumo de materiales y energía que corresponda *al nivel de los países industrializados*. La optimista suposición de la política del desarrollo de que el nivel del agua sube, elevando así a todas las demás embarcaciones, aunque algunas de ellas carguen más peso (Sutcliffe, 1995:234), carece de sustento cuando casi se está sobre el lecho seco del río. El hecho de que los límites ecológicos provocan problemas a la política de desarrollo sólo se ha recogido en el debate en los tiempos más recientes. En otras palabras, "ponerse al corriente en la industrialización", que es la esperanza de todas las sociedades en vías de desarrollo, es un proyecto irrealizable, pues el nivel de industrialización en algunas regiones del "Norte" ya es demasiado alto y las expectativas de que descienda en el mundo industrializado en la medida en que se calculó en el "Estudio de Wuppertal" son reducidas.

Las consecuencias son considerables, porque la competitividad a que se aspira en los mercados globales exige capacidad tecnológica, altos estándares de calificación, una gestión eficiente y una administración que guste de tomar decisiones, así como una moderna infraestructura material, social y legal, todos ellos elementos que sólo pueden erigirse sobre la base de la sociedad industrializada. Aun la terciarización del trabajo (véase el capítulo 7) y la "posmodernidad" de los estilos de vida individuales se basan en una variedad de bienes de consumo que sólo pueden ser producidos de forma industrial. La vía rápida que conduce a la sociedad "posfordista" de servicios y de información atraviesa los paisajes industriales fordistas, no los rodea. Por lo tanto, ponerse al corriente en el desarrollo equivale, en el mundo de hoy, a una industrialización generalizada.

Aun cuando tras el fin del "socialismo real" se habla del triunfo del mercado, teleológicamente se hace referencia a la industrialización. Porque sólo con la transformación de las energías fósiles, que permitió que el alcance espacial de las acciones humanas se expandiera enormemente y que, al mismo tiempo, contribuyó a acelerar también enormemente todos los procesos, pudo el mercado desarrollar por entero su efecto estimulante. La expansión cuantitativa del producto social, requerida por la lógica del mercado, no podía darse sin los sistemas de transformación de materia y energía que llamamos "industrialización" y que hicieron posible, en primer lugar, el brutal aumento de la productividad laboral en los siglos que han pasado desde la Revolución industrial. Así pues, quien al "final de la historia" hable del triunfo del principio de la economía de mercado se refiere también a la falta histórica de alternativas de la industrialización. En el "nuevo orden mundial" la históricamente triunfante economía del mercado precisa los cimientos materiales de la sociedad industrial. Sin "electrificación" las señales de los precios no pueden dar rápidamente la vuelta al mundo, no habría producción en masa ni transportes baratos para los productos a granel que deben recorrer largas distancias. Sin la productividad del trabajo, multiplicada por la industrialización, la "catalaxia" de la economía del mercado no sería más que un conjunto inocuo de reglas, como en los muchos siglos previos a la modernidad, cuando a pesar de las relaciones de mercado y monetarias las sociedades humanas sólo avanzaban lentamente.

A diferencia de lo acontecido en la experiencia soviética, hoy la industrialización ocurre desde fines de los años treinta en el medio del mercado mundial que se ha formado para mercancías, dinero y capital, y es el mercado el que le impone límites muy duros en un mundo que no carece de límites. Los teóricos neoclásicos del mercado están conscientes intuitivamente de este dilema: modelan su teoría para un mundo sin espacio y sin tiempo, en el cual, además, el dinero es "neutral", y no una restricción sistémica. Pero en la realidad del mercado mundial existen límites duros, tanto económicos como sociales y ecológicos.

En primer lugar, la ventaja obtenida por los competidores no puede ser recuperada con medios conformes al mercado. Aun en un camino ya trillado de la industrialización los rezagados sólo pueden avanzar si aumenta la distancia que los separa de las naciones industrializadas líderes. Los países ya desarrollados siguen también las estrategias para producir "competitividad sistémica" e incluso de forma mucho más masiva que las sociedades en vías de desarrollo (para la Unión Europea véase el *Weißbuch* [1993] y para Estados Unidos los reportes del Competitiveness Policy Council). Cuando se eleva el nivel de manera general la distancia no disminuye sino que aumenta. Paradójicamente, la industrialización podría ser total, pero la mejora relativa de competitividad —en comparación con otros competidores— no. Y si éste es el caso, la estrategia de "ponerse al corriente en la industrialización" sólo servirá para erigir inversiones en ruinas.

En segundo lugar hay que importar hardware y software para una industrialización exitosa. Para ello, por lo general, se necesitan créditos o ingresos en divisas, que en muchos casos sólo se pueden adquirir por medio de la exportación de materias primas. Por eso en un principio la industrialización debe explotar los sectores de extracción. Pero de esta manera se fomentan estructuras sociales, poderes políticos e intereses económicos que, con frecuencia, representan un obstáculo a la industrialización y a los necesarios encadenamientos mediados o no por el mercado (Bunker, 1985; Altvater, 1987). El dinero representa una dura restricción para toda actividad económica y no requiere sencillamente industrialización, sino una industrialización competitiva. Cuando en un país se fuerzan las exportaciones de materias primas para cumplir con el pago de créditos externos, ese país se estará exponiendo al vencimiento de los términos de intercambio. Cuando la exportación de materias primas es indispensable para hacerse de divisas, un país en vías de industrialización debe tomar una ruta de desarrollo no industrial.

En tercer lugar, esta necesidad de extracción es favorable para los países industrializados. Esto ya lo sabía Friedrich List. En su exposición acerca de la *Política comercial de la unión aduanera alemana,* escribió: "Si importamos algodón de Egipto, Brasil y Estados Unidos, lo pagaremos con nuestros propios productos manufacturados; por el contrario, si importamos hilo de algodón de Inglaterra pagaremos su valor en materias primas o en alimentos que nosotros mismos podríamos procesar o consumir con mayor provecho" (List, 1841/1982:427). Los países industrializados obtienen de las naciones productoras de materias primas los insumos materiales y energéticos que necesitan para mantener en marcha y mejorar continuamente sus sistemas, que ya están en funcionamiento. Entonces, los países que están tratando de alcanzar la industrialización proporcionan el material con el que los países ya industrializados pueden mantener y —como sucedió en las décadas pasadas— aumentar la distancia. En la moderna geoeconomía los países productores de materias primas —precisamente debido a sus riquezas naturales— tienen pocas oportunidades de alcanzar una industrialización exitosa, a diferencia de lo que ocurría en el siglo XIX, cuando los centros industriales se formaban en los yacimientos de materias primas (la cuenca del Ruhr, la Alta Silesia, Pittsburgh, etc.). En la actualidad, con ayuda de la logística global para las materias primas, son precisamente los países pobres en materias primas los que tienen mejores oportunidades siempre que dispongan de factores de localización favorables en el sentido de la competitividad sistémica (al respecto véase el capítulo 6).

En cuarto lugar, la estrategia de ponerse al corriente con la industrialización también se topará con límites ecológicos si se sigue en todo el mundo. Porque los recursos materiales y energéticos disponibles para los procesos de producción son finitos, igual que la capacidad de las reservas para las emisiones de las sociedades industriales. Mientras en la naciente burguesía de los siglos XVII y XVIII reinaba la certeza de que los "vicios privados" habrían de convertirse en "beneficios públicos" (Bernard de Mandeville, 1702) gracias a la benéfica acción de la "mano invisible" (Smith 1776/1976, I:477) del mercado, después de poco más de doscientos años de acción de la "mano invisible" se constata la "tragedia de las tierras comunales" (Hardin, 1968): aun cuando todos se comporten de manera "virtuosa", racional y conforme a las reglas, y el mecanismo del mercado funcione de manera perfecta, los "beneficios públicos" no son el resultado de las acciones agregadas de los actores en el sistema público. Al final ni siquiera se obtienen "beneficios privados". La acción racional está envuelta en dilemas que son difíciles de resolver en las condiciones de recursos limitados (tanto respecto de su uso como insumos cuanto al tomar en cuenta el lastre representado por las emisiones, es decir, por productos y productos medios). Las posibilidades de elección racional de los individuos (y también de las instituciones sociales en la lógica de la acción colectiva) se limitan a alternativas que no hacen justicia al criterio de racionalización de la óptima satisfacción de necesidades, del "disfrute de la vida" que, según Georgescu-Roegen (1971), define la grandeza de objetivos de la economía. Si los recursos son utilizados en el límite de la capacidad de carga del espacio del medio ambiente, la acción racional individual forzosamente provocará entonces una sobrecarga y, por último, la destrucción de las "tierras comunales". Pero estas tierras representan también la base vital para aquellos que las explotan por medio de su acción racional. En el límite de la capacidad de carga de los productos públicos todos los actores se encuentran atrapados en un dilema que sólo pueden evitar al someterse a reglas externas que tengan un efecto moderador. Así pues, la economía requiere una *medida externa* frente a la falta de barreras constituida de manera autorreferencial. No se tiene confianza en las reglas del cálculo racional de unidades microeconómicas ni en su aprobación por el mercado. Aquí se muestran las consecuencias de los procesos de desinserción: fuera de la regulación social de la relación con la naturaleza, los individuos que siguen la racionalidad de la economía del mercado sólo pueden provocar destrucción al alcanzar las barreras del espacio del medio ambiente (local, pero también global). Contra las tendencias de degradación del medio ambiente natural y contra la individualización y la "tragedia del uso excesivo", se apuesta por "comunidades que todavía hacen el extraordinario esfuerzo de proteger estos recursos y sistemas sociales en los que están insertos" (Barkin, 1998:11).

Vistas desde una perspectiva mundial, la industrialización y la modernización son un *privilegio oligárquico* del que algunas sociedades pueden gozar y otras no. Éste es el trasfondo racional de los discursos antidemocráticos y autoritarios de los ecologistas y de las formas "plutocráticas" de argumentación de los economistas. El proyecto de la producción industrial de riqueza, dada la finitud de la naturaleza del planeta tierra, está amenazado en su totalidad, o bien se reserva para una pequeña parte de la humanidad, en contra del resto de la misma. En ambos casos lo que sigue es la destrucción de las estructuras del orden social y económico del planeta. En las ciencias sociales se plantea el problema de que la producción y la asignación deben vincularse de manera imperiosa con la distribución. Ésta está controlada monetariamente, pero no sólo se distribuyen mercancías producidas en términos económicos, sino también los derechos de utilización de los recursos y las reservas naturales.

CONFLICTOS ECOLÓGICOS DE DISTRIBUCIÓN

En principio son posibles tres formas de distribución de los bienes posicionales: 1] por medio del mecanismo de mercado, 2] con el poder político o 3] mediante la movilización de fuerzas de la solidaridad social en un mundo que de ninguna manera se ha fusionado en una "sociedad mundial", como mostramos en el capítulo 1. Se pueden evitar las dificultades de resolver el problema de la distribución si se parte de un aumento de la eficiencia en la utilización de materiales naturales —suficiente para acatar la regla de sustentabilidad— y de una desmaterialización de la producción y del consumo. Después de que la humanidad se acercó con fuerza a los límites del espacio del medio ambiente con la expansión de sus actividades económicas desde la Revolución industrial, sólo se puede emprender una retirada inteligente con el fin de mantener la sustentabilidad ecológica.

¿Aumento de la eficiencia de la producción y desmaterialización del consumo?

La estrategia de una "revolución de la eficiencia" (Von Weizsäcker *et al.*, 1995; similar en World Watch Institute, véanse Wallis, 1997:109-125; Van Dieren, 1995) es seguida por una serie de ecologistas dado el dilema de los limitados espacios del medio ambiente y de la ilimitada dinámica de la globalización. La eficiencia ecológica puede mejorarse de distintas maneras, resumidas en un estudio de la OCDE:

mayor eficiencia de los recursos en la producción, debido a una reducción del uso de la materias primas o del uso de energía en un proceso existente, o para desarrollar un proceso más eficiente respecto de los recursos;
mejor uso, reúso o venta de subproductos antes desechados como basura;
desarrollo de productos con mejores atributos ambientales, que se vendan a mejor precio (que requieran una prima de seguro);
mejor monitoreo y control de los flujos de desechos, lo cual también podría redundar en mejoras del nivel y la consistencia de la calidad del producto;
estándares de productos que, en algunos casos, puedan otorgar una ventaja a quien haga el primer movimiento si otros mercados siguen el ejemplo, por ejemplo en el caso de los vehículos motorizados con bajas emisiones de contaminantes (Adams, 1997a:83-84).

Las promesas de una "revolución de la eficiencia" son grandes. "Se trata de una nueva Revolución industrial [...] Eso que hacemos hoy podemos seguir haciéndolo igual de bien o aun mejor por lo menos de cincuenta maneras diferentes, pero con sólo una cuarta parte de la energía y de las materias primas" (Von Weizsäcker, 1995:94). Así se puede "vivir mejor [...] ensuciar y desperdiciar menos [...] tener ganancias [...] usar los mercados y distender la economía [...] emplear varias veces el capital [crear] justicia y trabajo" (p. 94). Esta forma de aumentar la "eficiencia de la energía y los recursos por lo menos por un factor de 4" es un "imperativo para los ingenieros, científicos y técnicos de hoy" *(ibid.)*. Su observancia haría posible sostener cuatro veces más tiempo la dinámica del mercado y de la democracia que sin esta forma de "revolución de la eficiencia". ¿Qué sigue después? Después nacerán y crecerán nuevas generaciones que también apostarán por la revolución de la eficiencia. Porque el horizonte de los autores se limita explícitamente a la "Revolución industrial"; esto lo enfatizan y fundamentan señalando la necesidad de una "nueva Revolución industrial". Entonces sólo queda el optimismo neoclásico respecto al progreso técnico y a la capacidad humana de encontrar soluciones cuando se necesitan. Esta confianza permite seguir haciendo lo que ya se hacía, pero de manera más eficiente. Después de la modernización viene una "segunda modernidad".

La estrategia del aumento de eficiencia sigue la misma lógica de acción en la que se inscribe la valorización capitalista: la expansión de los ámbitos de aplicación del principio racional. Por eso las "revoluciones de eficiencia" sobre la base de la utilización de los combustibles fósiles y los sistemas industriales son tan viejas como el propio sistema industrial. Hasta se podría decir que la revolución de la eficiencia se ha incorporado como una institución permanente en el capitalismo industrial.[8] La transformación técnica y de la organización constituye la normalidad, por lo tanto la perseverancia implica una crisis. Marx estudia este fenómeno en el apartado de *El capital* que intitula "La economía en la aplicación del capital constante" (Marx, MEW, 25, capítulo 5). En él cita ampliamente escritos de su época sobre "el 'tremendo incremento en la fuerza motriz' que se ha alcanzado 'por medio de tales cambios en el sistema y mejoras' [en las máquinas de vapor]" (p. 107), que "[aluden] a la gran velocidad a la que se han desarrollado las mejoras en la maquinaria en muy poco tiempo, en los años más recientes [y que han] permitido a los

[8] En la historia previa al capitalismo las cosas eran diferentes. Marx anota acerca del invento del molino de bandas: "El molino de bandas se inventó en Alemania. El italiano Abbé Lancelot cuenta en un escrito que se publicó en Venecia en 1636: 'Anton Müller de Danzig vio hace aproximadamente 50 años –Lancelot escribió en 1629– una máquina muy artificiosa que elaboraba de una sola vez cuatro a seis tejidos; pero el ayuntamiento se preocupó de que este invento convirtiera a un gran número de obreros en mendigos, entonces reprimió este invento y mandó estrangular o ahogar secretamente al inventor.' En Leyden esta misma máquina se utilizó por primera vez en 1629. Los motines de los pasamaneros forzaron en un principio al magistrado a que la prohibiera. Las diferentes disposiciones de 1623, 1629, 1639, etc., debían limitar su uso" (Marx, MEW, 23:451, nota al pie 194). Así pues, los responsables del progreso técnico en las "sociedades lentas" fueron marginados y aun eliminados físicamente.

fabricantes expandir su producción sin una fuerza motriz adicional..." (p. 109). También se mencionan las posibilidades del "reciclaje" por medio de la "utilización de los excrementos de la producción" (pp. 110-113):

Con la forma de producción capitalista se extiende la utilización de los excrementos de la producción y del consumo. Por excrementos de la producción entendemos los desechos de la industria y por excrementos del consumo, en parte, los que se producen por el metabolismo natural de los seres humanos, y en parte, la forma que asumen los objetos de consumo después de su consumo. Por lo tanto, los excrementos de la producción en la industria química son los productos derivados que se pierden en los niveles menores de producción, así como las virutas de hierro que se pierden en la fabricación de maquinaria y que luego se vuelven a utilizar como materia prima en la producción de hierro, etc. Los excrementos del consumo son aquellos que eliminan los seres humanos de manera natural, los restos de la ropa en forma de harapos, etc. Los excrementos del consumo tienen una gran importancia para la agricultura. En relación con su utilización, se da en la economía capitalista un desperdicio colosal; en Londres, por ejemplo, no se tiene una mejor idea acerca de qué hacer con las heces de cuatro millones y medio de personas, que infestar con ellas, a un costo altísimo, las aguas del Támesis (Marx, MEW, 25:110).

Entonces, las posibilidades del reciclaje aumentan con la expansión de la producción capitalista, por ejemplo, la "fina cuerda para remolcar" podría fabricarse de aquello "que hace veinte años era desechado como desperdicio" (Marx, 1953: 703; la cita fue tomada del periódico *The Economist,* 31 de agosto de 1850). A las empresas les conviene reducir los costos de los medios de producción y de la materia prima, de las sustancias auxiliares y necesarias para la producción, al aumentar la eficiencia y utilizar al máximo las posibilidades del reciclaje. No obstante, los análisis de los ciclos del material y de la energía muestran que, con la industrialización y la urbanización, se reduce la proporción de materiales reciclados (Murota, 1998:124-135). La racionalidad microeconómica de las empresas consiste en reducir los costos de material, energía y maquinaria:

Del sencillo postulado de que cuando el valor de la maquinaria = 0 es más valioso para el capital, se sigue que toda reducción de su costo le representa una ganancia. Mientras que, por un lado, existe la tendencia del capital a aumentar el valor total del capital fijo, al mismo tiempo se da la tendencia a reducir el valor de toda parte alícuota del mismo (Marx, 1953:652).

Toda historia de la técnica es un compendio de pruebas, a veces sorprendentes, de la permanencia de la "revolución de la eficiencia" desde el inicio de la era industrial (véase por ejemplo König y Weber, 1990). A diferencia de otras formaciones sociales, la "gran industria" se caracteriza, poco a poco, por la permanencia del cambio y el permanente aumento de eficiencia, también en el sentido ecológico. El incremento de la fuerza productiva y la "revolución de la eficiencia" para mejorar continuamente el efecto útil de la utilización de energía y material (y no sólo del trabajo) se consideran normales; tan normales que causa asombro, por la ingenuidad mostrada por las ciencias sociales, esperar de ellos la solución de la crisis ecológica provocada por la normalidad del progreso de la sociedad industrial. Porque el interés microeconómico en la minimización de los costos y, por lo tanto, en la mayor eficiencia posible, de ninguna manera coincide con los resultados racionales macroeconómicos, que también incluyen los costos externalizados. En otras palabras: por lo general las empresas tienen dos opciones. Una de ellas es el aumento de eficiencia para reducir los costos; otra es la externalización, igualmente para reducir costos. De ninguna de estas opciones se puede esperar de manera automática que tengan efectos ecológicos positivos.

Si gracias al aumento de la eficiencia se mejora la durabilidad de los productos y su posibilidad de ser reparados, los efectos ecológicos serán, sin duda alguna, positivos. Porque de esta manera no sólo se reduce el consumo de material y energía por valor de uso para satisfacer una necesidad, sino que las reparaciones requieren la correspondiente fuerza de trabajo calificada para realizarlas, es decir que operan como un freno frente al aumento de la intensidad del capital con la liberación de fuerza de trabajo que resulta inevitable en condiciones normales. Las reparaciones prolongan el ciclo de vida de un producto —desde su concepción hasta su reciclaje—, es decir que reducen los desperdicios. Aquí se delinea entonces una vía de economía ecológica que podría darle una dirección a los muchos pequeños pasos que se han mencionado (Stahel, 1991). Pero también aquí impone barreras el marco capitalista, pues cuando debido al ciclo de vida de un producto aumenta el costo del trabajo, empeora la medida de la productividad. Los insumos (casi siempre el trabajo medido en unidades de tiempo) son puestos en relación con el producto (los bienes valorados con precios). Si entonces el producto funciona económicamente un mayor periodo de tiempo, porque los bienes (supongamos que se trata de automóviles) pueden tener una vida más larga gracias a las reparaciones, baja la productividad, porque en promedio es menor en el sector de la prestación de servicios que en la industria. Puesto que la competitividad en la competencia global es influida principalmente por la altura comparativa de la productividad, las consecuencias ecológicas positivas son más bien negativas para la economía.

Una solución del problema ecológico sería posible si la vida de los seres humanos pudiera conformarse de modo que dependiera menos del consumo de los recursos, porque en las ricas sociedades del presente la contemplación puede sustituir a un "mundo orientado al trabajo" (Arendt, 1981), pero las posibilidades abstractas de elegir de entre la rica oferta de las sociedades industriales pueden hacer también que el consumo real de los productos parezca fatigoso. El "estado estacionario" de un mundo cuyos habitantes se encontraran en "profunda meditación", concebido ya por John Stuart Mill en 1848 (Mill, 1871, 2:328-332), podría aminorar el problema ecológico. Por lo tanto podría muy bien ser que la sociedad de trabajo estuviera ya en proceso de ceder su lugar a otra. Hemos logrado eliminar a tal grado las fatigas y las molestias inherentes al proceso de la vida que se puede prever el momento en el que el trabajo y la experiencia de vida que conlleva quedarán eliminados también del ámbito de las experiencias humanas [...] En su último estadio la sociedad del trabajo se transforma en una sociedad de tenedores de empleos, y ésta no les exige a quienes la conforman más que un funcionamiento automático, como si la vida del individuo hubiera desaparecido ya completamente en la corriente del proceso de la vida que domina a la especie, y como si la única decisión activa individual consistiera ya sólo, por así decirlo, en dejarse llevar, en renunciar a la propia individualidad, en adormecer los sentidos que todavía registran las penas y necesidades de la vida, para así, totalmente "tranquilizados", poder "funcionar" mejor y sin fricciones [...] Resulta perfectamente imaginable que la modernidad, que comenzó con una puesta en actividad inaudita, llena de promesas inauditas, de todas las capacidades y actividades humanas, termine en la más mortal y estéril pasividad que haya conocido la humanidad (Arendt, 1981:314 ss).

Así pues, la riqueza de bienes materiales es más que un problema ecológico. Esta riqueza modifica la relación de los seres humanos con la naturaleza y consigo mismos si los bienes ya no se producen por medio del trabajo y, por lo tanto, ya no se constituye tampoco la sociedad ni se forma la identidad. Helvetius ya observó que si los monos pudieran aburrirse se convertirían en seres humanos. De modo que el hombre es el único ser vivo en el planeta que siente la necesidad de variedad, de experiencias cada vez más excitantes, de aventuras, de emoción, y "cada vez más, en la medida en que avance la cultura, por eso el cambio de modas, de gustos, de estilos, que podemos observar en creciente medida con el aumento de la cultura" (Lujo Brentano en la interpretación de Alfred Weber, 1932:30). Resulta discutible que con "el fin de la sociedad del trabajo" y con una virtualización y sublimación del consumo pudieran reducirse las exigencias a la naturaleza. Porque también las tendencias al distanciamiento debidas a la mayor movilidad y a la resistencia a la entropía por medio de la delimitación están activas, y se relacionan con altos consumos de energía y materia, como ya mencionamos arriba.

Mercado, poder, solidaridad

Entonces, los problemas de la distribución del bien posicional que es el medio ambiente natural no pueden resolverse a la larga mediante el aumento de la eficiencia ecológica y la desmaterialización. Éstas sólo representan un respiro, con ellas se gana un poco de tiempo. En principio quedan las tres posibilidades mencionadas arriba: dejar que el mecanismo del mercado se encargue de la distribución de los bienes ambientales que están tornándose escasos, operar organizativamente en el nivel global con el poder político o movilizar los recursos de la solidaridad internacional para imponer la demanda, con fundamentos éticos, de todos los seres humanos a una distribución justa de las posibilidades de utilización del medio ambiente.

De la acción del mecanismo del mercado no se puede esperar una distribución equitativa ni económica ni ecológicamente. Harrod ya lo había visto con claridad:

> Si predomina una distribución inequitativa, los acaudalados aumentarán tanto el precio de estos objetos escasos que una persona promedio no podrá ya pagarlos. Si en verdad cada uno debería recibir lo que justamente le corresponde tendría que introducirse un procedimiento de racionamiento (Harrod, 1958:209).

Esta declaración, que hace cuarenta años todavía se limitaba al horizonte de la economía nacional, hoy puede aplicarse tranquilamente a la sociedad mundial en su totalidad. A una parte de la humanidad (esos ciudadanos del G7 con un ingreso per cápita de 20 mil dólares anuales) el mercado le asigna grandes raciones, a otra parte (esos ciudadanos del G77 con un ingreso per cápita de 500 dólares anuales o menos), sólo pequeñas raciones. Por medio de los precios y los intereses, es decir, "plutocráticamente" con el medio del dinero, se ha logrado hasta ahora reservar al modelo industrial como un bien exclusivo de una pequeña parte de la humanidad. También los mecanismos de funcionamiento de la competencia de los tipos de cambio surten este efecto. La devaluación de una moneda equivale a una reducción del derecho monetario a los recursos (y los productos en que han de transformarse). Así, el ingreso per cápita, a pesar del crecimiento, se redujo en la "década perdida" en África y Latinoamérica. A consecuencia de las crisis financieras de México en 1994, de Asia en 1997-1998, de Rusia en 1998 y de Brasil en 1999, sus respectivas monedas perdieron valor. Las exportaciones son más baratas y las importaciones más caras, el servicio de la deuda se elevó en términos reales. De modo que las crisis del sistema financiero provocaron una considerable transferencia de recursos de los países endeudados. Este hecho se infiere de los datos sobre las consecuencias de esa crisis. En los países afectados por la crisis no sólo retrocedió el producto interno bruto de 1997 y 1998, a veces en porcentajes mayores al 10% (Tailandia, Indonesia). La transferencia de recursos resulta todavía más evidente en la relación entre el crecimiento del valor de las exportaciones y el crecimiento del volumen de las exportaciones. En Indonesia, Corea del Sur y Tailandia el crecimiento del valor de las exportaciones fue muy bajo, o aun negativo, en tanto que el volumen aumentó en parte muy considerablemente —en Tailandia, Corea del Sur e Indonesia con números de dos cifras— (IFM, 1998c:35). Más productos salen de los países afectados a cambio de ingresos de divisas cada vez más reducidos. La distancia entre el Norte y el Sur creció y, además, la inequidad en el aprovechamiento del espacio del medio ambiente es más marcada que nunca antes. La sociedad mundial es "preservada", por medio de una especie de "demonio de Maxwell", del equilibrio de los niveles de ingresos y, por lo tanto, también los ecosistemas globales quedan a resguardo de la igualdad de las posibilidades de tener acceso a los recursos naturales, al mantener la predominante distribución inequitativa. El principio *democrático* de la igualdad de necesidades, demandas y derechos de los seres humanos en todo el planeta es sustituido por otro: el del *racionamiento plutocrático* controlado por el dinero. Ello beneficia al medio ambiente global, porque el alto nivel de consumo del medio ambiente por parte de los países ricos puede aumentar incluso si el nivel de los países pobres es bajo y todavía se reduce más. En el mercado global rige el principio general de la regulación de la economía de mercado: sólo quien dispone de dinero duro puede tener acceso a la escasa oferta de recursos, es decir, comprar recursos como petróleo o materias primas agrarias y minerales para consumirlas o procesarlas. Quienes no dispongan de dinero duro quedan fuera en su mayoría. Debido al efecto del mecanismo de mercado se crea una especie de apartheid *global*. Porque aun cuando los excluidos tengan dificultad para reunir las divisas para comprar recursos, por lo general se ven tan afectados por las emisiones dañinas como los ricos, pues las emisiones son externalidades, es decir, subproductos de la producción industrial no valorados por el mercado, que se obtienen "gratis".

Pero la exclusión de grandes partes de la población mundial de la utilización de recursos provoca nuevos problemas, que ya habían desempeñado una importancia central en el Informe Brundtland (WCED, 1987). La pobreza en muchas regiones del mundo es considerada responsable de la destrucción del medio ambiente y de los conflictos sociales. De esta manera se puede poner a girar un círculo vicioso. La degradación del medio ambiente desencadena procesos espontáneos, como migraciones o conflictos por los recursos escasos. En la zona de los grandes lagos de África Central el paso de la agricultura y la pesca a la producción de cosechas redituables fue lo que ocasionó la pobreza de los grupos de la población que no se vieron beneficiados por el cambio y desató una ola de persecuciones étnicas. Los conflictos regionales motivaron a intervenir a organismos e instituciones internacionales, en parte con el objetivo de la ayuda humanitaria, en parte con la intención de atenuar los conflictos y de "aislar" a los países industrializados del "Norte" (Rufin, 1991). Los medios para conseguir este propósito van desde la ayuda humanitaria bilateral hasta el compromiso de las ONG, pasando por la intervención militar (al respecto véanse Gleditsch, 1998; Bächler *et al.*, 1996; Percival y Homer-Dixon, 1998).[9]

Tanto los recursos como la destrucción de los mismos tienen fronteras territoriales, que son rebasadas en los procesos económicos de globalización. Pero cuando se trata de recursos, el territorio "es el principal recurso por el que se considera que vale la pena luchar" (Gleditsch, 1998:382). En el "nuevo orden mundial" la "gran guerra" queda descartada, no así las "pequeñas guerras" que puedan librarse por la estabilización del orden mundial. Y estas guerras se pelean, casi siempre, con la intención declarada de la estabilización política de regiones políticas (una intención que no puede realizarse ni en el Cercano Oriente ni en los Balcanes por medio de la intervención militar), pero también por los recursos territoriales. A diferencia de la época colonial y del imperialismo ejercido hasta la primera guerra

[9] Nos queda claro que esta relación es muy estilizada y esquemática. En los estudios mencionados se trabaja, con razón, con estudios de caso, porque resulta problemática la generalización del curso de los conflictos desencadenados por crisis ambientales.

mundial, en la actualidad no se trata de lograr la ocupación física de un territorio. Basta con la influencia política y militar sobre los datos básicos que son relevantes para los procesos económicos. Por eso el bombardeo de Irak fue un método para estructurar los datos básicos en los mercados globales de petróleo de tal manera que el modelo occidental de acumulación intensiva de energía pudiese ser abastecido durante el mayor tiempo posible con energía barata.

Por lo tanto, de la utilización del poder político y militar para regular los recursos y los conflictos ocasionados por las emisiones tampoco se puede esperar una distribución equitativa global de las posibilidades de aprovechar la naturaleza. Resta la *tercera* posibilidad de distribución de los bienes posicionales, de acuerdo con el principio de solidaridad. Éste contradice tanto los principios económicos del mercado como los principios políticos de la conservación y la expansión del mercado, pues todos los seres humanos tendrían, en principio, el mismo derecho a la utilización de la naturaleza. Y llegamos de nuevo a las bases normativas de la durabilidad con las que ya nos hemos topado repetidamente (véase Foster, 1997:287-293), y a la interrogante acerca del "contrato social global" que ya ventilamos en el capítulo 1. La agudización de los principios normativos como una especie de "imperativo categórico" de durabilidad resulta evidente. Günther Anders (1972: 132 ss) diseñó la fórmula de un "juramento de Hipócrates universal" para la era atómica. Los trabajos que, de manera directa o indirecta, sean "trabajos de destrucción" deben ser rechazados, también si con ellos se relacionan desventajas personales. Nicholas Georgescu-Roegen, de manera muy similar, planteó un "programa bioeconómico mínimo" (Dragan y Demetrescu, 1986:148; Pastowski, 1995: 231). Este programa incluye la suspensión de la producción de armamentos; la mejora de las condiciones de vida en el "tercer mundo" en dirección a una vida buena y no extravagante; la paulatina disminución de la población mundial; evitar el desperdicio de energía y material en los sistemas de calefacción y enfriamiento, así como la desmedida velocidad de los automóviles y los artículos de moda, preferir los productos de larga vida y que puedan ser reparados, "suprimir el círculo vicioso de la producción de bienes de consumo que ahorran tiempo, con el objeto de utilizar el tiempo ahorrado para crear nuevos bienes que ahorran tiempo" (Pastowski, 1994:232). El físico Werner Ebeling exige convincentemente, con un "imperativo ético":

> Sobrepasar el promedio ecológicamente sustentable en el consumo de energía valiosa (por ejemplo, en la producción de entropía) es un "pecado mortal" en relación con la calidad de vida de nuestros nietos y bisnietos. Esto debería expresarse en prohibiciones sociales y eventualmente en sanciones [...] El homicidio (indirecto) de los hijos y los nietos de la generación contemporánea debería registrarse como un delito grave en la legislación [...]
>
> El futuro por medio de una autoorganización limitada y una inestabilidad controlada significa divergencia y caos en el nivel local, y en el global diversidad de las especies y formas de movimiento, de las formas de vivir y de pensar sobre el fondo de una autolimitación de los costos termodinámicos (Ebeling, 1994:43).

En el mismo texto se apuesta a la autoorganización y la creatividad, así como a la prohibición y la sanción, es decir, a mecanismos muy tradicionales del ejercicio del dominio autoritario y a una autorregulación razonable y responsable de sí misma, posiblemente regularizada por medio de un contrato social: una contradicción manifiesta e insalvable, que muestra las dificultades que existen para la regulación de la sociedad y la economía en los límites de la capacidad ecológica de carga.

También Garret Hardin desarrolla principios éticos como resultado de sus reflexiones acerca del límite de la capacidad de carga. Su conocido ejemplo ilustra el dilema de cuando la naturaleza, por medio de una acción orientada inadecuadamente hacia un fin, se convierte en lo opuesto de lo que se pretendía al apropiarse de ella: si diez campesinos llevan a pastar sus vacas al mismo prado no habrá problema, puesto que la utilización económica y la capacidad ecológica de carga están en equilibrio. Pero uno de los diez campesinos decide obedecer el mandato de la racionalidad individual, que implica acumular, y lleva una vaca más al prado. Para él esto significa duplicar todos sus rendimientos y, por lo tanto, sus ingresos y su prosperidad resultado de la venta monetaria, pero para el prado sólo implicará un aumento del 10% de la utilización ecológica. Puede ser que esto todavía se halle dentro de los límites de la capacidad ecológica de carga. Pero si los diez campesinos deciden seguir esta racionalidad de acumulación también se duplicará la carga ecológica, y el ecosistema del prado podría derrumbarse por una sobreexplotación ecológica. La observancia de la racionalidad individual da por resultado la sobreexplotación absoluta y la degradación del ecosistema del prado. Al final ni siquiera las diez vacas originales tendrán qué comer. Todos los propietarios privados perdieron (acerca de este dilema en general véase Ostrom, 1990).[10] Hardin sacó consecuencias muy conservadoras de la "tragedia de las tierras comunales". Aboga por unos derechos de propiedad que abarquen a la superficie, es decir, por la disolución de la propiedad común en terrenos particulares. Por añadidura propone una "ética del bote salvavidas": los que ya están en el bote tienen derecho a impedir que otros suban a él si con su ascenso pueden provocar que todos se vayan a pique.

Esta "ética" resulta discutible, pues choca con las máximas de la justicia ecológica (véanse al respecto Low y Gleeson, 1998:159-194; Harvey, 1996:329). La decisión sobre la posibilidad de generalizar las máximas se da de manera racional si cuestiona si la máxima es válida para todo ser racional y, por lo tanto, moral. No obstante, si al tomar esta decisión entran en juego interdependencias e interferencias, se debe reflexionar acerca de las consecuencias de la acción, y no sólo en el plano empírico pragmático. Entonces el imperativo categórico podría ser: usa tu automóvil sólo si esto es posible sin causarte daños a ti mismo, a la sociedad o a la naturale-

[10] Por supuesto, este ejemplo sólo vale si los campesinos aceptan la reserva natural como tal. En el caso de la agricultura industrializada no tienen que hacerlo, pues pueden alimentar a las vacas con alimento producido de manera industrial y, de esta manera, tratar de tomarle el pelo a la "tragedia de las tierras comunales".

za, si es que todos los 6 200 millones de seres humanos quieren seguir usando su automóvil a principios del siglo XXI. Y viceversa: prescinde de tu auto si esto no es posible. Pero la observancia del imperativo moral filosófico puede resultar excesiva para los individuos, especialmente si se trata de consumidores que están expuestos a la publicidad de productores que no pueden apropiarse de este imperativo categórico, puesto que el suyo dice: "¡Acumulen! ¡Acumulen! ¡Es Moisés y los profetas!" (MEW, 23:621). Por lo tanto deberían establecerse reglas para salir de los campos de tensión de las contradicciones económicas, de los casos de racionalidad social y de los laberintos ecológicos. ¿O sea que sí resulta necesario un contrato social global? Entonces tenemos que discutir la cuestión democrática en las condiciones de la globalización y la crisis ambiental.

10

LA DEMOCRACIA EN LOS LÍMITES DEL "ESPACIO DEL MEDIO AMBIENTE"

En el curso de la globalización económica las fronteras políticas y sociales han sido perforadas hasta llegar a ser insignificantes. Esto tiene sus ventajas, como lo sabemos desde la perspectiva de la experiencia europea (occidental). La regulación política ejercida por los estados nacionales, tan importante históricamente para el desarrollo del sistema mundial capitalista, ya no se aplica. Las restricciones y condiciones de la coherencia de otros espacios funcionales que no sean de tipo económico pierden su importancia, hasta llegar a la eliminación de los sistemas de seguridad social y a la crisis ecológica, situaciones en las que adquieren relevancia movimientos sociales y políticos que defienden los derechos sociales y se encargan de la protección del medio ambiente. Entonces, de pronto, aparecen en la mira nuevos límites —los del crecimiento económico y la globalización— sin que se pueda contar con que éstos serán defendidos por el estado nacional igual que las fronteras políticas de un país. Así pues, la "cuestión democrática" (Rödel, Frankenberg y Dubiel, 1989) se radicaliza desde dos extremos: por medio de la globalización económica, en cuyo curso se perforan las fronteras, y por medio de la crisis ecológica, que pone de manifiesto que, a pesar de la falta de fronteras y barreras, siguen existiendo límites que no pueden ser pasados por alto a largo plazo. Se plantea así la pregunta *tradicional* sobre la compatibilidad del capitalismo y la democracia, y la *nueva* pregunta acerca de las influencias de los límites del espacio del medio ambiente sobre las posibilidades de participación de los ciudadanos, sobre la legitimación de las instituciones y la representación de intereses en las instituciones decisivas. El futuro de la democracia no depende únicamente de cómo se procesen las consecuencias negativas del socavamiento de las fronteras políticas, sino también de cómo se maneje el simultáneo endurecimiento de los límites del "espacio del medio ambiente". Así pues, no nos enfrentamos sólo a la difícil cuestión de la relación del mercado y la democracia en un mundo del mercado mundial compactado en el tiempo y el espacio, sino a la cuestión —posiblemente irresoluble de manera inmanente al sistema— de una politización de las relaciones sociales con la naturaleza que no choque con la democracia.

Aquí vuelven a cobrar relevancia discriminaciones respecto a las cuales habrá que alcanzar un consenso sobre su contenido según ciertas reglas. Pero se trata de reglas totalmente distintas a las impuestas por el poder del estado nacional. Por añadidura, los sujetos del discurso acerca de los contenidos del consenso y los procedimientos con los que se lo puede establecer ya no son los ciudadanos del estado definidos por la nacionalidad. Los límites ecológicos no son congruentes con las fronteras de los estados nacionales, por lo tanto tampoco lo son los sujetos políticos. Estos límites desencadenan un discurso sobre las nuevas fronteras y límites, más allá de las fronteras de los estados nacionales: los del "espacio del medio ambiente" y la limitación del consumo de la naturaleza.

LA DEMOCRACIA Y LA "AUTORIDAD" DEL MERCADO MUNDIAL

La soberanía tiene un carácter territorial "que atraviesa nuestros conceptos políticos" (Polanyi, 1944/1978:251, citando a Hawtry). A pesar de todos los límites en los espacios funcionales de la economía o la sociedad y en la naturaleza, que marcan el alcance del control político frente a las tendencias del mercado, en la política internacional son los estados nacionales los que son considerados en primer lugar como sujetos. Pero a diferencia de los años setenta, cuando el debate giraba en torno a la pregunta de cómo aumentar la gobernabilidad de los estados nacionales, hoy se discute sobre el gobierno; la mera elección de los conceptos pone de manifiesto que algo ha cambiado. El discurso de la globalización cuestiona tanto el paradigma funcional como el neorrealista, pero, al mismo tiempo, se distingue del modelo de interpretación de la interdependencia política entre estados (véanse Keohane y Nye, 1977; Kohler-Koch, 1990). La tendencia de la globalización provoca una erosión de la congruencia entre el territorio, el pueblo y el poder estatal, que definen al estado nacional. La política interior y la política internacional se imbrican de tal manera que resulta imposible separarlas. Las fronteras surgidas históricamente pierden su función de protección y orientación.

La política, por el contrario, se encarga del establecimiento de fronteras, de la inclusión de lo propio y la exclusión del otro. En cierto sentido la civilización burguesa del mundo occidental en su totalidad tenía un compromiso con el principio territorial; era —como lo formuló el historiador Charles S. Maier (1997:1)— una "civilización del encierro". Entendía al espacio circunscrito como polo de referencia para la lealtad política y el desarrollo económico (nacional). Indudablemente la política desempeñó un papel importante en la realización del proceso de globalización; la eliminación de las fronteras para el capital, los productos, los servicios y (en un volumen más reducido) la fuerza de trabajo, son moderados políticamente. Con la deslimitación de los espacios políticos no sólo surgen problemas para la estructuración práctica de la política; también los preceptos normativos de los modelos democráticos, referidos a un mundo de estados territoriales, requieren una nueva construcción. Si los compromisos y las redes funcionales ligados con el espacio no adquieren importancia más allá de las fronteras de las comunidades nacionales, y si la lógica económica del mercado entra en competencia con la lógica nacional de la política, no sólo se plantea la pregunta "de si la función social integradora se queda en el plano de los estados nacionales" (Kohler-Koch, 1998: 13). Con la congruencia —en proceso de disolución— de las unidades económicas, políticas y legales (e igualmente de las perspectivas científicas y estéticas),

eso que antes se podía concebir como la forma del estado (nacional) de la unidad social se descompone en lógicas funcionales propias que sólo pueden encontrar su propia medida (y, por lo tanto, su falta de medida) en sí mismas (Nassehi, 1998:161).

Por ejemplo, la figura del "migrante poscolonial, híbrido" *(ibid.)* se mueve en diferentes espacios de referencia (subnacionales y transnacionales), pero ya no cambia de una estructura estable a otra para ser "integrado"; en el capítulo 7 se trató ampliamente este tema. En un mundo multicéntrico los procesos de socialización ya no pueden considerarse, como en una sociedad territorial "arraigada", consecuencias de la fuerza de cohesión interna de las unidades sociales (sociables) ni, por lo tanto, como resultado de una integración cultural normativa (véanse Albert *et al.*, 1996, y Albert, 1998). Las comunidades funcionales y emocionales ya no coinciden. Para el futuro de la democracia resulta relevante la pregunta por la forma de integración de la(s) sociedad(es) en los espacios deslimitados. Porque la sociedad política, que antes fue requisito indispensable para la democracia, se convierte ella misma en objeto de la discusión democrática. En sociedades pacificadas esto puede tener la consecuencia positiva de que se debiliten el nacionalismo y el chauvinismo. Pero, por otro lado, la falta de una comunidad política, que es reconocida por el *zoon politikon* como el marco (abarcable) de la discusión democrática, puede paralizar el funcionamiento de la democracia.

En el peor de los casos la falta de un marco político reconocido provoca la guerra civil, cuando todas las comunidades tratan de determinar violentamente el espacio en el que ejercen su soberanía y en el que se encuentran en mayoría (Guéhenno, 1998a:16).

La desterritorialización de la soberanía política

La globalización también se puede describir como la desterritorialización de la política.[1] Las naciones y los estados nacionales pierden su estatus especial de unidades privilegiadas de acción colectiva y de portadores importantes de la solidaridad organizada (Guéhenno, 1998b:140-141). En los procesos de "deslimitación del

[1] Beisheim *et al.* (1999) utiliza el concepto de la "desnacionalización". Éste designa "en general el proceso de expansión de las densas relaciones sociales de acción por sobre las fronteras del estado nacional" (p. 39). Prefiere este concepto al de globalización. Extrañamente, en el mismo no se explican dos cosas. Primero, qué es lo que se "desnacionaliza", es decir, qué es o qué debió haber sido la "nacionalización" y, segundo, el carácter de lo que surge como consecuencia de traspasar las fronteras. Por eso en el capítulo 1 definimos la globalización como el traspaso de las fronteras, la apertura de los estados nacionales, la desterritorialización y la integración, la creación del mercado mundial.

mundo de los estados" (Brock y Albert, 1996) participa un sinnúmero de organizaciones y actores privados; al mismo tiempo estos procesos son promovidos por instituciones internacionales y supranacionales, cuyos portadores son, por lo general, estados, pero, en número creciente, también actores no estatales insertos en los sistemas de varios niveles del gobierno (véase Czempiel y Rosenau, 1992). Pero, en primer lugar, son los poderes "inconstitucionales", es decir, los poderes económicos no elegidos y no representativos, los responsables de que una premisa esencial de los procesos políticos democráticos se tambalee en el marco de la globalización progresiva: la concepción de las comunidades políticas soberanas que ejercen el derecho de la autodeterminación dentro de un territorio delimitado. Forman parte de ello, en primer lugar, los mercados financieros globales, como se mostró ampliamente en el capítulo 5; su importancia para la "cuestión democrática" radica en su "hegemonía estructural" frente a los procesos económicos reales, sociales y políticos. Saskia Sassen (1996:40) habla muy acertadamente, en este contexto, de un "electorado económico que rebasa las fronteras" y que ejerce "funciones de responsabilidad" frente a los gobiernos. Si los mercados financieros pueden *forzar* a la política nacional a hacer valer realmente las medidas anunciadas por ellos para generar confianza, es decir, a intervenir principalmente en las posibilidades de ajuste del mercado de trabajo, de los salarios y de la flexibilidad del empleado, entonces el estado nacional se transforma en una instancia de regularización para el club internacional de los propietarios del ingreso dinerario.[2]

Además de los mercados financieros, en segundo lugar son las redes de los medios electrónicos las que obran como fuerzas de la descentralización de la soberanía. Las modernas tecnologías de información y comunicación no sólo posibilitan un acelerado flujo de mercancías y de datos, y, por lo tanto, un rápido reflujo del capital invertido. Al mismo tiempo constituyen la base para que los espacios temporales sean comprimidos en un tiempo real ahistórico y, por ende, no natural. No obstante, éstas no son las coordenadas de tiempo y espacio en las que hasta ahora se hace la política. Lo que resulta funcional para los mercados globales, es decir, la compactación del tiempo y, por lo tanto, la aceleración de las decisiones, opera en el interior de las sociedades como una barrera para la comunicación. Como la participación democrática depende de la capacidad argumentativa y de la mediación discursiva, la creación de la opinión pública hace que sea necesario retardar la toma de decisiones para crear consenso. La propia política se desarrolla cada vez en mayor medida en el espacio y los tiempos de los medios electrónicos. En cualquier caso, no es irrelevante para la perspectiva de la democracia que la política tenga que ser formulada cada vez más en el lenguaje de los medios de masas y que los ac-

[2] Esto resultó evidente en la renuncia del ministro de Finanzas alemán, Oskar Lafontaine, en marzo de 1999. Lafontaine fue obligado a dejar su puesto porque los bancos centrales, el gobierno norteamericano, una gran parte de los medios europeos, los "expertos científicos", el canciller federal y, sobre todo, "los mercados", estaban en contra de su intención política de bajar los intereses y de fomentar las inversiones para la creación de plazas de trabajo, es decir, de otorgarle a la economía objetivos políticos.

tores políticos puedan obtener, defender y también perder el poder en y por medio de las redes mediáticas.

Stephen J. Kobrin (1997) señaló enérgicamente otra dimensión de las nuevas técnicas de comunicación que reviste una importancia central para la soberanía territorial: la estructura difusa de Internet favorece una privatización del establecimiento de reglas en el mundo del "ciberdinero" (véase también el capítulo 4) y de los mercados electrónicos. Empresas privadas que se reúnen en "comunidades virtuales" pueden hacerse cargo de tareas que hasta ahora no han sido satisfechas por parte del estado. "Así como los comerciantes medievales en Europa desarrollaron costumbres y prácticas de las que finalmente surgió un derecho mercantil general, las compañías y los empresarios pueden crear hoy las reglas para el intercambio comercial electrónico" (Spar y Bussgang, 1996:43). Las pérdidas de soberanía y de seguridad están estrechamente relacionadas con la cuestión de la codificación electrónica, sin la cual una comercialización radical del mundo virtual en red no quedaría más que en buenos deseos. Porque esta técnica no sólo hace posible proteger los procesos comerciales realizados de manera confiable del espionaje y la manipulación, sino que su expansión provoca que los controles políticos de estos negocios se pierdan en el vacío. Pero también en relación con la protección de la propiedad intelectual por parte del derecho de patente o de autor, o en el equilibrio de la protección de datos en relación con otros derechos (con el derecho de prensa y la censura, con la libertad de investigación y enseñanza, es decir, partes de los "órdenes nacionales de conocimiento"), se manifiesta la impotencia del estado de derecho democrático. En el ciberespacio de una economía digitalizada se disuelven los vínculos entre las actividades generadoras de ingresos —y, por lo tanto, de los ingresos gravables— y una localización geográfica específica. La confiabilidad de las normas jurídicas nacionales ya no resulta segura cuando la jurisdicción con una ubicación espacial es cada vez más irrelevante en una economía mundial digitalizada. En el mundo incorpóreo de las redes el estado no dispone de medios coercitivos, del monopolio de la violencia ni de la soberanía; aquí carece del poder de proteger al ciudadano o de imponer los intereses de la comunidad. De esta manera, se pone en riesgo su legitimación básica, pues —según Thomas Hobbes— el compromiso de los ciudadanos frente al estado sólo puede durar mientras éste esté en posición de defender a los ciudadanos.

El acontecer en las redes financieras globales y la aceleración hecha posible gracias a las redes electrónicas de todas las transacciones monetarias y económicas constituyen al mismo tiempo condiciones importantes para que, en tercer lugar, la producción y la prestación de servicios puedan ser deslocalizadas en medida creciente. El campo de acción en el que se mueven los actores se ha vuelto mucho más grande y las reglas del juego que siguen ya no se establecen en las muchas economías interiores. La competitividad se basa en las ventajas (de las localizaciones). En este sentido las localizaciones, en su carácter de unidades sociales, económicas y políticas, pueden —aunque no necesariamente deben— coincidir con los territorios de los estados nacionales. Pueden ser también unidades subnacionales ("microrregionales") y supranacionales ("macrorregionales"). La inserción de los actores sociales importantes y de las organizaciones mediadoras en relaciones recíprocas de cooperación, en "pactos de modernización", ya no pueden ser garantizadas por un estado que ha perdido su poder monetario y macroeconómico, a diferencia de lo que ocurría en la "fase fordista", cuando existían las condiciones para un acuerdo político neocorporativista. Igual que las cadenas de producción, con la creciente división transfronteriza del trabajo se ramifican las lealtades.

> Mientras las compañías siguen apareciendo y siguen siendo reconocidas como norteamericanas, británicas, alemanas o japonesas, su comportamiento responde cada vez más, por necesidad, a múltiples gobiernos, y no únicamente a su gobierno de origen (Strange, 1997:190).

Los *global players* deben tomar en cuenta, sobre todo, las fronteras del derecho privado, que son fáciles de modificar. "Es precisamente esta capacidad de adaptación y la 'infidelidad nacional' que implica lo que las vuelve mayormente inmunes frente a los controles estatales habituales" (Kaufmann, 1998:120; véase también Held, 1998:253).

La soberanía territorial también es perforada, en cuarto lugar, por la expansión de las actividades económicas informales (negocios de compensación, comercio de reciprocidad, intercambio) (véanse los capítulos 5 y 7) y, sobre todo, por la propagación transfronteriza de redes criminales. Tal como sucede en los mercados financieros y en las empresas transnacionales, la efectividad de las redes criminales se ve incrementada en grados hasta ahora desconocidos por las nuevas tecnologías de información y comunicación. Éstas se encargan de que las fronteras entre la economía formal y la informal, y entre la economía informal y la ilegal, se vuelvan porosas. Esto se aplica tanto al comercio de armas y de personas como al lavado de dinero y el transporte transfronterizo de desechos tóxicos. Resulta evidente que las normas legales nacionales son cada vez menos apropiadas para brindar seguridad frente a una criminalidad organizada, transfronteriza, que opera con división del trabajo y utilizando técnicas globales de información y comunicación. Igual que hacen las organizaciones legales en las redes de empresas transnacionales, las organizaciones en las redes criminales cambian sus campos de acción y compiten por obtener su participación en los mercados de la "economía gris" y la "economía negra". Cuando, como reacción, se otorga mayor poder a las autoridades encargadas de realizar las averiguaciones y, al mismo tiempo, los ciudadanos se ven forzados a aceptar severas pérdidas de legalidad, a pesar de lo cual la criminalidad no es reprimida de manera efectiva, resulta "sólo una cuestión de tiempo para que, al destruirse la ilusión de seguridad, se socave todavía más la confianza en el orden legitimado democráticamente" (Däubler-Gmelin, 1997).

En quinto lugar, la soberanía territorial se ve mermada por los flujos migratorios transfronterizos. Éstos son tanto un fenómeno concomitante como una consecuencia de la globalización económica, y cada vez se trata menos de movimientos espaciales únicos y unidireccionales de personas entre los estados. Por lo menos una parte considerable de la migración mundial está inmersa en corrientes de ida y vuelta complejas, permanentes y bien diferenciadas de personas, mercancías e informaciones. De esta manera se crean nuevas realidades sociales por encima y más allá de la separación geoespacial de la región de origen y de destino (Albert, 1998) y, por lo tanto, también más allá de las "comunidades imaginarias" (Anderson, 1993) de los estados nacionales; a este proceso lo hemos denominado "fractalización" (véase el capítulo 3). Mientras se trate de migrantes ilegales, su presencia en el territorio del estado cuestiona la soberanía. Porque, además del monopolio del control, es precisamente la función de poder controlar todos los ingresos al territorio estatal la que les asegura a los estados más recursos de poder y legitimación de nivel internacional que cualquier otra estructura (Sassen, 1996:59). Al hacer extensivos a los migrantes que viven de manera permanente en el país los derechos políticos y sociales que antes eran exclusivos de los ciudadanos del estado, se devalúa el principio de la ciudadanía nacional. Hoy en día —por lo menos en principio—, las personas particulares y las ONG pueden hacer valer demandas y derechos sociales dentro de un régimen de derechos humanos. Esto "crea un nuevo conjunto de principios de orden en los asuntos políticos que puede delimitar y reducir el principio del poder estatal efectivo" (Held, 1998:25; Sassen, 1996:97). Pero en esta dinámica de los derechos humanos se encuentra, al mismo tiempo, una razón por la cual la no identidad de los ciudadanos del estado y los ciudadanos económicos y sociales es tomada como pretexto en los países ricos del Norte para trazar nuevas líneas divisorias en el estado benefactor y en el mercado de trabajo.

Debido a que los procesos de imbricación económica internacional y transnacional minan la soberanía y la autonomía económico-política y sociopolítica del estado nacional, existe el peligro de que la democracia se quede "sin lugar". Hasta ahora el estado nacional territorial ha sido la única formación política conocida en la que se han protegido los derechos democráticos, como los derechos humanos civiles y políticos clásicos. Algunos estados nacionales, en el transcurso de su no tan larga historia, han tenido gran éxito en enlazar múltiples lealtades e identidades premodernas por medio de formas sucedáneas de comunidades nacionales. Por eso el estado nacional aparece como el único lugar en el que puede existir una "identidad del nosotros", no necesariamente definida por la etnia o la religión, como condición esencial de la legitimidad democrática. En la época posterior a la segunda guerra mundial, en el mundo occidental, un complejo entramado formado por una opinión pública, reglas mayoritarias, reglamentaciones de representación y responsabilidad, de jurisdicción y administración política, por un lado, y por otro un estado benefactor nacional, crearon esa "infraestructura institucional" que permitió que las minorías pudieran "entender" los votos mayoritarios "como expresión de la autodeterminación colectiva" (Scharpf, 1996:12). Sin embargo, lo que sigue estando a discusión es si el estado nacional, también en la era de la globalización —como lo acentuó Hanna Arendt (1955:447-448) basándose en Edmund Burke— puede ser la única fuente legal de libertad liberal, seguridad social y derechos humanos.

Hoy en día los derechos civiles fundamentales y los derechos humanos económicos, sociales y culturales de "segunda generación", que también incluyen el derecho al desarrollo,[3] no están de ninguna manera representados únicamente por "individuos o asociaciones políticamente intrascendentes [...] cuya sentimental jerga humanitaria no está muy lejos de la de los folletos de asociaciones protectoras de animales" (Arendt, 1955:435). Los derechos humanos sólo pueden ser más que un "noble anhelo" cuando se los transforma en derechos protegidos, es decir, positivos, y en pretensiones legales reales y realizables. Sin embargo, como normas jurídicas, son garantizados —mientras falten instituciones legales paraestatales (lo cual ya no es el caso)— por los estados o por tratados (inter)estatales. Con ello obtienen, *de facto*, el carácter de derechos civiles: como derechos positivos, protegidos, su ámbito de aplicación se limita al territorio del estado que los reconoce (Bobbio, 1998:12). Pero con la Declaración General de los Derechos Humanos de 1948 se inició un largo proceso que, con mucho, no ha concluido, para universalizar y ampliar los derechos humanos en convenciones y declaraciones sobre derechos específicos de categorías y grupos, cuyo *objetivo* es la creación de esa condición de ciudadano del mundo que Kant contempló en su escrito de 1795 sobre la "paz eterna". Al mismo tiempo, los derechos humanos son el *medio* irrenunciable para alcanzar, precisamente, este objetivo. La ampliación de los derechos liberales a la libertad, con los derechos de participación democrática y los derechos económicos, sociales y culturales, constituye un "marco institucional para la protección de las condiciones elementales de la dignidad humana" (Kallscheuer, 1998:120). Ahora bien, la protección efectiva de los derechos humanos depende de que exista un sistema internacional que disponga de los necesarios medios y estructuras de poder para también defender estos derechos donde están siendo violados, es decir, que se "consume la transición de las garantías *dentro* de un estado a las garantías *frente* a un estado" (Bobbio, 1998:27), por medio de una jurisdicción internacional que presida sobre las respectivas jurisdicciones nacionales. Sin embargo, el propio "camino al *Jus Cosmopoliticum* paraestatal [...] se basa en acuerdos interestatales, por lo que resulta precario y se ve expuesto, en cada crisis internacional, a nuevos peligros" (Kallscheuer, 1998:123).

[3] En 1986 la Asamblea General de las Naciones Unidas hizo una "declaración acerca del derecho al desarrollo" como "un derecho humano inalienable" en el que se identifica al "ser humano" como "sujeto central del desarrollo" y, por lo tanto, también como "portador activo y beneficiario" del derecho al desarrollo, no obstante lo cual la "responsabilidad principal de la creación de condiciones nacionales e internacionales" para el cumplimiento de este derecho es concedida a los estados (y no, por ejemplo, a los pueblos). Sobre todo los estados de la ASEAN se sirvieron de esta pretensión legal antes de que se realizara la segunda Conferencia sobre Derechos Humanos de la ONU en Viena, en 1993, en el sentido de que se trataba de un derecho prioritario frente a los derechos humanos y los derechos a la libertad. En el debate sobre "imperialismo cultural" que siguió, la alta estima en que se tiene a la autonomía individual, estrechamente vinculada con el carácter universal de los derechos humanos, se hizo acreedora de la sospecha de "eurocentrismo". Acerca de la crítica a esta tesis y la fuerte postura en contra de que el "derecho al desarrollo", concretado en 1986 en la Conferencia de Viena, es, a su vez, profundamente "eurocentrista", porque se orienta al concepto occidental del "fordismo", véase Kössler (1998).

Aun cuando entre la democracia —como una forma específica de organización colectiva de la convivencia— y los derechos humanos individuales no tenga que existir una forzosa coincidencia, las instituciones democráticas y las formas de participación sí son consideradas, por lo menos dentro del discurso hegemónico de la comunidad de las Naciones Unidas, como una condición importante para el cumplimiento de los derechos humanos (South Commission, 1990; Boutros Gali, 1994). En la praxis actual esto de ninguna manera debe terminar siendo un "flaco universalismo" que pueda ser atacado por "superficial" y por sus "ataduras culturales", según reza una despectiva observación de Wolfgang Streeck contra el concepto de una "democracia cosmopolita", a la cual le faltaría un aparato de estado para hacer realidad su catálogo de valores (Streeck, 1998:25-26). Por un lado, los derechos humanos y la democracia se encuentran expuestos constantemente a ser vulnerados y violados, incluso donde se dispone de instrumentos coercitivos, en las "democracias con capacidad de defensa" de los estados industrializados occidentales. Esto vale especialmente para los derechos humanos de "segunda" generación (por ejemplo el derecho al trabajo) o para la percepción de los derechos democráticos a participar (derechos a la cogestión y a la autodeterminación) en la economía. Por otro lado, los movimientos por los derechos humanos en todo el mundo se remiten a la universalidad de los derechos humanos, sin importar su origen europeo occidental y norteamericano, y vinculan este carácter universal con la demanda de democracia. El rechazo, entonces, se da casi siempre bajo la exigencia de la no intervención y sirve "por lo general a élites políticas [...] que quieren proteger a su dominio ilegítimo de sufrir cambios o de ser derrocado" (Lohmann, 1998:21).

El que nos encontremos al comienzo de una "era de la democracia global" (Sakamoto, 1995) es, entonces, una pregunta abierta, igual que la interrogante acerca de una "democracia cosmopolita", que parte de las estructuras del sistema de las Naciones Unidas (Held, 1995), o que se da basándose en un "contrato social global", del que ya nos ocupamos en el capítulo 1. En la actualidad mucho habla a favor del escenario alternativo esbozado por Sørensen (1993) de un "ocaso de la democracia", porque organizaciones sin legitimación o, cuando mucho, con una legitimación escasa, como las ET, los bancos que operan internacionalmente, o las instituciones de Bretton Woods, se vuelven cada vez más poderosas en el sistema internacional, porque los procedimientos y procesos democráticos pierden su legitimación en el nivel nacional, porque las desigualdades económicas y sociales se traducen en una mayor desigualdad política y porque el cada vez menor apoyo de las instituciones democráticas reduce los probables costos de las soluciones autoritarias. Por consiguiente, la globalización plantea preguntas totalmente nuevas que no estuvieron en la agenda mientras el "imperativo sistémico del mercado mundial" no era una cuestión seria, y la soberanía de un estado sobre un cierto territorio era una suposición natural y que se sobreentendía. El surgimiento de una constitución económica de agentes económicos, por ejemplo, de ET, en lugar de una constitución política de ciudadanos libres, se refleja en los intentos de la OCDE y de la OMC por institucionalizar un "acuerdo multinacional de inversión" (MAI, por sus siglas en inglés) que le concede derechos políticos de mayor alcance a los agentes políticos y que, por la misma razón, desmantela los derechos de los ciudadanos políticos a participar en las decisiones que conciernen a sus condiciones vitales y laborales. En consecuencia, los "poderes inconstitucionales", por un lado, se transforman parcialmente en poderes constitucionales. Por otro lado, la constitución económica toma en parte el lugar de la constitución política.

La despolitización de la política del estado nacional

En tiempos de la globalización económica la percepción política y soberana de los intereses sociales demuestra ser particularmente difícil. En primer lugar se trata de apoyar la lógica económica con el objetivo declarado de mantener y acrecentar la competitividad en la competencia global. Pero la observancia de los *imperativos* económicos (véase el capítulo 3) obliga a pasar por alto los *imperativos* políticos. La consecuencia de estos cambios históricos es la tendencia a sustituir la lógica política "binaria" de los estados nacionales por el múltiple principio económico de la competencia, dado que la esfera económica se caracteriza por los competidores, no por los enemigos (políticos). Por lo tanto, con la excepción del monopolio bilateral, la lógica política binaria no se puede aplicar a la economía. El estado nacional no se "marchita" ni se desvanece en este proceso. Sin embargo, sí cambia su carácter. El estado nacional político (y benefactor)

> ha sido remplazado por el "estado de competencia", que persigue una mayor comercialización para hacer que las actividades nacionales ubicadas dentro del territorio nacional sean más competitivas en términos internacionales y transnacionales (Cerny, 1995:633-634).

Las políticas de estado en la "geoeconomía" difieren de las del estado nacional soberano del "orden westfálico". El estado asegura que la *competitividad* de la economía *nacional* se mantenga en la *competencia global* y, de ser posible, que mejore. Por lo tanto, el estado importa. Los sistemas institucional y regulador siguen siendo importantes para el desempeño económico del capital "nacional" o "nativo" (Panitch, 1996, en referencia a Nicos Poulantzas). En la competencia global del tipo de cambio, por lo menos, los estados nacionales compiten para atraer un capital financiero sumamente móvil y volátil. Las fronteras de un "área monetaria" parecen ser hoy más importantes que las fronteras territoriales de la unidad política. Así el estado se transforma de un *ente amortiguador* entre las exigencias de los mercados internacionales y los intereses (sociales) de los ciudadanos a un *adaptador* de estos intereses a las exigencias de los mercados sin fronteras (Cox, 1992, y Panitch, 1996:93-94, quien es muy crítico al respecto). Los estados se convierten en "cuasi estados" (Falk, 1997); Philip Cerny (1995:618-619) habla, en el mismo contexto, de un "estado residual".

El estado puede cumplir cada vez menos con su papel de regulador general de la economía nacional y de promotor de los intereses económicos "nacionales". Mantiene el monopolio del control y, gracias a su poder de disponer de la moderna tecnología militar, que lo convierte en garante de la seguridad, sigue siendo un actor importante en sentido estricto. Pero incluso esta decisiva función de orden es cuestionada cada vez más en países con un deficiente carácter de estado de derecho y con derechos de propiedad insuficientemente protegidos, y este cuestionamiento surge de parte de los proveedores no estatales de seguridad: compañías particulares de seguridad, mafias, mercenarios, bandas locales, guerrillas y señores de la guerra. Las manifestaciones de erosión son más marcadas en el control de las condiciones económicas y sociales del marco general. Esto se aplica especialmente respecto a la capacidad del estado de estabilizar la moneda nacional, es decir, el tipo de cambio, y en el aseguramiento de los derechos de propiedad. Aquí organizaciones como el FMI y la OMC han asumido funciones importantes. Al mismo tiempo se forman estándares globales de mercados de capital y reglamentaciones para la elaboración de reportes financieros o para dirimir casos de controversia en el intercambio comercial internacional, que quedan asegurados en el marco de sistemas particulares de regulación.[4] Sobre todo la decreciente capacidad y disposición del estado de fomentar la prosperidad por medio de la redistribución de los recursos reviste una importancia existencial para el futuro del orden democrático.

Con la pérdida parcial de soberanía del estado nacional territorialmente delimitado, en el que el "pueblo del estado" juzga sobre la distribución del "poder estatal", el proceso democrático deja de ser el lugar de la formación relevante de voluntad política. Las fronteras estatales, que definen el alcance temporal y espacial del conjunto de reglas y procedimientos formales, son un prerrequisito de la *congruencia* territorial en la toma de decisiones. Ésta es la única manera en que una nación puede ser una "comunidad de destino" (Held, 1991). El conjunto del procedimiento de reglas ligado a este principio —en el sentido mínimo de Bobbio ("¿Qué es la democracia sino un conjunto de reglas [las llamadas reglas del juicio] para solucionar conflictos sin derramar sangre?"; Bobbio, 1987:193)— prácticamente define un sistema democrático de controles y balances. Se trata de un prerrequisito mínimo de un orden democrático,

> la medida en que se concentra deliberadamente en el menor número posible de atributos que todavía son considerados capaces de producir un estándar viable para la democracia,

[4] Éstos son estructurados por grandes bufetes de abogados (y agencias de inversión) norteamericanos y británicos que funcionan en el nivel global y que —apoyados en el derecho de sociedades norteamericano, que se ha convertido en *jus commune* global (véanse Dezalay, 1995; Sassen, 1996:20)— representan a sus clientes en todos los lugares donde, en el curso de las inversiones extranjeras directas, que aumentaron desde los años noventa, están a punto de ocurrir traspasos de empresas, *joint ventures* y privatizaciones internacionales.

no es de sorprenderse que haya desacuerdos acerca de qué atributos se necesitan para la definición de viable (Collier y Levitsky 1997:433).

Por lo tanto la "democracia, incluso la democracia formal, es una cuestión de poder y de compartir el poder" (Huber, Rueschemeyer y Stephens, 1997:325) y, consecuentemente, depende del "equilibrio del poder de clase", de la estructura del estado y de las relaciones entre el estado y la sociedad, y de las "estructuras transnacionales de poder [...] basadas en la economía internacional y en el sistema de estados" *(ibid.)*. De esta manera la transformación del sistema global está influyendo sobre la democracia procesual (Schumpeter) en los estados nacionales, dado que "afecta fuertemente la estructura y capacidad del estado, los imperativos que enfrentan los hacedores de la política estatal, las relaciones entre el estado y la sociedad y aun el equilibrio del poder de clase dentro de la sociedad" (p. 326). Además, la participación en los procedimientos de la toma de decisiones sólo tiene sentido mientras haya espacio para decidir acerca de las alternativas. Sólo cuando, como consecuencia de la globalización, predomina el principio económico, se plantea la pregunta acerca de los procedimientos democráticos como algo diferente de las reglas económicas; cuando los primeros son estructurados de manera *homóloga* a estas últimas se pierde la sustancia democrática.

Además, las decisiones económicas tomadas dentro de un estado nacional pueden acabar afectando a otros estados nacionales. Este problema ya se conoce desde hace algún tiempo y se ha discutido a profundidad, por ejemplo, respecto de la influencia de las ET sobre las decisiones gubernamentales en países en vías de desarrollo. Las decisiones del Bundesbank alemán sobre la *prime rate* afectan el empleo y las tasas de intercambio desde Portugal hasta Polonia, lo cual ha sido interpretado como una señal de la creciente interdependencia global, así como del extraordinario poder de ciertos bancos centrales. No obstante, el poder de los mismos y de los gobiernos no es autónomo ni está constituido en términos políticos. Difícilmente tienen otra opción política que seguir el curso externo determinado por los "mercados de capital".[5] Los imperativos económicos restringen el espacio político de la toma de decisiones preparatoria. México sufrió una experiencia particularmente drástica a este respecto en diciembre de 1994: la reducción del capital a corto plazo, debida a las decisiones tomadas por el sistema federal de la reserva norteamericana, redujo a la mitad el valor de la moneda mexicana en tan sólo dos semanas. Desde el verano de 1997 los países asiáticos, antes llamados "mercados emergentes", sufrieron una experiencia similar de deva-

[5] "El hecho de que la inflación sustituya a la deflación y al desempleo como enemigo público número uno de los hacedores de la política nacional es un fenómeno casi universal de la última década. Es, en sí mismo, un reconocimiento de la vulnerabilidad de las políticas estatales ante las fuerzas del mercado mundial. Porque la inflación, más que la deflación, expone a los gobiernos a los efectos debilitantes de un tipo de cambio declinante, de la fuga de capitales y de la pérdida de competitividad" (Strange, 1997:188-189).

luación de su moneda y de imposición externa de duras medidas de ajuste que afectaron no sólo la economía sino todos los segmentos de la sociedad y la vida social. La idea de que la soberanía tiene un carácter territorial resulta ridícula en la era de la globalización. Al darle forma a las instituciones de gobierno en México, el Banco Mundial, el FMI y la Secretaría del Tesoro norteamericana cobraron una primerísima importancia (NACLA, enero/febrero de 1997:13); la crisis asiática ocurrida pocos años después desplegó la misma constelación de poder y de interferencias políticas.

La crisis ecológica también ha tenido consecuencias para la forma y la sustancia de la democracia. El desastre radioactivo de Chernobil no sólo afectó a los *ciudadanos nacionales* de Ucrania, sino a los *ciudadanos de casi todo el planeta:* de los países escandinavos a Polonia, Alemania y aun Estados Unidos. Incluso los ciudadanos globales de la élite transnacional de negocios se vieron afectados. Su salud fue afectada de manera más o menos fuerte, pero no pueden reaccionar a ello como *ciudadanos nacionales* en algún modo sustancial y procesualmente *decisivo.* La idea de un estado nacional soberano como una "comunidad nacional de destino" (Held, 1991, y 1998:254) se ha vuelto un anacronismo no sólo en vista de la globalización económica y del mundo mediático global, sino también como consecuencia de la crisis ecológica global. Los procedimientos democráticos en la era de los problemas sociales y ecológicos globales resultan cuestionables sencillamente porque el marco temporal (periodos de vida media de materiales nucleares de varios miles de años) y la expansión en el espacio (a lo largo y ancho de todo el planeta) se han vuelto demasiado grandes para la "dimensión humana" de la toma racional de decisiones. Se ha perdido la congruencia de la decisión, el interés y el control. Resulta imposible decidir democráticamente acerca de los efectos del desastre radiactivo de Chernobil o sobre la construcción y utilización de la bomba atómica en la "sede de la democracia" (Shapiro, 1996).

La conexión entre *globalización, desregulación* y *despolitización* no sólo crea dilemas para la democracia; también representa una paradoja para la "cuestión democrática". Los sistemas políticos autoritarios pierden su "sentido" frente a la *autoridad económica del mercado mundial.* Sencillamente se vuelven disfuncionales y ceden su lugar a los sistemas democráticos formales. La transición de un "estado burocrático autoritario" (O'Donnell *et al.*, 1986) a sistemas políticos democráticos en Latinoamérica durante la década de 1980 (la "apertura") y en Europa Oriental aproximadamente una década después (la "transformación o transición") son una reacción política adecuada a la globalización y resultan, por lo tanto, comparables entre sí, a pesar de muchas diferencias (pero la comparación no se debe exagerar, como ocurre en Munck y Skalnik Leff, 1997). En todos los casos la transición —de manera muy diferente a lo que sucedió antes— ocurrió de un modo sorprendentemente "ordenado", casi sin violencia y sin que los representantes de los regímenes autoritarios se aferraran a su poder, defendiéndolo por la fuerza de la participación popular exigida por las masas populares. Están dispuestos a acomodarse rápidamente en los regímenes democráticos, y viceversa. Esto resulta evidente con las leyes de amnistía de Argentina, Chile y Brasil, así como con la continuidad de las élites políticas en varios países ex "socialistas".

La represión directa ejercida por los sistemas políticos autoritarios (las dictaduras latinoamericanas de los estados en desarrollo, los sistemas políticos unipartidistas "socialistas" y las economías planificadas de Europa Central y Oriental) ha sido sustituida por el "imperativo sistémico" impuesto por el mercado mundial, que no es menos efectivo y duro que los anteriores regímenes políticos autoritarios. Sin embargo lo que domina la vida social e individual no es el arbitrario poder político, sino los imperativos objetivos del mercado. Hoy en día la política de los gobiernos democráticos suele consistir en "ajustes estructurales" más o menos inteligentes a los retos del mercado mundial, y con suficiente frecuencia son exigidos por las instituciones del mercado mundial, es decir, el FMI, el Banco Mundial, el G7, etc., y las consultorías políticas interesadas se asocian con ellos.

Pero particularmente los países y las sociedades que han sido marginados en el curso de la fragmentación, es decir que han sido víctimas de la globalización,[6] han quedado abandonados a merced de un caos autoritario. Ni el funcionamiento autoritario del mercado mundial deja espacio a la democracia política, puesto que los actores del mismo —los bancos, las empresas transnacionales, las instituciones del mercado mundial, los países donantes— tienen poco interés en una democratización, ni existe un estado soberano más o menos funcional que pudiera hacerse autoritariamente de una clase política. Por lo tanto, el autoritarismo se relaciona con un caos social y político en el que no se pueden imponer ni las restricciones de la economía mundial ni las de un estado poderoso. Los países que, por así decirlo, son "escupidos" por el mercado mundial, se encuentran en una situación todavía más desesperada que la de muchas sociedades subalternas integradas a él.

Así se produce una nueva forma de congruencia que ya no se fía del espacio territorial sino de que la acción política y económica funcione de acuerdo con una lógica comparable. Esto se puede remitir a una larga tradición de la teoría de la democracia que fundamentó, sobre todo, Joseph A. Schumpeter (1950): la democracia es, en primer lugar, un método político para elegir y legitimar a los portadores de las decisiones. El propio acto político de elegir se concibe de manera muy similar al acto de elegir en el mercado. Sólo cuando el procedimiento democrático se vuelve sustancial, es decir, cuando interviene en el proceso económico —tal como lo conciben las unidades microeconómicas—, se cuestiona de nuevo la compatibilidad de economía y política. Las demandas materiales de igualdad y participación también en las decisiones empresariales (cogestión) atraen irremediablemente el

[6] Esto se aplica sobre todo a algunas naciones y regiones africanas, desde Somalia hasta Liberia y Ruanda. Aquí se muestra en toda su crudeza el fracaso del concepto de modernización. Las sociedades son, a lo sumo, objeto de la ayuda humanitaria. Pero análisis más detallados pueden mostrar que en la profunda crisis social están surgiendo nuevas estructuras de orden que, por cierto, se aplican en gran parte sin depender de los dictados del mercado mundial, de manera fragmentada.

veredicto del "totalitarismo", que tiene una larga historia en el neoliberalismo. La democracia no cuesta nada en una sociedad expuesta a los imperativos del mercado mundial; por el contrario, reduce los costos sociales y de transacción. Porque las demandas materiales, sustanciales y políticas de participación de un pueblo (de una colectividad) apuntan al vacío creado por la desregulación, en el que se mueven los participantes individuales del mercado.

Pero, ciertamente, no hay que subvaluar la importancia que tiene que, a pesar de estar en manos de los poderes del mercado mundial (y a veces también de las de un mercado local), surja en un sistema democrático un ámbito de libertad personal garantizada que no existe en las dictaduras, que se apoderan hasta de la vida cotidiana de los ciudadanos. A pesar de todas las deficiencias de la participación en una sociedad neoliberal y de economía de mercado, resulta decisiva la diferencia entre el ciudadano libre y el súbdito político. Tras las experiencias con las dictaduras en Latinoamérica, África y otros lugares esto casi se sobreentiende, a pesar de que el "orden cósmico" de economía de mercado y democracia nunca resulta tan evidente:

> Democracia significa, en primer lugar, política [...] Democracia significa además el esfuerzo por tomar decisiones colectivas: los demócratas se arrogan el derecho de pasar por alto las libertades individuales de los individuos y especialmente de los sujetos económicos. Y, por último, democracia significa favorecer a la mayoría: los demócratas toleran o aun aprueban que los intereses de la mayoría numérica sean más tomados en cuenta que la demanda solvente. En lugar del dinero como equivalente general —un marco alemán es un marco alemán— de pronto debe surgir el principio: una persona, un voto, no importa de cuántos marcos alemanes disponga esa persona (Müller-Plantenberg, 1991:74-75).

Pero este problema de la no equivalencia, de la falta de compatibilidad o de la incongruencia entre el mercado y la democracia se "soluciona" por medio de la globalización del mercado. Porque entre tanto ha quedado claro que los espacios de la economía y de las decisiones políticas democráticamente legitimadas son tan poco congruentes que parecen absurdos los intentos de domesticar tanto al mercado mundial como a los mercados nacionales por medio del voto mayoritario y de la política del estado nacional legitimada de esta manera. A lo sumo, una ampliación mundial del principio democrático podría subsanar esto. No obstante, por razones que fueron expuestas en el capítulo 1, ésta es una esperanza engañosa.

EL ESTADO BENEFACTOR EN TIEMPOS DE LA GLOBALIZACIÓN

En un mundo que se está amalgamando, pero que no necesariamente resulta aprensible para el individuo, el estado nacional se está convirtiendo en la última "unidad confiable" para el posicionamiento y la búsqueda de la identidad individual. Porque con la nacionalidad del estado se relacionan por lo menos dos cosas: por un lado, el monopolio de la imposición de la ley en un espacio territorial se aplica de manera obligatoria a todos los que se encuentran en ese territorio (Böckenförde, 1997). La democracia política de quienes pertenecen a la nación (es decir, el círculo de los ciudadanos estatales actuales y potenciales) ofrece el espacio necesario para, entonces, subrayar la pertenencia con derechos sociales y definir la no pertenencia. La generalidad de los derechos y obligaciones siempre está acotada territorialmente. Más allá de las fronteras terminan tanto los derechos como las obligaciones, aunque sin duda con muchas excepciones, que resultan de los derechos humanos generales y del derecho internacional entre estados. Estas excepciones, a su vez, definen los matices entre la ciudadanía y la no ciudadanía, que desempeñan un papel importante en las modernas "sociedades de migración". Resulta de poca importancia cómo se ha estipulado el derecho. La obligatoriedad puede ser "construida discursivamente", como asume Habermas, de modo que el "estado de derecho y la democracia se reconcilien de tal manera que la parte democrática siga siendo la parte normativamente principal y que promueva de manera legitimadora la integración al autoimperativo" (Narr, 1994:92, interpretando a Habermas). No obstante, frente a esta suposición se pueden objetar las "claras palabras de Weber" (Narr, 1994; 332): la obligatoriedad más bien se produciría por medio de la "violencia desnuda de los medios coercitivos, que le son absolutamente inherentes a toda asociación política" (Weber, citado en Narr, 1994:332).

Además, la obligatoriedad también tiene una dimensión material: se configura por medio de la participación en los rendimientos del estado benefactor. El proceso democrático debe "poder estabilizarse mediante sus resultados [...] el estatus de ciudadano de un estado debe tener un valor de uso y pagarse en la moneda de los derechos sociales, ecológicos y culturales" (Habermas, 1998:809). Ésta es la razón de la importante función legitimadora que corresponde a la política social en sentido amplio Hasta ahora el proyecto del estado benefactor ha estado ligado de manera indisoluble al estado nacional. La garantía de empleo completo del keynesianismo fue el ancla de estabilidad económica para las prestaciones del estado social dentro del estado nacional; le confería un sentido histórico al "estar centrado en el trabajo" del estado benefactor, integraba al estado nacional, de intervención y benefactor en un potente conjunto regulador dentro de las fronteras del espacio territorial circunscrito de manera nacional y con medios políticos para intervenir en la carrera contra sí mismos de la acumulación de capital y de los mercados. Así pues, el estado nacional trazó, con el establecimiento del estado benefactor, el horizonte de la *sociedad laboral.* La *sociedad financiera,* ese otro lado de la socialización capitalista, desde siempre ha pretendido expandirse más allá de todos los límites y las fronteras (también las territoriales), así como de todas las medidas, como ya lo había advertido Aristóteles.

El invento de la nación y la construcción de la ciudadanía produjeron la obra de arte que permite que las figuras antagónicas del *bourgeois* y el *ouvrier,* ambos en su calidad de *citoyens,* pudieran tirar de la cuerda nacional; eso sí, sólo mientras el burgués siguiera siendo un capitalista local, como lo suponía Ricardo, y mientras no tirara simultáneamente de todas las cuerdas como cosmopolita y pequeño propietario del ingreso dinerario. El estado benefactor dio expresión a las demandas de las clases trabajadoras y subprivilegiadas, que no sólo querían ser tomadas en serio como factores de producción en el mercado de trabajo sino como ciudadanos en la arena política del estado nacional, para lo cual contaban con oportunidades reglamentadas institucionalmente. Esta igualdad en el estatus político, a pesar de los intereses económicos y las circunstancias sociales, desiguales y aun opuestos, constituye el principio de la convivencia social, de una constitución común, del respeto consensual a las instituciones políticas. Con sus organismos —el sistema de educación pública, el sistema de jubilación y, no en último lugar, las instituciones de las relaciones industriales— el estado benefactor, especialmente en Europa, se convirtió en un vehículo de la formación de identidad en la dividida sociedad de clases y, por lo tanto, en garante de la paz social. Junto con ésta, se aseguró al mismo tiempo la continuidad de la producción, tan importante en el proceso de la producción. Por eso el moderno estado benefactor es "una fuerza activa en el ordenamiento de las relaciones sociales" (Esping-Andersen, 1990:23). Precisamente no se puede entender —como lo hace suponer en particular una interpretación angloamericana del concepto de régimen benefactor (véase Cohen y Rogers, 1998)— como "la política contra el mercado". Porque el moderno estado benefactor sigue siendo capitalista, emplea "la inequidad política como fuerza motriz para la socialización" (Koch, 1995:55), sólo que no deja por completo las decisiones sobre la entrada y la salida del mercado de trabajo en manos del "ramo mudo" de las relaciones económicas, sino que somete a éstas a una regulación política. Como puede demostrar convincentemente Stefan Lessenich (1998) en una discusión crítica sobre el concepto de "régimen" de Esping-Andersen, una política social estatal desmercantilizadora no elimina el principio de la dependencia individual del mercado: una suspensión de la forma mercancía del mercado sólo es posible

> cuando el principio del mercado se ha vuelto dominante en toda la sociedad. Y, por otro lado, sólo pueden existir excepciones públicamente legitimadas [...] [de este principio, EA y BM] con la realización anterior (desde una perspectiva biográfica individual) o simultánea (desde una perspectiva del conjunto de la sociedad) de este mismo principio del mercado. En pocas palabras: no existe la prestación sin una prestación anticipada (individual o social) (Lessenich, 1998:94).

Y, se podría completar, no existe el capitalismo benefactor sin que la desmercantilización como derecho social ciudadano se haya tenido que alcanzar en intensas disputas sociales. Tampoco resulta concebible un estado benefactor en el que la inclusión en mecanismos de desmercantilización no se acompañara de procesos de exclusión (de determinados grupos de personas). Tras la caída del socialismo de cuño soviético, no obstante, no existe ya una "competencia de sistemas" en la que el capitalismo tuviera que demostrar su superioridad económica *y* social en beneficio de la paz social. La competencia de localizaciones ha tomado el lugar de la competencia de sistemas, y esto hace que la mera idea del progreso social, que se había vuelto realidad para los países industrializados occidentales en forma del estado benefactor keynesiano, resulte irremediablemente obsoleta. El proyecto de la democracia social de la posguerra, que trató de proteger partes de la población o del trabajo social de los efectos del "carrusel satánico" (Karl Polanyi) del mercado, también está perdiendo cada vez más su atractivo normativo; se vuelve sospechoso de fomentar las rígidas estructuras del mercado de trabajo, la "sobrerregulación", la "burocratización", la "tutela" y el "paternalismo social". Y ésta no es sólo la visión del *mainstream* económico y de neoliberales confesos, sino también el credo de los combatientes del *new labour* (véase, respecto del debate norteamericano, Cohen y Rogers, 1994).

En tiempos de la globalización económica se reduce "el valor económico de la política social" (G. Briefs), la cual se convierte en una costosa carga que daña a la competencia. En consecuencia se aboga por una "política social de inversión" (Cohen y Rogers, 1998) para neutralizar el efecto desalentador de los altos costos en la competencia de las localizaciones. Ésta es la lógica del mercado, pues, en realidad, disminuye la utilidad de una política social limitada territorialmente y que mantiene en una amplia base la fuerza de trabajo calificada, en la medida en que, en primer lugar, se reduce la demanda de trabajadores especializados calificados de nivel medio, en segundo lugar se puede satisfacer una creciente demanda de fuerza de trabajo altamente calificada en los mercados globales y, en tercer lugar, se satisface la también creciente necesidad de trabajo poco calificado en el sector de los servicios cercanos a las personas y al consumo por medio de un creciente potencial de solicitantes de trabajo (casi siempre mujeres) que, debido a su falta de perspectivas en el mercado de trabajo, están dispuestos a aceptar empleos de bajo valor (véase el capítulo 7). A esto se añade que, con la creciente orientación al mercado por parte de los empresarios, pierde su importancia la contribución de la política social estatal para la estabilización de la coyuntura y que, con la propagación del *shareholder value* como orientación para las empresas y las inversiones, también pierde relevancia el poder adquisitivo interno.

En las condiciones de la globalización los ciudadanos económicos no necesariamente tienen que ser también ciudadanos políticos. A diferencia de la sociedad burguesa, donde el *bourgeois* sólo podía ser *bourgeois* si era también *citoyen,* porque la interacción económica y política de los particulares ocurría en un espacio regulado por las instituciones estatales, los vínculos de los actores económicos con el estado nacional se aflojan en una "sociedad del mercado de trabajo". Con la desinserción de un sistema financiero que opera de modo global y que no se somete a normas sociales ni puede ser controlado políticamente, divergen los intereses de quienes pertenecen a la sociedad *global* de los dueños de la riqueza *(sociedad de los propietarios del ingreso dinerario)* y los intereses de la sociedad local, cuyos miembros están limitados en su movilidad y dependen más que nunca de la redistribución de los beneficios del estado benefactor con bases (hoy, como siempre) nacionales. Los poseedores de las acciones financieras, como miembros del "club de la sociedad" global, tienen una opción efectiva de salida: ellos votan con su dinero al escapar de una moneda e invertir en otra, más "segura". Ejercen sus derechos con las cuentas en dólares o en marcos alemanes que poseen. No necesitan los votos de los electores. Sólo usan el mecanismo de la democracia para rechazar las demandas de la "sociedad laboral". Para los dueños de las acciones financieras, interesados particularmente en una moneda estable y en obtener altas tasas de interés, la nación es, sobre todo, un área monetaria. Cualquier cosa no relacionada con el servicio de la estabilidad monetaria y del tipo de cambio a corto plazo (como los beneficios sociales) no los beneficia. Pueden no contribuir al estado benefactor común porque su seguridad, sus propiedades, su educación, su salud y su movilidad también se pueden comprar de manera particular. Por lo tanto, no resulta sorprendente que los adinerados dejen la comunidad de los contribuyentes y que se nieguen a pagar su parte para mantener la asistencia pública y apoyar a quienes con frecuencia son vistos como miembros "superfluos" de la "sociedad laboral" territorial.

Los propietarios del ingreso dinerario son quienes introducen las monedas a la competencia global. En esta competencia monetaria los bancos centrales se ven forzados a tratar de mantener el valor de sus respectivas monedas nacionales para prevenir la fuga de capitales, reforzando una política monetaria restrictiva apoyada por políticas fiscales restrictivas (por ejemplo, la reducción del gasto social). Si el estado benefactor se encuentra sitiado por el desempleo masivo estructural, tanto en términos de aumentar los ingresos como de cumplir con los gastos, el estado se ve forzado a responder con un déficit financiero. Tal estrategia beneficia a los propietarios del ingreso dinerario, puesto que el interés pagado por las deudas opera como ingresos particulares de los prestamistas privados. Al mismo tiempo, los propietarios del ingreso dinerario temen que la estabilidad se vea amenazada si se elevan los impuestos o aumentan los gastos para financiar la red de seguridad social. La inflación no sólo podría disminuir el valor externo de su dinero sino también provocar pérdidas en el intercambio si el banco central reacciona aumentando las tasas base. Para atraer capital internacional móvil a un país es necesario, de acuerdo con la recomendación fundamentalista de mercado de la economía del *mainstream,* asegurar que los factores menos móviles internacionalmente, especialmente el trabajo, carguen con los costos. Una proporción cada vez menor de la población adulta con empleos bien remunerados, y los negocios que los emplean, tienen que mantener a una sección cada vez mayor de la población que no tiene acceso directo al ingreso del mercado. A esto se lo llama "socialismo en una clase" (Scharpf, 1987; Panitch, 1976).

Para la "sociedad financiera" la dimensión territorial de la regulación del estado nacional resulta irrelevante. Para empezar, los argumentos morales no hacen mella en los sujetos de la sociedad financiera. La orientación global de la élite comercial transnacional de ninguna manera es "cosmopolita" en el sentido clásico del término, sino que es de naturaleza total y absolutamente pragmática. La *business culture* global se basa en el cálculo práctico de los intereses y no se acompaña de sentimientos de solidaridad global o regional, que siempre formaban parte de la concepción ideal de la "burguesía mundial" (Falk, 1997:129). Los nuevos "portadores del rendimiento" han extraviado esa "costumbre del corazón", tan penetrantemente descrita por Alexis de Tocqueville, a causa de un "interés propio bien entendido" por participar en empresas comunitarias. Las libertades liberales ya no están "localmente delimitadas", como en los Estados Unidos que recorrió Tocqueville. Por eso, junto con el conocimiento de que "en una democracia los ricos necesitan a los pobres", desaparece también la "pasión por la igualdad" (Tocqueville, 1840:156-157), tan necesaria para toda democracia viva. La moderna élite comercial, que actúa en el nivel transnacional, se distingue por desempeñar labores más bien generales, no específicas, en los puntos nodales de las redes financieras, empresariales y mediáticas, siempre en funciones centrales de la toma de decisiones, sobre la base de los recursos de conocimientos e información (véase Castells, 1996:475). Entre las funciones, los grupos sociales y los territorios que forman las redes en las que se produce el valor agregado, surgen los códigos culturales y se ejerce el poder y las funciones menos importantes, y los grupos sociales subordinados de la sociedad laboral y los territorios desvalorizados de la economía mundial, se abre una brutal distancia social (véase el capítulo 6). Niklas Luhmann (1997) llama de plano "perversa" a esa enorme selectividad del dinero y la educación que, en realidad, ya no debería tener una función social en las modernas sociedades, divididas de manera funcional. En aquélla de verdad sólo se entienden ya los códigos del medio que representa el dinero. "Una solidaridad social conservada en estructuras legales y que tiene que regenerarse" (Habermas, citado en Narr, 1994:92) es irrelevante, porque no es comunicable. La oposición que se ha presentado ya más de una vez entre la sociedad laboral y la sociedad financiera (véase el capítulo 4) tiene entonces consecuencias considerables para la cuestión democrática.

Sin duda alguna la *superioridad* de la democracia representativa frente a otros sistemas políticos se basa en sus reglas formales, en el principio de elecciones más libres y justas, en el derecho general al voto, en la responsabilidad de la administración estatal frente a los representantes populares elegidos, en la garantía efectiva de libertad de opinión y de reunión y en la protección frente a actos arbitrarios del estado. Pero el *atractivo* de la democracia y su consolidación y profundización se deben, también indudablemente, a la sustancia material de la democracia participativa. Porque ésta implica más que garantías estatales para la seguridad interna y externa de la vida, la libertad y la propiedad. Una condición sustancial para la "casa de la democracia" (Ralf Dahrendorf) es un ambicioso concepto de comunidad que, junto con los derechos civiles y políticos, abarca también esos derechos sociales e industriales (véase Marshall, 1992) de segunda generación que han experimentado una materialización política en el estado benefactor de la era de la posguerra. No obstante, ni la expansión de los derechos civiles descrita por Thomas

H. Marshall constituye una condición necesaria para la reconciliación entre el capitalismo y la democracia, ni es irreversible la secuencia del desarrollo histórico de la democracia formal a la democracia participativa y a la democracia social (véase Huber, Rueschemeyer y Stephens, 1997).

A consecuencia de la globalización económica el estado nacional pierde cada vez más capacidades económicas y sociales que, no obstante, necesita para poder regular de manera competente, en la crisis social y económica, la pertenencia de los ciudadanos estatales y sociales. En esta situación paradójica, debido a la falta de un criterio igualmente lógico y, por lo tanto, legitimador de la pertenencia, la nacionalidad cobra ese carácter. Entonces el estado benefactor, que por su *concepción* constituye un poderoso vehículo para la inclusión de personas que hayan sido excluidas por el efecto de los mecanismos del mercado, se convierte en un instrumento de exclusión; actúa ahora sobre todo como un reforzador de los mecanismos de mercado, mediante cuyo funcionamiento se excluye a quienes ocupan un lugar inferior en la competencia. De pronto cobran importancia los criterios de atribución de la nacionalidad para poder obtener, en suma, la oportunidad de participar de rendimientos no mediados por el mercado: todos se esfuerzan por permanecer en la empequeñecida arena de la redistribución, y la manera más fácil de lograrlo es recurrir a una nacionalidad que ratifica la pertenencia, cuando desaparecen otros criterios de diferenciación a consecuencia de la globalización que, como ya vimos (especialmente en el capítulo 3), aumenta la entropía social. Una mayor entropía social significa la disolución de las estructuras de orden tradicionales, que pierden su selectividad si en el espacio social ocurren cada vez más mezclas en el curso de una creciente migración. Por eso la atribución o la negación de la "pertenencia" no sólo es discriminadora sino que, en muchos casos, también es artificial y está aderezada con una buena medida de arbitrariedad. Así pues, la globalización tiene como consecuencia que se hagan nuevos intentos de lograr congruencia entre las instituciones de asistencia, que producen resultados, y los ciudadanos sociales, que ejercen derechos. Para ello sólo existe la alternativa de la transnacionalización y la internacionalización del estado social y de la política del empleo. Por consiguiente, el sistema de instituciones tendría que consumar un proceso de transnacionalización e internacionalización comparable al de la clientela del estado benefactor. En el capítulo 3 a este proceso se lo denominó *fractalización* dentro del espacio nacional y global. Aquí existe una aguda necesidad de actuar en el plano supranacional si no se quiere que, junto con la eliminación del estado nacional benefactor, desaparezcan también los derechos civiles y humanos que valen en el nivel transnacional.[7]

[7] A esto Claus Offe objeta que la redistribución (en sus palabras el "*sacrificio* de la redistribución") "rebasa moralmente" a los actores cuando se realiza en una agrupación social más grande que la representada por el estado nacional (Offe, 1998:133). Como para Fritz W. Scharpf (1996, 1998), para él el estado benefactor y la democracia sólo son posibles en los límites del estado nacional, porque sólo ahí existe la base prepolítica de confianza, sobre cuyos fundamentos la autoridad estatal podría obligar a los ciudadanos a cumplir sus obligaciones (de solidaridad) con los ciudadanos. Jürgen Habermas

LA ECOLOGÍA DE LA DEMOCRACIA INDUSTRIAL O EL PACTO DE PRODUCTIVIDAD A COSTA DE LA NATURALEZA

La "cuestión social" sería fácil de resolver a principios del siglo XXI si fueran posibles tasas de crecimiento como las de la "edad dorada" del capitalismo. No obstante, se oponen a ello razones económicas y ecológicas. La ambiciosa democracia occidental de la posguerra no se basó en ningún lado en una redistribución equitativa, pero tampoco era necesario, porque podía pasarse por alto la difícil tarea de la redistribución en la fase culminante de la industrialización fordista, por medio de los incrementos de productividad y las tasas de crecimiento del PIB todavía más elevadas, con los que se combinaban constantes aumentos en los ingresos. Durante décadas en las sociedades industrializadas capitalistas occidentales la *democracia industrial* ha hecho que el aumento en los ingresos fuese la regla. Aun en los casos en que los aumentos en los ingresos han estado ausentes por años, como en Estados Unidos para una mayoría de los obreros durante la era de Reagan, y en la mayor parte de los países europeos occidentales en los años noventa, se siguen considerando la regla, y los recortes a los salarios reales son vistos como una excepción. Los aumentos en los ingresos son más fáciles de lograr si aumenta el excedente monetario (y físico), la productividad, por ejemplo. La mayor productividad laboral tiene un efecto positivo sobre la productividad del capital, la tasa de ganancia y el crecimiento económico. La comparación internacional muestra que los costos salariales unitarios pueden reducirse aumentando la productividad laboral. La posición competitiva en el mercado de trabajo ha mejorado, *ceteris paribus,* y por lo tanto el estado de competencia está tratando de promover el crecimiento de la productividad. El aumento de la productividad es más que una mera "misión histórica" de la forma de producción capitalista, como pensó Marx. Conforma el "interés de producción" reformista común de todos los actores de la sociedad capitalista: los sindicatos, los empresarios y los gobiernos (Sinzheimer, 1976). El aumento de la productividad es el punto de partida y de llegada de la política de reforma democrática social que hizo historia en el siglo XX en contra de la resistencia conservadora, por un lado, y contra los intentos por trascender el sistema en sociedades "socialistas", por el otro. El "pacto de productividad" constituye la base del "interés de producción" común entre el trabajo asalariado y el capital, entre los sindicatos y los empresarios, y entre los gobiernos, los partidos y los parlamentos.

Por lo tanto, el "fordismo" no sólo es una innovación técnica y social; también

(1998:816 ss) hace referencia, con razón, a la "notable disonancia entre los rasgos algo arcaicos del 'potencial de obligación' de los compañeros de destino dispuestos al sacrificio y la autoconcepción normativa del moderno estado constitucional como una asociación voluntaria de compañeros en el derecho". Pues a diferencia "de la moral, en el derecho las obligaciones resultan secundarias; las obligaciones resultan, primero, de la deseada compatibilidad entre mis derechos y los derechos de otros. Las condiciones, sumamente artificiales, para el nacimiento de la conciencia nacional contradicen la pesimista suposición de que la solidaridad civil entre 'extraños' sólo se puede dar en las fronteras de una nación" (p. 817).

incluye una nueva relación con la naturaleza externa, si se compara con la que privaba en las formas "prefordistas" de producción y regulación, porque el sistema de producción y consumo y la forma de regulación social se basan principalmente en el uso de la energía fósil (Altvater, 1992). Este aspecto "fosilista" casi siempre es ignorado en estudios sobre el fordismo, que se concentran en la organización del salario y las relaciones laborales o explican las condiciones macroeconómicas de la oferta y la demanda en el mercado, del dinero y la política económica (esta carencia es una falla crítica del planteamiento de la escuela de la regulación acerca del análisis del desarrollo social). Una variable crucial en estas deliberaciones son los costos salariales unitarios y, por lo tanto, la relación entre el salario y el aumento de productividad. El alto insumo de recursos energéticos, minerales y agrarios, así como los sistemas técnicos y sociales para transformar energía y material son los vehículos para lograr un considerable aumento en la productividad laboral, y, por lo tanto, en los ingresos.

Sin embargo los aumentos de productividad son imposibles si no se aumenta también el consumo de energía y de materias primas, y en tiempos de estancamiento o de moderado crecimiento económico esto implica, en primerísimo lugar, un proceso de racionalización para ahorrar trabajo, es decir, remplazar el "caro" trabajo humano con un mayor uso de energía "barata". No obstante, en el pasado los que eran expulsados a las márgenes del mercado de trabajo o a veces incluso temporalmente al desempleo, por la aplicación del "látigo de la productividad" —casi siempre se trataba de mujeres, de fuerza de trabajo poco calificada y de extranjeros—, podían contar con que una red constituida por el sistema de seguridad social evitaría su caída en el desempleo permanente y en el aislamiento social.[8] Pero en esta variante de reconciliación entre el capitalismo y la democracia, que tiene su origen en el "laboratorio de alquimista" de la socialdemocracia,[9] no se trata de un proyecto de desarrollo con perspectivas de futuro. A diferencia de fines del siglo XIX, a finales del siglo XX (y principios del XXI) la "cuestión social" se plantea junto con la "cuestión ecológica".

Por eso tampoco es posible hacer que los arreglos del estado benefactor sigan siendo financiables gracias a medidas tomadas para aumentar la productividad (véase Boyer y Drache, 1996 y, con una visión crítica al respecto, Albo, 1994). No

[8] Esto se aplicaba particularmente a esa variante peculiar de un "capitalismo controlado", que en el curso de las dos últimas décadas se convirtió en el ocasionalmente admirado "modelo alemán" (véase Mahnkopf, 1999). Un "pacto de productividad", económicamente fundamentado, del trabajo y el capital, que estaba flanqueado por la política social del estado —sobre todo en las áreas de seguridad para la vejez, salud y protección del trabajo— y acompañado por reformas en la política educativa, permitió la combinación de competitividad internacional de la economía, una igualdad salarial nacional comparativamente limitada y una elevada cohesión social en la sociedad de la posguerra alemana (occidental).

[9] La formulación de la "función de alquimista de la socialdemocracia" fue hecha por Jean Ziegler, y crea una paralelismo entre el intento de los alquimistas medievales de transmutar el plomo en oro y el proyecto de la socialdemocracia de convertir, en la época posterior a la segunda guerra mundial, el miedo al comunismo en progreso social (véase Mahnkopf, 1998a, b).

sólo desde el aspecto social sino, sobre todo, desde el ecológico, resulta dudosa la "durabilidad" de una trayectoria de desarrollo de la "competencia de innovaciones". Un "pacto de innovación" fuerza la aceleración de la transformación socioeconómica, del "progreso técnico", del consumo de recursos y de la utilización de energía (véanse nuestras explicaciones al respecto en el capítulo 9), cuando desde una perspectiva tanto social como ecológica sería necesario moderar el ritmo de los aumentos de productividad, disminuir las altas velocidades del desarrollo y reducir la dimensión y el alcance de la movilidad espacial (al respecto véase también Galtung, 1996).

En estas circunstancias uno podría inclinarse a entender la crisis del estado benefactor como un "ardid de la historia": las limitaciones *ecológicamente* irrefutables del consumo de la naturaleza son forzadas *económicamente* por la competencia global, y es sabido que no hay remedio para el "imperativo del mercado mundial". El imperativo existe, qué duda cabe. Pero tiene su malicia, porque tiene efectos desiguales. Los miembros de la sociedad financiera no están expuestos a él, o lo están sólo mínimamente, en tanto que la sociedad laboral lo resiente en su totalidad, pues perduran las posibilidades de comprar la naturaleza con dinero. Sólo se reducen los montos de dinero disponibles para quienes tienen que ganarlo por medio del trabajo asalariado. Esta desigualdad básica no es una buena condición previa para el desarrollo de instituciones reguladoras, que podrían llevar a cabo por consenso una reducción en el consumo de la naturaleza. Esto remite a una alternativa: persiste la relación capitalista globalizada con la producción y la naturaleza, en cuyo caso el consumo de la naturaleza seguirá siendo regulado por el medio del dinero, es decir, de manera desigual tanto dentro de cada sociedad como en el plano global entre las economías de extracción y de producción. Del fortalecimiento de una democracia internacional y la mejora del gobierno global no se puede esperar esta opción, así como tampoco la solución del problema del excesivo consumo de la naturaleza. O —y ésta es la otra posibilidad— las posibilidades reducidas de recurrir a la naturaleza se ajustarán a las formas económicas, sociales y políticas de la regulación de la relación con la naturaleza. Pero hasta el día de hoy no se tienen experiencias con un orden democrático que —en el límite de la capacidad ecológica de carga— no se base en el interés de producción común de una sociedad limitada, por lo general nacional, sino en el "interés de sobrevivencia" de la humanidad entera. El cambio de forma de las organizaciones y los reglamentos institucionales, si se toman en serio las restricciones ecológicas y si por lo tanto se les rinden cuentas, será considerable.

LA DEMOCRACIA Y LA PROSPERIDAD BAJO RESTRICCIONES ECOLÓGICAS

El consumo de la naturaleza no llega a su fin con el "fin de la historia" y no se traslada de la realidad de la modernidad a la virtualidad posmoderna; al contrario. De esta forma se ha creado un dilema que ya se discutió arriba, al referirnos al medio ambiente global como un bien posicional (véase el capítulo 9). Los ecologistas están en desacuerdo irreconciliable acerca de si la redistribución de los bienes posicionales, la libertad individual y los procedimientos democráticos son compatibles. No pocos, a partir de la "tragedia de las tierras comunales" (véase el capítulo 9), sacan la conclusión de que las libertades individuales y la racionalidad individualista ocasionan la destrucción inexorable del medio ambiente y que, por lo menos, deberían limitarse, si no abolir completamente (véase Goldmann, 1997). En realidad muchos ecologistas dudan de que los procesos democráticos sean adecuados para terminar con la crisis ecológica: resultan demasiado lentos, demasiado complicados y, por lo tanto, poco eficientes y radicales. Todavía es relativamente fácil esgrimir respuestas a estos argumentos, porque la experiencia muestra que la destrucción del medio ambiente es mayor en los regímenes autoritarios que en las sociedades democráticas, debido a que la percepción legal de los intereses del medio ambiente es obstaculizada o aun prohibida por el movimiento social. Además, el argumento se traiciona a sí mismo: la eficiencia se define en términos de economía del tiempo y el espacio, y no en relación con los ritmos de los procesos sociales, cuando transcurren de manera discursiva y deliberadora y, por lo tanto, con una participación lo más grande posible.

Existe otro argumento que se debe tomar mucho más en serio: los sistemas democráticos pueden limitarse a cuestiones procesuales mientras las cuestiones sustanciales sean poco discutidas y los horizontes del tiempo no presenten divergencias considerables. Si todos los ciudadanos experimentan un progreso económico y social, es decir, si la producción y la redistribución de la prosperidad no son tema en el proceso democrático y el consumo se lleva a cabo, de todas maneras, en la privacía de la esfera individual, lo comprenderán como fondo no disponible de las alternativas que en una democracia se someten a votación. Sin embargo, este componente material social de la democracia es irrenunciable. Un orden político democrático sin un amortiguador social, es decir, sin una "versión mínima" de socialismo, no puede durar mucho. La justicia compatible con el mercado entre los ciudadanos económicos puede esbozarse con los criterio de Pareto: una redistribución se justifica mientras la utilidad marginal de quien la recibe sea mayor que la desventaja marginal de quien la da. Pero no se dispone de niveles y no queda claro quién puede y quién no puede participar de la redistribución de Pareto.

Esto es diferente en una democracia política. Todas las personas que tengan derechos de ciudadanía pueden participar como iguales en la distribución y la redistribución de los ingresos de flujos monetarios, y el nivel de los ingresos desempeña un papel (como indicador de la prosperidad). Una democracia social en funciones requiere, desde luego, una cierta riqueza material que se exprese monetariamente en ingresos que fundamenten y legitimen, materialmente, un acceso a los recursos materiales, energéticos y de otro tipo, así como a las reservas del planeta; que sea benéfica para la capacidad de funcionamiento de la democracia social. Entonces la democracia es ecológicamente relevante. Si muchos consumen poco y pocos consumen mucho se presentan pocos problemas con los límites de la capacidad de carga natural de los ecosistemas globales, pero se enfrentarán muchos problemas con el principio democrático de la igualdad y de la participación de todos los miembros de la generación que vive en este momento y —esto complica extremadamente las circunstancias— de las generaciones futuras. Pero si en la democracia se pueden legitimar las demandas justificadas de los muchos por consumir mucho y se las fundamenta bien con una "teoría de la justicia" liberal e individualista (así se explica el atractivo de la teoría de John Rawls, 1971), los límites de la capacidad de carga de la naturaleza global se convierten de pronto en algo similar a la roca que obstruía la entrada a la cueva de Alí Babá; el acceso les estará negado a todos los que no conozcan la fórmula mágica (de pagar) para abrirla. Así sucede que en una época en que la producción de excedente se topa con los límites ecológicos de pronto se cuestiona también el principio democrático y tiene que sustituirse por reglas autoritarias con un fundamento ecológico. Las reglas de la representación, de la legitimación y el control se estrellan contra las barreras ecológicas.

Pero el principio democrático ofrece *idealmente* a todos los ciudadanos del planeta la perspectiva de un consumo de recursos similar al que desde hace ya mucho tiempo acostumbran, de manera ejemplar, las personas que viven en las sociedades "opulentas" de Occidente, y no se cansan de propagar en todos los rincones de la tierra, gracias a los medios globalizados, el modelo de prosperidad: el derecho a un gran espacio individual, alta movilidad, variedad de modas y un alto nivel de consumo en la esfera de la reproducción y, al mismo tiempo, tecnologías eficientes y alta productividad en la producción. En este sentido, una buena parte de lo que se conoce con el concepto de globalización también puede calificarse de "occidentalización" (Galtung, 1997; Latouche, 1994). La producción en masa no está pensada para el consumo de las reinas, sino para el de las obreras, escribe Joseph A. Schumpeter. Ésta es la razón para la compatibilidad de la forma de regulación fordista, la forma de producción, el modelo de consumo y la participación democrática: la producción en masa y el consumo en masa no son posibles si a las masas no se les otorgan también derechos políticos de participación, por lo menos en el sentido procesual, y filtrados varias veces por los medios de comunicación. Esto también funciona a la inversa: una democracia de masas no podría alcanzar el horizonte de lo concebible si no existieran también las posibilidades de la producción en masa y del consumo en masa. Porque las formas democráticas se basan en los sistemas de producción y consumo en masa. Este principio encontró su expresión política adecuada en la democracia social.

La prosperidad material se convierte en un requisito indispensable para la condición estática de la "casa de la democracia". En los años cincuenta Seymour M. Lipset (Lipset, 1959:75) se refirió a las condiciones de la democracia formal: "Cuanto más acaudalada sea una nación, mayores oportunidades tendrá de sostener una democracia." Adam Przeworski afirma que, tomando en cuenta los hallazgos empíricos, nunca falló un orden democrático después de la segunda guerra mundial en un país con un ingreso per cápita de más de 4 335 dólares (Przeworski, 1995). Si asumimos el principio de la distribución igualitaria, un ingreso per cápita de 4 400 dólares para una población mundial de seis mil millones de personas requiere un producto nacional bruto de aproximadamente 26 500 billones de dólares. Esto es menos que el producto global bruto en la actualidad y menos de la mitad de las reservas de los derivados financieros en los mercados financieros globales. Esta comparación demuestra que la cuestión democrática sustancial tiene que ver más con la distribución que con la producción y la productividad (en el nivel existente de consumo de recursos y de emisión/producción). La desigualdad en la riqueza y el ingreso (tanto en cada sociedad nacional como en el mundo entero) no representa una buena condición previa para el desarrollo de las instituciones democráticas. En un mundo esencialmente inequitativo, donde 20% de la humanidad tiene acceso a 80% de los recursos y 80% de la humanidad puede usar sólo el 20% restante para cubrir sus necesidades (UNDP, 1994), ningún procedimiento democrático formal puede tener un efecto compensatorio.

¿Constituye la democratización el requisito para el desarrollo económico o, por el contrario, es el desarrollo económico la condición de una democracia que funcione? La teoría de la modernización podría resolver esta cuestión con una respuesta unívoca: ambas cosas son posibles y necesarias, la democratización política, la industrialización económica y, además, la modernización social. La interacción de estos tres factores desencadena un proceso de acoplamientos positivos que lleva adelante simultáneamente la modernización, la industrialización y la democratización y que, por lo tanto, ni siquiera permite que surja el dilema de la no prosperidad, que pone en peligro a la democracia. También los "rezagados" pueden, en principio, alcanzar a las sociedades más desarrolladas.[10] En el análisis *ex post* dirigido por la teoría de la modernización es posible no tomar en cuenta el "espacio del medio ambiente", pero no lo es en el análisis de las condiciones presentes y en un pronóstico fundamentado de las perspectivas futuras del sistema democrático. Por lo general los espacios temporales de la economía, la ecología y los procesos democráticos son tan poco congruentes que la participación democrática podría fracasar simplemente por esa causa. El orden democrático del sistema, las normas seculares racionales en la cultura y la sociedad, una alta movilidad, así como la orientación al rendimiento y al crecimiento de la economía, siguen siendo la combinación que promete el triunfo, que delinea según el "modelo occidental" y que constituye su atractivo. Sólo que se olvida añadir que el consumo cada vez mayor de los recursos no renovables y la sobreutilización de las reservas limitadas para las emisiones (la basura del futuro, para la que se usará el "futuro como basurero" [U. K. Preuss], cuestionan precisamente los fundamentos de este modelo.

[10] En 1979 Immanuel Wallerstein tituló un pequeño texto *Modernization: Requiescat in Pace* (Wallerstein, 1979:132). Con este irónico título expresó una concepción muy difundida en esa época, que era completamente válida más allá de la retórica, y que, a pesar del resurgimiento de la teoría de la modernización, en 1989, lo sigue siendo.

Al disponer de suficiente evidencia sobre los límites del espacio del medio ambiente, parece claro que los requisitos sustanciales para la democracia formal no se pueden establecer en todas las sociedades del planeta en el nivel del "estilo de vida occidental". Por añadidura la democracia parlamentaria es un orden frágil en casi todos los países del mundo, debido a sus deficiencias sustanciales condicionadas por la naturaleza. La inequitativa distribución de los recursos y la desigual localización de las zonas industriales para la transformación de los recursos en esos bienes y servicios que definen el modelo "fordista" de producción y consumo impactan el orden democrático. El uso de energías fósiles necesita un sistema logístico mundial, que requiere gran capacidad tecnológica y organizacional, de finanzas, know-how económico, instalaciones de transporte y relaciones políticas que solamente pueden proporcionar, durante el tiempo previsto, los países industriales altamente industrializados. La tendencia a la globalización desigual no se debe sólo al funcionamiento del sistema financiero. También resulta de la lógica del sistema de energía de la forma de producción capitalista. Las posibilidades de aplicar procedimientos democráticos son mejores en las *economías de producción complejas* que en las *economías de extracción simples.*

En las modernas economías el problema de la distribución en el tiempo (entre diferentes generaciones) y en el espacio (entre las personas que habitan actualmente el mundo) se resuelve aplicando una tasa de descuento. De esta manera parece posible sopesar los costos y los beneficios a lo largo del tiempo y el espacio en una unidad monetaria común. Por supuesto, las premisas de una tasa de descuento positiva son los beneficios comparativos y los costos en términos monetarios. Pero si los costos (y los beneficios) no tienen valor monetario, ¿cómo se puede construir una tasa de descuento? ¿Y qué pasa si los costos y beneficios a lo largo del tiempo y el espacio no son conmensurables? En ese caso queda excluida una respuesta clara y racional a la pregunta acerca de la distribución y los costos y beneficios de la degradación ambiental. En el libro *Social costs of private pnterprise,* K. William Kapp afirmó

> que la determinación definitiva del monto de los costos sociales de producción es, finalmente, cuestión de la valoración social; es decir que el tamaño de los costos sociales depende de la importancia que la sociedad de la división del trabajo otorgue a las pérdidas sociales conmensurables y a las imponderables (Kapp, 1958:20).

Frente a la corriente principal del pensamiento neoliberal el mecanismo del mercado no es capaz de ofrecer ninguna solución para tratar racionalmente el problema de los fenómenos extramercado y las consecuencias de los efectos en el tiempo y en el espacio, más allá del horizonte de los agentes individuales del mercado. Los intentos neoclásicos de superar estos problemas sólo arrojan pobres resultados en cuanto a la reconciliación de los procesos de mercado y extramercado, por ejemplo "internalizando" costos sociales en el cálculo privado y microeconómico. Los movimientos sociales (ecológicos) de la sociedad civil, con todas sus exageraciones e "irracionalidades", son más apropiados para identificar los costos y los beneficios de la producción industrial y para encontrar respuestas a los retos de la degradación ecológica y los peligros industriales, que la asesoría científica, basada en la economía del *mainstream*.

Respecto a la distribución existe un segundo problema que hay que considerar. Las presentes decisiones racionales requieren estimaciones sobre los ingresos futuros y conocer la tasa de descuento actual. Si se tiene esta informaciónse pueden compararse las alternativas al proceso racional de la toma de decisiones. Pero la racionalidad de las decisiones "racionales" depende, obviamente, de que se puedan suponer los ingresos futuros. Por supuesto no se conocen y, por lo tanto, por razones importantes, podrán ser calculados asumiendo que los ingresos presentes se basarán en remuneraciones normales en el futuro. Obviamente los ingresos presentes varían entre las clases y los estratos dentro de un país, y más aún entre países, especialmente si se calculan los diferenciales en el ingreso Norte-Sur. Si se toman los ingresos comparativamente bajos de los países del tercer mundo para calcular los costos ambientales en el futuro a una tasa de descuento dada, será bastante racional aconsejar el traslado de las industrias contaminantes y sus desechos a los países con los ingresos más bajos. Hasta sería posible sacar la conclusión de que los bajos ingresos per cápita son un indicador de que los países están "subcontaminados". Así pues, tendría sentido que los "países subcontaminados" aceptaran contaminación a cambio de una compensación monetaria. Lawrence Summers, un funcionario del Banco Mundial, argumentó: "Pienso que la lógica económica que ampara el hecho de arrojar una carga de desechos tóxicos en el país con salarios más bajos es impecable, y hay que enfrentar este hecho" (citado en Buell y De Luca, 1996:44; para una buena discusión acerca de este argumento véase Harvey, 1996:366). Dado que la compensación por los desastres ambientales depende de los niveles del ingreso, los peligros son "menos caros" y, en términos monetarios, "menos dañinos" para las personas en los países pobres que en los países ricos.

Supuestamente también habrá alternativas después que se terminen las reservas de los combustibles fósiles. Por ejemplo, la gestión tecnocrática de la naturaleza podría hacer posible la producción energética de biomasa. Al complejo militar-industrial probablemente también le será posible desarrollar armas "compatibles con el medio ambiente" que no desencadenen el invierno termonuclear. Tales visiones son componentes de la respuesta a la crisis socioecológica que busca la salida en una administración de los recursos autoritaria y cientificista, planeada globalmente, y que tendría que limitar de manera radical el espacio de movimiento y utilización de la mayoría de los seres humanos. También las soluciones plutocráticas lastimarían el desarrollo social, la estabilidad y la participación políticas y la integridad ecológica de muchas regiones y de las personas que viven en ellas. Si se evitara la redistribución, lo cual sería grave y doloroso sobre todo para los 600 millones de habitantes de los viejos países industrializados, quedaría sólo la variante plutocrática de una regulación internacional, forzada por los medios del mercado o por el poder (político y militar),[11] que distribuye los costos económicos, sociales y ecológicos relacionados con la liberalización y la desregulación, en perjuicio de terceros. Dadas las condiciones de dependencia recíproca en escala planetaria, esto sólo puede significar una limitación espacial del nuevo orden mundial fundamentado en la democracia y el derecho, así como la renuncia a la justicia universal.

Para esta alternativa poco favorable, que hoy resulta más fácil de imaginar que el difícil proyecto de una "ampliación en la sociedad mundial" del principio democrático (Albert y Brock, 1996), Jean-Christoph Rufin (1991) ha sacado a debate la metáfora histórica del "Limes".[12] El planteamiento es que la confrontación Norte-Sur adopta la forma de una línea divisoria, que marca una diferencia de estatus y que protege la prosperidad del Norte por medio de la delimitación. En la "era del universalismo limitado" el Norte —apoyándose en la "ideología de la desigualdad", que ha sustituido a la ideología obsoleta del "desarrollo recuperador"— podría reclamar el papel de guardián de la civilización libre y democrática y de defensor y protector del derecho. A excepción de algunas factorías y lugares de comercio del Norte que se encuentran esparcidas en el Sur, y cuyo impulso es mantenido por espontáneas corrientes económicas, los habitantes del Sur marginado, acorralados en los "archipiélagos de la miseria" —en campos de refugiados y en los cinturones de miseria de las grandes ciudades— asumen el papel de los "nuevos bárbaros".

La alternativa ciertamente deseada a un "sistema de apartheid global" sería una democracia ecológica global. Sus oportunidades de realización dependen en una medida considerable de que en los países del Norte sea políticamente determinante la opinión de que las personas de los países no occidentales sólo pueden obtener algo de la universalidad de los valores democráticos si éstos abarcan más que las instituciones y procesos democráticos formales y las conquistas liberales de los derechos individuales. Desde la perspectiva de las organizaciones de derechos humanos en el Sur la democracia, para seguir siendo atractiva, además de proteger los "derechos" individuales "de los pueblos", debe también proteger los derechos colectivos, que comprenden un amplio derecho al desarrollo y a un medio ambiente intacto. El régimen de derechos humanos, aun cuando se trate de un "derecho débil", forma un vasto marco conceptual, dentro del cual también sería posible una regulación del consumo de la naturaleza. Es parte constitutiva de esa vaga y optimista visión de un gobierno global, que basa las decisiones de alcance global en

[11] "Precisamente cuando la preservación y la expansión de la autodeterminación democrática constituyen el postulado normativo en el plano interno del estado, pero su materialización se liga con el aseguramiento internacional de las propias bases de acción, tales determinaciones hegemónicas constituyen una determinación hegemónica ajena" (Kohler-Koch, 1998:22).

[12] El "Limes" fue una muralla fronteriza que los romanos construyeron hace dos mil años para mantener alejados a los germanos. Los "Limes" siguen existiendo en la actualidad, sea en forma de cerca electrificada en la zona fronteriza entre México y Estados Unidos, o en las fronteras de la Unión Europea, en el río Oder o en el mar Mediterráneo. Se trata de una muralla de protección contra los no privilegiados del mundo. Así pues, el "Limes" es el símbolo de la división del mundo.

decisiones que se toman en el nivel local, nacional y regional, recurriendo a las calificaciones y recursos de muchos actores e instituciones diferentes.

GOBIERNO GLOBAL: LA POLÍTICA EN LOS LÍMITES DEL ESPACIO DEL MEDIO AMBIENTE

Cuando se habla de la dimensión material de la democracia se debe retomar el discurso de la sustentabilidad económica. Pero también se aplica lo inverso: así como está funcionando el proceso democrático, de ninguna manera es ecológicamente durable. Son responsables de ello la competencia entre los partidos con sus promesas de campaña, las expectativas de crecimiento de los ciudadanos, las inclinaciones populistas de los líderes políticos, una experiencia sedimentada en las "sociedades de consumo" de cambios, de modas, etc.; en resumen: la sobredeterminación del procedimiento democrático por medio de la dinámica de acumulación del capital globalizado y las barreras que impone la naturaleza. Mientras la competencia política sea copia de la competencia económica y, por lo tanto, esté dominada por una desmesura comparable, es imposible pensar en durabilidad. Los discursos democráticos deberían ser "intermediarios" entre la globalización, que se comporta como si fuera ilimitada, y la limitada capacidad de carga del planeta, pero eso sería pedir demasiado. Y en principio los "partidos verdes" tampoco pueden modificar esto, pues no sólo se trata de los programas políticos y, por lo tanto, de los contenidos, sino de las *formas* del proceso político, en las que no tienen cabida las restricciones ecológicas. No existe un modelo que quisiera asumir el reto de modificar el proceso político. Los imperativos éticos para reglamentar el consumo individual del medio ambiente son más débiles que un conjunto colectivo de reglas y, por lo tanto, menos efectivo. Su observancia es voluntaria y se convierte en una exigencia irracional cuando la renuncia implica que otros puedan eludirla, ya que algunos son lo suficientemente "tontos" (por lo menos desde la perspectiva de una sociedad donde predomina el modelo consumista) como para desistir de sus derechos. La ética debe convertirse, como en su significado griego original, en "costumbre" social, y así impedir la fatiga excesiva del individuo en la observancia de "ideales".

Las tentativas posibles en dirección a una democracia ecológica dentro de los límites del espacio del medio ambiente (límites de los recursos y las reservas) se pueden identificar en relación con los procedimientos, los sujetos y las formas. En el curso de la globalización y la disolución de las sedes territoriales de las deliberaciones democráticas, la democracia se está convirtiendo —como se mencionó antes— en un procedimiento "sin sede". Sin embargo, la falta de un territorio para la democracia es sustituida por la formación de nuevas comunidades (y, por lo tanto, por la emergencia del "comunitarianismo" en tiempos de la globalización) y de nuevas *redes de comunicación.* Y estas redes no son sólo de naturaleza virtual en Internet; las deliberaciones democráticas encuentran nuevos espacios, tomando en cuenta las consecuencias de los nuevos límites de los nuevos espacios funcionales.

El concepto de política ha cambiado en vista de la globalización. Con los nuevos contenidos políticos también surgen nuevos actores y nuevas formas de política. El *demos* ya no se activa en la arena global por las vías tradicionales de participación en los estados nacionales, sino que en la arena global desarrolla nuevas formas de participar en las decisiones. En lugar de regímenes, y tomando en cuenta esta nueva situación, se habla de una *governance*, que tiene que ser fortalecida en el "nuevo orden mundial" (Commission on Global Governance, 1995:4). La diferencia entre régimen y gobierno global es evidente: el mundo de los estados, es decir, el sistema de los estados nacionales, que ya alguna vez fue amablemente calificado como el "concierto de las naciones", es regulado y en cierta forma armonizado, desde el surgimiento de la modernidad, en el siglo XVI, por el derecho internacional (acerca de la conformación del "orden westfálico" después de la guerra de los treinta años véase Miller, 1994). En el curso de la moderna globalización, como ya hemos visto, surgieron las organizaciones internacionales, que constituyeron un mundo de la "ley blanda", porque con una mayor densidad se dificulta codificar las relaciones internacionales y globales (puesto que están más allá de la competencia reguladora de los estados nacionales) y las influencias recíprocas en una forma legal dura. En el "régimen" no sólo se trata de un derecho internacional codificado de una forma dura sino de normas, valores, reglas y, mientras éstas exijan una cierta durabilidad, de instituciones. Éstas representan ese "compromiso liberal inmerso" (Ruggie, 1982) que fue expresión de la estabilidad del sistema internacional (occidental) durante muchas décadas después de la segunda guerra mundial. Desde los profundos cambios ocurridos en los años ochenta, sin embargo, ya no se puede hablar de un "compromiso liberal" sin calificativos, a menos que por "liberal" se entienda "neoliberal", que no es lo mismo. Porque el proyecto liberal apuesta en primer lugar, si no exclusivamente, a la capacidad reguladora de los mercados. Es decir que persigue el proyecto de la desinserción y no el de una sociedad liberal inserta. Para mantener su carácter liberal ésta tendría que controlar las fuerzas del mercado y reintegrarlas a la sociedad, es decir, vincularlas de nuevo. La pregunta es si tal cosa es posible en este sistema global de principios de siglo con regímenes cuyos actores son, principalmente, estados nacionales e instituciones internacionales.

El gobierno global global se distingue del mundo de los estados y de los regímenes internacionales principalmente en que las instituciones, movimientos y organizaciones de la sociedad civil aparecen en la escena global. Intervienen como actores, junto con los representantes de los estados nacionales (gobiernos) y de las organizaciones internacionales, entre el espacio global y la localización local. La inserción de estos actores —a los que se agrupa en el vago concepto de las organizaciones no gubernamentales— en el proceso político global se convierte en proyecto del gobierno global. Se trata, en cierta medida, de tomar en cuenta la relación de articulación, presentada en el capítulo 1, entre la localización local y el sistema global. La participación de las ONG en el proyecto del gobierno global puede, por lo tanto, interpretarse como expresión de la "glocalización".

ESQUEMA 10.1. DERECHO INTERNACIONAL, REGÍMENES, GOBIERNO GLOBAL

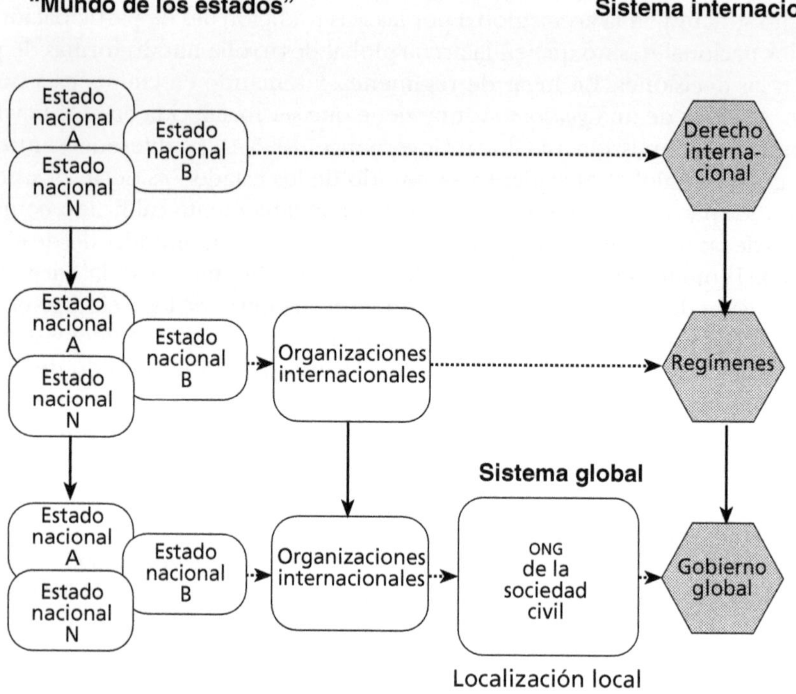

De modo que el concepto de gobierno global no puede ocupar de ninguna manera el lugar de los hasta ahora usuales conceptos de régimen y hegemonía en el análisis de las relaciones internacionales, puesto que abarca otra cosa: la articulación y la regulación políticas en los límites (ecológicos y sociales) de la globalización. Éstos ya no se pueden definir de manera tan clara y unívoca como las fronteras de los estados nacionales. Más bien son esbozados por los problemas que son definidos políticamente por el espectro de los actores en el sistema mundial, lo cual los delimita y los hace accesibles a una regulación. Los más importantes de estos problemas globales que *deben ser delimitados* son, en opinión de la Commission on Global Governance, las consecuencias del fin de la confrontación de bloques y el desplome del socialismo real, la revolución en el sistema de las comunicaciones, el aumento de la migración transnacional, la desregulación de los mercados en general y la liberalización de los mercados financieros en particular, el aumento en el comercio de drogas, la propagación mundial del sida y otras epidemias, la nueva carrera armamentista y el comercio de drogas, la globalización de la crisis ambiental, etc. (Commission on Global Governance, 1995:9). Consecuentemente el concepto de gobierno global no sólo toma en cuenta a los nuevos actores *(polity)*, porque debido a la erosión de los estados nacionales los escenarios usuales de los actores ya no son el lugar adecuado para la transformación política de los problemas mencionados, sino también los nuevos campos políticos *(policy)* surgidos en el curso de la globalización, especialmente la cuestión ecológica y, además, las formas de política desarrolladas por los actores *(politics)*. La política desarrollada en el espacio del estado nacional es radicalmente diferente, por las formas, los actores y los contenidos, de la *política realizada en el espacio del medio ambiente.*

Pero el concepto de "gobierno" también es utilizado por los "actores tradicionales" del mundo de los estados y del régimen internacional, por ejemplo por las instituciones de Bretton Woods. Están tratando de insertar a las organizaciones de la sociedad civil en el proyecto del ajuste estructural neoliberal, en muchos casos con éxito (véase Chossudovsky, 1997:67). Los consorcios que operan transnacionalmente también forman parte del círculo de actores, así como los agentes de los mercados financieros globales o las organizaciones y movimientos de la sociedad civil, desde los sindicatos hasta los movimientos de protección al medio ambiente. Todos ellos deben "participar" para asegurar el éxito de los proyectos, por ejemplo en la planeación del desarrollo o en la protección del medio ambiente. En esta medida el gobierno global es la respuesta a la pérdida de soberanía de los estados nacionales, a la crisis del sistema hegemónico y al surgimiento de nuevos "soberanos" en la sociedad mundial. Como en el debate sobre un capitalismo de *stakeholders,* aquí también se maneja, además del tema del insuficiente poder de discriminación de los estados nacionales, el déficit de socialización bajo la presión de la globalización. Los estados nacionales ya no emiten esos llamamientos que detonan la identidad nacional. Las gratificaciones globalizadas por los mercados son demasiado desiguales, y por lo tanto distribuidas de manera demasiado injusta de acuerdo con todos los criterios normativos, como para que se pudiera formar una "ciudadanía económica". Entonces se trató de encontrar una respuesta históricamente adecuada al reto de la globalización: no un gobierno mundial pero tampoco un mercado mundial *sans phrase,* sino una red cuyos hilos son anudados por las relaciones de mercado, las acciones políticas de los estados nacionales y de las instituciones internacionales y por las intervenciones de la sociedad civil, para solucionar el llamado "problema mundial". La interpretación del gobierno como una red global de actores que desarrollan las formas de política más adecuadas para resolver los respectivos problemas que se presenten toma en cuenta por un lado la mayor independencia, y por otro la consecuente mayor heterogeneidad de las personas y las sociedades afectadas.

No obstante, de esta manera —y éste es el reverso de la moneda— el mundo de las ONG en la red global es diferenciado y empujado hacia contradicciones y antagonismos. Porque es diferente participar en el proyecto del gobierno global para apoyar las estructuras político-económicas del sistema global que para representar los intereses de grupos locales (Bond y Mayekiso, 1996). Por esta razón el mundo de las ONG se caracteriza por los intereses encontrados, los diferentes alcances de la política y las formas de su articulación, igual que otras organizaciones políticas y sistemas estructurados institucionalmente. Así pues, el problema de las "redes" en diferentes planos y potencias no está de ninguna manera resuelto: ¿cómo se puede formar, en realidad, un espacio público global en el que los tejidos de las relaciones formales e informales sean tan apretados que se pueda hablar con justicia de una red? ¿Cómo pueden formar una red efectiva los diferentes planos locales, regionales, nacionales y globales dentro del "espectro de actores" de las ONG (Altvater, Brunnengräber, Haake y Walk, 1997)? ¿Cómo puede arreglarse el problema de la diferente capacidad de representación de los movimientos sociales si unas ONG tienen gran poder financiero pero están poco orientadas a las bases, en tanto que otras trabajan de manera totalmente opuesta, con un fuerte arraigo local pero sin una base financiera? ¿Cómo, sobre todo, se puede lograr controlar, con los métodos de las "redes de la sociedad civil" global, a los poderes políticos (estados nacionales e instituciones internacionales) en el sentido de los controles y equilibrios, y de esta manera también legitimarlos y, además, encontrar un camino para reintegrar a la sociedad a los mercados desinmersos? ¿Se pueden poner en marcha "mecanismos" de integración social que conducen a la formación de una comunidad política internacional que obedece las reglas del procedimiento democrático? ¿Es posible, entonces, presentarle resistencia como sociedad civil a los "mecanismos de desinserción" económicos en los niveles que van de lo local a lo global (es decir, "glocal")? ¿Puede ser renovada la congruencia de legitimación y representación de la que se habló arriba por medio del gobierno global? Consecuentemente, para el gobierno global las relaciones sociales internas son de tal importancia que Norberto Bobbio habla de un "círculo vicioso":

> El círculo vicioso puede formularse de la siguiente manera: los estados sólo pueden volverse democráticos en una sociedad internacional completamente internacionalizada, pero una sociedad internacional completamente internacionalizada presupone que todos los estados que la componen sean democráticos. [Y añade, optimista, que la democratización internacional y la de los estados nacionales] no se estorban, sino que más bien se corroboran por turnos la una a la otra (Bobbio, 1995:39).

Con estas preguntas los representantes de la "escuela realista" de las relaciones internacionales no tienen ningún problema, ya que, a pesar de todos los cambios globales, desde su perspectiva los estados nacionales siguen siendo los actores más importantes. Por lo demás, así opina también Paul Kennedy (1993), quien todavía aguza este argumento respecto a una política de aseguramiento de la esfera norteamericana de poder (Chase, Hill y Kennedy, 1995). De esta manera resurgiría un nuevo sistema de estados hegemónicos que muy bien podría prescindir del gobierno en el sentido de la comisión mundial. No estamos hablando entonces de una red fina y sumamente compleja, sino de algunas gruesas cuerdas del G7, de las que se tira con fuerza para poner en movimiento o detener al mundo, según los intereses de los ricos países industrializados. La política de los golpes militares contra

Irak, la agresión de la OTAN contra Yugoslavia y su exclusión de la ONU, así como la no observancia del derecho internacional, indican que la "escuela realista" siguió siendo "realista" a fines del siglo XX, aunque de manera diferente a como lo había pensado en los años cincuenta y sesenta. Los conceptos de gobierno global y el ejercicio unipolar del poder no se toleran, son opuestos entre sí. El mundo del G7 se rige por otras reglas que las previstas por el diseño de un mundo bajo un gobierno global (Messner y Nuscheler, 1996). En ello se muestra también una debilidad fundamental del concepto de "política del orden mundial", que comparte con el concepto de democracia formal: no se reflexiona que los problemas que deben regularse en el proceso del gobierno global tienen que ver con poderosos intereses políticos y económicos, que sólo se integran en una red de gobierno mientras obtengan alguna ganancia de ello. No resulta realista suponer que las lógicas de acción presentadas —y que son diferentes y hasta opuestas— de la economía, la sociedad y la política pudieran volverse congruentes en la red del gobierno. No queda claro cómo pueden manejar esas redes los conflictos de intereses. Porque éstos no ocurren en el mismo nivel, en el que se pudiera llegar a un acuerdo, sino —por emplear la distinción hecha por Habermas— entre poderes de los mundos de sistemas y los actores de los mundos de vida, cuyos intereses pueden mostrar dimensiones muy diferentes.

No hay razón para sobrevaluar el poder político de las fuerzas de la sociedad civil. En primer lugar, con frecuencia se encargan de tareas sociales baratas, "de base", de las que se han retirado los estados en el curso de la desregulación. En segundo lugar aumenta la importancia que han alcanzado en la política social y ambiental los movimientos sociales y las ONG, pero de ninguna manera en asuntos "duros", como su participación en las negociaciones de las condiciones de interés del Banco Mundial, de reglamentaciones de la OMC o en todas las cuestiones tratadas en el marco de las alianzas militares y en el nivel del G7. Debido a que las organizaciones y las iniciativas no estatales sólo pueden ejercer presión sobre la política oficial creando una opinión pública transnacional, en tercer lugar, ya no pueden prescindir —igual que los partidos establecidos y las instituciones gubernamentales— de la "magia simbólica de escenificación" de las campañas de protestas dirigidas por los medios de comunicación de masas. Pero las estrategias de comunicación estructuradas de manera profesional con frecuencia tienen consecuencias que no necesariamente fomentan la democracia: favorecen la monetarización de la solidaridad en forma de donaciones, la conformidad con el mercado de las acciones solidarias como llamados a comprar o a boicotear, la adaptación de los objetivos de las iniciativas de protesta al gusto del público, y apuestan más a influir sobre la opinión de manera estratégica que a una comunicación orientada al entendimiento. Las ONG también comparten algunos problemas con muchas organizaciones e instituciones estatales: un déficit de cogestión democrática dentro de su organización, la tendencia a la burocratización y considerables problemas de coordinación. Por eso en casos individuales también se debe probar si los nuevos actores políticos, entre los que no reina ninguna congruencia de intereses, sólo amplían las acciones del estado al participar en la preparación e influir sobre las decisiones políticas (Brand y Görg, 1998) o si dividen (más) la soberanía estatal al asumir en parte —por ejemplo en el campo conflictivo de la "biopolítica" y las "ciencias de la vida"— tareas estatales clásicas, como la definición de los derechos de propiedad y el aseguramiento de las bases de la vida (véase Lipschutz, 1998).

En el discurso ambiental transnacional las soluciones para las negociaciones que son impulsadas y acompañadas por ONG probablemente mueven más cosas que la política estatal oficial. Porque ésta está sujeta a las caprichosas reglas de la competencia partidista, que se ocupa de que los procesos de tomar decisiones políticas no sobrepasen el tiempo de dos o tres periodos legislativos. Sin importar el débil estatus del derecho internacional público que tienen las ONG en los organismos de representación transnacionales e internacionales, en ellas recae un papel central en la formación de una democracia ecológica global: disponen de una experiencia de muchos años en la gestión ambiental global, están insertas en redes epistémicas, que tienden puentes entre legos y expertos, entre activistas y profesionales, entre unidades locales y globales y, de esta manera, funcionan como catalizadores para un aprendizaje ambiental descentralizado. Las ONG llenan el vacío político que nace de las urgencias de la "política ecológica del tiempo" (Lipschutz, 1998); en todo caso, parecen tener la capacidad de manejar mejor esas incertidumbres del espacio temporal —relacionadas con las consecuencias dispares de la destrucción del medio ambiente y el descuidado manejo que se hace de los recursos— que los actores del mundo de los estados, orientados al "pago de intereses" políticos y económicos a corto plazo. Sin embargo, quizá la función más importante de las ONG consiste en que, al constituir la parte de protesta y conflicto, y estar en oposición con las autoridades —que con frecuencia las combaten violentamente— no sólo obligan a que sean incorporados en el orden político del día nuevos temas importantes, sino que también pueden retardar decisiones y bloquear proyectos, es decir, son fuerzas de la desaceleración. Las ONG, sobre todo con esta función, abren posibilidades para las opciones democráticas.

En condiciones de inestabilidad —esto lo sabemos de la investigación del caos— puede surgir algo nuevo, siempre y cuando, en situaciones de crisis, no se recurra a lo viejo que se ha vuelto problemático, por ejemplo, de tal modo que las "economías fuertes", al llamado de un "nacionalismo progresivo", le den un "soberano" desaire a la política de nivel supranacional. Respecto a las "tierras comunales globales", un regreso de la política al criterio de la cercanía espacial no significaría más que otra barrera a los estándares sociales y ambientales globales, la justificación de una forma de vida irresponsable y la continuación de un desarrollo económico que produce una desigualdad que perjudica a la democracia. Más aún, los planteamientos de una regulación global de la globalización serían destruidos si los estados nacionales apostaran a la carta militar para simular una soberanía por medios militares ya que han perdido los económicos, que sólo podrían recuperar si a la fase de la globalización de las décadas pasadas, como ya ocurrió una vez en el siglo XX, le siguiera una fase de encierro económico, social y cultural a lo largo del "Limes", que estaría asegurado militarmente. Tal opción sería el final del orden mundial y significaría renunciar a todo intento por asumir de manera democrática el reto que representan la globalización, que salta por sobre las fronteras, y los nuevos límites del espacio del medio ambiente y de la capacidad ecológica de carga del planeta tierra.

11

¿DÓNDE Y CÓMO PUEDE LA POLÍTICA INFLUIR SOBRE LAS TRANSFORMACIONES GLOBALES?

El análisis de los problemas forma parte de un discurso diferente al de la búsqueda de soluciones. Mientras el análisis se puede realizar únicamente con los medios de la ciencia, sin considerar los intereses políticos y las formas de conciencia, el desarrollo de alternativas sólo es posible si se toman en cuenta las inercias políticas y sociales, los intereses económicos, los contrastes sociales, la desigual distribución del poder y las interpretaciones del presente que compiten entre sí. Las utopías sociales y el voluntarismo político provocan reacciones encontradas con las consecuentes acciones, después de que en el análisis más bien se hizo un inventario. "Al principio de la tan necesaria reconstrucción de las posiciones alternativas [de izquierda] —escribe Gilbert Ziebura— se encuentra la renuncia al dogma y al fetichismo de los conceptos, así como el reconocimiento del hecho de que cada vez son mayores las dificultades para hacer coincidir la reflexión y la acción críticas" (Ziebura, 1996:90). En otras palabras, igualmente sobrias: el análisis crítico facilita llegar al conocimiento de la construcción del "capullo de la sumisión" weberiano; se conocen la estática, los fundamentos, la fachada. Pero las salidas no están siquiera esbozadas. Hay que buscarlas, como en un laberinto, y mostrar una gran tolerancia a la frustración.

Se pueden esgrimir muchos buenos argumentos para demostrar que, al final de la "edad de los extremos" (Hobsbawm 1995), se ha alcanzado el punto culminante de un desarrollo que no ha parado desde la Revolución industrial y burguesa. Resulta difícil, como contemporáneo, presentar evidencias aseguradas empíricamente o siquiera proporcionar puntos de referencia históricos, es decir, confiar en la intuición política y científica. Ésta constituye, obviamente, un instrumento débil y quizás un mal argumento, pero siempre será mejor que nada. ¿Qué carácter presenta el punto culminante de un desarrollo? ¿Se trata, como sugiere el discurso del "fin de un ciclo" (Ingrao y Rossanda, 1995), de una crisis en cuyo transcurso se eliminan los bloqueos sociales, económicos y técnicos que obstruyen el impetuoso comienzo de un nuevo ciclo, o nos encontramos frente a una ruptura histórica que hay que superar antes de que podamos volver a pensar en un "ciclo largo" del desarrollo? Así pues, esta pregunta, prácticamente imposible de contestar, apunta a saber si está surgiendo un "nuevo régimen de acumulación" (también opina así Ziebura, 1996:94). ¿Fue 1989 la señal del triunfo definitivo de la economía de mercado y la democracia parlamentaria en el "nuevo orden mundial" al inicio de un nuevo "siglo norteamericano"? ¿O es que acaso la revolución en el Este dio inicio al "derrumbe de la modernización" (Kurz, 1991), sin que hasta el momento se haya tomado una adecuada conciencia de ello en el Oeste? Si se responde con un "sí" a la primera pregunta, la necesidad de reflexión teórica y de acción política será limitada, y tanto las posibilidades como las demandas planteadas a la izquierda tendrán un carácter modesto. El triunfal sistema occidental, abstracción hecha de las condenas expresadas por los partidos políticos en algunos países, no conoce alternativas. Por lo tanto tampoco hay necesidad de esforzarse teóricamente por encontrarlas. El régimen de acumulación fordista tiene futuro, a pesar de (o debido a) las crisis. Sin embargo tiene sentido hacerse un elegante *face-lifting* modernizador, como ocurre con los diversos estudios acerca del "nuevo centro" de la socialdemocracia alemana o de la "tercera vía" de los socialdemócratas británicos. En nuestras explicaciones sobre el tiempo de la globalización (sobre todo en el capítulo 1) señalamos la tendencia a la "presentización" del futuro y del pasado, o el "triunfo del futuro sobre el resto del tiempo" (Alexander Kluge). La presentización perfecta es la presentización mediática, en la que aparecen figuras políticas que evitan a los consumidores pasivos, y a sí mismas, el esfuerzo de estructurar el futuro.

Pero si se está de acuerdo con la segunda pregunta podríamos estar hablando de una dramática agudización de las circunstancias. Toda fase histórica de agitación conoce las violentas situaciones provocadas por los acontecimientos revolucionarios, así como las fases, comparativamente tranquilas, de desarrollo político y social. Sólo en retrospectiva se pueden relacionar entre sí los distintos acontecimientos; al carecer de la perspectiva histórica esta relación no queda clara si no se hace un análisis de la situación, aunque también se pueden cometer graves equivocaciones. Por lo tanto en el trabajo teórico debe incluirse la posibilidad de la equivocación; éste es el mejor antídoto contra las interpretaciones dogmáticas, de las que nos previene Gilbert Ziebura.

¿Qué habla a favor de la tesis del fin de un largo ciclo político, de la interpretación de la historia como un periodo de profundas revoluciones y del nacimiento de una nueva forma de regular las relaciones sociales? Es posible distinguir algunas señales en tiempos que, de lo contrario, se tornan "indescifrables".

De la globalización se habla desde que ésta se topó con límites evidentes. Antes de eso la globalización no constituía un tema o, en el mejor de los casos, era sujeto de los libros de aventuras y de los reportajes que enviaban los corresponsales desde tierras lejanas. Cuán efectiva es esta tendencia, caracterizada por Marx como una tendencia "propagandista", se muestra en el hecho de que, a fines del siglo XX, el planeta ha sido conquistado hasta el último rincón. No existen manchas blancas ni rojas en el mapa. El planeta tierra ya ha sido contemplado desde afuera, en todo su esplendor de "planeta azul", por sus habitantes, quienes hace no tanto tiempo todavía se consideraban "lombrices", haciendo gala de humildad protestante. El dominio del mundo por los "reyes de la creación" no ha sido opacado por ningún logro semejante. Ahora, por medio de satélites y sensores, es posible registrar y medir la corteza terrestre y, de esta manera, incluso descubrir codiciados yacimientos de materias primas, como el oro de los Nibelungos, *"en las profundas entrañas de la tierra"*, y hasta registrar cartográficamente el fondo del mar, que pronto será tan conocido como las praderas de Luneburgo o el Central Park de Manhattan. Y este furor de las mediciones también se ocupa, gracias a la física nuclear, a la tecnología genética y la biotecnología, de las micro y nanoestructuras del mundo, para descubrir si, y dónde, se encuentra algo valorizable en las microestructuras de la vida. Pero naturalmente que la cosa no para en la mera medición; ésta constituye sólo el primer paso de la valorización del espacio (al respecto véase el capítulo 3). Cuanto más espacio se domine ("someted a la tierra"), mayor será asimismo la destrucción con la que nos toparemos en forma de miseria social y crisis ecológica, aunque también de protesta social.

Si ya no existen más manchas blancas, y si "las últimas aldeas galas" ya se rindieron frente a la absoluta capitalización del mundo, el sistema capitalista globalizado ya no se mide con un oponente que sólo a veces estaba a su altura sino (de manera autorreferencial) consigo mismo y con las promesas que produce en forma permanente el modelo de la sociedad del consumo de masas, reforzado por los medios, que también están globalizados. Cuando el crecimiento capitalista ya no se lleva a cabo en forma de una expansión espacial y territorial en las últimas reservas de los mares, en los desiertos congelados y en las micro y nanoestructuras espaciales, su dinámica se dirige, primero, hacia adentro. Se colonizan los espacios de vida, es decir, se incluyen en el proceso de la globalización esos refugios que son tan importantes para la identidad individual y social. Éste es el tema que se trata en la bibliografía acerca de la colonización de los mundos de vida en la forma de regulación fordista, y aquí no nos ocuparemos más de él. La segunda consecuencia de los límites es posiblemente aún más dramática. Porque cuando el crecimiento ya no tiene posibilidades de expandirse en el espacio encuentra una salida en la aceleración en el tiempo. Somos testigos de una dramática aceleración de todos los actos; las modernas técnicas de comunicación, de producción y de transporte han hecho esto *posible*. La permanencia de la aceleración se vuelve *necesaria* a consecuencia de la presión de la competencia de los mercados globales. La casi absoluta desregulación de los mercados financieros internacionales desempeña en esto un papel especialmente fatal. En ellos los tiempos históricos son comprimidos hasta volverlos tiempos reales de computadora; lo no simultáneo se vuelve simultáneo y lo simultáneo no simultáneo. Ya no existe el futuro. Éste es *presentizado*, quedando sólo como valor presente descontado, es decir, *desfuturizado* (Anders, 1972). Todos estos cambios, brevemente recapitulados, justifican la valoración analítica de que, en las transformaciones globales del último cuarto del siglo XX, se presentaron nuevas tendencias, únicas en la historia, frente a la expansión capitalista de los cuatro siglos anteriores.

Con frecuencia para la izquierda el futuro también es sólo el presente con un poco más de lo mismo. El presente de la globalización se inscribe en el futuro como modernización. A causa de la competencia, todas las seguridades de la estructuración del futuro son desechadas apresuradamente por medio de la permanente innovación, el cambio de modas y la delimitación de los modelos. Los ciclos de ventas y de innovación de algunos productos son menores a un año. Estas tendencias de la globalización destruyen a las sociedades históricas. La expansión hacia los mundos de vida tiene como consecuencia que se agoten los recursos de solidaridad, de los cuales no puede prescindir una sociedad. La aceleración de la vida individual o colectiva desestructura los pendientes políticos, las prerrogativas sociales y las cautelas ecológicas. El manejo social se brutaliza (opinan igual Narr y Schubert, 1994). Esto no constituye un buen prerrequisito para el proyectado discurso sobre las alternativas sociales, especialmente porque el modelo capitalista de desarrollo que domina el planeta y que abarca la producción (es decir, las tecnologías y la organización social), el consumo (los estilos y las formas de vida), los procedimientos (los mecanismos del mercado y la democracia parlamentaria) todavía, a pesar de las tendencias a la crisis, sigue siendo sumamente atractivo. Todos los mecanismos funcionan mientras no interfieran exigencias externas de regulación, y no se enfrentan a problemas de legitimación por el solo hecho de que no existen alternativas convincentes en el mundo actual. Únicamente las crisis financieras de los años pasados sacudieron esta certeza. De pronto se supo que un capitalismo sin crisis tampoco existe en los "tiempos modernos", que el ciclo coyuntural que determinó los debates que criticaban al capitalismo en los últimos cien años de ninguna manera ha muerto, sino que sólo cambió sus formas de expresión en el curso de la globalización (financiera), y que las crisis de las finanzas afectan sobre todo a las personas que trabajan. Esto siempre ha sido así, pero a fines del siglo XX alcanzó dimensiones globales.

LA RESISTENCIA BLANDA

La globalización, entonces, es por un lado un proceso sin alternativas, pero por otro muestra ser cada vez más una carga explosiva social y, posiblemente, una trayectoria de desarrollo que lleva a la catástrofe ecológica. Pero las transformaciones globales también provocan resistencia, aun cuando en principio ésta sea blanda: el hecho de que en Europa se hable en todas partes de un "nuevo contrato social" indica dos cosas: primero, que como con la globalización, que ha sido sobre todo económica, no ha surgido una sociedad mundial, se podría hablar sin rodeos, como lo hace, por ejemplo, Ricardo Petrella, de la necesidad de un "contrato social global", y no se tendría que apelar a los recursos de "solidaridad en la localización Alemania". Pero debido a las desigualdades globales provocadas por la globalización entre el Norte muy desarrollado y el Sur poco desarrollado, entre las economías de extracción y las economías de producción, entre los propietarios del ingreso dinerario y los deudores, en fin, entre los ricos y los pobres, una sociedad global es un mero *espejismo* que algunos autores creen avistar después de una larga y seca travesía por el "desierto del *Globi*".

En segundo lugar, el discurso del contrato social indica hasta qué punto se han agotado las reservas de recursos de la socialización con la globalización económica y que, por lo tanto, éstas deben reconstruirse, como en la primera época de la burguesía, en tiempos del capitalismo tardío. Quizás esta intención sea ingenua, pero muestra muy claramente lo dramático de la situación. El hecho de que en la República Federal Alemana los sindicatos pidan una "alianza para el trabajo", que el gobierno de coalición verde-socialdemócrata integró a su programa desde septiembre de 1998, es expresión de este desamparo. Resulta evidente que los dos principales mecanismos de socialización de las últimas décadas ya no son adecuados para conseguirles trabajo a todos los que quieren y deben trabajar: por un lado el mecanismo del mercado y por otro el estado nacional. La dinámica de crecimiento del mercado no basta para compensar, con el crecimiento de la producción, la pérdida de los lugares de trabajo debida a la racionalización, y el recurso político de intervención de las instituciones del estado nacional no se puede utilizar bajo la presión de la competencia del tipo de cambio para influir de manera positiva sobre el desarrollo económico de forma que se dirigiera al empleo total. Este desarrollo es absorbido totalmente por las condiciones de la estabilidad política que, por lo demás, está arraigada fuertemente y de manera casi alternativa en la Unión Monetaria Europea.

Las barreras ecológicas de la acumulación capitalista no se eliminan, naturalmente, porque se polemice una y otra vez contra el "alarmismo" ecológico y porque, siguiendo la moda, se fanfarronee, dándose uno mismo palmaditas de aprobación en la espalda, sobre los considerables progresos que se hicieron en los años pasados en materia de protección del medio ambiente. La utilización de los recursos globales de acuerdo con la racionalidad individualista de los consorcios transnacionales o de los estados nacionales independientes ya condujo a una sobreexplotación que no podrá ser reparada a corto plazo. La protectora capa de ozono no será dañada "si seguimos como hasta ahora": ya se la ha destruido en gran parte. El efecto invernadero no es sólo una amenaza: ya entró en acción, sólo que todavía no ha penetrado en las profundidades de la conciencia cotidiana, ya que se trata de una "contaminación limpia", que no hace que ardan los ojos o que se resequen las mucosas de la nariz. Si hoy se redujeran a niveles sustentables las emisiones de dióxido de carbono y de las sustancias que dañan al ozono, pasarían muchas décadas antes de que la concentración de estos contaminantes hubiera disminuido a tal grado que, eventualmente, se pudiera alcanzar un nivel comparable al *statu quo ante*. Casi todos los días podemos leer en las últimas páginas del periódico, en la sección de "noticias varias de todo el mundo", que se ha extinguido otra especie, e incluso que ha desaparecido una isla en el océano Pacífico. Y sabemos que cuando se extingue una especie casi siempre la acompañan muchas más. Así pues, la catástrofe de la evolución es mucho más normal que esas catástrofes "normales" estudiadas por Perrow (1987), provocadas por la técnica y el comportamiento social. La expansión del alcance de los intereses económicos y de los aparatos técnicos hacia las micro y nanoestructuras del espacio, el sometimiento de los mundos de vida a la lógica globalizadora del sistema capitalista mundial y, además, la permanente presión que obliga a la aceleración en el tiempo, expulsan a personas individuales y a sociedades enteras del sistema de coordenadas conocido, comprimiéndolas en tiempos-espacios que no son perceptibles ni susceptibles de ser influidos por los sensores humanos. La catástrofe ecológica, entonces, no es una ficción futurista, ni expresión de un alarmismo ecológico. Existen buenas razones para dar la voz de alarma. Y una intervención sólo es posible si se le ponen límites a la lógica de acción ejercida por la globalización. No obstante, la rueda de la globalización sigue girando y ni los políticos "verdes" se atreven a detenerla. Después que la llamada de alarma fue silenciada por los medios de comunicación se forma una resistencia a las "alianzas modernizadoras ecológicas" en las que se apuesta a la solidaridad, igual que en la "alianza para el trabajo". Esto no causa daño alguno mientras se esté políticamente despierto y se tenga cuidado de no caer entre las ruedas de la globalización.

Pero gracias a la globalización, precisamente la "política de la identidad" (Anthony Giddens) ha recibido impulso, aunque de ninguna manera en forma de un proyecto liberador. Han surgido nuevos fundamentalismos que se basan en esto. Movimientos regionalistas, nacionalistas, étnicos y religiosos desempeñan un papel un tanto oscuro, y no sólo en Europa. También el neoliberalismo, la idolatría del mercado y las apologías de la modernización forman parte del triste espectro de los fundamentalismos, pues en ellos se proclaman exigencias de exclusividad cuasi religiosas, tanto en relación con los sacrificios que hay que ofrecerle al ídolo del mercado como respecto de las promesas de salvación que se hacen con la absoluta capitalización del mundo (entre ellas la de "prosperidad para todos" es todavía la menos dañina). "El capitalismo como religión" (Walter Benjamin) corrompe incluso a los movimientos opuestos.

LA CUESTIÓN DE LA DISTRIBUCIÓN EN EL SIGLO XXI

Eric Hobsbawm escribió que el siglo XX "breve" ha sido el siglo del crecimiento (Hobsbawm, 1995). No cabe duda respecto a esta característica. Las tasas de crecimiento en la segunda mitad del siglo no sólo fueron tan altas como nunca antes en la milenaria historia de la humanidad —y ya tan sólo en este hecho se expresa el carácter único de la era de la globalización—, sino que la lógica de la acción individual en la producción y el consumo, así como la lógica de las instituciones en el mercado, la política y el espacio social, son totalmente determinadas por el crecimiento positivo de la dinámica de acumulación del capital. Por lo tanto, si el crecimiento se topa con barreras se presentan consecuencias institucionales en la economía, la sociedad y la política. Entonces, como concluye Hobsbawm, en el siglo XXI lo más importante será la distribución de los ingresos y los bienes, pero también los derechos a la utilización del "espacio del medio ambiente" (véase el capítulo 9).

Siempre se supuso, y esto tanto en la política de derecha como de izquierda, que las cuestiones de distribución serían más fáciles de resolver por medio del crecimiento económico. No obstante, a fines del siglo XX debimos constatar que éste no representa una solución con perspectivas de futuro en el siglo XXI. En sociedades individuales se ha reducido la distribución inequitativa, pero éstas constituyen más bien la excepción. En el sistema global la distribución inequitativa ha aumentado en forma extrema, y esto a pesar de —o quizá debido a— el crecimiento positivo de las últimas décadas. La riqueza y la pobreza han crecido juntas, como hermanas siamesas inseparables. Esto no representaría un problema si no existiera el modelo de la "buena vida" de las clases altas de los países ricos, que ha sido llevado hasta el último rincón del mundo gracias a la globalización. Es un modelo, sí, pero inalcanzable para la gran mayoría de la población mundial, como no sea por medio de la migración; pero incluso en este caso se limitaría a una minoría de personas con movilidad. No obstante, los estados ricos ponen límites a la redistribución por migración, límites en los que se manifiestan de manera muy visible y palpable los propios límites de la globalización. El derecho de asilo europeo y la cerca electrificada en la frontera entre México y Estados Unidos dan fe de ello.

A pesar del éxito que han tenido los estados nacionales para atenuar estos efectos secundarios de la globalización con alambre de púas y cercas electrificadas, las fronteras del estado nacional, en tanto que éstas circunscriben el alcance de las intervenciones políticas, se han encogido. Las consecuencias son graves para los proyectos políticos. No sólo surge, al "final de los territorios" (Badie, 1995), una nueva geografía de redes que de ninguna manera coinciden con la vieja geografía política de las relaciones de poder de los estados nacionales; se podría hablar, especialmente si se toman en consideración los entramados de las relaciones económicas, de una "*nodalización* del espacio" y del surgimiento de una estructura espacial en red, en cuyos puntos nodales se encuentran las ciudades globales, los centros financieros, los lugares de venta de drogas y los aeropuertos internacionales o los centros turísticos. Los puntos nodales de los mercados globales no siempre se encuentran en las sedes del gobierno de los estados nacionales, y tienen poco que ver con las "localizaciones" concretas, sobre las que, no obstante, ejercen una influencia enorme. Porque representan una realidad del mercado capitalista, que abre "opciones de salida" *(exit options)* a todas esas empresas que transfieren capital de una localización a otra o que quieren pasar del nivel local al global. De esta manera se han hecho posibles una movilidad y una flexibilización del capital como no había existido nunca antes en la historia, y que ocasiona problemas terribles a los contratantes sociales del capital que no gozan de estas posibilidades; en primer lugar a los sindicatos, cuya existencia se ve amenazada. Así como en la competencia del mercado "los rápidos se comen a los lentos", en el proceso de la estructuración global del poder económico, político y militar las fuerzas móviles se comen a las menos móviles (véanse los capítulos 6 y 7).

Tradicionalmente la izquierda siempre ha puesto todo su empeño en ampliar los derechos de las capas inferiores, de modo que, como ciudadanos de un estado, éstas tengan los mismos derechos políticos que sus oponentes sociales. El mismo derecho al voto para todos los ciudadanos del estado y la igualdad de derechos para hombres y mujeres han sido exitosas e importantes etapas en esta lucha por conquistar los derechos ciudadanos en el estado nacional. ¿Pero qué ocurre con estos derechos ciudadanos cuando el estado nacional pierde cada vez más su soberanía y cuando no puede hacer nada, desde una perspectiva económico-política, por cumplir el objetivo del empleo total, dado que la estabilidad monetaria y financiera se ha convertido en el objetivo primordial? Estos derechos se desmaterializan —aunque se conserven formalmente— porque las demandas materiales que de ellos se derivan (por ejemplo a un lugar de trabajo) apuntan al vacío. La sustancia de los derechos es ahuecada hasta llegar al punto en que ya no importa si se perciben políticamente o no. Porque los gobiernos ni siquiera se enfrentan con dificultades políticas si dejan que las demandas de los ciudadanos del estado se pierdan en el vacío; pueden remitirse al modo de funcionamiento del mercado, especialmente del mercado de trabajo, y así "deshacerse" (Jürgen Habermas) de los imperativos de legitimación de las sociedades democráticas. Y éste es precisamente el momento en el que el hartazgo de la política y los partidos se convierte en tema.

Al mismo tiempo que se perforan las fronteras políticas se constituyen nuevos límites: los límites ecológicos del espacio del medio ambiente. El estudio que realizó el Instituto Wuppertal (1996) por encargo de BUND y de Misereor trazó estos límites en el paisaje político de nuestras acciones: para poder producir y consumir, es decir, para poder trabajar y vivir en Alemania de manera duradera y orientada al futuro, es necesario reducir de manera radical, hasta la mitad del siglo XXI, el nivel de consumo del medio ambiente que se tuvo en los años noventa. Los "límites del crecimiento" no están dados por las fuerzas de la naturaleza sino que son elementos de un proceso social. En su transcurso se modifica la relación social con la naturaleza, y no sólo en las fronteras de los estados nacionales tradicionales sino también dentro de la totalidad del sistema global. Cuando ocurre que en las fronteras, es decir, frente al otro que es distinto, frente a nuevos retos, se forman nuevas identidades políticas, también se forman en los límites ecológicos con los que se ha topado el crecimiento. De hecho se forman movimientos ecológicos que, desde un principio, rebasan al estado nacional, se internacionalizan y conforman los principios de una sociedad civil en red. Las fronteras tradicionales del estado nacional ya no delimitan el espacio de la acción política, a diferencia de lo que ocurrió en la historia del movimiento obrero, de los "viejos movimientos socialistas". Las fronteras nacionales eran como una pinza que atrapaba a los partidos y a los movimientos sociales, incluso cuando éstas eran negadas explícitamente, como hizo por ejemplo el movimiento obrero internacionalizado. El ignominioso fracaso de la "solidaridad internacional" en la primera guerra mundial y antes de la segunda muestra con toda claridad el poder que ejercía la identidad del estado nacional precisamente en su forma decadente.

De ello se deriva que, con la pérdida de importancia de las fronteras del estado nacional y con el correspondiente crecimiento del mercado global, se agrava doblemente la cuestión de la distribución, que tendrá tanta relevancia en el siglo XXI: en primer lugar se despolitizará a consecuencia de las limitadas posibilidades secundarias de corrección de la distribución primaria, surgida en el mercado, entre clases, capas y sexos; en segundo lugar se globalizará debido a la globalización de los mercados. En este marco se modificará la relación entre la economía y la política y entre el concepto y el autoconcepto de poder del estado y pueblo del estado, es decir, del espacio y el tiempo de la *cracia* del *demos*. Una opción es aceptar el sobrepeso de la economía y asumir que la distribución dentro de cada sociedad y entre las sociedades abra una brecha cada vez más grande, hasta que finalmente se forme un vacío de justicia que se deba llenar y que obligue a una nueva politización. La otra es asignarles a los ingresos de flujos monetarios dirigidos por el mercado global una "cama" en la que se puedan derramar de acuerdo con los preceptos políticos de la justicia. Precisamente porque la cuestión de la distribución es tan importante en el curso de la transformación global crecen movimientos que luchan por una "reinserción", por detener los "mecanismos de desinserción" (al respecto véase el capítulo 2).

El sentido de la posibilidad

Robert Musil escribió en su *Hombre sin atributos* que ahí donde existe un sentido de la realidad también debe existir un sentido de la posibilidad. La realidad verdadera siempre contiene también una realidad posible, difícil de sondear, puesto que primero tiene que ser elevada al plano de la realidad real. Esto no siempre es posible; sucede sólo en las bifurcaciones históricas del desarrollo, en las que las nuevas trayectorias prometen la "salvación": donde amenaza el peligro también crece la salvación (Hölderlin). Sólo pocas veces en la historia la salida de la salvación ha representado una ruptura radical con la "realidad real"; casi siempre ha sido una transición que viene a ser un rodeo que lleva hacia una nueva trayectoria de desarrollo. ¿Cómo se pueden describir las señales del camino de esta transición hacia una nueva forma de regulación? Si nuestro análisis de la globalización es correcto, deberá tratarse, sobre todo, de colocar barreras en la regulación del dinero, del trabajo y del consumo de energía, es decir, en el *área monetaria*, en el *espacio del medio ambiente* y en el *espacio de la velocidad*. La regulación se da en los mercados globalizados por medio de los mecanismos de la formación de precios. Entonces estos mecanismos deben estar estructurados de tal forma que los objetivos sociales y ecológicos, sobre los que sigue habiendo consenso, puedan ser alcanzados en lo posible: estamos hablando del empleo, la justicia y la durabilidad ecológica.

Resumimos las relaciones de los efectos de manera esquemática. Al hacerlo se puede mostrar que las medidas para gravar el dinero y el consumo de energía y para desgravar el trabajo apuntan en la dirección deseada (esquema 11.1). Sin embargo, por sí mismos, ninguna de las medidas y ninguno de los instrumentos podría fomentar las intenciones que se persiguen. Más aún, la certeza de que los objetivos pudieran realizarse con instrumentos *conformes al mercado* es por completo inexistente.

ESQUEMA 11.1. ELEMENTOS DE UNA TRAYECTORIA DE DESARROLLO ECOLÓGICA Y SOCIAL

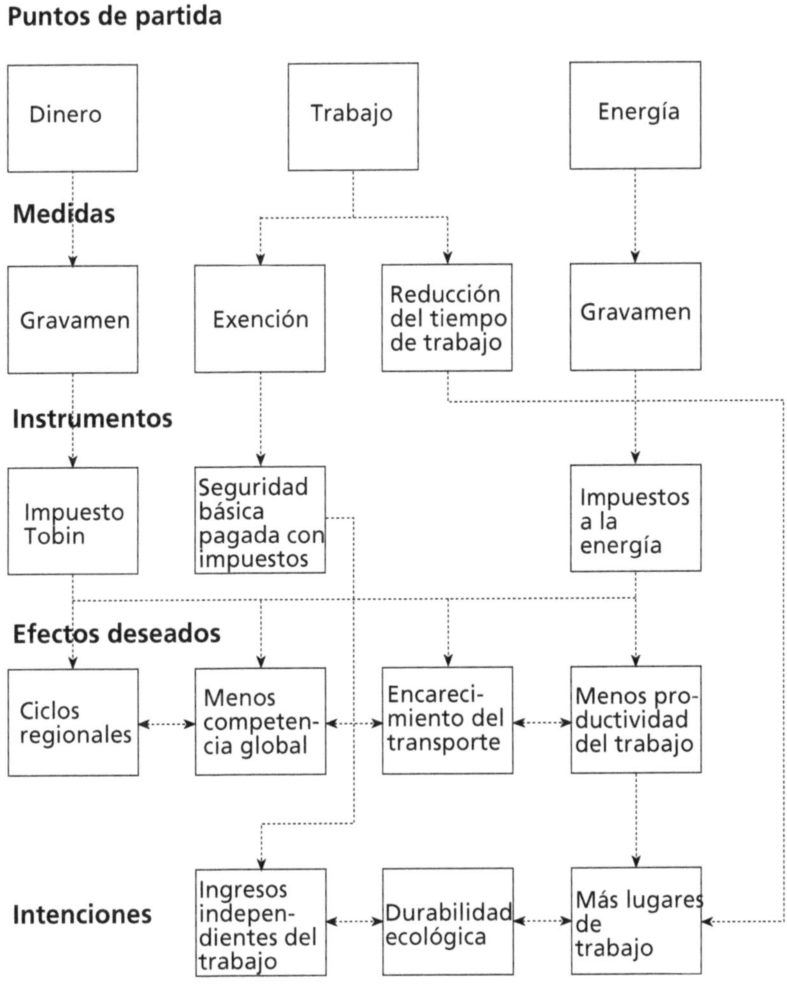

Desaceleración de los flujos financieros mediante el impuesto Tobin o por qué fracasó Oskar Lafontaine

Empecemos con la re-regulación de los mercados de dinero y de capital, que habían sido desregulados en su mayor parte durante las últimas dos décadas. Los mercados financieros internacionales, como ya vimos en el capítulo 4, han crecido desde la desregulación financiera con tasas anuales promedio extremadamente altas, muchas veces mayores que las tasas de crecimiento de la producción y el comercio mundiales. Tras esto no se ocultan únicamente las acostumbradas transacciones del capital, necesarias para financiar el comercio mundial y la producción (inversiones directas), sino movimientos especulativos que siempre han producido nuevos instrumentos financieros. Éstos representan el intento de disminuir e igualar los riesgos de los inversionistas individuales en condiciones "normales", es decir, cuando las oscilaciones cambiarias en un sistema de tipos de cambio flexibles no son demasiado grandes, cuando a consecuencia de la "especulación de arbitraje" se dan movimientos cambiarios abruptos. Pero tienen un efecto terrible sobre la forma de funcionamiento del sistema en su totalidad: aumentan las inestabilidades financieras, y también han contribuido a que las desigualdades sociales, a diferencia de lo que supone la teoría del mercado liberal, hayan aumentado y no disminuido en las décadas pasadas. Por eso existen las propuestas de encarecer especialmente las transacciones especulativas de capital y a largo plazo por medio de un impuesto a las transacciones de capital (impuesto Tobin) (véanse Huffschmid, 1995, 1999; Kulessa, 1996; Griffith-Jones, 1998). Esto ocurre al cobrar a todos los movimientos de capital transfronterizos una tasa reducida (de menos de 1%). En transferencias de capital a muy corto plazo las diferencias de interés o las modificaciones en el tipo de cambio tendrían que ser muy altas para mantener la rentabilidad del negocio.[1] Así pues, el impuesto Tobin sería efectivo en condiciones "normales", no así durante una crisis. Cuando, como en el caso del peso mexicano en 1994 o de la rupia indonesia y el baht tailandés en 1997, o el del real brasileño en 1999, se puede esperar una devaluación del 50% y más, ningún impuesto Tobin previene la huida de la moneda que se sospecha será devaluada.

La efectividad de los impuestos Tobin resulta, en primer lugar, difícil de apreciar. No es de ninguna manera seguro que sea posible reducir las inestabilidades financieras mediante el gravamen de los movimientos de capitales a corto plazo; solo es probable. Ya esta mera expectativa habla a favor de un impuesto de este tipo: los mercados financieros globales deben ser "desacelerados", no en último

[1] Si una suma de capital es transferida tres veces por año, es decir, si cruza seis veces la frontera, con una tasa de 0.5%, el diferencial de interés debería ser de por lo menos 3%. Cuanto a más corto plazo sean las transacciones mayores deberán ser las diferencias de interés y más improbable resultará que aquéllas se realicen. Los movimientos de capital a largo plazo, por el contrario, casi no se verían afectados por el impuesto Tobin.

lugar debido al enorme potencial de inestabilidad, que puede culminar en una crisis. En segundo lugar, en las circunstancias existentes del mundo globalizado es prácticamente imposible que todos los "puntos nodales" de la red financiera se comprometan a obedecer una regla determinada. ¿Por qué sitios financieros como las islas Caimán, Luxemburgo o la ciudad de Londres habrían de dejarse arruinar el negocio con servicios financieros mediante un impuesto Tobin? Precisamente a causa de la globalización y del surgimiento de las estructuras espaciales en red, la conducta de *free-rider* de sitios financieros individuales es mucho más probable que en el mundo de los estados nacionales, regulado por el "duro" derecho internacional. Por eso la aplicación obligatoria del impuesto Tobin está ligada a grandes dificultades. No obstante, debido al choque de la crisis financiera, el "llamado a la regulación" (véase capítulo 4) se ha hecho más fuerte también en los centros financieros *off-shore*. A esto se añade, en tercer lugar, que la distribución de los ingresos fiscales no carece de conflictos. Este monto se calcula en algunos cientos de miles de millones de dólares —Kulessa opera con una cifra de aproximadamente 450 mil millones de dólares anuales (Kulessa, 1996:99)— y, de esta manera, podría contribuir a que por la vía monetaria se compensara en parte la inequidad de los ingresos (entre el Norte y el Sur) por medio de transferencias. Éste fue el proyecto del presidente Mitterrand en la Cumbre Social Mundial de 1995, realizada en Copenhague, y el propio Tobin presentó esta propuesta (Tobin, 1994). En cuarto lugar, con un "impuesto Tobin" también podría lograrse la eliminación de la competencia global y el fortalecimiento de los ciclos regionales. De esta manera resultaría posible reducir la competencia entre localizaciones. Porque ya no es tan barato ni libre de sanciones emprender la "fuga de capitales" y evitar algunas localizaciones como un "tímido cervatillo" porque, por ejemplo, en ellas los costos sociales sean más elevados que en otras partes. Consecuentemente, el impuesto Tobin es un sustituto conforme al mercado (y por lo tanto conforme al mercado mundial) de las limitaciones de convertibilidad ejercidas por el estado nacional, que han desaparecido desde los años setenta en el curso de la desregulación general. Si no resulta posible hacer realidad estas intenciones de acuerdo con el mercado, los gobiernos individuales —como los gobiernos chileno y malayo durante la crisis financiera— se verán forzados a revocar la libre convertibilidad de los movimientos de capital y a introducir controles del flujo de capitales en las fronteras monetarias nacionales. Porque es imposible que los mercados globales de capital sigan creciendo permanentemente al ritmo alcanzado en décadas pasadas sin producir devastadoras consecuencias sociales y ecológicas, contra las que el proteccionismo no sería más que una acción de legítima defensa.

En quinto lugar, del impuesto Tobin podría esperarse una baja del nivel de los intereses si se reducen los riesgos gracias a la amortiguación de la especulación a corto plazo. Como se mostró en el capítulo 4, los intereses reales se encuentran desde hace casi dos décadas por encima de las tasas reales de crecimiento, de modo que el servicio de las deudas debe hacerse a partir de la sustancia del patrimonio de los deudores,[2] o bien se los tiene que eliminar. Esta última medida equivaldría a una reforma monetaria blanda, que debe ser evitada a toda costa debido a los imperativos de la globalización. Una tercera posibilidad es el aumento de las tasas reales de crecimiento del PIB. Pero esto es una imposibilidad económica si el nivel ya es alto y si los incrementos relativos, que se mantienen constantes o incluso aumentan, demandan montos absolutos cada vez mayores del PIB. Con una productividad del capital que se reduce al mismo tiempo (o bien con un coeficiente de capital que aumenta), las tasas de inversión y de ahorro tendrían que ser elevadas de manera considerable si esta estrategia fuera seguida seriamente. También desde el punto de vista de la política de distribución el aumento de las tasas reales de crecimiento constituiría un proyecto regresivo, puesto que la tasa de ahorro podría ser elevada, a lo sumo, al reducir los ingresos de las masas —destinados casi completamente al consumo— y elevar los ingresos de ganancias, a partir de los cuales se da la acumulación. Finalmente, recorrer un nuevo sendero de crecimiento ubicado en un nivel todavía más alto es un absurdo ecológico cuando ya se han rebasado los límites del espacio del medio ambiente y sería necesario reducir el consumo de la naturaleza.

Por lo tanto sólo queda la cuarta posibilidad, que ya Keynes (1936) prefería: la reducción de los intereses reales por debajo de la "capacidad marginal del capital" y de las tasas reales de crecimiento del PIB. Pero esta posibilidad resulta imposible debido a la globalización, por lo menos dentro del área monetaria nacional que el respectivo banco central ya no puede controlar. Por consiguiente este proyecto sólo puede ser puesto en práctica de manera global, por medio de una política de intereses y cambiaria coordinada. Ciertamente las perspectivas para ello no son muy halagüeñas, como lo demuestran la manifiesta oposición de todos los actores globales, de Lombard a Wall Street y de Berlín a Francfort, al proyecto de Oskar Lafontaine, en el invierno de 1998-1999, y el fracaso final de este proyecto. Sin embargo de esto se deriva una consecuencia casi férrea, que resulta irónico constatar: las crisis financieras —causadas por la excesiva demanda a los deudores de cumplir con el servicio de la deuda, por un lado, y por la acumulación de derechos cada vez mayores debido a los ingresos dinerarios igualmente en aumento, por el otro lado de la balanza global— seguirán estallando periódicamente con breves intervalos en el siglo que comienza, hasta que ya no sean regulables y, entonces, el "riesgo del sistema" (con respecto a este punto véase el capítulo 4) se vuelva realidad.

[2] Ésta es una de las razones del furor privatizador de la propiedad pública en todas partes del mundo. La sustancia del patrimonio público es transferida a los propietarios particulares del ingreso dinerario, que la reestructuran de tal modo que puede ser utilizada con ganancias. En muchos casos la asistencia socialmente compensatoria con bienes públicos ya no está garantizada. También ésta es una cuestión de distribución del siglo XXI. Pero a pesar de la privatización, las deudas públicas han seguido aumentando en casi todas partes.

Impuestos a la energía contra el "fosilismo" o por qué ya no puede ser tabú el aumento de la productividad

Con un impuesto a las energías fósiles y nucleares se podrían alcanzar varios efectos. En primer lugar se reducirían las emisiones de CO_2. Esto evitaría que se intensificara el efecto invernadero. Además, un impuesto a la energía también es, en segundo lugar, un impuesto al transporte. De esta manera contribuiría a elevar los límites de la competencia entre localizaciones, es decir se le quitaría una parte de su filo a la competencia global (al respecto véase el capítulo 6). El encarecimiento tendría que aplicarse al transporte tanto de personas como de productos. El impuesto se podría aplicar de manera diferenciada, según fuera el transporte de personas público o particular, y escalonado según la tolerancia ecológica de los medios de transporte. También en el transporte de productos el gravamen se podría diferenciar, por ejemplo, de acuerdo con las distancias que se ha de recorrer. El impuesto a la energía sería de esta manera un factor que apoyaría la *re-regionalización* de las relaciones económicas y sociales de reproducción en contra de las tendencias a la globalización. De esta manera, conforme al mercado se ejercería una protección de las localizaciones frente a la competencia global, que se ha agudizado debido a las tendencias de la destrucción del espacio por el tiempo y del tiempo por el espacio durante los siglos pasados. Así recuperarían su importancia las distancias y los tiempos.

Por añadidura, el impuesto a la energía podría relacionarse con una exención del "factor trabajo". A esto apuntan las propuestas que quieren compensar los gravámenes monetarios de las empresas que ocasionaría la introducción de un impuesto a la energía mediante una reducción de los gastos salariales adicionales. Así la carga tributaria total de las empresas y los hogares, en conjunto, no aumentaría. En la medida en que los combustibles fósiles se encarecieran la energía biótica del trabajo sería comparativamente más barata. Ello tendría un efecto negativo, que dependería del monto de los impuestos, sobre el aumento de la productividad laboral y por eso —como siempre: *ceteris paribus*— un efecto positivo sobre el empleo. Éste significaría revertir las tendencias hasta ahora efectivas de la "subsunción real" del trabajo y la naturaleza al capital. Porque en la sociedad capitalista, con la industrialización y posteriormente con la forma de regulación fordista y posfordista, surgieron un régimen laboral y una relación con la naturaleza específicamente capitalistas, caracterizados por permanentes aumentos de la productividad (y los correspondientes aumentos de las ganancias y los salarios). Entonces, el régimen laboral y la relación con la naturaleza están determinados de manera capitalista por el hecho de que el trabajo tiende a aparecer "junto" al proceso de producción. Las energías "exosomáticas" (sobre todo fósiles) y los mecanismos (técnicos), así como las instalaciones informáticas, "trabajan" con un mayor grado de efectividad que el trabajo humano por sí sólo. Gracias a ello el trabajo se ha vuelto más fácil, pero también se ha ahorrado tanto que ha resultado en un desempleo mundial estructural. Por eso la sustitución del trabajo por el capital resulta adecuada para el capital, ya que así se incrementa la ganancia. Además, las condiciones de producción adoptan la forma del capital cuando éste es trocado por la energía fósil, la técnica y la inteligencia electrónica. De esta manera se superan los problemas de control. En este proceso la naturaleza es percibida como un recurso, la tierra es considerada una "mina explotable" (Günther Anders) y dispuesta de tal modo que de ella se pueda extraer una ganancia monetaria con ayuda del trabajo. Un impuesto a la energía, si fuera lo suficientemente alto, no encarecería y, por lo tanto, no cambiaría el sistema de la forma de producción capitalista, pero sí las formas hasta ahora únicas de la subsunción real del trabajo y la naturaleza al capital.

A consecuencia de ello el impuesto a la energía sería más que una contribución fiscal o una medida de la política de la energía, pues se podría convertir en elemento de una forma de regulación ecológica y social modificada. Pero ésta es precisamente la razón por la que un impuesto a la energía no se establece de tal manera que pueda bloquear la forma de desarrollo, hasta ahora dominante, de las fuerzas productivas. En la historia reciente nunca se ha logrado forzar por medio de un impuesto la transición a un nuevo régimen de acumulación. Esto también se puede demostrar con el "ingreso a la reforma fiscal ecológica" del gobierno verde-socialdemócrata en Alemania.

Por eso las expectativas provocadas por un impuesto a la energía no deben ser excesivamente altas. Este impuesto sólo es un elemento (aunque importante) de la conversión a la deseada alternativa de desarrollo social y ecológico. Porque, naturalmente, lo que se pretende es desarrollar alternativas energéticas, es decir, preparar una "revolución solar". Las alternativas no se deben buscar sólo en los caminos del aumento de eficiencia del sistema energético social que domina globalmente, sino en su transformación. Si se habla del sistema energético social (al respecto véase también Debeir, Deléage y Heméry, 1989) es sólo porque la pretendida reducción del consumo energético también es una cuestión social de la producción y las formas de utilización de la energía. Es natural que la reducción del consumo de energía dependa de la configuración espacial de las formas de vida y de trabajo, así como de la construcción de edificios y de la aglomeración en el espacio. Pero precisamente esta obviedad remite a la dimensión de los problemas relacionados con las tentativas de reducir el consumo de energía. En el esquema 11.2 los factores que influyen sobre el consumo de energía (y por lo tanto también la emisión de contaminantes, indicada por las emisiones de CO_2) se relacionan entre sí en dos ecuaciones tautológicas: el consumo de energía E es igual al consumo de energía por unidad del producto social (E/Y) o del capital invertido (E/K), multiplicado por el ingreso per cápita (Y/B) o por la intensidad del capital (K/L) y el número de habitantes (B) o el volumen de trabajo (L). Ambas ecuaciones, A y B, muestran dónde se debería intervenir, más allá del encarecimiento fiscal de la energía, si se ha de reducir verdaderamente el consumo de la misma: además de la eficiencia energética, que resulta evidente, entre los factores energéticamente relevantes se encuentran el estilo de vida y, por lo tanto, la "suficiencia", el desarrollo de la población, la estructura de la economía y el tiempo de trabajo. El impuesto a la energía no tiene el efecto deseado sobre todos los factores. Por lo tanto no puede más que ser un medio entre otros muchos para introducir un "cambio energético". Particularmente la política de población y reproducción representa una circunstancia extremadamente compleja, ya que también abarca las relaciones de los sexos.

ESQUEMA 11.2. FACTORES QUE INFLUYEN SOBRE CONSUMO DE ENERGÍA Y LAS EMISIONES DE CO2

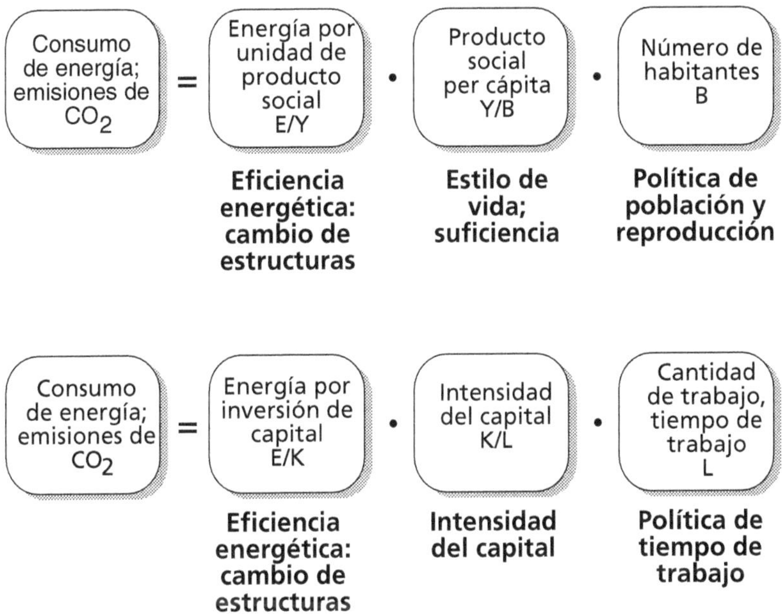

Aquí nos enfrentamos a un "trilema de la globalización": si, primero, se produce un desempleo estructural a consecuencia de las mayores tasas de crecimiento de la productividad del trabajo en comparación con las tasas de crecimiento del PIB; si, en segundo lugar, los deudores son desgastados debido a los intereses reales, que superan las tasas de crecimiento del PIB, y la desigualdad en el mundo ha tomado dimensiones extremas a causa de la unilateralidad de los ingresos de flujos monetarios, que van de los deudores hacia los acredores; y si, en tercer lugar, la solución, aparentemente sencilla, de los dos primeros problemas por medio del aumento de las tasas de crecimiento del PIB se topa con barreras económicas y sociales, pero sobre todo entra en conflicto con los principios de la durabilidad ecológica, entonces tendremos que manejar pensamientos no convencionales en el "sentido de la posibilidad". La reducción de los intereses reales es un objetivo convincente pero, como ya se mostró, difícil de alcanzar. Otro objetivo, ciertamente, no sólo no es convincente sino que se topa con el rechazo espontáneo, incluso entre quienes están a favor de una "reforma fiscal ecológica": una reducción del crecimiento de la productividad o incluso del nivel de la misma. Paul Kennedy enfatiza muy claramente las barreras inmanentes al crecimiento de la productividad, que en la opinión pública científica y cotidiana es asumido como algo natural:

> Admitiendo que la productividad global, y por lo tanto la riqueza, y por lo tanto el consumo, han estado aumentando de una década a otra, ¿cuáles son las implicaciones a largo plazo para nuestro medio ambiente global? ¿Cuánta contaminación más podemos derramar en la atmósfera? Aun si el capitalismo pudiera elevar el nivel de vida de las gigantescas poblaciones de China, India o Brasil a aquellos de que gozan por ejemplo los austriacos o los norteamericanos, ¿no destruiría eso nuestro planeta? ¿Es posible, en lugar de ello, crear un "capitalismo sustentable", que aumente la riqueza sin destruir los recursos naturales? (Kennedy, 1994:23).

Posiblemente la propuesta de reducir la productividad pierda algo de su radicalidad si se pregunta por la medida de la productividad. Hoy se mide cuando el producto aparece como mercancía con un precio en el mercado. Se la opone al insumo trabajo. Los insumos y los productos no monetarios son eliminados. Sería posible y razonable, en primer lugar, tomar en cuenta, para la medida de la productividad, el ciclo de vida del producto, es decir, todos los trabajos para reparar, mejorar y modificar el producto, etc. (véase Stahel, 1991). Referida al producto como valor de uso, la productividad se reduciría aritméticamente con la vida útil del producto. En segundo lugar, deberían calcularse los costos externos (daños al medio ambiente) de un producto y los costos que tienen que realizarse para eliminarlos. Entonces, deberían integrarse a la medida de la productividad los gastos para evitar los daños al medio ambiente. Si éstos se redujeran, incluso podría aumentar la productividad. En tercer lugar, los servicios, por lo general, son menos productivos como trabajos en la producción material. Pero muchos servicios aumentan la prosperidad sin destruir la naturaleza, con una mayor productividad por los efectos de aceleramiento. Aunque muchos (por ejemplo, la Comisión para el Futuro de Baviera-Sajonia) se imaginan que fomentar la "sociedad de servicios" equivaldría a establecer un sector de bajos salarios de empleo poco calificado, esto no tiene que ser así si el pago no se calcula explícitamente por el producto marginal sino por la redistribución. En cuarto lugar se debería reflexionar acerca de un nuevo papel de la agricultura. Si en lugar de los combustibles fósiles las energías renovables volvieran a ocupar el primer plano de un modelo de acumulación "posfosilista" y "posfordista", la agricultura podría abandonar el papel marginal que desempeña hoy (Scheer, 1995). En el transcurso del desarrollo capitalista la agricultura se ha transformado de un campo natural de extracción a una industria artificial, con efectos negativos para el medio ambiente. La renaturalización de la agricultura reduciría la productividad, tan alta en los países industrializados que ocasiona una sobreproducción.

En quinto lugar existe la reacción espontánea de la informalización en la competencia global: los sectores que no pueden mantener el paso de los *benchmarks,* las *best practices* y los estándares del mercado mundial no necesariamente desaparecen pero sí se informalizan, es decir, se adaptan a regímenes laborales y salariales específicamente regionales, nacionales y locales. Posiblemente surjan aquí nuevas formas económicas que superen la falta de alternativas del modelo neoliberal. La moderna política económica tiene que tomar en cuenta esta realidad y no sólo aspirar, como tradicionalmente, a ser el líder en el mercado mundial. Esto sólo es posible mediante la modernización de los sectores formales y la aceptación de un ámbito informal cada vez mayor. En muchos países el sector informal abarca ya a la mayor parte de la fuerza de trabajo (véase el capítulo 7).

En sexto lugar, si no fuera posible cerrar la brecha entre el crecimiento económico y el aumento de productividad, queda todavía el instrumento de la reducción del tiempo de trabajo. Elevar el crecimiento es, cuando mucho, una solución a muy corto plazo; aumentar la productividad es cada vez más difícil en términos económicos y no es ecológicamente sustentable. Reducir el crecimiento de la productividad es una estrategia posible y, sin embargo, el "umbral del empleo", es decir, la tasa de crecimiento en la que el empleo aumenta y no vuelve a reducirse, es demasiado alto en muchos países (también en Alemania). Sólo una reducción del tiempo de trabajo puede ofrecer una solución en esta situación.

Quien no trabaja también debe comer, o el necesario desacoplamiento de trabajo e ingresos

Las sociedades capitalistas son, como ya lo hemos subrayado varias veces y en distintos contextos, al mismo tiempo sociedades laborales (sociedades del trabajo) y sociedades financieras (sociedades del dinero). La socialización se da, al mismo tiempo y de manera contradictoria, por medio del *trabajo en la producción* y del *dinero en la circulación.* Por eso el desempleo permanente y estructural significa más que un triste destino para un ejército de millones de afectados. El desempleo, mientras no sea absorbido casi automáticamente en el ciclo industrial sino que siga siendo un fenómeno permanente y estructural, representa un explosivo reto para la forma de socialización; sin embargo las tendencias ahora globales de la exclusión lo expulsan no sólo de la conciencia, sino también de las reglas institucionalizadas de las sociedades capitalistas. Sólo por medio del trabajo se puede obtener un ingreso regular, según las reglas del capitalismo del estado benefactor, si es que no se tiene la posibilidad de "hacer que el dinero trabaje para uno". El dinero no permite la solidaridad y, en el mejor de los casos, se erige en *caritas,* en caridad.[3] Por consiguiente el trabajo es la base del estado benefactor, tanto res-

[3] Cuando el arte, la cultura y la educación ya no son asuntos públicos, se convierten en objetos de patrocinio. Si los mecenas todavía tienen vínculos sociales y no están atrapados sólo en la maleza de las

pecto de su financiamiento como de las bases de prestaciones que los sistemas de seguridad social deben ofrecer a quienes tienen derecho a ellas. El vínculo del ingreso y, por ende, del nivel de vida y del consumo de individuos y familias con el sistema del trabajo social y del estado benefactor centrado en el trabajo entra en una crisis inevitable cuando "el trabajo escapa de la sociedad". Entonces el "siglo socialdemócrata" verdaderamente llega a su fin. De modo que el no trabajo tiene que ser financiado de manera duradera, sin que la otra fuente de ingresos, es decir, el ingreso dinerario, esté a disposición de los desempleados.

A esta circunstancia se remiten las concepciones de las "Comisiones para el Futuro", sobre todo las de los estados libres de Sajonia y Baviera (Zukunftskommission, 1997).[4] El ingreso sólo existe como una "derrama" del capital, a saber, del capital-dinero y del capital productivo (que, con la ingenuidad e ignorancia insuperables de un debate centenario, siguen siendo considerados resultado del "ahorro" de individuos ahorrativos) y del "capital humano" que se acumula en el proceso de formación y enseñanza. Aquellos que no tienen ni una ni otra forma de capital deben estar a disposición de servicios que requieren una baja calificación y, por lo tanto, producen sólo escasos arroyuelos de ingresos. Si tampoco se les presenta esta oportunidad la comunidad les ofrece "trabajo ciudadano". Pero la voluntad es limitada, porque no se puede disolver completamente el vínculo Así, el modelo de la Comisión de Futuro no corresponde ni al criterio de la justicia ni al de la libertad de elección individual. Estos criterios y las consecuencias que la globalización tiene para el trabajo sólo podrán ser tomados en cuenta si la forma de financiamiento se desacopla del trabajo. La necesaria seguridad básica de quienes no tienen trabajo (desempleados, jóvenes que se están formando, adultos en programas de capacitación, personas mayores) en el futuro sólo podrá ser financiada por los impuestos, y no por las contribuciones que pagan quienes trabajan (los "dueños de los lugares de trabajo"); tampoco puede estar ligada a la rentabilidad del capital (intereses), porque habría que reunir capitales tan altos que tan sólo por esa razón aumentaría de manera extrema el peligro de que se desplomaran los mercados en los que se especulara con ellos. La sociedad del dinero (los miembros del "club de la sociedad") debe participar en el sustento de la sociedad del trabajo, pero mediante impuestos que deben hacerse más difíciles de evadir. La seguridad básica financiada por los impuestos también es nece-

relaciones monetarias globales, el mecenazgo puede producir resultados selectivos pero importantes, Pero esto es cada vez más improbable cuanto más se desterritorialicen los ingresos de los propietarios del ingreso dinerario y, por lo tanto, tengan menos que ver con una sociedad definida territorialmente. Entonces el propio patrocinio se convierte en acción del mercado y, por lo tanto, se sirve de la lógica de éste. Esto también significa que el patrocinio privado (fundaciones), al que tanto apuestan algunos en la crisis del sistema educativo, no puede atenuar la crisis, no digamos ya remediarla (véase el ejemplo del "principio Guggenheim" en Altvater, 1999b).

[4] La pregunta acerca del vínculo entre el rendimiento y el dinero también es planteada de manera similar por la Comisión para el Futuro de la Fundación Friedrich Ebert (1998) o por el Club de Roma (Giarini y Liedke, 1998) y por modernos científicos sociales (por ejemplo Guggenberger, 1997).

saria si el trabajo remunerado "que escapa de la sociedad" es redistribuido mediante una política de reducción del tiempo de trabajo. Cuanto más breve sea el tiempo de trabajo en el sentido cuantitativo, menos tiempo se necesitará para hacerse del ingreso, sin importar a cuánto ascienda éste. Tan sólo por esta razón se disuelve el vínculo entre el trabajo y el ingreso, que durante tanto tiempo fue característico de la estructuración de la sociedad del estado benefactor, de la comprensión de la "relación laboral normal" y de los conceptos de una "justicia de la remuneración".

CONCLUSIÓN: LAS REFORMAS DE LAS TRANSFORMACIONES GLOBALES

Pretender que la globalización diera marcha atrás no sería un proyecto orientado al futuro. Dejar que la globalización, en su calidad de capitalización absoluta del mundo, quedara en sus propias manos —es decir, en las de las grandes potencias económicas de las empresas transnacionales y las de los banqueros que actúan en el nivel global—, como lo demandan el fundamentalismo del mercado y sus adeptos neoliberales, haría posiblemente que las transformaciones globales se convirtieran en catástrofes sociales y ecológicas. Entonces sólo queda la perspectiva de la regulación social de los procesos globales en la política y la economía. Se deben establecer límites políticos para acabar con las *exit options* (por ejemplo la fuga de capitales). Naturalmente, al mismo tiempo se debe hacer todo lo posible para lograr que los espacios de acción de la *voice option,* es decir, la posibilidad de elevar la voz en la opinión pública democrática, tengan el mayor tamaño posible. No obstante, con esta afirmación nos encontramos inmediatamente con el dilema entre la necesidad de una regulación y el hecho constatado de que no existen actores de nivel global que puedan intervenir en una forma similar a como lo hacían los estados nacionales en su territorio y en la política internacional. Los proyectos alternativos siempre se han concentrado en el estado nacional, en el estado intervencionista y benefactor, que coincidía invariablemente con el estado nacional.

Así pues, del análisis del "trilema de la globalización" se derivan conclusiones normativas. La política económica en las condiciones de la globalización sólo puede ofrecer una perspectiva para superar el desempleo, la crisis financiera y la degradación económica si el trabajo, el dinero y la naturaleza vuelven a ser insertos en la regulación social y si se supera el carácter fetichista de las relaciones económicas; todo esto sería posible por medio de una re-regulación de los mercados financieros, de la observancia explícita de las reglas económicas de la economía, de una transformación del trabajo que acepte una menor productividad, es decir, que desacelere los procesos económicos y reduzca la expansión en el espacio mediante el redescubrimiento de la región. Por lo tanto, en las condiciones de la globalización, se trata de explicar ese proyecto "reformista" que Karl Polanyi (1944/1978) describió como los movimientos en contra de la desinserción del mercado de sus vínculos sociales: de domar a un capitalismo global que se propasa, de desarrollar y observar las reglas de las transformaciones globales y de reforzar la democracia política en contra del autoritarismo de los mercados globales.

BIBLIOGRAFÍA

Adams, Jan (1997a), Environmental policy and competitiveness in a globalised economy: Conceptual issues and a review of the empirical evidence, en OECD Proceedings, *Globalisation and Environment. Preliminary Perspectives,* París, OECD, pp. 53-100.

Adams, Jan (1997b), Globalisation, trade, and environment, en OECD Proceedings, *Globalisation and Environment. Preliminary Perspectives,* París, OECD, pp. 79-198.

Afheldt, Horst (1994), *Wohlstand für niemand? Die Marktwirtschaft entläßt ihre Kinder,* Múnich, Kunstmann.

Agarwal, Bina (1998), The gender and environment debate, en Roger Keil, David V. J. Bell, Peter Penz y Leesa Fawcett (eds.), *Political Ecology. Global and Local,* Londres y Nueva York, Routledge, pp. 193-219.

Aglietta, Michel (1979), *A theory of capitalist regulation: The US experience,* Londres, New Left Books.

Agrippa, Cornelio, *De incertitudine et vanitate scientiarum et artium,* Digitale Bibliothek, t. 2: Philosophie, p. 9981 (véase Agrippa-Eitelkeit. t. 2, pp. 2-3) 24:461-478.

Albert, Mathias (1998), Entgrenzung und Formierung neuer politischer Räume, en B. Kohler-Koch (ed.), *Regieren in entgrenzten Räumen,* PVS-número especial 29, Opladen, Westdeutscher Verlag, pp. 49-75.

Albert, Mathias, Lothar Brock, Hilmar Schmitt, Ingo Take y Klaus Dieter Wolf (1996), Weltgesellschaft: Identifizierung eines Phantoms, *Politische Vierteljahresschrift,* año 37, pp. 5-26.

Albert, Michel (1991), *Capitalisme contre capitalisme,* París, Seuil.

Albo, Greg (1994), "Competetive austerity" and the impasse of capitalist employment policy, en R. Miliband y L. Panitch (eds.), *Between globalism and nationalism: The socialist register 1994,* Londres, Merlin y Nueva York, Monthly Review.

Aldcroft, Derek H. (1977), *From Versailles to Wall Street, History of the world economy in the twentieth century,* Londres, Lane.

Altmann, Norbert, Manfred Dieß, Volker Döhl y Dieter Sauer (1986), Ein "Neuer Rationalisierungstyp" - neue Anforderungen an die Industriesoziologie, *Soziale Welt,* vol. 37, núm. 2/3, pp. 191-206.

Altvater, Elmar (1981), Der diskrete Charme der neoliberalen Konterrevolution, *PROKLA 44 – Zeitschrift für kritische Sozialwissenschaft,* vol. 11, núm. 3, pp. 5-23.

—— (1987), *Sachzwang Weltmarkt. Verschuldungkrise, blockierte Industrialisierung, ökologische Gefährdung – der Fall Brasilien,* Hamburgo, VSA.

—— (1988), Die Enttäuschung der Nachzügler oder: Der Bankrott "fordistischer" Industrialisierung, en B. Mahnkopf (ed.), *Der gewendete Kapitalismus. Kritische Beiträge zur Theorie der Regulation,* Münster, Westfälisches Dampfboot, pp. 144-181.

—— (1991), *Die Zukunft des Marktes – Ein Essay über die Regulation von Geld und Natur nach dem Scheitern des "real existierenden Sozialismus",* Münster, Westfälisches Dampfboot. [*The future of the market. An essay on the regulation of money and nature after the collapse of actually existing socialism,* Londres y Nueva York, Verso.]

—— (1992), *Der Preis des Wohlstands oder Umweltplünderung und neue Welt(un)ordnung,* Münster, Westfälisches Dampfboot. [*El precio del bienestar. Expolio del medio ambiente y nuevo (des)orden mundial,* Valencia, Alfons el Magnánim.]

—— (1993), Die Schuldenkrise zehn Jahre danach, en M. Massarrat, H.-J. Wenzel y G. Széll (eds.), *Die Dritte Welt und wir. Bilanz und Perspektiven für Wissenschaft und Praxis,* Friburgo, Informationszentrum Dritte Welt, pp. 10-16.

—— (1994), Die Ordnung rationaler Weltbeherrschung oder: Ein Wettbewerb von Zauberlehrlingen, *PROKLA 95 – Zeitschrift für kritische Sozialwissenschaft,* vol. 24, núm. 1, pp. 186-225.

—— (1999a), Die Preisfrage oder: Schwierigkeiten mit der neoliberalen "pensé unique", en W. Lenk, M. Rumpf y L. Hieber (eds.), *Kritische Theorie und politischer Eingriff, Festschrift für Oskar Negt,* Hannover, Offizin.

—— (1999b), Dreams that money can buy, en H. Hoffmann (ed.), *Das Guggenheim Prinzip,* Colonia, DuMont, pp. 137-150.

Altvater, Elmar, Achim Brunnengräber, Markus Haake y Heike Walk (eds.) (1997), *Vernetzt und verstrickt. Nicht-Regierungsorganisationen als gesellschaftliche Produktivkraft,* Münster, Westfälisches Dampfboot.

Altvater, Elmar, Jürgen Hoffmann y Willi Semmler (1979), *Vom Wirtschaftswunder zur Wirtschaftskrise,* Berlín (Occidental), Olle & Wolter.

Altvater, Elmar, Kurt Hübner, Jochen Lorentzen y Raúl Rojas (eds.) (1987), *Die Armut der Nationen. Handbuch zur Schuldenkrise von Argentinien bis Zaire,* Berlín, Rotbuch.

Altvater, Elmar y Birgit Mahnkopf (1993), *Gewerkschaften vor der europäischen Herausforderung. Tarifpolitik nach Mauer und Maastricht,* Münster, Westfälisches Dampfboot.

—— (1995), Transmission belts of transnational competition? Trade unions and collective bargaining in the context of European integration, *European Journal of Industrial Relations,* Francfort, 1, núm. 1, pp. 101-117.

—— (1996), *Grenzen der Globalisierung. Ökonomie, Ökologie und Politik in der Weltgesellschaft,* Münster, Westfälisches Dampfboot.

Amin, S. (ed.) (1993), *Mondialisation et accumulation,* Tokio, Université des Nations Unies y París, L'Harmattan.

Anders, Günther (1972), *Endzeit und Zeitenende. Gedanken über die atomare Situation,* Múnich, H. C. Beck.

—— (1980), *Die Antiquiertheit des Menschen,* 2 vols., Múnich, Piper.

Anderson, Benedict (1993), *Die Erfindung der Nation. Zur Karriere eines folgenreichen Konzepts,* Francfort, Campus.

Anderson, Kym y Richard Blackhurst (eds.) (1993), *Regional integration and the global trading system,* Nueva York y Londres, Harvester Wheatsheaf.

Anderson, Perry (1992), *A zone of engagement,* Londres y Nueva York, Verso.

Anderson, Terry (ed.) (1993), *NAFTA and the environment,* San Francisco, Pacific Research Institute for Public Policy.

Archer, Margaret S. (1991), Sociology for one world. Unity and diversity, *International Sociology,* vol. 6, pp. 131-147.

Archibugi, Daniele y Jonathan Michie (1995), The globalisation of technology: A new taxonomy, *Cambridge Journal of Economics,* vol. 19, pp. 121-140.

Arendt, Hannah (1981), *Vita Activa oder Vom tätigen Leben,* Múnich, Piper.

—— (1995), *Elemente und Ursprünge totaler Herrschaft,* Francfort, Europäische Verlagsanstalt.

Aristóteles (1969), *Nikomachische Ethik,* Übersetzung und Nachwort von Franz Dirlmeier, Stuttgart, Reclam. [*Ética nicomaquea,* varias ediciones.]

Armstrong, D. (1998), Globalization and the social state, *Review of International Studies.*

Armstrong, Philip, Andrew Glyn y John Harrison (1991), *Capitalism since World War II,* Londres, Basil Blackwell.

Arrighi, Giovanni (1994), *The long twentieth century: Money, power, and the origins of our times,* Londres, Verso.

Bächler, Günther, Volker Böge, Stefan Klötzli, Stephan Libiszewski y Kurt R. Spillmann (1996), *Kriegsursache Umweltzerstörung. Ökologische Konflikte in der Dritten Welt und Wege ihrer friedlichen Bearbeitung,* 3 vols., Zúrich, Rüegger.

Backhaus, Hans-Georg (1969), Zur Dialektik der Wertform, en A. Schmidt (ed.), *Beiträge zur marxistischen Erkenntnistheorie,* Francfort, Suhrkamp, pp. 52-77.

Backhaus, Hans-Georg y Helmut Reichelt (1995), Wie ist der Wertbegriff in der Ökonomie zu konzipieren? Zu Michael Heinrich: "Die Wissenschaft vom Wert", *Beiträge zur Marx-Engels-Forschung,* nueva serie, Hamburgo, Argument, pp. 60-94.

Badie, Bertrand (1995), *La fin des territoirs,* París, Fayard.

Baethge, Martin, Joachim Denkinger y Ulf Kadritzke (1995), *Das Führungskräfte-Dilemma: Manager und industrielle Experten zwischen Unternehmen und Lebenswelt,* Nueva York y Francfort, Campus.

Bairoch, Paul y Richard Kozul-Wright (1996), *Globalization myths: Some historical reflections on integration, industrialization, and growth in the world economy,* United Nations Conference on Trade and Development Discussion Papers, núm. 113, marzo.

Balassa, Bela (1967), Trade creation and trade diversion, *The European Common Market, The Economic Journal* 77, marzo.

Barber, Benjamin R. (1995), *Jihad vs. McWorld. How globalism and tribalism are reshaping the world,* Nueva York, Ballantine.

Barkin, David (1998), Sustainability: The political economy of autonomous development, *Organization Environment,* vol. 11, núm. 1, pp. 5-32.

Barlett, Christopher A. y Sumantra Ghoshal (1993), Managing across borders: New strategic requirements, en G. Hedlund (ed.), *Organization of Transnational Corporations,* vol. 6, Londres, Routledge, pp. 309-325.

Basso Tribunal (1995), Basso-Sekretariat Berlin (ed.), Festung Europa auf der Anklagebank, en *Dokumentation des Basso-Tribunals zum Asylrecht in Europa,* Münster, Westfälisches Dampfboot.

Baumann, Zygmunt (1996), Glokalisierung oder Was für die einen Globalisierung, ist für die anderen Lokalisierung, *Das Argument* 217, vol. 38, pp. 653-664.

Beck, Ulrich (1997), Wissen oder Nicht-Wissen? Zwei Perspektiven "reflexiver Modernisierung", en U. Beck, A. Giddens y S. Lash, *Reflexive Modernisierung. Eine Kontroverse,* Francfort, Suhrkamp.

—— (1999), Über den postnationalen Krieg, *Blätter für deutsche und internationale Politik,* núm. 8, agosto, pp. 984-990.

Becker, Egon (1992), Ökologische Modernisierung der Entwicklungspolitik?, *PROKLA 86 – Zeitschrift für kritische Sozialwissenschaft,* vol. 22, núm. 1, pp. 47-60.

Becker, Egon, Thomas Jahn y Peter Wehling (1991), "Civil society" und die Krise der gesellschaftlichen Naturverhältnisse, *PROKLA 84,* vol. 21, núm. 3, pp. 482-492.

Beisheim, Marianne, Sabine Dreher, Gregor Walter, Bernhard Zangl y Michael Zürn (1999), *Im Zeitalter der Globalisierung? Thesen und Daten zur gesellschaftlichen und politischen Denationalisierung,* Baden-Baden, Nomos.

Berman, Sheri y Kathleen R. McNamara (1999), Bank on democracy. Why central banks need public oversight, *Foreign Affairs,* marzo y abril, pp. 2-8.

Bhagwati, Jagdish (1993), Regionalism and multilateralism: An overview, en J. de Melo y A. Panagariya (eds.) (1993), *New dimensions in regional integration,* Cambridge, Cambridge University Press.

—— (1998), The capital myth. The difference between trade in widgets and dollars, *Foreign Affairs,* vol. 77, núm. 3, pp. 7-12.

Bird, C. E. (1990), High finance, small change: Women's increased representation in bank management, en B. F. Reskin y P. A. Roos (eds.), *Job Queues, Gender Queues: Explaning Women's inroads into male occupations,* Filadelfia, Temple University Press, pp. 145-166.

Blomquist, Hans C. (1993), ASEAN as a model for Third World regional economic cooperation?, *ASEAN Economic Bulletin,* vol. 10, núm.1, pp. 64-79.

Bobbio, Norberto (1987), *The future of democracy,* Cambridge, Polity Press.

—— (1995), Democracy and the international system, en D. Archibugi y D. Held (eds.), *Cosmopolitan democracy,* Cambridge, Polity Press.

—— (1998), *Das Zeitalter der Menschenrechte. Ist Toleranz durchsetzbar?,* Berlín, Wagenbach.

Böckenförde, Ernst-Wolfgang (1997), Recht setzt Grenzen, en E. U. von Weizsäcker (ed.), *Grenzen-los? Jedes System braucht Grenzen – aber wie durchlässig müssen diese sein?,* Berlín, Basilea y Boston, Birkhäuser, pp. 272-283.

Bologna, Sergio (1998), Trasporti e logistica come fattori di competitività di una regione, en Paolo Perulli (ed.), *Neoregionalismo – L'economia-arcipelago,* Turín, Bollati Boringheri, pp. 152-186.

Bologna, Sergio y Andrea Fumagalli (1997) (eds.), *Il lavoro autonomo di seconda generazione,* Milán, Feltrinelli.

Bond, Patrick y Mzwanele Mayekiso (1996), Developing resistance and resisting development. Reflections from the South African struggle, en *Socialist Register 1996: Are there Alternatives?,* Londres, Merlin, pp. 33-61.

Bonder, Michael, Bernd Röttger y Gilbert Ziebura (1993), Vereinheitlichung und Fraktionierung in der Weltgesellschaft, *PROKLA 91 – Zeitschrift für kritische Sozialwissenschaft,* vol. 23, núm. 2, pp. 327-341.

Bornschier, Volker y Christian Suter (1990), Lange Wellen im Weltsystem, *Politische Vierteljahresschrift,* núm. especial 21, pp. 175-197.

Bös, Mathias (1995), Zur Evolution nationalstaatlich verfaßter Gesellschaften, *Protosoziologie,* 7, pp. 159-169.

Bourdieu, Pierre (1996), Warnung vor dem Modell Tietmeyer, *Die Zeit,* 1 de noviembre.

Boutros-Ghali, Boutros (1994), *An agenda for development,* Nueva York, United Nations General Assembly, Agenda Item 91.

Boyer, Robert (ed.) (1986), *Capitalismes fin de siècle,* París, La Découverte.

Boyer, Robert y Daniel Drache (1996), Introduction, en R. Boyer y D. Drache (eds.), *States Against markets. The limits of globalization,* Londres y Nueva York, Routledge, pp. 1-30.

Braudel, Fernand (1980), *On history,* Chicago, Chicago University Press. [*Escritos sobre historia,* México, Fondo de Cultura Económica, 1991.]

—— (1986a), *Sozialgeschichte des 15.-18. Jahrhunderts. Der Handel,* Múnich, Kindler.

—— (1986b), *Sozialgeschichte des 15.-18. Jahrhunderts. Aufbruch zur Weltwirtschaft,* Múnich, Kindler.

Brecher, Jeremy y Tim Cotello (1994), *Global village or global pillage. Economic reconstruction from the bottom up,* Boston, South End.

Briggs, John y David Peat (1990), *Die Entdeckung des Chaos. Eine Reise durch die Chaos-Theorie,* Francfort y Viena, Büchergilde Gutenberg.

Brock, Lothar y Mathias Albert (1995), Entgrenzung der Staatenwelt. Zur Analyse weltgesellschaftlicher Entwicklungstendenzen, *Zeitschrift für internationale Beziehungen,* núm. 2, pp. 259-279.

—— (1996), Debordering the world of states. New spaces in international relations, *New Political Science,* vol. 35, pp. 69-106.

Bruckmeier, Karl (1994), *Strategien globaler Umweltpolitik,* Münster, Westfälisches Dampfboot.

Brzezinski, Zbigniew (1997), *Die einzige Weltmacht,* Weinheim y Berlín, Beltz.

Buarque de Holanda, Sérgio (1995), *Die Wurzeln Brasiliens,* Francfort, Suhrkamp.

Buell, John y Tom de Luca (1996), *Sustainable democracy. Individuality and the politics of the environment,* Londres y Nueva Delhi, Thousand Oaks.

Bulletin on Women and Employment in the EU (1998), núm. 8, abril.

Bullinger, Hans-Jörg *et al.* (1995), Das virtuelle Unternehmen. Konzept, Stand, Aussichten, *Gewerkschaftliche Monatshefte,* vol. 46, núm. 6 (1995), pp. 375-386.

Bunker, Stephen (1985), *Underdeveloping the Amazon,* Urbana y Chicago, University of Illinois Press.

Burton, J. W. (1972), *World society,* Cambridge, Cambridge University Press.

Buttel, Frederick H. (1998), Some observations on states, world orders, and the politics of sustainability, *Organization & Environment,* vol. 11, núm. 3, pp. 261-286.

Cameron, Rondo (1993), *A concise economic history of the world. From paleolithic times to the present,* Oxford y Nueva York, Oxford University Press.

Campbell, Duncan (1994), Foreign investment, labour immobility and the quality of employment, *International Labour Review,* vol. 133, pp. 85-204.

Cardoso, Fernando Henrique (1995), *Development: The most political of economic issues,* conferencia del presidente de la República Federal de Brasil, Center for Strategic and International Studies, Washington, D. C., 21 de abril, mimeo.

Cardoso, Fernando H. y Enzo Faletto (1977), *Abhängigkeit und Entwicklung in Lateinamerika,* Francfort, Suhrkamp. [*Dependencia y desarrollo en América Latina,* México, Siglo XXI, 1978.]

Carnoy, M. *et al.* (1993), *The new global economy in the information age,* University Park, Penn State University Press.

Castells, Manuel (1996), *The information age: Economy, society and culture,* vol. 1, *The rise of the network society,* Oxford y Malden, Blackwell. [*La era de la información: economía, sociedad y cultura,* vol. I, *La sociedad red,* México, Siglo XXI, 1999.]

Castells, Manuel y Yuko Aoyama (1994), Path towards the informational society: Employment structure in G7-countries, 1920-90, *International Labour Review,* vol. 133, núm. 1, pp. 5-33.

Castells, Manuel y Peter Hall (1994), *Technopoles in the world. The making of twenty-first-century industrial complexes,* Londres y Nueva York, Routledge.

Castells, Manuel y John Mollenkopf (eds.) (1991), *Dual city. Restructuring New York,* Nueva York, Russell Sage Foundation.

Castles, Stephen y Mark Miller (1993), *The age of migration. International population movements in the modern worlds,* Houdsmills y Hampshire, Macmillan.

CCC (Clean Clothes Campaign) (1998), *Workers and Consumers "Rights in the Garment Industry, Cases" File: Otto Versand; Adidas; Nike; C&A; Levi Strauss & Company; The Walt Disney Company,* International Forum, Bruselas, 30 de abril-5 de mayo.

Cecchini, Paolo (1988), *Europa '92. Der Vorteil des Binnenmarktes,* Baden-Baden, Nomos.

Cerny, Philip G. (1995), Globalization and other stories: The search for a new paradigm for international relations, *International Journal,* vol. LI, núm. 4, pp. 617-638.

—— (1996a), Globalization and the chancing logic of collective action, *International Organization,* vol. 49, núm. 4, pp. 595-625.

—— (1996b), International finance and the erosion of state policy capacity, en P. Gummet (ed.), *Globalization and public policy,* Cheltenham y Brookfield, Edward Elgar, pp. 83-104.

—— (1998), Politicising international finance, *Millennium,* vol. 27, núm. 2, pp. 353-361.

Chahoud, Tatjana (1998), *Handel und Umwelt. Förderung umweltfreundlicher Prozeß- und Produktionsverfahren in Entwicklungsländern,* Berlín, Deutsches Institut für Entwicklungspolitik.

Chandler, Alfred D. Jr. (1977), *The visible hand,* Cambridge y Londres, Harvard University Press.

Chandler, Alfred D. Jr. y Takashi Hikino (1997), The large enterprise and the dynamics of modern economic growth, en A. D. Chandler Jr., F. Amatori y T. Hikiho (eds.), *Big business and the wealth of nations,* Cambridge, Cambridge University Press, pp. 24-57.

Chase, Robert S., Emily B. Hill y Paul Kennedy (1995), Pivotal states and U. S. strategy, *Foreign Affairs,* vol. 75, núm. 1, pp. 33-51.

Cheng, L.-L. y G. Gereffi (1994), The informal economy in East Asian development, *International Journal of Urban and Regional Research,* vol. 18, núm. 2, pp. 194-219.

Chesbrough, Henry W. y David J. Teece (1996), When is virtual virtous? Organizing for innovation, *Harvard Business Review,* enero y febrero, pp. 65-73.

Chesnais, François (1988), Multinational enterprises and the international diffusion of technology, en G. Dosi, C. Freeman, C. Nelson, R. Silverberg y L. Soete, *Technical Change and Economic Theory,* Londres, Pinter.

Chossudovsky, Michel (1997), *The globalisation of poverty. Impacts of IMF and World Bank reforms,* Londres y Nueva Jersey, Zed y Penang, Third World Network. [*La globalización de la pobreza,* Siglo XXI-CICH, 2001.]

Christaller, Wolfgang (1933), *Die zentralen Orte in Süddeutschland,* Jena, A. Fischer.

Christopherson, Susan (1994), The service sector: A labour market for women, en *Women and Structural Change. New Perspectives,* París, OECD, pp. 101-132.

Cipolla, Carlo M. (1985), Die industrielle Revolution in der Weltgeschichte, Einführung, en C. Cipolla y K. Borchardt, *Europäische Wirtschaftsgeschichte,* vol. 3, *Die Industrielle Revolution,* Stuttgart y Nueva York, G. Fischer y UTB, pp. 1-10.

Club of Rome (Dennis Meadows, Donella Meadows, Erich Zahn y Peter Millinger) (1973), *Die Grenzen des Wachstums. Bericht des Club of Rome zur Lage der Menschheit,* Reinbeck bei Hamburgo, Rowohlt.

Club of Rome (Orio Giardini y Patrick M. Liedtke) (1998), *Wie wir arbeiten werden,* Hamburgo, Hoffmann und Campe.

Cohen, Benjamin J. (1996), Phoenix risen. The resurrection of global finance, *World Politics,* vol. 48, enero, pp. 268-296.

Cohen, Joshua y Joel Rogers, (1994), Solidarity, democracy, association, *Politische Vierteljahresschrift,* núm. especial 24, pp. 136-159.

—— (1998), Can egalitarianism survive internationalization?, en W. Streeck (ed.), *Internationale Wirtschaft, nationale Demokratie,* Francfort y Nueva York, Campus, pp. 175-193.

Collier, D. y S. Levitsky (1997), Democracy with adjectives. Conceptual innovation in comparative research, *World Politics,* vol. 49, abril, pp. 430-451.

Collier, Paul (1995), The marginalization of Africa, *International Labour Review,* vol. 134, núm. 4-5, pp. 541-557.

Commission on Global Governance (1995), *Our global neighbourhood,* Oxford, Oxford University Press.

Couvrat, Jean-François y Nicolas Pless (1993), *Das verborgene Gesicht der Weltwirtschaft,* Münster, Westfälisches Dampfboot.

Cox, Robert (1987), *Production, power and world order. Social forces in the making of history,* Nueva York, Columbia University Press.

Cox, Robert W. (1992), Global perestroika, en R. Miliband y L. Panitch (eds.), *New world order? The Socialist Register 1992,* Londres, Merlin, pp. 26-43.

Cox, Robert (1996), A perspective on globalization, en J. H. Mittelman (ed.), *Globalization. Critical Reflections. International Political Economy Yearbook,* vol. 9, Boulder y Londres, Lyne Rienner, pp. 21-30.

Crosby, Alfred (1991), *Die Früchte des weissen Mannes. Ökologischer Imperialismus 900-1900,* Darmstadt, Wissenschaftliche Buchgesellschaft.

Custers, Peter (1997), *Capital accumulation and women's labour in Asian economies,* Londres y Nueva York, Zed.

Cutler, A. Claire (1999), Locating "authority" in the global political economy, *International Studies Quarterly,* vol. 43, pp. 59-81.

Czempiel, Ernst-Otto y James N. Rosenau (eds.) (1992), *Governance without government. Order and change in world politics,* Cambridge, Cambridge University Press.

Da Cunha, Euclides (1994), *Krieg im Sertão,* Francfort, Suhrkamp.

Dahrendorf, Ralf (1995), *Quadrare il cerchio. Benessere economico, coesione sociale e libertà politiche,* Roma y Bari, Laterza.

Daly, Herman E. (1991), *Steady-state economics,* 2a. ed., Washington, D. C. y Covelo, Island.

—— (1993), Problems with free trade: Neoclassical and steady-state perspectives, en Durwood Zaehlke *et al.* (eds.), *Trade and the environment,* Washington, D. C., Island.

Däubler, Wolfgang (1988), *Das zweite Schiffsregister,* Baden-Baden, Nomos.

Däubler-Gmelin, Herta (1997), Globalisierung geht keineswegs Hand in Hand mit globalem Recht, presentación en la conferencia "Recht schafft Gemeinschaft", Friedrich-Ebert-Foundation, 18-20 de abril, Maguncia, reproducido en *Frankfurter Rundschau,* 14 de abril, Dokumentation.

Debeir, Jean-Claude, Jean-Paul Deléage y Daniel Hémery (1989), *Prometheus auf der Titanic. Geschichte der Energiesysteme,* Francfort y Nueva York, Campus.

Deléage, Jean-Paul (1991), *Une histoire de l'écologie,* París, La Découverte.

Demirovic, Alex (1991), Ökologische Krise und Zukunft der Demokratie, *PROKLA 84 – Zeitschrift für kritische Sozialwissenschaft,* vol. 21, núm. 3, pp. 443-460.

Demmer, Michael (1994), *Europäische Sozialpolitik im Spannungsfeld zwischen institutionellem Wettbewerb und institutioneller Integration,* Colonia, Institut für Wirtschaftspolitik.

Deutsch, Christian (1995), Zurück zum Kern, *Wirtschaftswoche,* núm. 51, 14 de febrero, pp. 84-87.

Deutsche Bundesbank (1995), *Devisenkursstatistik, Statistisches Beiheft zum Monatsbericht,* núm. 5, noviembre.

—— (1990), *Monatsberichte,* núm. 10, octubre.

—— (1993a), *Monatsberichte,* núm. 4, abril.

—— (1993b), *Monatsberichte,* núm. 10, octubre.

—— (1994), *Monatsberichte,* núm. 11, noviembre.

—— (1995a), *Monatsberichte,* núm. 4, abril.

—— (1995b) *Monatsberichte,* núm. 5, mayo.

—— (1995c) *Zahlungsbilanzstatistik,* octubre.

—— (1999a), *Monatsberichte,* núm. 3, marzo.

—— (1999b), *Monatsberichte,* núm. 6, junio.

Deutschmann, Christoph (1990), Die 'Adhocracy' in modernisierungstheoretischer Sicht, en W. Zapf (ed.), *Die Modernisierung moderner Gesellschaften. Verhandlungen des 25. Deutschen Soziologentages in Frankfurt am M. 1990,* Francfort y Nueva York, Campus, pp. 517-527.

—— (1995), Geld als soziales Konstrukt. Zur Aktualität von Marx und Simmel, *Leviathan,* vol. 23, núm. 3, pp. 376-393.

Deutschmann, Christoph, Michael Faust, P. Jauch y P. Notz (1995), Veränderungen der Rolle des Managements im Prozeß reflexiver Modernisierung, *Zeitschrift für Soziologie,* vol. 24, núm. 6, pp. 436-450.

Dezalay, Yves (1995), Merchants of law as moral entrepreneurs: Constructing international justice from the competition for transnational business disputes, *Law & Society Review,* vol. 29, núm. 1, pp. 27-64.

Dicken, P. (1992), *Global shift: The internationalization of economic activity,* Londres, Paul Capman.

Dieren, Wouter van (1995), *Mit der Natur rechnen. Der neue Club-of-Rome-Bericht,* Basilea, Boston y Berlín, Birkhäuser.

Dieter, Heribert (ed.) (1996), *Regionale Integration in Zentralasien,* Marburgo, Metropolis.

——(1998a), *Die Asienkrise. Ursachen, Konsequenzen und die Rolle des Internationalen Währungsfonds,* Marburgo, Metropolis.

—— (1998b), Regionalismus im Zeitalter der Globalisierung. Eine neue Gefahr für die Länder des Südens?, en M. Heinrich y D. Messner (eds.), *Globalisierung und Perspektiven linker Politik,* Münster, Westfälisches Dampfboot, pp. 206-229.

Digitale Bibliothek (1998), vol. 2, *Philosophie von Platon bis Nietzsche,* CD-Rom, Berlín, Directmedia.

DIW (Deutsches Institut für Wirtschaftsforschung) (1996), Keine Dienstleistungslücke in Deutschland. Ein Vergleich mit den USA anhand von Haushaltsbefragungen, *Wochenbericht* 14, pp. 221-226.

Dörre, Klaus y Jürgen Neubert (1995), Neue Managementkonzepte: Aushandlungsbedarf statt "Sachzwang Reorganisation", en G. Schreyögg y J. Sydow (eds.), *Managementforschung* 5, *Jahrbuch für Managementforschung,* Berlín, de Gruyter, pp. 167-213.

Doz, Yves L. y C. K. Prahalad (1987), *The multinational mission: Balancing local demands and global vision,* Nueva York, Free Press.

Dragan, Joseph C. y Mihai C. Demetrescu (1986), *Entropy and bioeconomics. The new paradigm of Nicholas Georgescu-Roegen,* Mailand y Nagard, SH.

Dunkerley, James (1995), Beyond utopia: The state of the left in Latin America, *New Left Review,* julio/agosto, pp. 27-43.

Dunning, John H. (1993), *The globalization of business. The challenge of the 1990s,* Londres y Nueva York, Routledge.

Durkheim, Émile (1977), *Über die Teilung der Arbeit,* introducción de Niklas Luhmann, Francfort, Suhrkamp.

Dürr, Hans-Peter (1994), Sustainable, equitable economics. The personal energy budget, en Philip B. Smith, Samuel E. Okoye, Jaap de Wilde y Priya Deshingkat (eds.), *The world at the crossroads. Towards a sustainable, equitable and liveable world,* Londres, Earthscan, pp. 39-56.

Ebeling, Werner (1994), Selbstorganisation und Entropie in ökologischen und ökonomischen Prozessen, en F. Beckenbach y H. Diefenbacher (eds.), *Zwischen Entropie und Selbstorganisation,* Marburgo, Metropolis, pp. 29-46.

EBRD (European Bank of Reconstruction and Development) (1997), *Transition Report 1997,* Londres.

Ehrenreich, Barbara (1992), *Angst vor dem Absturz. Das Dilemma der Mittelklasse,* Múnich, Kunstmann.

Eisenhardt, Peter, Dan Kurth y Horst Stiehl (1995), *Wie Neues entsteht. Die Wissenschaften des Komplexen und Fraktalen,* Reinbek bei Hamburg, Rowohlt.

Ekins, Paul y Michael Jacobs (1995), Environmental sustainability and the growth of GDP: Conditions for compatibility, en V. Bhaskar y A. Glyn (eds.), *The North, the South and the environment. Ecological constraints and the global economy,* Londres, Earthscan, pp. 9-46.

Elias, Norbert (1978), *The history of manners,* Oxford, Blackwell.

—— (1982), *State and civilization,* Oxford, Blackwell.

Elson, Diane (1990), Markt-Sozialismus oder Sozialisierung des Marktes?, *PROKLA 78,* vol. 20, núm. 1, pp. 60-107.

Emmerij, Louis (1994), The employment problem and the international economy, *International Labour Review,* vol. 133, núm. 4, pp. 449-466.

Engels, Friedrich, *Dialektik der Natur,* en K. Marx y F. Engels, *Werke,* vol. 20, Berlín, Dietz, pp. 307-568.

Esping-Andersen, Gösta (1990), *The three worlds of welfare capitalism,* Cambridge, Cambridge University Press.

Eßer, Klaus (1993), Lateinamerika – Industrialisierung ohne Vision, *Blätter des iz3w,* núm. 187.

Eßer, Klaus, Wolfgang Hillebrand, Dirk Messner y Jörg Meyer-Stamer (1994), *Systemische Wettbewerbsfähigkeit. Internationale Wettbewerbsfähigkeit der Unternehmen und Anforderungen an die Politik,* Berlín, Deutsches Institut für Entwicklungspolitik.

Esty, Daniel C. y Bradford S. Gentry (1997), Foreign investment, globalisation, and environment, en OECD Proceedings, *Globalisation and Environment. Preliminary Perspectives,* París, OECD, pp. 141-172.

Ethier, Wilfred J. (1995), *Modern international economics,* 3a. ed., Nueva York y Londres, Norton.

Etzioni, Amitai (1988), *The moral dimension. Toward a new economics,* Nueva York, Free Press.

Eucken, Walter (1959), *Grundsätze der Wirtschaftspolitik,* Reinbek bei Hamburg, Rowohlt.

Europäische Kommission (1994), *Beschäftigung in Europa 1994,* Bruselas y Luxemburgo.

—— (1995a), Heimarbeit in der Europäischen Union, *Soziales Europa,* suplemento 2, Luxemburgo.

—— (1995b), Telearbeit – Der informelle Sektor, *Soziales Europa,* suplemento 3, Luxemburgo.

—— (1997), *Beschäftigung in Europa 1997,* Luxemburgo.

Eurostat (1998), *Eurostat statistics in focus. Distributive trades, services and transport – Employment in services,* núm. 8.

Evans, Peter (1995), en A. Kohli, P. Evans *et al.*, The role of theory in comparative politics. A symposium, *World Politics,* vol. 48, núm. 1, octubre, pp. 1-49.

Falk, Richard (1995), Liberalism at the global level: The last of the independent commissions?, *Millennium: Journal of International Studies,* 1995, vol. 24, núm. 3, pp. 563-576.

Falk, Richard (1997), State of siege: Will globalization win out?, *International Affairs,* vol. 73, núm. 1, pp. 123-136.

Faust, Michael, P. Jauch, Karin Brünnecke y Christopf Deutschmann (1994), *Dezentralisierung von Unternehmen. Bürokratie- und Hierarchieabbau und die Rolle betrieblicher Arbeitspolitik,* Múnich y Mering, Hampp.

Ferner, Anthony y Paul Edwards (1995), Organizational change within multinational enterprises, *European Journal of Industrial Relations,* vol. 1, núm. 2, pp. 229-257.

Ffrench-Davies, Ricardo (1995), Trends in regional cooperation in Latin America: The crucial role of intra-regional trade, en J. J. Teunissen (ed.), *Regionalism and the Global Economy,* La Haya, Fondad, pp. 90-118.

Finley, Moses I. (1976), *Die Griechen. Eine Einführung in ihre Geschichte und Zivilisation,* Múnich, Beckscke Verlagsbuchhandlung.

Fishlow, Albert y Stephan Haggard, (1992), The United States and the regionalisation of the world economy, *OECD Development Centre Documents,* OECD, París.

Flecker, Jörg y Manfred Krenn (1994), *Produktionsorganisation und Personaleinsatz im internationalen Vergleich,* boletín de investigación, núm. 5/94, Viena, Forschungs- und Beratungsstelle Arbeitswelt.

Fleming, Alex y Samuel Talley (1996), Latvian banking crisis: Stakes and mistakes, *Transition,* vol. 7, núm. 3-4, pp. 6-8.

Foley, Duncan (1989), Money in economic activity, en J. Eatwell *et al.* (eds.), *The New Palgrave,* Londres, Macmillan, pp. 248-262.

Forrester, Viviane (1997), *Der Terror der Ökonomie,* Viena, Zsolnay.

Forsgren, Mats (1990), Managing the international multi-centre firm: Case studies from Sweden, *European Management Journal,* vol. 18, núm. 2, pp. 261-267.

Foster, John Bellamy (1994), *The vulnerable planet. A short economic history of the environment,* Nueva York, Monthly Review Press.

—— (1997a), The age of planetary crises: The unsustainable development of capitalism, *Review of Radical Political Economies,* vol. 29, núm. 4, pp. 113-142.

—— (1997b), The crisis of the Earth. Marx's theory of ecological sustainability as nature-imposed necessity for human production, *Organization & Environment,* vol. 10, núm. 3, septiembre, pp. 278-295.

—— (1998), Introduction to bicentenial symposium on Malthus's *Essay on Population, Organization & Environment,* vol. 11, núm. 4, diciembre, pp. 421-433.

Fourastié, Jean (1954), *Die große Hoffnung des zwanzigsten Jahrhunderts,* Colonia, Bund.

Frank, André Gunder (1982), Über die sogenannte ursprüngliche Akkumulation, en Dieter Senghaas (ed.), *Kapitalistische Weltökonomie. Kontroversen über ihren Ursprung und ihre Entwicklungsdynamik,* Francfort, Suhrkamp, pp. 68-102.

—— (1992), Economic ironies in Europe: A world economic interpretation of East-West European politics, *International Social Science Journal,* núm. 131, pp. 41-56.

—— (1998), Aber die Welt ist doch rund, en Michael Heinrich y Dirk Messner (eds.), *Globalisierung und Perspektiven linker Politik,* Münster, Westfälisches Dampfboot, pp. 80-109.

Frank, André Gunder y Barry K. Gills (1993), World system economic cycles and hegemonial shift to Europe 100 BC to 1500 AD, *The Journal of European Economic History,* vol. 22, núm. 1, pp. 155-183.

Frankel, Boris (1997), Confronting neoliberal regimes: The post-Marxist embrace of populism and realpolitik, *New Left Review,* núm. 226, pp. 57-92.

Fraser, Julius T. (1993), *Die Zeit. Auf den Spuren eines vertrauten und doch fremden Phänomens,* Múnich, Deutscher Taschenbuch.

Freeman, Chris, Luc Soete y Umit Efendioglu (1995), Diffusion and the employment effects of information and communication technology, *International Labour Review,* vol. 134, núm. 4-5, pp. 587-603.

French, Hilary F. (1993), Reconciling trade and the environment, en L. R. Brown (ed.), *State of the world 1993. A Worldwatch Institute Report on progress towards a sustainable society,* Nueva York y Londres, Norton, pp. 158-179.

Fried, Ferdinand (1939), *Wende der Weltwirtschaft,* Leipzig, Goldmann.

Friedman, Milton (1976), *Kapitalismus und Freiheit,* Múnich, Deutscher Taschenbuch.

Friedrich, Hans-Jürgen (1996), Vorausbezahlte Karten – eine Bewertung aus der Sicht der Deutschen Bundesbank, en M. Datow, S. Kissinger y U. T. Lange (eds.), *Die Chipkarte im Alltag – Anwendungskonzepte und Verbraucherschutz,* Kongreßdokumentation MULTICARD '96, 10-12 de enero, Berlín, pp. 18-29.

Friese, Marianne (1995), Modernisierungsfallen im historischen Prozeß. Zur Entwicklung der Frauenarbeit im gewandelten Europa, *Berliner Journal für Soziologie,* año 5, núm. 2, pp. 149-162.

Fröbel, Folker, Jürgen Heinrichs y Otto Kreye (1977), *Die neue internationale Arbeitsteilung – Strukturelle Arbeitslosigkeit in den Industrieländern und die Industrialisierung der Entwicklungsländer,* Reinbek bei Hamburg, Rowohlt. [*La nueva división internacional del trabajo. Paro estructural en los países industrializados e industrialización de los países en desarrollo,* México, Siglo XXI, 1980.]

Fukuyama, Francis, The end of history, *The National Interest* 16, verano, pp. 3-18.

FUNDAP (Fundação do Desenvolvimento Administrativo de São Paulo) e Istituto de Economia do Setor Público (1993), *Processo de privatizacão no Brasil: A experiencia dos anos 1990-92,* São Paulo.

Galbraith, John K. (1994), *Die Herrschaft der Bankrotteure,* Hamburgo, Hoffmann und Campe.

Galtung, Johan (1996), Welt: Die Gesellschaft der Gesellschaften, en J. Galtung, *Der Preis der Modernisierung. Struktur und Kultur im Weltsystem,* Viena, Promedia, pp. 22-31.

—— (1997), Globalisierung und ihre Konsequenzen, en J. Galtung, *Der Preis der Modernisierung. Struktur und Kultur im Weltsystem,* Viena, Promedia, pp. 9-21.

Ganßmann, Heiner (1986), Geld – ein symbolisch generiertes Medium der Kommunikation? Zur Geldlehre in der neueren Soziologie, *PROKLA 63,* vol. 16, núm. 2, pp. 6-22.

Garrett, Geoffrey (1998), Global markets and national politics: Collision course or virtuous circle?, *International Organization,* vol. 52, núm. 4, otoño, pp. 787-824.

Geiger, Theodor (1929), Zur Soziologie der Industriearbeit und des Betriebs, *Die Arbeit, Zeitschrift für Gewerkschaftspolitik und Wirtschaftskunde,* núm. 11, pp. 673-780.

Gellner, Ernest (1991), *Nationalismus und Moderne,* Berlín, Rotbuch.

Georgescu-Roegen, Nicholas (1971), *The entropy law and the economic process,* Cambridge y Londres, Harvard University Press.

—— (1976), *Energy and economic myths,* Oxford, Pergamon.

—— (1986), The entropy law and the economic process in retrospect, *Eastern Economic Journal,* vol. 8, núm. 1, pp. 3-25.

Gerhardt, Volker (1995), *Immanuel Kants Entwurf "zum ewigen Frieden" Eine Theorie der Politik,* Darmstadt, Wissenschaftliche Buchgesellschaft.

Gerybadse, Alexander, Frieder Meyer-Krahmer y Guido Reger (1997), *Globales Management von Forschung und Innovation,* Stuttgart, Schäffer-Poeschel.

Gibbons, Michael *et al.* (1994), *The New Production of Knowledge. The Dynamics of Science and Research in Contemporary Societies,* Londres, Sage.

Giddens, Anthony (1995), *Konsequenzen der Moderne,* Francfort, Suhrkamp.

Gill, Stephen (1995), Globalization, market civilisation and disciplinary neoliberalism, *Millenium,* vol. 24, núm. 3, pp. 399-423.

—— (ed.) (1993), *Gramsci, historical materialism and international relations,* Cambridge, Cambridge University Press.

Gleditsch, Nils Peter (1998), Armed conflict and the environment: A critique of the literature, *Peace Research,* vol. 35, núm. 3, pp. 381-400.

Global 2000. Der Bericht an den Präsidenten (1980), Francfort, Zweitausendeins.

Glyn, Andrew (1995), Northern growth and environmental constraints: Beyond the 'obvious', en V. Bhaskar y A. Glyn (eds.), *The North, the South and the environment. Ecological constraints and the global economy,* Tokio, United Nations University Press y Londres, Earthcan.

Glyn, Andrew, A. Hughes, Alain Lipietz y A. Singh (1990), The rise and fall of the golden age, en S. Marglin y J. Schor (eds.), *The golden age of capitalism. Reinterpreting the postwar experience,* Oxford, Claredon, pp. 36-126.

Goldman, M. (1997), Customs in common: The epistemic world of the common.

Goldstein, Joshua S. (1988), *Long cycles. Prosperity and war in the modern age,* New Haven y Londres, Yale University Press.

Gore, Al y Ronald H. Brown (1995), *Global information infrastructure: Agenda for cooperation.*

Gould, Jay M., Joseph J. Mangano y Ernest J. Sternglass (1996), *Post-Chernobyl thyroid disease in the United States of America,* The International Medical Commission Conference, Permanent Peoples Tribunal, Viena, 12-15 de abril, Nueva York, Radiation and Public Health Project.

Grahl, John y Paul Teague (1991), Industrial relations trajectories and European human resource management, en C. Brewster y S. Tyson (eds.), *International comparisons in human resource management,* Londres, Pitman, pp. 76-91.

Granovetter, Marc (1985), Economic action and social structure: A theory of embeddedness, *American Journal of Sociology,* vol. 91, núm. 3, pp. 481-510.

Griffith-Jones, Stefany (1998), *Global capital flows – Should they be regulated,* Houndsmills, Macmillan.

Griffith-Jones, Stephany, Patricia Canto y Mónica Ruiz (1995), Financial flows for regional integration, en J. J. Teunissen (ed.), *Regionalism and the global economy,* La Haya, Fondad, pp. 32-67.

Grinspun, Richard y Robert Kreklewich (1994), Consolidating neoliberal reform: "Free trade" as a conditioning framework, *Studies in Political Economy,* núm. 43, pp. 33-62.

Gruppe von Lissabon (1997), *Grenzen des Wettbewerbs. Die Globalisierung der Wirtschaft und die Zukunft der Menschheit,* Neuwied, Luchterhand.

Guéhenno, Jean-Marie (1998a), Demokratie am Wendepunkt?, *Internationale Politik,* núm. 4, pp. 13-20.

—— (1998b), From territorial communities to communities of choice: Implications for democracy, en W. Streeck (ed.), *Internationale Wirtschaft, nationale Demokratie,* Francfort y Nueva York, Campus, pp. 137-150.

Guggenberger, Bernd (1999), Arbeit und Lebenssinn, en N. Breiskorn y J. Wallacher (eds.), *Arbeit im Umbruch. Sozialethische Maßstäbe für die Arbeitswelt von morgen,* Stuttgart, Kohlhammer, pp. 123-143.

Guha, Ramachandra y Martínez-Alier, Joan (1997), *Varieties of environmentalism. Essays north and south,* Londres, Earthscan.

Guttmann, Robert (1994), *How credit-money shapes the economy,* Armonk y Londres, Sharpe.

Habermas, Jürgen (1981), *Theorie des kommunikativen Handelns,* 2 tomos, Francfort, Suhrkamp.

—— (1995), Aufgeklärte Ratlosigkeit. Warum die Politik ohne Perspektive ist. Thesen zu einer Diskussion, *Frankfurter Rundschau,* 30 de diciembre.

—— (1998), Die postnationale Konstellation und die Zukunft der Demokratie, *Blätter für deutsche und internationale Politk,* núm. 7, pp. 805-817.

—— (1999), Bestialität und Humanität, *Die Zeit,* núm. 18, 29 de abril.

Hack, Lothar (1988), *Vor Vollendung der Tatsachen. Die Rolle von Wissenschaft und Technologie in der dritten Phase der "Industriellen Revolution",* Francfort, Fischer.

Hack, Lothar (1998), *Technologietransfer und Wissenstransformation. Zur Globalisierung der Forschungsorganisation von Siemens,* Münster, Westfälisches Dampfboot.

Hajer, M. (1995), *The politics of environmental discourse,* Nueva York, Oxford University Press.

Haken, Herrmann (1995), *Erfolgsgeheimnisse der Natur. Synergetik: Die Lehre vom Zusammenwirken,* Reinbek bei Hamburgo, Rowohlt.

Hall, Charles A. (1986), *Energy and Resource Quality. The Ecology of the Economic Process,* Nueva York, Wiley.

Hardin, Garrett (1968), The tragedy of the commons, *Science,* núm. 162, pp. 1243-1248.

Harrod, Roy (1958), The possibility of economic satiety – Use of economic growth for improving the quality of education and leisure, en *Problems of United States economic development (Committee for Economic Development),* vol. I, Nueva York, pp. 207-213.

Hart, Keith (1973), Informal income opportunities and urban employment in Ghana, *The Journal of Modern African Studies,* vol. 11, núm. 1, pp. 61-89.

Härtel, Hans-Hermann, Rolf Jungnickel *et al.* (1996), *Grenzüberschreitende Produktion und Strukturwandel – Globalisierung der deutschen Wirtschaft,* Baden-Baden, Nomos.

Harvey, David (1989), *The condition of postmodernity,* Oxford, Oxford University Press.

—— 1996), *Justice, nature & the geography of difference,* Cambridge y Oxford, Blackwell.

Hauser, Heinz y Kai-Uwe Schanz (1995), *Das neue GATT. Die Welthandelsordnung nach Abschluß der Uruguay-Runde,* Múnich y Viena, Oldenbourg.

Häußermann, Hartmut y Walter Siebel (1995), *Dienstleistungsgesellschaften,* Francfort, Suhrkamp.

Hayek, Friedrich August barón de (1968), Der Wettbewerb als Entdeckungsverfahren, Vortrag im Institut für Weltwirtschaft an der Universität Kiel, *Kieler Vorträge,* serie 56, Kiel, manuscrito.

—— (1978), *Denationalisation of money – The argument redefined,* Washington, D. C., Institute of Economic Affairs.

—— (1981), "Ungleichheit ist nötig", entrevista en *Wirtschaftswoche,* núm. 11, 6 de marzo, pp. 36-40.

Hedlund, Gunnar (1996), Organization and management of transnational corporations in practice and research, en UNCTAD, *Transnational corporations and world development,* Londres, International Thomson Business, pp. 123-141.

Hedlund, Gunnar y Bruce Kogut (1993), Managing the MNC: The end of the missionary era, en G. Hedlund (ed.), *Organization of transnational corporations,* vol. 6, Londres, Routledge, pp. 343-358.

Heinrich, Michael (1991), *Die Wissenschaft vom Wert. Die Marxsche Kritik der politischen Ökonomie zwischen wissenschaftlicher Revolution und klassischer Tradition*, Hamburgo, VSA.

Held, David (1991), Democracy, the nation-state and the global system, *Economy and Society*, vol. 20, núm. 2, pp. 138-172.

—— (1995), *Democracy and the global order. From the modern state to cosmopolitan governance*, Stanford, Stanford University Press.

—— (1998), The changing contours of political community, en M. Greven (ed.), *Demokratie – eine Kultur des Westens?*, 20. Wissenschaftlicher Kongreß der Deutschen Vereinigung für Politische Wissenschaft, Opladen, Leske + Buderich, pp. 249-261.

Hilferding, Rudolf (1910/1981), *Finance capital: A study of the latest phase of capitalist development*, Londres, Boston y Melbourne, Routledge & Kegan Paul.

Hirsch, Fred (1980), *Die sozialen Grenzen des Wachstums*, Reinbek bei Hamburg, Rowohlt.

Hirsch, Joachim (1995), *Der nationale Wettbewerbsstaat. Staat, Demokratie und Politik im globalen Kapitalismus*, Berlín y Amsterdam, Edition ID-Archiv.

Hirsch-Kreinsen, Hartmut (1995), Dezentralisierung: Unternehmen zwischen Stabilität und Desintegration, *Zeitschrift für Soziologie*, año 24, núm. 4, pp. 422-435.

—— (1998a), *Industrielle Konsequenzen globaler Unternehmensstrategien*, Arbeitspapier der Lehrstuhls Technik und Gesellschaft 1, Universität Dortmund.

—— (1998b), Organisation und Koordination eines transnationalen Unternehmensnetzwerks, en M. von Behr y H. Hirsch-Kreinsen (eds.), *Globale Produktion und Industriearbeit. Arbeitsorganisation und Kooperation in Produktionsnetzwerken*, Francfort y Nueva York, Campus, pp. 37-62.

Hirschman, Albert O. (1970), *Exit, voice and loyality*, Cambridge, Harvard University Press.

—— (1981), A generalized linkage approach to development, with special reference to staples, en *Essays in tresspassing*, Cambridge, Londres y Nueva York, Cambridge University Press, pp. 59-97.

—— (1984), *Leidenschaften und Interessen*, Francfort, Suhrkamp.

Hirst, Paul y Grahame Thompson (1966), *Globalization in question*, Cambridge, Polity.

Hobsbawm, Eric (1995), *Das Zeitalter der Extreme. Weltgeschichte des 20. Jahrhunderts*, Viena y Múnich, Hanser.

Hobson, J. A. (1902/1965), *Imperialism*, Ann Arbor, Ann Arbor Paperbacks.

Hoekman, Bernard y Sauvé (1994), *Liberalizing trade in services*, Washington, D. C., World Bank Discussion Papers, núm. 243.

Hoffmann-Nowotny, Hans-Joachim (1989), Weltmigration – eine soziologische Analyse, en W. Kälin y R. Moser (eds.), *Migration aus der Dritten Welt. Ursachen und Wirkungen*, Berns y Stuttgart, pp. 29-40.

Holloway, John (1993), Reform des Staats: Globales Kapital und nationaler Staat, *PROKLA 90 – Zeitschrift für kritische Sozialwissenschaft*, vol. 23, núm. 1 (1993), pp. 12-33.

Hossfeld, Karen J. (1990), "Their logic against them": Contradictions in sex, race and class in Silicon Valley, en K. Ward (ed.), *Women workers and global restructuring*, Ithaca, Cornell University.

Huber, Evelyne, Dietrich Rueschemeyer y John D. Stephens (1997), The paradoxes of contemporary democracy. Formal, participatory, and social dimensions, *Comparative Politics*, abril, pp. 323-342.

Huffschmid, Jörg (1995), Eine Steuer gegen die Währungsspekulation, *Blätter für deutsche und internationale Politik*, vol. 40, núm. 8, pp. 1003-1007.

—— (1999), Die neue internationale Finanzarchitektur, *Blätter für deutsche und internationale Politik,* núm. 6, junio.

Huntington, Samuel P. (1993), The clash of civilizations?, *Foreign Affairs,* vol. 72, núm. 3, pp. 22-49.

Hurrell, A. y N. Woods (1995), Globalisation and inequality, *Millenium: Journal of International Studies,* vol. 24, núm. 3, pp. 447-470.

Hurtienne, Thomas (1986), Fordismus, Entwicklungstheorie und Dritte Welt, *Peripherie. Zeitschrift für Politik und Ökologie der Dritten Welt,* núm. 22/23, pp. 60-110.

IAA-ILO (International Labour Office) (1991), *Das Dilemma des informellen Sektors,* Bericht des Generaldirektors (Teil I) auf der Internationalen Arbeitskonferenz, pp. 78.

IAA (Internationales Arbeitsamt) (1995), *Die Beschäftigungssituation in der Welt,* Ginebra.

Ianni, Octavio (1993), *A sociedade global,* Río de Janeiro, Civilização Brasileira. [*La sociedad global*, México, Siglo XXI, 1998.]

ICFTU (International Confederation of Free Trade Unions)-IBFG (Internationaler Bund freier Gewerkschaften) (1996), Natascha David, *Zwei Welten: Frauen und die Weltwirtschaft,* Bruselas.

ICFTU (1998), *Behind the wire: Anti-union repression in the export processing zones,* documento de Internet, 19 de julio.

Illich, Ivan (1997), Philosophische Ursprünge der grenzenlosen Zivilisation, en E. U. von Weizsäcker (ed.), *Grenzen-los? Jedes System braucht Grenzen – aber wie durchlässig müssen diese sein?,* Berlín, Basilea y Boston, Birkhäuser, pp. 202-212.

ILO (International Labour Office) (1997/1998), *World labour report 1997/98,* Ginebra.

—— (1992), *Employment, incomes and equality: A strategy for increasing productive employment in Kenya,* Ginebra.

IMF (International Monetary Fund) (1994a), *World economic outlook,* mayo, Washington, D. C.

—— (1994b), *World economic outlook,* octubre, Washington, D. C.

—— (1994c), *International financial statistics yearbook,* Washington, D. C.

—— (1995a), *Issues in international exchange and payments systems,* Washington, D. C.

—— (1995b), *International capital markets. Developments, prospects and policy issues,* Washington, D. C.

—— (1997), *World economic outlook,* mayo, Washington, D. C.

—— (1998a), *International capital markets. Developments, prospects, and key policy issues,* Washington, D. C.

—— (1998b), *World economic outlook and international capital markets. Interim assessment,* diciembre, Washington, D. C.

—— (1998c), *World economic outlook,* octubre, Washington, D. C.

—— (1998d), *Hedge funds and financial market dynamics,* Washington, D. C.

—— (1998e), *World economic outlook,* mayo, Washington, D. C.

—— (1998f), *Toward a framework for financial stability,* Washington, D. C.

—— (1999), *World economic outlook,* mayo, Washington, D. C.

—— (1988), *World economic outlook,* abril, Washington, D. C.

Infante, Ricardo (1995), Labour market, urban poverty and adjustment: New challenges and policy options, en G. Rodgers y R. van der Hoeven (eds.), *The poverty agenda: Trends and policy options, new approaches to poverty analysis and policy – III. A contribution to the World Summit for Social Development,* Ginebra, International Institute for Labour Studies, pp. 53-175.

Ingrao, Pietro y Rossana Rossanda (1995), Die neuen Widersprüche, *PROKLA 100 – Zeitschrift für kritische Sozialwissenschaft,* vol. 25, núm. 3, pp. 409-430.

Innis, Harold (1995), *Staples, markets, and cultural change*, D. Drache (ed.), Montreal, Kingston, Londres y Buffalo, McGill-Queen's University Press.

Jalloh, S. Balimo (1995), Subsaharan Africa – Trade expansion through countertrade?, *UNCTAD Bulletin*, pp. 365-375.

Jonscher, Charles (1993), Information resources and economic productivity, *Information Economics and Policy*, núm. 1, pp. 13-35.

Kallscheuer, Otto (1998), Menschenrechte als Fortschritt der Humanität. Noberto Bobbios skeptische Geschichtsphilosophie, en N. Bobbio, *Das Zeitalter der Menschenrechte*, Berlín, Wagenbach, pp. 114-125.

Kant, Immanuel (1795/1984), *Zum ewigen Frieden*, Stuttgart, Reclam.

—— (s. f.), *Die drei Kritiken in ihrem Zusammenhang mit dem Gesamtwerk*, recopilación de Raymund Schmidt, Leipzig, Alfred Kröner, Taschenausgabe 104.

Kapp, K. William (1958), *Volkswirtschaftliche Kosten der Privatwirtschaft*, Tubinga y Zúrich, J. C. B. Mohr (Paul Siebeck) y Polygraphischer.

Kaufmann, Franz-Xaver (1998), *Herausforderung des Sozialstaats*, Francfort, Suhrkamp.

Kay, John (1996), The good market, *Prospect*, mayo, pp. 39-43.

Keil, Roger (1993), *Weltstadt – Stadt der Welt. Internationalisierung und lokale Politik in Los Angeles*, Münster, Westfälisches Dampfboot.

Kelly, Ruth (1995), Derivatives: A growing threat to the international financial system, en J. Michie y J. Greive Smith (eds.), *Managing the global economy*, Oxford, Oxford University Press.

Kempe, Martin (1998), Nicht mehr nur berufstätig sein, *Erziehung und Wissenschaft*, núm. 5, pp. 6-10.

Kennedy, Paul (1993), *In Vorbereitung auf das 21. Jahrhundert*, Francfort, Fischer.

Keohane, Robert O. y Joseph S. Nye Jr. (1977), *Power and interdependence: World politics in transition*, Boston, Little Brown.

Kernaghan, Charles (1998), Behind the label: "Made in China", en *Special report prepared for the National Labor Committee*, Nueva York, National Labor Committee.

Keynes, John M. (1929), The German transfer problem, *The Economic Journal*, vol. XXXIX.

—— (1933/1985), Nationale Selbstgenügsamkeit, en H. Mattfeld (ed.), *Keynes. Kommentierte Werkauswahl*, selección de Harald Mattfeldt, Hamburgo, VSA.

—— (1936/1964), *The general theory of employment, interest and money*, Londres, Melbourne y Toronto, Macmillan. [*Teoría general de la ocupación, el interés y el dinero*, México, Fondo de Cultura Económica, 1965.]

Kindleberger, C. P. (1973), *The world in depression, 1929-1939*, Berkeley, University of California Press.

Kleinknecht, Alfred y J. ter Wengel (1998), The myth of economic globalisation, *Cambridge Journal of Economics*, 1998, vol. 22, pp. 637-647.

Kobrin, Stephen J. (1997), Electronic cash and the end of national markets, *Foreign Policy*, vol. 76, verano, pp. 65-77.

Koch, Claus (1995), *Die Gier des Marktes*, Múnich, Hanser.

Kogut, Bruce (1985), Designing global strategies: Profiting from operational flexibility, *Sloan Management Review*, vol. 26, primavera, pp. 27-38.

Köhler, Claus (1998), Spekulation contra Entwicklungspolitik: Eine Analyse der ostasiatischen Währungskrise, *Internationale Politik und Gesellschaft*, núm. 2, pp. 191-204.

Kohler-Koch, Beate (1990), Interdependenz, en V. Rittberger (ed.), *Theorien der Internationalen Beziehungen. Bestandsaufnahme und Forschungsperspektiven*, PVS, núm. especial 21, Opladen, Westdeutscher, pp. 110-129.

—— (1993), Regieren ohne Weltregierung, en C. Böhret y G. Wewer (eds.), *Regieren im 21. Jarhundert. Zwischen Globalisierung und Regionalisierung, Festgabe für Hans-Hermann Hartwich zum 65. Geburtstag,* Opladen, Westdeutscher, pp. 109-141.

—— (1996), Politische Unverträglichkeiten von Globalisierung, en U. Steger (ed.), *Globalisierung der Wirtschaft. Konsequenzen für Arbeit, Technik und Umwelt,* Berlín, Springer, pp. 83-114.

—— (1998), Einleitung: Effizienz und Demokratie: Probleme des Regierens in entgrenzten Räumen, en B. Kohler-Koch (ed.), *Regieren in entgrenzten Räumen,* PVS, núm. especial 29/1988, Opladen, Westdeutscher, pp. 11-25.

Kondylis, Panajotis (1995), Die verflüchtigte Materie. Träume vom Cyberspace, *Frankfurter Allgemeine Zeitung,* 4 de octubre.

König, Wolfgang y Wolfhard Weber (1990), *Netzwerke Stahl und Strom, Propyläen Weltgeschichte,* Berlín, Propyläenverlag.

Köpke, Ronald (1998), *Nationaler Wettbewerb und Kooperation. Freie Produktionszonen in Mittelamerika,* Münster, Westfälisches Dampfboot.

Körner (1990), *Internationale Mobilität der Arbeit,* Darmstadt, Wissenschaftliche Buchgesellschaft.

Kößler, Reinhart (1994), Auf dem Wege zu einer internationalen Zivilgesellschaft, en W. Hein (ed.), *Umbruch in der Weltgesellschaft. Auf dem Wege zu einer "Neuen Weltordnung"?, Schriften des Deutschen Übersee-Instituts,* núm. 27, Hamburgo, pp. 305-325.

Kotthoff, Hermann (1996), Hochqualifizierte Angestellte und betriebliche Umstrukturierung. Erosion von Sozialintegration und Loyalität im Großbetrieb, *Soziale Welt,* vol. 47, pp. 435-449.

Kozul-Wright, Richard (1995), Transnational corporations and the nation state, en J. Michie y J. Grieve Smith (eds.), *Managing the global economy,* Oxford, Oxford University Press, pp. 135-171.

Krätke, Michael R. (1997), Globalisierung und Standortkonkurrenz, *Leviathan. Zeitschrift für Sozialwissenschaft,* vol. 25, núm. 2, pp. 202-232.

Kraus, Theodor (1966), Grundzüge der Wirtschaftsgeographie, en K. Hax y T. Wessels, *Handbuch der Wirtschaftswissenschaften,* vol. II, *Volkswirtschaft,* Colonia y Opladen, Westdeutscher.

Kreikemeyer, Anna (1998), Konflikt und Kooperation in der Kaspischen Region: Russische Interessenlagen, en *Aus Politik und Zeitgeschichte. Beilage zur Wochenzeitung Das Parlament,* B 43-444/1998, 16 de octubre, pp. 13-25.

Kristoff, Nicholas D. y Edward Wyatt (1999), Who sank, or swam, in choppy currents of a world cash ocean, *New York Times,* 15 de febrero.

Krugman, Paul (1994), Competitiveness: A dangerous obsession, *Foreign Affairs,* vol. 73, marzo/abril, pp. 28-44.

—— (1995a), Growing world trade: Causes and consequences, *Brookings Papers on Economic Activity,* núm. 1, pp. 327-362.

—— (1995b), Dutch tulips and emerging markets, *Foreign Affairs,* vol. 74, núm. 4, pp. 28-44.

—— (1998), America the boastful, *Foreign Affairs,* vol. 77, núm. 3, pp. 32-45.

—— (1999), The return of depression economics, *Foreign Affairs,* vol. 78, enero/febrero, pp. 56-74.

Kühl, Stefan (1995), *Wenn die Affen den Zoo regieren. Die Tücken der flachen Hierarchien,* Francfort y Nueva York, Campus.

Kulessa, Margareta E. (1996), Die Tobinsteuer zwischen Lenkungs- und Finanzierungsfunktion, *Wirtschaftsdienst,* II, pp. 95-104.

Kurz, Robert (1991), *Der Kollaps der Modernisierung. Vom Zusammenbruch des Kasernensozialismus zur Krise der Weltökonomie,* Francfort, Eichborn.

Lafontaine, Oskar y Christa Müller (1998), *Keine Angst vor der Globalisierung. Wohlstand und Arbeit für alle,* Bonn, Dietz.

Lall, Sanjaya (1995), Employment and foreign investment: Policy options for developing countries, *International Labour Review,* vol. 134, núm. 4/5, pp. 521-540.

Lane, Christel (1995), *Industry and society in Europe. Stability and change in Britain, Germany and France,* Londres, Elgar.

Latouche, Serge (1994), *Die Verwestlichung der Welt. Essay über die Bedeutung, den Fortgang und die Grenzen der Zivilisation,* Francfort, Dipa.

Le Goff, Jacques (1988), *Wucherzins und Höllenqualen. Ökonomie und Religion im Mittelalter,* Stuttgart, Klett-Cotta.

Lechner, Norbert (1994), Marktgesellschaft und die Veränderung von Politikmustern, *PROKLA 97 – Zeitschrift für kritische Sozialwissenschaft,* vol. 24, núm. 4, pp. 549-562.

Leff, Enrique (1995), *Green production. Toward an environmental rationality,* Nueva York y Londres, The Guilford.

Lehmann, David (1998), Fundamentalism and globalism, *Third World Quarterly,* vol. 19, núm. 4, pp. 607-634.

Leibniz, Gottfried Wilhelm (reimp. 1948), *Monadologie,* nueva traducción, introducción y notas de Herrmann Glockner, Stuttgart, Reclam.

Lenin, V. I. (1917), *Der Imperialismus als höchstes Stadium des Kapitalismus, Werke,* vol. 22, Berlín, Dietz. [*El imperialismo, fase superior del capitalismo,* México, Grijalbo.]

Lessenich, Stephan (1998), "Relations matter": De-Kommodifizierung als Verteilungsproblem, en S. Lessenich e I. Ostner (eds.), *Welten des Wohlfahrtskapitalismus,* Francfort y Nueva York, Campus, pp. 91-108.

Leyshon, Andrew y Nigel Thrift (1997), *Money space. Geography of monetary transformation,* Londres y Nueva York, Routledge.

Liemt, G. van (1992), Economic globalization: Labour options and business strategies in high labour cost countries, *Internationale Labour Review,* vol. 131, núm. 4/5, pp. 453-470.

Linz, Manfred (1998), *Spannungsbogen. "Zukunftsfähiges Deutschland" in der Kritik,* Berlín, Basilea y Boston, Birkhäuser.

Lipietz, Alain (1986), *Mirages and miracles,* Londres, Verso.

Lipschutz, Ronnie D. (1998), Vor dem Schleier des Nichtwissens. Staaten, Ökologie und Zeitpolitik, en M. Flitner, C. Görg y V. Heins (eds.), *Konfliktfeld Natur. Biologische Ressourcen und globale Politik,* Opladen, Leske & Buderich, pp. 63-85.

Lipset, Seymour M. (1959), Some social requisites of democracy: Economic development and political legitimacy, *The American Political Science Review,* vol. LIII, núm. 1.

List, Friedrich (1841/1982), *Das nationale System der Politischen Ökonomie,* Stuttgart y Tubinga, reimp. Berlín, Akademie.

Locke, J. (1690/1977), *Zwei Abhandlungen über die Regierung,* edición e introducción de Walter Euchner, Francfort, Suhrkamp. [*Ensayo sobre el gobierno civil,* México, Porrúa.]

Lofdahl, Corey L. (1998), On the environmental externalities of global trade, *International Political Science Review,* vol. 19, núm. 4, pp. 339-355.

Lohmann, Georg (1998), Warum keine Deklaration von Menschenpflichten? Zur Kritik am Inter-Action Council, *Widerspruch,* vol. 18, núm. 35, pp. 12-24.

Löschner, Ernst (1983), *Souveräne Risken und internationale Verschuldung,* Viena, Manzsche Verlags- und Universitätsbuchhandlung.

Lovelock, James E. (1982), *Unsere Erde wird überleben. Gaia – Eine optimistische Ökologie,* Múnich y Zúrich, Piper.

Low, Nicholas y Brendan Gleeson (1998), *Justice, society and nature. An exploration of political ecology,* Londres y Nueva York, Routledge.

Luhmann, Niklas (1987), *Soziale Systeme. Grundriß einer allgemeinen Theorie,* Francfort, Suhrkamp.

—— (1990), *Ökologische Kommunikation. Kann die moderne Gesellschaft sich auf ökologische Gefährdungen einstellen?,* Opladen, Westdeutscher.

—— (1997), *Die Gesellschaft der Gesellschaft,* Francfort, Suhrkamp.

Lütje, Boy (1998), "Vernetzte Produktion" und "post-fordistische" Reproduktion. Theoretische Überlegungen am Beispiel "Silicon Valley", PROKLA *113 – Zeitschrift für kritische Sozialwissenschaft,* vol. 28, núm. 4, pp. 557-588.

Luttwak, Edward (1994), *Weltwirtschaftskrieg. Export als Waffe – aus Partnern werden Gegner,* Reinbek bei Hamburg, Rowohlt.

Lutz, Burkart (1984), *Der kurze Traum immerwährender Prosperität,* Francfort y Nueva York, Campus.

Luxemburg, Rosa (1913/1979), *Die Akkumulation des Kapitals. Ein Beitrag zur ökonomischen Erklärung des Imperialismus,* Berlín, Paul Singer. [*La acumulación de capital,* Barcelona, Grijalbo.]

Maddison, Angus (1995), *Monitoring the World Economy 1820-1992,* París, OECD.

Mahnkopf, Birgit (1986), Hegemony in the workplace: Patterns of regulation in internal company social relations and their legitimation effects, *Berkeley Journal of Sociology,* vol. XXI, pp. 35-52.

—— (1994), Markt, Hierarchie und soziale Beziehungen. Zur Bedeutung reziproker Beziehungsnetzwerke in modernen Marktgesellschaften, en N. Beckenbach y W. van Treeck, *Umbrüche der gesellschaftlichen Arbeit, Soziale Welt,* núm. especial 9, Gotinga, pp. 65-84.

—— (1998a), Probleme der Demokratie unter den Bedingungen ökonomischer Globalisierung und ökologischer Restriktionen, en M. Greven (ed.), *Demokratie – eine Kultur des Westens?,* 20. Wissenschaftlicher Kongreß der Deutschen Vereinigung für Politische Wissenschaft, Opladen, Leske & Buderich, pp. 55-79.

—— (1998b), Soziale Demokratie in Zeiten der Globalisierung, *Blätter für deutsche und internationale Politik,* núm. 11, pp. 1318-1330.

—— (1999), Between the devil and the deep blue sea: The German model under the pressure of globalisation, en L. Panitch y C. Leys (eds.), *Global Capitalism versus Democracy, Socialist Register 1999,* Rendlesham, Nueva York y Halifax, Merlin, Monthly Review y Fernwood, pp. 142-177.

Maier, Charles S. (1998), Die Dekade der großen Widersacher Globalismus und Territorialismus, *Frankfurter Rundschau,* 5 de febrero, Dokumentation.

Mandel, Ernest (1980), *Long waves of capitalist development,* Cambridge, Cambridge University Press. [*Las ondas largas del desarrollo capitalista,* Madrid, Siglo XXI, 1986.]

Mandeville, Bernard de (1703/1957), *Die Bienenfabel,* Berlín, Akademie.

March, J. G. y J. P. Olsen (1998), The institutional dynamics of international political orders, *International Organization,* vol. 52, núm. 4, otoño, pp. 943-969.

Marglin, Stephen y Juliet Schor (eds.) (1990), *The golden age of capitalism. Reinterpreting the postwar experience,* Oxford, Clarendon.

Marshall, Alfred (1890/1964), *Principles of economics,* Londres, Macmillan.

Marshall, D. D. (1996), Understanding late twentieth-century capitalism: Reassessing the globalization theme, *Government and Opposition,* vol. 31, pp. 193-215.

Marshall, Thomas H., *Bürgerrechte und soziale Klassen. Zur Soziologie des Wohlfahrtsstaates,* Francfort y Nueva York, Campus.

Martínez-Alier, Joan (1987), *Ecological economics. Energy, environment and society,* Oxford y Cambridge, Blackwell.

Marx, Karl (1859/1953), *Grundrisse der Kritik der Politischen Ökonomie,* Berlín, Dietz. [*Elementos fundamentales para la crítica de la economía política (Grundrisse) 1857-1858,* México, Siglo XXI, 1971-1976.]

——, MEW, 4, *Rede über die Frage des Freihandels,* en K. Marx y F. Engels, *Werke,* Berlín, Dietz, pp. 444-458.

—— (1970), MEW, 23, *Das Kapital. Kritik der politischen Ökonomie,* Erster Band Buch I: Der Produktionsprozeß des Kapitals, en K. Marx y F. Engels, *Werke*, Berlín, Dietz. [*El capital,* t. 3, 2 vols., México, Siglo XXI, 1976.]

—— (1970), MEW, 24, *Das Kapital. Kritik der politischen Ökonomie,* Zweiter Band: Der Zirkulationsprozeß des Kapitals, en K. Marx y F. Engels, *Werke*, Berlín, Dietz. [*El capital,* t. 1, 3 vols., México, Siglo XXI, 1975.]

—— (1968), MEW, 25, *Das Kapital,* Dritter Band, en K. Marx y F. Engels, *Werke,* Berlín, 1968, Dietz. [*El capital,* t. 3., 3 vols., México, Siglo XXI, 1976-1981.]

——, MEW, 32, *Brief an Ludwig Kugelmann,* 11. Juli 1868, en K. Marx y F. Engels, *Werke,* Berlín, Dietz, pp. 532-554.

Marx, Karl y Friedrich Engels, MEW, 4, *Manifest der Kommunistischen Partei,* en K. Marx y F. Engels, *Werke,* Berlín, Dietz, pp. 461-493. [*Manifiesto del Partido Comunista,* varias ediciones en español.]

Massarrat, Mohssen (1993), *Endlichkeit der Natur und Überfluß in der Marktökonomie. Schritte zum Gleichgewicht,* Marburgo, Metropolis.

Massanduno, M. (1997), Preserving the unipolar moment, *International Security,* vol. 21, núm. 4, primavera, pp. 49-88.

Mattick, Paul (1976), Die deflationäre Inflation, en Elmar Altvater, Volkhard Brandes y Jochen Reiche (eds.), *Inflation – Akkumulation – Krise,* t. II, Francfort y Colonia, Europäische Verlagsanstalt, pp. 46-176.

Mauss, Marcel (1975), Die Gabe, en M. Mauss, *Soziologie und Anthropologie,* t. 2, Múnich, Hanser.

McDowell, Linda (1997), *Capital culture. Gender at work in the city,* Oxford, Blackwell.

McDowell, Linda y Gillian Court (1994), Missing subjects: Gender, power, and sexuality in merchant banking, *Economic Geography,* vol. 70, núm. 3, pp. 229-251.

McNally, D. (1988), *Political economy and the rise of capitalism. A reinterpretation,* Berkeley, Los Ángeles y Londres, University of California Press.

Melo, Jaime de y Arvind Panagariya (1992), *The new regionalism in trade policy. An interpretive summary of a conference,* Washington, D. C., World Bank, pp. 7-20.

Menzel, Ulrich (1992). *Das Ende der Dritten Welt und das Scheitern der großen Theorie,* Francfort, Suhrkamp.

—— (1993), Internationale Beziehungen im Cyberspace, en S. Unseld (ed.), *Politik ohne Projekt,* Francfort, Suhrkamp, pp. 445-458.

—— (1996), Die neue Weltwirtschaft. Entstofflichung und Entgrenzung im Zeichen der Postmoderne (1), *Peripherie, Zeitschrift für Politik und Ökologie der Dritten Welt,* vol. 15, núm. 59-60, pp. 30-44.

—— (1998), *Globalisierung versus Fragmentierung. Politik und Ökonomie zwischen Moderne und Postmoderne,* Francfort, Suhrkamp.

Messner, Dirk (1995), *Die Netzwerkgesellschaft. Wirtschaftliche Entwicklung und internationale Wettbewerbsfähigkeit als Probleme gesellschaftlicher Steuerung,* Colonia, Weltforum.

Messner, Dirk y Nuscheler, Franz (1996), *Global Governance. Herausforderungen an die deutsche Politik an der Schwelle zum 21. Jahrhundert,* Bonn, Stiftung Entwicklung und Frieden, Policy Paper 2.

Meyer-Abich, Klaus Michael (1990), *Aufstand für die Natur. Von der Umwelt zur Mitwelt,* Múnich, Hanser.

Meyns, Peter (1995), Time to decide: Rethinking the institutional framework of regional cooperation in Southern Africa, en H.-J. Spranger y P. Vale (eds.), *Bridges to the Future. Prospects for Peace and Security in Southern Africa,* Boulder, Westview, pp. 33-60.

Mill, John S. (1871), *Principles of political economy,* Londres, Longman. [*Principios de economía política,* México, Fondo de Cultura Económica, 1951.]

Miller, Lynn H. (1994), *Global order. Values and power in international politics,* Boulder y San Francisco y Oxford, Westview.

Minc, Alain (1997), *La mondialisation heureuse,* París, Plon.

Mingione, Enzio (1997), *The current crisis of intensive work regimes and the question of social exclusion in industrialized countries,* Wissenschaftszentrum Berlin für Sozialforschung, discussion paper FS I 97-105.

—— (1991), *Fragmented societies: A sociology of economic life beyond the market paradigm,* Oxford, Blackwell.

Mintzberg, Henry (1979), *The structuring of organizations: A synthesis of the research,* Englewood Cliffs, Prentice Hall.

Mishan, E. (1967), *The costs of economic growth,* Londres, Staples.

Mistral, Jacques (1986), Régime international et trajectoires nationales, en R. Boyer (ed.), *Capitalisme fin de siècle,* París, La Découverte, pp. 167-201.

Mitchie, Jonathan y John Grieve Smith (eds.) (1995), *Managing the global economy,* Oxford, Oxford University Press.

Mitscherlich, Alexander (1965), *Die Unwirtlichkeit der Städte. Anstiftung zum Unfrieden,* Francfort, Suhrkamp.

Mittelman, James H. (ed.) (1996), *Globalization. Critical Reflections. International Political Economy Yearbook,* vol. 9, Boulder y Londres, Lynne Rienner.

Mitter, Swasti (1986), *Common fate, common bond: Women in the global economy,* Londres, Pluto.

Modelski, G. (1978), The long cycle of global politics and the nation state, *Comparative Studies in Society and History* 20, núm. 2, pp. 214-238.

Moewes, Günther (1998), Globalisierungs-Zoo. Oder: Warum Architektur-Zoos keine Heimat sind. Über die Wiederherstellung von Vielfalt und Regionalenbezug im Bauwesen, *Zukünfte,* núm. 28, pp. 35-40.

Mönninger, Michael (ed.) (1996), *Last Exit Downtown – Gefahr für die Stadt,* Basilea, Boston y Berlín, Birkhäuser.

Morel, Bernard y Frédéric Rychen (1995), *Il mercato delle droghe. La produzione, la domanda e l'offerta, i profitti,* Roma, Editori Riuniti.

Morin, Edgar y Sami Nair (1996), *Une politique de civilisation,* París, Arléa.

Morokvasic, Mirjana (1991), Die Kehrseite der Mode: Migranten als Flexibilisierungsquelle in der Pariser Bekleidungsproduktion. Ein Vergleich, PROKLA *83 – Migrationsgesellschaft,* vol. 21, núm. 2, pp. 264-284.

Morokvasic, Mirjana, A. Phizacklea y Roger Waldinger (1990), Business at the ragged edge:

Immigrants in the garment industry, London, Paris, New York, en R. Waldinger, H. Aldrich y R. Ward (eds.), *Ethnic entrepreneurs,* Londres y Nueva York, pp. 79-105.

Moser, C. O. N. (1994), *The informal sector debate, part 1: 1970-1983,* en C. A. Rakowski (ed.), *Contrapunto. The informal sector debate in Latin America,* Albany, State University of New York Press, pp. 11-29.

Mouzelis, N. (1988), Sociology of development: Reflections on the present crisis, *Sociology,* vol. 22, núm. 1, pp. 23-44.

Mueller, Frank (1994), Societal effect, organizational effect and globalization, *Organization Studies,* vol. 15, núm. 3, pp. 407-428.

Müller-Plantenberg, Urs (1991), Marktwirtschaft und Demokratie in Lateinamerika, *PROKLA 82,* vol. 21, núm. 1, pp. 74-89.

Munck, G. y C. Skalnik Leff (1997), Modes of transition and democratization. South America and Eastern Europe, *Comparative Perspective,* abril, pp. 343-362.

Murota, Takeshi (1998), Material cycle and sustainable economy, en Roger R. Keil, D. V. J. Bell, P. Penz y L. Fawcett (eds.), *Political ecology. Global and local,* Londres y Nueva York, Routledge, pp. 120-138.

Musil, Robert (1978), *Der Mann ohne Eigenschaften,* en Gesammelte Werke in neuen Bänden, editado por Adolf Frisé, vol. 1, Reinbek bei Hamburg, Rowohlt. [*El hombre sin atributos,* Barcelona, Seix Barral.]

Myers, Norman (ed.) (1985), *Gaia – Der Öko-Atlas unserer Erde,* Francfort, Fischer.

NACLA (1997), *Report on the Americas,* vol. XXX, núm. 4, enero/febrero.

Narr, Wolf-Dieter (1994), Recht – Demokratie – Weltgesellschaft. Habermas, Luhmann und das systematische Versäumnis ihrer großen Theorien, parte I, *PROKLA 94 – Zeitschrift für kritische Sozialwissenschaft,* vol. 24, núm. 1 (1994), pp. 87-112; parte II, *PROKLA 95 – Zeitschrift für kritische Sozialwissenschaft,* vol. 24, núm. 2, pp. 324-344.

Narr, Wolf-Dieter y Alexander Schubert (1994), *Weltökonomie. Die Misere der Politik,* Francfort, Suhrkamp.

Nassehi, Armin (1998), Die "Welt"-Fremdheit der Globalisierungsdebatte. Ein phänomenologischer Versuch, *Soziale Welt,* núm. 2, pp. 151-165.

Nauck, Bernhard (1994), Die (Reproduktions-)Arbeit tun die anderen oder: Welchen Beitrag leisten Gruppen traditionaler Lebesführung für die Entstehung moderner Lebensstile?, *Berliner Journal für Soziologie,* núm. 2, pp. 201-216.

Neusüß, Christel (1972), *Imperialismus und Weltmarktbewegung des Kapitals,* Erlangen, Politladen.

Nonaka, I. y H. Takeuchi (1995), *The Knowledge-Creating Company. How Japanese Companies Create the Dynamics of Innovation,* Nueva York y Oxford, Oxford University Press.

Nonaka, I. (1994), A dynamic theory of organizational knowledge creation, *Organization Science,* vol. 5, pp. 14-37.

Nowotny, Helga (1995), Mechanismen und Bedingungen der Wissensproduktion, *Neue Zuricher Zeitung,* 6 de enero.

O'Connor, James (1988), Capitalism, nature, socialism. A theoretical introduction, en *Capitalism Nature Socialism, Journal of Socialist Ecology,* vol. 1, núm. 1, pp. 11-45.

O'Donnell, Guillermo (1979), Tensions in the bureaucratic-authoritarian state and the question of democracy, en D. Collier(ed.), *The New Authoritarianism in Latin America,* Princeton, Princeton University Press.

OECD (Organization for Economic Cooperation and Development) (1986), Concealed Employment, en *Employment outlook 1986,* París, OECD.

—— (1988), *OECD Economic Outlook,* junio, París, OECD.

—— (1992), *Employment outlook,* París, OECD.

—— (1993), *Industrial policy in OECD countries: Annual review 1993,* París, OECD.

—— (1993a), *Regional integration and developing countries,* París, OECD.

—— (1993b), *Wirtschaftsausblick,* núm. 54, diciembre, París, OECD.

—— (1994a), *Wirtschaftsausblick,* núm. 55, junio, París, OECD.

—— (1994b), *Wirtschaftsausblick,* núm. 56, diciembre, París, OECD.

—— (1994c), *Societies in transition. The future of work and leisure,* París, OECD.

—— (1994d), *Barriers to trade with the economies in transition,* París, OECD.

—— (1995), *Foreign direct investment, trade and employment,* París, OECD.

—— (1995a), *Main developments in trade,* París, OECD.

—— (1995b), *Wirtschaftsausblick,* núm. 58, diciembre, París, OECD.

—— (1995c), *Regional integration and the multilateral trading system. Synergy and divergence,* París, OECD.

—— (1995d), *OECD environmental data. Compendium 1995,* París, OECD.

—— (1995e), *Income distribution in OECD countries,* París, OECD.

—— (1996), *Wirtschaftsausblick,* núm. 60, diciembre, París, OECD.

—— (1997), *Sustainable development: OECD policy approaches for the 21st century,* París, OECD.

—— (1997a), *Historical statistics 1960-1995,* París, OECD.

—— (1998a), *Towards sustainable development. Environmental indicators,* París, OECD.

—— (1998b), *Economic outlook,* diciembre, París, OECD.

—— (1999), *Wirtschaftsausblick,* junio, París, OECD.

OECD y CERI (1989), *Changes in work patterns, Synthesis of five national reports on the service sector,* París, OECD.

Offe, Claus (1994), Barbarei als modernes Phänomen, *Journal für Sozialforschung,* vol. 43, núm. 3, pp. 229-247.

—— (1998), Demokratie und Wohlfahrtsstaat: Eine europäische Regimeform unter dem Streß der europäischen Integration, en W. Streeck (ed.), *Internationale Wirtschaft, nationale Demokratie,* Francfort y Nueva York, Campus, pp. 99-136.

Ohlin, Bertil (1929), The reparation problem, *Economic Journal,* vol. XXXIX, pp. 172-178.

Ohmae, Kenichi, H. Henzler y F. Gluck (1992), "Stuttgarter Erklärung" zur weltwirtschaftlichen Interdependenz, en K. Ohmae (ed.), *Die neue Logik der Weltwirtschaft,* Hamburgo, Hoffmann und Campe, pp. 337 ss.

Opschoor, J. B. (1992), *Environment, economics and sustainable development,* Groningen, Wolters Noordhoff.

Ostner, Ilona (1998), Quadraturen im Wohlfahrtsdreieck. Die USA, Schweden und die Bundesrepublik im Vergleich, en S. Lessenich e I. Ostner (eds.), *Welten des Wohlfahrtskapitalismus. Der Sozialstaat in vergleichender Perspektive,* Francfort y Nueva York, Campus, pp. 225-252.

Ostrom, Elinor (1990), *Governing the commons. The evolution of institutions for collective action,* Cambridge, Cambridge University Press.

Pahl, Ray E. (1995), *After Success. Fin-de-Siècle Anxiety and Identity,* Cambridge, Polity.

—— (1997), Jenseits des Erfolgs. Die Krise des männlichen Management-Modells und die Suche nach einer neuen Balance, en U. Kadritzke (ed.), "Unternehmenskulturen unter Druck". Neue Managementkonzepte zwischen Anspruch und Wirklichkeit, Berlín, Sigma, pp. 201-216.

Panitch, Leo (1976), *Social democracy and industrial militancy,* Cambridge, Cambridge University Press.
—— (1994), Globalisation and the state, en Ralph Miliband y Leo Panitch (eds.), *Socialist Register 1994,* Londres, Merlin, pp. 60-93.
——(1996), Rethinking the role of the state, en J. H. Mittelman (ed.), *Globalization: Critical Reflexions,* Boulder y Londres, Lynne Rienner, pp. 83 ss.
Parisotto, Aurelio (1995), Trends in employment in multinational entreprises, en *Foreign Direct Investment and Employment,* París, OECD, pp. 67-76.
Parnreiter, Christof (1998), Die Renaissance der Ungesichertheit, en A. Komlosy, C. Parnreiter, I. Stacher y S. Zimmermann (eds.), *Ungeregelt und Unterbezahlt. Der informelle Sektor in der Weltwirtschaft,* Francfort, Brandes & Apsel/Südwind, pp. 204-220.
Parsons, Talcott (1960), Durkheim's contribution to the theory of integration of social systems, en K. H. Wolff (ed.), *Emile Durkheim 1958-1917,* Columbus, The Ohio State University Press, pp. 118-153.
Pastowski, Andreas (1995), Möglichkeiten und Grenzen entropietheoretisch begründeter Folgerungen für die Wirtschafts-, Umwelt- und Energiepolitik, en Frank F. Beckenbach, y H. Diefenbacher (eds.), *Zwischen Entropie und Selbstorganisation,* Marburgo, Metropolis), pp. 217-244.
Percival, Val y Homer-Dixon, Thomas (1998), Environmental scarcity and violent conflict: The case of South Africa, *Peace Research,* vol. 35, núm. 3, pp. 279-298.
Perkins, Patricia E. (1998), Sustainable trade. Theoretical approaches, en R. Keil, D. V. J. Bell, P. Penz y L. Fawcett (eds.), *Political ecology. Global and local,* Londres y Nueva York, Routledge, pp. 46-67.
Perlmutter, H. V. (1972), The development of nations, unions and firms as worldwide institutions, en H. Gunter (ed.), *Transnational industrial relations,* Nueva York, St. Martin's.
Permanent Peoples Tribunal (1998), *Workers and consumers rights in the garment industry,* Bruselas, 30 de abril-5 de mayo, Roma, Lelio Basso International Foundation.
Perrow, Charles (1987), *Normale Katastrophen. Die unvermeidbaren Risiken der Großtechnik,* Francfort y Nueva York, Campus.
Peters, T. J. (1988), Thriving on chaos. Handbook for a management revolution, *California Management Review,* núm. 2, pp. 7-38.
Petersen, Jens (1995), *Quo vadis, Italia? Ein Staat in der Krise,* Múnich, Beck.
Petrella, Ricardo (1994), Die Tücken der Marktwirtschaft für eine zukunftsorientierte Berufsausbildung: Bestandsaufnahme und kritische Beurteilung, *Berufsbildung. Europäische Zeitschrift,* edición de CEDEFOP, núm. 3, pp. 29-35.
Piper, Nicolaus (1995), Die permanente Revolution, *Die Zeit,* 15 de diciembre.
Polanyi, Karl (1944/1978), *The great transformation,* Francfort, Suhrkamp.
—— (1957/1979), *Ökonomie und Gesellschaft,* Francfort, Suhrkamp.
Polanyi, Michael (1967), *The tacit dimension,* Londres, Routledge and Kegan Paul.
Pollock, Friedrich (1933/1980), Bemerkungen zur Wirtschaftskrise, *Zeitschrift für Sozialforschung,* vol. II, núm. 3, París, pp. 321-354.
Ponting, Clive (1991), *A green history of the world – The environment and the collapse of great civilizations,* Harmondsworth, Penguin.
Porter, Michael (1990), *The competitive advantage of nations,* Nueva York, Free Press.
Portes, Alejandro (1995), *En torno a la informalidad: Ensayos sobre teoría y medición de la economía no regulada,* Mexico, Porrúa.

Preve, Costanzo (1989), Against entropy of the present, for a right to future, *Socialism in the World,* núm. 70, Belgrado.

Prigogine, Ilya (1992), *Vers un humanisme scientifique,* Nápoles, Istituto Italiano per gli Studi Filosofici.

Prigogine, Ilya e Isabelle Stenger (1986), *Dialog mit der Natur,* Múnich y Zúrich, Piper.

Przeworski, Adam (1995), Ökonomische und politische Transformationen in Osteuropa: Der aktuelle Stand, *PROKLA 98 – Zeitschrift für kritische Sozialwissenschaft,* vol. 25, núm. 5, pp. 130-151.

Putnam, R. D., con R. Leonardi y R. Y. Nanetti (1993), *Making Democracy Work. Civic Traditions in Modern Italy,* Princeton, Princeton University Press.

Rakowski, C. A. (1994), *The informal sector death, part 2: 1984-1993,* en C. A. Rakowski (ed.), *Contrapunto. The informal sector debate in Latin America,* Albany, State University of New York Press, pp. 31-50.

Randeria, Shalini (1998), Globalisierung und Geschlechterfrage: eine Einführung, en R. Klingebiel, R. y S. Randeria (eds.), *Globalisierung aus Frauensicht. Bilanzen und Visionen,* Bonn, J. H. W. Dietz Nachfolger, pp. 16-33.

Rapiti, Fabio (1997), *Lavoro autonomo, lavoro, lavoro dipendente e mobilità: un quadro statistico sull'Italia,* en Sergio Bologna y Andrea Fumagalli (eds.), *Il lavoro autonomo di seconda generazione,* Milán, Feltrinelli, pp. 173-192.

Rawls, John (1971), *A theory of justice,* Cambridge, Cambridge University Press.

Reheis, Fritz (1996), *Die Kreativität der Langsamkeit. Neuer Wohlstand durch Entschleunigung,* Darmstadt, Wissenschaftliche Buchgesellschaft.

Reich, Robert (1993), *Die neue Weltwirtschaft,* Francfort y Berlín, Ullstein.

Renaud, Pascal y Asdrad Torrès (1996), Internet – eine Chance für den Süden, *Le Monde Diplomatique,* edición alemana, febrero.

Ricardo, David (1927), *Principles of political economy and taxation,* Londres, G. Bell and Sons. [*Principios de economía política y tributación,* México, Fondo de Cultura Económica, 1959.]

Riese, Hajo (1995), Geld – das letzte Rätsel der Nationalökonomie, en Waltraud H. Schelkle y M. Nitsch (eds.), *Rätsel Geld. Annäherungen aus ökonomischer, soziologischer und historischer Sicht,* Marburgo, Metropolis, pp. 45-62.

Rifkin, Jeremy (1981), *Entropy. A new world view,* Toronto, Nueva York, Londres, Sydney y Auckland, Bantam.

—— (1995), *Das Ende der Arbeit,* Francfort y Nueva York, Campus.

Ritter, Wigand (1994), *Welthandel. Geographische Strukturen und Umbrüche im internationalen Warenaustausch,* Darmstadt, Wissenschaftliche Buchgesellschaft.

Ritzer, George (1995), *Expressing America. A critique of the global credit card society,* Thousand Oaks, Londres y Nueva Delhi, Pine Forge.

Robertson, Ronald (1992), *Globalization – Social theory and global culture,* Londres, Sage.

Rödel, Ulrich, Günter Frankenberg y Helmut Dubiel (1989), *Die demokratische Frage,* Francfort, Suhrkamp.

Rojas, Raúl (1993), *Theorie der neuronalen Netze. Eine systematische Einführung,* Berlín, Heidelberg y Nueva York, Springer.

Rosanvallon, Pierre (1989), *Le libéralisme économique. Histoire de l'idée de marché,* París, Seuil.

Rosenstiehl, Lutz von (1992), Führungs- und Führungskräftenachwuchs: Spannungen und Wandlungen in Phasen gesellschaftlichen Umbruchs, *Zeitschrift für Personalforschung,* vol. 6, núm. 3, pp. 327-351.

Rowbotham, Sheila y Swasti Mitter (eds.) (1994), *Dignity and daily bread. New forms of economic organising among poor women in the Third World and the First,* Londres, Routledge.

Rubery, Jill y Friedericke Maier (1995), Equal opportunity for women and men and the employment policy of the EU – A critical review of the European Union's approach, *Transfer. European Review of Labour Research,* vol. 1, núm. 4, pp. 520-532.

Rubin, Barry (1999), "Schurkenstaaten", Amerikas Selbstverständnis und seine Beziehungen zur Welt, *Internationale Politik,* núm. 6, pp. 5-13.

Rufin, Jean-Christophe (1991), *L'empire et les nouveaux barbares,* París, Jean-Claude Lattés.

Ruggie, John Gerard (1982), International regimes, transactions and change: Embedded liberalism in the postwar economic order, *International Organization,* núm. 36, pp. 379-415.

—— (1993), Territoriality and beyond: Problematizing modernity in international relations, *International Organization,* vol. 47, núm. 1, invierno, pp. 139-174.

—— (1998), What makes the world hang together? Neo-utilitarism and the social constructivist challenge, *International Organization,* vol. 52, núm. 4, otoño, pp. 855-885.

Ruigrok, Winfried y Rob van Tulder (1995), *The logic of international restructuring,* Londres y Nueva York, Routledge.

Sachs, Ignacy (1993), *Estratégias de transição para o século XXI. Desenvolvimento e meio ambiente,* São Paulo, Studio Nobel, FUNDAP.

Safa, Helen (1994), Die neuen Arbeiterinnen. Mit Niedriglohn zu mehr Frauenmacht?, *Weg und Ziel,* vol. 52, núm. 1, pp. 28-32.

Sahlins, Marshall (1972), *Stone Age economics,* Chicago, Aldine.

Sakamoto, Y. (ed.) (1994), *Global Transformation: Challenges to the state system,* Tokio, United Nations University Press.

Salt, J. (1992), Migration processes among the highly skilled in Europe, *International Migration Review,* vol. 26, pp. 484-505.

Santos, Milton (1994), O retorno do território, en M. Santos, M. A. de Souza y M. L. Silveira (eds.), *Território – Globalização e fragmentacão,* São Paulo, HUCITEC, pp. 15-21.

Sassen, Saskia (1991), *The global city. New York, London, Tokyo,* Princeton y Nueva York, Princeton University Press.

—— (1994), *Cities in a world economy,* Thousand Oaks, Pine Forge y Sage.

—— (1996), *Losing control? Sovereignty in an age of globalization,* Nueva York, Columbia University Press.

—— (1998a), Zur Einbettung des Globalisierungsprozeses: Der Nationalstaat vor neuen Aufgaben, *Berliner Journal für Soziologie,* núm. 3, pp. 345-359.

—— (1998b), *Globalization and its discontent. Essays on the new mobility of people and money,* Nueva York, New Press.

—— (1999), Global financial centers, *Foreign Affairs,* vol. 78, núm. 1, pp. 75-87.

Sauer, Dieter y Volker Döhl (1994), Arbeit an der Kette. Systemische Rationalisierung unternehmensübergreifender Produktion, *Soziale Welt,* vol. 45, núm. 2, pp. 197-215.

Say, Jean B. (1829), *Handbuch der praktischen national-Oeconomie: oder d. ges. Staatswirtschaft für Staatsmänner, Gutsherren, Gelehrte,* vol. 1, Leipzig, Hartmann.

Scarre, Chris (1993), *Smithsonian Timelines of the Ancient World,* Markham, Red Books Canada.

Scharpf, Fritz W. (1987), *Sozialdemokratische Krisenpolitik in Europa* , Francfort, Nueva York, Campus.

—— (1994), Autonomieschonend und gemeinschaftsverträglich: Zur Logik der europäischen Mehrebenenpolitik, en F. W. Scharpf, *Optionen des Föderalismus in Deutschland und Europa,* Francfort y Nueva York, Campus, pp. 131-155.

—— (1996), Demokratie in der transnationalen Politik, *Internationale Politik,* núm. 12, pp. 11-20.

—— (1997), Wege zu mehr Beschäftigung, *Gewerkschaftliche Monatshefte,* vol. 48, núm. 4, pp. 203-216.

Scheer, Hermann (1995), *Zurück zur Politik. Die archimedische Wende gegen den Zerfall der Demokratie,* Múnich, Piper.

Scherrer, Christoph, Thomas Greven y Volker Frank (1998), *Sozialklauseln,* Münster, Westfälisches Dampfboot.

Schiller, Dan (1996), Wer besitzt und wer verkauft die neuen Territorien im Cyberspace, *Le Monde Diplomatique,* edición alemana, mayo, pp. 4-5.

Schmid, Günther (1991), *Die Frauen und der Staat. Beschäftigungspolitische Gleichstellung im öffentlichen Sektor aus internationaler Perspektive,* en colaboración con Christine Ziegler, discussion-paper FS I 91-12, Wissenschaftszentrum Berlin für Sozialforschung.

Schmiede, Rudolf (1996), Die Informatisierung der gesellschaftlichen Arbeit, *Forum Wissenschaft,* vol. 13, núm. 1, pp. 16-20.

Schmitt, Carl (1963), *Der Begriff des Politischen. Text von 1932 mit einem Vorwort und drei Corollarien,* Berlín, Duncker & Humboldt.

Schneider, Erich (1958), *Einführung in die Wirtschaftstheorie,* parte II, Tubinga, J. C. B. Mohr.

Schott, Jeffrey J. y Johanna W. Buurman (1994), *The Uruguay Round. An assessment,* Washington, D. C., Institute for International Economics.

Schultz, Stefanie (1993), *Natur als gesellschaftliches Verhältnis. Zur Kritik der Naturwerttheorie,* Wiesbaden, Deutscher Universitäts-Verlag.

Schumann, Michael *et al.* (1994), *Trendreport Rationalisierung: Automobilindustrie, Werkzeugmaschinenbau, chemische Industrie,* Berlín, Sigma.

Schumpeter, Joseph A. (1950), *Kapitalismus, Sozialismus und Demokratie,* Berna, Franke. [*Capitalismo, socialismo y democracia* , Barcelona, Folio.]

Schultz-Wild, Rainer (1998), Stabilität im Wandel: Globalisierung der Produktion von Leistungstransformatoren, en M. von Behr y H. Hirsch-Kreinsen (eds.), Francfort y Nueva York, Campus, pp. 99-160.

Seitz, Konrad (1992), *Die japanisch-amerikanische Herausforderung, Deutschlands Hochtechnologie-Industrien kämpfen ums Überleben,* Bonn y Múnich, Bonn Aktuell.

Semmler, Willi (1990), Markt- und nicht-marktförmige Regulierung: Neuere Tendenzen in der Theorie, *PROKLA 82,* vol. 21, núm. 1, pp. 23-34.

Shapiro, Ian (1996), *Democracy's place,* Ithaca y Londres, Cornell University Press.

Shonfield, A. (1968), *Geplanter Kapitalismus. Wirtschaftspolitik in Westeuropa und USA,* prólogo de Karl Schiller, Colonia y Berlín, Kiepenheuer & Witsch.

Sieferle, Rolf Peter (1982), *Der unterirdische Wald. Energiekrise und industrielle Revolution,* Múnich, Beck.

—— (1989), *Die Krise der menschlichen Natur: Zur Geschichte eines Konzepts,* Francfort, Suhrkamp.

Simmel, Georg (1992), *Soziologie. Untersuchungen über die Formen der Vergesellschaftung, Gesamtausgabe,* vol. II (cap. 19: Der Raum und die räumliche Ordnung der Gesellschaft), Francfort, Suhrkamp.

Simon, Herbert (1981), *Entscheidungsverhalten in Organisationen: Eine Untersuchung von Entscheidungsprozessen in Management und Verwaltung,* Landsberg am Lech, Moderne Industrie.

Singh, Ajit (1994), Global economic change, skills and international competitiveness, *International Labour Review,* vol. 133, núm. 2, pp. 167-183.

Sinzheimer, Hugo (1976), *Arbeitsrecht und Rechtssoziologie. Gesammelte Aufsätze und Reden,* Otto Kahn-Freund y Thilo Ramm (eds.), introducción de Otto Kahn-Freund, 2 vols., Francfort y Colonia, Suhrkamp.

Sklair, Leslie (1998a), Globalization and the corporations: The case of the California *Fortune global 500, International Journal of Urban and Regional Research,* vol. 22, núm. 2, pp. 195-215.

—— (1998b), The transnational capitalist class and global capitalism. The case of the tobacco industry, *Political Power and Social Theory,* vol. 12, pp. 3-43.

Sklar, Holly (1980*), Trilateralism. The Trilateral Commission and elite planning for world management,* Boston, South End.

Smith, Adam (1776/1976), *An inquiry into the nature and causes of the wealth of nations,* reimpresión, Chicago, The University of Michigan Press. [*Investigación de la naturaleza y causas de la riqueza de las naciones,* Barcelona, Bosch, 1983.]

Sombart, Werner (1916/1987), *Der moderne Kapitalismus,* vols. I-III, Múnich, Deutscher Taschenbuch.

Sombroek, Wim y Helmut Eger (1996), What do we understand by land use planning: A state-of-the-art report, *Entwicklung + ländlicher raum. Beiträge zur internationalen Zusammenarbeit,* vol. 30, núm. 2, pp. 3-7.

SOMO (Centre for Research on Multinational Corporations), Janneke Van Eijk e Ineke Zeldenrust (1997), *Monitoring working conditions in the garment & sportswear industry,* Amsterdam, SOMO Centre for Research on Multinational Corporations.

Sorensen, G. (1993), *Democracy and democratization: Processes and prospects in a changing world,* Boulder, Westview.

Sorge, Arndt (1991), Strategic fit and societal effect: Interpreting cross-national comparisons of technology, organisation and human resources, *Organization Studies,* vol. 12, núm. 2, pp. 161-190.

Soto, Hernando de (1989), *The other path. The invisible revolution in the Third World,* Nueva York, Harper and Row.

South Commission (1990), *The challenge of the south,* Nueva York, Oxford University Press.

Spar, D. y J. J.Bussgang (1996), Geschäfte im Cyberspace – noch fehlen dem Spiel die Regeln, *Harvard Business Manager,* núm. 4.

Stahel, Walther R. (1991), *Langlebigkeit und Materialrecycling – Strategien zur Vermeidung von Abfällen im Bereich der Produktion,* Essen, Vulkan.

Standing, Guy (1998), Global feminization through flexible labour, *World Development,* vol. 17, núm. 7, pp. 1077-1095.

Stehr, Nico (1995), *Arbeit, Eigentum und Wissen. Zur Theorie von Wissensgesellschaften,* Francfort, Suhrkamp.

Steiner, Uwe (1996), *Kapitalismus als Religion, Zu Walter Benjamins Fragment,* ponencia presentada en la Evangelischen Akademie Tutzing, mimeo.

Sterne, Lawrence (1994), *Tristram Shandy,* Múnich, Deutscher Taschenbuch. [*Vida y opiniones de Tristram Shandy, caballero,* Barcelona, Planeta.]

Stevenson, Howard H. y Mihnea C. Moldoveanu (1996), Das Arbeitsleben wird weniger berechenbar, *Harvard Business Manager,* núm. 1, pp. 9-13.

Stiglitz, Joseph (1998), Schlüsse aus der asiatische Krise. Die Helsinki-Rede des Weltbank-Vizepräsidenten über einen "Post-Washington Consensus", Auszüge, *Blätter für Deutsche und Internationale Politik,* núm. 9, pp. 1143-1146.

Strange, Susan (1997), The future of global capitalism; or, will divergence persist forever?, en C. Crouch y W. Streeck (eds.), *Political economy of modern capitalism. mapping convergence and diversity,* Londres, Sage, pp. 182-191.

Strange, Susan (1999), *Mad money. When markets outgrow governments,* Ann Arbor, University of Michigan Press.

Streeck, Wolfgang (1998), Einführung: Internationale Wirtschaft, nationale Demokratie? en Wolfgang Streeck (ed.), *Internationale Wirtschaft, nationale Demokratie. Herausforderungen für die Demokratietheorie,* Francfort, Campus, pp. 11-58.

Sutcliffe, Bob (1995), Development after ecology, en V. Bhaskar y A. Glyn (eds.), *The North, the South and the environment. Ecological constraints and the global economy,* Londres, Earthscan, pp. 232-258.

Swan, Abram de (1995), Die soziologische Untersuchung der transnationalen Gesellschaft, *Journal für Sozialforschung,* vol. 35, núm. 2, pp. 107-120.

Sydow, Jörg y Arnold Windeler (1994), Über Netzwerke, virtuelle Integration und Interorganisationsbeziehungen, en J. Sydow y A. Windeler (eds.), *Management interorganisationaler Beziehungen. Vertrauen, Kontrolle und Informationstechnik,* Opladen, Westdeutscher, pp. 1-21.

Talpade Mohanty, Chandra (1998), Arbeiterinnen und die globale Ordnung des Kapitalismus: Herrschaftsideologien, gemeinsame Interessen und Strategien der Solidarität, en R. Klingebiel y S. Randeria (eds.), *Globalisierung aus Frauensicht,* Bonn, H. W. Dietz Nachfolger, pp. 320-344.

Teubner, Gunther (1990), Die vielköpfige Hydra: Netzwerke als kollektive Akteure höher Ordnung, en W. Kohn y G. Küppers, *Emergenz: Die Entstehung von Ordnung, Organisation und Bedeutung,* Francfort, Suhrkamp, pp. 189-216.

Teunissen, Jan Joost (1998) (ed.), *Regulatory and supervisory challenges in a new era of global finance,* La Haya, Fondad

—— (ed.) (1995), *Regionalism and the global economy. The case of Latin America and the Caribbean,* La Haya, Fondad.

Thomas, J. J. (1992), *Informal economic activity,* Hemel Hempstead, Harvester Westcheaf.

Thrift, Nigel (1998), The rise of soft capitalism, en A. Herod, Geraróid Ó Tuathail y S. M. Roberts, *An unruly world. Globalization, governance and geography,* Londres y Nueva York, Routledge, pp. 25-71.

Thünen, Johann Heinrich von (1826/1966), *Der isolierte Staat in Beziehung auf Landwirtschaft und Nationalökonomie,* Stuttgart, G. Fischer.

Thurow, Lester C. (1993), *Head to head. The coming economic battle among Japan, Europe, and America,* Nueva York, Warner.

—— (1996), *Die Zukunft des Kapitalismus,* Düsseldorf, Metropolitan.

Tienari, Janne, Sigrid Quack e Hildegard Theobald (1998), *Organizational reforms and gender: Feminization of middle management in Finnish and German banking,* discussion paper FS I 98-105, Wissenschaftszentrum Berlin für Sozialforschung.

Tobin, James (1994), A tax on international currency transactions, en UNDP (United Nations Development Program), *Human development report,* Oxford y Nueva York, Oxford University Press, p. 70.

Tocqueville, Alexis de (1840), *Über die Demokratie in Amerika,* parte II, Zúrich, Manesse.

Touraine, Alain (1996), Das Ende der Städte?, *Die Zeit,* 31 de mayo.

Traven, B. (1932), *Regierung,* Berlín, Büchergilde Gutenberg.

UNCTAD (United Nations Conference on Trade and Development) (1987), *Trade and Development Report,* Nueva York y Ginebra.

—— (1994), *World investment report 1994: Transnational corporations, employment and the workplace,* Nueva York.

—— (1995), *World investment report 1995,* Nueva York y Ginebra.

—— (1998a), *World investment report 1998: Trends and determinants. Overview,* http://www.unctad.org/en/press/pr2775en.html.

—— (1998b), Cross border mergers & aquisitions dominate foreign direct investment flows, UNCTAD *Press Release, TAD/INF/2776,* 2 de noviembre, http://www.unctad.org/en/press-/pr2775en.html.

—— (1998c), Foreign direct investment to Central and Eastern Europe Rises to US$19 billion in 1997, UNCTAD *Press Release, TAD/INF/2780,* 2 de noviembre, http://www.unctad.org/en/press/pr2780en.html.

—— (1998d), Changes emerge in foreign investment into Asia, UNCTAD *Press Release, TAD/INF/2779,* 2 de noviembre, http://www.unctad.org/en/press/pr2779en.html.

—— (1998e), Encouraging signs for foreign direct investment into Africa, UNCTAD *Press Release, TAD/INF/2782,* 2 de noviembre, htp://www.unctad.org/en/press/pr2782en.html.

—— (1998f), Important shifts are emerging in the key factors influencing foreign business investments, UNCTAD *Press Release, TAD/INF2777,* 2 de noviembre, htp://www.unctad.org/en-/press/pr2777en.html.

—— (1986), *Trade and development report 1986,* Nueva York.

UNCTAD y World Bank (1994*), Liberalizing international transactions in services: A handbook,* Nueva York y Ginebra.

UNCTC (United Nations Centre on Transnational Companies)(1991), *World investment report* 1991*: The triade in foreign direct investment,* Nueva York y Ginebra.

UNCTC/UNCTAD (1993), *World investment report 1993: Transnational corporations and integrated international production,* Nueva York y Ginebra.

UNDP (United Nations Development Programm) (1993 y años siguientes), *Human development report,* Nueva York, Oxford University Press, edición alemana, Deutsche Gesellschaft für die Vereinten Nationen, *Bericht über die menschliche Entwicklung,* Bonn, UNO-Verlag.

UNIDO (United Nations Industrial Development Organization) (1992), *Industry and Development: Global Report 1992/93,* Viena.

Viner, Jacob (1950), *The customs union issue,* Nueva York, Carnegie Endowment for International Peace.

Virilio, Paul (1993), *Revolution der Geschwindigkeit,* Berlín, Merve.

—— (1996), "Warum fürchten Sie einen Cyber-Faschismus, Monsieur Virilio? Ein Interview von Jürg Altweg, *Frankfurter Allgemeine Magazin,* 18 de abril, pp. 58-59.

Vosskamp, Ulrich y Volker Wittke (1994), Von "Silicon Valley" zur "virtuellen Integration" – Neue Formen der Organisation von Innovationsprozessen am Beispiel der Halbleiterindustrie, en J. Sydow. y A. Windeler (eds.) (1994), *Management interorganisationaler Beziehungen. Vertrauen, Kontrolle und Informationstechnik,* Opladen, Westdeutscher, pp. 212-243.

Vroey, Michel de (1991), Der Markt – von Wegen einfach, PROKLA *82,* vol. 21, núm. 1, pp. 7-22.

Waldinger, Roger D. y Michael Lapp (1993), Back to the sweat shop or ahead to the informal sector?, *International Journal of Urban and Regional Research,* vol. 17, núm. 1, pp. 6-29.

Wallerstein, Immanuel (1974), *The modern world-system,* I, *Capitalist agriculture and the origins of the European world-economy in the sixteenth century,* Nueva York, Academic. [*El moderno sistema mundial 1: La agricultura capitalista y los orígenes de la economía-mundo europea en el siglo XVI,* México, Siglo XXI, 1979.]

—— (1979), *The capitalist world-economy,* Cambridge, Cambridge University Press.

—— (1980), *The modern world system,* II, *Mercantilism and the consolidation of the European world-economy,1600-1750,* Nueva York, Academic. [*El moderno sistema mundial 2: El mercantilismo y la consolidación de la economía-mundo europea, 1600-1750,* México, Siglo XXI, 1984.]

—— (1989), *The modern world system,* III, *The second era of great expansion of the capitalist world-economy, 1730-1840,* San Diego, Academic. [*El moderno sistema mundial: La segunda era de gran expansión de la economía-mundo capitalista, 1730-1850,* México, Siglo XXI, 1998.]

—— (1997), Eurocentrism and its avatars: The dilemmas of social science, *New Left Review,* núm. 226, pp. 93-107.

Wallis, Victor (1997), Lester Brown, The World Watch Institute, and the dilemmas of technocratic revolution, *Organization & Environment,* vol. 10, núm. 2, junio, pp. 109-125.

WCED (World Commission on Environment and Development) (1987), *Our Common Future,* Nueva York, Oxford University Press.

Weber, Alfred (1909), *Über den Standort der Industrien,* parte 1, *Reine Theorie des Standorts,* Tubinga, J. C. B. Mohr.

—— (1932), *Weltwirtschaft,* Múnich, F. Bruckmann.

Weber, Max (1895/1971), Der Nationalstaat und die Wirtschaftspolitik, *Gesammelte Politische Schriften,* J. Winckelmann (ed.), 3a. ed., Tubinga, J. C. B. Mohr, pp. 1-25.

—— (1919/1971), Politik als Beruf, *Gesammelte Politische Schriften,* J. Winckelmann (ed.), Tubinga, J. C. B. Mohr, pp. 505-560.

—— (1921/1976), *Wirtschaft und Gesellschaft,* Studienausgabe, Tubinga, J. C. B. Mohr. [*Economía y sociedad. Esbozo de sociología comprensiva,* México, Fondo de cultura Económica, 1964.]

Weber, Wolfgang (1990), Verkürzung von Zeit und Raum. Techniken ohne Balance zwischen 1840 und 1880, en W. König y W. Weber (eds.), *Propyläen Technikgeschichte. Netzwerke Stahl und Strom, 1940-1914,* Berlín, Propyläen, pp. 11-261.

Weißbuch Kommission der Europäischen Gemeinschaften (1993), *Wachstum, Wettbewerbsfähigkeit, Beschäftigung. Herausforderungen der Gegenwart und Wege ins 21. Jahrhundert,* boletín de la Europäischen Gemeinschaften, suplemento 6/93, Luxemburgo.

Weizsäcker, Ernst Ulrich von y Amary y Hunter Lovins (1995), Die große Vergeudung, *Spiegel Special: Die neuen Energien,* 7, pp. 93-95.

Weltbank (1985), *Weltentwicklungsbericht 1985,* Washington, D. C.

—— (1987), *Weltentwicklungsbericht 1987,* Washington, D. C.

—— (1994), *Weltentwicklungsbericht 1994. Infrastruktur und Entwicklung,* Washington, D. C.

—— (1995), *Weltentwicklungsbericht 1995: Arbeitnehmer im weltweiten Integrationsprozeß,* Bonn, UNO-Verlag.

Went, Robert (1997), *Ein Gespenst geht um... Globalisierung! Eine Analyse,* Zúrich, Orell Füssli.

Werner, Heinz (1993), Integration ausländischer Arbeitnehmer in den Arbeitsmarkt, *Mitteilungen aus der Arbeitsmarkt- und Berufsforschung,* núm. 3, pp. 348-361.

Whitley, Richard (1990), Eastern Asia enterprise structures and the comparative analysis of forms of business organizations, *Organization Studies,* vol. 11, núm. 1, pp. 47-74.

—— (ed.) (1992), *European business systems. Firms and markets in their national contexts,* Londres, Sage.

Wichterich, Christa (1998), *Die globalisierte Frau. Berichte aus der Zukunft der Ungleichheit,* Reinbek bei Hamburg, Rowohlt.

Wick, Ingeborg (1998), Frauenarbeit in freien Exportzonen. Eine Übersicht, *PROKLA 111 – Zeitschrift für kritische Sozialwissenschaft,* vol. 28, núm. 2, pp. 235-248.

Wiesenthal, Helmut (1995), Zwischen Gesellschaftsdiagnose und Handlungsappell: Das schwierige Projekt der Umweltsoziologie, *Soziologische Revue,* vol. 18, pp. 369-378.

Wiezorek, Jaroslaw (1995), Sectoral trends in world employment and the shift toward services, *International Labour Review,* vol. 134, núm. 2, pp. 205-226.

Wildemann, Horst (1998), Zeit als Waffe im Wettbewerb, en K. Weiss (ed.), *Was treibt die Zeit? Entwicklung und Herrschaft der Zeit in Wissenschaft, Technik und Religion,* Múnich, Deutscher Taschenbuch, pp. 227-261.

Wilk, Richard (1998), Emulation, imitation, and global consumerism, *Organization & Environment,* vol. II, núm. 3, septiembre, pp. 314-333.

Wilke, Helmut (1998), Organisierste Wissenarbeit, *Zeitschrift für Soziologie,* vol. 27, núm. 3, pp. 161-177.

Williams, Colin C. y Jan Windebank (1995), Black market work in the European community: Peripheral work for peripheral localities?, *International Journal of Urban and Regional Research,* vol. 19, núm. 1, pp. 23-39.

Williams, David (1999), Constructing the economic space: The World Bank and the making of *homo œconomicus, Millenium,* vol. 28, núm. 1, pp. 79-99.

Williams, Michael C. (1992), Reason and realpolitik: Kant's "Critique of international politics", *Canadian Journal of Political Science,* vol. XXV, núm. 1, pp. 99-119.

Wiseman, John (1998), *Global nation? Australia and the politics of globalisation,* Cambridge, Cambridge University Press.

Wolter, Achim (1997), *Globalisierung und Beschäftigung. Multinationale Unternehmen als Kanal der Wanderung Höherqualifizierter innerhalb Europas,* Baden-Baden, Nomos.

Wolter, P. (1998), MAI oder letzter Erster Mai?, *Forum Wissenschaft,* núm. 4, pp. 54-58.

World Bank (1993), *The East Asian miracle,* Washington, D. C.

—— (1995), *The World Bank: Priorities and strategies for education,* Washington, D. C, enero.

WRI (World Ressources Institute) (1999), Robert Repetto, Paul Faeth, Dale Rothman y Duncan Austin, *Has environmental protection really reduced productivity growth?,* Washington, D. C.

WTO (World Trade Organization) (1998), *United States – Import prohibition of certain shrimp and shrimp products,* Report of the Appelate Body, AB-1998-4, 12 de octubre.

Wuppertal Institut für Klima, Umwelt, Energie (1996), *Zukunftsfähiges Deutschland. Ein Beitrag zu einer global nachhaltigen Entwicklung,* edición de BUND y Misereor, Basilea, Boston y Berlín, Birkhäuser.

WWF (World Wide Fund for Nature) (1996), David Reed, *Structural adjustment, the environment, and sustainable development,* Londres, Earthscan.

Wyplosz, C. (1998), Globalized financial markets and financial crises, en J. J. Teunissen (ed.), *Regulatory and supervisory challenges in a new era of global finance,* La Haya, Fondad.

Zapotoczky, K. y H. Griebl-Shehata (eds.) (1996), *Weltwirtschaft und Entwicklungspolitik. Wege zu einer entwicklungsgerechteren Wirtschaftspolitik,* Francfort, Brandes & Aspel.

Zarsky, Lyuba (1997), Stuck in the mud? Nation-states, globalisation, and environment, OECD Proceedings, *Globalisation and environment. Preliminary perspectives,* París, OECD, pp. 27-52.

Ziebura, Gilbert (1996), Globalisierter Kapitalismus: chancenlose Linke? Eine Problemskizze, *PROKLA 102 -Zeitschrift für kritische Sozialwissenschaft,* vol. 20, núm. 2, pp. 85-106.

Zirnstein, Gottfried (1995), *Ökologie und Umwelt in der Geschichte,* Marburgo, Metropolis.

Zukunftskommission (Kommission für Zukunftsfragen der Freistaaten Bayern und Sachsen) (1997), *Erwerbstätigkeit und Arbeitslosigkeit in Deutschland Entwicklung, Ursachen und Maßnahmen,* 3 vols., Bonn, s. p. i.

Zukunftskommission der Friedrich-Ebert-Stiftung (1998), *Wirtschaftliche Leistungsfähigkeit, sozialer Zusammenhalt, ökologische Nachhaltigkeit. Drei Ziele – ein Weg,* Bonn, Dietz.

Zündorf, Lutz (1994), Manager- und Expertennetzwerke in innovativen Problemverarbeitungsprozessen, en J. Sydow y A. Windeler (eds.), *Management interorganisationaler Beziehungen,* Opladen, Westdeutscher, pp. 244-259.

Zysman, Jonathan (1996), The myth of "global economy". Enduring national foundations and emerging regional realities, *New Political Economy,* vol. 1, núm. 2, pp. 57-184.

SIGLAS

AFTA	ASEAN Free Trade Area
AIR	Áreas de integración regional
Aladi	Asociación Latinoamericana de Integración
Andean	The Andean Group
APEC	Asian-Pacific Economic Cooperation
ASEAN	Association of South East Asian Nations
BCE	Banco Central Europeo
BIS	Bank for International Settlements
CACM	Central American Common Market
CAER	Consejo para la Ayuda Económica Recíproca
Caricom	Caribbean Common Market
CE	Comunidad Europea
CEAO	Communité Économique de l'Afrique de l'Ouest
CEE	Comunidad Económica Europea
CEFTA	Central European Free Trade Area
CEPAL	Comisión Económica para America Latina y el Caribe
DIE	Instituto Alemán para la Política de Desarrollo (por sus siglas en alemán)
DIW	Instituto para la Investigación Económica (por sus siglas en alemán)
EAI	Enterprise for the Americas Initiative
EBRD	European Bank of Reconstruction and Development
ECOWAS	Economic Community of West African States
ECU	European Currency Unit
EFTA	European Free Trade Association
Estados de ACP	Estados de África, el Caribe y el Pacífico (véase Lomè)
ET	Empresas transnacionales
FMI	Fondo Monetario Internacional
Fondad	Forum on Debt and Development
GATT	General Agreement on Tarifs and Trade
IBGE	Instituto Brasileiro de Geografia e Estatística (Brasilianisches Statistisches Institut)
ICFTU	International Conference of Free Trade Unions
IED	Inversiones extranjeras directas
ISI	Import substituierende Industrialisierung
KSZE	Conferencia sobre Seguridad y Cooperación en Europa (por sus siglas en alemán)
LAFTA	Latin American Free Trade Agreement
LIBOR	London Interbank Offer Rate (junto a la *prime rate* de la Reserva Federal norteamericana, el indicador usual de intereses)
Lomè	Tratado entre la CE y los Estados ACP

MAI	Multilateral Agreement on Investment
Mercosur	Mercado Común del Cono Sur
MEW	Marx-Engels Werke (Obras de Marx y Engels)
NIC	New Industrialized Countries
OCDE	Organización para la Cooperación y el Desarrollo Económico
OIT	Organización Internacional del Trabajo
OMC	Organización Mundial de Comercio
ONG	Organización no gubernamental
ONUDI	Organización de las Naciones Unidas para el Desarrollo Industrial
OPEP	Organización de Países Exportadores de Petróleo
OTAN	Organización del Tratado del Atlántico Norte
PIB	Producto interno bruto
PNB	Producto nacional bruto
PNUD	Programa de las Naciones Unidas para el Desarrollo
PSB	Producto Social Bruto
PTA	Eastern and Southern African Preferential Trade Areas
PTA	Preferential Trade Agreements
SACU	South African Customs Union
SADC	South African Development Community
SADCC	South African Development Coordination Conference
SDR	Special Drawing Rights
SME	Sistema Monetario Europeo
TLCAN	Tratado de Libre Comercio para América del Norte
TRIPS	Trade Related Intellectual Property Rigths
UDEAC	Customs and Economic Union of Central Africa
UE	Unión Europea
UNCED	United Nations Conference for Environment and Development
UNCTAD	United Nations Conference on Trade and Development
UNCTC	United Nations Conference for Trade
UNICE	Union des Industries de la Communauté Européenne
WCED	World Commission on Environment and Development
WRI	World Resources Institute
WWF	World Wildlife Fund
WWU	Unión Económica y Monetaria (por sus siglas en alemán)

www.ingramcontent.com/pod-product-compliance
Ingram Content Group UK Ltd.
Pitfield, Milton Keynes, MK11 3LW, UK
UKHW041831200726
13854UKWH00002BA/992

9 789682 323157